공무원 징계법

이 명 재

法 文 社

머 리 말

저자는 2005년 군법무관으로 임용되어 2023년 6월 전역하기까지 18년 이상 군법무관으로 복무하고 예비역 대령으로 전역하여 현재는 변호사로 일하고 있습니다.

과거에는 공무원 관계를 특별권력관계로 보아 사법이 개입할 수 없는 영역으로 보았고, 임용권자나 소속기관의 장의 징계 재량권이 폭넓게 인정되어 사법의 통제가 어려웠으며, 징계처분 대상자 역시 임용권자 또는 소속기관의 장의 처분에 불복하는 것은 임용권자나 소속기관의 장의 지휘권에 도전하거나 불복종한다는 인상을 주어 징계처분의 불이익이 상당함에도 그 처분을 다투지 못했습니다.

그러나 오늘날 특별권력관계 이론은 과거와 다른 의미로 변경되어 폐기 수준이 되었고, 임용권자나 소속기관의 장의 징계 재량권은 일정한 한계가 인정되어 사법의 규제를 받게 되었으며, 징계대상자의 권리의식이 높아지고 기본권 보장이 신장되면서 적극적으로 처분을 다투게 되었습니다.

공무원의 징계처분에 관한 분쟁이 많아지면서 징계법의 중요성이 확대됨에도 불구하고 징계에 관한 내용은 행정법 각칙 공무원법에서 간단히 언급하는 것에 그치고 있고, 징계에 관한 일반이론이나 법리에 관한 전문서적은 많지 않은 현실입니다.

군법무관으로 군인 또는 군무원에 대한 징계는 물론, 파견 근무 중 특정직 국가공무원에 대한 징계업무를 처리하면서 공무원 징계 전반에 대한 참고할 만한 징계 일반에 관한 전문서적을 찾을 수 없었던 경험에서, 징계에 관한 전문서적이 있으면 업무처리에 큰 도움이 될 것으로 생각되어 2021년부터 군인 및 군무원에 대한 징계 관련 글을 쓰기 시작하였고 공무원 전반에 대한 징계법 이론 및 법리까지 범위를 확대하여 이 책을 출간하게 되었습니다.

이 책은 두 가지 목적을 생각하고 썼습니다. 첫 번째는 공무원에 대한 징계에 관한 징계법 일반이론의 발전에 기여하는 것이고, 두 번째는 징계업무를 담당하는 실무자들이 업무에 참고할 수 있는 실무 참고서적으로 활용되는 것입니다. 이러한 책의 목적에 따라 책의 구성을 제1편 총론 및 제2편 각론으로 나누어 제1편 총론에서는 징계일반에 대한 징계의 의미, 징계관련자, 징계사유와 징계의 종류, 징계부가금 부과절차 및 징계처분등에 대한 구제철자를 5개의 장으로 하여, 관련 판례나 실무 또는 사례에서 문제가 되었거나 쟁점이 되었던 주제에 관하여 이론적 내용과 실무를 추가하고, 제2편 각론에서는 국가공무원·군인·군무원에 대한 징계에 관한 개별법을 3개의 장으로 하여, 해당 공무원에 대한 관계 법령의 내용을 중심으로 살폈습니다.

책을 쓰는 것이 생각보다 쉽지 않아 목차나 내용 구성에 대한 고민만도 한참을 하고, 현업에 밀려 진도를 내지 못하다가 전역 전후로 쓰던 것이 2년이 다 되어갑니다. 전역 후 변호사 업무를 새롭게 시작하면서 책 내용의 깊이가 많이 부족하여 주저하는 저를 곁에서 늘 응원하고 문맥과 오탈자 수정을 밤늦게까지 봐주며 힘을 준 아내에게 깊은 감사를 드립니다. 군법무관인 아빠와 함께 12번의 이사를 함께 하며 힘에 되어 준 딸과 아들에게도 고마움을 전하고 싶습니다.

책의 구성이나 내용, 연구의 범위나 숙고의 깊이가 많이 부족했던 출판 투고를 받아 준 법문사와 여러 차례 보완하며 완성도를 높여 출판의 문을 넘게끔 도와준 기획영업부 정해찬 과장님, 편집부 김제원 이사님 등 관계자 여러분께 심심한 감사를 드립니다.

공무원 징계에 대한 이론적 연구와 판례 연구는 물론 교육공무원 등 특정직 공무원이나 지방공무원에 대한 징계에 대해서도 지속적으로 공부하고 각론의 내용을 추가해 나가겠습니다. 감사합니다.

2025년 1월

이 명 재

차 례

제 1 편 공무원 징계법 총론

제 2 편 공무원 징계법 각론

제1편

공무원 징계법 총론

제1장

총 칙

제1절 징계와 징계법

1. 징계의 의미

가. 징계의 개념

"징계"(懲戒)란 넓은 의미에서 일정한 조직 안에서의 의무나 규율에 위반하여 조직 내부의 질서를 문란하게 한 자에 대하여 과하는 제재를 말하고, 좁은 의미에서는 공법상 근무관계 또는 특별감독관계에 있어 공무원이 공무원으로서 부담하는 의무를 위반한 경우에 공무원 관계의 질서를 유지하기 위하여 과하여지는 '행정적 제재' 또는 '행정적 제재를 가하는 것'을 말한다.[1)]

대법원은 "공무원에 대한 징계처분은 당해 공무원의 직무상의 위반행위 기타 비행이 있는 경우 공무원 관계의 질서를 유지하고, 기강을 숙정하여 공무원으로서의 의무를 다하도록 하기 위하여 과하는 제재"라고 판시하였다.

1) 박균성, 행정법론(하), 박영사, 2019년, 325쪽 참조. 징계(징계)의 사전적 의미로는 "허물이나 잘못을 뉘우치도록 나무라며 경계함" 또는 "부정이나 부당한 행위에 대하여 제재를 가함"을 의미한다 [네이버 지식백과(두산백과 두피디아)].

▮판례▮ 대법원 1992. 3. 27. 선고 91누9145 판결

공무원에 대한 징계처분은 당해 공무원의 직무상의 위반행위 기타 비행이 있는 경우 공무원 관계의 질서를 유지하고, 기강을 숙정하여 공무원으로서의 의무를 다하도록 하기 위하여 과하는 제재이므로, 공무원인 피징계자에게 징계사유가 있어 징계처분을 하는 경우 어떠한 처분을 할 것인가 하는 것은 징계권자의 재량에 맡겨진 것이고, 다만 징계권자가 징계권의 행사로써 한 징계처분이 사회통념상 현저하게 타당성을 잃어 징계권자에게 맡겨진 재량권을 남용한 것이라고 인정된 경우에 한하여 위법한 것이다(대법원 1991. 2. 12. 선고 90누5627 판결, 1985. 10. 8. 선고 84누735 판결 등 참조).

따라서 원심이 원고의 비위의 내용이 중대하고, 그로 인하여 큰 사회적 물의를 일으켰으며, 위 집단퇴장행위에 있어 원고가 주도적 역할을 하였다고 평가되는 점 등에 비추어 보면, 원고가 주장하는 사정이 있다 하더라도 원고에 대하여 징계종류로서 정직 1월의 중징계처분을 한 것은 그 징계의 양정에 있어서 적정한 것으로 보여지고 재량권을 일탈하였다거나 남용하였다고 인정되지 아니한다고 판단한 것은, 위에서 본 법리에 비추어 옳고 거기에 소론과 같은 징계재량권의 법리를 오해한 위법이 있다 할 수 없다.

나. 징계의 목적과 기능

징계는 특정한 신분상, 직무상 관계에 기초한 권력적 관계에서 지휘·감독권을 갖는 자에게 부여되는 것으로 특정한 권력관계상의 의무나 규율을 위반한 행위에 대하여 신분상, 인사상 불이익을 과하는 제재인 점에서 특정한 권력관계의 질서를 유지하는 것을 목적으로 한다.

징계는 내부 규율 및 의무의 위반행위에 대한 신분상, 인사상 불이익한 처분을 통해 의무이행을 강제하고 내부 질서를 유지시킴으로써 지휘·감독자의 지휘·감독권을 보장하는 기능을 한다.

다. 징계의 법적 성질(형벌 등과 차이)

(1) 징계벌과 형벌의 차이

징계는 특정한 권력관계에서 지휘·감독자가 갖는 행정적 권한에 기초하여 특별권력관계의 내부질서를 유지하는 것을 목적으로 하나, 형벌은 국가의 일반적 권력관계에서 국가형벌권에 기초하여 국가의 일반적인 법질서를 유지하는 것을 목적으로 한다.[2] 즉, 징계는 공무원의 의무위반행위에 대하여 내부적인 제재를 가하는 점에서 국가가 일반 통치권에 기하여 행정법상 의무를 위반한 국민에 대한 제재로서 가하여지는 행정벌과도 구별된다.

징계는 공무원 등 특정한 권력관계에서 구성원의 의무나 규율 위반행위를 대상으로 신분상 이익을 전부 또는 일부를 박탈하는 행정적 제재(인사벌)임에 반하여 형벌은 일반적인 형사법에 대한 위반행위를 대상으로 생명, 신체적 자유, 재산상 이익이나 자격을 박탈하거나 제한하는 형사벌이다. 따라서 징계는 행정절차에 의해 부과되며, 형벌은 형사소송절차에 따라 부과된다.

징계와 형벌은 그 목적과 적용 대상, 권력적 기초나 제재 내용 및 절차가 상이하므로 상호 독립적이다. 어떤 행위가 징계와 형벌의 대상이 된 경우에 징계절차는 형사절차에 영향을 미치지 않고, 형사절차 역시 징계절차에 영향을 미치지 않는다. 이는 형사사법절차에서의 법적 평가와 행정처분절차에서의 법적 평가가 서로 다르고, 무죄추정의 법칙, 전문증거배제 법칙, 자백보강 법칙, 자유심증주의 등 각 절차에 적용되는 원칙과 방법이 형사절차와 징계절차가 서로 다르기 때문이다. 따라서 동일한 행위에 대하여 징계처분과 형사처벌이 동시에 함께 이루어질 수 있다.

▌판례▌ 대법원 1985. 4. 9. 선고 84누654 판결

국가공무원법 제78조 제1항 제3호가 정하는 징계사유인 직무의 내외를 불문하고 그 체면 또는 위신을 손상하는 행위를 한 때라 함은 공무원의 신분상의 의무로서의 품위유지의 의무에 반하는 것으로 주권자인 국민의 수임자로서 또는 국민에의 봉사자인 직책을 다하는 공직자로서 공직의 체면, 위신을 손상하는 데 직접적인 영향이 있는 행위를 한 때를 말하는 것이므로 이와 같은 의무위반의 행위가 있었다면 비록 그것이 형사상 책임이 없는 것이라고 하더라도 형사책임의 유무에 불구하고 징계사유가 된다. 따라서 원심이 원고의 비위의 내용이 중대하고, 그로 인하여 큰 사회적 물의를 일으켰으며, 위 집단퇴장행위에 있어 원고가 주도적 역할을 하였다고 평가되는 점 등에 비추어 보면, 원고가 주장하는 사정이 있다 하더라도 원고에 대하여 징계종류로서 정직 1월의 중징계처분을 한 것은 그 징계의 양정에 있어서 적정한 것으로 보여지고 재량권을 일탈하였다거나 남용하였다고 인정되지 아니한다고 판단한 것은, 위에서 본 법리에 비추어 옳고 거기에 소론과 같은 징계재량권의 법리를 오해

2) 박균성, 행정법론(하), 325쪽 참조.

한 위법이 있다 할 수 없다.

다만, 동일한 행위에 대하여 징계와 형벌의 처분이 상호 모순되거나 충돌할 수 있고, 징계절차보다는 형사절차가 실체적 진실을 규명할 수 있는 조사 권한과 범위가 넓은 점에서 형사절차가 이루어질 때까지 징계절차를 중지할 수 있다.

감사원이나 (군)검찰, (군사)경찰, 그 밖의 수사기관이 공무원의 비행사실에 대한 조사나 수사를 개시하거나 마친 때에는 10일 이내에 그 소속기관 또는 감독기관의 장에게 그 사실을 통보하여야 한다. 감사원의 조사개시 통보를 받은 경우에는 그 통보를 받은 날부터 징계의결 요구, 그 밖에 징계절차를 진행하여서는 아니 된다. (군)검찰・(군사)경찰, 그 밖의 수사기관에서 수사 중인 사건에 대하여는 수사기관으로부터 수사개시 통보를 받은 날부터 징계의결의 요구나 그 밖의 징계 절차를 진행하지 아니할 수 있다. 이 경우 징계권자 또는 행정기관의 장은 지체 없이 징계의결의 요구나 그 밖에 징계절차의 진행 여부를 결정하여야 하고, 그 절차를 진행하지 아니하기로 결정한 경우에는 이를 징계혐의자에게 통보하여야 한다.

▮판례▮ 대법원 1994. 1. 11. 선고 93누14752 판결

원심이 확정한 바와 같이 피고는 원고가 검수원으로서의 업무상 주의의무를 게을리하여 제동관 공기호스의 앵글코크를 개방하지 아니한 채 열차를 출발하게 함으로써 제동력이 떨어져 내리막길에서 급가속된 열차로 하여금 교량 아래로 탈선, 추락하게 하였음을 징계사유로 하여 이 사건 파면처분을 하였고, 한편 위 징계처분이 있은 후에 그에 대한 형사사건으로 1심에서 원고에 대하여 유죄판결이 선고되었으나 그 후 항소심에서 무죄판결이 선고되고 이 판결이 대법원에서 확정되었다면 그 징계처분이 근거 없는 사실을 징계사유로 삼은 것이 되어 위법하다고는 할 수 있을지언정 그 하자가 객관적으로 명백하다고는 할 수 없으므로 이 사건 징계처분이 당연무효가 되는 것은 아니라고 할 것이다.

(2) 징계와 직위해제・보직해임의 차이

"보직해임"이란 군인사법에 따라 군인이 그 보직을 유지할 수 없는 사유가 발생한 경우 군인 신분관계를 그대로 유지하면서 해당 보직(직위)에 대한 직무담임권을 강제로 해제하는 인사권자의 인사상 조치(행정처분)를 말한다.[3] "직위해제"라 함은 국가공무원법 또는 군무원인사법 등 공무원 관계 법령에서 그 신분관계는 그대로 유지하면서 직위를 해제하는 임용권자의 행정조치를 말한다.[4]

보직해임이나 직위해제는 비위행위자에 대한 인사상 불이익한 처분으로 징계처분이나 형사처벌의 전후에 인사권자 또는 임용권자의 적시적인 인사조치를 보장하는 수단으로 의미를 가지는 점에서 그 목적이 징계와 다르다. 보직해임이나 직위해제는 직위를 해제하여 직무담임권을 제한하는 것에 그치는 점에서 신분상 이익을 박탈하거나 제한하는 징계와는 처분의 내용에 차이가 있고, 처분권자와 처분절차가 서로 상이하다.[5]

따라서 하나의 행위가 보직해임이나 직위해제 사유에 해당하고 징계사유에 해당한 경우 양자는 상호 독립적인 절차에 따라 이루어지는 것으로 보직해임이나 직위해제 처분은 이후 징계처분에 영향을 미치지 않는다.

▌판례▌ 대법원 1983. 10. 25. 선고 83누184 판결

원심은 거시증거에 의하여 서울풍납국민학교 교사인 교육공무원으로서 2학년 11반을 담임하던 원고가 1981.3.경부터 같은해 10.경까지 19회 지각하였고, 같은해 12.경까지 위 학교교장의 허가 없이 10여회 무단이석하였을 뿐만 아니라 같은해 11.경부터는 위 교장의 참석명령에도 불구하고 여러 차례 동학년회의에도 참석하지 아니하였으며, 같은해 6.중순 16:40경에는 급히 귀가하기 위한 나머지 시정된 위 학교후문의 철책을 넘어간 적이 있는 사실 및 피고는 서울특별시 교육위원회 교육공무원 일반징계위원회의 적법한 징계의결에 따라 원고에 대하여 이 사건 징계처분을 한 사실을 인정하고, 이에 반하는 증거를 배척한 다음 위 사실에 비추어 보면, 원고는 교육공무원으로서 국가공무원법 소정의 복종의무, 직장이탈금지의무 및 품위유지의무에 위배하였다 할 것이고 따라서 이는 교육공무원법 제51조 제1항 및 국가공무원법 제78조 제1항 제1호 및 제3호 소정의 징계사유에 해당하는 것이므로 적법한 징계사유에 대하여 적법한 징계절차를 거쳐 이루어진 이 사건 징계처분은 적법하다고 판시하고 있는바, 기록에 의하면 원심의 위와 같은 사실인정 및 판단은 정당하고, 거기에 소론과 같은 의제자백에 관한 법리오해나 피고가 허위로 조작한 증거에 의하여 사실을 오인한 위법이 없을 뿐만 아니라 징계절차에도 위법이 없으며, 직위해제처분이 공무원에 대한 불이익한 처분이긴 하나 징계처분과 같은 성질의 처분이라 할 수 없으므로 같은 취지의 원심판결에 일사부재리원칙의 법리를 오해한 위법이 없고, 또

3) 군인사법 제17조의2 제1항 참조.
4) 군무원인사법 제29조 또는 국가공무원법 제73조의3 등 참조.
5) 육군종합행정학교, 일반학(징계업무), 24쪽 참조.

소제기 후 변론의 지연이나 원고의 직위해제처분취소 청구사건을 이 사건 청구와 동시에 심리한 사실만으로는 소송절차의 위배가 있다 할 수 없고, 그 외 직위해제처분 취소 청구사건에 관한 소론과 같은 사유는 이 사건의 적법한 상고이유가 될 수 없는 바이니 논지는 어느 것이나 이유 없다.

(3) 징계와 직권면직 · 현역복무부적합자 전역의 차이

"현역복무부적합자 전역"이라 함은 군인사법상 인정되는 제도로 현역 복무에 적합하지 아니하는 사유가 발생한 사람에 대하여 본인의 의사에 관계없이 일정한 절차를 거쳐 현역에서 전역시킬 수 있는 제도를 말한다.[6] "직권면직"이란 법령상 일정한 사유가 인정되는 경우에 본인의 의사에 관계없이 임용권자가 직권으로 그 사유가 인정되는 사람의 공무원 신분을 박탈하는 것을 말한다.[7]

현역복무부적합자 전역처분 또는 직권면직 처분은 본인의 의사에 관계없이 법령상 일정한 사유에 해당하게 되어 현역복무에 적합하지 아니하거나 공무원의 신분을 유지할 수 없는 경우에 군인 또는 공무원 신분관계에서 배제하는 인사상 불이익 조치이나, 현역 등 공무원 신분관계의 유지에 적합하지 아니한 사유가 발생한 사람에 대하여 이루어지는 것인 점에서 내부 규율이나 신분상 의무 위반 행위를 한 사람에 대한 제재로서 불이익을 부과하는 징계와 차이가 있다.

▌판례▌ 대법원 1983. 10. 25. 선고 83누184 판결

군인사법이 1997.1.13. 법률 제5267호로 개정되어 같은 해 4월 14일부터 시행되기 전후의 징계의 종류에 관한 제57조의 규정을 대비하여 보니 중징계에 해당하던 감봉이 경징계에 해당하는 것으로 개정되었고, 징계권자에 관한 제58조의 규정에서는 징계권자가 일부 변경되었으며, 한편 개정법(다음부터는 개정되기 전의 법률을 '구법', 개정된 후의 법률을 '신법'이라 한다) 부칙 제7조는 "이 법 시행 당시 징계절차가 진행중인 징계사건은 제57조 및 제58조의 개정규정에 불구하고 종전의 규정에 의한다."고 규정하고 있는바, 징계처분과 전역심사에 따른 전역처분은 그 규정 취지와 사유, 위원회의 구성 및 주체에 있어서 서로 다르므로 징계처분을 받은 사실이 현역복무부적합(다음부터는 '부적합'이라고만 한다) 판정의 한 사유가 된다 하더라도 그 두 절차는 준별하여 취급하여야 할 것이고, 법이 개정되었을 경우 특별한 규정이 없는 한 신법이 적용되어야 할 것이므로, 전역심사를 함에 있어 이미 확정된 감봉처

6) 군인사법 제37조 제1항 참조.
7) 군무원인사법 제28조, 국가공무원법 제70조 참조.

분을 중징계에 해당하는 것으로 볼 것인지 아니면 경징계에 해당하는 것으로 볼 것인지의 여부는 전역심사 당시의 법률을 기준으로 따져 보아야 할 것이다.

2. 징계의 권원(법원, 근거)

가. 이론적 근거

국가행정기관의 장은 해당 행정기관의 기능과 임무를 원활히 수행하기 위하여 소속 공무원을 지휘하고 공무원의 성실한 직무수행을 감독한다. 즉, 행정기관의 장은 소속 공무원에 대한 지휘·감독권을 가진다. 공무원의 직무상, 신분상 의무는 공무원의 직무수행과 행정기관의 기능을 이행하기 위하여 부과된 것이 대부분이다. 징계는 특정한 공무원 관계에서 공무원으로서 부담하는 의무를 위반한 경우, 의무를 위반한 그 공무원에 대하여 신분상 불이익을 부과함으로써 의무 준수를 간접적으로 강제하고 공무원 관계의 질서를 유지하는 것을 목적으로 한다. 따라서 징계는 공무원의 의무 위반행위에 대하여 신분상·인사상 불이익을 가하는 것으로 행정기관의 장이 갖는 지휘·감독권, 즉 행정기관의 장의 임용권 또는 인사권에 권원을 두고 있다고 볼 수 있다.

나. 법적 근거

(1) 일반적 법원으로서 국가공무원법

징계는 공무원의 의무위반에 대하여 내부적으로 과하는 신분상·인사상 제재의 하나이다. 공무원 관계를 규율하는 법령에서는 공무원이 준수하여야 할 공무상, 신분상 의무를 부여하면서 공무원 관계의 내부질서를 유지하고 공무원의 의무를 준수하도록 하기 위하여 공무원이 의무를 위반한 경우 내부적으로 신분상·인사상 제재를 함께 규정하고 있다. 국가공무원법은 국가공무원 관계에 관한 일반법으로서 국가공무원에 관한 복무의무와 이를 위반한 공무원에 대한 징계에 관하여 규정하고 있다. 국가공무원법의 위임에 따라 국가공무원에 대한 징계에 관하여 정하고 있는 공무원 징계령 및 공무원 징계령 시행규칙 역시 일반법으로서 법령에 해당한다.

(2) 특정직공무원에 대한 징계의 법적 근거

특정직공무원의 경우 각각의 공무원의 직무와 신분의 특성을 고려하여 별도의 법률을 두고 있는바, 특정직공무원에 관한 해당 법률에서 해당 공무원에 대한 징계에 대하여도 별도로 규정하고 있다.

군인의 경우에는 군인사법과 군인 징계령 및 군인 징계령 시행규칙이 있고 군무원의 경우 군무원인사법 및 군무원인사법 시행령이 있다. 그 밖에 교육공무원법 및 교육공무원 징계령, 경찰공무원법 및 경찰공무원 징계령, 소방공무원법 및 소방공무원 징계령 등이 있다.

지방공무원에 대하여는 지방공무원법 및 지방공무원 징계 및 소청 규정이 있고, 사립학교 교원에 대하여는 사립학교법 및 사립학교법 시행령에서 교원에 대한 징계에 관하여 규정하고 있다.

과거 판례는 사립학교 교원에 대한 징계에 대한 교육공무원법 및 교육공무원 징계령이 준용되는지 여부에 관하여 준용을 긍정하는 판시를 한 바 있다.

▌판례▐ 대법원 1962. 5. 3. 선고 4294민상970 전원합의체 판결

원판결이 인용한 1심 판결은 그 판시이유에서 교육공무원법 제37조 제4호에 의거한 교육공무원 징계령 소정 징계절차를 곧 사립학교교원의 징계에 관하여도 적용되는 것이라고 단정하기 어려웁고 피고 법인 기부행위(갑 제1호증) 제19조 3항에 의하면 이사회가 학교장 또는 교직원에 대한 징계 해임결의를 함에 있어서는 교육공무원법 소정의 징계사유에 의하여야 함을 요한다는데 그치고 징계에 관한 절차까지도 교육공무원법 소정의 징계절차에 따라야 한다는 취지가 아니라고 판단하였으나 교육공무원법 제41조에 의하면 이 법은 제3장 임명의 규정을 제외하고는 사립학교의 관리자와 교원에 준용한다고 규정하여 그 법이 정한 규정 중 징계에 있어 징계절차는 이를 제외하여 준용하지 않는다고 하지 아니하였을 뿐만 아니라 사립학교의 교원에 대하여도 교육공무원과 마찬가지로 그의 지위와 신분을 보장하자면 교육공무원법이 정한 징계사유에 관한 규정만 준용하여서는 별로 그 의미가 없고 징계절차에 관한 규정까지도 준용함으로써 비로서 사립학교의 교원에게도 지위와 신분을 보장하기 위한 실효를 거둘 수 있을 것이다. 어떠한 권리이던 권리의 보호에 있어서는 실로 그 절차가 중요하다 할 것이다. 그렇다면 교육공무원법 제37조나 교육공무원 징계령도 사립학교 교원의 징계에 준용된다 할 것이며 피고법인의 기부행위(갑 제1호증) 제19조 3항의 규정 또한 교육공무원법이 정한 징계절차에 관한 규정을 배제한 것으로 해석할 아무 근거를 발견할 수 없는 바임에도 불구하고 원판결은 이와 견해를 달리하여 징계절차에 관하여는 교육공무원법이 준용되지 않는다고 판단한 것은 교육공무원법 제41조의 규정을 오해하고 갑 제1호증(제19조 3항)의 증거판단을 잘못한 것으로서 원판결의 이와 같은 법령위반은 원판결이 인용한 1심판결에 의하여 확정된 피고법인의 원고들에게 대한 본건 해임절차의 하자가 고치어지지 아니하였다면 원판결의 결과에 영향을 미칠 것이므로 상고논지는 이유 있고 다른 논점에 대한 판단을 필요로 할 것이 없이 원판결은 파기를 면치 못할 것이며 원심으로 하여금 다시 심리판단케 함이 상당하다 인정하고 민사소송법 제406조를 적용 하여 주문과 같이 판결한다.

[대법원판사 홍순엽의 별개의견] 이 재판은 대법원판사 홍순엽의 다음과 같은 이견 있는 외에는 관여 대법원판사의 일치된 의견으로 이루어진 것이다. 대법원판사 홍순엽의 이견 사립학교의 교원징계에 있어서도 교육공무원법 소정징계절차에 관한 규정이 준용되어야 한다는 것은 위의 다수 의견과 견해를 같이하는 바이지만 사립학교와 그 학생과의 관계나 또는 사립학교의 관리주체와 교원과의 관계는 그것이 사법상의 계약에 의하여 설정된다하여도 학교교장이 학생에 대하여 가지는 규율권이나 학교관리 주체의 교원에 대한 징계권은 모두 교육법이나 교육공무원법에 의하여 허용되는 공적성질을 띄운 것으로서 교육과 학교의 관리라는 특수목적을 위하여 필요한 한도에서 학교장이나 학교관리자에게 포괄적인 지배권이 부여되어 이들 사이에는 특별권력관계가 형성된다고 보아야 할 것이며 이 특별권력 관계는 국가의 공법적 법적질서에 의하여 특히 부여되는 것이니 만큼 공법상의 특별권력관계라 할 것이다. 그렇다면 학교장이나 학교의 관리주체는 이 공법상의 특별권력을 행사하는 입장에서는 공법상의 지위에 준한다 할 것이며 만일 그 권력행사가 그 특별권력의 존립목적의 한계를 이탈하여 특별권력 관계에 복종하는 자의 권익을 침해하였다면 그 실태는 행정처분에 의하여 사람의 권리가 침해된 것과 마찬가지의 가치판단을 받아야 할 것으로서 학교장의 규율행사나 학교관리자의 징계처분의 시정을 구하는 형식이 취소청구이던 또는 무효확인이던 행정소송법에 의하여야 할 것이며 본건 징계처분으로서의 해임결의의 무효확인을 구하는 것은 행정소송의 대상은 될지언정 민사재판권의 관할에 속한다고는 볼 수 없다. 따라서 본건 징계처분으로서의 해임결의 무효확인이 민사재판소의 관할사항이라는 것을 전제로 한 다수의견에 찬동할 수 없다.

그러나 최근에는 교육공무원 징계령이 준용되지 않고 사립학교법 및 같은 법 시행령에 따른다는 취지의 판시를 한 바 있다.

▌판례▐ 대법원 1993. 5. 14. 선고 93다3745 판결

2. 또한 원심은, 원고가 이 사건 징계위원회에 회부되기 이전부터 여러 차례 학교장 등과의 면담을 통하여 자신이 전국교직원노동조합에서 탈퇴하지 않으면 징계될

것이라는 사실을 미리 통보받아 자신에 대한 징계혐의사실의 내용을 잘 알고 있었고, 원고를 징계할 당시의 사립학교법이나 피고 법인의 정관 어디에도 피징계자에게 징계의결요구서 사본을 미리 송부하여야 한다는 규정이 없었던 점 등에 비추어 볼 때, 비록 피고가 원고에게 이 사건 징계위원회 출석통지를 함에 있어 징계의결요구서 사본을 첨부하여 송부하지 않았다고 하더라도 그러한 사유만으로는 원고에 대한 이 사건 징계처분이 무효로 될만한 절차상의 하자가 있었다고 볼 수 없다고 판단하였는바, 기록과 관계법령에 대조하여 살펴보면 원심의 위와 같은 조치도 옳고, 거기에 무슨 위법이 있다고 할 수 없다.

소론은 교육공무원의 징계기관 및 징계절차를 규율하는 교육공무원징계령 제6조 제3항에 "징계의결요구권자는 징계의결요구와 동시에 교육공무원징계의결요구서 사본을 징계혐의자에게 송부하여야 한다"고 규정되어 있고, 위 규정이 사립학교의 교원에 대한 징계의 경우에도 그대로 준용됨을 전제로, 피고의 원고에 대한 이 사건 징계절차에 있어 위 징계의결요구서 사본의 송부에 의한 징계사유의 사전고지절차를 흠결한 위법이 있다고 주장하고 있으나, 이 사건과 같은 사립학교의 교원에 대한 징계에 관하여는 사립학교법에 정한 징계절차의 규정만이 적용되는 것이지 위 교육공무원징계령 소정의 징계절차에 관한 규정은 준용되지 않는 것으로 볼 것이므로, 이와 반대의 견해를 전제로 한 논지도 받아들일 수 없다. 소론이 들고 있는 판례는 모두 개정 전의 구 교육공무원법의 적용을 받는 사안에 관한 것이어서 이 사건에 원용하기에 적절한 것이 못된다.

3. 징계(처분)의 법적 성질

가. 징계의 공법 관계

공무원의 근무관계는 일반적으로 공법 관계 또는 행정법 관계로 볼 수 있다.[8] 징계는 공무원의 공법상 근무관계 또는 특별 감독관계에서 일정한 징계권자가 공무원의 의무위반행위에 대하여 공무원 관계의 내부 질서 유지라는 공익을 위하여 신분상 불이익을 강제로 부과하는 권력적 행정행위로서 행정벌이다. 따라서 징계 역시 공법 관계 또는 행정법 관계로 보는 것이 타당하다.

징계는 공무원 관계에서 그 내부 질서 유지를 위하여 공무원의 의무위반에 대하여 불이익한 처분을 하는 것으로 공무원 관계를 전제로 한다. 따라서 징계처분은 공무원 관계가 유지되는 경우, 즉 공무원의 신분을 유지하고 있는 재직

8) 박균성, 행정법론(하), 248쪽 참조. 판례는 공무원의 근무관계를 공법관계로 보면서도 근로기준법상 근로자의 지위를 인정하고 있다(대법원 1979. 3. 27. 선고 78다163 판결 참조).

중에 한하여 처벌할 수 있으므로 제적되거나 전역 후 또는 면직이나 퇴직한 후에는 징계하지 못한다.[9] 다만, 징계처분에 대한 항고의 경우 항고심사위원회는 원징계처분보다 무겁게 징계등을 결정하지 못하고, 징계에 대한 행정소송의 제기를 위해서는 항고절차를 거쳐야 하고 징계을 받은 사람은 이를 다툴 이익이 있으므로 제적 또는 전역 등으로 신분을 상실한 경우에도 항고할 수 있다고 보아야 할 것이다.

나. 징계의 처분성

징계(처분)는 공무원의 의무위반행위로 인하여 해당 공무원에 대하여 구체적인 신분상·인사상 권리를 제한하는 것으로 행정처분의 성질을 갖는다. 따라서 징계처분에 대하여는 행정심판이나 소청심사 또는 항고심사를 제기할 수 있고, 징계처분은 처분성이 인정되므로 행정소송의 대상이 된다.

다. 징계의 재량성

공무원의 징계는 공무원 관계 또는 조직의 내부 질서를 유지함으로써 징계권자의 소속 공무원에 대한 지휘·감독권을 보장하는 기능을 갖는 점에서 고도의 행정 목적적 또는 정책적 성격을 가지므로 공무원의 평소의 근무성적이나 근무태도를 고려하여 결정하여야 한다. 따라서 징계처분은 징계권자의 재량권이 인정되는 재량행위에 해당한다.[10] 징계권자는 징계심의대상자에 대하여 징계위원회의 징계의결 요구 여부에 대한 재량권을 행사할 수 있다. 다만, 징계권자는 징계위원회의 의결에 따라 징계처분을 하여야 하므로 결과적으로 징계처분의 의결재량은 징계위원회에 부여되어 있다고 볼 수 있다. 징계위원회는 징계사유의 인정 여부를 결정하고 징계의 종류를 선택하여 의결함에 있어 재량권이 인정된다.[11]

---

9) 이러한 경우에는 징계처분 전에 ① 형사재판의 결과 집행유예 이상의 형 등이 확정되어 제적 또는 퇴직된 경우, ② 전역 후 징계처분에 대한 행정소송에서 취소된 경우, ③ 징계절차 진행 중 전역일이 도래한 경우 등이 있다.

10) 박균성, 행정법론(하), 337쪽 참조.

11) 관계법률상 징계권자는 징계위원회의 의결을 거쳐 그 의결에 구속되어 징계처분을 하여야 하는 점에서 징계권자의 징계처분에 대한 재량권은 법률상 징계위원회에 이전되고 실질적으로 징계권자의 징계 재량은 징계절차의 개시 또는 처분시 징계감경 등에서 인정된다.

▌판례▌ 대법원 2017. 11. 9. 선고 2017두47472 판결

공무원인 피징계자에게 징계사유가 있어서 징계처분을 하는 경우 어떠한 처분을 할 것인가는 징계권자의 재량에 맡겨져 있다. 그러므로 징계권자가 재량권을 행사하여 한 징계처분이 사회통념상 현저하게 타당성을 잃어 징계권자에게 맡겨진 재량권을 남용하였다고 인정되는 경우에 한하여 그 처분을 위법하다고 할 수 있다.

공무원에 대한 징계처분이 사회통념상 현저하게 타당성을 잃었는지는 구체적인 사례에 따라 직무의 특성, 징계의 원인이 된 비위사실의 내용과 성질, 징계에 의하여 달성하려고 하는 행정목적, 징계양정의 기준 등 여러 요소를 종합하여 판단할 때 징계내용이 객관적으로 명백히 부당하다고 인정할 수 있는 경우라야 한다. 징계권자가 내부적인 징계 양정기준을 정하고 그에 따라 징계처분을 하였을 경우 정해진 징계양정기준이 합리성이 없다는 등의 특별한 사정이 없는 한 당해 징계처분이 사회통념상 현저하게 타당성을 잃었다고 할 수 없다.

제2절 징계의 기본원칙

1. 법치행정의 원칙

가. 징계와 실질적 법치주의

"법치행정의 원칙"이라 함은 행정(권)은 법에 따라 행하여져야 하고, 국민의 권리를 제한하는 경우에는 법에 근거하여 적법절차에 따라야 하며, 국민의 권익이 행정(권)에 의하여 침해되는 때에는 침해된 권익에 대한 구제 제도가 보장되어야 한다는 원칙이다. 법치주의는 자의적인 통치를 배제하고 입법 및 사법권은 물론 행정권을 포함한 모든 국가적 권한은 법에 따라 행하여야 한다는 국가작용의 기본원리를 말한다. 국가작용 중 행정권은 법집행을 통해 공권력을 행사하여 적극적으로 국가질서를 유지하고 국민의 생활에 개입하여 국민의 권익에 영향을 미치는 점에서 법치주의는 입법권이나 사법권보다 행정권에 대한 통제원리로서 법치행정의 원칙을 핵심으로 한다.

오늘날 법치주의 또는 법치행정의 원칙은 의회가 제정한 법률에 의한 지배 또는 행정만을 의미하는 형식적 법치주의(법치행정)를 넘어 실질적 법치주의 또는 법치행정을 의미한다. 실질적 법치행정은 의회에서 제정한 법률의 목적과 내용이 인간의 존엄과 가치를 존중하고, 국민의 기본권을 보장하며 헌법의 기본가치와 내용에 부합하는 법률에 따라 행정이 행하여져야 한다는 것을 말한다.

공무원의 근무관계를 특별권력관계로 이해하였던 과거에는 특별권력관계 내부에서 이루어지는 제재로서의 징계에는 별도의 법적 근거를 요하지 않아 법치주의(행정)가 문제되지 않았다. 그러나 공무원의 근무관계에 대한 특별권력관계론이 폐기된 오늘날에는 공무원에 대한 징계에 대하여도 법률유보의 원칙이 적용되어 법적 근거가 필요하게 되었다. 따라서 공무원에 대하여 징계를 함에 있어서 징계사유, 징계의 종류와 내용, 징계절차, 징계대상자의 절차상 권리나 징계에 대한 불복 등에 관하여 법률적 근거가 마련되어야 한다.[12)]

나. 법치행정 원칙의 내용

(1) 의회입법의 원칙

국가작용 중 국민의 권리의무에 관한 법규를 정립하는 입법은 민주주의의 원칙상 의회에 의하여 이루어져야 한다. 우리 헌법 제40조는 "입법권은 국회에 속한다"고 규정하여 국회(의회)입법의 원칙을 선언하고 있다. 법치행정의 원칙에서의 의회입법의 원칙은 행정에 대한 지배 또는 통제는 의회에서 정립한 법률에 의하여 이루어져야 한다는 의미를 갖는다.[13)]

(2) 법률유보의 원칙

법률유보의 원칙이란 행정권한은 법률에 유보되어야 한다는 것으로 국민의 권리의무에 영향을 미치는 행정권 발동은 법률에 근거가 있어야 하며, 법률의 근거가 없는 경우에는 행정의 필요성이 인정되는 때에도 행정권을 발동할 수 없다는 원칙을 말한다.

행정의 법률유보의 원칙은 의회주의 또는 민주주의 원리에 기초하여 국가행정권한의 제한 또는 통제를 통한 민주행정의 실현 및 인권보장을 목적으로 한다. 다만, 법률유보에서 법률에는 형식적 의미의 법률뿐만 아니라 법률의 위임

12) 김남철, 행정법 강론, 박영사, 2022년, 1212쪽 참조.

13) 의회입법의 원칙의 예외로서 국가적 위기시에 대통령이 법률의 효력을 가지는 긴급명령이나 긴급재정·경제명령을 발할 수 있고, 비상계엄시 계엄사령관은 법률의 효력을 가지는 특별한 조치(포고령)를 할 수 있다.

에 근거하여 제정된 법규명령을 포함한다.

행정은 모든 경우에 법률에 따라 조직된 행정기관에 의하여 법률에 따른 행정작용을 통하여 이루어진다. 행정조직에 관한 법률유보의 원칙은 행정조직 법정주의로 표현될 수 있다. 따라서 법률유보의 원칙은 조직법적 측면보다는 행정작용법적 측면에서 더 큰 의미가 있다.

과거의 행정이 질서유지를 위하여 필요한 경우 국민의 권리를 제한하는 질서유지 행정 또는 침해행정과 같은 소극적인 행정이 대부분이었다면, 오늘날의 행정은 국민의 권리를 보장하는 복지국가 또는 사회보장국가적 개입이 요구되고 중요시되는 적극적인 급부행정이 증가하고 행정의 중요성이 커지고 있다. 그러나 법률유보의 원칙은 침해행정뿐만 아니라 급부행정에서도 문제될 수 있다. 일반적으로 법률유보 원칙의 적용 범위는 민주주의(의회주의)의 요청과 행정의 탄력성(합목적성)을 조화하는 것을 기준으로 하여 정하고 있다.[14)]

▮판례▮ 대법원 2015. 8. 20. 선고 2012두23808 전원합의체 판결

특정 사안과 관련하여 법률에서 하위 법령에 위임을 한 경우에 모법의 위임범위를 확정하거나 하위 법령이 위임의 한계를 준수하고 있는지 여부를 판단할 때에는, 하위 법령이 규정한 내용이 입법자가 형식적 법률로 스스로 규율하여야 하는 본질적 사항으로서 의회유보의 원칙이 지켜져야 할 영역인지, 당해 법률 규정의 입법 목적과 규정 내용, 규정의 체계, 다른 규정과의 관계 등을 종합적으로 고려하여야 하고, 위임 규정 자체에서 의미 내용을 정확하게 알 수 있는 용어를 사용하여 위임의 한계를 분명히 하고 있는데도 문언적 의미의 한계를 벗어났는지나, 하위 법령의 내용이 모법 자체로부터 위임된 내용의 대강을 예측할 수 있는 범위 내에 속한 것인지, 수권 규정에서 사용하고 있는 용어의 의미를 넘어 범위를 확장하거나 축소하여서 위임 내용을 구체화하는 단계를 벗어나 새로운 입법을 한 것으로 평가할 수 있는지 등을 구체적으로 따져 보아야 한다.

여기서 어떠한 사안이 국회가 형식적 법률로 스스로 규정하여야 하는 본질적 사항에 해당되는지는, 구체적 사례에서 관련된 이익 내지 가치의 중요성, 규제 또는 침해의 정도와 방법 등을 고려하여 개별적으로 결정하여야 하지만, 규율대상이 국민의 기본권 및 기본적 의무와 관련한 중요성을 가질수록 그리고 그에 관한 공개적 토론의 필요성 또는 상충하는 이익 사이의 조정 필요성이 클수록, 그것이 국회의 법률에 의해 직접 규율될 필요성은 더 증대된다.

---

14) 박균성, 행정법론(상), 25쪽 참조.

행정의 유형에 따른 법률유보의 적용을 살펴보면, 침해행정은 헌법 제37조 제2항에 따라 국민의 기본권을 제한하는 것으로 법률에 근거를 두어야 한다. 특히 침해행정에 있어서는 법률유보의 정도가 강하게 요구되는 경우로 행정의 중요부분에 대한 예측이 가능할 정도로 법률에 명확하게 근거를 규정하여야 한다.

급부행정의 경우에는 국민의 기본권 제한이 없거나 사회보장 또는 복지국가를 위하여 적극적인 급부가 제공되어야 한다는 점에서 법률유보는 완화된다. 급부행정의 중요사항은 법률에 근거가 있어야 하나, 경우에 따라서는 법률에 구체적인 근거가 요구되지 아니하고 포괄적인 법률유보도 허용된다. 그러나 이 경우에는 급부에 반대급부가 결부되거나 상대방에게 어떠한 부담을 부과하거나 제한을 하는 때에는 법률에 근거를 두어야 한다.

비권력적 행정에서는 상대방의 동의가 있는 경우 법률의 근거를 요하지 아니할 수 있다. 비권력적 행정의 경우에도 국민의 권리의무에 침익적 영향을 미치는 때에는 법률의 근거가 요구된다. 법규명령이나 법규명령의 효력을 갖는 행정규칙의 제정·개정에 있어서도 법령의 근거 또는 위임이 있어야 하며, 이 경우 법률의 위임은 일반적이거나 포괄적일 수 없고 구체적이어야 한다.

(3) 법률우위의 원칙

법률우위의 원칙은 법률은 행정보다 우위에 있는 것 또는 우월하다는 것으로 행정은 법률에 위반하여서는 아니 된다는 원칙을 말한다. 여기서의 "행정"은 법적 행위뿐만 아니라 사실행위를 포함한다.

법치행정의 실질적 의미가 헌법에 합치하는 합헌적인 법률에 의한 행정을 말하는 점에서 법률우위의 원칙에 있어서도 행정은 헌법에 합치하는 법률을 위반하여서는 아니 된다는 것을 의미한다. 법률우위의 원칙에 해당하는 법률에는 형식적 의미의 법률에 국한하지 않고 헌법과 헌법적 기본원리·원칙, 법의 일반원칙은 물론 법률과 같은 효력을 갖거나 법률의 위임에 따른 명령이나 자치법규를 포함한다. 따라서 행정은 헌법과 형식적 의미의 법률뿐만 아니라 헌법적 기본원리나 원칙, 법의 일반원칙, 명령이나 자치법규 등에 위반되지 않아야 한다.[15] 행정입법에 있어서 법률우위의 원칙은 법률이 행정입법에 대한 우위를 의

15) 박균성, 행정법론(상), 박영사, 2019년, 23쪽 참조(법률유보의 적용범위에 관하여 오늘날 주장되는

미하므로 행정입법은 법률에 위반되어서는 아니 된다.

법률에 위반하는 행정으로 국민의 권리를 침해하거나 국민의 권리의무에 영향을 미치는 경우에는 행정심판이나 행정소송의 대상이 된다. 행정입법이 법률에 위반하는 경우에는 위법한 명령으로 법원 또는 헌법재판소의 법률심사에 의한 통제의 대상이 된다.

다. 재량권과 법치행정 원칙의 적용

(1) 재량권(재량행위)의 의미

징계권은 재량성을 특징으로 한다.

행정은 법치행정의 원칙에 따라 법률에 의한 행정이어야 할 뿐만 아니라 행정의 목적인 공익실현을 위한 구체적 타당성 또는 합목적성을 중요시하는 행정이어야 한다. 행정의 대상이 되는 현실은 매우 다양하고 복잡하기 때문에 엄격한 법률유보의 원칙이나 일률적인 기준에 따라 행정권을 행사하는 경우에는 구체적 타당성 또는 행정의 합목적성을 충족하기 어렵다. 이러한 점에서 행정의 구체적 타당성을 위하여 또는 합목적적인 행정이 가능하도록 행정권의 행사에 있어서 일정한 범위의 재량을 인정한다.

“재량권”이란 행정기관이 행정권을 행사함에 있어서 둘 이상의 다른 내용의 결정 또는 형태 중에서 선택할 수 있는 권한을 말한다. 재량권은 행정현실에 비추어 법률에서 일률적으로 행정기준을 규율하는 것이 행정의 합목적적이고 구체적 타당성 있는 행정을 위하여 부적절한 경우 법률에 의해 행정권에 부여된다. 행정권의 재량에 의하여 행하여지는 행정행위를 재량행위라고 한다.[16)]

재량권에는 행정기관이 행정권한을 행사하면서 어떤 행정결정을 하거나 하지 않을 수 있는 권한을 갖는 경우 인정되는 결정재량권과 둘 이상의 조치 중 선택을 할 수 있는 권한을 갖는 경우에 인정되는 선택재량권이 있다. 징계권의 행사와 관련하여 예를 들면, 징계처분을 할 것인지 여부 또는 징계위원회에 회부할지 하지 아니할지에 대한 결정은 결정재량권으로 볼 수 있으며, 징계처분을

이론으로는 급부행정유보설, 사회보장행정유보설, 중요사항유보설 또는 본질유보설 등이 있다).

16) 박균성, 행정법론(상), 318쪽 참조. 그러나 재량권이 행정행위에 한하여 인정되는 것은 아니다. 행정계획이나 사실행위에서도 인정되며 행정입법에서도 인정될 수 있다.

하는 경우 어떤 징계처분, 즉 어떤 징계의 종류로 징계처분을 할지에 대한 선택에 대한 재량은 선택재량권이 된다.[17]

(2) 재량권(재량행위)과 법치행정의 원칙

재량권의 인정은 행정의 구체적 타당성 또는 행정의 합목적성이 중요한 경우에 그에 대한 판단을 행정권에 위임함으로써 재량권의 행사가 일정한 한계를 넘지 않는 한 행정이 구체적 타당성이나 합목적성이 인정되지 아니하더라도 위법한 행정이 되지 않고 법원의 통제 대상이 되지 않는다는 데 있다.

그러나 현대 민주국가의 원리에 기초한 헌법적 원칙으로서 법치행정의 원칙에 따라 재량권의 행사를 법치행정의 원칙의 예외로 인정하는 것은 옳지 않다. 행정의 재량권의 인정 자체가 법률에 의하여 인정되는 것일 뿐만 아니라 재량권의 행사에 있어서도 일정한 한계가 인정되므로 그 범위 내에서는 법원의 사법적 통제의 대상이 될 수 있다.[18]

(3) 재량권(재량행위)의 한계

재량권의 행사는 행정권의 행사로서 법치행정의 원칙이 적용된다. 재량권의 행사에는 일정한 한계가 인정되고 있으며, 그 한계를 넘은 재량권의 행사는 위법하게 되어 사법통제의 대상이 된다. 재량권을 행사하는 경우에도 법치행정의 원칙에 따라 내용상, 절차상 법률우위의 원칙과 법률유보의 원칙에 따라야 한다. 따라서 법률에서 인정하는 재량권의 범위 내에서 재량권이 행사되어야 하며, 재량권을 행사하는 경우에도 특별히 인정하고 있는 법률상 제한과 절차를 준수하여야 한다.

▌판례▐ 대법원 2012. 6. 28. 선고 2011두20505 판결

공무원징계령 제7조 제6항 제3호에 의하면, 공무원에 대한 징계의결을 요구할 때는 징계사유의 증명에 필요한 관계 자료뿐 아니라 '감경대상 공적 유무' 등이 기재된 확인서를 징계위원회에 함께 제출하여야 하고, 경찰 공무원 징계양정 등에 관한 규

---

17) 일부 학설은 재량을 자유재량(自由裁量)과 기속재량(羈束裁量)으로 구분하고, 기속재량행위란 원칙상으로는 기속행위이지만 예외적으로 특별한 사정이 있는 경우 공익을 고려하여 거부할 수 있는 행위라고 한다(박균성, 행정법론(상), 319쪽 참조).

18) 박균성, 행정법론(상), 317쪽 참조.

칙 제9조 제1항 제2호 및 [별표 10]에 의하면 경찰청장의 표창을 받은 공적은 징계양정에서 감경할 수 있는 사유의 하나로 규정되어 있다. 위와 같은 관계 법령의 규정 및 기록에 비추어 보면, 이 사건 징계처분은 징계위원회의 심의과정에 반드시 제출되어야 하는 공적 사항이 제시되지 아니한 상태에서 결정된 것이므로, 그 징계양정이 결과적으로 적정한지 여부와 상관없이 이는 법령이 정한 징계절차를 지키지 아니한 것으로서 위법하다 할 것이다.

법률상 인정되는 재량권을 행사하는 경우 재량권은 일정한 한계가 있는바, 재량권의 한계로서 '재량권의 일탈 또는 남용'이 일반적으로 인정되고 있다. 여기서 재량권의 '일탈'이란 재량권의 외적 한계, 즉 법적·객관적 한계를 벗어난 것을 말하며, 재량권의 '남용'이라 함은 재량권의 내적 한계, 즉 외형적으로는 적법하나 재량권의 행사가 재량권을 인정한 목적을 벗어난 경우를 말한다.

▌판례▐ 대법원 2001. 3. 9. 선고 99두5207 판결

구 청소년보호법(1999.2.5. 법률 제5817호로 개정되기 전의 것, 이하 '법'이라고 한다) 제49조 제1항, 제2항에 따른 법시행령(1999.6.30. 대통령령 제16461호로 개정되기 전의 것, 이하 '시행령'이라고 한다) 제40조 [별표 6]의 위반행위의종별에따른 과징금처분기준은 법규명령이기는 하나 모법의 위임규정의 내용과 취지 및 헌법상의 과잉금지의 원칙과 평등의 원칙 등에 비추어 같은 유형의 위반행위라 하더라도 그 규모나 기간·사회적 비난 정도·위반행위로 인하여 다른 법률에 의하여 처벌받은 다른 사정·행위자의 개인적 사정 및 위반행위로 얻은 불법이익의 규모 등 여러 요소를 종합적으로 고려하여 사안에 따라 적정한 과징금의 액수를 정하여야 할 것이므로 그 수액은 정액이 아니라 최고한도액이라고 할 것이다. 또한 제재적 행정처분이 사회통념상 재량권의 범위를 일탈하였거나 남용하였는지 여부는 처분사유로 된 위반행위의 내용과 당해 처분행위에 의하여 달성하려는 공익목적 및 이에 따르는 제반 사정 등을 객관적으로 심리하여 공익침해의 정도와 그 처분으로 인하여 개인이 입게 될 불이익을 비교 교량하여 판단하여야 한다(대법원 2000. 4. 7. 선고 98두11779 판결 참조).

판례는 재량권 행사의 적법성 여부를 재량권 행사의 한계를 준수하였는지, 즉 재량권의 일탈 또는 남용이 없는지 여부를 기준으로 판단한다.

▌판례▌ 대법원 1999. 11. 26. 선고 98두6951 판결

공무원인 피징계자에게 징계사유가 있어서 징계처분을 하는 경우 어떠한 처분을 할 것인가는 징계권자의 재량에 맡겨진 것이고, 다만 징계권자가 재량권의 행사로서 한 징계처분이 사회통념상 현저하게 타당성을 잃어 징계권자에게 맡겨진 재량권을 남용한 것이라고 인정되는 경우에 한하여 그 처분을 위법하다고 할 수 있고, 공무원에 대한 징계처분이 사회통념상 현저하게 타당성을 잃었다고 하려면 구체적인 사례에 따라 징계의 원인이 된 비위사실의 내용과 성질, 징계에 의하여 달성하려고 하는 행정목적, 징계 양정의 기준 등 여러 요소를 종합하여 판단할 때에 그 징계 내용이 객관적으로 명백히 부당하다고 인정할 수 있는 경우라야 하고(대법원 1997. 11. 25. 선고 97누14637 판결 참조), 징계권의 행사가 임용권자의 재량에 맡겨진 것이라고 하여도 공익적 목적을 위하여 징계권을 행사하여야 할 공익의 원칙에 반하거나 일반적으로 징계사유로 삼은 비행의 정도에 비하여 균형을 잃은 과중한 징계처분을 선택함으로써 비례의 원칙에 위반하거나 또는 합리적인 사유 없이 같은 정도의 비행에 대하여 일반적으로 적용하여 온 기준과 어긋나게 공평을 잃은 징계처분을 선택함으로써 평등의 원칙에 위반한 경우에 이러한 징계처분은 재량권의 한계를 벗어난 처분으로서 위법하다 할 것인바(대법원 1992. 9. 26. 선고 91누11308 판결 참조).

재량권의 한계로서 재량권의 일탈 또는 남용을 넘어 위법한 재량권의 행사로 인정되는 일반적인 사유로는 법령의 규정을 위반한 경우, 사실을 오인한 경우, 평등의 원칙·신뢰보호의 원칙·적법절차의 원칙 또는 비례의 원칙 등 행정의 일반원칙을 위반한 경우 등이 있다. 재량권의 불행사 또는 재량권의 해태 등의 경우에도 재량권의 일탈 또는 남용으로 위법하게 될 수 있다.

▌판례▌ 대법원 2001. 8. 24. 선고 2000두7704 판결

징계사유에 해당하는 행위가 있더라도, 징계권자가 그에 대하여 징계처분을 할 것인지, 징계처분을 하면 어떠한 종류의 징계를 할 것인지는 징계권자의 재량에 맡겨져 있다고 할 것이나, 그 재량권의 행사가 징계권을 부여한 목적에 반하거나, 징계사유로 삼은 비행의 정도에 비하여 균형을 잃은 과중한 징계처분을 선택함으로써 비례의 원칙에 위반하거나 또는 합리적인 사유 없이 같은 정도의 비행에 대하여 일반적으로 적용하여 온 기준과 어긋나게 공평을 잃은 징계처분을 선택함으로써 평등의 원칙에 위반한 경우에는, 그 징계처분은 재량권의 한계를 벗어난 것으로서 위법하다고 할 것이고(대법원 1985. 1. 29. 선고 84누516 판결, 1997. 6. 14. 선고 96누2521 판결, 1999. 11. 26. 선고 98두6951 판결 등 참조), 징계처분에 있어 재량권의 행사가 비례의 원칙을 위반하였는지 여부는, 징계사유로 인정된 비행의 내용과 정도,

그 경위 내지 동기, 그 비행이 당해 행정조직 및 국민에게 끼치는 영향의 정도, 행위자의 직위 및 수행직무의 내용, 평소의 소행과 직무성적, 징계처분으로 인한 불이익의 정도 등 여러 사정을 건전한 사회통념에 따라 종합적으로 판단하여 결정하여야 할 것이다.

재량권의 한계로서 재량권의 일탈 또는 남용을 넘어 위법한 재량권의 행사로 인정되는 때에는 사안에 따라 불법행위책임을 질 수도 있다.

▌판례▌ 대법원 2013. 12. 26. 선고 2013다208371 판결

국가공무원에 대하여 징계를 할 경우 국가공무원법 및 관련 법령이 정한 바에 따라 국가공무원에 대한 징계권자가 징계위원회에 징계의결의 요구를 하고 징계위원회는 소정의 절차를 거쳐 징계의결을 한 다음 그 통고를 받은 징계권자가 그 의결내용에 따른 징계처분을 한 경우에 그 징계처분이 징계위원들이나 징계권자의 자율적인 판단에 따라 행하여진 것이고 실제로 인정되는 징계사유에 비추어 그 정도의 징계를 하는 것도 무리가 아니라고 인정되는 경우라면, 비록 그 징계양정이 결과적으로 재량권을 일탈한 것으로 인정된다고 하더라도 이는 특별한 사정이 없는 한 법률전문가가 아닌 징계위원들이나 징계권자가 징계의 경중에 관한 법령의 해석을 잘못한 데 기인하는 것이라고 보아야 하므로, 이러한 경우에는 징계의 양정을 잘못한 것을 이유로 불법행위책임을 물을 수 있는 과실이 없다(대법원 1996. 4. 23. 선고 95다6823 판결 등 참조). 그러나 징계권자가 징계처분을 할 만한 사유가 없는데도 오로지 공무원에 대하여 불이익을 가하려는 의도하에 고의로 명목상의 징계사유를 내세우거나 만들어 징계라는 수단을 동원하여 불이익한 처분을 가하려 하거나, 그 징계사유로 된 사실이 징계처분의 사유에 해당한다고 볼 수 없음이 객관적으로 명백하고 조금만 주의를 기울이면 이와 같은 사정을 쉽게 알아볼 수 있는데도 징계에 나아간 경우와 같이 징계권의 행사가 우리의 건전한 사회통념이나 사회상규에 비추어 용인될 수 없음이 분명한 경우에 그 징계는 그 효력이 부정됨에 그치지 아니하고 위법하게 상대방에게 정신적 고통을 가하는 것이 되어 해당 공무원에 대한 관계에서 불법행위를 구성하게 된다(대법원 2002. 9. 24. 선고 2001다44901 판결 등 참조).

2. 헌법 또는 행정법의 기본원칙

가. 적법절차의 원칙

"적법절차의 원칙"이라 함은 국민의 권익을 제한하는 모든 국가작용은 적법절차를 거쳐 이루어져야 한다는 원칙이다. 우리 현행 헌법에 적법절차의 원칙에 관하여 일반적으로 선언하는 명시적인 규정은 없다. 다만, 헌법 제12조 등에서 형사사법 분야에 대한 적법절차의 원칙을 규정하고 있고, 민주주의 원리와 절차적 정의, 법치국가원리, 기본권 보장의 원칙 등 헌법상의 기본원리와 헌법상 가치를 고려하면 적법절차의 원칙은 일반적으로 인정되는 헌법원칙이다. 따라서 어떤 행정조치가 형식적으로 합법적이라 하더라도 행정권의 행사가 적법한 절차를 거치지 않은 때에는 적법절차의 원칙에 위반하여 절차상 위법한 처분이 된다.

나. 평등의 원칙

(1) 평등원칙의 의의

평등원칙은 "같은 것은 같게, 다른 것은 다르게"라고 간단히 말할 수 있다. 평등원칙은 불합리한 차별을 하여서는 아니 된다는 원칙이다. 여기서의 "평등"의 의미는 형식적 · 절대적 평등이 아니라, 실질적 · 상대적 평등을 의미한다. 우리 헌법은 제11조에서 평등의 원칙을 규정하고 있다. 헌법은 법 앞의 평등을 명확히 규정하고 있으며, 모든 생활영역에서 차별을 금지하고 있다. 여기서 차별은 불합리한 차별을 의미한다. 평등의 원칙은 헌법의 기본원리로서 인정되는 헌법적 원칙이다.

(2) 평등원칙의 내용

평등원칙은 "같은 것은 같게, 다른 것은 다르게"라는 전통적 의미에서 불합리한 차별 금지에 국한되지 않는다. 오늘날 평등의 원칙은 적극적 원리로서 "같은 것을 다르게, 다른 것을 같게"라는 의미에서 불합리한 차별 조치에 대한 적극적 조치를 통해 차별을 제거하거나 과거의 불리한 조치를 완화하는 의미를 포함한다.

어떠한 행정행위가 차별적이고 그러한 차별적 행정조치가 평등원칙에 위반하는지 여부는 그 차별조치가 합리적인 이유가 있는지 여부에 따른다. 어떤 차별조치가 합리적인 이유 없는 차별인지 또는 평등원칙에 위반되는지에 대한 심사는 크게 자의금지 원칙에 의한 심사와 비례의 원칙에 의한 심사로 나누어진다.

동일한 사항을 합리적인 이유 없이 다르게 조치하는 것은 자의적인 것으로 평등원칙에 위반된다. 서로 다른 것을 다르게 조치하는 것이 자의적이지 아니하여 정당화될 수 있는 경우라 하더라도 그러한 차별적 조치가 비례성이 결여되어 과도하다고 판단되는 때에는 합리적인 차별로 볼 수 없어 평등원칙에 위반된다.

▮헌재결정▮ 헌법재판소 2001. 6. 28. 선고 2001헌마132 전원재판부 결정

헌법재판소는 평등위반심사를 함에 있어 비례의 원칙에 따른 심사(엄격심사)를 하여야 할 경우로서, 첫째 헌법이 차별의 근거로 삼아서는 아니되는 기준 또는 차별을 금지하고 있는 영역을 제시하고 있음에도 그러한 기준을 근거로 한 차별이나 그러한 영역에서의 차별의 경우, 둘째 차별적 취급으로 인하여 관련 기본권에 대한 중대한 제한을 초래하게 되는 경우를 들고 있는바(헌재 1999. 12. 23. 98헌마363, 판례집 11−2, 770, 787), 이 사건의 경우는 위와 같이 평등위반심사에 있어 엄격한 심사척도가 적용되는 영역의 어디에도 해당하지 않는다. 따라서 이 사건에는 완화된 심사기준, 즉 차별기준 내지 방법의 합리성 여부가 헌법적 정당성 여부의 판단기준이 된다고 하겠다.

이 사건 법률조항은 고객을 유치할 목적으로 노선을 정하여 하는 셔틀버스운행을 원칙적으로 금지하면서, "학교, 학원, 유치원, 보육원, 호텔, 교육·문화·예술·체육시설(유통산업발전법 제2조 제3호의 규정에 의한 대규모점포에 부설된 시설은 제외한다), 종교시설, 금융기관 또는 병원의 이용자를 위하여 운행하는 경우"는 예외로서 셔틀버스운행을 허용하고 있다. 그러나 이들은 그 이용자가 직원, 학생, 교회신도 등 이를 이용할 수 있는 일정한 신분 내지는 자격을 가진 사람에 국한되거나, 그렇지 않다 하더라도 백화점 등의 셔틀버스처럼 불특정 다수인이 이용할 가능성이 상대적으로 적고 또 그 운행횟수나 노선의 거리 등에 있어 현저한 차이를 가지고 있으므로, 이와 같이 구분을 한 입법자의 판단이 명백히 불합리하다거나 자의적인 것으로는 보이지 않는다. 또한 이 사건 법률조항의 입법구분 형식이 완벽하지 않다고 하여 그 자체로 평등권침해 문제가 도출되는 것은 아니다. 따라서 평등권이 침해되었다는 청구인들의 주장은 그 이유 없다.

다. 비례의 원칙

(1) 비례원칙의 의의

"비례의 원칙"이라 함은 행정에 있어서 행정작용은 행정목적과 행정수단 사이에 합리적인 비례관계가 있어야 한다는 원칙으로 과잉금지의 원칙이라고도 한다. 비례의 원칙에 관하여 우리 헌법은 명시적으로 규정하고 있지 않으나, 헌법 제37조 제2항, 법치국가원리 및 기본권의 보장원리에 그 근거를 찾을 수 있으므로 비례의 원칙 역시 헌법원칙으로 볼 수 있다.

(2) 비례원칙의 내용

비례의 원칙은 목적의 정당성, 수단의 적합성, 수단의 필요성, 협의의 비례성을 내용으로 한다.[19]

목적의 정당성은 행정의 목적이 합법적인 공익의 달성에 있어야 한다는 것으로 합법성과 공익성을 의미한다.

수단의 적합성이란 행정은 행정목적을 달성하기에 적합한 수단을 선택하여야 한다는 것을 말한다. 어떤 행정조치가 그 행정을 통하여 달성하고자 하는 공익목적을 실현하기 위하여 적절하지 아니한 수단을 선택하여서는 아니 된다는 것을 의미한다. 행정의 수단은 행정목적과 관련성이 있어야 한다.

수단의 필요성은 적합한 수단 가운데 국민의 권리를 최소한으로 제한 또는 침해하는 수단을 선택하여야 한다는 것이다. 그런 의미에서 최소침해성의 원칙이라고도 한다. 따라서 어떤 행정의 목적 달성을 위하여 적합한 수단이 다수 있는 경우 국민의 권익 또는 권리를 크게 침해 또는 제한하는 수단을 배제하고, 국민의 권익을 가장 적게 침해하는 수단을 선택하여 행정조치를 하여야 한다.

협의의 비례성이란 정당한 행정목적을 달성하기 위한 수단이 목적을 달성하기에 적합하고 최소한으로 국민의 권익을 제한하는 경우에도 그러한 행정조치로 달성되는 이익보다 그로 인하여 발생하는 불이익이 클 때에는 그 행정조치는 행하여서는 아니 된다는 원칙이다. 어떤 행정조치로 달성되는 공익과 그로 인하여 제한 또는 침해되는 불이익간의 이익형량을 통하여 공익과 불이익이 비례하여야 한다는 의미이다.

19) 헌법재판소는 비례성의 원칙의 내용으로 행정목적의 정당성을 내용으로 보고 있으며, 목적의 정당성은 목적과 수단 간의 이익형량의 문제가 아니고 목적의 정당성 원칙은 일반법원칙상 당연히 인정되는 독자적인 법원칙으로 보고 비례의 원칙의 내용으로 보지 않는 견해도 있다(박균성, 행정법(상), 53쪽 참조).

라. 신뢰보호의 원칙

(1) 신뢰보호 원칙의 의의

행정의 법원칙으로서 "신뢰보호의 원칙"이라 함은 행정기관이 어떠한 행위 또는 언동을 함으로써 국민이 그에 대하여 신뢰를 가지게 되고 그러한 신뢰에 기초하여 이루어진 행위는 국민의 신뢰가 보호할 가치가 있는 경우로서 그 신뢰를 보호해 주어야 한다는 원칙이다. 신뢰보호의 원칙은 신의성실의 원칙이나 법치국가 원리의 내용인 법적 안정성에 그 근거를 두고 있다. 따라서 과거에 반복적으로 이루어진 행정기관의 선행조치나 확인이 국민에 대하여 그와 같은 조치가 계속되리라는 신뢰를 부여하고, 그러한 신뢰에 따라 이루어진 행위는 보호되어야 한다.

(2) 신뢰보호 원칙의 적용요건

신뢰보호의 원칙이 적용되기 위해서는 다음과 같은 요건이 충족되어야 한다.

행정권의 행사에 관하여 국민에게 신뢰를 주는 행정기관의 선행조치가 있어야 한다. 선행조치는 적극적인 조치뿐만 아니라 소극적인 조치를 포함한다. 다만, 행정기관의 선행조치는 구체적인 행정권의 행사에 관한 것이어야 한다. 구체적인 행정권의 행사와 무관하게 이루어지는 단순한 법령해석 질의에 대한 답변과 같이 일반적·추상적 견해표명은 신뢰보호 원칙이 적용될 수 있는 선행행위라고 할 수 없다.

행정기관의 선행조치에 대한 국민의 신뢰는 보호가치가 있는 것이어야 한다. 신뢰를 가짐에 있어 본인의 책임 있는 사유가 있는 경우에는 상대방의 신뢰는 보호할 가치가 없게 된다. 귀책사유가 없는 한 위법한 행정조치에 대한 신뢰 역시 보호되어야 한다.

행정행위의 상대방은 행정기관의 선행조치에 대한 신뢰에 기초하여 어떠한 행위를 하였어야 한다. 행정기관의 선행조치와 행정행위의 상대방(국민)의 신뢰 및 그러한 신뢰에 입각한 행위와 신뢰에 반하는 행정기관의 행정조치로 인한 권익 침해 사이에는 상호 연계적으로 인과관계가 있어야 한다.

이러한 신뢰보호 원칙의 적용요건이 갖추어진 때, 즉 행정기관의 선행조치에 대한 신뢰에 기초한 행위는 그 신뢰가 보호할 가치가 있는 한 보호되어야 하므로 신뢰를 저버리는 행정조치를 하여서는 아니 된다. 신뢰를 저버리는 행정권의 행사로 국민의 권익이 침해되는 경우 그러한 행정권의 행사는 위법하게 된다.

(3) 신뢰보호 원칙과 합법성 또는 공익의 충돌

신뢰보호의 원칙과 관련하여 국민의 신뢰를 보호하는 것이 합법성 또는 공익의 달성과 상호 충돌하는 경우가 있다. 이 경우 신뢰보호의 원칙을 우선하여 신뢰를 보호하는 것이 타당한지가 문제된다.

합법성과의 관련하여 행정의 합법성의 원칙은 행정의 법적 안정성에 기초하는 신뢰보호의 원칙보다 우월하다는 견해, 행정의 적법성의 원칙과 신뢰보호의 원칙은 모두 법치국가의 원리를 구성하는 헌법적 원칙이므로 동일한 효력을 갖는다는 견해, 신뢰의 원칙은 위법한 관행에 대해서도 인정될 수 있고 국민의 권리 보호를 위해 신뢰보호의 원칙이 우선한다는 견해가 있을 수 있다.

행정의 공익성은 헌법상 민주주의 원리 및 법치국가의 원리에 따라 행정의 목적에 관한 것으로 신뢰보호의 원칙과 같이 행정이 갖추어야 할 적법요건에 해당한다. 신뢰보호의 원칙과 적법성의 원칙 또는 행정의 공익성의 원칙은 모두 헌법적 가치를 가지는 민주주의와 법치국가의 원리의 내용을 이루는 헌법상 원칙 또는 일반법원칙으로 상호 우열을 정하는 것은 적절하지 않다. 따라서 신뢰보호의 원칙이 행정의 적법성 또는 공익성의 원칙과 서로 충돌하는 경우에는 합법적인 행정을 통하여 달성하려는 공익과 행정의 상대방이 그러한 행정으로 인한 신뢰의 침해로서 발생하는 불이익을 비교형량하여 우열을 결정하여야 할 것이다.

▮판례▮ 대법원 1987. 9. 8. 선고 87누373 판결

헌법재판소는 평등위반심사를 함에 있어 비례의 원칙에 따른 심사(엄격심사)를 하여야 할 경우로서, 첫째 헌법이 차별의 근거로 삼아서는 아니되는 기준 또는 차별을 금지하고 있는 영역을 제시하고 있음에도 그러한 기준을 근거로 한 차별이나 그러한 영역에서의 차별의 경우, 둘째 차별적 취급으로 인하여 관련 기본권에 대한 중대한 제한을 초래하게 되는 경우를 들고 있는바(헌재 1999. 12. 23. 98헌마363, 판례집 11－2, 770, 787), 이 사건의 경우는 위와 같이 평등위반심사에 있어 엄격한 심사척도가 적용되는 영역의 어디에도 해당하지 않는다. 따라서 이 사건에는 완화된 심사기준, 즉 차별기준 내지 방법의 합리성 여부가 헌법적 정당성 여부의 판단기준이 된다고 하겠다.

보건대, 구 도로교통법(1980.12.31. 개정 법률 제3346호) 제65조에 의하면 관할관청은 운전면허를 받은 자가 동조 제2호 내지 제6호에 해당하는 위반행위를 하였을 때에는 그 운전면허를 취소하거나 그 효력을 정지(1년이내)하는 행정처분을 할 수 있도록 규정하고 있는바, 위와 같은 행정처분은 그 성질상 행정청의 재량행위에 속하는 것이므로(당원 1984. 1.3 1. 선고 83누451 판결 참조) 피고가 이 사건 운전면허를 취소하는 행정처분을 함에 있어서는 그 위반행위의 정도를 감안하여 운전면허를 취소하고자 하는 공익목적과 그 취소처분에 의하여 원고가 입게 될 불이익을 비교 형량하여야 할 것이다.

기록에 의하면, 원고는 1983.4.5 판시와 같은 위반행위(운전면허정지기간중의 운전행위)를 하다가 적발되어 당시 형사처벌(벌금)을 받았으나 피고로부터는 아무런 행정조치가 없어 안심하고 계속 운전업무(영업용택시)에 종사하여 왔음을 엿볼 수 있는바, 피고가 원고의 판시 위반행위가 있은 이후 장기간에 걸쳐 아무런 행정조치를 취하지 않은 채 방치하고 있다가 3년여가 지난 1986.7.7.에 와서 이를 이유로 행정 제재를 하면서 가장 무거운 운전면허를 취소하는 행정처분을 하였은즉 이는 원고가 그간 별다른 행정조치가 없을 것이라고 믿은 신뢰의 이익과 그 법적 안정성을 빼앗는 것이 되어 원고에게 매우 가혹하다할 것이고 비록 원고의 판시 위반행위가 판시와 같은 기준에 의하여 운전면허취소사유에 해당한다 할지라도 그와 같은 공익상의 목적만으로는 원고가 입게 될 위 불이익에 견줄 바 못된다 할 것이다.

제3절 이중징계금지 및 징계병과금지

1. 이중징계금지의 원칙

가. 이중징계금지의 의미

군인 징계령 제3조는 동일한 내용의 비행사실에 대하여 두 번 징계처분 또는 징계부가금 부과처분을 할 수 없다고 규정하고 있다.[20] 따라서 군인의 징계사유에 대하여 징계처분이나 징계부가금 부과처분이 있었던 경우(이하 이 절에서 "선

20) 군인 징계령 제3조(이중징계등의 금지 등) 동일한 내용의 비행사실에 대하여 두 번 징계처분 또는 징계부가금 부과처분을 할 수 없으며, 두 종류 이상의 징계처분을 병과하여서는 아니 된다.

행 징계처분등"이라 한다)에는 선행 징계처분등의 징계사유와 동일한 징계원인행위, 즉 동일한 비행사실에 대하여 중복적으로 다시 징계처분이나 징계부가금 부과처분(이하 이 절에서 "후행 징계처분등"이라 한다)을 할 수 없다.

나. 이중징계금지원칙의 법적 성질

군인 징계령 제3조에서 규정하고 있는 "두 번 징계처분 또는 징계부가금 부가 처분"의 '처분'이 징계절차상 어느 단계의 어떤 처분까지를 의미하는지, 즉 이중징계의 적용범위를 명확하게 이해하기 위하여 이중징계금지원칙의 법적 성질에 대하여 살펴본다.

동일한 원인에 대한 불이익한 처분이나 처벌이 반복적으로 이루어지는 것을 금지하는 법원칙에는 이중처벌금지의 원칙, 이중위험금지원칙, 일사부재리의 원칙 등이 있다.

(1) 이중처벌금지의 원칙

헌법 제13조 제1항 "모든 국민은 행위시의 법률에 의하여 범죄를 구성하지 아니하는 행위로 소추되지 아니하며, 동일한 범죄에 대하여 거듭 처벌받지 아니한다"고 규정하여 범죄에 대한 형사처벌에 대한 이중처벌금지의 원칙을 규정하고 있다. 다만, 여기서의 이중처벌은 국가형벌권의 행사로서 형사처벌만을 의미한다. 이 원칙은 형사재판에서 한번 판결이 확정되어 판결의 실체적 확정력이 발생하면 그 이후에는 동일 사건에 대하여 거듭 심판받지 아니한다는 '일사부재리의 원칙'을 국가형벌권의 한계 원리로 헌법상 선언된 것으로 볼 수 있다.[21)] 이중처벌금지 원칙에 있어서 '처벌'이라 함은 국가형벌권으로서 형사처벌을 의미하므로 동일한 사건이라 하더라도 형사처벌 이외의 국가가 행하는 일체의 제재나 불이익처분을 모두 금지하는 것은 아니다.[22)]

▌헌재결정▌ 헌법재판소 1994. 6. 30. 선고 92헌바38 전원재판부 결정

(2) 헌법 제13조 제1항은 "모든 국민은 ... 동일한 범죄에 대하여 거듭 처벌받지 아니한다"고 하여 이른바 "이중처벌금지의 원칙"을 규정하고 있는바, 이 원칙은 한

21) 성낙인, 헌법학(23판), 법문사, 2023년, 1205쪽 참조.
22) 김철수, 헌법학신론(제20전정신판), 박영사, 2010년, 579쪽 참조.

번 판결이 확정되면 동일한 사건에 대해서는 다시 심판할 수 없다는 "일사부재리의 원칙"이 국가형벌권의 기속원리로 헌법상 선언된 것으로서, 동일한 범죄행위에 대하여 국가가 형벌권을 거듭 행사할 수 없도록 함으로써 국민의 기본권 특히 신체의 자유를 보장하기 위한 것이라고 할 수 있다. 이러한 점에서 헌법 제13조 제1항에서 말하는 "처벌"은 원칙으로 범죄에 대한 국가의 형벌권 실행으로서의 과벌을 의미하는 것이고, 국가가 행하는 일체의 제재나 불이익처분을 모두 그 "처벌"에 포함시킬 수는 없다 할 것이다. 다만, 행정질서벌로서의 과태료는 행정상 의무의 위반에 대하여 국가가 일반통치권에 기하여 과하는 제재로서 형벌(특히 행정형벌)과 목적·기능이 중복되는 면이 없지 않으므로, 동일한 행위를 대상으로 하여 형벌을 부과하면서 아울러 행정질서벌로서의 과태료까지 부과한다면 그것은 이중처벌금지의 기본정신에 배치되어 국가 입법권의 남용으로 인정될 여지가 있음을 부정할 수 없다.

(3) 이중처벌금지의 원칙은 처벌 또는 제재가 "동일한 행위"를 대상으로 행해질 때에 적용될 수 있는 것이고, 그 대상이 동일한 행위인지의 여부는 기본적 사실관계가 동일한지 여부에 의하여 가려야 할 것이다. 그런데, 구 건축법 제54조 제1항에 의한 형사처벌의 대상이 되는 범죄의 구성요건은 당국의 허가 없이 건축행위 또는 건축물의 용도변경행위를 한 것이고 이 사건 규정에 의한 과태료는 건축법령에 위반되는 위법건축물에 대한 시정명령을 받고도 건축주 등이 이를 시정하지 아니할 때 과하는 것이므로, 양자는 처벌 내지 제재대상이 되는 기본적 사실관계로서의 행위를 달리하는 것이다. 그리고 전자가 무허가 건축행위를 한 건축주 등의 행위 자체를 위법한 것으로 보아 처벌하는 것인 데 대하여, 후자는 위법건축물의 방치를 막고자 행정청이 시정조치를 명하였음에도 건축주 등이 이를 이행하지 아니한 경우에 행정명령의 실효성을 확보하기 위하여 제재를 과하는 것이므로 양자는 그 보호법익과 목적에서도 차이가 있고, 또한 무허가 건축행위에 대한 형사처벌시에 위법건축물에 대한 시정명령의 위반행위까지 평가된다고 할 수 없으므로 시정명령 위반행위를 무허가 건축행위의 불가벌적 사후행위라고 할 수도 없다. 뿐만 아니라, 현실적으로도 무허가 건축행위에 대한 벌금 등 형사처벌만으로 제재가 끝나 더 이상 이를 시정할 수 없다면 건축법이 추구하는 건축물의 안전·기능 및 미관을 향상시킴으로써 공공복리의 증진을 도모한다는 목적을 달성할 수 없게 된다. 건축법은 그 법목적을 달성하기 위하여 위법건축물에 대한 시정명령 외에, 적법한 기존건축물이라도 국가보안상 또는 건축법상 일정한 요건에 해당하는 경우 시정명령을 할 수 있도록 정하고 있음(구 건축법 제42조의2, 신법 제70조 등 참조)도 유의할 필요가 있는 것이다.

이러한 점에 비추어 구 건축법 제54조 제1항에 의한 무허가 건축행위에 대한 형사처벌과 이 사건 규정에 의한 시정명령 위반에 대한 과태료의 부과는 헌법 제13조 제1항이 금지하는 이중처벌에 해당한다고 할 수 없고, 또한 무허가 건축행위에 대하여 형사처벌을 한 후에라도 그 위법행위의 결과 침해된 법익을 원상회복시킬 필요가 있으므로 이를 위한 행정상 조치로서 시정명령을 발하고 그 위반에 대하여 과태료를 부과할 수 있도록 한 것이 기본권의 본질적 내용을 침해하는 것이라고 할 수도 없다 할 것이다. 보건대, 구 도로교통법(1980.12.31. 개정 법률 제3346호) 제65조에 의하면 관할관청은 운전면허를 받은 자가 동조 제2호 내지 제6호에 해당하는 위반행위를 하였을 때에는 그 운전면허를 취소하거나 그 효력을 정지(1년 이내)하는 행정처분을 할 수 있도록 규정하고 있는바, 위와 같은 행정처분은 그 성질상 행정청의 재량행위에 속하는 것이므로(당원 1984. 1. 31. 선고 83누451 판결 참조) 피고가 이 사건 운전면허를 취소하는 행정처분을 함에 있어서는 그 위반행위의 정도를 감안하여 운전면허를 취소하고자 하는 공익목적과 그 취소처분에 의하여 원고가 입게 될 불이익을 비교 형량하여야 할 것이다.

기록에 의하면, 원고는 1983.4.5. 판시와 같은 위반행위(운전면허정지기간중의 운전행위)를 하다가 적발되어 당시 형사처벌(벌금)을 받았으나 피고로부터는 아무런 행정조치가 없어 안심하고 계속 운전업무(영업용택시)에 종사하여 왔음을 엿볼 수 있는바, 피고가 원고의 판시 위반행위가 있은 이후 장기간에 걸쳐 아무런 행정조치를 취하지 않은 채 방치하고 있다가 3년여가 지난 1986.7.7.에 와서 이를 이유로 행정 제재를 하면서 가장 무거운 운전면허를 취소하는 행정처분을 하였은즉 이는 원고가 그간 별다른 행정조치가 없을 것이라고 믿은 신뢰의 이익과 그 법적 안정성을 빼앗는 것이 되어 원고에게 매우 가혹하다할 것이고 비록 원고의 판시 위반행위가 판시와 같은 기준에 의하여 운전면허취소사유에 해당한다 할지라도 그와 같은 공익상의 목적만으로는 원고가 입게 될 위 불이익에 견줄 바 못된다 할 것이다.

(2) 일사부재리의 원칙

일사부재리의 원칙은 사법절차에 있어서 판결 등 재판의 실체적 확정력이 발생하면 그 이후에는 동일한 사건에 대하여 다시 재판받지 아니한다는 것을 의미한다. 특히 형사재판절차에서 일사부재리의 효력이란 유죄·무죄의 실체판결이나 면소판결이 확정된 때에는 동일사건에 대하여 다시 심리·판단하는 것이 허용되지 않는다는 효력을 말한다.[23] 공무원 징계업무와 관련하여 인사혁신처에서는 이중징계 금지의 원칙의 법적 근거에 대하여 징계절차를 '준사법적 행정절차'로 보고 징계절차 상호간에 일사부재리의 원칙이 적용되는 것으로 본 바 있다.

---

23) 형법상 일사부재리의 효력은 확정판결의 실체적 확정력의 외부적 효력으로 기판력이라고 보는 것이 일반적이나, 헌법 제13조 제1항에서 인정하고 있는 일사부재리의 원칙은 헌법상의 원칙으로 대륙법의 일사부재리의 효력과 영미법의 이중위험금지의 원리를 포함하는 피고인 보호의 원칙을 선언한 것으로 보아야 하므로, 일사부재리의 효력을 이중위험금지의 원칙과 별개의 효력으로 파악하는 것은 타당하지 않다는 의견이 있다(이재상·조균석, 형사소송법(제11판), 박영사, 2017년, 728－729쪽 참조).

▌질의회신 사례▌ 인사혁신처(복무관) 12152-214 질의회신서(1996. 5. 16)

징계위원회의 의결은 일종의 형식적 쟁송을 거친 준사법적 행정행위로서 일사부재리원칙이 적용되어 특별한 규정이 있는 경우를 제외하고는 원칙적으로 재의 내지 재심할 수 없으며, 성질상 확정력을 발생시키므로 절차상 하자가 있다고 할지라도 재징계의결 요구할 수 없다.

(3) 이중위험금지의 원칙

이중위험금지 원칙은 보통 형사절차에서 수반되는 피고인의 부담을 최소화하고 피고인의 불안정한 상태를 제거하고자하는 인권옹호의 사상에서 유래하는 것으로 절차법적 관점에서 형사절차가 일정한 단계에 이르면 동일한 사건에 대하여 동일절차를 반복할 수 없다는 원칙을 말한다.[24]

(4) 결 론

이중징계금지의 원칙은 징계처분이 징계위원회의 심의·의결을 통한 준사법적 행정처분에 해당하는 점, 행정적 제재로서 징계처분은 형사처벌과 구별되는 점 등을 고려하면 헌법 제13조 제1항의 이중처벌금지의 원칙보다는 헌법상 일반원칙으로서 일사부재리의 원칙을 의미하는 것으로 볼 수 있다.[25] 다만, 징계절차는 준사법적 절차로 징계위원회의 심의·의결을 거치도록 한 점에서 "일사부재의의 원칙"으로 볼 수 있다. 징계심의대상자의 법적 안정성과 징계권자의 자의적인 징계의결 요구를 방지하기 위하여 징계위원회의 심의·의결 이전의 절차에서도 이중으로 징계절차를 진행하는 것은 지양하여야 한다.[26]

▌헌재결정▌ 헌법재판소 2015. 2. 26. 선고 2012헌바435 전원재판부 결정

헌법 제13조 제1항은 "모든 국민은 ... 동일한 범죄에 대하여 거듭 처벌받지 아니한다"고 하여 이른바 '이중처벌금지원칙'을 규정하고 있는바, 이 원칙은 한 번 판결이 확정되면 동일한 사건에 대해서는 다시 심판할 수 없다는 '일사부재리원칙'이 국가형벌권의 기속 원리로 헌법상 선언된 것으로서, 동일한 범죄행위에 대하여 국가가

---

24) 성낙인, 헌법학(제23판), 법문사, 2023년, 1205쪽; 이재상·조균석, 형사소송법(제11판), 2017년, 724쪽 참조.

25) 김남철, 전게서, 1211쪽 참조.

26) 육군본부 징계규정(육군규정 제180호) 제35조 제1항 2문에서는 징계권자가 징계의결 불요구를 한 때에는 새로운 중요한 증거가 발견되거나 감사원의 징계의결 요구에 위반한 경우에 한하여 다시 징계사유로 삼을 수 있다고 제한적으로 규정하고 있다.

형벌권을 거듭 행사할 수 없도록 하여 국민의 기본권, 특히 신체의 자유를 보장하기 위한 것이다. 이러한 점에서 헌법 제13조 제1항에서 말하는 '처벌'은 원칙적으로 범죄에 대한 국가의 형벌권 실행으로서의 과벌을 의미하는 것이고, 국가가 행하는 일체의 제재나 불이익처분을 모두 그 '처벌'에 포함시킬 수는 없는 것이다(헌재 1994. 6. 30. 92헌바38, 헌재 2001. 5. 31. 99헌가18 등 참조).

행정법은 의무를 명하거나 금지를 설정함으로써 일정한 행정목적을 달성하려고 하는데, 그 실효성을 확보하기 위해서는 의무의 위반이 있을 때에 행정형벌, 과태료, 영업허가의 취소·정지, 과징금 등과 같은 불이익을 가함으로써 의무위반 당사자나 다른 의무자로 하여금 더 이상 위반을 하지 않도록 유도하는 것이 필요하다. 이와 같이 '제재를 통한 억지'는 행정규제의 본원적인 기능이라 볼 수 있는 것이고, 따라서 어떤 행정제재의 기능이 오로지 제재와 억지에 있다고 하여 이를 헌법 제13조 제1항에서 말하는 '처벌'에 해당한다고 할 수 없다(헌재 2003. 7. 24. 2001헌가25 참조).

징계부가금은 공무원 관계의 질서유지를 위하여 공금의 횡령이라는 공무원의 의무 위반행위에 대하여 지방자치단체가 사용자의 지위에서 행정 절차를 통해 부과하는 행정적 제재이다. 비록 징계부가금이 제재적 성격을 지니고 있더라도 이를 두고 헌법 제13조 제1항에서 금지하는 국가형벌권 행사로서의 '처벌'에 해당한다고 볼 수 없다. 따라서 심판대상조항은 이중처벌금지원칙에 위배되지 않는다.

다. 이중징계금지의 적용 범위

(1) 이중징계금지효의 발생시기

이중징계금지의 원칙에 따라 이중징계가 금지되는 효력이 발생하는 시점이 언제인가에 관하여 법령은 구체적으로 규정하고 있지 않다. 이중징계금지의 원칙이 일사부재리(의)의 원칙을 의미하는 것으로 보고 징계위원회의 심의·의결 절차가 준사법적 절차인 점, 징계권자는 특별한 사정이 없는 한 징계위원회의 의결결과에 구속되는 점, 인권담당군법무관의 절차상 중대한 하자 의견에 따른 병사에 대한 군기교육처분에 대한 재의결 요구나 징계권자의 심사 또는 재심사 청구 등을 이중징계금지의 예외로서 징계권자의 재의요구가 가능한 경우로 하고 있는 점 등에 비추어 보면 징계절차에서 일사부재리 또는 일사부재의의 효력이 발행하는 시점은 징계위원회의 심의·의결이 있는 때(징계권자의 심사 또는 재심사가 있는 때에는 상급부대 징계위원회의 재심사 의결이 있는 때, 징계처분을 받은 자의 항고가 있는 때에는 항고심사위원회의 의결이 있는 때를 말한다)라고 보아야 할 것이다.

(2) 주관적 적용범위

이중징계금지의 원칙이 적용되는 사람은 징계처분을 받은 사람에 한한다. 수인이 공모하여 또는 합동으로 어떤 비위행위를 함으로써 의무를 위반하여 징계사유에 해당하는 경우 그중 1인에 대한 징계처분의 효력은 해당 인원에 한하므로 그 수인 중 다른 사람에 대한 징계처분은 이중징계원칙에 반하지 않는다. 수인 중 1인에 대한 징계사유만 인정하고 다른 사람에 대한 징계사유는 인정하지 아니하여 징계의결요구를 하지 아니하다가 그 1인에 대한 징계처분이 이루어진 후 다른 증거에 의하여 다른 사람들에 대한 징계사유를 인정하여 징계처분을 받은 1인을 제외한 다른 사람들에 대한 징계처분은 가능하다.

(3) 객관적 적용범위

이중징계금지의 원칙은 동일인에 대하여 선행하는 징계처분의 대상사실과 동일성이 인정되는 범위 내에서 적용된다. 다시 말하면, 선행 징계처분등과 동일한 내용의 비행사실에 대하여 다시 징계할 수 없다. 비행사실의 동일성에 대한 판단기준은 기본적 사실관계에 있어 동일성이 인정되면 족하다. 기본적 사실관계의 동일성은 비행사실에 대한 법률적 평가 이전에 구체적인 사실에 기초하여 사회적 사실관계가 기본적인 점에서 동일한지 여부에 따라 결정할 수 있다. 일련의 행위가 시간적·공간적으로 서로 근접하고 상호 밀접하게 연관되어 있는지 여부 등이 중요하게 고려될 수 있다. 따라서 여러 비행사실이 시간적·장소적으로 근접하여 동일한 기회에 발생한 것이어서 포괄적으로 하나의 행위로 볼 수 있는 경우에는 기본적 사실관계의 동일성이 인정되어 비행사실이 동일한 것으로 그 비행사실 중 일부에 대하여 징계위원회의 심의·의결을 거친 후에는 다른 행위에 대한 징계조사나 징계처분은 이중징계금지의 원칙에 위배되어 허용되지 않는다.

▌판례▐ 대법원 2016. 3. 24. 선고 2015두48235 판결

1. 취소판결의 기속력 및 기판력에 관하여(피고의 상고이유 제1점)

가. (1) 행정소송법 제30조 제1항은 "처분 등을 취소하는 확정판결은 그 사건에 관하여 당사자인 행정청과 그 밖의 관계행정청을 기속한다."라고 규정하고 있다. 이

러한 취소 확정판결의 '기속력'은 취소 청구가 인용된 판결에서 인정되는 것으로서 당사자인 행정청과 그 밖의 관계행정청에게 확정판결의 취지에 따라 행동하여야 할 의무를 지우는 작용을 하는 것이다. 이에 비하여 행정소송법 제8조 제2항에 의하여 행정소송에 준용되는 민사소송법 제216조, 제218조가 규정하고 있는 '기판력'이란 기판력 있는 전소 판결의 소송물과 동일한 후소를 허용하지 않음과 동시에, 후소의 소송물이 전소의 소송물과 동일하지는 않다고 하더라도 전소의 소송물에 관한 판단이 후소의 선결문제가 되거나 모순관계에 있을 때에는 후소에서 전소 판결의 판단과 다른 주장을 하는 것을 허용하지 않는 작용을 하는 것이다(대법원 2013. 11. 28. 선고 2013다19083 판결 등 참조).

(2) 취소 확정판결의 기속력은 그 판결의 주문 및 전제가 되는 처분 등의 구체적 위법사유에 관한 판단에도 미치나, 종전 처분이 판결에 의하여 취소되었다 하더라도 종전 처분과 다른 사유를 들어서 새로이 처분을 하는 것은 기속력에 저촉되지 않는다. 여기에서 동일 사유인지 다른 사유인지는 확정판결에서 위법한 것으로 판단된 종전 처분사유와 기본적 사실관계에 있어 동일성이 인정되는지 여부에 따라 판단되어야 하고, 기본적 사실관계의 동일성 유무는 처분사유를 법률적으로 평가하기 이전의 구체적인 사실에 착안하여 그 기초인 사회적 사실관계가 기본적인 점에서 동일한지에 따라 결정된다(대법원 2005. 12. 9. 선고 2003두7705 판결 등 참조). 또한 행정처분의 위법 여부는 행정처분이 행하여진 때의 법령과 사실을 기준으로 판단하므로, 확정판결의 당사자인 처분 행정청은 종전 처분 후에 발생한 새로운 사유를 내세워 다시 처분을 할 수 있음은 물론이고(대법원 2011. 10. 27. 선고 2011두14401 판결 등 참조), 새로운 처분의 처분사유가 종전 처분의 처분사유와 기본적 사실관계에서 동일하지 않은 다른 사유에 해당하는 이상, 해당 처분사유가 종전 처분 당시 이미 존재하고 있었고 당사자가 이를 알고 있었다 하더라도 이를 내세워 새로이 처분을 하는 것은 확정판결의 기속력에 저촉되지 않는다.

기본적 사실관계의 동일성이 인정되지 않는 서로 다른 여러 비행사실에 대하여 그중 일부가 적발되어 먼저 징계절차를 진행하여 징계처분을 하였다가, 그 후 나머지 비행사실을 적발하여 그에 대한 징계절차를 개시하여 징계처분을 하는 것은 이중징계금지 원칙에 위배되지 않음은 당연하다. 다만, 여러 비행사실을 알고 있었음에도 자의적으로 징계혐의사실을 분리하여 여러 차례로 나누어 징계처분을 하는 것은 이중징계금지의 원칙에 위배되지는 않으나 실질적으로 징계병과금지 원칙이나 징계권자의 징계 재량권의 일탈·남용에 해당되어 위법한 처분이 될 수 있다.[27]

27) 각각의 징계절차에서 정직과 감봉의 처분을 하거나 정직 3개월과 정직 2개월을 처분한 경우 징계

라. 이중징계금지의 구체적 적용 내용

(1) 징계조사와 이중징계

동일한 내용의 비행사실에 대하여 징계조사가 이루어지고 징계불요구를 한 것만으로는 이중징계의 문제는 발생하지 않는다. 동일한 비행사실에 대하여 징계조사가 동일 징계권자에 의하여 이루어진 경우에는 후에 진행되는 징계조사는 동일 비행사실에 대한 중복조사가 되므로 종결하여야 한다. 만약 서로 다른 징계권자에 의하여 진행되는 경우에는 징계조사의 선후에 관계없이 징계권자 중 상급자인 징계권자의 결정에 따라 하나의 징계절차에서만 징계조사를 계속 진행하되, 나머지 징계조사 절차는 종결하거나 이미 진행된 조사내용이 있는 경우에는 징계조사를 계속하는 징계권자에게 징계사건을 조사기록과 함께 이송하는 것이 바람직할 것이다.

실무상 징계번호를 부여하지 않고 비행사실을 확인한 후 비위의 정도가 경미하여 징계처분이 필요하지 않은 경우에는 징계와 무관하게 경고장을 수여하는 경우가 있으나, 이러한 경고장 수여는 징계처분으로 볼 수 없으므로 경고장 수여 후에 경고 대상사실에 대하여 징계절차를 진행하는 것이 가능하다. 다만, 경고장 수여는 임용권자 또는 지휘권자가 가지는 지휘권에 의한 인사상 조치로 인사소청의 대상이 될 수 있고, 그러한 경고장의 수여로 해당 공무원에게 법률상 불이익이 발생하는 등 처분성이 인정되는 때에는 행정소송을 제기할 수도 있다.

▌판례▌ 대법원 1991. 11. 12. 선고 91누2700 판결

원고가 피고로부터 받은 "귀하는 문화재관리국 기획관실에서 송무업무를 담당하면서 소속상관의 직무상 명령을 준수하여야 함에도 직상급자와 다투고 폭언하는 행위를 하였는 바, 이는 공무원의 기본자세가 아니라고 사료되어 엄중 경고하니 차후 이러한 사례가 없도록 각별히 유념하기 바람"이라는 내용의 서면에 의한 경고장은 공무원의 신분에 영향을 미치는 국가공무원법상의 징계의 종류에 해당하지 아니할 뿐만 아니라 기록에 의하면 위와 같은 경고는 원고에 대하여 앞으로 근무에 충실하라는 내용의 권고행위 내지 지도행위로서 그 때문에 원고에게 공무원으로서의 신분

를 병과하거나 정직 5개월의 징계처분을 한 것으로 볼 수 있어 위법한 처분이 된다.

에 불이익을 초래하는 법률상의 효과가 발생하는 것도 아니라 할 것이므로 같은 취지에서 원심이 이 사건 경고가 국가공무원법상의 징계처분이나 행정소송의 대상이 되는 행정처분이라고 할 수 없어 그 취소를 구할 법률상의 이익이 없다고 판단한 것은 정당하고 거기에 지적하는 바와 같은 법리오해의 위법이 없다.

(2) 징계의결 요구와 이중징계

징계권자는 징계혐의자에 대한 비행사실이 확인되지 않거나 확인되더라도 여러 정상을 참작하여 징계의결 요구를 하지 아니하기도 한다. 이중징계금지의 원칙은 징계의결 요구에 따른 징계위원회의 심의·의결을 준사법적 절차로 이해하여 그 법적 성질을 일사부재리의 원칙이 적용되는 것으로 본다. 따라서 징계위원회의 심의·의결 전 단계인 징계권자의 징계의결 불요구는 이중징계금지 원칙이 적용되는 일사부재리의 원칙이 적용되는 절차로 볼 수 없으므로 이중징계의 문제는 발생하지 않는다. 따라서 징계권자의 징계의결 불요구 결정 이후에 새로운 증거에 의하여 비행사실이 확인되거나 징계혐의자의 개전의 상황이나 부적절한 언행 등으로 징계가 필요한 경우 또는 새로운 비행사실이 발견되어 새로운 징계절차가 개시된 경우에는 징계의결 불요구의 대상 사실에 대하여 다시 또는 새로운 비행사실에 추가하여 징계의결 요구를 할 수 있다.

(3) 징계위원회의 심의·의결과 이중징계

이중징계금지 원칙의 핵심은 징계위원회의 심의·의결절차의 준사법적 행정절차라는 점에 있다. 실질적으로 징계권자는 특별한 사정이 없는 한 징계위원회의 심의·의결에 구속되므로 징계위원회의 심의·의결로서 이중징계금지의 원칙이 적용된다고 할 것이다. 따라서 징계위원회의 심의·의결이 있는 때에는 일사부재리(의)의 원칙에 따라 동일한 비행사실에 대하여 다시 징계할 수 없게 된다. 따라서 징계권자는 징계위원회의 심의·의결 결과에 대하여 그 징계위원회에 재의결을 요구할 수 없으며, 다른 징계절차에서 다시 징계대상사실로 삼는 경우에는 이중징계금지 원칙 또는 일사부재리(의)의 원칙이 적용되어 위법한 처분이 된다.

다만, 법령상 특별한 규정이 있는 경우에는 일사부재리(의)의 원칙이 적용됨에도 불구하고 다시 징계의결을 요구하거나 재의결을 할 수 있다. 그러한 예로는 첫째, 병사에 대한 군기교육처분에 대하여 인권담당군법무관이 징계대상자에게 진술할 기회를 주지 아니한 경우 등 중대한 절차상 흠결이 있다고 인정하는 경우에는 징계권자는 다시 징계위원회에 회부할 수 있다.[28] 둘째, 징계권자가 징계위원회의 의결이 가볍다고 인정하여 상급기관의 징계위원회에 심사 또는 재심사 청구를 하거나 징계대상자가 징계위원회 의결에 대하여 불복하여 항고하는 경우에는 상급기관의 징계위원회 또는 항고심사위원회에서 재심사 의결할 수 있다.[29] 셋째, 감사원은 감사원이 파면요구를 한 사항이 파면 의결이 되지 아니한 경우에는 해당 징계위원회 등이 설치된 기관의 바로 위 상급기관에 설치된 징계위원회 등(바로 위 상급기관에 설치된 징계위원회 등이 없는 경우에는 해당 징계위원회 등)에 직접 그 심의 또는 재심의를 요구할 수 있다.[30]

판례는 징계권자가 징계처분이 당연무효가 될 수 있는 징계절차상의 중대한 하자를 발견하고 다시 징계의결을 요구한 경우에 그 징계의결 요구나 징계위원회의 재의결에 대하여 이중징계금지 원칙에 위배되지 않는 것으로 보았다.[31]

▌판례▐ 대법원 1971. 3. 9. 선고 70누160 판결

원심은 1969.10.18.자 총무처 소청심사위원회에서 한 1969.9.25.자 중앙정보부 보통징계위원회의 원고에 대한 징계의결이 원고에게 변론의 기회를 주지 않고 결의한 하자가 있다는 이유로 동 징계의결의 무효를 선언하고 그 후 위 징계위원회에서 절차의 하자를 보완하여 같은 징계사유로 파면결의를 한 사실을 확정하고 위와 같은 경우는 이중으로 징계처분을 받은 경우가 아니라하여 원고의 중앙정보부 직원법 시행령 제41조 제2항에 의한 일사부재리의 주장을 배척한 조치는 정당하며 위와 같은 판단취지는 소론 재징계 규정이 없다는 주장을 배척한 취지가 포함된 것이다.

---

28) 군인사법 제59조의2 제5항.
29) 군인사법 제59조 제7항 및 제60조의2 제1항, 군무원인사법 제40조 제5항 및 제43조 제1항.
30) 감사원법 제32조 제3항.
31) 이에 대하여 징계권자가 징계절차상 하자를 발견하고 스스로 재차 징계의결 요구를 한 경우 이중징계금지원칙에 위배되는 것으로 보는 견해가 있다(종합행정학교, 일반학(징계업무), 국군인쇄창, 2019년, 18쪽). 다만, 판례의 입장을 고려하면 위 하자는 당연무효에 이르지 않는 취소사유에 해당하는 하자로 볼 수도 있을 것이다.

마. 그 밖의 절차와 이중징계금지 원칙

(1) 보직해임(직위해제)

보직해임과 직위해제는 공무원의 신분관계는 그대로 유지하면서 본인의 의사에 반하여 보직이나 직위를 해임 또는 해제하는 것으로 직무담임권을 제한하는 행정처분을 말한다. 보직해임은 인사권을 가지는 지휘관이 할 수 있으며, 직위해제는 임용권자가 할 수 있는 것으로 이는 인사상 불이익 처분에 해당한다. 일반적으로 어떤 비행사실이 확인되고 직무를 계속 담당하는 것이 적절하지 않은 경우에 형사처벌이나 징계처분의 전후에 이루어지는 것으로 징계처분에 해당하지 않는다. 따라서 보직해임이나 직위해제 후 이어서 동일한 비행사실에 대하여 징계처분을 하더라도 이중징계금지 원칙에 위배되지 않는다.

판례 대법원 1983. 10. 25. 선고 83누184 판결

원심판결 이유에 의하면, 원심은 거시증거에 의하여 서울풍납국민학교 교사인 교육공무원으로서 2학년 11반을 담임하던 원고가 1981.3.경부터 같은 해 10.경까지 19회 지각하였고, 같은해 12.경까지 위 학교교장의 허가 없이 10여회 무단이석하였을 뿐만 아니라 같은해 11.경부터는 위 교장의 참석명령에도 불구하고 여러 차례 동학년회의에도 참석하지 아니하였으며, 같은해 6.중순 16:40경에는 급히 귀가하기 위한 나머지 시정된 위 학교 후문의 철책을 넘어간 적이 있는 사실 및 피고는 서울특별시 교육위원회 교육공무원 일반징계위원회의 적법한 징계의결에 따라 원고에 대하여 이 사건 징계처분을 한 사실을 인정하고, 이에 반하는 증거를 배척한 다음 위 사실에 비추어 보면, 원고는 교육공무원으로서 국가공무원법 소정의 복종의무, 직장이탈금지의무 및 품위유지의무에 위배하였다 할 것이고 따라서 이는 교육공무원법 제51조 제1항 및 국가공무원법 제78조 제1항 제1호 및 제3호 소정의 징계사유에 해당하는 것이므로 적법한 징계사유에 대하여 적법한 징계절차를 거쳐 이루어진 이 사건 징계처분은 적법하다고 판시하고 있는바, 기록에 의하면 원심의 위와 같은 사실인정 및 판단은 정당하고, 거기에 소론과 같은 의제자백에 관한 법리오해나 피고가 허위로 조작한 증거에 의하여 사실을 오인한 위법이 없을 뿐만 아니라 징계절차에도 위법이 없으며, 직위해제처분이 공무원에 대한 불이익한 처분이긴 하나 징계처분과 같은 성질의 처분이라 할 수 없으므로 같은 취지의 원심판결에 일사부재리원칙의 법리를 오해한 위법이 없고, 또 소제기 후 변론의 지연이나 원고의 직위해제처분취소 청구사건을 이 사건 청구와 동시에 심리한 사실만으로는 소송절차의 위배가 있다 할 수 없고, 그 외 직위해제처분취소 청구사건에 관한 소론과 같은 사유는 이 사건의 적법한 상고이유가 될 수 없는 바이니 논지는 어느 것이나 이유 없다.

(2) 현역복무부적합 심사에 의한 전역 또는 직권면직

현역복무부적합심사 제도는 군인사법상 일정한 사유가 있는 경우 그 사유로 인하여 현역 복무에 적합하지 아니한 사람을 전역심사위원회의 심사를 거쳐 현역에서 전역시키는 제도를 말한다. 이는 본인의 의사에 의하지 않는 전역으로 현역복무에 적합하지 아니한 자를 군인의 신분관계에서 배제하는 것으로 인사상 불이익 처분에 해당한다. 따라서 징계처분을 받은 사람에 대하여 징계처분 등을 이유로 현역복무에 적합하지 아니하다고 하여 현역복무부적합 전역처분을 한 것은 이중징계금지 원칙에 위배되지 않는다.[32] 직권면직이란 공무원이 일정한 사유에 해당되었을 때 본인의 의사와는 관계없이 임용권자가 그의 공무원신분을 박탈하여 공직으로부터 배제하는 제도를 말한다. 직권면직 사유로는 직제와 정원의 개폐 또는 예산의 감소 등에 따라 폐직(廢職) 또는 과원(過員)이 되었을 때, 휴직 기간이 끝나거나 휴직 사유가 소멸된 후에도 직무에 복귀하지 아니하거나 직무를 감당할 수 없을 때, 직위해제에 따라 대기명령을 받은 자가 그 기간에 능력 또는 근무성적의 향상을 기대하기 어렵다고 인정된 때, 전직시험에서 세 번 이상 불합격한 자로서 직무수행 능력이 부족하다고 인정된 때, 병역판정검사·입영 또는 소집의 명령을 받고 정당한 사유 없이 이를 기피하거나 군복무를 위하여 휴직 중에 있는 자가 군복무 중 군무(軍務)를 이탈하였을 때, 해당 직급·직위에서 직무를 수행하는 데 필요한 자격증의 효력이 없어지거나 면허가 취소되어 담당 직무를 수행할 수 없게 된 때, 고위공무원단에 속하는 공무원이 적격심사 결과 부적격 결정을 받은 때 등이 있다. 직권면직은 그 목적이나 법적 성질을 징계와 달리하기 때문에 직권면직과 징계는 별개의 독립된 처분으로 이중징계와 관련이 없다.

(3) 형사처벌과 인사상 불이익 조치

징계 이외의 위법·부당한 면직·퇴직, 전역·제적 및 휴직 등 그 의사에 반

---

32) 현역 복무 부적합자로 조사받을 사유로 중징계처분을 받은 경우 또는 동일 계급에서 2회 이상 경징계처분을 받은 경우가 포함되어 있다(군인사법 시행규칙 제57조 제2호).

한 불리한 처분은 인사상 불이익한 처분으로 고충처리 또는 인사소청의 대상으로 징계와 구별되므로 위와 같은 인사소청 대상 처분이 있는 경우에도 징계가 이루어질 수 있다. 징계와 형사처벌의 관계는 이미 앞에서 살펴본 바와 같다. 따라서 형사처벌과 인사상 불이익 처분은 징계와 다른 처분으로 이중징계금지 원칙이 적용되지 않는다.

2. 징계의 병과금지 원칙

군인에 대한 징계처분을 의결하는 때에는 두 종류 이상의 징계처분을 병과하여서는 아니 된다.[33] 동일한 징계절차에서 징계대상사실이 수개인 경우에도 같다. 징계위원회 의결의 병과금지는 군인의 경우 군인에 대한 징계의 종류로서 파면・해임・강등・정직・감봉・근신・견책(군인 중 병의 경우에는 강등・군기교육・감봉・휴가단축・근신・견책) 각 징계처분을 하나의 징계사건에 대하여 두 종류 이상의 처분을 함께 할 수 없다. 다만, 군인에 대한 정직 처분을 의결하면서 그 내용으로 근신하게 하는 것은 정직처분의 구체적인 내용에 해당하므로 징계처분의 병과금지에 위반하지 않는다. 그러나 정직처분을 하면서 별도의 기간을 정하여 근신처분을 정직처분과 함께 병과하는 것은 금지된다.

형식적 또는 절차적으로는 서로 다른 징계절차에서 하나의 징계처분이 이루어졌으나, 기본적 사실관계의 동일성이 인정되는 수개의 비행행위나 기본적 사실관계의 동일성이 인정되지 않는 서로 다른 여러 비행사실을 나누어 다른 징계절차를 통하여 서로 다른 징계를 병과하거나 법령상 인정되는 징계의 범위를 넘는 처분을 함으로써 실질적으로 병과금지를 위반한 경우에도 위법한 처분으로 보아야 한다.

---

33) 군인 징계령 제3조 후단.

제4절 징계시효 제도

1. 징계시효의 의의

징계시효는 징계사유에 해당하는 징계사실에 대하여 일정기간 계속하여 징계절차를 진행하지 않거나 못한 경우에 그 징계사유에 대한 징계권의 행사를 제한하는 것을 말한다. 이는 일정기간 동안 징계권이 행사되지 않는 상태가 계속되어 징계권이 행사되지 않으리라는 징계대상자의 기대를 보호하고, 그 상태를 존중함으로써 법적 안정성을 보장하려는 것을 목적으로 한다.

▌헌재결정▌ 헌법재판소 2012. 6. 27. 선고 2011헌바226 전원재판부 결정

구 국가공무원법 제83조의2 제1항은 "징계의결의 요구는 징계사유가 발생한 날부터 2년[금품 및 향응 수수(授受), 공금의 횡령(橫領)·유용(流用)의 경우에는 3년]이 지나면 하지 못한다."고 징계사유의 시효에 관해 규정하고 있다. 이러한 징계시효제도는 공무원에게 징계사유가 발생하더라도 그에 따른 징계절차를 진행하지 않거나 못한 상태가 일정기간 계속되면, 그것의 적법 또는 타당성 등을 묻지 않고 그 상태를 존중하여 징계를 하지 못하도록 함으로써 공직의 안정성을 보장하려는 데 목적을 두고 있다(대법원 1998. 6. 12. 선고 97누16084 판결, 대법원 2008. 7. 10. 선고 2008두2484 판결 등 참조).

▌판례▌ 대법원 2007. 7. 12. 선고 2006도1390 판결

법 제73조의2 제1항은 "징계의결의 요구는 징계사유가 발생한 날부터 2년(금품 및 향응수수, 공금의 횡령·유용의 경우에는 3년)을 경과한 때에는 이를 행하지 못한다."고 규정하고 있으나, 이는 공무원에게 징계사유에 해당하는 비위가 있더라도 그에 따른 징계절차를 진행하지 않았거나 못한 경우 그 사실상태가 일정기간 계속되면 그 적법·타당성 등을 묻지 아니하고 그 상태를 존중함으로써 공직의 안정성을 보장하려는 취지이지, 임용권자가 징계시효기간 내에만 징계의결요구를 하면 된다는 취지로는 해석되지 아니한다.

오히려 지방공무원 징계 및 소청규정 제2조 제1항, 제6항에서 임용권자는 징계사유에 대한 충분한 조사를 한 후 소속공무원에게 징계사유가 있다고 인정될 때에는 "지체 없이" 관할 인사위원회에 징계의결을 요구하여야 한다고 규정한 취지에 비추어 볼 때, 임용권자는 징계사유가 발생하면 이에 대한 충분한 조사를 한 다음, 특별한 사정이 없는 한 지체 없이 징계의결요구를 할 직무상 의무가 있다고 할 것이다.

2. 징계시효의 기간

가. 징계사유 및 징계부가금 부과사유의 시효기간

공무원의 경우에는 징계사유에 따라 ① 성매매알선 등 행위의 처벌에 관한 법률 제4조에 따른 금지행위, ② 성폭력범죄의 처벌 등에 관한 특례법 제2조에 따른 성폭력범죄, ③ 아동·청소년의 성보호에 관한 법률 제2조 제2호에 따른 아동·청소년대상 성범죄, ④ 양성평등기본법 제3조 제2호에 따른 성희롱에 해당하는 때에는 10년,[34] 징계사유가 징계부가금 부과사유에 해당하는 경우에는 5년, 그 밖의 징계사유에 해당하는 경우에는 3년이 지났을 때에는 징계나 징계부가금 부과의결을 요구할 수 없다.

공무원에 대한 징계사유의 시효기간은 일반적으로 3년이 원칙이나, 공무의 공정성 및 청렴성에 대한 의무위반의 중대성을 고려하여 징계사유가 금전, 물품, 부동산, 향응 또는 그 밖에 유가증권·숙박권·회원권·입장권·할인권·초대권·관람권·부동산 등의 사용권 등 일체의 재산상 이익, 골프 등의 접대나 교통·숙박 등의 편의 제공 또는 채무면제·취업 제공·이권 부여 등 유형·무형의 경제적 이익 등 재산상 이익을 취득하거나 제공한 경우, 예산이나 기금·국고금·보조금·국유재산·군수품·공유재산 및 물품 등을 횡령·배임·절도·유용한 경우에 해당하는 때에는 일반적인 징계시효의 기간보다 기간을 연장하여 징계 및 징계부가금 부과의결의 시효기간을 5년으로 하고 있다.

군인의 경우 징계사유가 발생한 날부터 3년이 지났을 때에는 징계의결 요구를 할 수 없다.[35] 다만, 징계사유가 군인사법 제56조의2 제1항 각 호의 어느 하나에 해당하는 경우(징계부가금 부과사유)에는 해당 징계사유가 발생한 날부터 5년이 지났을 때에는 징계 또는 징계부가금 부과의결의 요구를 할 수 없다.

▌헌재결정▌ 헌법재판소 2012. 6. 27. 선고 2011헌바226 전원재판부 결정

우리 헌법이 요구하는 평등은 일체의 차별적 대우를 부정하는 절대적 평등을 의미하는 것이 아니라 입법과 법의 적용에 있어서 합리적 근거 없는 차별을 하여서는

---

34) 군무원의 경우에도 군무원인사법 제41조 제1항(2022.12.13. 법률 제19074호로 개정된 것, 2022. 12.13. 시행)에서 성관련 징계사유의 시효기간을 10년으로 연장하였다.

35) 군인사법 제60조의3 제1항, 군무원인사법 제41조 제1항.

아니 된다는 상대적 평등을 뜻하므로, 합리적 근거 있는 차별 내지 불평등은 평등의 원칙에 위배되는 것이 아니다.

그리고 평등원칙 위배 여부를 심사함에 있어 엄격한 심사척도에 의할 것인지, 완화된 심사척도에 의할 것인지는 입법자에게 인정되는 입법형성권의 정도에 따라 다르게 될 것이므로, 헌법에서 특별히 평등을 요구하고 있는 경우 즉 헌법이 스스로 차별의 근거로 삼아서는 아니 되는 기준을 제시하거나 차별을 특히 금지하고 있는 영역을 제시하고 있는 경우이거나, 차별적 취급으로 인하여 관련 기본권에 대한 중대한 제한을 초래하게 되는 경우에는 입법형성권은 축소되어 보다 엄격한 심사척도가 적용되어야 할 것이지만, 그 이외에는 완화된 심사척도인 자의금지원칙에 의하여 심사하면 족하다(헌재 2005. 12. 22. 2003헌가8, 판례집 17－2, 577, 614 등 참조).

그런데 이 사건 법률조항으로 인한 평등원칙 위배 문제는 '금품수수'의 비위 사실에 대한 징계시효기간의 연장에 관한 것으로서, 헌법에서 특별히 평등을 요구하고 있는 경우이거나 차별적 취급으로 인하여 관련 기본권에 대한 중대한 제한을 초래하게 되는 경우가 아니므로, 이는 완화된 심사척도인 자의금지 원칙에 의하여 심사하는 것으로 족하다.

금품 수수 등의 비행행위를 한 사람의 상급자는 그에 대한 지휘 · 감독 소홀의 책임을 질 수 있으나, 이 경우 상급자의 비행행위는 금품 등 수수 행위에 해당하지 않고 지휘 · 감독을 소홀히 한 행위이므로 상급자에 대한 징계시효 기간은 3년이 적용된다. 그러나 상급자가 적극적으로 하급자의 금품 등 수수행위에 가담하여 그러한 행위를 방조 또는 교사한 경우에는 공금의 횡령, 유용의 경우와 같이 5년의 징계시효가 적용된다. 반면, 공무원이 평소 친분관계에 있는 자로부터 부탁을 받은 후 관련업무의 담당자인 직장동료에게 일정한 사례를 언급하며 업무관련 청탁을 하고, 점심식사 자리를 주선하였으며, 청탁자로부터 현금 1천만원이 들어 있는 쇼핑백을 전달받아 위 직장동료에게 전달한 것은 금품수수에 해당한다.

▌질의회신 사례▌ 법제처 2006. 5. 10. 회신(06-0073) 국가공무원법 제83조의2 징계사유의 시효

공무원이 업무관련자로부터 금품을 받아 이를 해당 업무담당 공무원에게 전달하였다면, 이것은 국가공무원법(2008. 12. 31. 법률 제9296호로 개정되기 전의 것, 인용시 추가) 제83조의2 제1항에서 규정하고 있는 시효기간이 3년인 금품수수에 해당합니다.

나. 징계시효의 기산점

(1) 징계사유가 발생한 날

징계 또는 징계부가금 부과의결은 징계사유가 발생한 날부터 3년, 5년 또는 10년이 지났을 때에는 요구할 수 없다. 따라서 징계시효기간의 기산점은 해당 징계사유가 발생한 때이다.

▌판례▌ 대법원 2019. 10. 18. 선고 2019두40338 판결

참가인의 위 인사규정 제40조는 기간 경과를 이유로 사용자의 징계권 행사에 제한을 가하려는 취지에서 둔 징계시효에 관한 규정에 해당하고, 그 징계시효의 기산점은 위 규정에 따라 징계사유가 발생한 때라고 보아야 한다. 그리고 징계사유에 해당하는 비위행위 자체에 대한 징계시효가 만료된 이후 그 비위행위가 수사대상이 되거나 언론에 보도되었다고 하여 이를 들어 새로운 징계사유가 발생한 것으로 본다면, 비위행위에 대한 징계시효가 연장되는 것과 다름없어 일정기간의 경과를 이유로 징계권 행사를 제한하고자 하는 징계시효의 취지에 반할 뿐 아니라, 새로운 징계사유의 발생이 사용자 등에 의하여 의도될 우려도 있다. 따라서 비위행위 자체에 대한 징계시효가 만료된 경우 그 비위행위에 대하여 나중에 수사나 언론보도 등이 있더라도 이로 인해 새로운 징계사유가 생긴 것으로 보거나 그 수사나 언론보도 등의 시점을 새로운 징계시효의 기산점으로 볼 수 없다(대법원 2008. 7. 10. 선고 2008두2484 판결 등 참조).

'징계사유가 발생한 때'라 함은 징계사유에 해당하는 비행행위가 종료한 때를 말한다.

▌판례▌ 대법원 2014. 10. 30. 선고 2012두25552 판결

원심은 채택 증거에 의하여 이 사건 정직처분에 관한 징계사유 중 금품수수에 해당하는 제1 내지 3 징계사유는 경기지방경찰청장이 그 징계사유의 시효가 만료되기 전인 2008. 7. 17. 피고에 대하여 한 수사개시통보에 포함되지 않았던 사실, 수사기관은 위 수사개시통보 무렵 제4 징계사유에 해당하는 원고의 직무유기에 대하여만 수사를 하였을 뿐, 제1 내지 3 징계사유에 해당하는 금품수수에 대하여는 혐의 자체를 두지 아니하여 수사를 하지 아니하다가 금품수수에 관한 징계사유의 시효가 만료된 이후인 2009. 7. 11.경에 이르러서야 이에 대한 혐의를 두고 수사를 개시한 후 2009. 9. 21. 피고에게 '원고에 대하여 소외인으로부터 250만 원 상당 뇌물수수 및 직무유기 피의사실로 불구속 송치하였다'는 내용의 공무원범죄 수사상황통보를 한 사실 등 그 판시와 같은 사실을 인정한 뒤, 피고가 제1 내지 3 징계사유의 징계시효가 만료되기 이전에 수사기관으로부터 징계사유에 대한 수사개시통보를 받고 그에 관한 징계절차를 진행하지 아니하기로 하였다고 인정할 수 없으므로, 그 징계사유에 관한 시효는 위 2009. 9. 21.자 수사상황통보를 받은 날로부터 1월이 경과한 날에 만료되는 것으로 볼 수 없고 피고의 이 사건 징계의결 요구 이전에 이미 만료된 것으로 보아야 한다고 판단하였다.

관련 법리와 기록에 비추어 살펴보면, 원심의 위와 같은 판단은 정당하고, 거기에 상고이유 주장과 같은 구 지방공무원법(2008. 12. 31. 법률 제9301호로 개정되기 전의 것, 이하 같다) 제73조 제2항의 '수사개시의 통보'의 효력범위 및 징계시효에 관한 법리오해, 변론주의 위반 등의 위법이 없다.

또한, 징계시효의 기산점은 징계권자가 징계사유의 존재를 알게 되었을 때로 보아야 한다거나, 징계권자가 과실 없이 징계사유의 존재를 알 수 없었던 때에는 징계시효의 만료 여부와 무관하게 징계권을 행사할 수 있다거나, 징계시효의 만료를 이유로 정직처분의 효력을 다투는 것은 신의칙에 어긋난다는 피고의 상고이유 주장은 독자적인 견해에 불과하거나 앞서 본 법리에 비추어 받아들일 수 없다. 그 밖에 피고가 상고이유에서 내세우는 대법원 1995. 3. 10. 선고 94다14650 판결은 구체적인 사실관계를 달리하는 것으로서 이 사건에 원용하기에 적절하지 아니하다.

(2) 일련의 행위의 기산점

징계사유에 해당하는 비위행위가 계속적으로 연이어서 행하여진 일련의 행위인 경우에 그러한 일련의 행위는 하나의 비위행위가 되고, 징계시효의 기산점은 하나의 비위행위로서 일련의 행위가 최종적으로 종료한 때가 된다. 어떤 수개의 행위가 일련의 행위인지 여부는 형법상 포괄일죄의 법리를 적용하여 판단하는 것이 적절하다. 형법상 '포괄일죄'라 함은 수개의 행위가 포괄적으로 1개의 구성요건에 해당하여 하나의 죄를 구성하는 것을 말한다. 동일 죄명에 해당하는 수개의 행위가 단일하고 계속된 범의 아래 일정기간 계속되고 그 피해법익도 동일한 경우에는 이들 각 행위를 통틀어 포괄일죄로 보아야 할 것이나, 범의의 단일성과 계속성이 인정되지 아니하거나 범행방법이 동일하지 않은 경우에는 각 범행은 실체적 경합범에 해당한다.[36] 따라서 수개의 행위가 단일하고 계속된 동일한 의사에 기하여 일정기간 계속적으로 행하여지고 그에 따른 피해법익이 동

36) 대법원 2018. 11. 29. 선고 2018도10779 판결.

일한 경우에는 일련의 행위로 보아 최종 행위가 종료하는 때에 징계시효가 진행하는 것으로 보아야 한다.[37)]

▌판례▌ 대법원 1986. 1. 21. 선고 85누841 판결

원심판결 이유에 비추어 그 채택한 증거들을 살펴보면, 원심이 판시한 바와 같이 원고는 1982.9월경 소외 1로부터 그가 피고로서 당시 부산지방법원에 소송계속 중이던 같은 법원 82가단4502호 토지인도등 사건의 진행에 관하여 유리하게 하여 달라는 부탁과 함께 변호사 선임비 명목으로 금 390,000원을 교부받고는 변호사를 선임하지 아니한 채 1982.11.10. 위 사건의 답변서 및 증인신청서를, 1983.1.13. 현장검증 및 감정신청서 등을, 1983.1.27. 청구취지 및 청구원인에 대한 답변서를, 1983.2.23. 변론기일연기신청서를 각 작성하여 제출하는 등 실질적인 소송수행을 하고, 위와 같은 행위로 위 소외 1이 1983.4.26. 수사기관에 탄원서를 제출하는 등으로 물의를 빚자 1983.6.10. 원고의 처 명의로 위 금 390,000원을 차용금반환 명목으로 위 소외 1을 위하여 공탁한 사실을 인정한 조처는 수긍이 가고, 그 거친 채증의 과정에 소론과 같이 채증법칙에 위배하고 심리를 다하지 아니한 위법이 있다고 할 수 없다. 그리고 사실관계가 그러하다면 위와 같은 원고의 비위는 모두 소송사건에 관련하여 계속적으로 행하여진 일련의 행위이어서 설사 그중에 이 사건 징계의결시에 2년이 경과한 것이 있다 할지라도 그 징계시효의 기산점은 위 일련의 행위중 적어도 최종으로 위 문서 따위를 만들어준 1983.2.23.이나 그 후 물의를 빚은 사실 등을 기준하여야 한다 할 것이다. 같은 취지에서 원심이 위 비위사실에 대한 이른바 징계시효는 완성되지 아니하였다고 한 조처는 정당하고 거기에 징계시효의 기산점을 오해한 잘못도 없다.

(3) 부작위에 의한 의무위반행위의 기산점

징계사유 중에는 그 의무위반행위가 부작위에 의한 경우가 있다. 부작위에 의한 의무위반행위의 징계시효의 기산점은 작위의무가 종료되는 때로 보아야 한다. 부작위에 의한 의무위반에 해당하는 비위행위의 유형에는 성실의무위반으로 지휘감독소홀, 직무소홀 또는 직무태만, 소극행정, 성관련 비행사실 등에 대한 필요한 조치 불이행 등이 있고, 복종의무위반으로 지시불이행 등이 있다.

---

37) 일련의 행위의 징계시효 기산점과 관련하여 형사처벌과 징계처분은 그 목적과 권력의 기초가 다른 별개의 제도이므로 형법상 포괄일죄의 법리를 여과 없이 적용하여 징계시효를 무리하게 확장하는 것은 곤란하므로 당사자의 불이익을 고려하여 구체적 사안에 따라 판단할 수밖에 없다는 견해도 있다[종합행정학교, 일반학(징계업무), 국군인쇄창, 2019년, 34쪽 참조].

상급자의 지휘감독소홀의 의무위반행위는 지휘감독의무가 계속되는 기간에는 계속적으로 지휘감독의무를 위반하는 것이므로 지휘감독을 성실하게 이행하게 된 때 또는 지휘감독 대상 업무가 종료되거나 해소되어 지휘감독이 불필요하게 된 때부터 징계시효가 진행한다.

직무태만의 경우에는 직무를 수행하여야 하는 일정한 기간이 지나면 성실의무위반이 성립하고, 직무수행의무가 유지됨에도 불구하고 계속적으로 부작위에 의한 직무태만을 하는 동안에는 직무태만행위가 종료되었다고 볼 수 없어 징계시효가 진행하지 않고, 의무자가 직무를 성실히 수행하거나 직무을 조정하여 직무수행 의무가 사라지게 되는 때에 부작위에 의한 직무태만행위가 종료되었다고 볼 수 있으므로 그 때에 징계시효가 진행한다고 보아야 한다. 이와 관련하여 하급심 판례로 경찰청이 유착비리 근절을 위하여 경찰 대상업소 접촉금지 제도를 확대 시행하면서 불법 대부업소와의 금전거래 등을 금지하고 대상 업소 접촉 시 사전에 신고하도록 하였음에도 불구하고 징계대상자 경찰공무원이 불법 대부업자를 접촉한 사실을 신고하지 않은 것은 부작위에 의한 징계사유에 해당하고, 그 불법 대부업자가 다른 경찰관으로부터 단속을 당한 때에 징계시효를 기산하는 것이 타당하다고 판시한 사례가 있다.[38]

▌판례▌ 대법원 2021. 12. 16. 선고 2021두48083 판결

가. 구 군인사법(2011.5.24. 법률 제10703호로 개정되기 전의 것)은 직무상 의무위반을 군인 징계사유의 하나로 정하면서(제56조 제1호), 금품 및 향응 수수, 공금의 횡령·유용 이외의 징계사유에 따른 징계시효를 징계사유가 발생한 날부터 2년으로 정하고 있다(제60조의3 제1항).

군인사법이 징계시효 제도를 둔 취지는 군인에게 징계사유에 해당하는 비위가 있더라도 그에 따른 징계절차를 진행하지 않았거나 못한 경우 그 사실상태가 일정 기간 계속되면 그 적법·타당성 등을 묻지 아니하고 그 상태를 존중함으로써 군인 직무의 안정성을 보장하려는 데 있다(대법원 2007. 7. 12. 선고 2006도1390 판결 참조). 징계시효의 기산점은 원칙적으로 징계사유가 발생한 때이고(대법원 2019. 10. 18. 선고 2019두40338 판결 참조), 징계권자가 징계사유의 존재를 알게 되었을 때로 볼 수 없다(대법원 2014. 10. 30. 선고 2012두25552 판결 참조).

나. 육군 부사관은 육군참모총장이 발령한 육군규정을 준수할 직무상의 의무가

38) 울산지방법원 2014. 8. 14. 선고 2014구합766 판결 참조(종합행정학교, 전게서, 35쪽 참조).

있다[구 군인사법 제19조 제2항, 제47조의2, 구 군인복무규율(2016.6.28. 대통령령 제27273호 부칙 제2조로 폐지) 제23조 제1항, 국군조직법 제10조 제2항 참조]. 따라서 민간법원에서 형사처벌이 확정된 부사관은 육군규정 보고조항에 따라 지체 없이 상당한 기간 내에 징계권자에게 그 사실을 보고할 직무상 의무가 있다. 그 기간 내에 보고의무를 이행하지 아니하면 그 기간이 경과함으로써 곧바로 직무상 의무 위반의 징계사유가 발생하고, 그때부터 징계시효가 기산된다고 보아야 한다.

다만, 복종의무위반으로서 지시불이행은 상급자의 구체적이고 개별적인 지시에 대하여 부작위에 의한 불이행이므로 상급자의 지시에 반하는 불이행 또는 위반행위가 있는 경우에 즉시 행위가 종료되었다고 볼 수 있으므로 그 때부터 징계시효가 진행하는 것으로 보아야 한다.

(4) 비위행위의 종료시점이 명확하지 않은 경우

징계처분은 공무원의 의무위반행위, 즉 비위행위에 대하여 해당 공무원에게 신분상, 인사상 불이익한 처분을 하는 것으로 행정벌에 해당한다. 따라서 비위행위의 사실뿐만 아니라 징계권이나 징계시효 등 적법한 징계처벌을 위한 처분요건에 대한 입증책임은 징계처분을 하는 징계권자에게 있다. 징계처분에 있어서는 형사처벌에서와 같이 엄격한 증명이나 그 밖의 증거법칙이 적용되는 것은 아니다. 비위행위의 특정의 정도 역시 공소장의 범죄사실과 같이 엄격하지 않다. 따라서 비위행위의 일시가 명확하지 않은 경우도 있을 수 있으며, 그 경우 징계시효의 기산점은 입증책임의 분배와 징계혐의자의 권익 보호를 위하여 징계혐의자에게 유리하게 적용하여야 한다.

다. 시효기간의 계산

징계시효의 계산에 관하여 관계 법령은 군사법원법이나 형사소송법과 같이 별도의 규정을 두고 있지 않다.[39] 따라서 기간의 계산에 관한 기본 기준이 되는 민법상 규정을 준용하여야 하므로 징계시효의 계산은 징계사유가 발생한 날 또는 비위행위가 종료한 날의 초일은 시효기간에 산입하지 아니한다.[40]

---

39) 군사법원법 제103조 제1항 단서 및 형사소송법 제66조 제1항 단서에서는 "시효와 구속기간을 계산할 때에는 첫 날은 시간을 계산하지 아니하고 1일로 계산한다."고 규정하고 있다.

40) 민법 제156조(기간을 시, 분, 초로 정한 때에는 즉시로부터 기산한다), 제157조(기간을 일, 주, 월 또는 연으로 정한 때에는 기간의 초일은 산입하지 아니한다. 그러나 그 기간이 오전 영시로부터

그러나 징계시효기간의 기산은 징계시효제도의 취지와 징계대상자의 이익을 고려하여 기간의 계산에 있어서 초일 불산입에 관한 민법의 기간 계산에 관한 규정을 적용하지 않고 오히려 군사법원법이나 형사소송법의 공소시효에 관한 규정을 준용하여 징계사유가 발생한 날, 즉 초일을 산입하여 계산하는 것이 타당하다 할 것이다.

징계시효의 말일이 토요일이나 공휴일인 경우도 해당 말일에 종료되는 것으로 보는 것이 시효제도의 취지나 징계대상자의 법적 안정성 보장에 부합하다고 할 것이다.

3. 징계시효기간 만료의 효과

징계사유가 발생한 날부터 징계시효기간(3년, 5년 또는 10년)이 지났을 때에는 징계권자는 징계위원회에 징계 또는 징계부가금 부과의결을 요구할 수 없다. 따라서 징계권자는 징계사유에 해당하는 경우에도 해당 대상자에게 징계처분을 할 수 없게 된다. 다만, 징계시효가 완료된 경우 징계시효가 완료된 비행사실을 차후 징계양정에 있어서 고려하는 것은 가능하다.

▌판례▌ 대법원 1995. 9. 5. 선고 94다52294 판결

기록에 의하면 피고가 이른바 원고의 근무내력을 이 사건 징계사유로 삼지 아니하였음은 명백하고, 한편 면책합의되었거나 징계시효가 지난 비위행위라 하더라도 그러한 비위행위가 있었던 점을 징계양정의 판단자료로 삼는 것까지 금하는 것은 아니라 할 것이므로(당원 1994. 9. 30. 선고 94다4042 판결 참조), 위와 같은 원고의 근무내력도 이 사건 해고처분의 정당성을 판단하는 자료로는 삼을 수 있다 할 것인데, 사실관계가 원심이 적법하게 확정한 바와 같다면 원고의 근무내력을 참작하더라도 이 사건 징계사유에 대해 징계종류 중 가장 무거운 면직처분을 한 것은 정당한 사유가 있다고 볼 수 없으므로, 결국 같은 취지로 판단한 원심판결은 결론에 있어 정당하다 할 것이고, 거기에 논하는 바와 같이 판결 결과에 영향을 미친 징계사유 또는 징계재량권에 대한 법리오해의 위법이 있다고 볼 수 없다. 논지는 모두 이유가 없다.

징계시효가 경과한 비위행위에 대하여 징계권자가 징계의결요구를 하거나 그에 따라 징계위원회가 징계의결을 하여 징계처분이 있는 때에는 징계시효에 위

시작하는 때에는 그러하지 아니하다).

반한 것으로 그 하자가 중대하고 명백하여 그 징계처분은 당연무효이다.

▌판례▌ 대법원 1977. 10. 11. 선고 77누212 판결

그러나 지방공무원법 제73조의2 제2항의 규정에 의하면 동법 제73조 제1항의 규정에 의하여 징계절차를 진행하지 못한 경우에는 위의 2년의 기간이 경과한 후에라도 그 사유가 종료된 날로부터 1월 이내에는 징계의결을 요구할 수 있게끔 되어 있고 성립에 다툼이 없는 갑 제4호증(의견서)의 기재에 의하면 이 사건은 동법 제73조 제1항에 규정된 바와 같이 감사원에서 조사 중임을 알 수 있다.

그렇다면 원심으로서는 이 사건에 관하여 지방공무원법 제73조의2 제2항, 제73조 제1항의 해당사유가 있는지의 여부를 알아보았어야 마땅할 것이다. 원심이 그렇게 하지 아니한 것은 잘못이고, 이점을 공격하는 논지는 이유 있다 하겠으나 뒤에서 보는 바와 같이 이 사건이 징계사유의 시효문제에 걸리지 아니하여도 이 사건의 파면처분이 재량권의 범위를 일탈하였다 할 것이므로 원심판결의 결과에는 아무러한 영향이 없다.

4. 징계시효의 정지

가. 시효정지의 개념

징계시효의 진행 또는 기산과 관련하여 징계시효의 중단, 징계시효의 중지가 문제된다. "시효의 중단"이라 함은 시효의 기산 이후 시효기간 만료 전에 일정한 사유가 발생한 경우 이미 진행한 시효의 기간은 소멸하고 그 일정한 사유가 종료된 때부터 시효가 다시 처음부터 진행(기산)되는 것을 말한다. 반면, "시효의 정지"라 함은 시효의 기산점 이후 시효기간 만료 전에 일정한 사유가 있는 때에는 일정기간 동안 시효가 정지되는 것을 말한다. 시효의 정지는 시효의 중단과 달리 해당 사유가 발생한 경우 시효가 다시 진행되는 것이 아니고, 그로부터 일정기간 동안 시효가 정지되고 그 기간이 만료되면 시효가 완성되는 것과 같은 효과가 발생한다. 징계시효에 관하여는 시효의 중단에 관한 규정을 두지 않고, 시효의 정지에 관하여서만 규정하고 있다.

나. 시효정지의 사유

(1) 징계처분등의 무효 또는 취소 결정이나 판결이 있는 경우

징계항고심사위원회(소청심사위원회를 포함한다. 이하 이 항에서 같다) 또는 법원에서 해당 징계처분 또는 징계부가금 부과처분의 무효 또는 취소 결정이나 판결이 있는 경우에는 징계시효기간이 지났거나 그 남은 기간이 3개월 미만인 경우에도 그 결정이나 판결이 확정된 날부터 3개월 이내에는 다시 징계 및 징계부가금 부과의결을 요구할 수 있다.[41] 대법원은 이 경우 3개월의 징계기간에 대하여 재의결요구는 새로운 요구가 아니라 이미 적법하게 징계의결이 요구된 징계처분의 내용을 일부 수정하는 것에 불과한 것으로 보고 징계사유가 발생한 날로부터 시효기간이 경과한 후에도 할 수 있다고 판시한 바 있다.

▮판례▮ 대법원 1980. 8. 19. 선고 80누189 판결

이건 처분은 2년간의 징계의결요구의 시효경과 후에 한 의결요구에 터잡아 된 것이므로 당연무효인데 원심판결은 이를 판단하지 아니하였으므로 원심판결에 판단유탈, 심리미진, 이유불비 등의 위법이 있다는 것이 논지의 요지이다.

살피건대, 일단 적법한 시효기간 내에 파면처분을 하였다가 그 처분에 대한 행정소송의 제기로 말미암아 이 건과 같이 징계양정의 과다를 이유로 위 파면처분이 취소되었다면 설사 그 징계사유가 발생한 날로부터 2년이 경과된 후에 다시 그 징계종류를 경감하여 그 징계의결의 요구를 한다 하더라도 이는 징계의결의 새로운 요구가 아니고 이미 적법하게 그 징계의결이 요구된 징계처분의 내용을 일부 수정하는 것이라고 보는 것이 본건에 적용될 당시의 국가공무원법(1973.2.5. 법 2460호) 제83조, 제83조의2 제2항 제3항 등의 취지에 비추어 타당한 것이라고 할 것이니(대법원 1973. 9. 25. 선고 73누12 판결 참조) 본건에 있어서는 징계사유의 시효기간이 경과되지 않았음이 명백하다.

그러니 당시의 국가공무원법 제83조의2 제3항에 징계위원회의 구성 또는 징계의결 기타 절차상의 하자를 이유로 소청심사위원회 또는 법원에서 징계처분의 무효 또는 취소의 결정 또는 판결을 한 때에 ... 다시 징계의결을 요구할 수 있다고 규정되어 있는 조항을 내세워 원심판결을 공격하는 논지는 본건에서 채택될 수 없고 따라서 원심판결에 소론 심리미진, 판단유탈, 이유불비의 위법도 없다.[42]

---

41) 군인사법 제60조의3 제2항, 군무원인사법 제41조 제2항, 국가공무원법 제83조의2 제3항.

42) 국가공무원법(1978. 12. 5. 법률 제3150호로 개정되기 전의 것) 제83조의2 ③ 징계위원회의 구성 또는 징계의결 기타 절차상의 하자를 이유로 소청심사위원회 또는 법원에서 징계처분의 무효 또

징계시효정지의 취지는 징계절차가 개시되어 이루어진 징계처분이 취소된 경우에는 그 처분의 효력이 소급적으로 소멸하므로 다시 징계하여야 하나, 항고심사위원회 또는 법원의 징계처분등에 대한 무효 또는 취소 결정이나 판결로 징계처분등이 소급적으로 소멸함으로써 징계시효가 도과하여 적절한 징계권자의 징계권 행사가 제한되는 것을 방지하기 위한 것으로 볼 수 있다. 그러나 징계대상자의 입장에서는 항고심사위원회 또는 법원의 징계처분등의 무효 또는 취소 결정이나 판결에도 불구하고 최초의 징계의결 요구로 징계시효가 중단되어 그 상태가 계속 유지된다면 징계대상자의 신분적 불안정한 상태는 계속될 수 있다.

징계시효 제도의 목적이 일정기간 동안 징계권이 행사되지 않는 상태가 계속되어 징계권이 행사되지 않으리라는 징계대상자의 기대를 보호하고, 그 상태를 존중함으로써 징계대상자가 무한정의 신분적 불안정 상태에 빠져 있게 하는 것으로부터 벗어나게 하여 법적 안정성을 보장하려는 것인 점에 비추어 보면, 징계항고심사위원회 또는 법원의 징계처분등에 대한 무효 또는 취소 결정이나 판결이 있는 경우 새로운 재징계의결 요구는 징계시효기간이 3개월 이상 남은 경우에도 그 결정이나 판결이 확정된 날부터 3개월 이내에 이루어져야 한다고 보는 것이 타당하다. 다만, 징계항고심사위원회 또는 법원으로부터 징계처분등에 대한 무효 또는 취소의 결정 또는 판결이 있는 경우에는 그 무효 또는 취소의 결정이나 판결이 확정된 날부터 3개월 이내에 다시 징계의결등 요구가 있으면 충분하고 징계의결등 요구에 따라 징계위원회의 의결이나 징계권자의 징계처분등이 같은 기간 내에 이루어져야 하는 것은 아니다.

▌판례▌ 대법원 1999. 2. 5. 선고 97누19335 판결

가. 사립학교법 제66조의2에서 징계사유의 시효에 관하여, 징계사유가 발생한 날로부터 2년 내에 징계의결을 요구하여야 하되(제1항), 징계위원회의 구성·징계의결 기타 절차상의 하자나 징계양정의 과다를 이유로 재심위원회 또는 법원에서 징계처분의 무효 또는 취소의 결정을 한 때에는 제1항의 기간이 경과하거나 그 잔여기간이 3개월 미만인 경우에도 그 결정 또는 판결이 확정된 날로부터 3개월 이내에는 다시 징계의결을 요구할 수 있다(제2항)고 규정한 것은 징계비행자가 무한정의 신분

는 취소의 결정 또는 판결을 한 때에는 제1항의 기간이 경과한 후에라도 그 결정 또는 판결이 확정된 날로부터 3월이내에는 다시 징계의결을 요구할 수 있다.

적 불안정 상태로부터 벗어나게 하려는 취지에서 나온 것(대법원 1993. 2. 23. 선고 92누16096 판결 참조) 인 반면, 교원징계처분등의재심에관한규정(1991. 6. 19. 대통령령 제13389호) 제16조 제3항에서 징계처분권자의 재징계기한에 관하여, 그 징계처분의 실체상 또는 절차상 흠을 이유로 재심위원회에서 취소 또는 변경하는 결정을 한 경우에 징계처분권자는 다시 당해 징계사건에 대한 징계절차를 밟되, 결정서를 받은 날로부터 3개월 이내에 이를 끝내어야 한다고 규정한 것은 사립학교법 제66조의2 규정의 제한 내에서 신속한 재징계절차의 진행을 도모하고 그에 따른 후임자의 충원 등 행정작용이 원활히 행해지도록 함으로써 행정법관계의 장기간에 걸친 불안정상태를 방지하려는 것을 그 주안으로 하는 훈시적 규정이라고 보아야 할 것이다(대법원 1993. 2. 23. 선고 92누16096 판결 참조). 따라서 그에 정한 기한이 지나서 재징계의결을 하였다고 하더라도 징계시효기간 내에 징계의결을 요구한 이상, 재징계처분이 위법하게 되는 것은 아니다.

(2) 감사원 또는 수사기관이 조사 또는 수사종료의 통보를 한 경우

국가공무원법 제83조 제1항 및 제2항에 따라 감사원에서 조사 중인 사건 또는 수사기관에서 수사 중인 사건에 대하여 징계절차를 진행하지 못해 시효기간이 지나거나 남은 시효기간이 1개월 미만인 경우 해당 시효기간은 국가공무원법 제83조 제3항에 따른 조사나 수사의 종료를 통보받은 날부터 1개월이 지난 날에 끝나는 것으로 본다고 규정하고 있다.[43]

징계권자는 감사원에서 조사개시 통보를 받은 때에는 징계절차를 중지하여야 하고, 수사기관에서 수사개시 통보를 받은 때에는 징계절차를 중지할 수 있다.[44] 이는 감사원의 조사권이나 수사기관의 수사권을 보장하기 위하여 징계절차에 앞서 감사원의 조사 또는 수사기관의 수사를 우선하도록 한 것이다. 반면

43) 군인사법 제60조의3 제3항 및 군무원인사법 제41조 제3항 등 특별법에서도 위와 같은 규정을 두거나 준용하고 있다. 다만, 군인사법 제59조의3 제2항 및 제3항에서 감사원의 조사개시 통보와 수사기관의 수사개시 통보를 받은 날부터 징계절차의 진행금지에 관한 규정을 국가공무원법과 별도로 규정을 두고 있으므로 군인사법 제60조의3 제3항은 "제59조의3 제2항 및 제3항에 따라 징계절차를 진행하지 못하여 제1항의 기간이 지났거나 그 남은 기간이 1개월 미만인 경우 제1항의 기간은 제59조의3 제3항에 따른 조사나 수사의 종료를 통보받은 날부터 1개월이 지난 날에 끝난 것으로 본다."로 수정하는 것이 바람직하다.

44) 공무원 징계령 제8조의2 제1항은 "행정기관의 장은 법 제83조 제3항에 따라 수사개시 통보를 받으면 지체 없이 징계의결등의 요구나 그 밖에 징계등 절차의 진행 여부를 결정해야 한다. 이 경우 같은 조 제2항에 따라 그 절차를 진행하지 않기로 결정한 경우에는 이를 징계등 혐의자에게 통보해야 한다."고 정하고 있다. 군인 또는 군무원의 경우 종전에는 수사기관의 수사개시 통보를 받은 경우 원칙적으로 징계절차를 중지하도록 하였으나, 2023.10.17. 개정하여 공무원 징계령과 같이 규정하게 되었다(군인 징계령 제8조, 군무원인사법 시행령 제105조 참조).

징계권자는 감사원의 조사 또는 수사기관의 수사로 인하여 징계시효가 임박하거나 도과함으로써 징계절차를 진행할 수 없게 될 수 있다. 따라서 감사원이나 수사기관의 조사 또는 수사권 보장뿐만 아니라 징계권자의 징계권을 보장하기 위하여 감사원의 조사나 수가기관의 수사종료 통보 후 1개월 이내에는 징계시효의 기간을 연장하여 징계할 수 있도록 한 것이다.

▮판례▮ 대법원 1978. 9. 12. 선고 78누231 판결

국가공무원의 징계사유가 되는 비위사실이 그 소속청 자체에 의하여 각지(각지)된 경우가 아니고 감사원의 감사에 의하여 비로소 적발된 경우는 국가공무원법 제83조 제1항에 이른바 "징계의결을 요구하여야 할 사건이 감사원에서 조사중인 때"와 같이 볼 수 없어서 감사원에서의 징계사유 적발사실만으로서는 징계사유의 시효진행기간이 중단된다고는 볼 수 없다함이 당원의 판례(대법원 1978. 1. 24. 선고 77누216 판결)인바, 위 판례의 취지에 따른 원판시는 정당하고 이와 반대취지인 논지는 이유 없다.

감사원이 조사 중인 사건에 대하여 감사원법 제32조의2 제2항에 따라 조사종료 통보를 받은 날 또는 같은 법 제32조 제1항에 따라 징계요구를 받은 날(같은 법 제36조 제2항에 따라 재심의를 청구하는 경우에는 그 재심의 결정을 통보받은 날)부터 1개월이 지난 날에 징계시효가 끝나는 것으로 본다.[45)]

▮판례▮ 대법원 1981. 7. 28. 선고 80누515 판결

원심 거시의 각 증거에 의하면 원심판시와 같이 피고는 원고에 대한 위 뇌물수수피의사건이 검찰에 의하여 수사 중인 사실을 알고 있었으므로 이러한 이유로 원고에 대한 징계의결의 요구 등 징계절차에 진행하지 아니하고 있었던 사실, 검찰은 원고에 대한 위 사건에 대하여 1978.3.13. 원고의 소재불명을 이유로 기소중지 결정을 하였음에도 불구하고 위 지방공무원법 제73조 3항에 따른 원고 소속기관의 장에게 그 사실을 통보하지 아니하고 있다가 피고가 1979.2.17. 원고에 대한 징계의결을 요구하기 위하여 그 수사 결과의 조회를 하자 같은 해 3.13. 비로소 원고에 대하여 1978.3.13. 기소중지 결정을 하였다는 사실을 통보한 사실, 이에 피고는 1979.3.16. 원고에 대한 징계의결을 요구하기에 이르른 사실을 인정할 수 있다. 그렇다면 피고의 위 사유에 관한 징계의결의 요구는 검찰의 위 통보를 받은 날부터 1월 이내에 하였으므로 위 지방공무원법 제73조의2 제2항의 규정에 따라 유효하다 할 것이고,

45) 감사원법 제32조의2 제3항.

검찰에서 그 후에 기소중지 중인 원고에 대하여 1979.9.6.에 기소유예처분을 하였다 하더라도 위 같은 법 제73조 2항의 취지에 비추어 피고의 위 징계의결의 요구에는 아무런 영향이 없다 할 것 이므로 이와 같은 취지인 원심 판시는 수긍이 가고, 거기에 소론과 같은 채증법칙 위배로 인한 사실오인 및 징계시효에 관한 법리오해 내지는 모순의 위법이 있음을 발견할 수 없으므로 논지는 채용할 수 없다.

제5절 징계사면과 징계기록 말소제도

1. 징계사면

가. 징계사면의 의의

사면법 제4조는 행정법규 위반에 대한 범칙 또는 과벌의 면제와 징계법규에 따른 징계 또는 징벌의 면제에 관하여 사면법의 사면을 준용하도록 하고 있다. 사면은 각 처분의 효력을 상실시키거나 집행을 면제시켜 의무위반자에 대하여 회복의 기회를 제공하는 것이다. 다만, 사면으로 인하여 이미 이루어진 해당 처분의 효과에는 영향이 없다.

사면법에서는 사면 이외에 복권에 관하여도 규정하고 있으나, 사면법 제4조는 징계에 관하여 사면에 관한 규정만을 준용하도록 하고 있으므로 복권에 관한 규정은 준용되지 않는다. 다만, 파면이나 해임, 징계부가금 부과처분의 경우 해당 처분으로 인하여 승진 또는 호봉승급 제한, 정부포상 추천 제한 등 인사상 일정한 자격이 상실 또는 정지되므로 복권에 관한 규정도 준용할 필요가 있어 보인다.

나. 징계사면의 종류

징계처분에 대한 사면에는 일반사면과 특별사면이 있으며,[46] 일반사면은 비위행위 등 의무를 위반한 사람을 대상으로 하고, 특별사면은 징계처분을 받은 사람을 대상으로 한다.[47] 따라서 일반사면의 대상에는 비위행위로 징계처분을 받

46) 사면법 제2조.
47) 사면법 제3조 제1호 및 제2호.

은 사람뿐만 아니라 해당 비위행위에 대하여 징계절차가 개시되었으나 징계처분이 아직 이루어지지 않은 징계절차 중에 있는 사람, 징계절차의 개시조차 되지 않은 사람을 포함한다.

일반사면은 사면의 대상이 되는 위반행위의 기간과 징계사유의 종류를 정하여 일반적으로 하되, 대통령령으로 한다.[48] 따라서 해당 기간과 징계사유의 종류에 해당하는 모든 위반행위자들이 사면의 대상이 된다. 일반사면은 해당 기간과 징계사유의 종류를 정하여 일반적으로 실시되므로 별도의 대상자 상신이나 명부 작성 등의 절차 없이 이루어진다.

일반사면과 달리 특별사면은 징계처분을 받은 사람을 대상으로 개별적으로 대통령이 실시하는 것으로 각 중앙행정기관의 장 등은 특별사면 대상이 될 사람을 법무부장관에게 특별사면 상신을 신청하고 법무부장관은 사면심사위원회의 심사를 거쳐 대통령에게 특별사면을 상신한다.[49] 따라서 특별사면의 경우에는 특별사면의 대상자가 누락되지 않도록 특별사면 대상자 명부를 작성하는 것이 중요하다.

다. 징계사면의 효과

일반사면은 죄를 범하거나 의무위반행위를 한 사람에 대하여 형 선고 또는 징계처분이 있는 경우에는 그 처분의 효력을 상실시키고, 징계처분을 받지 아니한 경우에는 형벌권 또는 징계처분권을 상실시켜 형사처벌 또는 징계처분을 할 수 없게 된다. 특별사면은 징계처분을 받은 자에 대하여 징계처분의 집행을 면제하는 것으로 특별한 경우에는 장래적으로 형 선고의 효력이나 징계처분의 처분의 효력을 상실하게 할 수 있다.[50]

▌판례▌ 대법원 1983. 2. 8. 선고 81누121 판결

원고가 이 사건 사면처분을 받은 후 1981.1.31 대통령령 제10194호로 징계에 관한 일반사면령이 공포 시행되었으나 사면법 제5조 제2항, 제4조의 규정에 의하면 징계처분에 의한 기서의 효과는 사면으로 인하여 변경되지 않는다고 되어 있고 이는

---

48) 사면법 제8조.
49) 사면법 제9조 및 제10조, 제10조의2, 제11조.
50) 사면법 제5조 제1항 제1호 및 제2호.

사면의 효과가 소급하지 않음을 의미하는 것이므로 위와 같은 일반사면이 있었다고 할지라도 파면처분으로 이미 상실된 원고의 공무원지위가 회복될 수는 없는 것이니 원고로서는 이 사건 파면처분의 위법을 주장하여 그 취소를 구할 소송상 이익이 있다고 할 것이고(당원 1981. 7. 14. 선고 80누536 전원합의체 판결 참조) 위와 견해를 달리하는 원심판결은 결국 소송의 이익에 관한 법리를 오해하여 판결에 영향을 미쳤다고 할 것이므로 이 점에서 논지는 이유있다.

사면은 일반사면과 특별사면 모두 징계처분에 따른 기성의 효과에는 영향을 미치지 않는다. 즉, 사면으로 이미 이루어진 처분의 효과는 변경되지 아니한다.[51)]

▌판례▌ 대법원 1981. 7. 14. 선고 80누536 전원합의체 판결

서울특별시 경찰국 소속 공무원이었던 원고가 1978.12.13. 징계절차에 의하여 이 사건 파면처분을 받은 후 1981.1.31. 대통령령 제10194호로 징계에 관한 일반사면령이 공포 시행되었으나, 사면법 제5조 제2항, 제4조의 규정에 의하면 징계처분에 의한 기성의 효과는 사면으로 인하여 변경되지 않는다고 되어 있고 이는 사면의 효과가 소급하지 않음을 의미하는 것이므로 위와 같은 일반사면이 있었다고 할지라도 파면처분으로 이미 상실된 원고의 공무원 지위가 회복될 수는 없는 것이니 원고로서는 이 사건 파면처분의 위법을 주장하여 그 취소를 구할 소송상 이익이 있다고 할 것이다. 이와 저촉되는 당원 1965. 5. 25. 선고 63누195 판결은 이를 변경하기로 한다.

일반사면의 경우 징계절차가 진행 중인 경우에는 절차를 중지하여 종료하고, 징계절차가 개시되지 않은 경우에는 사면 대상이 되는 징계사유에 해당하는 비위행위에 대하여 징계절차를 개시할 수 없게 된다. 다만, 이미 이루어진 징계처분이 이미 징계사면이 되어 징계처분의 효력이 상실되었다고 하더라도 그러한 징계처분의 경력이 있었던 점을 징계양정에 참작하는 것은 위법하지 않다.

▌판례▌ 대법원 1983. 11. 22. 선고 83누321 판결

원심판결을 기록과 대조하여 검토하여 보면 원심판시 징계사유의 인정에 관한 원심의 사실인정과 판단은 수긍이 가고, 그 거친 채증의 과정에 소론과 같은 심리미진이나 채증법칙 위배 등의 위법사유가 있다고 할 수 없다. 그리고 원심인정의 비위내용에 원고의 신분과 경력등 기록에 나타난 여러 사정을 비추어 보면 원고를 파면에 처한 이 사건 처분이 그 재량권의 범위를 일탈한 것이라고는 인정되지 않으므로

---

51) 사면법 제5조 제2항.

같은 취지의 원심판단은 정당하고, 거기에 소론과 같은 위법이 있다고 할 수 없다. 원심이 재량권의 일탈여부를 판단함에 있어 이미 사면된 징계처분의 경력을 참작하였다고 하여 위법하다고 할 수는 없다.

2. 징계기록 말소제도

가. 징계기록 말소의 의미

(1) 징계기록 말소의 개념

징계말소는 공무원이 징계처분으로 각종 불이익이나 제재를 받은 후 일정한 기간이 지나는 등 징계기록 말소사유가 있는 때에는 공무원의 인사기록카드 또는 인사자력표에 기록된 징계처분 기록을 말소하는 것을 말한다. 징계기록 말소는 징계등 처분을 받은 공무원이 법령상 규정된 각종 불이익이나 제한을 받은 후 일정기간 성실하게 근무하고 있음에도 인사 및 성과관리카드에 등재된 관계 기록 때문에 장래에 대한 인사상의 사실상 불이익을 받게 될 소지를 제거하는 데 목적이 있다.[52)]

(2) 징계기록의 말소사유

징계처분의 기록은 ① 징계처분의 집행이 끝난 날부터 말소기간이 지난 경우, ② 소청심사위원회나 법원에서 징계처분의 무효 또는 취소의 결정이나 판결이 확정된 경우, ③ 징계처분에 대한 일반사면이 있는 경우에 말소된다. 징계기록의 말소기간은 강등 9년, 정직 7년, 감봉 5년, 견책 3년(군인의 경우 근신 3년, 견책 2년으로 한다)이다. 다만, 징계처분을 받고 그 집행이 끝난 날부터 위와 같은 징계의 구분에 따른 말소기간이 지나기 전에 다른 징계처분을 받은 경우에는 각각의 징계처분에 대한 해당 말소기간을 합산한 기간이 지나야 한다.[53)]

나. 징계기록 말소절차

(1) 징계기록의 말소권자

임용권자 또는 임용제청권자는 징계처분을 받은 공무원이 징계기록 말소사유

---

52) 국가공무원 복무・징계 관련 예규(인사혁신처장), 264쪽; 육군종합행정학교, 전게서, 45쪽 참조.
53) 공무원 인시기록・통계 및 인사사무 처리규정(대통령령) 제9조, 국방 인사관리 훈령 제265조 참조.

에 해당하게 된 때에는 해당 징계기록을 말소한다. 군인의 경우 징계기록은 징계처분일로부터 기산하여 말소기간이 경과한 경우 인사기록말소심의위원회의 심의를 거쳐 말소한다. 만약, 말소기간 도래 전 다른 징계처분을 받은 경우에는 선행 징계의 말소기간 경과일부터 다시 후행 징계의 말소기간이 경과한 후에 심의를 거쳐야 한다. 징계기록 말소기간이 도래하기 전에 징계사유에 대하여 사면이 있거나 징계처분이 무효 또는 취소된 판결이나 결정이 확정된 경우에는 각각 사면일 또는 확정일을 기준으로 말소한다.

(2) 징계기록의 말소방법

징계기록의 말소는 인사 및 성과 기록의 해당 처분기록란에 말소된 사실을 표기하는 방법에 의한다. 다만, 소청심사위원회(항고심사위원회) 또는 법원의 무효 또는 취소의 결정 또는 판결이 확정된 때에는 그 해당 사유 발생일 전에 징계처분을 받은 사실이 없을 때에는 그 사실이 나타나지 아니하도록 인사 및 성과 기록의 해당란을 삭제하거나 인사기록카드 등을 다시 작성한다. 기록말소 후 각종 개인자력 또는 인사기록카드 출력 시에는 말소된 기록이 표기되지 아니하도록 하여야 한다.

다. 징계기록 말소의 효과

(1) 장래에 향하여 효과 발생

징계처분기록이 말소되었다고 하더라도 기성의 효과에는 영향을 미치지 않으므로, 징계등 처분으로 인하여 받은 법령상의 각종 불이익이나 제한사항이 회복되지는 않는다. 징계기록이 말소되었다고 하더라도 그 효과는 장래에 향하여 발생하는 것으로 징계처분으로 인하여 받은 보수나 재직기간 등 법령상의 불이익은 회복되지 아니한다.[54] 다만, 견책·감봉·정직·강등처분이 말소된 경우 징계처분기간을 제외한 승급제한기간은 다시 회복되므로 승급기간에 산입하여야 한다.

(2) 인사상 불이익 처우 금지

징계기록이 말소된 경우 말소된 처벌기록을 이유로 진급이나 전속, 보직 및

---

54) 장교인사관리규정(육군규정 제110호) 제246조 참조.

교육 등 인사관리상 불리한 처우를 하니 아니한다. 근무성적평정시 말소된 징계처분등을 이유로 불리한 평정을 해서는 아니 된다. 각종 포상대상자 선정시 말소된 징계처분등을 이유로 근거 없이 불리한 처우를 해서는 아니되나, 징계처분기록이 말소되었다 하더라도 정부포상 업무지침(행정안전부) 등 관련규정의 근거에 따라 포상추천을 제한할 수 있다.

(3) 징계양정 시 참작 가부

징계위원회에서 공무원에 대한 징계양정 결정 시 말소된 징계처분을 이유로 부당하게 무거운 징계를 의결하여서는 아니 된다. 징계의결요구권자 등은 징계의결요구를 위한 '확인서' 작성 시에 이전 징계처분이 말소된 경우에는 말소된 징계기록은 기재하지 않는 것을 원칙으로 하되, 비위 횟수에 따라 징계양정이 가중되는 경우(예: 음주운전 비위 2회 시 징계 가중) 등 징계의결에 참고할 필요성이 있는 경우에는 아래와 같은 방법으로 말소사실을 기재하도록 한다.

확 인 서

① 공적사항			② 징계사항 [불문(경고) 포함]		
포상일자	포상종표	시행청	일자	종류	발령청
			2000. 00. 00.	견책 위 기록의 말소	○○○

제2장

징계관련자(당사자)

제1절 징계절차의 구조

1. 규문주의와 탄핵주의

가. 규문주의와 탄핵주의의 개념

규문주의 또는 탄핵주의는 일반적으로 형사사건의 범죄혐의자에 대한 형사소송절차와 관련하여 소송구조에 관한 유형으로 언급된다. 규문주의는 소추기관과 재판기관이 같아 소추기관이 재판기관과 구별되지 않고 재판기관이 직권으로 형사소송절차를 개시하여 범죄혐의자의 죄를 묻고 재판하는 것을 말한다. 탄핵주의는 규문주의와 상반되는 개념으로 재판기관과 구별되는 소추기관의 소추로 형사소송절차가 개시되고 심리가 진행하며 소추기관이 범죄혐의자의 유죄를 주장·입증하고 재판기관은 독립된 제3자의 객관적인 입장에서 재판하는 것을 말한다.

나. 혐의자의 절차상 주체성

범죄혐의자는 규문주의적 소송구조에서 재판의 대상 또는 조사와 심리의 객체로 취급되며 소송주체로서의 지위가 인정되지 않는다. 반면에 탄핵주의적 소송구조에서 재판기관은 소추기관과 분리된 기관으로 제3자적 입장에 있고, 소추기관의 범죄혐의에 대한 주장 및 입증이 요구되며, 상대방인 범죄혐의자(피고인)는 그에 대하여 혐의 없음을 주장하는 등 방어적 입장에 놓이는 점에서 범죄혐의자도 일반적으로 소송주체로서의 지위가 인정된다. 소송주체와 같이 절차상 주체성이 인정되는 경우에는 주체로서 절차상 권리가 부여된다.

2. 징계절차의 구조

가. 일반적 징계절차

징계권자(또는 징계처분권자)는 공무원의 비행사실을 발견하거나 징계권자 아닌 다른 상관으로부터 하급자의 비행사실을 통보받은 때에는 비행사실과 그 비행사실이 징계사유에 해당하는지 여부를 조사하게 하여 비위행위의 사실이 확인되고 징계처분이 필요한 때에는 징계위원회에 징계의결을 요구한다. 징계위원회는 징계권자로부터 징계의결을 요구받은 때에는 징계심의대상자에 대하여 심의·의결하여 징계권자에게 그 의결 결과를 통보하고, 징계권자는 징계위원회의 징계의결에 따라 징계처분을 한다.

나. 징계절차의 구조적 성질

징계권자는 그 소속 공무원의 비행사실을 발견하거나 알게 된 경우 그에 대한 사실조사 후 징계위원회에 의결을 요구하고 징계위원회에 심의·의결을 거쳐 최종적으로 징계처분을 한다. 징계위원회의 심의·의결을 거치기는 하나, 징계위원회 역시 징계권자의 부대 또는 기관에 설치되는 것으로 형식상 또는 조직상 징계권자와 독립된 기관으로 보기 어려운 점이 있다. 이와 같은 징계절차의 형식상, 조직상 징계의결 요구기관(소추기관)과 징계의결기관(재판기관)이 동일하여 상호간에 구분된다고 보기 어려운 점에서 규문주의적 성질을 갖는다.

그러나 징계권자는 징계위원회의 심의·의결을 거쳐 징계처분을 하여야 하며, 징계위원회는 징계권자의 부대 또는 기관에 설치되고 징계권자가 징계위원을 임명하나, 징계위원회는 심의·의결기관으로서 징계권자로부터 직무상 독립하여 심의·의결하고, 징계위원회의 징계의결은 징계권자를 구속하는 점에서 징계위원회는 직무상 독립기관으로 볼 수 있다. 그렇다면 공무원의 비행사실에 대하여 징계위원회에 징계의결을 요구하는 징계의결 요구기관과 징계의결기관이 서로 구분되고 징계의결 요구기관(징계권자)의 징계의결 요구로 징계위원회의 심의·의결절차가 개시되고, 징계위원회가 징계권자로부터 독립하여 심의대상자에 대한 심의·의결이 이루어지므로 실질적인 의미에서는 탄핵주의적 절차구조에 가깝다고 볼 수 있다.

제2절 징계권자

1. 징계권과 임용권

가. 임용의 개념

공무원 관계를 발생, 변경, 소멸시키는 행위를 일반적으로 "임용"이라고 하는 바, 행정부 소속 국가공무원 중 경력직 공무원의 임용에 관하여 규정하고 있는 공무원임용령에서 "임용이란 신규채용, 승진임용, 전직, 전보, 겸임, 파견, 강임, 휴직, 직위해제, 정직, 강등, 복직, 면직, 해임 및 파면을 말한다"고 정의하고 있다.[1] 따라서 임용에는 공무원 관계를 발생시키는 신규채용행위 등 임명행위, 공무원 관계를 변경시키는 승진·전직·전보·겸임·파견·강임·휴직·직위해제(보직해임)·정직, 복직시키는 행위, 공무원 관계를 소멸시키는 면직·해임·파면 등이 포함된다.[2]

군인사법 제11조 장교의 임용, 제12조 장교의 초임계급, 제13조 임용권자 및 임용권의 위임, 제14조 준사관 및 부사관의 임용, 제15조 임용연령 제한, 제16조 보직, 제24조 진급 규정 등에 비추어 보면, 군인사법상 임용은 협의의 개념으로 군인의 공무원 관계를 발생시키는 신규채용을 의미하는 것으로 볼 수 있다.

군무원의 경우에는 군무원인사법 제2장 임용에서 신규채용, 승진, 파견 등을

1) 공무원임용령 제2조 제1호 참조; 소방공무원임용령 제2조 제1호, 외무공무원임용령 제2조 제1호, 지방공무원임용령 제2조 제1호에서도 같은 내용의 정의 규정을 두고 있다.
2) 박균성, 행정법(하), 251쪽 참조.

규정하고 있어 공무원임용령에서 정의하는 임용과 같은 개념으로 사용되고 있다.

나. 임용권자와 임용권의 위임

(1) 공무원의 임용권자와 임용권의 위임

행정기관 소속 공무원 중 5급 이상 공무원 및 고위공무원단에 속하는 일반직 공무원은 소속 장관의 제청으로 국무총리를 거쳐 대통령이 임용하고, 대통령은 임용권의 일부를 소속 장관에게 위임할 수 있다.[3] 대통령의 임용권의 대상인 공무원을 제외하고 장관은 소속 공무원에 대한 모든 임용권을 가지며, 소속 장관은 고위공무원단에 속하는 공무원 이상을 장으로 하는 소속 기관의 장에게 그 소속기관의 4급 및 5급 공무원의 전보권과 6급 이하 공무원의 임용권을 위임할 수 있고, 소속 장관 및 소속 장관으로부터 위임을 받은 고위공무원단에 속하는 공무원 이상의 장은 위임자의 승인을 받아 일정한 범위에서 임용권을 재위임할 수 있다.[4] 그 밖에 국회 소속 공무원은 국회의장이, 법원 소속 공무원에 대하여 대법원장이, 헌법재판소 소속 공무원에 대하여 헌법재판소장이, 선거관리위원회 소속 공무원은 선거관리위원장이 각각 임용하고, 국회 등 소속의 규칙으로 정하는 바에 따라 임용권을 소속 기관의 장에게 위임할 수 있다.[5]

▌판례▌ 대법원 1981. 11. 24. 선고 81누70 판결

지방공무원법 제6조 제1, 2항 및 제8조 제1항 제2호의 각 규정에 의하면, 지방자치단체의 장은 그 소속 공무원에 대한 징계권한을 가지며 이를 지방자치단체의 규칙이 정하는 바에 따라 그 소속기간의 장에게 위임할 수 있도록 되어 있고, 이러한 징계권한 가운데는 관할 인사위원회에 징계의결을 요구하는 권한도 포함되어 있음이 분명한바, 지방공무원 징계 및 소청규정 제2조 제1항에 보면 서울특별시, 부산시의 구청장 및 지방공무원법 제7조 제1항 단서의 규정에 의하여 인사위원회를 둔 소속기관의 장은 4급 이하의 소속 공무원이 지방공무원법 제69조 제1항 각호의 1에 해당하는 사유가 있다고 인정될 때에는 지체 없이 당해 징계사건을 관할하는 인사위원회에 징계의 종류를 명시하여 징계의결을 요구하여야 하도록 규정되어 있으나, 이는

---

3) 국가공무원법 제32조 제1항 및 제3항 전단(공무원임용령 제5조 제1항에 따르면, 대통령은 소속장관에게 3급부터 5급까지의 공무원에 대한 임용권을 위임한다고 규정하고 있다).

4) 국가공무원법 제32조 제2항 및 제3항 후단(재임용에 관한 구체적인 내용은 공무원임용령 제5조 제4항에서 규정하고 있다).

5) 국가공무원법 제32조 제4항부터 제7항까지 참조.

지방자치단체의 장이 지방공무원법 제6조 제2항의 규정에 따라 그 징계권한의 일부인 징계의결요구권을 구청장 등 소속기관의 장에게 위임하였을 경우에 이를 행사하는 절차에 관한 규정이라고 해석함이 타당하고, 이와 달리 지방자치단체의 장의 위임 여부에 관계없이 구청장 등 소속기관의 장에게 징계의결요구권을 부여하는 규정이라고 볼 것이 아니다.

그렇다면, 위 지방공무원 징계 및 소청규정 제2조 제1항은 모법인 지방공무원법 제6조 제2항과 저촉되는 규정이라고 볼 수 없음에도 불구하고 저촉된다고 보아 무효라고 판단한 원심조치는 잘못이라고 하겠으나, 원심은 피고가 지방공무원법 제6조 제2항에 의하여 그 소속 공무원에 대한 징계의결요구권을 도봉구청장에게 위임한 바 없는 사실을 적법하게 확정하고 도봉구청장의 원고에 대한 이 사건 징계의결요구는 위법한 것이므로 이에 터잡은 징계의결에 따라 이루어진 이 사건 징계처분도 위법하다고 정당하게 판단하고 있어 이 판단에는 영향이 없으므로, 논지는 결국 이유 없다.

(2) 군인 · 군무원의 임용권자와 임용권의 위임

군인사법 제13조는 임용권자 및 임용권의 위임에 관하여 규정하고 있다. 장교는 참모총장의 추천을 받아 국방부장관의 제청으로 대통령이 임용하되, 대령 이하의 장교는 대통령의 위임을 받아 국방부장관이 임용할 수 있으며 국방부장관은 전시 장교 임용에 관하여 참모총장으로 하여금 하게 할 수 있다. 준사관은 국방부장관이 임용하되, 국방부장관은 참모총장에게 임용권을 위임할 수 있다. 부사관은 참모총장이 임용하되, 참모총장은 장성급 지휘관에게 임용권을 위임할 수 있다.

군무원인사법상 임용권자 및 임용권의 위임은 제6조에서 규정하고 있다. 5급 이상의 일반군무원은 국방부장관의 제청으로 대통령이 임용하며, 대통령은 임용권의 일부를 국방부장관에게 위임할 수 있다. 6급 이하의 일반군무원은 국방부장관이 임용한다. 다만, 국방부장관은 각 군 참모총장(해병대의 경우 해병대사령관을 포함한다), 국방부 직할부대 · 기관의 장, 장성급 장교인 부대 · 기관의 장에게 임용권을 위임할 수 있다.

군인 · 군무원 이외의 특정직공무원의 임용권자에 대해서도 각 특정직공무원에 관한 특별법에서 국가공무원법 및 공무원임용령과 별도로 규정하고 있다.[6]

---

6) 경찰공무원법 제7조, 외무공무원법 제3조, 소방공무원법 제6조, 교육공무원법 제33조, 대통령 등의 경호에 관한 법률 제7조 등에서 임용권자 또는 임용권의 위임에 관하여 규정하고 있다.

다. 임용권과 징계권의 관계

징계가 군인 또는 군무원을 포함한 공무원의 신분상 이익을 전부 또는 일부 박탈하는 것이므로 임용의 개념상 징계권은 임용권에 포함된다. 따라서 소속 공무원에 대한 임용권을 갖는 자 또는 적법하게 임용권을 위임받은 자에게 그 소속 공무원에 대한 징계권이 있다고 보는 것이 일반적이다.

징계권이 임용권에 포함된다고 보더라고 국가공무원법 또는 특정직공무원에 관한 특별법은 임용권 또는 임용권의 위임에 관한 규정이 있는 경우에도 별도로 징계권 또는 징계권자에 관하여 구체적인 규정을 두고 있다.

▮판례▮ 대법원 2013. 12. 26. 선고 2011추63 판결

사립학교법에 따르면, 사립학교 교원에 대한 징계권한은 교원의 임면권자인 '학교법인 또는 사립학교경영자'에게 있고(제61조 제1항, 제53조의2 제1항), 그 임면권자는 사립학교 교원에게 징계사유가 있는 경우 교원징계위원회에 징계의결을 요구하여 그 의결의 결과에 따라 징계를 하여야 하며(제61조 제1항, 제62조 제1항), 사립의 초등·중·고등학교의 주소지를 관할하는 시·도 교육감은 사립학교 교원이 징계사유에 해당한 때 당해 교원의 임면권자에게 그 징계를 요구할 수 있다(제4조 제1항, 제54조 제3항).

따라서 교육감은 담당 교육청 소속 사립 초등·중·고등학교 교원이 징계사유에 해당한 때에는 그 징계권자에게 징계요구를 할 수 있을 뿐, 교원징계위원회에 중징계의결 등의 요구를 할 직무 자체가 성립할 수 없다.

일반적으로 공무원에 대한 징계는 공무원에 대하여 징계사유가 있는 경우 징계의결요구에 의하여 징계위원회의 의결을 거쳐 그 의결에 따라 처분된다. 따라서 징계권에는 징계절차상 구체적으로 '징계요구권', '징계의결권', '징계처분권'으로 구분할 수 있다. 다만, 징계는 징계위원회의 의결을 거쳐야 하고 그 의결에 따라 이루어지므로 징계권 중 징계의결권은 사실상 징계권자에게 있지 아니하고 징계위원회에 있다고 보아야 한다. 징계요구권과 징계처분권은 1명의 동일한 임용권자 등 징계권자가 가지는 경우가 있고, 징계요구권과 징계처분권을 2명 이상이 나누어 배분하는 경우가 있다. 징계요구권과 징계처분권을 구분하여 나누어 규정하고 있는 경우로는 대표적으로 국가공무원법이 있고, 양자를 분리하지 않고 동일한 징계권자가 함께 행사하도록 하는 경우로 군인사법 및 군무원인사법 등이 있다. 그 밖에 공무원의 경우 관계 공무원에 관한 법령에서 징계권자의 범위에 관하여 별도의 규정을 두는 경우가 많으며, 그 경우에는 관계 법령에서 정하는 바에 따라 징계요구권과 징계처분권 등이 배분된다.[7)]

2. 징계권자

가. 징계의결요구권자

5급 이상 공무원 및 고위공무원단에 속하는 일반직 공무원에 대한 징계의결요구는 소속 장관이, 6급 이하의 공무원에 대한 징계의결 요구는 소속 기관의 장 또는 소속 상급기관의 장이 한다. 다만, 국무총리, 인사혁신처장, 대통령령 등으로 정하는 각급 기관의 장은 다른 기관 소속 공무원이 징계사유가 있다고 인정되면 관계 공무원에 대하여 관할 징계위원회에 직접 징계를 요구할 수 있다.[8)]

징계처분은 징계권자의 재량권이 인정되는 재량행위에 해당한다. 징계권자는 징계혐의자에 대한 징계위원회의 징계의결 요구 여부에 대하여 재량권을 행사할 수 있다.

▌판례▌ 대법원 2017. 11. 9. 선고 2017두47472 판결

공무원인 피징계자에게 징계사유가 있어서 징계처분을 하는 경우 어떠한 처분을 할 것인가는 징계권자의 재량에 맡겨져 있다. 그러므로 징계권자가 재량권을 행사하여 한 징계처분이 사회통념상 현저하게 타당성을 잃어 징계권자에게 맡겨진 재량권을 남용하였다고 인정되는 경우에 한하여 그 처분을 위법하다고 할 수 있다.

공무원에 대한 징계처분이 사회통념상 현저하게 타당성을 잃었는지는 구체적인 사례에 따라 직무의 특성, 징계의 원인이 된 비위사실의 내용과 성질, 징계에 의하여 달성하려고 하는 행정목적, 징계양정의 기준 등 여러 요소를 종합하여 판단할 때 징계내용이 객관적으로 명백히 부당하다고 인정할 수 있는 경우라야 한다. 징계권자가 내부적인 징계 양정기준을 정하고 그에 따라 징계처분을 하였을 경우 정해진 징계양정기준이 합리성이 없다는 등의 특별한 사정이 없는 한 당해 징계처분이 사회통념상 현저하게 타당성을 잃었다고 할 수 없다.

---

7) 법원공무원규칙 제96조 제1항.
8) 국가공무원법 제78조 제4항.

감사원은 국가공무원법과 그 밖의 법령에 규정된 징계사유에 해당하거나 정당한 사유 없이 감사원법에 따른 감사를 거부하거나 자료의 제출을 게을리한 공무원에 대하여 그 소속 장관 또는 임용권자에게 징계를 요구할 있고, 징계 요구 중 파면요구를 받은 소속 장관 또는 임용권자는 그 요구를 받은 날부터 10일 이내에 해당 징계위원회 또는 인사위원회에 그 의결을 요구하여야 한다.[9]

국방부장관은 방위사업청 소속 장성급 장교에 대하여 징계권을 가지나, 국방부장관이 방위사업청 소속 장성급 장교에 대한 징계를 하는 경우에는 방위사업청장의 요청이 있어야 한다.[10] 이 경우 방위사업청장의 요청은 징계위원회에 대하여 징계의결을 요구하는 것은 아니므로 징계의결요구권은 아니다. 다만, 국방부장관의 징계의결요구 및 징계위원회의 의결에 따라 징계처분을 하기 위해서는 방위사업청장의 요청이 필요하다.

징계처분권자는 법령의 적용이나 증거 및 사실 조사에 명백한 흠이 있는 경우, 징계위원회의 구성 또는 징계의결등 그 밖에 절차상의 흠이 있는 경우, 징계양정 및 징계부가금이 과다한 경우에 해당하는 사유로 징계항고심사위원회나 소청심사위원회 또는 법원에서 징계처분등의 무효 또는 취소(취소명령을 포함한다)의 결정이나 판결을 받은 때에는 다시 징계의결을 요구하여야 한다.[11]

징계의결요구권자는 징계의결을 요구하는 경우 국가공무원법 제50조의2 제3항에 따른 징계등의 면제사유가 있는지 사전에 검토하여야 한다. 국가공무원법 제50조의2 제3항에 따라 공무원이 적극행정을 추진한 결과에 대하여 해당 공무원의 행위에 고의 또는 중대한 과실이 없다고 인정되는 때에는 징계의결 또는 징계부가금 부과의결을 하지 아니한다.

나. 징계의결권자

징계권자는 공무원에 대하여 징계사유가 있는 경우 징계위원회에 징계의결을 요구하여야 하고, 징계위원회의 의결에 따라 징계처분을 하여야 한다. 징계권자는 징계위원회의 의결 결과에 구속되어 그 의결에 따라 징계처분을 하여야 하므

9) 감사원법 제32조 제1항, 제2항 전문.
10) 군인사법 제58조 제2항 전문 및 제4항.
11) 국가공무원법 제78조의3 제1항.

로 징계의결권은 징계위원회에 있다고 볼 수 있다. 결국, 징계권자의 실질적인 징계권은 징계의결권을 제외한 징계의결요구권 및 징계처분권으로 볼 수 있다.

다. 징계처분권자

임용권에는 징계권이 포함되므로 임용권자가 징계처분권자가 되는 것이 일반적이다. 그러나 국가공무원법 등 공무원 관계 법령에서는 징계처분권자를 별도로 규정하고 있기도 하는바, 그 경우에는 관계 법령에 따른다. 국가공무원법에 따르면, 공무원의 징계처분(징계부가금 처분을 포함한다)은 징계위원회의 의결을 거쳐 징계위원회가 설치된 소속 기관의 장이 한다. 국무총리 소속으로 설치된 징계위원회에서 한 징계의결등에 대하여는 중앙행정기관의 장이 징계처분을 한다. 다만, 파면과 해임은 각 임용권자 또는 임용권을 위임한 상급 감독기관의 장이 한다.[12)]

3. 징계권자의 권한

가. 징계의결요구권

징계조사담당자로부터 징계혐의사실 등 징계사유에 대한 조사 결과를 보고받은 징계권자는 해당 징계혐의자에 대하여 비행사실의 성질과 위반의 정도, 공무원 관계 등 내부질서에 미치는 영향 등 제반사정을 고려하여 징계의 필요성이 인정되는 경우에는 해당 징계사건을 관할하는 징계위원회에 징계의결을 요구할 수 있다. 징계위원회는 징계권자의 징계의결요구가 있는 때에 해당 징계심의대상자에 대한 징계의결을 할 수 있다.

▌판례▐ 대법원 1984. 9. 25. 선고 84누299 판결

1. 원심판결은 그 이유 전단에서 국가공무원법 제78조, 제82조에 의하면 국가공무원의 징계는 공무원에게 일정한 징계사유가 있을 때에 징계의결요구권자가 징계위원회에 징계의결을 요구하고 징계의결 결과에 따라 징계처분을 하여야 한다고 규정하고 있고, 공무원징계령 제9조는 징계의결 요구를 받은 징계위원회는 그 요구서를 접수한 날로부터 30일 이내에 징계에 관한 의결을 하도록 규정하고 있으며(다만 부

---

12) 국가공무원법 제82조 제1항.

득이한 때에는 30일에 한하여 연장가능), 동 징계령 제10조에 의하면 징계심의대상자에게 출석을 명할 때에는 동조 제2항 및 제3항의 경우를 제외하고는 일정한 서식을 갖춘 출석통지서에 의하도록 규정하고 있고, 동 징계령 제11조에 의하면 징계혐의자에게 혐의내용에 관한 심문을 행하고 충분한 진술을 할 수 있는 기회를 부여하여야 하고 또한 징계혐의자는 서면 또는 구술로서 자기에게 이익이 되는 사실을 진술하여 증거를 제출할 수 있도록 규정하고 있으며 동 징계령 제12조 제2항은 징계의결은 일정한 서식을 갖춘 징계의결서로 행하며 그 이유란에는 징계의 원인이 된 사실, 증거의 판단과 관계법령을 명시하여야 한다고 규정하고 있는 바 위 규정들은 당해 공무원의 신분관계에 대하여 징계의결을 함에 있어 적정성과 타당성을 담보하고 징계혐의자의 이익 특히 방어권을 보호하기 위한 강행규정이라 할 것으로서 이를 종합하여 보면 국가공무원의 징계는 일정한 징계사유가 있을 때에 징계의결 요구권자가 먼저 징계사유를 들어 징계위원회에 징계의결 요구를 하고 징계위원회는 소정의 기간내에 소정의 절차를 거쳐 징계의결을 하는데 그 절차에 있어서는 징계사유에 해당하는 사실에 관한 심문을 행하고 그 징계사유에 대하여 징계혐의자가 방어권을 충분히 행사할 수 있도록 하며 징계의결서에도 그 이유란에 징계의 원인된 사실을 명시하도록 규정하고 있는 것이므로 이와 같은 징계의결요구권자에 의하여 징계의결 요구된 징계사유에 대하여 심문이 진행되며 그 과정에서 징계혐의자의 방어권을 충분히 보장하고 있는 위 규정들의 취지에 비추어 보아 징계위원회는 어디까지나 징계의결요구권자에 의하여 징계의결이 요구된 징계사유를 심리대상으로 하여 그에 대하여만 심리, 판단하여야 하고 징계의결이 요구된 징계사유를 근본적으로 수정하거나 징계의결 이후에 발생한 사정등 그 밖의 징계사유를 추가하여 징계의결을 할 수는 없다고 해석하여야 할 것인데 (중간생략).

국가공무원 징계위원회는 징계의결요구권자에 의하여 징계의결이 요구된 징계사유 아닌 사유를 들어 징계의결을 할 수 없다고 함은 원판결 설시와 같다. 그러나 기록에 의하면 이 사건의 경우 징계의결의 요구는 원고들이 1983.2.7부터 징계의결을 요구한 날인 1983.2.12까지 무단결근하였다는 점을 징계사유로 한 것이나 그 무단결근은 징계의결을 할 때까지 계속되고 있었음이 기록상 명백한 바이므로 소관 징계위원회가 최초에 요구된 일수보다 많은 무단결근일수를 징계의결 사항으로 하였다 하여도 그는 무단결근이란 기초사실의 동일성에는 변함이 없고 또 그 것이 원고들의 방어권행사에 무슨 지장이 있는 것도 아니므로 징계심의중 계속연장된 무단근무일수를 합하여 징계사유로 삼은 이 사건 징계의결이 징계요구없는 사항에 대한 것이라 할 수 없다고 할 것이니 이를 위법시 한 원심의 판단은 징계요구사실에 대한 법리를 오해한데서 나온 잘못된 조치라고 아니할 수 없다.

나. 징계처분권

징계대상자에 대하여 징계위원회의 징계의결등이 있는 때 또는 심사·재심사 의결이 있는 때에는 징계권자는 해당 징계대상자에 대하여 징계처분등을 할 수 있다. 징계처분은 처분서에 의하는 것이 일반적이다.

다. 징계 감경권 또는 집행유예권

징계대상자에게 공적이 있거나 그 밖에 법률상 감경사유가 있는 때에는 징계위원회는 징계를 감경의결할 수 있으나, 징계권자는 징계위원회의 의결에 구속되어 의결결과에 따라 징계처분을 하여야 하고 의결된 징계의 종류를 감경할 수 없다. 다만, 군인 또는 군무원의 경우에는 징계권자는 징계대상자가 훈장, 포장 또는 표창을 받은 공적이 있거나 비행사실이 성실하고 적극적인 업무처리 과정에서 고의 또는 중대한 과실 없이 발생한 경우에는 징계위원회의 징계의결 결과에 대하여 감경할 수 있다.

군인에 대한 징계의 경우에는 장교, 준사관 및 부사관에 대한 징계위원회의 근신, 견책의결에 대하여 징계감경 사유가 있고, 뉘우치는 등의 사정이 현저하여 징계처분을 즉시 집행하지 아니하고도 징계의 효과를 기대할 수 있다고 인정하는 경우에는 6개월의 기간 동안 징계처분의 집행을 유예할 수 있다. 이 경우 징계유예를 취소하지 아니하고 그 징계유예기간이 경과한 때에는 징계위원회의 의결은 그 효력을 잃는다.[13)]

▌판례▌ 대법원 2012. 10. 11. 선고 2012두13245 판결

공무원징계령 제7조 제6항 제3호는 공무원에 대한 징계의결을 요구할 때는 징계사유의 증명에 필요한 관계 자료뿐 아니라 '감경대상 공적 유무' 등이 기재된 확인서를 징계위원회에 함께 제출하여야 한다고 규정하고 있고, 공무원징계령 시행규칙 제4조 제1항 제2호는 징계의결이 요구된 자에게 정부표창규정에 따라 국무총리 이상의 표창(공적상 및 창안상만 해당)을 받은 공적, 다만 비위 행위 당시 6급 이하 공무원 등은 중앙행정기관장인 청장(차관급 상당 기관장을 포함) 이상의 표창을 받은 공적이 있는 경우에는 [별표 3]의 감경기준에 따라 징계를 감경할 수 있다고 규정하

13) 군인의 경우 징계권자는 전시·사변이나 징계처분을 받은 자의 질병, 구속, 그 밖의 사유로 인하여 징계처분을 집행할 수 없는 경우에는 그 집행을 연기하거나 중지할 수 있다(군인 징계령 제23조 제1항).

고 있다. 경찰청 예규인 경찰공무원 징계양정 등에 관한 규칙 제9조 제1항 제2호도 징계의결이 요구된 사람이 정부표창규정에 따라 국무총리 이상의 표창을 받은 공적, 다만 경감 이하의 경찰공무원은 경찰청장 또는 중앙행정기관 차관급 이상의 표창을 받은 공적은 징계양정에서 감경할 수 있는 사유의 하나로 규정하고 있다.

따라서 경찰공무원에 대한 징계위원회의 심의과정에 감경사유에 해당하는 공적 사항이 제시되지 아니한 경우에는 그 징계양정이 결과적으로 적정한지와 상관없이 이는 관계 법령이 정한 징계절차를 지키지 아니한 것으로서 위법하다(대법원 2012. 6. 28. 선고 2011두20505 판결 참조). 다만 징계양정에서 임의적 감경사유가 되는 국무총리 이상의 표창은 징계대상자가 받은 것이어야 함은 관련 법령의 문언상 명백하고, 징계대상자가 위와 같은 표창을 받은 공적을 징계양정의 임의적 감경사유로 삼은 것은 징계의결이 요구된 사람이 국가 또는 사회에 공헌한 행적을 징계양정에 참작하려는 데 그 취지가 있다 할 것이므로 징계대상자가 아니라 그가 속한 기관이나 단체에 수여된 국무총리 단체표창은 징계대상자에 대한 징계양정의 임의적 감경사유에 해당하지 아니한다.

라. 징계의결에 대한 심사 또는 재심사 청구권

징계권자 또는 징계의결을 요구한 징계의결요구권자는 징계위원회의 의결이 가볍다고 인정되는 때에는 그 처분을 하기 전에 중앙징계위원회 또는 상급기관에 설치된 징계위원회 등 관할 징계위원회에 심사 또는 재심사를 청구할 수 있다. 이 경우 징계권자는 심사 또는 재심사 청구에 따라 징계위원회에서 의결된 결과에 따라 징계처분을 하여야 한다.

마. 징계위원회의 구성권

(1) 징계위원회 위원 임명 또는 위촉

징계위원회에는 징계권을 가진 기관 또는 부대에 설치하고, 징계위원회가 설치되는 기관 또는 부대의 장이 임명 또는 위촉하는 것이 일반적이다. 국무총리 소속으로 두는 중앙징계위원회의 경우에는 국무총리가 임명직 징계위원을 지정하고 민간위원을 위촉하며, 중앙행정기관 및 그 소속기관에 설치하는 보통징계위원회는 징계위원회의 설치 기관의 장이 임명 또는 위촉한다. 군인 또는 군무원 등 그 밖에 특정직공무원의 경우도 일반적으로 징계위원회가 설치되는 해당 기관의 장이 임명 또는 위촉한다.

징계위원회의 간사는 중앙징계위원회의 경우 인사혁신처장이 임명하고, 보통 징계위원회의 간사는 해당 기관의 장이 임명한다. 그 밖의 징계위원회의 간사의 경우 일반적으로 징계위원회의 설치 기관의 장이 임명하거나 해당 징계위원회의 위원장이 소속 공무원 중에서 임명하기도 한다.[14)]

(2) 징계조사담당자 지정

징계의결 요구 권한을 가진 징계권자는 징계의결요구를 위하여 징계사유에 관하여 조사하기 위하여 조사담당자를 지정할 수 있다. 징계조사담당자는 징계권자 또는 징계의결요구권자의 지시를 받아 징계사유에 해당하는 비행사실 등 징계에 관한 사항을 조사하여 징계권자에게 보고하여야 한다. 징계권자 또는 징계의결 요구권자는 징계조사담당자의 징계조사결과 보고를 받아 징계혐의자에 대하여 징계위원회에 징계의결요구 여부를 결정한다.

4. 징계조사담당자

가. 징계권자의 징계조사담당자 지정

징계권자는 공무원이 징계사유에 해당하는 행위를 한 경우에는 징계의결을 요구하여야 한다. 징계권자는 소속 부하 또는 감독을 받는 사람의 비행사실을 발견한 경우에는 물론 다른 기관의 장 등으로부터 소속 공무원의 비행사실을 통보받은 경우, 수사기관이나 감사 관련기관에서 비행사실 등이 통보된 경우에는 공무원의 징계사유 또는 징계부가금 부여사유에 해당하는지 여부를 조사하여야 한다.[15)]

징계권자가 징계사유에 해당하는 비행사실을 발견하거나 통보받은 경우 징계사유 등에 대하여 조사를 실시하는 때에 징계절차가 개시된다. 징계권자는 징계절차가 개시된 때에는 공무원의 비행사실이 징계사유에 해당하는지 여부를 조사하기 위하여 조사담당자를 지정하여야 한다.

징계조사담당자는 공무원의 비행사실에 대하여 징계위원회에 징계의결등을

14) 군인의 경우 징계위원회의 간사는 징계위원회의 위원장이 임명하나, 군무원의 경우에는 징계위원회의 설치 기관의 장이 임명한다.
15) 군인사법 제56조 및 군인 징계령 제7조 제2항, 군무원인사법 시행령 제111조 제2항 참조.

요구하기 위하여 그 비행사실이 징계사유에 해당하는지 여부를 조사하는 자인 점에서 징계위원회의 징계간사와 유사하나, 징계권자로부터 지정을 받아 징계권자의 징계의결 요구 여부를 보조하기 위하여 징계위원회의 징계의결 요구 전까지 징계사유를 조사하는 점에서 징계사건이 징계위원회에 의결 요구된 이후에 징계위원회 위원장 등에 의하여 임명되고 징계위원회의 사무처리를 위하여 징계위원회 위원장의 지시에 따라 필요한 조사를 하는 징계위원회의 간사와 구별된다.[16)]

나. 징계조사담당자의 권한과 임무

(1) 징계조사담당자의 권한

징계조사담당자는 징계권자가 공무원의 비행사실을 통보받거나 발견하게 된 경우 징계권자의 지시를 받아 공무원의 비행사실이 징계사유에 해당하는지 여부에 관하여 조사하여야 한다. 징계조사담당자는 통보되거나 발견된 비행사실에 관하여 조사하고 관련된 증거를 수집하여 그 비행사실이 징계사유에 해당하는지 여부를 검토하여 확인한다. 징계조사담당자는 비행사실이 징계사유에 해당하는지 여부를 조사하기 위하여 필요한 경우 비행사실 대상자 또는 징계혐의자 및 피해자 등 참고인을 소환하여 조사할 수 있다. 이 경우 징계조사담당자는 진술조서를 작성하여야 한다. 다만, 필요하다고 인정되는 경우에는 징계혐의자 및 참고인이 작성한 진술서로써 진술조서에 갈음할 수 있다. 징계조사담당자는 비행사실에 관한 조사 및 증거를 확보하기 위하여 필요하다고 인정하는 때에는 수사기관 및 그 밖에 기관에 사실조사를 위촉할 수 있다.

징계조사담당자는 비행사실의 대상자 및 참고인 등 관계인을 조사할 때에는 조사대상자의 건강상태, 조사시간 등을 고려하여 충분한 휴식시간을 부여하여야 한다.

군인 또는 군무원에 대한 징계조사 시 징계조사담당자의 준수사항을 국방부 훈령에서 구체적으로 정하고 있는바, 조사시간은 대기시간, 휴식시간, 식사시간 등 조사에 소요된 모든 시간을 합산하여 총 조사시간이 12시간을 초과하여서는 아니 된다. 특별한 사정이 없는 한 총 조사시간 중 식사시간, 휴식시간 및 조서

16) 징계규정에 따른 사무와 징계간사가 위임한 징계 행정사무를 담당하는 징계서기와도 구별된다.

열람시간을 제외한 조사시간이 8시간을 초과하지 않도록 하여야 한다. 조사가 장시간에 걸쳐 이루어지는 경우에는 특별한 사정이 없는 한 조사 2시간마다 10분 이상의 휴식시간을 부여하여야 하고, 조사대상자가 휴식을 요청하는 때에는 진행된 조사시간, 이미 부여된 휴식시간, 요청자의 건강상태 등을 고려하여 적정하다고 인정되는 경우 이를 허락하여야 한다. 조사 중인 조사대상자의 건강상태에 이상이 발견될 때에는 의사의 진료를 받게 하거나 휴식을 취하게 하는 등 필요한 조치를 하여야 한다.[17)]

(2) 징계조사담당자의 임무

징계조사담당자는 비행사실에 대한 조사 및 증거의 수집을 마친 때에는 징계혐의자에 대한 상벌 유무를 확인한 후 징계혐의사실 조사결과 보고를 작성하여 징계권자에게 징계위원회의 징계의결 요구(불요구) 여부를 건의하여야 한다. 징계조사담당자는 공무원의 비행사실에 대하여 조사하여 확보된 증거에 따라 비행사실이 징계사유에 해당하는지 않은 때에는 징계위원회에 징계의결을 요구하지 아니할 것(징계의결 불요구)을, 징계사유에 해당하는 때에는 징계위원회에 징계의결을 요구할 것을 징계권자에게 건의하여야 한다.

다수의 비행사실에 대하여 조사한 결과 일부 비행사실이 징계사유에 해당하고 나머지 비행사실은 징계사유에 해당하지 아니하다고 판단되는 경우 징계조사담당자는 징계사유에 해당하는 비행사실과 징계사유에 해당하지 아니하는 비행사실에 대하여 일부 징계의결 요구 및 일부 징계의결 불요구를 건의하여야 한다. 다만, 이 경우 징계혐의사실 조사결과 보고에는 징계사유에 해당하는 사실만을 기재한 후 징계위원회의 징계의결 요구만을 건의하고 일부 징계사유에 해당하지 아니한 부분에 대하여는 징계혐의사실 부분에서 그 이유를 기재할 수 있다.

징계권자는 징계조사담당자의 보고 및 건의 내용에 구속되지 않고, 비행사실의 중요성, 부대 또는 기관에 미치는 영향, 징계혐의자의 정상 등 제반사정을 고려하여 징계조사담당자의 건의에도 불구하고 비행사실이 징계사유에 해당하는지 여부를 판단하여 징계위원회에 대한 징계의결 요구 여부를 결정할 수 있다.

---

17) 국방부 군인·군무원 징계업무처리 훈령 제20조의2.

제3절 징계위원회

1. 징계위원회의 의미

가. 의결기관으로서 합의제 행정기관

징계권자는 공무원이 징계사유에 해당하는 경우에는 징계위원회의 심의를 거쳐 징계처분을 할 수 있다. 공무원에 대한 징계처분에 대하여 심의·의결하기 위하여 관계 법령에 따라 해당 기관에 징계위원회를 둔다. 징계위원회는 위원장을 포함하여 일정 수 이상의 위원으로 구성되는 합의제 행정기관이다. "합의제 행정기관"이라 함은 행정기관이 다수의 구성원으로 구성되고, 그 구성원들의 합의에 의하여 의사를 결정하고 그 결정에 대하여 책임을 지는 행정기관을 말한다. 합의제 행정기관은 독임제 행정기관에 비하여 의사결정 방법이 민주적이며 의사결정에 신중성, 공정성을 기하기에 적합한 기관이다.[18] 징계위원회는 징계위원의 심의 과정을 거쳐 징계처분을 의결하므로 의결기관에 해당한다. "의결기관"이라 함은 행정주체의 의사를 결정함에 그치고 이를 대외적으로 표시할 권한이 없는 행정기관을 말한다.[19]

나. 징계위원회 의결의 구속력

징계권자는 공무원에 대하여 징계를 할 때에는 징계위원회에 징계의결을 요구하고 그 징계의결에 따라 징계처분을 하여야 하므로, 징계권자는 징계위원회의 의결에 따라야 하며 그 의결과 다른 징계처분을 할 수 없다. 즉, 징계위원회의 의결 결과는 징계권자에 대하여 법적 구속력을 갖는다. 다만, 징계권자는 법령에서 정하는 바에 따라 일정한 사유가 있는 경우에 한하여 징계위원회의 의결에 대하여 징계감경 또는 징계유예를 할 수 있다.[20]

18) 김남철, 행정법 강론, 박영사, 2022년, 1038쪽 참조.
19) 김남철, 전게서, 1016쪽 참조.
20) 군인 징계령 제20조 및 21조, 군무원인사법 시행령 제115조의2 참조.

2. 징계위원회의 설치 및 구성

가. 징계위원회의 설치

공무원에 대한 징계처분등을 의결하기 위하여 임용권자 또는 징계권자의 소속 기관 또는 그 상급기관에 징계위원회를 설치한다. 징계위원회는 징계심의대상자에 따라 구분하여 관할을 달리하여 둘 수 있다.

(1) 국가공무원법상 징계위원회

국가공무원의 경우, 국무총리 소속으로 중앙징계위원회를 둔다. 보통징계위원회의 경우 중앙행정기관에 두되, 필요한 경우 그 소속기관에도 설치할 수 있다. 소속기관에 보통징계위원회를 두는 경우에는 해당 중앙행정기관의 장은 그 운영 등에 필요한 사항을 미리 정하여야 한다.[21]

(2) 군인사법 및 군무원인사법상 징계위원회

군인 또는 군무원에 대한 징계처분을 심의하기 위하여 해당 징계권자의 부대 또는 기관에 군인징계위원회 또는 군무원징계위원회를 둔다.[22]

(3) 지방공무원법상 징계위원회

지방공무원의 경우 징계사유에 대하여 인사위원회에서 의결하게 되는바, 인사위원회는 임용권자별로 두되, 시·도에 특별시장·광역시장·특별자치시장·도지사·특별자치도지사 또는 교육감 소속으로 인사위원회를 두는 경우에는 제1인사위원회와 제2인사위원회를 둘 수 있다.[23]

(4) 교육공무원법상 징계위원회

교육공무원의 징계처분에 관한 사항을 의결하기 위하여 교육기관, 교육행정기관, 지방자치단체 및 교육연구기관에 교육공무원징계위원회를 둔다.[24] 교육공무원징계위원회는 대학의장징계위원회, 특별징계위원회, 일반징계위원회로 구분

21) 국가공무원법 제81조 제1항.
22) 군인사법 제58조의2 제1항, 군무원인사법 제39조의2 제1항 참조.
23) 지방공무원법 제7조 제1항, 제8조 제1항 제4호 참조.
24) 교육공무원법 제50조 제1항.

하며, 대학의장징계위원회와 특별징계위원회는 교육부에 둔다. 일반징계위원회는 대학과 지방자치단체 교육행정기관에 두되, 교육부장관은 특히 필요하다고 인정할 때에는 그 소속기관에 일반징계위원회를 설치할 수 있다.

사립학교 교원의 징계사건을 의결하기 위하여 그 임용권자의 구분에 따라 학교법인·사립학교경영자 및 해당 학교에 교원징계위원회를 둔다. 사립유치원 교원의 징계사건은 교육공무원징계위원회에서 심의·의결한다.[25]

(5) 경찰공무원법상 징계위원회

경무관 이상의 경찰공무원에 대한 징계의결은 국가공무원법에 따라 국무총리 소속으로 설치되는 중앙징계위원회에서 한다. 총경 이하의 경찰공무원에 대한 징계의결을 위하여 경찰기관 및 해양경찰기관에 경찰공무원 징계위원회를 둔다. 총경 이하 경찰공무원에 대한 징계의결을 위한 징계위원회는 중앙징계위원회와 보통징계위원회로 구분하되, 경찰공무원 중앙징계위원회는 경찰청과 해양경찰청에 두고, 경찰공무원 보통징계위원회는 경찰청, 해양경찰청, 시·도경찰청 등 경감 이상의 경찰공무원을 장으로 하는 기관에 둔다.[26]

(6) 소방공무원법상 징계위원회

소방준감 이상의 소방공무원에 대한 징계의결은 국가공무원법에 따라 국무총리 소속으로 설치되는 중앙징계위원회에서 한다. 소방정 이하의 소방공무원에 대한 징계의결을 위하여 소방청 및 중앙소방학교, 중앙119구조본부 및 국립소방연구원에 소방공무원 징계위원회를 둔다. 다만, 시·도지사가 임용권을 행사하는 소방공무원에 대한 징계의결은 시·도 또는 지방소방학교, 서울종합방재센터, 소방서, 119특수대응단 및 소방체험관에 징계위원회를 둔다.[27]

나. 징계위원회의 구성

징계위원회는 징계심의대상자보다 상위계급의 소속 공무원 또는 민간위원으로 임명 또는 위촉하여 구성한다. 위원의 구성에 있어서 특정 성(性)의 민간위

25) 사립학교법 제62조 제1항.
26) 경찰공무원법 제32조.
27) 소방공무원법 제28조 참조.

원이 편중되지 않도록 하여야 한다.

(1) 국가공무원법상 징계위원회의 구성

국가공무원의 경우 국무총리 소속으로 설치되는 중앙징계위원회는 위원장을 포함하여 17명 이상 33명 이하의 공무원위원과 민간위원으로 구성하고, 보통징계위원회의 경우에는 위원장 1인을 포함하여 9명 이상 15명 이하의 공무원위원과 민간위원으로 구성한다. 중앙징계위원회 및 보통징계위원회의 민간위원의 수는 위원장을 제외한 위원 수의 과반수 이상이어야 한다. 다만, 징계위원회의 공무원위원은 그 공무원이 국가공무원인지 지방공무원인지 구별하지는 않는다.

▮판례▮ 대법원 1971. 2. 23. 선고 70누151 판결

그러나 공무원의 징계는 감독관계에 기한 규율 질서의 유지에 그 근본목적을 두고 있는 것이므로 국가공무원과 지방공무원이 혼합 배치되어 있고, 지방공무원이 징계대상자의 사실상의 감독자가 되어 있는 지방자치단체나 그 소속기관의 보통징계위원회의 구성에 있어서 징계대상자인 국가공무원 보다 상위직위의 국가공무원이 징계위원 정수에 미달할 때에는 상위직위의 소속공무원이면 지방공무원으로 임명하여도 된다 할 것이고, 공무원징계령 제5조 제2항에 보통징계위원회의 위원으로 임명하도록 되어 있는 징계대상자될 자보다 상위급류의 소속공무원도 이러한 상위직위에 있는 자이면 국가공무원이나 지방공무원인 여하를 구별할 것이 아니라고 볼 것인바, (생략)

(2) 군인사법 및 군무원인사법상 징계위원회의 구성

군인징계위원회는 징계처분의 심의대상자가 군인인 경우에 위원장 1명을 포함하여 3명 이상 7명 이하의 위원으로 구성한다. 군인징계위원회의 위원은 징계처분의 심의대상자가 장교인 때에는 장교 중에서, 징계처분의 심의대상자가 부사관 또는 병인 때에는 장교 및 부사관 중에서 심의대상자보다 선임인 자를 임명한다. 군인징계위원회의 위원에는 장교가 1명 이상 포함되어야 하나, 징계처분의 심의대상자가 병인 경우에는 부사관만으로 징계위원회를 구성할 수 있다.

군무원징계위원회는 징계처분의 심의대상자가 군무원인 경우 위원장 1명을 포함하여 5명 이상 7명 이하의 위원으로 구성한다. 군무원징계위원회의 위원은 징계처분의 심의대상자보다 상위직에 있는 장교·일반군무원 또는 일반직공무원 중에서 위원을 임명하되, 군법무관 또는 법률지식이 풍부한 사람 1명과 일반군무원 또는 일반직공무원 2명 이상이 포함되어야 한다.

(3) 지방공무원법상 징계위원회의 구성

인사위원회는 16명 이상 20명 이하의 위원으로 구성하되, 지방의회의 의장 소속 인사위원회, 임용권을 위임받은 기관에 두는 인사위원회 및 지방자치단체에 두는 인사위원회의 경우에는 7명 이상 9명 이하의 위원으로 구성할 수 있다. 인사위원회를 구성할 때에는 민간 위촉위원이 전체 위원의 2분의 1 이상이어야 한다.

(4) 교육공무원법상 징계위원회의 구성

교육공무원의 징계에 관한 심의를 위한 대학의장징계위원회는 위원장 및 부위원장 각 1명을 포함하여 7명의 위원으로 구성하고, 특별징계위원회는 위원장 1명을 포함하여 5명 이상 9명 이하의 위원으로, 일반징계위원회는 위원장 1명을 포함하여 9명 이상 15명 이내의 위원으로 구성한다. 이 경우 위촉위원이 위원장을 제외한 위원 수의 과반수 이상이어야 하며, 특정 성별의 위원이 위원장을 포함하여 위원 수의 10분의 6을 초과하여서는 아니 된다.

사립학교 교원의 징계사건을 의결하는 교원징계위원회는 위원장 1명을 포함하여 5명 이상 11명 이하의 범위에서 학교의 규모 등을 고려하여 학생 수가 200명 미만인 학교의 경우에는 5명 이상 9명 이하의 위원으로, 학생 수가 200명 이상인 학교의 경우에는 9명 이상 11명 이하의 위원으로 구성한다.

(5) 경찰공무원법상 징계위원회의 구성

경찰공무원 중앙징계위원회 및 보통징계위원회는 위원장 1명을 포함하여 11명 이상 51명 이하의 공무원위원과 민간위원으로 구성한다. 공무원위원의 경우에는 징계심의대상자보다 상위계급인 경위 이상 소속 경찰공무원이나 6급 이상의 소속 공무원 중에서 임명하고, 민간위원은 징계위원회 위원 수의 2분의 1 이상이어야 한다. 민간위원은 특정 성별의 위원이 그 위원 수의 10분의 6을 초과하지 않도록 해야 한다.

(6) 소방공무원법상 징계위원회의 구성

소방공무원 징계위원회는 공무원위원과 민간위원으로 구성하되, 민간위원의 수는 위원장을 제외한 위원 수의 2분의 1 이상이어야 한다. 소방청에 두는 징계위원의 경우에는 위원장 1명을 포함하여 17명 이상 33명 이하의 위원으로, 그 밖의 징계위원회는 위원장 1명을 포함하여 9명 이상 15명 이하의 위원으로 구성한다.

다. 징계위원의 제척·기피·회피

(1) 위원의 제척

"제척"이라 함은 징계위원회 위원이 법률이나 관계 규정이 정하고 있는 제척사유의 어느 하나에 해당하는 경우에는 관계 법률 또는 규정에 따라 당연히 해당 사건에 대한 심사·의결 절차에서 배제되는 것을 말한다.

징계위원이 아래 사유 중 어느 하나에 해당하는 때에는 해당 안건의 심의·의결에서 제척된다.

① 징계등 심의대상자가 위원 본인 또는 그 배우자이거나 배우자였던 사람인 경우

② 징계등 심의대상자와 친족관계에 있거나 있었던 경우.[28)]

③ 징계등 심의대상자가 직근 상급자이거나 징계사유가 발생한 기간 동안 직근 상급자였던 경우

④ 징계등 심의대상자가 위원이나 위원이 속한 법인이 대리하고 있거나 대리하였던 사람이 경우

⑤ 위원이 해당 징계등 사건의 조사나 증인 또는 감정인으로 지정된 경우 등과 같이 사전절차에 관여한 경우

⑥ 해당 징계등 사건의 사유와 관계가 있는 경우

다만, 징계위원의 제척사유는 해당 공무원에 대한 징계 관계 법령에서 정하고 있으나, 각 법령에서 규정하고 있는 구체적인 제척사유에는 다소 차이가 있다.

---

28) 여기서 친족관계는 민법 제777조에 따른 친족관계를 말하며, 그 범위는 8촌 이내의 혈족, 4촌 이내의 인척 또는 배우자를 말한다.

(2) 징계심의대상자의 기피신청

징계등 심의대상자는 징계위원회의 위원에게 제척사유에 해당하는 사유가 있거나 징계위원회의 심의·의결의 공정을 기대하기 어려운 사정이 있는 경우에는 징계위원회에 기피신청을 할 수 있다. 이 경우 징계위원회는 의결로 기피 여부를 결정한다. 기피신청에 대한 의결은 재적위원 과반수의 출석과 출석위원 과반수의 찬성으로 하되, 기피신청을 받은 사람은 그 의결에 참여하지 못한다.

(3) 위원의 회피

징계위원회의 위원이 제척 및 기피 사유에 해당하는 경우 해당 위원은 스스로 해당 안건의 심의·의결에서 회피할 수 있다. 이때 회피하려는 위원은 위원장에게 그 사유를 소명하여야 한다.

(4) 임시위원의 임명

징계위원회 또는 인사위원회의 위원이 제척, 기피, 회피로 인하여 위원회의 심의·의결에 참여할 수 있는 위원 수가 위원회 개회 및 의결 정족수에 미치지 못한 때에는 위원회는 그 위원회의 설치기관의 장에게 임시위원의 임명 또는 위촉을 요청하여야 하고, 요청을 받은 설치기관의 장은 임시위원을 임명 또는 위촉할 수 있다. 이 경우 임시위원을 임명할 수 없으면 그 징계의결등의 요구는 철회한 것으로 보고, 징계의결등의 요구권자는 상급행정기관의 장에게 그 징계의결등을 신청하여야 한다.

3. 징계위원회의 운영

가. 징계위원회 회의의 비공개

징계위원회의 심의·의결의 공정성을 보장하기 위하여 징계위원회의 회의는 원칙적으로 공개하지 아니한다. 징계위원회의 회의에 참여할 또는 참여한 위원의 명단, 징계위원회의 회의에서 위원이 발언한 내용이 적힌 문서(전자적으로 기록된 문서를 포함한다), 그 밖에 공개할 경우 징계위원회의 심의·의결의 공정성을 해칠 우려가 있다고 인정되는 사항은 공개하지 아니한다.

▌판례▐ 대법원 2022. 5. 26. 선고 2022두33439 판결

[1] 국민의 정보공개청구권은 법률상 보호되는 구체적인 권리이므로, 공공기관에 대하여 정보공개를 청구하였다가 공개거부처분을 받은 청구인은 행정소송을 통해 공개거부처분의 취소를 구할 법률상 이익이 인정되고, 그 밖에 추가로 어떤 이익이 있어야 하는 것은 아니다.

[2] 견책의 징계처분을 받은 갑이 사단장에게 징계위원회에 참여한 징계위원의 성명과 직위에 대한 정보공개청구를 하였으나 위 정보가 공공기관의 정보공개에 관한 법률 제9조 제1항 제1호, 제2호, 제5호, 제6호에 해당한다는 이유로 공개를 거부한 사안에서, 비록 징계처분 취소사건에서 갑의 청구를 기각하는 판결이 확정되었더라도 이러한 사정만으로 위 처분의 취소를 구할 이익이 없어지지 않고, 사단장이 갑의 정보공개청구를 거부한 이상 갑으로서는 여전히 정보공개거부처분의 취소를 구할 법률상 이익이 있으므로, 이와 달리 본 원심판결에 법리오해의 잘못이 있다.

▌판례▐ 서울고법 1999. 9. 29. 선고 99누1481 판결(상고기각)

[4] 교육부교원징계재심위원회의 징계재심회의록은 이미 종료된 징계재심의 심사·결정절차를 사후적으로 기록한 것으로서 비록 공공기관의 정보공개에 관한 법률 제7조 제1항 제5호 소정의 의사형성 과정 '중에 있는' 사항 그 자체는 아니지만 이에 준하는 이른바 의사결정과정 정보에 해당하고, 위 회의록은 징계재심사건의 심사·결정절차에서 위원이 발언한 내용이 기재된 문서로서 그것이 공개될 경우 징계재심사건 처리 업무의 공정한 수행에 현저한 지장을 초래한다고 인정할 만한 상당한 이유가 있다고 인정되므로 같은 법 제7조 제1항 제5호 소정의 비공개대상정보에 해당한다.

나. 징계위원회 참석자의 준수사항

징계위원회의 회의에 참석한 사람은 다음의 물품을 소지할 수 없다. 참석자는 녹음기, 카메라, 휴대전화 등 녹음·녹화·촬영이 가능한 기기, 흉기 등 위험한 물건, 그 밖에 징계등 사건의 심의와 관계없는 물건을 소지할 수 없다. 또한 징계위원회의 회의에 참석하는 사람은 녹음, 녹화, 촬영 또는 중계방송, 회의실 내의 질서를 해치는 행위, 다른 사람의 생명·신체·재산 등에 위해를 가하는 행위를 하여서는 아니 된다.

징계위원회의 회의에 참여한 사람은 직무상 알게 된 비밀을 누설해서는 아니 된다.

다. 원격영상회의 방식

징계위원회는 위원과 징계등 혐의자, 징계의결등 요구자, 증인, 피해자 등 법령에 따라 회의에 출석하는 사람(이하 이 항에서 "출석자"라 한다)이 동영상과 음성이 동시에 송수신되는 장치가 갖추어진 서로 다른 장소에 출석하여 진행하는 원격영상회의 방식으로 심의·의결할 수 있다. 이 경우 징계위원회의 위원 및 출석자가 같은 회의장에 출석한 것으로 본다. 징계위원회는 원격영상회의 방식으로 심의·의결하는 경우 징계등 혐의자 및 피해자 등의 신상정보, 회의 내용·결과 등이 유출되지 않도록 보안에 필요한 조치를 해야 한다. 그 밖에 원격영상회의의 운영에 필요한 사항은 국가공무원 복무·징계 관련 예규(인사혁신처장) 제12장에서 정하고 있다.

제4절 징계대상자[29)]

1. 징계대상자의 범위

가. 재직 중인 공무원

"징계"라 함은 공무원이 직무상 의무 또는 법령에 따른 규율을 위반한 경우, 품위를 손상하는 행위를 한 경우에 공무 관계의 질서를 유지하고 근무 기강을 바르게 하여 소속 공무원으로서의 의무를 준수하도록 과하는 행정적 제재를 말한다. 따라서 징계대상자는 공무원 관계에 있는 재직 중에 있는 자에 한한다. 다만, 공무원의 관계 여부는 신분상 공무원의 지위를 갖는지에 따르며, 실제 해당 공무원이 공무를 담당하고 있는지, 어떤 직책이나 보직을 부여받아 근무를 하고 있는지 여부는 문제되지 않는다. 따라서 휴직 또는 보직해임이나 직위해제, 정직 중에 있는 경우에도 공무원의 신분관계가 그대로 유지되므로 징계처분

29) 징계대상자는 징계절차에 따라 그 명칭이 다르다. 징계조사 후 징계의결요구 전까지는 '징계혐의자', 징계위원회 심의절차에서는 '징계심의대상자', 징계위원회 심의 후 징계처분의 시점에서는 '징계처분대상자'로 불리며, 징계처분대상자가 항고한 경우에는 '항고인', 항고심사위원회에서는 '항고인' 또는 '항고심사대상자'로 그 명칭이 변경된다.

을 할 수 있다.

나. 징계대상자인지가 문제되는 경우

(1) 시보임용된 자

국가공무원법에 따르면, 5급 공무원(제4조 제2항에 따라 같은 조 제1항의 계급 구분이나 직군 및 직렬의 분류를 적용하지 아니하는 공무원 중 5급에 상당하는 공무원을 포함한다)을 신규 채용하는 경우에는 1년, 6급 이하의 공무원을 신규 채용하는 경우에는 6개월간 각각 시보(試補)로 임용하고 그 기간의 근무성적・교육훈련성적과 공무원으로서의 자질을 고려하여 정규 공무원으로 임용한다. 시보로 임용된 자가 휴직, 직위해제 및 징계에 따른 정직이나 감봉 처분을 받은 경우 각각의 기간은 시보임용기간에 넣어 계산하지 아니한다. 위와 같은 규정에 비추어 보면, 시보로 임용된 자는 정규 공무원으로 다시 임용된다고 하더라도 시보임용 자체가 국가공무원법 등 해당 법령에 따라 공무원으로 임용된 것으로 공무원의 신분을 가진다고 볼 수 있으므로 공무원 징계의 대상이 된다.

▌판례▐ 대법원 1990. 9. 25. 선고 89누4758 판결

가. 서울교육대학에서 전임강사 이상의 신규교원을 임용함에 있어 학장이 소정의 전형을 거쳐 임용후보자를 최종 결정하여 1년을 기한으로 상근강사로 근무시킨 뒤, 교수로서의 자질, 능력, 학생지도실적 및 근무상황 등을 평가하여 그중 적격판정을 받은 자만을 대학인사위원회의 동의를 얻어 정규교원으로 임용하게 되어 있는 제도에 의하여 그 대학의 상근강사로 채용된 자는 교육법시행령 제35조 제2항 소정의 정원 이외에 교원의 직무를 보조하기 위하여 상시 근무하는 전임강사를 의미하는 것이나, 이는 교육법 제75조 제1항 제2호 소정의 정규교원인 전임강사와는 구별되는 것이므로 위 상근강사제도는 교육법이나 교육공무원법상의 명문의 근거를 둔 교원의 임용방법은 아니고, 국가공무원법상의 이른바 시보임용제도에 의하여 조건부로 채용된 공무원에 해당한다고 보아야 할 것인바, 상근강사로 채용된 자는 그 시보임용 내지 조건부채용시 장차 소정의 조건부 채용기간중 근무성적이 양호하여 적격판정을 받는 것을 조건으로, 특별한 사정이 없는 한 위 기간의 종료와 더불어 바로 정규공무원으로 임용될 권리를 취득하고 임용권자는 이에 대응하는 법률상의 의무를 부담한다고 할 것이며, 또한 교육공무원법상 시보임용에 의한 교육공무원으로서의 지위를 누리면서 그 조건부채용기간 중 면직 등의 처분이나 징계처분과 같은 신분상의 불이익한 처분을 받거나 또는 시보임용기간 종료 후 정규공무원 내지 교원으로서의

임용이 거부된 경우에는 행정소송 제기를 위한 전치절차로서의 교육공무원법 제52조에 의한 소청심사청구권도 가진다고 보아야 한다.

(2) 사관생도 또는 사관후보생

사관생도 또는 사관후보생이나 부사관후보생은 군인에 해당하지 않는다. 따라서 군인사법상 징계에 관한 규정이 적용되지 않으므로 군인사법에 따라 징계처분을 할 수 없다. 사관생도의 경우에는 각 사관학교 설치령 및 같은 영 시행규칙에서 퇴학에 관한 규정을 두고, 사관생도의 상벌에 관한 사항을 학칙으로 정하도록 하고 있다.[30] 사관후보생 또는 부사관후보생에 관하여는 학생군사교육실시령에서 병적에서의 제적이나 군사교육에 관하여 해당 학교의 학칙으로 정하도록 하고 있다. 따라서 사관생도 또는 사관후보생이나 부사관후보생은 해당 법령과 그에 따른 학칙에 의하여 상벌이 적용된다.[31]

(3) 공공기관에 근무하는 피고용인 또는 근무원

국가기관 또는 지방자치단체, 학교기관 등 공공기관에서 근무하는 피고용인 또는 공무직 근로자(근무원)의 근무관계는 사법상 근로계약에 따라 노무를 제공하는 것으로 사법상의 근로관계에 있다. 따라서 공무원 관계를 전제로 적용되는 징계에 관한 법령이 적용되지 않으므로 공무원징계의 징계처분 대상자에 포함되지 않는다. 다만, 피고용인 또는 근무원이라 하더라도 근로기준법 등 법령이 허용하는 범위에서 취업규칙 또는 군 내부 규정에 따라 근로관계상 징계처분은 가능하다.

▌판례▌ 대법원 1992. 6. 26. 선고 91다42982 판결

피고 법인의 인사규정시행내규 제33조에 의하면 "징계요구는 임원 및 각 부, 실장이 인사담당부서의 장에게 제출하여야 한다. 처벌요구를 받은 인사담당부서의 장은 이를 인사위원회의 심의에 부의하여야 한다"고 규정되어 있어 징계요구는 임원이나 징계대상자가 소속되어 있는 부서의 장은 물론이고 징계대상자가 소속되어 있지 아니한 다른 부서의 장도 이를 할 수 있는 것으로 풀이될 뿐만 아니라 설사 위 규

30) 사관학교설치법 시행령 제4조 제5호 및 제31조, 육군3사관학교 설치법 시행령 제18조 및 제19조 제3항 제5호, 국군간호사관학교 설치법 시행령 18조 및 제19조 제3항 제5호.
31) 학생군사교육실시령 제4조 제1항 및 제6조.

정이 각 부, 실장의 경우에는 당해 부서에 소속된 직원에 대하여서만 징계요구를 할 수 있을 뿐이어서 원고에 대한 총무부장의 징계요구가 절차위반에 해당된다고 하더라도 종국적으로는 인사담당부서의 장인 총무부장이 그 징계요구를 인사위원회의 심의에 부의하게 되어 있는 점에 비추어 보면 이러한 절차위반의 점을 들어 원고에 대한 징계해고가 무효로 된다고 볼 수는 없다.

그리고 기록에 의하면, 원고는 1989. 12. 27. 15：40경 그 다음날 09：00에 개최되는 피고 법인의 인사위원회에 출석하여 진술할 수 있는 기회를 부여한다는 내용의 출석통지서를 교부받은 후 동 인사위원회의 개최를 연기하여 줄 것을 요청하였으나 인사위원회는 예정대로 개최되어 원고의 출석 없이 그 징계사유에 대한 심의를 마친 후 위원 7인 전원의 찬성으로 원고에 대한 징계해임을 의결하였고, 피고 법인의 이사장은 당일 위 해임결의에 따른 해임처분을 한 사실이 인정되나 원고에 대한 인사위원회에의 출석통지가 위와 같이 하루 전에 이루어졌다 하더라도 그것이 변명과 소명자료를 준비할 시간적 여유가 없을정도로 촉박한 것이어서 인사관리규정이 정한 진술권 보장의 취지를 몰각한 부적법한 통지라고 볼 수는 없다 할 것이고(1979. 11. 27. 선고 78누123 판결 참조), 또 원고는 인사위원회 개최당일 자신의 근무부서에 출근하여 위 인사위원회의 두 차례에 걸친 출석요구를 받았음에도 불구하고 인사위원회에는 불참한다는 의사를 분명히 표시한 바 있으므로 원고의 출석 없이 이루어진 징계의결이 징계대상자에 대하여 충분한 진술의 기회를 부여하여야 한다는 위 인사관리규정에 위반되었다고 할 수도 없다.

2. 징계대상자의 권리

가. 징계위원회의 출석권

징계위원회는 징계위원회의 심의 전에 심의대상자에게 심의 일시 등을 고지하여 심의대상자를 출석시켜 의견을 들은 후 심의를 개시하여야 한다. 다만, 심의대상자가 출석할 수 없는 부득이한 사정이 있는 경우에는 그러하지 아니할 수 있다.

▌판례▐ 대법원 1993. 2. 23. 선고 92누16096 판결

교육공무원징계령 제8조 제1항의 규정에 의한 징계혐의자에 대한 출석통지는 징계혐의자로 하여금 징계위원회가 언제 개최되는가를 알게 함과 동시에 자기에게 이익되는 사실을 진술하게 하거나 증거자료를 제출할 기회를 부여하기 위한 조치에서 나온 강행규정이라 할 것이므로 위 출석통지 없이 한 징계심의절차는 위법하다고 할 것이다(당원 1987. 7. 21. 선고 86누623 판결, 1992. 7. 14. 선고 91누9961 판결 등 참조).

징계심의대상자의 징계위원회 출석권의 보장을 위해 징계심의대상자에 대한 출석통지를 하도록 하고 있다. 징계위원회가 징계등 심의대상자에게 심의 일시 등을 고지할 때에는 징계등 심의대상자에게 출석통지서를 교부하되, 일반적으로 징계위원회 개최일 3일 전에 징계등 심의대상자에게 도달되도록 하고 있다. 다만, 부득이한 경우에는 그 기간을 단축할 수 있다.

▌판례▌ 대법원 1993. 5. 14. 선고 93다3745 판결

1. 사립학교법 제65조 제1항은 "교원징계위원회는 징계사건을 심리함에 있어서 진상을 조사하여야 하며, 징계의결을 행하기 전에 본인의 진술을 들어야 한다. 다만, 2회 이상 서면으로 소환하여도 불응한 때에는 예외로 한다"라고 규정하고 있는바, 위 규정의 취지는 사립학교 교원에 대한 징계절차에 있어 징계대상 교원으로 하여금 징계혐의사실에 대한 변명을 위하여 징계위원회에 출석하여 자신에게 이익되는 진술을 할 수 있는 기회를 보장하여 주되, 만일 징계대상 교원이 서면에 의한 소환에도 불구하고 2회 이상 불응한 경우에는 그러한 진술권을 스스로 포기한 것으로 보아 그 진술의 청문 없이도 징계의결을 행할 수 있다고 정한 것으로 해석된다.

따라서 징계대상 교원에 대한 위와 같은 진술권 보장을 위하여는 서면에 의한 소환방법으로 징계위원회에 출석할 기회를 2회 이상 부여하는 것으로서 족하고, 반드시 그 소환절차에 있어 출석통지서를 2회 이상 송달하여야 하는 것만은 아니며, 미리 해당 교원이 1차의 징계위원회에 불참할 경우를 대비하여 1차와 2차의 징계위원회 개최일시와 장소를 구체적으로 지정하여 각 그 해당 출석통지서를 동시에 송달하더라도 그 양자의 위원회 개최일정이 특별히 시간적 여유를 두지 않고 촉박하게 지정고시된 경우가 아닌한, 그러한 통지방법도 무방하다고 볼 것이다.

징계위원회의 출석 통지는 최초의 징계위원회에 대한 출석 통지 이외에 징계위원회의 의결 기일이 연기되어 다시 정한 징계위원회의 회의 기일에도 적용된다.

▌판례▌ 대법원 1984. 6. 26. 선고 84누178 판결

2. 지방공무원징계 및 소청규정 제4조에 인사위원회는 징계혐의자에게 서면으로 출석통지서를 송부하여야 하고 징계혐의자가 그 위원회에서의 진술을 위한 출석을 원하지 아니할 때에는 진술포기서를 제출케 하여 기록에 첨부하여야 하고 징계혐의

자가 정당한 사유로 출석할 수 없는 때에는 서면에 의하여 진술할 수 있으며 징계혐의자가 출석하지 아니하고 또 진술서를 제출하지 아니한 때에는 서면심사에 의하여 징계의결을 할 수 있다고 규정하고 또 동 제5조에 징계혐의자에게 충분한 진술을 할 수 있는 기회를 부여하여야 하고 또 징계혐의자는 서면 또는 구술로써 자기에게 이익되는 사실을 진술하거나 증거를 제출할 수 있다고 규정하고 있음은 징계절차에 있어 징계혐의자의 출석 및 진술권을 보장하기 위한 조치인 만큼 이는 강행규정이라고 해석되며 이런 이치는 최초에 정하여진 징계의결기일뿐만 아니라 그 기일에 징계위원회를 개최하지 아니하고 이를 연기하고 다시 정한 기일에도 적용된다고 할 것이다.

원심이 확정한 바에 의하면, 징계혐의자인 원고는 징계의결기일에의 출석포기나 진술포기서를 제출한 바 없으며 위 인사위원회가 당초의 징계의결기일을 연기한 후 다시 정한 기일을 원고에게 통지하지 아니하였다는 것이므로 1982.7.2.의 징계의결기일에서 한 징계의결은 절차상 위법이 있으며 이 의결에 따라서 한 피고의 이 사건 파면처분 또한 위법하다고 할 것이니 이런 취지에서 한 원심의 판단은 정당함이 분명하고 당연무효에 관한 소론 적시의 당원판례는 이 사건에 적절한 것이 아니다.

징계심의대상자에 대한 출석통지가 이루어지지 않아 절차상의 하자가 있음에도 불구하고 징계심의대상자가 스스로 징계위원회에 출석하는 등 방어권을 충분히 행사하였다면 이와 같은 절차상 하자는 치유되었다고 볼 수 있다.

▌판례▌ 대법원 1993. 11. 9. 선고 93다17690 판결

2. 원심판결 이유에 의하면 원심은, 원고 4는 1989.7.27. 개최된 제1차 징계위원회의 출석통지서를 위 징계위원회 개최 그 다음날에 수령하였고, 같은 해 8.1.에 개최되는 제2차 징계위원회의에 출석하여 진술하라는 통지서만을 같은 해 7.29. 수령하였을 뿐인 사실이 인정되므로, 같은 원고가 2회이상 서면에 의한 징계위원회의 출석통지를 받고도 이에 응하지 아니한 경우에 해당한다고 볼 수 없음에도 불구하고 교원징계위원회가 같은 원고의 진술을 듣지 아니한 상태에서 같은 해 8.1.에 같은 원고에 대하여 징계의결을 한 것은 사립학교법이나 피고 법인의 정관을 위반된다고 판단한 다음, 그러나 같은 원고가 같은 해 8.14. 피고 법인의 정관에 정해진 바에 따라 피고 법인 재심위원회에 위 징계처분에 대한 재심을 청구함으로써 위 재심위원회가 같은 원고의 재심사건을 심리하기 위하여 같은 원고에게 같은 달 21.경 제1차 재심위원회의 출석통지서를 보낸 다음 같은 달 25. 제1차 재심위원회의를 개최하였으나 같은 원고가 불출석하여 다시 같은 달 29. 제2차 재심위원회의 출석통지를 한 다음 같은 해 9.2.에 재심위원회를 개최하자 같은 원고는 그에 대한 징계처분의 위법성과 부당성등에 대한 충분한 진술을 담은 진술서를 위 재심위원회에 제출하였던 사실을 인정할 수 있으므로, 비록 위 교원 징계위원회가 같은 원고에게 같은 해

7.27.자 제1차 징계위원회의 출석통지서가 송달되지 아니한 사실을 간과한 채 같은 원고의 진술을 듣지 아니하고 같은 해 8.1. 같은 원고에 대하여 징계해임의결을 한 잘못은 있으나, 징계절차와 재심절차는 그 전체가 하나의 징계절차를 이루는 점에 비추어 같은 원고가 위 징계처분에 대한 재심을 청구하고 그 재심위원회에서 충분한 진술과 변명을 함으로써 위 징계위원회의 위와 같은 징계절차상의 하자는 치유되었다고 봄이 상당하다 할 것이고, 따라서 같은 원고에 대한 위 징계해임처분도 결국 적법하게 되었다고 판단하였는바, 위 재심위원회의 징계절차는 적법하다고 볼 것이므로 원심의 위와 같은 판단은 정당한 것으로 수긍이 되고(당원 1992. 9. 22. 선고 91다36123 판결 참조), 거기에 소론과 같은 위법사유가 있다고 할 수 없다.

▌판례▌ 대법원 2016. 11. 24. 선고 2015두54759 판결

가. 취업규칙에 피징계자에게 징계위원회의 개최일시 및 장소를 일정한 기간의 여유를 두고 통지하도록 규정하고 있는 경우 이는 징계의 객관성과 공정성을 확보하기 위한 것이므로 그 절차를 위반하여 한 징계처분은 효력이 없다. 그러나 이러한 절차상의 하자가 있음에도 피징계자가 스스로 징계를 위한 인사위원회에 출석하여 출석통지절차에 대한 이의를 제기함이 없이 충분한 소명을 하였다는 특별한 사정이 있다면 그 절차상의 하자는 치유된다고 할 것이다(대법원 1993. 7. 16. 선고 92다55251 판결, 대법원 1995. 10. 13. 선고 95누6434 판결 등 참조).

징계위원회는 출석통지서를 징계등 심의대상자에게 직접 전달하는 것이 주소불명 그 밖의 사유로 곤란하다고 인정할 때에는 출석통지서를 징계등 심의대상자의 소속 부대 또는 기관의 장에게 전달하여 징계등 심의대상자에게 교부하게 할 수 있다. 이 경우 출석통지서를 전달받은 부대 또는 기관의 장은 지체 없이 징계등 심의대상자에게 이를 교부한 후 그 교부상황을 징계위원회에 통보하여야 한다.

▌판례▌ 대법원 1993. 5. 25. 선고 92누8699 판결

그러나 선정자 4, 선정자 3에 대한 부분에 관하여 보건대, 을 제33호증의 16 내지 21, 을 제34호증의 22, 24 내지 27의 각 기재 등에 의하면, 1989.7.25. 개최된 제9차 징계위원회 출석통지서는 위 선정자들 본인이 직접 수령하였으나 본인들이 징계위원회에 출석하거나 진술을 하지 아니한 사실, 그리고 1989.8.3. 개최된 선정자 4에 대한 제10차 징계위원회 출석통지서는 위 선정자의 주소지인 대구 북구 (주소 1 생략)으로 우송되지 아니하고 본가인 경북 경산군 (주소 2 생략)으로 우송되었으나 본인 장기출타로 반송되었고, 그후 위 선정자가 근무하던 ○○○○○고등학교의 교장 등이 위 선정자에게 제10차 징계위원회 출석통지를 하기 위하여 본가와 주소지를 중심으로 위 선정자의 행방을 찾아보았으나 실패하고 본가를 방문하여 가족들에게 출석통지서를 교부하려고 하였던바, 가족들이 그 수령을 거부하므로 가족들에게 구두통지만 하였으며, 다시 위 학교장이 본가로 제10차 징계위원회 출석통지서를 우송하여 그의 부인 소외인이 이를 수령한 사실, 한편 1989.8.3. 개최된 선정자 3에 대한 제11차 징계위원회 출석통지서는 주소지인 경북 (주소 3 생략)으로 우송되었는데 장기출타로 인하여 송달불능되었고, 그 후 위 선정자가 근무하던 △△△△고등학교장 등이 그의 주소지를 중심으로 그 행방을 찾아보았으나 실패하여 그 부모가 사는 제주도로 그 부모에게 전화 및 전보통지만을 하였던 사실, 그런데 위 선정자들은 그 이후에는 아무런 징계위원회 출석통지를 받지 못한 채 1989.8.12. 개최된 제13차 징계위원회에서 징계의결이 이루어진 사실을 인정할 수 있는바, 위 선정자들이 제2회 출석통지서 송달 당시 가족들과 동거하지 아니하고 주소지나 본가에서 행방이 알려져 있지도 아니하였던 점 등에 비추어 보면, 위 선정자들에 대한 제2회 징계위원회 출석통지는 이를 수령한 가족들이 실제로 그 취지를 선정자 본인들에게 전달하였다는 등의 특별한 사정이 없는 한 적법하게 이루어졌다고 할 수 없고, 위 선정자들이 제1회 출석통지서를 수령한 후 그 행방을 알 수 없게 되었다거나 가족들이 출석통지서의 수령을 거부하였다는 등의 사정만으로는 위 선정자들이 출석통지서의 수령을 거부하였다고 보기도 어렵다고 할 것이다.

징계등 심의대상자가 국외에 체재(滯在)하거나 형사사건으로 인한 구속 그 밖의 사유로 징계의결이 요구된 날부터 50일 이내에 출석할 수 없을 때에는 서면진술서를 제출하게 하여 징계결정등을 할 수 있다. 이 경우 서면진술서를 제출하지 아니할 때에는 진술 없이 서면심사에 따라 징계결정등을 할 수 있다. 징계등 혐의자가 있는 곳이 분명하지 아니할 때에는 관보를 통해 출석통지를 한다. 이 경우에는 관보에 게재한 날부터 10일이 지나면 그 출석통지서가 송달된 것으로 본다.

나. 징계위원회에서 진술권 등

징계위원회는 징계처분등의 심의대상자에게 서면이나 구술로 충분한 진술 기회를 주어야 한다. 징계심의대상자에게 충분한 진술 기회를 부여하지 아니한 징계의결은 무효로 한다. 징계등 심의대상자는 서면이나 구술로 자기에게 이익이 되는 사실(징계등 면제 사유를 포함한다)을 진술하거나 증거를 제출할 수 있다.

▌판례▌ 대법원 1998. 8. 21. 선고 96누12320 판결

그리고 사립학교법 제65조 제1항이 징계위원회는 징계의결을 행하기 전에 본인의 진술을 들어야 한다고 규정한 취지는 사립학교 교원에 대한 징계절차에 있어 징계대상 교원으로 하여금 징계혐의사실에 대한 변명을 위하여 징계위원회에 출석하여 자신에게 이익되는 진술을 할 수 있는 기회를 주어 방어권을 보장하기 위한 것으로 해석된다.

원심판결 이유에 의하면, 원심은, 원고들에 대한 징계사건을 심리하기 위하여 개최된 참가인의 징계위원회에서 징계위원들이 징계대상자의 수효가 많은 관계로 장황한 발언을 피하고 능률적인 절차진행을 위하여 징계대상자들로 하여금 각 10분 정도 내에 발언을 마치고 보충진술은 서면으로 하도록 요청함에 따라 원고들도 이의 없이 이에 응하여 발언을 한 다음 대부분이 답변서로 미진한 점을 밝힌 이상 징계위원회가 원고들의 진술권을 박탈한 것이라고 할 수 없다고 판단하였는바, 위 규정의 취지에 비추어 원심의 판단은 정당한 것으로 여겨지고, 거기에 정당한 징계절차에 관한 법리오해의 위법이 있다고 할 수 없다.

징계심의대상자는 증인의 신문을 신청할 수 있다. 이 경우 위원회는 그 채택 여부를 결정하여 징계등 심의대상자에게 통보하여야 한다.

▌판례▌ 대법원 1993. 12. 14. 선고 93누15045 판결

교육공무원징계령 제9조 제3항에 의하면, 징계혐의자는 증인의 심문을 신청할 수 있고, 이 경우에 징계위원회는 그 채택 여부를 결정하여야 되도록 규정되어 있는 바, 징계위원회가 징계혐의자의 증인심문신청에 대하여 명시적으로 그 채택여부를 결정하지 아니한 채 징계심의절차를 종결하고 징계의결을 하였다면 그 증인을 심문하지 아니하기로 묵시적으로 결정된 것으로 보아야 할 것이므로, 관할 징계위원회가 원고 9의 증인심문 신청에 대하여 명시적으로 그 채택 여부를 결정하지 아니하고 징계의결을 하였더라도 그와 같은 사유만으로 그 징계의결절차가 위법한 것이라고 볼 수는 없을 것이다.

다. 징계기록 열람 · 등사[32]

(1) 본인의 진술 기재 서류 또는 제출 자료의 열람 · 등사

징계등 심의대상자는 본인의 진술이 기재된 서류나 자신이 제출한 자료를 열

32) 군인의 경우에는 군인 징계령 제11조에서 징계기록의 열람 · 등사에 관한 규정을 두고 있으며, 항고심사위원회에 대하여도 제35조에서 준용하도록 하고 있으나, 군무원의 경우에는 징계기록의 열람 · 등사에 관한 명시적 규정을 두고 있지 않다. 다만, 국방부 군인 · 군무원 징계업무처리훈령 제29조에서 군인 징계령 제11조와 같은 내용으로 규정하여 군무원에 확대 적용하고 있다.

람하거나 복사할 수 있다. 징계등 심의대상자가 징계위원회에 출석하여 충분한 진술을 할 수 있는 기회를 부여받고 자신에게 유리한 증거 등을 제출하는 등 징계심의 절차에서의 방어권 보장을 위해서는 해당 사건이 징계위원회에 송부된 경우 징계등 관련 서류나 자료에 대한 열람·등사 신청권이 보장되어야 한다. 본인의 진술이나 자신이 제출한 자료는 징계등 심의대상자 측의 방어 자료로서 방어권의 합리적 주장을 위하여 본인측 자료의 확인이 필요하고, 이미 징계등 심의대상자에게는 공개된 자료로서 징계등 심의대상자에게 열람·등사를 허용하더라도 군인 징계령 제11조 제2항에서 열람·등사를 제한하고 있는 취지에 반하지 않는 점에서 제한 없이 인정하고 있다. 따라서 징계등 심의대상자 본인의 진술이 기재된 서류나 자신이 제출한 자료에 대한 열람·등사 요청이 있는 때에는 군인 징계령 제11조 제2항 각 호의 어느 하나에 해당하더라도 징계위원회 위원장은 제한 없이 이를 허가하여야 한다.

(2) 본인 진술 이외의 관련 자료의 열람 또는 등사 신청

징계등 심의대상자는 위원장에게 본인의 진술이 기재된 서류나 자신이 제출한 자료 외에 징계등과 관련된 서류나 자료에 대하여 열람이나 복사를 신청할 수 있다. 이 경우 위원장은 다음 중 어느 하나에 해당하는 경우에는 열람 또는 복사 신청을 허가하지 아니할 수 있다.

① 기록의 공개로 사건 관계인의 명예, 사생활의 비밀, 생명·신체의 안전이나 생활의 평온을 침해할 우려가 있는 경우

② 기록의 내용이 국가기밀인 경우

③ 기록의 공개로 국가의 안전보장, 선량한 풍속 그 밖의 공공질서나 공공복리가 훼손될 우려가 있는 경우

▌판례▌ 대법원 2004. 9. 23. 선고 2003두1370 판결

수사기록에 대한 정보공개청구권의 행사는 때에 따라 국가의 안전보장, 질서유지 및 공공복리라는 국가·사회적 법익뿐만 아니라, 당해 형사사건에 직접·간접으로 관계를 가지고 있는 피의자나 참고인 등의 명예와 인격, 사생활의 비밀 또는 생명·신체의 안전과 평온 등의 기본권의 보장과 충돌되는 경우가 있을 수 있으므로, 그 행사는 이러한 국가·사회적 법익이나 타인의 기본권과 상호 조화될 수 있는 범위 내에

서 정당성을 가지나, 구체적인 경우에 수사기록에 대한 정보공개청구권의 행사가 위와 같은 범위를 벗어난 것이라고 하여 그 공개를 거부하기 위하여는 그 대상이 된 수사기록의 내용을 구체적으로 확인·검토하여 그 어느 부분이 어떠한 법익 또는 기본권과 충돌되어 구 정보공개법 제7조 제1항 몇 호에서 정하고 있는 비공개사유에 해당하는지를 주장·입증하여야만 할 것이고, 그에 이르지 아니한 채 수사기록 전부에 대하여 개괄적인 사유만을 들어 공개를 거부하는 것은 허용되지 아니한다(대법원 1999. 9. 21. 선고 98두3426 판결, 2003. 12. 11. 선고 2001두8827 판결 등 참조).

(3) 징계혐의자의 징계기록 열람·등사 신청 가부

징계기록의 열람 또는 등사에 관한 규정은 그 권리의 행사주체로 징계위원회의 징계심의대상자로 하고 있다. 따라서 징계대상자는 징계권자의 징계의결요구에 의하여 징계기록이 징계위원회에 회부된 이후에야 징계기록의 열람 또는 등사 신청이 가능하다. 그러나 징계혐의자 역시 사건에 징계위원회에 출석하여 충분한 진술을 하고 방어권을 행사하기 위해서는 징계의결요구 이전 단계에서 징계혐의자에게도 일정한 범위에서 징계조사기록의 열람·등사 신청권을 인정할 필요가 있다.

징계혐의자는 공공기관의 정보공개에 관한 법률에 따라 기록의 열람·등사를 청구할 수 있다.

▮판례▮ 서울고등법원 2022. 1. 26. 선고 2021누38248 판결

(1) 이 법원의 비공개열람·심사 결과에 의하면, 이 사건 비공개정보 중 징계의결기록은 을 제1호증의 서식 기재와 같이 ① 징계위원회 회의에 참석한 징계위원의 직위, 계급, 성명 및 서명, ② 징계위원회 의결내용, ③ 징계권자 조치, ④ 승인권자 조치로 이루어져 있고, 징계심의(심사)의결서는 징계심의대상자의 인적사항, 징계건명, 징계심의대상사실, 심의개요 등으로 이루어져 있는데 그중 심의개요는 ① 징계심의대상자 및 증인 출석 여부, ② 징계심의대상사실의 검토, ③ 증거의 요지, ④ 징계심의대상자의 진술, ⑤ 정상참작의 경우 그 인정요지, ⑥ 의결방법, ⑦ 의결내용 및 결론으로 이루어져 있다. 또한 투표용지는 을 제2호증의 기재와 같은 투표용지 양식에 개별 징계위원이 징계종류의 '해당란' 및 '기간란'에 동그라미 등을 표시하거나 기간을 기재함으로써 자신의 의견을 표명한 내용으로 이루어져 있다.

(2) 그런데 위 징계심의의결서상 개별 징계위원의 진술 내지 의견은 해당 징계위원이 누구인지 특정되지 않은 채 그 요지만 정리되어 있고, 피고의 주장과 같이 해당 징계위원의 평소 언어습관이나 맥락 등을 통하여 해당 징계위원을 특정할 수 있

을 만한 내용은 포함되어 있지 않은 것으로 보인다. 또한 위 투표용지는 징계위원회의 의결이 무기명 비밀투표로 이루어져 위 투표용지상 의견 표명 내용만으로는 개별 투표용지를 제출한 해당 징계위원이 누구인지 특정할 수 없다. 따라서 이 사건 비공개정보 중 징계심의의결서 및 투표용지는 공개될 경우 징계위원회의 공정한 업무 수행에 현저한 지장을 초래한다고 인정할 만한 상당한 이유가 있는 정보에 해당한다고 보기 어렵다.

(3) 또한 위 징계의결기록 중 징계위원회 의결내용 부분은 징계대상자에 해당하는 원고의 인적사항과 징계종류로 구성되고, 징계권자 조치 부분은 징계권자의 조치 확인 유무, 일자 및 기명날인으로 이루어져 있는데, 이는 원고가 이미 알고 있는 내용에 해당한다. 결국 이 사건에서 실질적으로 정보공개법 제9조 제1항 제5호에서 정한 비공개대상정보에 해당하는지 여부가 문제 되는 정보는 위 징계의결기록 중 징계위원회 회의에 참석한 징계위원의 직위, 계급, 성명 및 서명 부분이다.

(4) 군인사법 제58조의2 제2항 본문은 "징계위원회는 징계처분 등의 심의대상자보다 선임인 장교·준사관 또는 부사관 중에서 3명 이상으로 구성하되, 장교가 1명 이상 포함되어야 한다."라고 정하고 있고, 제58조의3 제1항은 징계위원회의 위원이 제척되는 경우를 정하고 있으며, 같은 조 제2항은 '심의대상자는 징계위원회의 위원에게 심의·의결의 공정을 기대하기 어려운 사정이 있는 경우에는 징계위원회에 기피신청을 할 수 있다.'고 정하고 있고, 제59조 제2항 본문, 제3항은 징계위원회로 하여금 심의대상자를 출석시켜 의견을 들은 후 심의를 개시하고, 심의대상자에게 충분한 진술 기회를 주어야 한다고 정하고 있다.

위 규정들에 비추어 보면, 징계처분 등의 심의대상자는 징계위원회 회의에 참석한 징계위원의 직위, 계급 및 성명을 확인함으로써 징계위원회가 적법하게 구성되었는지 여부 및 징계위원의 제척·기피사유 등을 판단할 수 있으므로, 원고에게 위 징계위원의 직위, 계급 및 성명이 공개되어야 할 필요성이 있다. 더욱이 심의대상자는 징계위원회에 출석하여 위 징계위원회 위원의 직위, 계급 및 성명을 직접 확인할 수도 있다.

또한 징계위원회 회의에 참석한 징계위원의 직위, 계급 및 성명은 이미 원고에 대한 징계절차가 종료된 이상 그것이 공개되더라도 징계 업무의 공정한 수행에 현저한 지장을 초래한다고 보기 어려울 뿐 아니라, 장래의 동종 업무에 대하여도 공정한 수행에 현저한 지장을 초래할 것이라고 보기 어렵다.

라. 징계위원 및 항고심사위원에 대한 기피신청권

징계심의대상자는 징계위원회의 위원에게 심의·의결의 공정을 기대하기 어려운 사정이 있는 경우에는 징계위원회에 기피신청을 할 수 있다. 징계심의대상자의 기피신청이 있는 때에는 징계위원회는 의결로 이를 결정하여야 한다. 항고심사대상자의 경우도 같다.

마. 대리인 선임권

공무원의 징계 관계 법령에서 공무원의 비위행위에 대한 징계조사 및 징계위원회의 심의 등 징계절차에서 징계혐의자 또는 징계심의대상자의 변호사 등 대리인 선임에 관한 사항을 명시적으로 규정하고 있지 않다. 다만. 국가공무원법, 교원의 지위 향상 및 교육활동 보호를 위한 특례법 등 공무원 관계법에서 징계 등 처분사유 설명서를 받은 공무원이 그 처분에 불복할 때에는 그 설명서를 받은 날부터 각각 30일 이내에 소청심사위원회에 이에 대한 심사를 청구할 수 있고, 이 경우 변호사를 대리인으로 선임할 수 있다고 규정하여 소청심사절차에서 대리인 선임에 관한 규정을 두고 있다.

징계대상자의 대리인 선임에 관련하여 군인 징계령 제27조 역시 항고인의 대리인 선임에 관하여 규정하고 있을 뿐이다. 그러나 국방부 군인·군무원 징계 업무처리 훈령 제24조에서는 징계심의대상자는 변호사 또는 학식과 경험이 있는 자를 대리인으로 선임하여 징계사건에 대한 보충진술과 증거제출을 하게 할 수 있다고 규정하고 있다.

징계절차에서 대리인 선임에 관한 공무원 관계법상 규정이 없다고 하더라도 행정심판법 제18조에서 행정심판 청구인의 대리인 선임에 관한 권리를 규정하고 있고, 헌법 제27조, 제12조 및 제37조 제1항, 헌법상 원칙으로서 적법절차의 원칙 등에 비추어 보면, 소청심사절차에서 변호사를 대리인으로 선임할 수 있다는 규정을 유추적용하여 징계혐의자 또는 징계심의대상자는 징계절차에서 변호사를 대리인으로 선임할 수 있다고 보아야 한다. 실무에서도 징계혐의자 또는 징계심의대상자가 변호사를 대리인으로 선임하여 대리인이 징계조사 또는 징계위원회에 참여하거나 진술 등 증거자료 등 의견서를 제출하는 것을 허용하고 있다.

바. 조력을 받을 권리

군인의 경우 인권을 보호하고 법적인 조력을 주기 위해 국방부와 각 직할부대 또는 기관 및 각군에 인권보호를 담당하는 군법무관(인권담당군법무관)을 둔다. 인권담당군법무관은 군인의 징계사유, 징계절차 및 징계의 정도의 적정성 등에 대하여 징계대상자 등 군인에게 법적인 조력을 줄 수 있다. 징계처분등을 받은 사람은 항고에 관하여 인권담당군법무관의 도움을 받을 수 있다.

사. 징계절차 통지 및 고지 수령권

징계권자는 징계위원회에 징계의결등을 요구한 때에는 ① 징계의결등을 요구한 날짜, ② 징계위원회의 심의가 개시될 것으로 예상되는 날짜(다만, 특별한 사정으로 그 날짜를 예상할 수 없을 때에는 그러하지 아니한다), ③ 징계권자가 요구한 징계처분등의 구체적인 내용, ④ 심의대상자가 심의 전 및 심의 도중에 의견을 진술 또는 제출할 수 있는 권리, ⑤ 심의대상자가 군인인 경우 군인의 지위 및 복무에 관한 기본법 제42조에 따른 군인권보호관 및 군인사법 제59조의2 제1항에 따른 인권담당군법무관과 상담을 받을 수 있는 권리, ⑥ 심의대상자가 징계의결등에 불복하는 경우의 절차, ⑦ 그 밖에 심의 및 의결을 위하여 필요한 사항을 기재한 서면으로 징계심의대상자에게 고지하여야 한다.

징계위원회는 심의대상자의 징계위원회 출석 및 진술권을 보장하기 위하여 징계위원회의 심의 전에 심의대상자에게 심의 일시 등을 고지한다. 심의대상자가 출석할 수 없는 부득이한 사정이 있는 경우에도 징계위원회는 징계위원회의 심의대상자의 징계절차상 출석 및 진술 기회를 보장하고 심의대상자에게 유리한 증거 등 심의자료를 제출할 수 있도록 하며, 징계절차 진행 상황에 대한 심의대상자의 알권리를 보장하기 위하여 심의대상자에게 심의 일시 등을 고지하여야 한다.

▮판례▮ 대법원 1993. 12. 14. 선고 93누14851 판결

(1) 교육공무원징계령 제6조 제3항에 의하면 징계의결요구권자는 징계의결요구와 동시에 징계사유와 징계의결요구권자의 의견 등이 기재된 교육공무원징계의결요구서 사본을 징계혐의자에게 송부하도록 규정되어 있으므로, 위와 같은 징계의결요구서의 사본을 송부하지 아니한 채 진행된 징계절차는 원칙적으로 위법하다고 할 것임이 소론과 같지만(당원 1993. 6. 25. 선고 92누17426 판결 참조), 징계혐의자로 하여금 자신이 어떠한 사유로 징계의결이 요구되었는지를 사전에 알게 함으로써 징계위원회에서 그점에 대하여 적절하게 방어를 할 수 있도록 준비하게 하려는 위와 같은 규정

의 입법취지로 미루어 볼 때, 징계의결요구서의 사본은 징계위원회가 개최되기에 앞서 징계혐의자의 방어권행사에 지장을 주지 않을 만큼의 충분한 시간적인 여유를 두고 송부하면 족한 것이지, 꼭 징계의결요구와 동시에 송부하여야만 된다고 볼 것은 아니다.

징계위원회는 징계권자의 징계의결등을 요구한 날부터 30일 이내에 심의·의결을 한 때에는 징계등 의결서를 첨부하여 징계의결등 요구권자 또는 징계권자에게 통보하여야 한다.[33] 다만, 부득이한 사유가 있는 때에는 징계위원회의 결정으로 30일의 범위에서 그 기간을 연장할 수 있다.

아. 소청심사청구권 및 항고권

징계처분사유 설명서를 받은 공무원이 그 처분에 불복할 때에는 그 설명서를 받은 날부터 30일 이내에 소청심사위원회에 이에 대한 심사를 청구할 수 있다. 이 경우 변호사를 대리인으로 선임할 수 있다.

징계처분등을 받은 군인 또는 군무원은 인권담당군법무관의 도움을 받아 그 처분을 통지받은 날부터 30일 이내에 장성급 장교가 지휘하는 징계권자의 차상급 부대 또는 기관의 장에게 항고할 수 있다. 다만, 국방부장관이 징계권자이거나 장성급 장교가 지휘하는 징계권자의 차상급 부대 또는 기관이 없는 경우에는 국방부장관에게 항고할 수 있다.

33) 군인사법 제59조 제3항은 징계의결 결과를 징계 심의대상자에게도 지체 없이 송부하도록 규정하고 있으나, 군인 징계령 제17조는 징계권자에게만 징계위원회의 의결결과를 통보하도록 정하고 있다.

제3장

징계사유와 징계의 종류

제1절 징계사유

1. 징계사유의 의미

징계권자는 공무원이 징계사유에 해당하는 때에는 징계위원회에 징계의결을 요구하고, 그 징계의결에 따라 징계처분을 하여야 한다. "징계사유"라 함은 징계의 대상이 되는 공무원의 의무위반행위를 말한다.

▌판례▌ 헌법재판소 2009. 7. 30. 선고 2008헌가14 전원재판부 결정

다. 형벌에 대한 책임주의

형벌은 범죄에 대한 제재로서 그 본질은 법질서에 의해 부정적으로 평가된 행위에 대한 비난이다. 일반적으로 범죄는 법질서에 의해 부정적으로 평가되는 행위, 즉 행위반가치(行爲反價値)와 그로 인한 부정적인 결과의 발생, 즉 결과반가치(結果反價値)라고 말할 수 있으나, 여기서 범죄를 구성하는 핵심적 징표이자 형벌을 통해 비난의 대상으로 삼는 것은 '법질서가 부정적으로 평가한 행위에 나아간 것', 즉 행위반가치에 있다.

만약 법질서가 부정적으로 평가한 결과가 발생하였다고 하더라도 그러한 결과의 발생이 어느 누구의 잘못에 의한 것도 아니라면, 부정적인 결과가 발생하였다는 이유만으로 누군가에게 형벌을 가할 수는 없다. 물론 결과의 제거와 원상회복을 위해 그 결과 발생에 아무런 잘못이 없는 개인이나 집단에 대해, 민사적 또는 행정적으로

> 불이익을 가하는 것이 공평의 관념에 비추어 볼 때 허용되는 경우도 있을 수 있다. 그러나 법질서가 부정적으로 평가할 만한 행위를 하지 않은 자에 대해서 형벌을 부과할 수는 없다. 왜냐하면, 형벌의 본질은 비난가능성인데, 비난받을 만한 행위를 하지 않은 자에 대한 비난이 정당화될 수 없음은 자명한 이치이기 때문이다.
>
> 이와 같이 '책임 없는 자에게 형벌을 부과할 수 없다'는 형벌에 관한 책임주의는 형사법의 기본원리로서, 헌법상 법치국가의 원리에 내재하는 원리인 동시에, 국민 누구나 인간으로서의 존엄과 가치를 가지고 스스로의 책임에 따라 자신의 행동을 결정할 것을 보장하고 있는 헌법 제10조의 취지로부터 도출되는 원리이다(헌재 2007. 11. 29. 2005헌가10, 판례집 19-2, 520, 527).

공무원에 대한 징계사유로는 공무원이 ① 해당 공무원에 관한 법 및 그 법에 따른 명령을 위반한 경우, ② 다른 법령에서 공무원의 신분으로 인하여 부과된 의무를 포함하여 직무상 의무를 위반하거나 직무를 태만히 한 경우, ③ 직무의 내외를 불문하고 그 체면 또는 위신을 손상하는 행위를 한 경우가 있다.

2. 징계사유의 요건

가. 징계사유의 객관적 요건과 주관적 요건

(1) 징계사유의 객관적 요건

징계사유는 공무원이 관계법 또는 그 법에 따른 명령이나 직무상 의무를 위반하거나 직무를 태만히 한 경우, 공무원의 품위나 체면 또는 위신을 손상하는 경우 등을 말한다. 따라서 징계사유의 객관적 요건은 객관적인 행위, 즉 징계혐의사실로서 관계법 또는 그 법에 따른 명령에 위반되거나 직무상 의무에 위반되는 행위, 직무를 태만히 하는 행위, 공무원의 품위 또는 체면이나 위신을 손상하는 행위(이하 "의무위반행위"라고 한다)를 말한다.

(2) 징계사유의 주관적 요건 요부

공무원이 관계법 및 그 법에 따른 명령이나 직무상 의무를 위반하거나 직무를 태만히 한 때, 공무원의 품위나 체면 또는 위신을 손상하는 행위가 있는 때에는 원칙적으로 공무원에 대한 징계사유가 인정된다. 즉, 공무원이 의무위반행위 등을 하고 그러한 사실이 징계사유에 해당하는 것으로 객관적으로 인정되면 족하고 해당 공무원의 고의나 과실이 인정되어야 하는 것은 아니다.[1] 이러한 의미에서 징계는 공무의 공정성과 신뢰성을 담보하기 위하여 공무원의 객관적 의무위반에 대한 제재를 가하는 것이며, 이를 통해 공무원이 관계 법령과 직무상 의무를 준수하여 직무를 성실히 수행하도록 하고 국민으로부터 신뢰를 잃지 않도록 공무원의 품위 또는 체면이나 위신을 유지하는 기능을 한다.

다만, 뒤에서 보는 직무태만에서와 같이 징계사유에 해당하는 의무위반행위의 개념요소로 주관적 요건을 필요로 하는 때에는 해당 주관적 요건을 갖추어야 한다. 그 밖에 징계사유에 해당하는 공무원의 의무위반행위에 대한 공무원의 주관적 요소로서 고의나 과실 등은 행위의 동기 또는 목적 등과 함께 징계양정사유로서 고려될 수 있다. 따라서 의무위반행위에 대한 행위자인 공무원의 주관적 요소에 해당하는 사항 역시 징계사유의 혐의사실에 대한 조사 과정에서 이를 조사하여 확인할 필요가 있다.

나. 징계사유의 발생 시기

(1) 재직 중 발생 사실

징계사유로서 공무원의 의무위반행위는 공무원의 재직 중에 발생하여야 함이 원칙이다. 또한 공무원이었던 사람이 다시 공무원으로 임용된 경우에는 재임용 전에 적용된 법령에 따른 징계사유는 그 사유가 발생한 날부터 재직 중 징계사유가 발생한 것으로 본다.[2]

(2) 재직 이전 또는 이후의 징계사유 인정 여부

징계사유는 공무원의 재직 중에 발생한 행위여야 함이 원칙이나, 공무원으로 임용되기 전의 행위도 징계사유가 될 수 있다.[3]

▌판례▌ 대법원 1996. 3. 8. 선고 95누18536 판결

사립학교 교원이 그 임용 이전에 한 행위는 원칙적으로 재직 중의 징계사유로 삼을 수 없다 할 것이나, 사립학교 교원 임용과 관련된 비위행위와 같이 비록 임용 전

1) 김남철, 행정법강의, 1212쪽 참조.
2) 국가공무원법 제78조 제2항 참조.
3) 김남철, 전게서, 1212쪽 참조. 임용과 관련된 비행행위가 임용 후에 공무원의 체면 또는 위신을 손상하게 된 경우에는 임용 전의 행위라 하더라도 징계사유가 될 수 있다.

의 행위라 하더라도 이로 인하여 임용 후의 교원으로서의 품위를 손상하게 된 경우에는 사립학교법 제61조 제1항 제3호 소정의 징계사유로 삼을 수 있다고 봄이 상당하고, 또한 사립학교 교원이 그 임용과 관련된 비위행위에 의하여 사립학교 교원으로 임용되었다면 그 신분을 취득하기까지의 일련의 행위가 사립학교법상의 징계사유에 해당한다 할 것이므로, 사립학교법 제66조의2 제1항에서 정하는 징계시효의 기산점도 임용 전의 비위행위시가 아니라 교원으로 임용된 때로부터 기산하여야 할 것이다(대법원 1990. 5. 22. 선고 89누7368 판결 참조).

그러나 징계의 목적이 공무원 관계에 있는 사람이 공무원 관계상 인정되는 직무상 의무를 이행하지 아니하거나 공무원의 품위를 훼손한 경우에 신분상, 인사상 불이익을 부과함으로써 공무원의 의무를 준수하게 하여 내부질서를 유지하기 위한 것인 점과, 공무원의 의무위반이나 품위를 유지하여야 할 의무는 공무원 신분이 존재하는 기간 중에 부담하는 점에서 공무원으로 임용되기 전의 행위에 대하여 징계처분을 하는 것은 타당하지 않다. 다만, 임용 전의 행위가 임용된 이후에도 계속되거나 그에 따른 효과가 별도의 징계사유에 해당하는 때에는 징계처분이 가능하다고 할 것이다.

(3) 공무원 관계가 변경된 경우 징계사유 승계 여부

국가공무원이 군인 등 특정직 공무원으로 또는 반대로 군인 등 특정직 공무원이 국가공무원이나 지방공무원으로 임용되어 신분 등 공무원 관계가 변경되는 경우, 신분 변경 전에 있었던 비행사실에 대하여 신분이 변경된 이후에 징계사유로 하여 징계처분이 가능한지 여부가 문제된다.

이에 관하여 국가공무원법 제78조 제2항에서는 "공무원(특수경력직공무원 및 지방공무원을 포함한다)이었던 사람이 다시 공무원으로 임용된 경우에 재임용 전에 적용된 법령에 따른 징계사유는 그 사유가 발생한 날부터 이 법에 따른 징계 사유가 발생한 것으로 본다"고 명시적으로 규정하여 입법적으로 해결하고 있다.

그러나 군인사법 및 군무원인사법은 국가공무원법과 같은 명시적 규정을 두고 있지 않고, 위 규정을 준용하지도 않고 있어 징계사유의 승계 여부가 명확하지 않다.

(가) 이를 긍정하는 견해는 군인사법 및 군무원인사법은 군인 또는 군무원의

신분에 따른 책임과 직무 및 근무조건의 특수성을 고려하여 국가공무원법에 대한 특례를 규정하는 것으로 국가공무원법과의 관계가 일반법과 특별법의 관계에 있으므로 이에 대하여 규정하지 않고 있으므로 이를 준용하여 징계사유의 승계를 인정하는 것이 타당하다고 한다.[4)]

(나) 생각건대, 국가공무원과 특정직공무원으로서 군인과 군무원은 그 책임과 직무의 중요성, 신분과 근무조건의 특수성에 비추어 서로 구별되는 것이며, 군인사법과 군무원인사법은 위와 같은 책임과 직무, 신분 등이 구별되는 특수성을 고려하여 국가공무원법에 대한 특례를 규정하는 것으로 국가공무원법과 구별하여 특별히 징계에 관한 규정을 두면서도 이에 대한 준용규정을 별도로 두고 있지 않은 점에서 위 규정을 준용하는 것은 타당하지 않다고 할 수 있다.

징계처분은 징계대상자에 대한 인사상, 신분상 불이익한 처분으로 국가공무원법 제78조 제2항에 대하여 유추하여 확대 적용하는 것은 군인·군무원에 대한 불리한 침익적 행정행위에 대한 유추적용으로 법치행정의 원칙에 부합하지 않는 점에서 국가공무원법 제78조 제2항을 군인 또는 군무원의 징계에 준용하는 것은 타당하지 않다.

3. 징계사유의 유형

공무원에 대한 징계사유는 다음과 같이 크게 세 가지 유형으로 구분할 수 있다.

첫째, 이 법 또는 이 법에 따른 명령에 위반한 경우

둘째, 직무상 의무를 위반하거나 직무를 게을리한 경우

셋째, 공무원의 품위를 손상하는 행위를 한 경우

군무원인사법에서는 군무원에 대한 징계사유의 유형으로 한 가지를 더 규정하고 있는바, "그 밖에 군율을 위반한 경우"가 그것이다. 이는 군무원이 군인 이외에 국군에 두는 신분으로 국군과 같은 규율을 하기 위해서 둔 것으로 보이나, 현역 군인에 대한 징계사유에서도 없는 사유로서 이 징계사유는 다른 징계사유와 중첩되는 부분이 있고, 별도의 독립적인 징계사유로 유지하는 실제적인 필요성이 있는지 의문이다.

4) 종합행정학교, 전게서, 131쪽 참조.

가. 이 법 또는 이 법에 따른 명령을 위반한 경우(법령위반행위)

(1) 이 법을 위반한 경우

여기서 "이 법"이라 함은 해당 관계 공무원에 대한 신분상 적용되는 법으로서 국가공무원법, 지방공무원법, 교육공무원법 및 사립학교법, 경찰공무원법, 소방공무원법, 군인사법 및 군무원인사법 등 해당 공무원의 임용과 신분 및 징계에 관한 규정을 두고 있는 법을 말한다. 따라서 "이 법을 위반한 경우"라 함은 위 관계 공무원에 대하여 신분상 적용되는 국가공무원법 등 관계법률의 제규정을 위반한 경우를 말한다.

국가공무원의 경우, 제55조 이하 복무에 관한 각종 의무 외에도 국가공무원법상 관계기관의 협조요청에 따른 지원(제8조의3), 소청심사위원회의 관계 공무원의 증인 소환 시 소속 기관의 장의 소환 허가(제12조), 외국 정부의 영예 등을 받은 경우 대통령의 허가(제62조), 그 밖에 징계절차에 관하여 징계처분 절차(제78조), 징계등 절차(제82조), 징계시효(제83조의2) 규정을 위반한 경우 "이 법을 위반한 경우"에 해당한다.[5)]

국가공무원법 제55조 이하에서 규정하고 있는 복무에 관한 각종 의무 중 영리 업무 및 겸직 금지(제64조), 정치운동 금지(제65조), 집단 행위의 금지(제66조)는 "이 법에 위반한 경우"에 해당한다고 할 수 있으나, 그 밖의 선서(제55조), 성실 의무(제56조), 복종의 의무(제57조), 직장 이탈 금지(제58조), 친절·공정의 의무(제59조), 종교중립의 의무(제59조의2), 비밀 엄수의 의무(제62조), 청렴의 의무(제61조), 품위 유지의 의무(제63조)는 국가공무원법에서 정하고 있으나, 모두 직무 또는 품위에 관한 의무에 해당하는 점에서 뒤에서 볼 "직무상 의무를 위반"한 경우 또는 "공무원의 품위 또는 체면이나 위신을 손상하는 행위"에 해당하는 징계사유로 보는 것이 적절하다.

(2) 이 법에 따른 명령을 위반한 경우

"이 법에 따른 명령을 위반한 경우"에서 "명령"의 의미가 명확하지 않다. 국

---

5) 군인사법 제47조의3에서는 군인의 복제와 예식을 규정하고 있으며, 이는 법에서 정하고 있는 사항으로 복제에 위반한 경우에는 "이 법을 위반한 경우"로서 징계사유가 될 것이다.

가공무원법 등 각 관계법에서는 행정기관의 장 등에게 소속 공무원에 대한 명령이나 특별한 조치를 할 수 있도록 규정하고 있는 것이 있는바, 이와 같은 구체적·개별적 의미에서 지시를 의미하는지, 아니면 특정 공무원에 대한 구체적 지시로서의 명령이 아니라 소속 공무원 일반에 대하여 효력이 미치는 일반적·추상적 의미의 명령을 의미하는지가 문제된다.

국가공무원법 등 각 공무원의 신분법에서는 복무사항으로 "복종의 의무"를 규정하여 직무상 의무를 별도로 규정하고 있고, 복종의무는 행정기관의 장 등 상관의 직무상 명령으로서 개별적·구체적 지시에 대한 수명이나 이행의무를 의미하는 점, 지방공무원법 제69조 제1항 제1호에서는 "이 법 또는 이 법에 따른 명령" 이외에 "지방자치단체의 조례 또는 규칙"을 위반한 경우를 추가하고 있는 점 등에 비추어 보면, "명령"이란 상관이 구체적 사안에 대하여 개별적으로 하달하는 지시와 구별되는 것으로, 일반적·추상적 의미에서의 명령을 말하는 것으로 법령 형식상 의미의 '명령'으로 해석하는 것이 타당하다. 예를 들면, 인사교류를 위한 인사혁신처장의 인사교류계획에 따른 지침, 감염병에 대한 방역을 위한 소속기관의 장의 근무지침이나 치리 기준 등이 여기에 해당할 수 있다.[6)]

나. 직무상 의무 위반 또는 직무를 게을리한 경우

(1) 직무상 의무 위반

공무원의 직무상 의무에는 각 해당 법령뿐만 아니라 다른 법령에서 공무원의 신분으로 인하여 부과된 의무를 포함한다. 공무원의 직무상 의무에는 해당 공무원의 신분이나 직무상 특성을 고려하여 특별히 규정하고 있는 경우 외에는 일반법으로서 국가공무원법상 직무상 의무와 대동소이하다.

국가공무원법상 직무상 의무에는 선서(제55조), 성실의무(제56조), 복종의무(제57조), 직장 이탈 금지의무(제58조), 친절·공정의 의무(제59조), 종교중립의 의무(제59조의2), 비밀 엄수의 의무(제62조)가 있다. 그 밖에 공무원의 신분을 이유로 부과된 의무로는 외국 정부의 영예 등을 받을 경우 허가받을 의무(제62조)

---

6) 각 법률의 위임에 따른 대통령령 등 법규명령도 징계사유로서 "명령"에 포함될 수 있으나, 이러한 위임에 따른 법규명령은 "이 법"에 포함될 여지가 있다. 다만, 보통 "이 법 또는 이 법에 따른 명령"에 위반한 경우를 하나의 징계사유로 다루고 있어 구별의 실익이 있을지는 의문이다.

이외에 영리 업무 및 겸직 금지(제64조), 정치운동 금지(제65조), 집단 행위의 금지(제66조)가 있으나, 이는 국가공무원법의 적용에 있어서는 "이 법"을 위반한 것으로 볼 수 있고, 관계법률에서 특별히 명시적으로 규정하지 않은 경우에 한하여 공무원의 신분으로 인하여 부과된 의무로서 "직무상 의무 위반"에 해당하는 징계사유로 보는 것이 바람직하다.

군인의 복무에 관한 사항은 군인의 지위 및 복무에 관한 기본법에서 군인의 의무로서 규정하고 있다. 이 법에 따르면, 군인의 의무에는 충성의 의무, 성실의 의무, 정직의 의무, 청렴의 의무, 명령 복종의 의무, 사적 제재 및 직권남용의 금지, 군기문란행위 등 금지, 비밀 엄수의 의무, 직무이탈 금지, 영리행위 및 겸직 금지, 집단행위의 금지, 불온표현물 소지·전파 등 금지, 정치 운동의 금지, 전쟁법 준수의 의무 등이 있다.[7] 과거 군인사법 또는 이 법의 위임에 따라 군인복무규정에서 정하고 있던 각종 의무는 군인사법 제56조 제1호(이 법 또는 이 법에 따른 명령에 위반한 경우)의 징계사유에 포함될 수 있었으나, 현재 군인의 지위 및 복무에 관한 기본법상 의무는 과거와 달리 "이 법 또는 이 법에 따른 명령에 위반한 경우"가 아닌 "직무상 의무 위반"에 해당하는 징계사유가 된다는 점을 유의할 필요가 있다.

▌판례▌ 대법원 2003. 2. 14. 선고 2002다62678 판결

공무원에게 부과된 직무상 의무의 내용이 단순히 공공 일반의 이익을 위한 것이거나 행정기관 내부의 질서를 규율하기 위한 것이 아니고 전적으로 또는 부수적으로 사회구성원 개인의 안전과 이익을 보호하기 위하여 설정된 것이라면, 공무원이 그와 같은 직무상 의무를 위반함으로 인하여 피해자가 입은 손해에 대하여는 상당인과관계가 인정되는 범위 내에서 국가가 배상책임을 지는 것이고, 이 때 상당인과관계의 유무를 판단함에 있어서는 일반적인 결과 발생의 개연성은 물론 직무상 의무를 부과하는 법령 기타 행동규범의 목적이나 가해행위의 태양 및 피해의 정도 등을 종합적으로 고려하여야 한다(대법원 1993. 2. 12. 선고 91다43466 판결, 1998. 2. 10. 선고 97다49534 판결 등 참조).

(2) 군행형법과 군행형법시행령이 군교도소나 미결수용실(이하 '교도소 등'이라 한

---

7) 군인의 사적 제재 금지, 군기문란행위 금지, 영리행위 금지, 불온표현물 소지·전파 등 금지, 정치운동 금지 등의 의무는 직무상 의무인지 신분상 의무인지 명확하지 않으나, 군인사법 제56조 제3호에서 "다른 법령에서 군인의 신분으로 인하여 부과된 의무"를 포함하도록 하였으므로 직무상 의무에 포함하는 것으로 볼 수 있다.

다)에 대한 경계 감호를 위하여 관련 공무원에게 각종 직무상의 의무를 부과하고 있는 것은, 일차적으로는 그 수용자들을 격리보호하고 교정교화함으로써 공공 일반의 이익을 도모하고 교도소 등의 내부 질서를 유지하기 위한 것이라 할 것이지만, 부수적으로는 그 수용자들이 탈주한 경우에 그 도주과정에서 일어날 수 있는 2차적 범죄행위로부터 일반 국민의 인명과 재화를 보호하고자 하는 목적도 있다고 할 것이므로, 피고 소속 공무원들이 위와 같은 직무상의 의무를 위반한 결과 수용자들이 탈주함으로써 일반 국민에게 손해를 입히는 사건이 발생하였다면, 피고는 그로 인하여 피해자들이 입은 손해를 배상할 책임이 있다고 할 것이다.

(2) 직무를 게을리한 경우(직무태만)

"게을리하다"의 의미는 "움직이거나 일하기를 몹시 싫어하여 제대로 하지 않는 것"을 말한다. "태만하다"의 의미는 "열심히 하려는 마음이 없고 게으르다"이다. 따라서 직무를 게을리하는 것 또는 태만하는 것은 직무나 업무를 하기 싫어하여 제대로 하지 않는 것을 말한다. 여기서 직무는 신분과 직책에 따라 업무분장에 의하여 분담하게 된 직무나 업무뿐만 아니라 상급자의 정당한 명령이나 지시에 따라 부여된 임무를 포함한다. 다만, 직무의 태만 또는 직무를 게을리하는 것은 이행하여야 할 직무를 인식하면서도 일이 하기 싫어서 하지 않는 것으로 단순히 착각하거나 실수로 직무의 일부를 누락한 경우와는 구별할 필요가 있다.

다. 품위(체면 또는 위신)를 손상하는 행위(품위손상행위)[8)]

(1) 품위의 의미

사전적으로 '품위'란 사람이 갖추어야 할 위엄이나 기품을 말한다. 대법원은 공무원의 품위유지의무에서의 '품위'는 공직의 체면, 위신, 신용을 유지하고, 주권자인 국민의 수임을 받은 국민 전체 봉사자로서의 직책을 다함에 손색이 없는 몸가짐을 뜻하는 것으로서, 직무의 내외를 불문하고 국민의 수임자로서의 직책을 맡아 수행해 나가기에 손색이 없는 인품을 말한다고 판시하였다.[9)]

---

8) "체면"은 "남을 대하기에 떳떳한 도리나 얼굴"을 의미하고, "위신"이란 "위엄과 신망을 아울러 이르는 말"이다.
9) 대법원 2017. 4. 13. 선고 2014두8469 판결 참조.

▌판례▐ 대법원 1992. 2. 14. 선고 91누4904 판결

사실혼관계의 파탄이라는 사실만으로서는 단순한 개인적인 사생활의 영역에 속하는 문제로서 군인사법상의 징계의 대상이 되는 비위에 해당되지 아니한다고 하겠으나 사실혼의 파탄이 위와 같은 원고의 비인격적, 비윤리적인 처신으로 말미암은 것이고, 그러한 구체적인 처신 및 사실혼 파탄에 이르게 된 불미스러운 경위가 원고 소속 부대의 동료, 상관들뿐만 아니라 부대관사에 살던 주민들에게까지 알려져 그들로부터 많은 지탄을 받게 되었다면 원고의 이러한 행위는 이미 원고 개인의 사생활의 영역을 벗어나 영관급 장교로서 그가 속한 군의 위신과 군인으로서의 명예를 손상시킨 것으로서 국가공무원법 제63조 소정의 품위유지의무 위반행위가 되고, 따라서 군인사법 제56조 소정의 징계사유에 해당된다고 할 것이고, 이에 대하여 정직 3월의 징계처분이 그 재량권의 범위를 일탈한 것이라고 할 수도 없다.

▌판례▐ 대법원 1987. 12. 8. 선고 87누657, 87누658 판결

지방공무원법 제55조는, 공무원은 그 품위를 손상하는 행위를 하여서는 아니 된다고 규정하고 있는바, 여기에서의 품위라 함은 주권자인 국민의 수임자로서의 직책을 맡아 수행해 나가기에 손색이 없는 인품을 말하는 것이므로 공무원이 모든 국민에게 보장된 기본권을 행사하는 행위를 하였다 할지라도 그 권리행사의 정도가 권리를 인정한 사회적 의의를 벗어날 정도로 지나쳐 주권자인 국민의 입장에서 보아 바람직스럽지 못한 행위라고 판단되는 경우라면 공무원의 그와 같은 행위는 그 품위를 손상하는 행위에 해당한다고 할 것이다.

(2) 품위의 손상(훼손)

'손상'의 사전적 의미는 물체가 깨지거나 상함 또는 병이 들거나 다침 또는 품질이 변하여 나빠짐을 의미한다.[10] 따라서 품위를 손상한다는 것은 공무원으로서 갖추어야 할 품위를 깨뜨리거나 나빠지도록 하는 것으로 이해할 수 있다. 국가공무원법 제63조에서도 공무원의 품위유지의무에 관하여 공무원은 직무의 내외를 불문하고 그 품위가 손상되는 행위를 하여서는 아니 된다고 정하고 있다. 군인의 지위 및 복무에 관한 기본법 시행령 제18조 제1항 제1호에서도 "군인은 군의 위신(威信)과 군인으로서의 명예를 손상시키는 행동을 하여서는 아니되며, 항상 용모와 복장을 단정히 하여 품위를 유지하여야 한다"고 규정하고 있다.

10) '훼손'의 의미는 체면이나 명예를 손상하는 것을 의미한다.

▌판례▌ 대법원 2019. 12. 24. 선고 2019두48684 판결

헌법 제31조 제4항은 교육의 자주성・전문성 등은 법률이 정하는 바에 의하여 보장된다고 규정하고 있다. 교원직무의 전문성은 다른 전문직인 의사・변호사 또는 성직자와 마찬가지로 사회적 역할을 수행함에 있어 고도의 자율성과 사회적 책임성을 가져야 한다는 사회적・윤리적 특성이 있으므로, 교원은 그 직무수행에 높은 수준의 직업윤리의식을 갖추어야 한다. 헌법 제31조 제6항은 교원의 지위에 관한 기본적인 사항은 법률로 정한다고 규정하고 있다. 이처럼 교원의 보수 및 근무조건 등을 포함하는 '교원의 지위'에 관한 기본적인 사항을 법률로 정하도록 한 것은, 같은 조 제1항이 정하는 국민의 교육을 받을 기본적 권리를 보다 효과적으로 보장하기 위한 것이다(대법원 2018. 3. 29. 선고 2017두34162 판결, 헌법재판소 1991. 7. 22. 선고 89헌가106 전원재판부 결정 참조). 또한, 교육공무원의 신분인 교원에게도 적용되는 국가공무원법 제63조는 "공무원은 직무의 내외를 불문하고 그 품위가 손상되는 행위를 하여서는 아니 된다."라고 규정하고 있다. 교원은 항상 사표가 될 품성과 자질의 향상에 힘쓰며 학문의 연찬과 교육의 원리와 방법을 탐구, 연마하여 학생의 교육에 전심전력하여야 하는 점을 고려할 때 교원에게는 일반 직업인보다 더 높은 도덕성이 요구됨은 물론이고, 교원의 품위손상행위는 본인은 물론 교원사회 전체에 대한 국민의 신뢰를 실추시킬 우려가 있다는 점에서 보다 엄격한 품위유지의무가 요구된다. 여기서 '품위'란 국민에 대한 교육자로서의 직책을 맡아 수행해 나가기에 손색이 없는 인품을 말한다. 이와 같은 국가공무원법 제63조의 규정 내용과 함께 교원에게 보다 엄격한 품위유지의무의 준수가 요구되는 점 등을 종합하여 보면, 교원이 부담하는 품위유지의무란 교원이 직무의 내외를 불문하고 교육자로서의 직책을 맡아 수행해 나가기에 손색이 없도록 본인은 물론 교원사회 전체에 대한 국민의 신뢰를 실추시킬 우려가 있는 행위를 하지 않아야 할 의무라고 해석할 수 있다. 구체적으로 어떠한 행위가 품위손상행위에 해당하는가는 그 수범자인 평균적인 교원을 기준으로 구체적 상황에 따라 건전한 사회통념에 의하여 판단하여야 한다(대법원 2000. 6. 9. 선고 98두16613 판결, 대법원 2000. 10. 13. 선고 98두8858 판결, 대법원 2017. 11. 9. 선고 2017두47472 판결 등 참조).

국가공무원법은 품위유지의무위반에 관한 징계사유를 "직무의 내외를 불문하고 그 체면 또는 위신을 손상하는 행위를 한 때"로 규정하여 직무의 관련성을 요구하지 않고 있다. 사립학교법 및 군무원인사법은 "직무 관련 여부에 상관없이 교원으로서의 품위를 손상하는 행위를 하였을 때" 또는 "직무 관련 유무와 상관없이 그 품위를 손상하는 행위를 한 경우"라고 정하여 직무 관련성이 없는 경우를 포함하도록 명시적으로 규정하고 있다. 반면, 지방공무원법 및 군인사법에서는 공무원의 "품위를 손상하는 행위를 한 경우"라고 규정하고 있으나, 국민으로부터 널리 공무를 수탁받아 국민 전체를 위해 근무하는 공무원의 지위를 고려할 때, 공무원의 품위손상행위는 본인은 물론 공직사회에 대한 국민의 신뢰를 실추시킬 우려가 있으므로, 모든 공무원은 직무의 내외를 불문하고 품위를 손상하는 행위를 하여서는 아니 된다고 보는 것이 타당하다.

판례 대법원 2017. 11. 9. 선고 2017두47472 판결

국가공무원법 제56조는 "모든 공무원은 법령을 준수하며 성실히 직무를 수행하여야 한다."라고 규정하고 있다. 이러한 성실의무는 공무원의 가장 기본적이고 중요한 의무로서 최대한으로 공공의 이익을 도모하고 그 불이익을 방지하기 위하여 전인격과 양심을 바쳐서 성실히 직무를 수행하여야 하는 것을 그 내용으로 한다(대법원 1989. 5. 23. 선고 88누3161 판결 등 참조).

한편 국가공무원법 제63조는 "공무원은 직무의 내외를 불문하고 그 품위가 손상되는 행위를 하여서는 아니 된다."라고 규정하고 있다. 국민으로부터 널리 공무를 수탁받아 국민 전체를 위해 근무하는 공무원의 지위를 고려할 때 공무원의 품위손상행위는 본인은 물론 공직사회에 대한 국민의 신뢰를 실추시킬 우려가 있으므로, 모든 공무원은 국가공무원법 제63조에 따라 직무의 내외를 불문하고 그 품위를 손상하는 행위를 하여서는 아니 된다. 여기서 '품위'는 공직의 체면, 위신, 신용을 유지하고, 주권자인 국민의 수임을 받은 국민 전체의 봉사자로서의 직책을 다함에 손색이 없는 몸가짐을 뜻하는 것으로서, 직무의 내외를 불문하고, 국민의 수임자로서의 직책을 맡아 수행해 나가기에 손색이 없는 인품을 말한다(대법원 2013. 9. 12. 선고 2011두20079 판결 참조). 이와 같은 국가공무원법 제63조의 규정 내용과 의미, 그 입법 취지 등을 종합하여 보면, 국가공무원법 제63조에 규정된 품위유지의무란 공무원이 직무의 내외를 불문하고, 국민의 수임자로서의 직책을 맡아 수행해 나가기에 손색이 없는 인품에 걸맞게 본인은 물론 공직사회에 대한 국민의 신뢰를 실추시킬 우려가 있는 행위를 하지 않아야 할 의무라고 해석할 수 있다(대법원 2017. 4. 13. 선고 2014두8469 판결 참조). 구체적으로 어떠한 행위가 품위손상행위에 해당하는가는 그 수범자인 평균적인 공무원을 기준으로 구체적 상황에 따라 건전한 사회통념에 의하여 판단하여야 한다.

라. 군율을 위반한 경우

"군율"이라 함은 국군에게 적용되는 군대 내의 규범이나 질서를 말한다. 군대의 지휘체계에 따른 상명하복 관계를 확립하고 군대 내의 질서를 유지하여 군 기강을 확립하기 위해 요구되는 규칙이나 제재 등 군내의 규율에 관한 사항을 모두 포함한다고 볼 수 있다. 다만, 군율을 위반하는 경우에 해당하는 징계사유는 대부분 군인사법이나 군무원인사법 또는 이 각 법에 따른 명령에 위반한 경우에 해당하는 것으로 볼 여지가 있다. 국가공무원법이나 군인사법에서 군율에 위반하는 경우를 별도의 징계사유로 규정하지 않는 것도 이 점을 반영한 것으로 보인다.[11)]

4. 비위의 유형과 징계사유

가. 비위의 유형

국가공무원법 제78조 제1항에서 징계사유를 정하고 있고, 징계사유로는 크게 3가지로 나누고 있는 점은 앞서 본 바와 같다. 즉, ① 이 법 또는 이 법에 따른 명령에 위반한 경우, ② 직무상 의무를 위반하거나 직무를 게을리한 경우, ③ 공무원의 품위를 손상하는 행위를 한 경우가 징계사유이다. 국가공무원법 및 공무원 징계령은 위와 같은 징계사유에 관한 규정 이외에는 징계사유에 대하여 세부적으로 그 사유를 나누거나 구체적인 징계사유를 정하도록 위임하고 있지 않다.

다만, 공무원 징계령 제17조의3에서 징계등의 기준을 총리령에서 정하도록 위임하고, 공무원 징계령 시행규칙 제2조에서 징계 또는 징계부가금의 기준을 정하고 있다. 징계위원회는 공무원에 대한 징계 또는 징계부가금 혐의자의 비위(非違)의 유형, 비위의 정도 및 과실의 경중과 혐의 당시 직급, 비위행위가 공직 내외에 미치는 영향, 수사 중 공무원 신분을 감추거나 속인 정황, 평소 행실, 공적(功績), 뉘우치는 정도, 규제개혁 및 국정과제 등 관련 업무 처리의 적극성 또는 그 밖의 정상 등을 고려하여 각 징계등 사건을 의결하도록 하고 있다.

위와 같이 규정하고 있는 징계기준에 따르면, 1. 성실 의무 위반, 2. 복종의 의무 위반, 3. 직장 이탈 금지 위반, 4. 친절·공정의 의무 위반, 5. 비밀 엄수의 의무 위반, 6. 청렴의 의무 위반, 7. 품위 요지의 의무 위반, 8. 영리 업무

---

11) 군무원의 징계사유로 다른 공무원과 달리 "군율을 위반한 경우"를 추가한 것이 정당한 이유 없이 다른 공무원과 차별하는 것은 아닌지 문제될 수 있다.

및 겸직 금지 의무 위반, 9. 정치 운동의 금지 위반, 10. 집단 행위의 금지 위반 등 10가지의 비위의 유형을 정하고 있다. 그러나 각각의 비위의 유형이 국가공무원법 제78조 제1항의 각 징계사유 중 어느 징계사유에 해당하는지는 명확하게 규정하고 있지 않다.

나. 비위의 유형과 징계사유

공무원 징계령 시행규칙 제2조 제1항 별표1의 징계기준상 비위의 유형에 대하여 각각의 비위의 유형이 어느 징계사유에 해당하는지에 관하여 국가공무원법이나 공무원 징계령 등 관계 법령은 물론 위 별표에서도 특별한 규정을 두고 있지 않다.

생각건대, 위 징계기준상의 비위의 유형 중 품위유지의무위반은 국가공무원법 제78조 제1항 제3호 "직무의 내외를 불문하고 그 체면 또는 위신을 손상하는 행위를 한 때"의 징계사유에 해당하는 것으로 볼 수 있다. 그 외의 의무 위반에 관한 비위의 유형은 모두 공무원의 직무상 또는 신분상 이유로 인하여 부담하는 직무상 의무에 관한 것으로 국가공무원법 제78조 제1항 제2호 "직무상의 의무(다른 법령에서 공무원의 신분으로 인하여 부과된 의무를 포함한다)를 위반하거나 직무를 태만히 한 때"의 징계사유로 볼 수 있다.

그렇다면, 공무원 징계령 시행규칙 제2조 제1항 별표1의 징계기준에는 직무상 의무 위반과 품위손상에 관한 징계사유의 세부적인 비위의 유형과 징계의결 기준을 정하고 있으나, 국가공무원법 제78조 제1항 제1호에 따른 "이 법 및 이 법에 따른 명령을 위반한 경우"에 해당하는 징계사유에 대하여는 구체적인 비위의 유형이나 징계의결 기준에 대하여는 규정하지 않고 있다. 이와 같은 점은 지방공무원, 교육공무원(사립학교 교원을 포함한다), 경찰공무원, 소방공무원, 군인 및 군무원의 경우에도 모두 같다. 앞으로 국가공무원법 제78조 제1항 제1호에 따른 "이 법 및 이 법에 따른 명령을 위반한 경우"에 해당하는 징계사유의 세부적인 비위의 유형과 각 유형에 따른 징계기준을 마련하여 징계처분의 형평성과 비례성을 제고할 필요가 있다.

다. 징계혐의사실에 대한 징계사유 특정의 필요성

(1) 문제의 소재

징계실무에서는 징계사유에 해당하는 징계사실로서 의무위반행위에 대하여 비행의 유형에 따른 징계건명을 부여하고 징계사유에 대하여는 특별히 특정하여 기재하지 않는 경우가 많다. 즉, 징계혐의사실에서 위반하는 구체적인 의무를 언급할 뿐 그 의무위반행위가 어느 징계사유에 해당하는지는 특정하여 기재하지 않는다. 그러나 징계사유는 징계대상자의 방어권을 보장하고 이중징계금지원칙, 징계사실의 기본적 사실관계의 동일성의 범위 등을 위해서 징계건명과 함께 의무위반행위가 구체적으로 어떤 비위 유형에 해당하고 그 위반행위가 어느 징계사유의 해당하는지를 기재하여 징계사유를 특정할 필요가 있다. 이와 같이 징계혐의사실에서 의무위반행위가 구체적으로 어떤 유형의 위반행위인지 또는 어느 징계사유에 해당하는지를 명확히 기재하지 않은 경우 징계처분의 적법성이 문제될 수 있다.

(2) 징계기준상 비위의 유형으로 충분하다는 의견

국가공무원법 등 관계 법령에서 징계사유의 어느 하나에 해당하는 경우에 징계를 할 수 있다고 규정하고, 공무원 징계령 및 같은 영 시행규칙 등에서 법령에서 정하고 있는 징계사유를 세부적으로 규정하는 것으로 볼 수 있으므로 각 공무원 징계 관련 시행규칙에 따른 징계기준상의 비행의 유형을 징계사유로 기재하면 충분하다고 할 수 있다.

(3) 징계사유를 특정하여야 한다는 견해

국가공무원법 등 공무원에 대한 징계 관계 법령은 공무원의 징계사유로 ① 공무원의 관계법 또는 그 법에 따른 명령에 위반한 경우, ② 직무상 의무를 위반하거나 직무를 게을리한 경우, ③ 품위를 손상하는 행위를 한 경우, ④ 그 밖에 군율을 위반한 경우(군무원의 경우에 한한다)로 한정하여 규정하고 있는 점, 국가공무원법 등 징계 관계 법령에서 각 징계사유에 대한 세부적인 징계사유를 시행규칙 등에서 정하도록 위임하고 있지 않은 점, 각 시행규칙 등에서 정하고 있는 징계기준의 별표는 징계의 기준을 정하고 있는 점, 징계기준상의 비행의 유형이 관계 법령의 어느 징계사유에 해당하는지 명확하지 않은 점에서 징계기준상의 비행의 유형을 징계사유로 삼는 것은 법치행정 또는 징계의 법률 적합성의 원칙에 비추어 타당하다고 볼 수 없다.

(4) 징계사유의 특정 필요

징계혐의사실의 기재는 징계대상이 되는 의무위반행위가 구체적으로 어느 징계사유에 해당하는지를 명확히 구분할 필요가 있다. 징계기준상의 비위의 유형은 징계사유를 구성하는 의무위반행위로서 의미가 있으므로 징계혐의사실에서는 공무원의 행위가 어떤 의무에 위반되고 그러한 의무위반행위가 어느 징계사유에 해당하는지를 단계적으로 명확히 기재하는 것이 징계사유의 특정 및 징계대상자의 진술 및 방어권 보장을 위해서 필요하다고 할 것이다.[12)]

제2절 징계의 종류

1. 공무원 징계의 종류와 효력

국가공무원법상 공무원에 대한 징계에는 파면, 해임, 강등, 정직, 감봉 및 견책으로 구분된다. 여기서 파면, 해임, 강등, 정직은 중징계로 보고, 감봉 및 견책은 경징계로 구분한다.

가. 파면 · 해임

(1) 신분상 지위 박탈

파면 · 해임은 모두 공무원의 신분을 박탈하는 것으로 공무원 관계를 상실하게 된다. 파면은 공무원 신분의 박탈 이외에 공직 취임이 5년간 제한되고, 해임의 경우에는 3년간의 공직 취임이 제한된다.

---

12) 예를 들면, "위 비행사실은 군인의 지위 및 복무에 관한 기본법 제21조 성실의 의무를 위반한 것으로 군인사법 제56조 제2호의 직무상 의무 위반의 징계사유에 해당한다."

(2) 퇴직급여의 제한

파면된 공무원의 퇴직급여는 해당 공무원의 재직기간이 5년 미만인 사람의 경우 4분의 1, 재직기간이 5년 이상인 사람의 경우 2분의 1 감액되고, 퇴직수당은 2분의 1의 감액을 받게 된다. 해임의 경우에는 금품·향응 수수 또는 공금의 횡령·유용으로 인한 해임의 경우에 한하여 퇴직급여와 퇴직금이 제한되며, 퇴직급여는 재직기간이 5년 미만인 사람의 경우 8분의 1, 재직기간이 5년 이상인 사람의 경우 4분의 1의 감액을, 퇴직수당은 4분의 1이 감액된다.

나. 강 등

(1) 1계급 아래로 직급을 내리고, 직무 종사 금지 및 보수 삭감

강등은 공무원의 신분은 보유하나, 1계급 아래로 직급(고위공무원단에 속하는 공무원은 3급으로 임용하고, 연구관 및 지도관은 연구사 및 지도사로 한다)을 내리고 3개월간 직무에 종사하지 못하며 그 기간 중 보수는 전액을 감한다. 다만, 외무공무원의 강등은 외무공무원법 제20조의2에 따라 배정받은 직무등급을 1등급 아래(14등급 외무공무원은 고위공무원단 직위로 임용하고, 고위공무원단에 속하는 외무공무원은 9등급으로 임용하며, 8등급부터 6등급까지의 외무공무원은 5등급으로 임용한다)로 내리며, 교육공무원의 강등은 교육공무원법 제2조 제10항에 따라 동종의 직무 내에서 하위의 직위에 임명한다.

(2) 강등의 적용 제외

강등은 1계급 직급을 내리는 것으로 강등의 효력상 특수 업무 분야에 종사하는 공무원, 연구·지도·특수기술 직렬의 공무원 등과 같이 국가공무원법 제4조 제2항에 따라 계급을 구분하지 아니하는 공무원과 임기제공무원에 대해서는 강등을 적용하지 아니하고, 고등교육법 제14조에 해당하는 교원 및 조교에 대하여는 강등을 적용하지 아니한다.

다. 정 직

정직은 1개월 이상 3개월 이하의 기간으로 하고, 정직 처분을 받은 자는 그 기간 중 공무원의 신분은 보유하나 직무에 종사하지 못하며 보수는 전액을 감

한다.

라. 감봉 및 견책

감봉은 1개월 이상 3개월 이하의 기간 동안 보수의 3분의 1을 감한다. 견책(譴責)은 전과(前過)에 대하여 훈계하고 회개하게 한다.

▌판례▌ 대법원 2008. 6. 12. 선고 2006두16328 판결

먼저, 지방공무원법 제76조 제1항, 제2항 및 제3항은 각각 "임용권자는 정기 또는 수시로 소속공무원의 근무성적을 객관적이고 엄정하게 평정하여 이를 인사관리면에 반영시켜야 한다.", "제1항의 규정에 의한 근무성적평정 결과 근무성적이 우수한 자에 대하여는 상여금을 지급하거나 특별승급시킬 수 있다.", "제1항의 근무성적평정에 관한 사항은 대통령령으로 정한다."고 각 규정하고 있는바, 위 각 규정은 경력직 공무원과 특수경력직공무원 모두에 대하여 적용되는 것으로서, 근무성적이 우수한 공무원에 대하여 상여금을 지급할 수 있다고 되어 있을 뿐이므로, 근무성적이 불량한 공무원에 대하여 그 보수 삭감의 근거가 될 수는 없다.

한편, 지방계약직공무원의 채용조건·임용절차 등에 관하여 필요한 사항을 정하고 있는 대통령령인 지방계약직공무원규정 제8조는 "지방자치단체의 장은 채용된 지방계약직공무원의 근무상황과 업무수행실적을 정기 또는 수시로 평가하여 계약의 변경·연장 또는 해지시 이를 반영할 수 있다."고 규정하고 있는바, 업무수행실적을 계약의 변경시 반영할 수 있다는 취지의 위 규정에서 바로 지방자치단체의 장에게 일방적으로 지방계약직공무원의 보수를 삭감할 수 있는 권리가 발생한다고 볼 수는 없다.

그런데 지방계약직공무원규정의 시행에 필요한 사항을 규정함을 목적으로 한 인사관리규칙 제8조 제3항은 "재직 중인 계약직공무원에 대하여는 지방공무원보수규정 개정에 따라 계약직공무원의 봉급을 조정하되, 이 경우 전체 공무원의 봉급인상률을 감안하여 그 인상률 범위 내에서 시장이 따로 정할 수 있다. 다만, 영 [별표] 채용구분 '가'호에 해당하는 자와 실적의 우수성·새로운 자격의 취득 등을 봉급인상 기준범위를 초과하여 조정할 특별한 사유가 있거나 근무실적 평가 결과 근무실적이 불량한 자에 대하여는 근무실적 평가서 등 필요한 자료를 구비하여 제7조 제3항의 규정에 의한 평가위원회의 사전심사를 거쳐 봉급인상기준을 초과 조정하거나 또는 동결·삭감할 수 있다."고 하여 근무실적 평가 결과 근무실적이 불량한 자에 대하여는 봉급을 삭감할 수 있다고 규정하고 있는바, 보수의 삭감은 이를 당하는 당해 공무원의 입장에서는 징계처분의 일종인 감봉과 다를 바 없다 할 것임에도 징계처분에 있어서와 같이 자기에게 이익이 되는 사실을 진술하거나 증거를 제출할 수 있는 등(지방공무원징계 및 소청규정 제5조)의 절차적 권리가 보장되지 아니하고, 소청(지방공무원징계 및 소청규정 제16조) 등의 구제수단도 인정되지 아니한 채 이를 감수하도록 하는 위 규정은 부당하다고 아니할 수 없을 뿐만 아니라 위에서 본 바와 같이 지방공무원법이나 지방계약직공무원규정에 아무런 위임의 근거도 없는 것이거나 위임의 범위를 벗어난 것으로서 무효라 할 것이다.

마. 징계의 그 밖의 효력

(1) 휴직기간과 징계의 집행

강등(3개월간 직무에 종사하지 못하는 효력 및 그 기간 중 보수는 전액을 감하는 효력으로 한정한다), 정직 및 감봉의 징계처분은 휴직기간 중에는 그 집행을 정지한다.

(2) 승진 등 임용 제한

공무원으로서 징계처분을 받은 자에 대하여는 그 처분을 받은 날 또는 그 집행이 끝난 날부터 대통령령 등으로 정하는 기간 동안 승진임용 또는 승급할 수 없다. 다만, 징계처분을 받은 후 직무수행의 공적으로 포상 등을 받은 공무원에 대하여는 대통령령 등으로 정하는 바에 따라 승진임용이나 승급을 제한하는 기간을 단축하거나 면제할 수 있다.

2. 군인에 대한 징계의 종류와 효력

가. 장교·준사관 및 부사관 징계의 종류

장교, 준사관 및 부사관에 대한 징계(처분)는 중징계와 경징계로 나눈다. 중징계는 파면·해임, 강등, 정직으로 하며 경징계는 감봉, 근신, 견책으로 한다.

"파면" 또는 "해임"은 장교·준사관 또는 부사관(이하 2.항에서 "장교등"이라 한다)의 신분을 박탈하는 것을 말한다.

"강등"이라 함은 해당 계급에서 1계급 낮추는 것을 말한다. 여기서 "해당 계급"에는 임시 계급을 포함하지 아니한다. 따라서 임시계급의 경우에는 원계급으로 복귀 후 1계급을 낮추어야 한다. 다만, 장교에서 준사관으로 강등시키거나, 부사관에서 병으로는 강등시키지 못한다.

"정직"이라 함은 그 직책은 유지하나 직무에 종사하지 못하고 일정한 장소에서 근신하게 하는 것을 말한다. 정직의 기간은 1개월 이상 3개월 이하로 하고, 그 정직기간에는 보수의 3분의 2에 해당하는 금액을 감액(減額)한다.

"감봉"은 보수의 3분의 1에 해당하는 금액을 감액하는 것을 말한다. 감봉의 기간은 1개월 이상 3개월 이하로 한다.

"근신"이라 함은 평상 근무 후 징계권자가 지정한 영내(營內)의 일정한 장소에서 비행(非行)을 반성하게 하는 것을 말한다. 다만, 근신의 기간은 10일 이내로 한다.

"견책"은 징계사유로서 비행을 규명하여 앞으로 비행을 저지르지 아니하도록 훈계하는 것을 말한다.

나. 병의 징계종류

병에 대한 징계처분은 장교등과 달리 중징계나 경징계로 나누지 않는다. 병에 대한 징계의 종류에는 강등, 군기교육, 감봉, 휴가단축, 근신, 견책으로 구분된다. 병은 군인사법 또는 이 법에 따른 명령이나 다른 법률에 따르지 아니하고는 신체의 구금을 당하지 아니한다. 이로써 과거에 병에 대한 징계처분의 하나로 인정되었던 일정한 기간동안 부대 내 영창시설에 구금하는 것을 내용으로 "영창"은 삭제되어 영창제도가 폐지되었다.

"강등"은 해당 계급에서 1계급 낮추는 것을 말한다.

"군기교육"은 국방부령으로 정하는 기관에서 군인 정신과 복무 태도 등에 관하여 교육·훈련하는 것을 말하며, 그 기간은 15일 이내로 한다. 군기교육 징계처분의 집행을 위하여 군기교육을 운영하는 기관은 장성급 지휘관이 지휘하는 각 군 부대와 이에 준하는 기관 및 국방부 직할부대·기관으로 한다. 다만, 도서지역의 경우 적시적인 교육을 위해 대령급 지휘관이 지휘하는 각 군 부대와 이에 준하는 기관 및 국방부 직할부대·기관으로 할 수 있다.

"감봉"은 보수의 5분의 1에 해당하는 금액을 감액하는 것을 말하며, 그 기간은 1개월 이상 3개월 이하로 한다.

"휴가단축"은 복무기간 중 정해진 휴가일수를 줄이는 것을 말하며, 단축일수는 1회에 5일 이내로 하고 복무기간 중 총 15일을 초과하지 못한다.

"근신"은 훈련이나 교육의 경우를 제외하고는 평상 근무에 복무하는 것을 금하고 일정한 장소에서 비행을 반성하게 하는 것을 말하며, 그 기간은 15일 이내로 한다. 징계권자는 병에 대하여 근신처분을 할 경우에는 비행을 반성하게 하기 위한 방법을 징계의결서에 적어야 한다.

"견책"은 비행 또는 과오를 규명하여 앞으로 그러한 행위를 하지 아니하도록 하는 훈계를 말한다.

3. 징계와 불문경고

가. 불문경고의 의의

(1) 불문경고의 개념

"불문경고"라 함은 징계대상자의 비위행위가 징계사유에 해당하는 경우에도 불구하고 비위행위의 유형, 비위의 정도 및 과실의 경중, 비위행위가 공직 내외에 미치는 영향, 비위행위의 경위 및 정황, 평소 행실, 공적, 뉘우치는 정도, 업무 관련성 등을 고려하여 징계의결등을 요구하지 않거나, 징계대상자에게 훈장이나 포장 또는 표창을 받은 공적이나 모범공무원으로 선발된 공적 등 징계 감경사유가 있는 경우 견책 처분에 대하여 징계를 감경하여 비위행위에 대하여 엄중히 경고하고 징계처분을 하지 않는 것을 말한다.

(2) 불문경고와 징계의 관계

공무원에 대한 징계는 파면・해임・강등・정직・감봉・견책(군인의 경우 근신을 포함하고, 병에 대한 징계의 종류에는 강등, 군기교육, 감봉, 휴가단축, 근신, 견책으로 구분된다)으로 구분되며, 불문경고는 징계의 종류에 포함되지 않다. 그러나 불문(경고)은 견책 처분을 감경하는 것으로 징계사유가 인정되는 점과 일정한 인사상 불이익이 있는 점, 징계절차를 통하여 이루어지는 점에서 징계와 유사하다.

따라서 불문경고는 법률에 의한 징계는 아니지만 징계절차를 통하여 견책을 감경하는 처분인 점에서 사실상 징계처분으로서의 성질을 갖는다고 할 수 있다. 다만, 불문경고는 징계와 같은 법적 효력이 발생하지 않는다.

나. 불문경고의 결정

(1) 징계의결요구 전 불문경고

징계권자는 징계의결의 요구 전에 징계대상자의 비위행위가 징계사유에 해당하지 않거나 징계사유에 해당하는 경우라 하더라도 비위행위의 정도, 징계대상자의 개전의 정이나 피해자에 관한 사정 등 제반사정을 고려하여 징계의 필요성이 없다고 인정되는 경우 징계의결등을 요구하지 않는다 하더라도 비위행위나 부적절한 행위에 대하여 엄중히 경고하여 주의를 줄 필요가 있는 경우 징계는 불문하되 경고할 수 있다. 이러한 경우의 불문경고는 징계권자의 결정에 따라 이루어지는 것으로 징계위원회에서 감경의결에 의한 불문경고와 구분된다.

(2) 징계감경으로서 불문경고

징계위원회는 징계의결이 요구된 공무원에게 상훈법에 따른 훈장 또는 포장을 받은 공적이 있는 경우, 정부표창규정에 따라 국무총리 이상의 공적에 대한 표창을 받은 공적이 있는 경우, 모범공무원규정에 따라 모범공무원으로 선발된 공적이 있는 경우에는 징계의 감경기준에 따라 징계를 감경할 수 있다. 징계위원회는 징계의결이 요구된 사람의 비위가 성실하고 능동적인 업무처리 과정에서 과실로 인하여 생긴 것으로 인정되거나, 감경 제외 대상이 아닌 비위 중 직무와 관련이 없는 사고로 인한 비위라고 인정될 때에도 그 정상을 참작하여 징계의 감경기준에 따라 징계를 감경할 수 있다. 이 경우 징계 감경기준에 따르면, 견책에 대해 감경하여 불문경고로 의결할 수 있다.

군무원인사법 시행령 제115조의2 제1항은 "징계권자는 징계심의대상자가 징계감경사유 중 어느 하나에 해당하는 경우에는 징계의 감경기준에 따라 징계를 감경할 수 있다"고 규정하고, 같은 영 별표 5에 따르면, 군무원인사법 제39조 및 군무원인사법 시행령 제114조 제1항에 따라 의결되는 징계가 "견책"인 때에는 감경하여 불문(경고)으로 감경처분할 수 있다.

징계의 감경기준

(공무원 징계령 시행규칙 제4조, 별표3)

감경전 징계	감경된 징계
파면	해임
해임	강등
강등	정직
정직	감봉
감봉	견책
견책	불문(경고)

군인의 경우에도 징계위원회는 징계심의대상자가 상훈법에 따른 훈장 또는 포장을 받은 공적이나 표창을 받은 공적이 있는 경우, 비행사실이 성실하고 적극적인 업무처리과정에서 과실로 발생한 것으로 인정되는 경우이거나 감경이 제한되는 비행사실이 아닌 비행사실 중 직무와 관련이 없는 사고로 인한 비행사실이라고 인정되는 때에는 그 정상을 참작하여 징계 양정기준상의 징계 종류보다 한 단계 아래의 징계로 의결할 수 있다. 이 경우 징계위원회는 징계양정기준상의 징계 종류 중 견책을 유리한 정상으로 참작하여 감경의결하려는 경우에는 불문으로 하되 경고하도록 감경하여 의결할 수 있다.

군인의 징계의 경우 징계권자는 징계대상자에게 훈·포장이나 표창을 받은 공적이 있는 경우 또는 비행사실이 성실하고 적극적인 업무 처리 과정에서 과실로 발생한 때에는 징계위원회의 징계결정을 1단계 감경할 수 있으나, 불문감경에 대한 감경기준에 관한 규정을 두고 있지 않다.[13] 그러나 불문경고는 징계의 종류로 볼 수 없고, 징계권자의 징계감경의 경우 견책에 대한 불문경고로 감경하는 징계감경기준이 없으므로 징계권자는 견책처분에 대하여 불문경고로 감경처분을 할 수 없는 것으로 보는 것이 타당하다.

군인 또는 군무원의 경우 국방부훈령 등에서 징계권자가 징계위원회의 징계의결(견책)에 대하여 불문경고로 감경처분하는 것을 허용하고 있으나, 국가공무

13) 국방부 군인·군무원 징계업무처리 훈령 제45조와 제72조로 구분하여 군인과 군무원의 징계감경에 대하여 별도로 규정하고 있다. 다만, 병 징계(군기교육처분)에 대한 인권담당군법무관의 양정의 부적정 의견인 경우를 감경사유로 추가한 것 외에는 군인 징계령이나 군무원인사법 시행령과 동일하게 규정하고 있다.

원의 경우는 징계위원회의 심사의결 절차에서 징계위원회가 불문경고로 감경하여 의결하는 것과는 차이가 있다.

다. 불문경고의 법적 성질

(1) 징계권자의 불문경고의 법적 근거

공무원에 대한 징계에 있어서 징계대상자에 대한 징계권자의 불문경고 처분에 관하여 공무원 징계 관계 법령은 특별한 규정을 두고 있지 않다. 그러나 실무에서 징계권자는 징계대상자의 비행의 정도나 전후 정황 등 제반사정을 고려하여 징계의결을 불요구하면서 엄중히 경고하는 경고처분을 하고 있다. 이와 같은 징계의결요구 전의 경고처분은 징계의결에 대한 감경처분과 상이하고 특별히 법적, 인사상 불이익이 발생하지 않는 점에서 징계권자의 일반적 지휘·감독권에 근거하여 이루어지는 것으로 볼 수 있다.

(2) 불문경고의 처분성

공무원 징계령 시행규칙 제4조 제1항 단서에 따르면, 징계대상자가 공무원 징계령 시행규칙에 따른 경고를 받은 사실이 있는 경우에는 그 경고처분 전의 공적은 감경 대상 공적에서 제외된다.[14] 따라서 불문경고처분은 징계대상자에게 불이익이 발생하므로 공무원에 대한 징계위원회의 견책의결에 대한 감경처분인 불문경고처분은 행정소송의 대상이 되는 처분성이 인정된다. 다만, 징계권자가 징계대상자의 비행의 정도나 전후 정황 등 제반사정을 고려하여 징계의결을 불요구하면서 엄중히 경고하는 경고처분은 징계의결에 대한 감경처분과 상이하고, 그와 같은 경고처분은 징계권자의 일반적 지휘·감독권에 근거하여 이루어지는 것으로 특별히 법적, 인사상 불이익이 발생하지 않으므로 경고처분의 처분성이 있다고 보기 어렵다.

▌판례▌ 대법원 2002. 7. 26. 선고 2001두3532 판결

2. 항고소송의 대상이 되는 행정처분이라 함은 원칙적으로 행정청의 공법상 행위로서 특정 사항에 대하여 법규에 의한 권리의 설정 또는 의무의 부담을 명하거나 기

14) 군인 징계령 제20조 제1항 단서 및 군인 징계령 시행규칙 제3조 제1항 단서, 군무원인사법 시행령 제115조의2 제1항 단서에서도 같은 내용을 정하고 있다.

타 법률상 효과를 발생하게 하는 등으로 일반 국민의 권리의무에 직접 영향을 미치는 행위를 가리키는 것이지만, 어떠한 처분의 근거나 법적인 효과가 행정규칙에 규정되어 있다고 하더라도, 그 처분이 행정규칙의 내부적 구속력에 의하여 상대방에게 권리의 설정 또는 의무의 부담을 명하거나 기타 법적인 효과를 발생하게 하는 등으로 그 상대방의 권리의무에 직접 영향을 미치는 행위라면, 이 경우에도 항고소송의 대상이 되는 행정처분에 해당한다고 보아야 할 것이다(대법원 1993. 12. 10. 선고 93누12619 판결, 대법원 1984. 2. 14. 선고 82누370 판결 등 참조).

이 사건의 경우, 우선 함양군규칙 제4조 제1항에 의하면, 징계의결이 요구된 자가 정부표창 규정에 의하여 국무총리 이상의 표창을 받은 공적(비위행위 당시 6급 이하 공무원 등이 도지사 이상의 표창을 받은 공적 포함) 등이 있는 경우에는 징계양정 감경기준에 따라 징계를 감경할 수 있으나, 다만 당해 공무원이 징계처분이나 경고를 받은 사실이 있는 경우에는 그 징계처분이나 경고처분 전의 공적은 감경대상 공적에서 제외하도록 규정하고 있고, 다음으로 소청규정 제17조의 위임에 의한 경상남도지방공무원징계양정에관한규칙(1999.7.22. 규칙 제2471호) 제9조는 이 규칙 시행에 관하여 필요한 사항은 도지사가 정하도록 규정하는데, 이에 따른 경상남도지방공무원징계양정등에관한규칙시행지침(1988.2.16. 예규 제125호로 개정된 것) 제8조 제1항은, 징계처분권자가 인사위원회로부터 규칙 제6조 제2항의 규정에 의하여 경고할 것을 경고('권고'의 오기로 보인다.)받았을 때는 징계의결서 사본을 첨부 소속기관장 명의로 서면경고조치하고 공무원 인사기록카드 '비고'란에 그 사실을 기재하도록 규정하고 있으며, 한편 지방공무원인사기록및인사사무처리규칙(1994.2.3. 내무부령 제608호) 제7조 제1항은, 임용권자는 징계처분을 받은 공무원이 징계처분을 받은 날부터 정직의 경우 7년, 감봉의 경우 5년, 견책의 경우 3년이 경과한 때 등에는 당해 공무원의 인사기록카드에 등재된 징계처분의 기록을 말소하도록 규정하고, 같은 조 제4항은 징계처분 및 직위해제처분의 말소방법·절차 등에 관하여 필요한 사항은 내무부장관이 정하도록 규정하는데, 이에 근거한 지방공무원징계등기록말소제도시행지침에 의하면, 불문(경고)에 관한 기록도 말소대상으로 규정하면서, 징계위원회의 불문(경고)의결 통고를 받은 기관장이 당해 공무원에게 경고처분을 한 날부터 1년이 경과한 때 말소하도록 규정하며, 나아가 정부포상 및 장관·도지사표창지침(기록 제454면 이하)에 의하면, 재직 중 불문경고를 포함한 징계처분을 받은 자로서 징계기록이 말소되지 않은 자 등은 장관표창이나 도지사표창 대상자의 선정에서 제외하도록 규정하고 있다.

이들 규칙이나 예규 및 지침 등은 법규명령이 아니라 행정조직 내부에서 행정의 사무처리기준으로 제정된 일반적·추상적 규범인 행정규칙이어서, 일반 국민이나 법원에 대한 대외적인 구속력은 없지만 행정조직 내부에서는 구속력 있는 규범으로 적용되고 있는바, 이들 규칙이나 예규 및 지침 등에 의하면, 이 사건 처분이 비록 법률상의 징계처분은 아니라 하더라도, 이 사건 처분에는 적어도 이 사건 처분을 받지 아니하였다면 차후 다른 징계처분이나 경고를 받게 될 경우 징계감경사유로 사용될 수 있었던 표창공적의 사용가능성을 소멸시키는 효과와 1년 동안 인사기록카드에 등재됨으로써 그 동안은 장관표창이나 도지사표창 대상자에서 제외시키는 효과 등이 있음을 알 수 있다.

그렇다면 이 사건 처분은 그 근거와 법적 효과가 위와 같은 행정규칙에 규정되어 있다 하더라도, 행정규칙의 내부적 구속력에 의하여 상대방에게 권리의 설정 또는 의무의 부담을 명하거나 기타 법적 효과를 발생하게 하는 등으로 원고의 권리의무에 직접 영향을 미치는 행위로서 항고소송의 대상이 되는 행정처분에 해당하는 것으로 보아야 할 것이다.

제4장

징계부가금 부과

제1절 징계부가금 개관

1. 징계부가금의 개념

"징계부가금"이라 함은 공무원에 대하여 징계의결을 요구하는 경우 징계사유가 금전 · 물품 · 부동산 · 향응 또는 그 밖에 재산상 이익을 취득하거나 제공한 경우에 해당하거나 재산상 이익을 횡령 · 배임 · 절도 · 사기 또는 유용한 경우에 해당하는 때에는 징계위원회의 의결을 거쳐 그 행위로 취득하거나 제공한 금전 또는 재산상 이득의 5배 이내의 범위에서 부과하는 금전적 제재이다. 이는 금품비리는 공무의 공정성과 투명성을 훼손하여 공무원 관계에 대한 대 · 내외적 신뢰도를 떨어뜨리는 부패행위로서 그 폐해가 큼에도 불구하고 금품이 소액이거나 직무관련성이 없어 형사처벌이 되지 않는 경우 징계만으로는 적절한 제재가 될 수 없으므로 처벌의 실효성을 확보하기 위하여 신설된 제도이다.

2. 징계부가금의 법적 성질

가. 징계적 성격의 행정벌

징계부가금은 징계의 종류에 해당하지 않는다. 징계부가금은 공무원에 대하여 금품비리 등 부패사건에 대하여 징계위원회에 징계의결을 요구한 경우에 해당 징계위원회의 징계부가금 부과의결을 거쳐 부과하는 금전적 제재로서 징계처분과는 별도의 행정처분이다. 징계부가금은 금품비리 등 부패행위에 의하여 취득한 금전 또는 재산상 이득을 환수하여 징계의 실효성을 확보하기 위하여 마련된 제도이다. 따라서 징계부가금은 금품비리 등의 징계사유에 대하여 동일한 징계절차를 통해 대상자의 의사에 반하여 불이익을 부과한다는 점에서 징계적 성격을 갖는 행정벌로 볼 수 있다.

나. 징계와 다른 성격의 행정벌

공무원 관계법에서 공무원에 대한 징계사유와 징계의 종류를 제한적으로 명확히 규정하고 있으므로 징계부가금을 징계로 볼 수는 없다. 징계부가금을 징계벌로 보는 경우 금품비리의 비위행위에 대하여 징계처분 이외에 징계부가금 부과처분을 하는 것은 징계의 종류를 정하고 있는 법령을 위반함은 물론 징계의 기본원칙인 이중징계금지원칙 또는 징계병과금지원칙에 위반될 수 있다.[1] 따라서 징계부가금 부과절차는 동일한 비위행위에 대한 심의절차의 중복을 회피하고자 하는 제재상 절차경제와 동일한 비위행위에 대한 모순된 의결을 방지하기 위하여 하나의 절차로서 징계절차를 이용하는 것으로 보아야 한다. 그렇다면, 징계부가금은 징계절차에서 징계와 함께 이루어짐에도 불구하고 금품비리 등 부패행위에 대한 실효적인 제재를 통해 공무원 관계의 공정성과 투명성을 회복하기 위하여 법률에서 추가적으로 인정하는 불이익한 행정처분으로서 징계와 구별되는 것으로 보는 것이 적절하다.

---

1) 징계부가금을 징계의 한 종류로 보는 입장에서는 징계부가금 부과처분은 법률에서 특별이 인정하고 있는 것으로 징계병과금지의 예외로 볼 수도 있을 것이다.

판례 헌법재판소 2015. 2. 26. 선고 2012헌바435 전원재판부 결정

(1) 이중처벌금지원칙 위배 여부

헌법 제13조 제1항은 "모든 국민은 ... 동일한 범죄에 대하여 거듭 처벌받지 아니한다"고 하여 이른바 '이중처벌금지원칙'을 규정하고 있는바, 이 원칙은 한 번 판결이 확정되면 동일한 사건에 대해서는 다시 심판할 수 없다는 '일사부재리원칙'이 국가형벌권의 기속 원리로 헌법상 선언된 것으로서, 동일한 범죄행위에 대하여 국가가 형벌권을 거듭 행사할 수 없도록 하여 국민의 기본권, 특히 신체의 자유를 보장하기 위한 것이다. 이러한 점에서 헌법 제13조 제1항에서 말하는 '처벌'은 원칙적으로 범죄에 대한 국가의 형벌권 실행으로서의 과벌을 의미하는 것이고, 국가가 행하는 일체의 제재나 불이익처분을 모두 그 '처벌'에 포함시킬 수는 없는 것이다(헌재 1994. 6. 30. 92헌바38, 헌재 2001. 5. 31. 99헌가18등 참조).

행정법은 의무를 명하거나 금지를 설정함으로써 일정한 행정목적을 달성하려고 하는데, 그 실효성을 확보하기 위해서는 의무의 위반이 있을 때에 행정형벌, 과태료, 영업허가의 취소·정지, 과징금 등과 같은 불이익을 가함으로써 의무위반 당사자나 다른 의무자로 하여금 더 이상 위반을 하지 않도록 유도하는 것이 필요하다. 이와 같이 '제재를 통한 억지'는 행정규제의 본원적인 기능이라 볼 수 있는 것이고, 따라서 어떤 행정제재의 기능이 오로지 제재와 억지에 있다고 하여 이를 헌법 제13조 제1항에서 말하는 '처벌'에 해당한다고 할 수 없다(헌재 2003. 7. 24. 2001헌가25 참조).

징계부가금은 공무원 관계의 질서유지를 위하여 공금의 횡령이라는 공무원의 의무 위반행위에 대하여 지방자치단체가 사용자의 지위에서 행정 절차를 통해 부과하는 행정적 제재이다. 비록 징계부가금이 제재적 성격을 지니고 있더라도 이를 두고 헌법 제13조 제1항에서 금지하는 국가형벌권 행사로서의 '처벌'에 해당한다고 볼 수 없다. 따라서 심판대상조항은 이중처벌금지원칙에 위배되지 않는다.

(2) 무죄추정원칙 위배 여부

헌법 제27조 제4항은 "형사피고인은 유죄의 판결이 확정될 때까지는 무죄로 추정된다"고 규정하여 무죄추정원칙을 선언하고 있다. 무죄추정원칙은 공소제기가 없는 피의자는 물론 공소가 제기된 피고인이라도 유죄의 확정판결이 있기까지는 원칙적으로 죄가 없는 자에 준하여 취급하여야 하고, 그 불이익은 필요최소한도에 그쳐야 한다는 것을 의미한다(헌재 1990. 11. 19. 90헌가48, 헌재 1997. 5. 29. 96헌가17, 헌재 2009. 6. 25. 2007헌바25 참조). 여기서 '불이익'은 유죄를 근거로 그에 대하여 사회적 비난 내지 기타 응보적 의미의 차별 취급을 가하는 유죄 인정의 효과로서의 불이익을 의미한다(헌재 2005. 5. 26. 2002헌마699등 참조).

무죄추정원칙은 형사절차뿐만 아니라 기타 일반 법생활 영역에서의 기본권 제한과 같은 경우에도 적용된다(헌재 2005. 5. 26. 2002헌마699등, 헌재 2006. 5. 25. 2004헌바12 참조).

징계부가금은 공무원이 법 위반행위로 기소되었다는 사실만으로 부과되는 불이익이 아니라, 지방공무원법상 징계사유가 인정됨을 전제로 이루어지는 행정상의 제재이다. 공소제기의 기초를 이루는 공무원의 공금 횡령 행위를 근거로 별도의 행정절차를 거쳐 부과되는 징계부가금은 '범죄사실의 인정 또는 유죄의 인정에서 비롯되는 불이익'이라거나 '유죄를 근거로 하는 사회윤리적 비난'이라고 볼 수 없다.

행정소송에 관한 판결이 확정되기 전에 행정청의 처분에 대하여 공정력과 집행력을 인정하는 것은 징계부가금에 국한되는 것이 아니라 우리 행정법체계에서 일반적으로 채택되고 있는 것이므로, 징계부가금 부과처분에 대하여 공정력과 집행력을 인정한다고 하여 이를 확정판결 전의 형벌집행과 같은 것으로 보아 곧바로 무죄추정원칙에 위배된다고 할 수 없다.

(3) 과잉금지원칙 위배 여부

심판대상조항으로 달성하려고 하는 공익은 공직사회에서 발생하고 있는 공금 횡령 행위를 제재하고 그로 인한 부당이득을 환수함으로써 궁극적으로는 공직에 대한 국민의 신뢰를 회복하기 위한 것이고 이는 매우 중대하고 긴요하다. 반면 심판대상조항에 의해 부과되는 징계부가금은 위 공익목적을 침해하는 한도에서 공무원 개인의 의무 위반행위에 상응하는 정도로 부과되므로, 심판대상조항으로 인하여 공무원이 입게 되는 불이익은 위 조항이 추구하는 공익에 비하여 크다고 볼 수 없다.

제2절 징계부가금의 부과사유 및 부과절차

1. 징계부가금 부과사유(대상)

가. 금전, 물품, 부동산, 향응 또는 그 밖에 대통령령령으로 정하는 재산상 이익을 취득하거나 제공한 경우

징계부가금이 부과되는 대상으로서 부과사유는 금전이나 부동산·물품을 받거나 제공하는 경우는 물론, 향응 또는 그 밖의 재산상 이익을 취득하거나 제공하는 경우를 포함한다. 여기서의 재산상 이익에는 유가증권·숙박권·회원권·입장권·할인권·초대권·관람권 또는 부동산 등의 사용권 등 일체의 재산상 이익뿐만 아니라, 골프 등 접대나 교통·숙박 등의 편의 제공, 채무면제·취업제공·이권 부여 등 유형 또는 무형의 경제적 이익이 포함된다.

나. 횡령, 배임, 절도, 사기 또는 유용한 경우

징계부가금 부과사유로서 횡령, 배임, 절도, 사기 또는 유용의 대상은 국가재정법에 따른 예산 및 기금, 지방재정법에 따른 예산 및 지방자치단체 기금관리기본법에 따른 기금, 국고금 관리법 제2조 제1호에 따른 국고금, 보조금 관리에 관한 법률 제2조 제1호에 따른 보조금, 국유재산법 제2조 제1호에 따른 국유재산, 물품관리법 제2조 제1항에 따른 물품 및 군수품관리법 제2조에 따른 군수품, 공유재산 및 물품 관리법 제2조 제1호 및 제2호에 따른 공유재산 및 물품 등이 있다.

2. 징계부가금 부과의결 요구 및 방법

가. 징계부가금 부과의결 요구

(1) 징계위원회에 대한 부과의결 요구

징계권자(징계의결등의 요구권자 또는 징계처분등의 처분권자를 말한다. 이하 이 장에서 같다)는 공무원에 대하여 징계사유를 조사하여 징계위원회에 징계의결을 요구하는 경우 그 징계사유가 위에서 살펴본 징계부가금 부과사유에 해당하는 경우에는 징계부가금 부과대상 행위로 취득하거나 제공한 금전 또는 재산상 이득의 5배 이내의 징계부가금 부과의결을 같은 징계위원회에 요구하여야 한다.

(2) 징계의결 요구와의 관계

징계권자는 공무원에 대하여 징계의결을 요구하는 경우 그 징계사유가 징계부가금 부과사유에 해당하는 때에 징계부가금 부과의결을 요구하여야 하므로 징계위원회에 징계의결을 요구하지 아니하면서 징계부가금 부과의결만을 요구할 수는 없다고 보아야 한다.

군무원의 경우 다른 점이 발견된다. 즉, 국가공무원 또는 군인사법에서 징계권자는 징계의결을 요구하는 경우에 그 징계사유가 징계부가금 부과사유에 해당하는 때에 해당 징계위원회에 징계부가금 부과의결을 요구하도록 하고 있으나, 군무원인사법 제37조의2 제1항의 경우에는 징계권자는 군무원에 대한 "징계의결을 요구하는 경우"에 징계부가금 부과의결을 요구한다는 제한이 없다. 그러나 군무원인사법 제37조의2 제1항 본문에서 "해당 징계 외에" 징계부가금 부과의결을 요구한다고 규정하고 있는 점에서 군무원의 경우에도 군무원의 징계사유에 대하여 징계의결을 요구하면서 그 징계사유가 징계부가금 부과사유에 해당하는 경우에는 해당 징계의결뿐만 아니라 징계부가금 부과의결을 함께 요구하여야 한다는 것으로 볼 수 있으므로 군무원의 경우에도 국가공무원 또는 군인의 경우와 같이 징계부가금 부과의결 요구는 해당 징계사유에 대한 징계의결 요구를 하면서 추가적으로 요구하는 것으로 이해하여야 할 것이고, 징계의결을 요구하지 아니하고 징계부가금 부과의결만을 요구할 수는 없다고 할 것이다.

나. 징계부가금 부과의결 방법

징계위원회가 징계부가금 부과의결을 요구받은 때에는 징계부가금 부과사유 중 어느 하나에 해당하는 행위로 취득하거나 제공한 금전이나 재산상 이득(금전이 아닌 재산상 이득의 경우에는 금전으로 환산한 금액을 말하며, 이하 "금품비위금액등"이라 한다)의 5배 이내에서 징계부가금의 부과의결을 할 수 있다.

징계부가금 부과의결 절차는 징계처분에 대한 의결의 경우와 같다. 징계위원회는 위원장을 포함하여 위원 과반수의 출석과 출석위원 과반수의 찬성으로 의결한다. 징계위원회의 의결에서 어떤 하나의 의견이 출석위원 과반수에 이르지 못하는 때에는 출석위원 과반수에 이를 때까지 징계등 심의대상자에게 가장 불리한 의견에 차례로 유리한 의견을 더하여 그중 가장 유리한 의견을 합의된 의견으로 본다. 징계위원회의 의결은 무기명 투표로 한다.

3. 징계부가금 조정 및 감면조치

가. 징계부가금 조정의결

징계위원회는 징계부가금 부과의결을 하기 전에 징계부가금 부과대상자가 징계부가금 부과사유로 다른 법률에 따라 형사처벌(몰수나 추징을 당한 경우를 포함한다)을 받거나 변상책임 등을 이행한 경우 또는 다른 법령에 따라 환수나 가산징수 절차에 따라 환수금이나 가산징수금을 납부한 경우에는 징계부가금을 조정하여 징계부가금 부과를 의결하여야 한다. 징계위원회가 징계부가금을 조정하여 의결할 때에는 벌금, 변상금, 몰수, 추징금, 환수금 또는 가산징수금에 해당하는 금액과 징계부가금의 합계액이 금품비위금액등의 5배를 초과해서는 안 된다.

나. 징계부가금 감면조치

징계위원회는 징계부가금 부과의결을 한 후에 징계부가금 부과대상자가 형사처벌(몰수나 추징을 당한 경우를 포함한다)을 받거나 변상책임 등을 이행한 경우 또는 환수금이나 가산징수금을 납부한 경우에는 이미 의결된 징계부가금의 감면 등의 조치를 하여야 한다.

징계권자는 ① 징계부가금 부과의결을 받은 사람이 법원의 판결(몰수·추징에 대한 판결을 포함한다)이 확정되거나 변상책임 등을 이행하거나 환수금 또는 가산징수금을 납부한 날부터 60일 내에 징계의결등의 요구권자에게 징계부가금 감면의결을 신청한 경우, ② 징계의결등의 요구권자가 징계부가금 부과의결을 받은 사람에 대한 법원의 판결(몰수·추징에 대한 판결을 포함한다)이 확정되거나 변상책임 등이 이행되거나 환수금 또는 가산징수금 등이 납부된 것을 안 경우에는 해당 사유가 발생한 날부터 30일 내에 징계위원회에 징계부가금 감면의결을 요구해야 하고, 동시에 징계부가금 감면의결 요구서 사본을 징계등 심의대상자에게 송부해야 한다. 다만, 징계등 심의대상자가 그 수령을 거부하는 경우에는 징계부가금 감면의결 요구서 사본을 송부하지 않을 수 있다.

징계권자로부터 징계부가금 감면의결을 요구받은 징계위원회는 감면조치 사유에 해당하는 벌금, 변상금, 몰수, 추징금, 환수금 또는 가산징수금에 해당하는 금액과 징계부가금의 합계액이 금품비위금액등의 5배를 초과하지 않는 범위에서 감면의결해야 한다. 징계위원회의 감면의결은 징계부가금 감면의결을 요구받은 날부터 30일 이내에 하여야 한다. 다만, 부득이한 사유가 있을 때에는 징계위원회의 결정으로 30일의 범위에서 그 기한을 연장할 수 있다.

다. 벌금 이외의 형의 선고와 징계부가금 조정 및 감면의결

징계위원회는 징계등 심의대상자나 징계부가금 부과의결을 받은 사람이 벌금 외의 형(벌금형이 병과되는 경우를 포함한다)을 선고받아 금품비행금액등의 5배를 초과하지 않는 범위에서 조정 또는 감면의결을 하기 곤란한 경우에는 형의 종류, 형량 및 실형, 집행유예 또는 선고유예 여부 등을 종합적으로 고려하여 징계부가금을 조정하여 의결하거나 감면의결해야 한다.

4. 징계부가금 부과처분 및 집행

가. 징계부가금 부과의결의 송부

징계위원회는 징계부가금 부과의결 등을 했을 때에는 지체 없이 징계등 의결서에 징계등의 원인이 된 사실, 증거의 판단, 관계 법령 및 징계등 면제 사유 해당 여부를 구체적으로 밝혀 징계권자에게 송부해야 한다.

나. 징계부가금 부과처분

징계권자가 징계위원회로부터 징계등 의결서를 송부받은 때에는 그 날부터 15일 이내에 징계처분, 징계부가금 부과처분 또는 징계부가금 감면처분(이하 "징계처분등"이라 한다)을 하여야 한다. 징계권자가 징계부가금 부과처분 또는 징계부가금 감면처분을 할 때에는 징계부가금 부과처분 또는 징계부가금 감면처분의 대상자에게 그 처분의 사유와 징계부가금 금액 또는 감면된 징계부가금 금액을 적은 징계부가금 부과처분서 또는 징계부가금 감면처분서를 교부하여야 한다.

징계부가금 부과처분의 대상자가 징계부가금을 납부하기 전에 징계부가금 감면처분서를 받은 경우에는 징계부가금 부과처분의 대상자는 감면된 징계부가금을 납부하여야 하고, 징계부가금 부과처분의 대상자가 징계부가금을 납부한 후에 징계부가금 감면처분서를 받은 경우에는 징계권자는 그 차액을 징계부가금 부과처분의 대상자에게 환급하여야 한다.

다. 징계부가금의 강제집행

(1) 징계부가금의 강제징수

징계부가금 부과처분을 받은 사람이 납부기간 내에 그 부가금을 납부하지 아니한 때에는 징계권자는 국세 강제징수의 예에 따라 징수할 수 있다. 다만, 전역 또는 퇴직 등으로 체납액의 징수가 사실상 곤란하다고 판단되는 경우에는 징수 대상자의 주소지를 관할하는 세무서장에게 징수를 위탁한다. 징계권자는 징계부가금 부과처분 또는 징계부가금 감면처분의 대상자가 처분서를 교부받은 날부터 60일 이내에 징계부가금이나 감면된 징계부가금을 납부하지 않으면 관할 세무서장에게 징수를 의뢰할 수 있다. 이 경우 징계권자가 그 징수를 관할 세무서장에게 의뢰하는 때에는 관할 세무서장은 특별한 사정이 없는 한 이에 응해야 한다.

(2) **징수불능과 감면의결의 요청**

징계권자는 관할 세무서장에게 징계부가금 징수를 위탁한 후 체납일로부터 5년이 지난 후에도 징수가 불가능하다고 인정될 때에는 징계위원회에 징계부가금 감면의결을 요청할 수 있다.

제5장

징계처분등에 대한 구제절차

제1절 총 칙

1. 불복의 대상

가. 징계처분등과 권리구제의 필요성

(1) 징계처분 또는 징계부가금 부과처분

징계처분 또는 징계부가금 부과처분(이하 "징계처분등"이라 한다)은 해당 공무원에 대하여 신분상 또는 인사상 불이익이나 재산상 불이익한 처분이다. 따라서 징계처분등을 받은 공무원은 그 처분에 대하여 이의를 제기할 수 있는 권리가 인정되어야 한다. 이러한 권리는 헌법상 인정되는 기본원칙으로서 법치주의원칙 및 적법절차의 원칙과 국민의 기본권인 재판청구권에 기하여 당연히 인정된다.

징계처분등은 해당 공무원의 신분상·인사상·재산상 불이익을 가하는 제재이므로 징계처분등이 부당하거나 위법한 경우에는 일반적으로 그 위법 또는 부당한 징계처분등에 의해 침해되는 권리의 구제의 필요성이 인정된다.

(2) 과거의 징계처분등

징계처분등은 공무원 관계를 전제로 하는 것으로 징계처분등의 대상자는 공무원의 신분이 유지되어야 한다. 공무원 관계가 상실된 경우 원칙적으로 해당 공무원에 대한 징계처분은 허용되지 않는다. 그러나 징계처분등에 대한 구제는 공무원 관계를 전제로 하지 않으므로 공무원 관계에 있는 동안 받은 징계처분등에 대하여 공무원 관계가 상실된 이후에도 구제의 필요성이 인정되는 때에는 해당 징계처분등은 징계처분등의 구제절차의 대상이 될 수 있다.

▌판례▌ 대법원 1981. 7. 14. 선고 80누536 전원합의체 판결

먼저 직권으로 살피건대, 서울특별시 경찰국 소속 공무원이었던 원고가 1978. 12. 13. 징계절차에 의하여 이 사건 파면처분을 받은 후 1981. 1. 31. 대통령령 제10194호로 징계에 관한 일반사면령이 공포 시행되었으나, 사면법 제5조 제2항, 제4조의 규정에 의하면 징계처분에 의한 기성의 효과는 사면으로 인하여 변경되지 않는다고 되어 있고 이는 사면의 효과가 소급하지 않음을 의미하는 것이므로 위와 같은 일반사면이 있었다고 할지라도 파면처분으로 이미 상실된 원고의 공무원 지위가 회복될 수는 없는 것이니 원고로서는 이 사건 파면처분의 위법을 주장하여 그 취소를 구할 소송상 이익이 있다고 할 것이다. 이와 저촉되는 당원 1965. 5. 25. 선고 63누195 판결은 이를 변경하기로 한다.

(3) 불문경고 처분

불문경고는 징계의 종류에 포함되지 않으므로 징계처분등에 대한 불복절차에서 다툴 것은 아니다. 다만, 불문경고의 경우에도 징계감면사유의 적용 제외 또는 표창 등 상신에서 제외되는 불이익을 받게 되는 점에서 인사소청을 할 수 있고, 행정행위로 처분성이 인정되므로 행정소송의 대상이 된다는 점은 앞서 살펴본 바와 같다.

▌판례▌ 대법원 2002. 7. 26. 선고 2001두3532 판결

2. 항고소송의 대상이 되는 행정처분이라 함은 원칙적으로 행정청의 공법상 행위로서 특정 사항에 대하여 법규에 의한 권리의 설정 또는 의무의 부담을 명하거나 기타 법률상 효과를 발생하게 하는 등으로 일반 국민의 권리의무에 직접 영향을 미치는 행위를 가리키는 것이지만, 어떠한 처분의 근거나 법적인 효과가 행정규칙에 규정되어 있다고 하더라도, 그 처분이 행정규칙의 내부적 구속력에 의하여 상대방에게 권리의 설정 또는 의무의 부담을 명하거나 기타 법적인 효과를 발생하게 하는 등으로 그 상대방의 권리의무에 직접 영향을 미치는 행위라면, 이 경우에도 항고소송의

대상이 되는 행정처분에 해당한다고 보아야 할 것이다(대법원 1993. 12. 10. 선고 93누12619 판결, 대법원 1984. 2. 14. 선고 82누370 판결 등 참조).
이 사건의 경우, 우선 함양군규칙 제4조 제1항에 의하면, 징계의결이 요구된 자가 정부표창 규정에 의하여 국무총리 이상의 표창을 받은 공적(비위행위 당시 6급 이하 공무원 등이 도지사 이상의 표창을 받은 공적 포함) 등이 있는 경우에는 징계양정 감경기준에 따라 징계를 감경할 수 있으나, 다만 당해 공무원이 징계처분이나 경고를 받은 사실이 있는 경우에는 그 징계처분이나 경고처분 전의 공적은 감경대상 공적에서 제외하도록 규정하고 있고, 다음으로 소청규정 제17조의 위임에 의한 경상남도지방공무원징계양정에관한규칙(1999. 7. 22. 규칙 제2471호) 제9조는 이 규칙 시행에 관하여 필요한 사항은 도지사가 정하도록 규정하는데, 이에 따른 경상남도지방공무원징계양정등에관한규칙시행지침(1988. 2. 16. 예규 제125호로 개정된 것) 제8조 제1항은, 징계처분권자가 인사위원회로부터 규칙 제6조 제2항의 규정에 의하여 경고할 것을 경고('권고'의 오기로 보인다.)받았을 때는 징계의결서 사본을 첨부 소속기관장 명의로 서면경고조치하고 공무원 인사기록카드 '비고'란에 그 사실을 기재하도록 규정하고 있으며, 한편 지방공무원인사기록및인사사무처리규칙(1994. 2. 3. 내무부령 제608호) 제7조 제1항은, 임용권자는 징계처분을 받은 공무원이 징계처분을 받은 날부터 정직의 경우 7년, 감봉의 경우 5년, 견책의 경우 3년이 경과한 때 등에는 당해 공무원의 인사기록카드에 등재된 징계처분의 기록을 말소하도록 규정하고, 같은 조 제4항은 징계처분 및 직위해제처분의 말소방법·절차 등에 관하여 필요한 사항은 내무부장관이 정하도록 규정하는데, 이에 근거한 지방공무원징계등기록말소제도시행지침에 의하면, 불문(경고)에 관한 기록도 말소대상으로 규정하면서, 징계위원회의 불문(경고)의결 통고를 받은 기관장이 당해 공무원에게 경고처분을 한 날부터 1년이 경과한 때 말소하도록 규정하며, 나아가 정부포상및장관·도지사표창지침(기록 제454면 이하)에 의하면, 재직 중 불문경고를 포함한 징계처분을 받은 자로서 징계기록이 말소되지 않은 자 등은 장관표창이나 도지사표창 대상자의 선정에서 제외하도록 규정하고 있다.

이들 규칙이나 예규 및 지침 등은 법규명령이 아니라 행정조직 내부에서 행정의 사무처리기준으로 제정된 일반적·추상적 규범인 행정규칙이어서, 일반 국민이나 법원에 대한 대외적인 구속력은 없지만 행정조직 내부에서는 구속력 있는 규범으로 적용되고 있는바, 이들 규칙이나 예규 및 지침 등에 의하면, 이 사건 처분이 비록 법률상의 징계처분은 아니라 하더라도, 이 사건 처분에는 적어도 이 사건 처분을 받지 아니하였다면 차후 다른 징계처분이나 경고를 받게 될 경우 징계감경사유로 사용될 수 있었던 표창공적의 사용가능성을 소멸시키는 효과와 1년 동안 인사기록카드에 등재됨으로써 그 동안은 장관표창이나 도지사표창 대상자에서 제외시키는 효과 등이 있음을 알 수 있다.

그렇다면 이 사건 처분은 그 근거와 법적 효과가 위와 같은 행정규칙에 규정되어 있다 하더라도, 행정규칙의 내부적 구속력에 의하여 상대방에게 권리의 설정 또는 의무의 부담을 명하거나 기타 법적 효과를 발생하게 하는 등으로 원고의 권리의무에 직접 영향을 미치는 행위로서 항고소송의 대상이 되는 행정처분에 해당하는 것으로 보아야 할 것이다.

나. 위법 · 부당한 징계처분등

행정심판과 같은 준사법적 절차로서 징계처분등에 대한 권리구제 방법으로 행정기관 내부의 소청심사 또는 항고심사는 징계처분등이 법령에 위반한 경우뿐만 아니라 해당 처분이 부당한 경우에도 권리구제의 신청이 가능하다.

행정심판법 제1조에서는 행정심판법은 행정심판 절차를 통하여 행정청의 위법 또는 부당한 처분(處分)이나 부작위(不作爲)로 침해된 국민의 권리 또는 이익을 구제하는 것을 목적으로 하고, 제5조 제1호에서 행정심판 중 취소심판을 행정청의 위법 또는 부당한 처분을 취소하거나 변경하는 행정심판이라고 하여 심판대상을 위법한 처분뿐만 아니라 부당한 처분을 포함하고 있다.

그러나 징계처분등에 대한 소청심사 또는 항고심사 등과 같은 행정심판과 달리 징계처분등에 대하여 취소를 구하는 행정소송은 해당 처분이 법령에 위반한 것으로 위법한 처분만을 대상으로 하고, 단순히 해당 처분이 부당한 사유만으로는 행정소송의 대상이 될 수 없다.

2. 소청 등 전치주의

가. 전치주의의 의미

행정처분의 취소를 구하는 취소소송은 법령의 규정에 의하여 당해 처분에 대한 행정심판을 제기할 수 있는 경우에도 이를 거치지 아니하고 제기할 수 있는 것이 원칙이다. 그러나 다른 법률에 당해 처분에 대한 행정심판의 재결 등을 거치지 아니하면 취소소송을 제기할 수 없다는 규정이 있는 때에는 행정소송 전에 행정심판 등의 절차를 거쳐야 한다. 이를 행정심판 전치주의라고 한다.

전치주의가 적용되는 경우에도 행정심판청구가 있은 날로부터 60일이 지나도 재결이 없는 때, 처분의 집행 또는 절차의 속행으로 생길 중대한 손해를 예방하여야 할 긴급한 필요가 있는 때, 법령의 규정에 의한 행정심판기관이 의결 또는 재결을 하지 못할 사유가 있는 때, 그 밖의 정당한 사유가 있는 때에는 행정심판의 재결 등을 거치지 아니하고 취소소송을 바로 제기할 수 있다.

동종사건에 관하여 이미 행정심판의 기각재결이 있은 때, 서로 내용상 관련되는 처분 또는 같은 목적을 위하여 단계적으로 진행되는 처분 중 어느 하나가 이미 행정심판의 재결을 거친 때, 행정청이 사실심의 변론종결 후 소송의 대상인 처분을 변경하여 당해 변경된 처분에 관하여 소를 제기하는 때, 처분을 행한 행정청이 행정심판을 거칠 필요가 없다고 잘못 알린 때에는 행정심판을 제기함이 없이 취소소송을 제기할 수 있다.

나. 전치절차

(1) 소청심사위원회 심사 · 결정

국가공무원법은 행정기관 소속 공무원의 징계처분, 그 밖에 그 의사에 반하는 불리한 처분이나 부작위에 대한 소청을 심사 · 결정하기 위하여 소청심사위원회를 두도록 하고 공무원에 대한 징계처분이나 그 밖에 불리한 처분 등에 관한 행정소송은 소청심사위원회의 심사 · 결정을 거치지 아니하면 제기할 수 없다고 규정하고 있다.[1] 따라서 행정기관 소속 공무원이 징계처분등에 대하여 불복하는 경우에는 전치절차로 소청심사위원회의 심사 · 결정을 받은 소청절차를 거친 후에 원징계처분 또는 소청심사위원회의 결정에 대하여 행정소송을 제기할 수 있다.

경찰공무원이나 소방공무원의 경우에는 국가공무원법의 규정을 준용하므로 경찰 및 소방공무원의 징계처분에 대한 불복은 소청절차를 전치절차로 거치고 나서 행정소송을 제기할 수 있다.

지방자치단체의 장 소속 공무원의 징계 또는 지방의회의 의장 소속 공무원의 징계등의 경우에도 지방소청심사위원회의 심사 · 결정을 거치지 아니하면 행정소송을 제기할 수 없다.[2]

교육공무원의 경우에도 교육공무원에 대한 징계처분에 대한 소청 및 행정소송과의 관계에 대하여 국가공무원법 및 지방공무원법을 준용하고 있으므로 교

1) 국가공무원법 제16조.
2) 지방공무원법 제20조의2.

원소청심사위원의 심사·결정을 거치지 아니하면 해당 징계처분에 대한 행정소송을 제기할 수 없다.[3)]

(2) 항고심사위원회의 심사·결정

군인사법 및 군무원인사법은 군인 또는 군무원에 대한 징계처분에 대하여 행정소송의 전치절차로서 국가공무원법의 소청심사위원회와 구분하여 징계처분에 대한 항고심사위원회를 두도록 하여 별도의 항고절차를 규정하고 있다.[4)]

군인 또는 군무원의 징계처분등에 대한 항고를 심사하기 위하여 항고심사위원회를 둔다. 징계처분등을 받은 군인 또는 군무원은 징계처분등에 대하여 항고심사위원회에 항고할 수 있고, 군인 또는 군무원에 대한 징계처분등에 관한 행정소송은 항고심사위원회의 심사·결정을 거치지 아니하면 제기할 수 없다.[5)]

3. 소청등심사위원회의 준사법적 절차

가. 행정심판절차와 비교

일반적으로 행정기관의 위법, 부당한 처분 또는 부작위에 대하여 불복하거나 행정처분의 효력에 대한 확인 또는 작위(처분)를 구하고자 하는 때에는 행정심판법에 따른 행정심판 또는 행정소송법에 따른 행정소송을 통하여 해당 처분의 효력 등에 대하여 다툴 수 있다. 이 경우 행정처분에 대한 행정소송을 위하여 행정심판절차를 전치절차로 거쳐야 하는 것은 아니다.

그러나 징계처분에 대하여는 일반적인 행정기관의 처분과 달리 특별한 불복절차를 규정하고 있으며, 앞서 살펴본 소청심사위원회 또는 항고심사위원회의 심사절차가 그것이다. 이는 징계처분이 행정기관의 내부적 질서를 유지하고, 공무원 등 소속 구성원으로 하여금 부여된 임무나 의무의 이행을 강제하기 위하여 임용권자의 권한에 근거하여 이루어지는 인사상·신분상 불이익 처분인 점에서 통상 대외적으로 이루어지는 행정처분과의 차이점을 반영한 것이다. 즉, 조직 내부 질서를 유지하기 위하여 소속 구성원에게 대내적으로 이루어지는 처

3) 교육공무원법 제53조 제1항, 국가공무원법 제16조 제1항.
4) 군인사법 제60조의2, 군무원인사법 제43조.
5) 군인사법 제51조의2, 군무원인사법 제35조의2.

분으로 조직 내부적으로 해결할 수 있는 기회를 줌으로써 소속기관의 장의 지휘·감독권의 적정한 실현과 내부적으로 자율적 통제가 가능하도록 하려는 것에 그 취지가 있다.

나. 소송적 구조와 결정의 기속력

(1) 소송적 구조

징계처분에 대한 불복기관인 소청심사위원회 또는 항고심사위원회는 공무원 등 징계대상자에게 징계의 처분을 하였던 처분권자의 상급기관에 설치되어 있는 것이 일반적이다. 상급기관에 설치된 심사위원회는 처분권자 및 그 기관의 소속원 또는 징계위원회 위원이 아닌 사람으로 위원이 구성된다. 심사위원회 위원은 신분이 보장되고, 심사 및 결정에 있어서 신분상·직무상 독립이 인정된다.

소청이나 항고는 징계위원회의 심의·의결을 거쳐 이루어진 징계처분에 대하여 징계처분을 받은 자(사립학교 교원의 경우에는 학교법인의 운영자 등이 포함된다)가 불복하여 소청 또는 항고를 제기한 경우에 절차가 개시된다. 소청이나 항고가 제기된 경우에는 소청심사위원회 또는 항고심사위원회는 소청인 또는 항고인의 소청 또는 항고 이유에 대하여 심사를 하고, 심사대상이 되는 징계혐의사실 및 징계처분 절차, 징계의 적정성 등을 심사하기 위하여 필요한 경우에는 소청인 또는 항고인에게 자료의 제출을 명할 수 있으며, 징계처분자 또는 그 기관에 해당 징계와 관련된 자료의 제출을 요구할 수 있다.

이와 같이 소청 및 항고절차는 징계처분을 받은 사람이 징계처분의 위법·부당한 이유를 들어 불복하고, 이에 대하여 상대방인 징계처분권자는 징계의 처분이 적법하고 타당하다는 점을 주장 및 입증하면, 소청심사위원회 또는 항고심사위원회는 제3자적 입장에서 소청인 또는 항고인의 주장과 징계처분권자의 주장을 들어 징계가 위법 또는 부당한 처분인지를 독립적으로 심사 및 결정한다.

이와 같이 소청심사위원회 또는 항고심사위원회의 심사 구조와 절차가 소송적 구조와 절차에 준하고 있으므로 소청심사 또는 항고심사 절차는 준사법적 절차로 볼 수 있다.

(2) 결정의 기속력

국가공무원법 등 관계 법령에서는 해당 공무원(교육공무원의 경우 교원을 포함한다)의 징계처분에 대한 소청심사위원회의 결정에 대하여 처분 행정청을 기속하는 효력을 인정하고 있다.[6] 다만, 군인사법 또는 군무원인사법에서는 군인 또는 군무원의 징계처분에 대한 항고심사위원회의 결정에 대하여 처분행정청(항고심사권자)에 대한 기속력을 인정하거나 준용하는 규정이 없으나, 군인의 경우 군인 징계령에서, 군무원의 경우 국방부훈령에서 항고심사권자에게 징계감경권을 인정하고 있어 일반공무원과 달리 항고심사위원회의 의결에 대한 기속력을 일부 인정하고 있다.[7]

제2절 소청심사 등 준사법적 구제방법

1. 소청 등 심사위원회의 설치

가. 소청 또는 항고심사위원회등의 설치와 구성

(1) 국가공무원 소청심사위원회의 설치 및 구성

행정기관 소속 공무원의 징계처분, 그 밖에 그 의사에 반하는 불리한 처분이나 부작위에 대한 소청을 심사·결정하게 하기 위하여 인사혁신처에 소청심사위원회를 둔다. 국회, 법원, 헌법재판소 및 선거관리위원회 소속 공무원의 소청에 관한 사항을 심사·결정하게 하기 위하여 국회사무처, 법원행정처, 헌법재판소사무처 및 중앙선거관리위원회사무처에 각각 해당 소청심사위원회를 둔다.

인사혁신처에 설치된 소청심사위원회는 위원장 1명을 포함한 5명 이상 7명 이하의 상임위원과 상임위원 수의 2분의 1 이상인 비상임위원으로 구성하고, 국회사무처·법원행정처·헌법재판소사무처 및 중앙선거관리위원회사무처에 설치된 소청심사위원회는 위원장 1명을 포함한 위원 5명 이상 7명 이하의 비상임

6) 국가공무원법 제15조, 지방공무원법 제20조.
7) 군인 징계령 제35조(제20조 준용), 국방부 군인·군무원 징계업무처리 훈령 제77조(제45조 준용).

위원으로 구성한다. 각 소청심사위원회의 위원장은 정무직으로 보한다.

인사혁신처에 설치되는 소청심사위원회는 다른 법률로 정하는 바에 따라 특정직공무원의 소청을 심사·결정할 수 있다. 경찰공무원법 및 소방공무원법은 소청심사에 관하여 국가공무원법을 준용하고 있으므로 경찰공무원 또는 소방공무원의 징계처분, 그 밖에 그 의사에 반하는 불리한 처분이나 부작위에 대한 소청심사는 인사혁신처에 설치되는 소청심사위원회에서 심사·결정한다.[8)]

(2) 교원소청심사위원회의 설치 및 구성

각급학교 교원(사립학교 교원을 포함한다) 또는 그 이외의 교육공무원의 징계처분과 그 밖에 그 의사에 반하는 불리한 처분(교육공무원법 제11조의4 제4항 및 사립학교법 제53조의2 제6항에 따른 교원에 대한 재임용 거부처분을 포함한다. 이하 같다)에 대한 소청심사를 하기 위하여 교육부에 교원소청심사위원회를 둔다.

▌판례▌ 대법원 2024. 2. 8. 선고 2022두50571 판결

교원지위법은 사립학교 교원에 대하여 국공립학교 교원과 마찬가지로 소청심사제도를 마련하고 있다. 교원소청심사제도에 관한 구 교원지위법(2021.3.23. 법률 제17952호로 개정되기 전의 것)의 관련 규정(제1조, 제9조 제1항, 제10조, 제10조의3 등)에 비추어 보면, 교원소청심사제도는 사립학교 교원과 국공립학교 교원의 징계 등 불리한 처분에 대한 불복절차를 통일적으로 규정함으로써 학교법인에 대한 국가의 실효적인 감독권 행사를 보장하고, 사립학교 교원에게도 행정소송을 제기할 수 있게 하여 적어도 국공립학교 교원에 대한 구제절차에 상응하는 정도의 수준으로 사립학교 교원의 신분을 보장하고 지위향상을 도모하려는 데 그 목적이나 취지가 있다. 이러한 신분보장 등을 위해서는 교원소청심사제도를 통해 학교법인의 징계 등 불리한 처분으로 박탈되거나 침해되는 사립학교 교원의 지위나 이익이 회복될 필요가 있다.

교원소청심사위원회는 위원장 1명을 포함하여 9명 이상 12명 이내의 위원으로 구성하되 위원장과 대통령령으로 정하는 수의 위원은 상임으로 한다. 교원소청심사위원회는 교원 또는 교원이었던 위원이 전체 위원 수의 2분의 1을 초과하여서는 아니 된다.

---

8) 경찰공무원법 제1조 및 제36조, 소방공무원법 제1조 및 제33조.

(3) 지방소청심사위원회의 설치 및 구성

지방자치단체의 장 소속 공무원의 징계, 그 밖에 그 의사에 반하는 불리한 처분이나 부작위(不作爲)에 대한 소청을 심사·결정하기 위하여 시·도에 임용권자(시·도의회의 의장 및 임용권을 위임받은 자는 제외한다)별로 지방소청심사위원회 및 교육소청심사위원회를 둔다.[9]

지방소청심사위원회 및 교육소청심사위원회는 16명 이상 20명 이하의 위원으로 구성한다. 이 경우 법관·검사 또는 변호사로 재직하는 사람 또는 대학에서 법률학을 담당하는 부교수 이상으로 재직하는 사람(이하 "법관등"이라 한다)으로 위촉되는 위원이 전체 위원의 2분의 1 이상이어야 한다. 심사위원회에 위원장 1명을 두며, 위원장은 각 심사위원회에서 법관등에 해당하는 위촉 위원 중에서 호선한다.

(4) 항고심사위원회의 설치 및 구성

군인 또는 군무원에 대한 징계처분등에 대한 항고를 심사하기 위하여 장성급 장교가 지휘하는 징계권자의 차상급 부대 또는 기관에 군인항고심사위원회 또는 군무원항고심사위원회를 둔다. 다만, 국방부장관이 징계권자인 경우와 중징계를 받은 장교 및 준사관 또는 파면·해임·강등 또는 정직 처분을 받은 5급 이상의 일반군무원이 직접 국방부장관에게 항고한 경우 이를 심사하기 위하여 군인항고심사위원회 또는 군무원항고심사위원회를 국방부에 둔다.[10]

군인에 대한 항고심사위원회는 장교 5명 이상 9명 이내의 위원으로 구성하되, 위원 중 1명은 군법무관이나 법률에 소양(素養)이 있는 장교로 하여야 한다. 군무원항고심사위원회는 장교·군무원 또는 공무원 중에서 5명 이상으로 구성하되, 위원 중 군법무관 또는 법률지식이 풍부한 사람 1명과 군무원 또는 공무원 2명 이상이 포함되어야 한다.

---

9) 지방공무원법 제13조 제1항.

10) 군인사법상 소청은 위법·부당한 전역, 제적 및 휴직 등 그 의사에 반한 불리한 처분에 불복하는 경우 심사를 청구할 수 있다.

나. 소청심사위원회 또는 항고심사위원회의 위원

(1) 소청심사위원회 위원의 자격과 임명

소청심사위원회의 위원(위원장을 포함한다. 이하 같다)은 ① 법관·검사 또는 변호사의 직에 5년 이상 근무한 자, ② 대학에서 행정학·정치학 또는 법률학을 담당한 부교수 이상의 직에 5년 이상 근무한 자, ③ 3급 이상 공무원 또는 고위공무원단에 속하는 공무원으로 3년 이상 근무한 자로서 인사행정에 관한 식견이 풍부한 자 중에서 국회사무총장, 법원행정처장, 헌법재판소사무처장, 중앙선거관리위원회사무총장 또는 인사혁신처장의 제청으로 국회의장·대법원장·헌법재판소장·중앙선거관리위원회위원장 또는 대통령이 임명한다. 이 경우 인사혁신처장이 위원을 임명제청하는 때에는 국무총리를 거쳐야 하고, 인사혁신처에 설치된 소청심사위원회의 위원 중 비상임위원은 ① 법관·검사 또는 변호사의 직에 5년 이상 근무한 자, ② 대학에서 행정학·정치학 또는 법률학을 담당한 부교수 이상의 직에 5년 이상 근무한 자 중에서 임명하여야 한다.

① 국가공무원법 제33조 각 호의 어느 하나에 해당하는 자, ② 정당법에 따른 정당의 당원, ③ 공직선거법에 따라 실시하는 선거에 후보자로 등록한 자는 소청심사위원회의 위원이 될 수 없다. 소청심사위원회 위원이 위 임명결격사유에 해당하게 된 때에는 당연히 퇴직한다.

소청심사위원회의 상임위원의 임기는 3년으로 하며, 한 번만 연임할 수 있다. 소청심사위원회의 상임위원은 다른 직무를 겸할 수 없다. 소청심사위원회의 위원은 금고 이상의 형벌이나 장기의 심신 쇠약으로 직무를 수행할 수 없게 된 경우 외에는 본인의 의사에 반하여 면직되지 아니한다. 소청심사위원회의 공무원이 아닌 위원은 형법이나 그 밖의 법률에 따른 벌칙을 적용할 때 공무원으로 본다.

(2) 항고심사위원회 위원의 자격과 임명

군인항고심사위원회는 장교 5명 이상 9명 이내의 위원으로 구성한다. 이 경우 위원 중 1명은 군법무관이나 법률에 소양(素養)이 있는 장교로 하여야 한다. 항고심사위원회의 위원은 항고인보다 선임인 장교 중에서 항고심사권자가 임명한다. 다만, 항고심사위원이 군법무관인 경우에는 항고인보다 선임이 아닌 경우에도 위원으로 임명할 수 있다. 항고심사위원회의 위원장은 위원 중 최상위 서열자로 한다.

군무원항고심사위원회는 장교, 군무원 또는 공무원으로 구성하되, 위원 중 군법무관 또는 법률지식이 풍부한 사람 1명과 군무원 또는 공무원 2명 이상이 포함되어야 한다. 군무원항고심사위원회 위원은 위원장 1명을 포함한 5명 이상 7명 이하의 위원으로 구성하며, 항고인보다 상위직에 있는 장교, 일반군무원 또는 일반직공무원 중에서 항고심사위원회가 설치되는 부대의 장(이하 "항고심사권자"라 한다)이 임명한다. 다만, 군법무관은 항고인보다 상위직에 있지 않은 경우에도 위원으로 임명할 수 있다. 항고심사권자의 소속 공무원으로 징계위원회를 구성할 수 없을 때에는 다른 부대, 국가나 지방자치단체에 소속된 공무원을 위원으로 임명할 수 있다.

다. 소청심사위원회 또는 항고심사위원회 위원의 제척 · 기피 · 회피

(1) 소청심사위원회 위원의 제척 · 기피 · 회피

소청심사위원회의 위원은 그 위원회에 계류된 소청사건의 증인이 될 수 없으며, 위원 본인과 관계있는 사항 또는 위원 본인과 친족 관계에 있거나 친족 관계에 있었던 자와 관계있는 사항에 관한 소청사건의 심사 · 결정에서 제척된다.

소청당사자는 소청심사위원회의 위원에게 제척사유가 있는 경우 또는 심사 · 결정의 공정을 기대하기 어려운 사정이 있는 경우에는 그 이유를 구체적으로 밝혀 해당 위원에 대하여 기피를 신청할 수 있고, 소청심사위원회는 기피신청이 있는 때에는 해당 위원의 기피 여부를 결정하여야 한다. 소청심사위원회 위원은 기피사유에 해당하는 때에는 스스로 그 사건의 심사 · 결정에서 회피할 수 있다.

(2) 항고심사위원회 위원의 제척 · 기피 · 회피

군인의 경우 항고심사위원이 항고심사대상자와 민법 제777조에 따른 친족 관계(8촌 이내의 혈족, 4촌 이내의 인척 또는 배우자)에 있거나 있었던 경우 또는 위원과 직접적인 이해관계가 있는 안건인 경우 중 어느 하나에 해당하는 경우에는 해당 안건의 심의 · 의결에서 제척되고, 군무원의 경우에는 항고심사위원이 직무상 해당 안건에 관한 처분에 직접 관여한 경우, 항고심사대상자의 친족인 경우, 해당 안건에 증인 또는 감정인으로 지정된 경우에는 해당 안건의 심의·의결에서 제척된다. 항고인(군인 또는 군무원 모두 포함한다)은 항고심사위원회의 위원에게 심의·의결의 공정을 기대하기 어려운 사정이 있는 경우에는 항고심사위원회에 기피신청을 할 수 있고, 항고심사위원회 위원은 스스로 해당 안건의 심의·의결에서 회피할 수 있다.

2. 소청심사의 청구 또는 항고의 제기

가. 소청심사의 청구서 제출

징계처분 설명서를 교부받은 공무원이 그 처분에 불복할 때에는 그 설명서를 받은 날부터 30일 이내에 소청심사위원회에 이에 대한 심사를 청구할 수 있다. 소청인에게 책임이 없는 사유로 소청심사의 청구를 할 수 없는 기간은 소청 제기기간에 산입하지 아니한다.

▌판례▌ 대법원 1978. 9. 26. 선고 78누223 판결 참조

원판결의 거시증거들을 기록과 대조하여 검토하여 보니 원심의 채증에 소론과 같은 위법이 있음을 발견할 수 없고, 경찰공무원법 제52조 제1항, 국가공무원법 제75조, 같은 법 제76조 제1항, 경찰공무원징계령 제19조 제2항을 보면 경찰공무원에 대하여 징계처분을 행할 때에는 그 임용권자는 10일이내에 처분의 사유를 기재한 설명서(처분사유설명서)를 징계의결이 된 자에게 교부하여야 하고, 이 처분사유설명서를 교부받은 경찰공무원은「그 설명서를 교부받은 날로부터」20일 이내에 국가공무원법에 의하여 설치된 소청심사위원회에 이에 대한 심사를 청구하여야 하고 경찰공무원이 국가공무원법 제75조에서 정한 처분 이외의 그 의사에 반한 불리한 처분(예컨대 직위해제처분)을 받았을 때에는 그 처분이 있은 것을「안 날로부터」30일 이내에 국가공무원법에 의하여 설치된 소청심사위원회에 이에 대한 심사를 청구하도록 규정하고 있음을 알 수 있으므로 원고가 경찰공무원으로서 파면처분(징계처분)을 받은 이 사건의 경우에는 그 소청제기기간은 원고가 그 처분사유설명서를 받은 날로부터 진행하는 것이지 원고가 그 파면된 사실을 안 날로부터 진행한다고는 볼 수 없다 할 것이다.

소청인은 소청심사 청구의 경우 변호사를 대리인으로 선임할 수 있다. 소청심사의 피소청인은 관계공무원 또는 변호사를 대리인으로 지정 또는 선임하여 소청에 응하게 할 수 있다. 이 경우 소청인의 대리인 및 피소청인의 대리인은 그 위임장 또는 지정서를 소청심사위원회에 제출하여야 한다.

나. 항고서의 제출

징계처분등을 받은 군인 또는 군무원(이하 "항고인"이라 한다)은 처분등을 통지 받은 날부터 30일 이내에 장성급 장교가 지휘하는 징계권자의 차상급 부대 또는 기관의 장(항고심사권자)에게 그 처분에 대하여 항고할 수 있다. 항고인이 항고를 제기할 때에는 항고심사권자에게 항고취지 및 항고이유를 기재한 항고서에 징계처분서 사본, 징계부가금 부과처분서 사본 또는 징계부가금 감면처분서 사본을 첨부하여야 한다. 항고인은 항고인에 유리한 자료나 증거를 항고서와 함께 제출할 수 있다.

항고인은 변호사를 대리인으로 선임할 수 있다. 항고인이 변호사를 대리인으로 선임한 때에는 그 위임장을 항고심사위원회에 제출하여야 한다.

3. 소청심사위원회 또는 항고심사위원회의 심사

가. 소청심사위원회의 심사절차

(1) 심사의 개시 및 심사기일의 통지

소청심사위원회는 징계처분에 대하여 불복하는 공무원이 소청심사청구서를 제출하여 소청을 접수하면 지체 없이 심사하여야 한다. 소청심사위원회가 소청사건을 심사할 때에는 소청인과 피소청인 또는 그 대리인(이하 "소청당사자"라 한다)에게 심사일시·장소를 통지하여 출석할 수 있도록 해야 한다. 심사기일의 통지를 받은 자가 정당한 사유로 출석할 수 없거나 심사를 연기할 필요가 있는 경우에는 서면으로 심사의 연기를 요청할 수 있다.

(2) 사실조사 등

소청심사위원회는 소청사건에 대한 심사를 할 때에 필요하면 검증·감정, 그 밖의 사실조사를 하거나 증인을 소환하여 질문하거나 관계 서류를 제출하도록 명할 수 있다. 소청심사위원회가 각 기관에 대하여 심사자료의 제출을 요구하였을 때에는 각 기관은 지정된 기간 내에 이를 제출하여야 한다. 소청심사위원회가 피소청인에게 소청심사청구에 대한 답변서의 제출을 요구한 경우에는 피소청인은 지정된 기일 안에 답변서를 제출하여야 한다. 소청심사위원회는 피소청인이 제출한 답변서의 내용이 충분하지 아니하거나 입증자료가 필요한 경우에는 피소청인에게 답변 내용의 보충을 요구하거나 입증자료의 제출을 요구할 수 있다.

▮판례▮ 대법원 1993. 12. 14. 선고 93누15045 판결 참조

교육공무원징계령 제9조 제3항에 의하면, 징계혐의자는 증인의 심문을 신청할 수 있고, 이 경우에 징계위원회는 그 채택 여부를 결정하여야 되도록 규정되어 있는바, 징계위원회가 징계혐의자의 증인심문신청에 대하여 명시적으로 그 채택여부를 결정하지 아니한 채 징계심의절차를 종결하고 징계의결을 하였다면 그 증인을 심문하지 아니하기로 묵시적으로 결정된 것으로 보아야 할 것이므로, 관할 징계위원회가 원고 김영숙의 증인심문 신청에 대하여 명시적으로 그 채택 여부를 결정하지 아니하고 징계의결을 하였더라도 그와 같은 사유만으로 그 징계의결절차가 위법한 것이라고 볼 수는 없을 것이다.

(3) 소청당사자의 진술권 등

소청심사위원회는 소청사건을 심사할 때에는 소청인 또는 그 대리인에게 진술 기회를 주어야 한다. 소청인 또는 그 대리인에게 진술 기회를 부여하지 아니한 경우 소청심사위원회의 결정은 무효로 한다. 소청심사위원회는 위원회에 출석한 소청당사자의 진술을 청취하고, 심문할 수 있다. 출석하지 아니한 소청당사자는 서면으로 의견을 진술할 수 있다. 소청당사자는 증인의 소환·질문 또는 증거물 기타 심사자료의 제출명령을 신청하거나 증거물 기타 심사자료를 제출할 수 있다.

성폭력범죄의 처벌 등에 관한 특례법 제2조에 따른 성폭력범죄 또는 양성평등기본법 제13조 제2호에 따른 성희롱에 해당하는 비위와 관련된 소청사건의 경우 그 피해자의 신청이 있는 때에는 그 피해자에게 소청심사위원회에 출석하거나 서면으로 의견을 진술할 기회를 주어야 한다.

나. 항고심사위원회의 심사절차

(1) 항고인의 출석 통지

항고심사위원회는 심사 전에 심사대상자에게 심사 일시 등을 고지하고, 심사대상자를 출석시켜 의견을 들은 후 심의를 개시하여야 한다. 다만, 심사대상자가 출석할 수 없는 부득이한 사정이 있는 경우에는 그러하지 아니할 수 있다. 심사대상자는 출석할 수 없는 사유가 종료되는 등 출석할 수 있는 때에는 항고심사위원회에 출석할 수 있다. 출석할 수 없는 사정이 있어 심사위원회에 출석하지 아니하는 심사대상자는 항고심사위원회의 의결 전까지 서면 등을 제출할 수 있다.

(2) 사실조사 등

항고심사위원회는 항고사건에 대한 심사 등 업무수행에 필요한 경우에는 항고심상위원회 간사에게 사실조사를 하게 하거나 특별한 학식·경험이 있는 자에게 검증 또는 감정을 의뢰할 수 있다. 간사의 사실조사에 필요하다고 인정할 때에는 항고인이나 관계인에게 출석을 명할 수 있다. 항고인은 자기에게 이익이 되는 증거를 제출할 수 있다. 항고인이 제출한 증거자료도 증거조사의 대상이 된다. 사실조사에 필요한 경우 항고인과 관계인의 출석을 명하여 진술을 들을 수 있고, 항고인 역시 증인의 신문을 신청할 수 있다. 항고심사위원회는 출석한 항고인에게 심사내용에 관한 신문을 행한다. 관계인의 진술이나 확인이 필요하다고 인정할 때에는 관계인을 항고심사위원회에 출석하게 하여 신문할 수 있다.

(3) 항고인 등 진술권

항고인은 항고심사위원회에서 충분히 진술할 기회를 가지며, 진술과 증거를 제출할 수 있을 뿐만 아니라 증인의 신문을 신청할 수 있다. 항고심사위원회는 심사 일시에 항고인을 출석시켜 항고인의 의견을 들은 후 심사를 개시하여야 한다. 항고심사위원회는 중징계등 요구사건의 피해자가 신청하는 경우에는 그 피해자에게 항고심사위원회에 출석하여 해당 사건에 대해 의견을 진술할 기회를 주어야 한다.

4. 소청심사위원회 결정 또는 항고심사위원회의 의결

가. 소청심사위원회의 결정

(1) 심사의 범위와 불이익 변경결정의 금지

소청심사위원회는 징계의 원인이 된 사실 이외의 사실에 대하여 심사하지 못한다. 징계처분등을 받은 자의 소청심사 청구에 따른 소청을 심사하는 경우에는 원징계처분 또는 징계부가금보다 무거우 징계 또는 징계부가금을 부과하는 결정을 하지 못한다.

▌판례▐ 대법원 1983. 10. 25. 선고 83누396 판결 참조

공무원에 대한 징계처분은 법정된 징계사유에 근거를 두어야 하고 징계처분을 행할 때에는 그 공무원에게 징계처분의 사유를 기재한 설명서를 교부함으로써 처분의 이유를 명시하도록 법률이 요구하고 있으므로(지방공무원법 제67조 및 제69조 국가공무원법도 같다), 징계처분 취소소송에 있어서 처분청은 당초의 징계처분사유와 기본적 사실관계의 동일성이 인정되는 한도 내에서만 징계처분사유를 추가하거나 변경할 수 있고 기본적 사실관계의 동일성이 전혀 없는 별개사실을 징계처분사유로서 주장함은 허용되지 않으며, 법원으로서도 당초의 징계처분사유와 기본적 사실관계의 동일성이 없는 사실을 징계처분사유로 인정할 수 없다고 보아야 할 것이다.

(2) 결정 유형 및 결정 방법

징계처분에 대한 소청심사청구의 사건에서 소청심사위원회는 각하, 기각, 징계처분의 취소 또는 변경하는 결정을 한다. 심사청구가 소청제기기간의 경과, 소청 관할의 위반 등 소청의 제기가 부적법한 때에는 그 청구를 각하하고, 심사청구가 이유 없다고 인정되면 그 청구를 기각한다. 처분의 취소 또는 변경을 구하는 심사청구가 이유 있다고 인정되면 그 처분을 취소 또는 변경하거나 처분행정청에 취소 또는 변경을 명하는 결정을 한다.

소청심사위원회의 소청사건의 결정은 소청심사위원회의 재적위원 3분의 2 이상의 출석과 출석위원 과반수의 합의에 따른다. 의견이 나뉘어 출석 위원 과반수의 합의에 이르지 못한 때에는 과반수에 이를 때까지 소청인에게 가장 불리한 의견에 차례로 유리한 의견을 더하여 그중 가장 유리한 의견을 합의된 것으로 본다. 다만, 파면·해임·강등 또는 정직에 해당하는 징계처분을 취소 또는 변경하는 경우에는 재적위원 3분의 2 이상의 출석과 출석 위원 3분의 2 이상의 합의가 있어야 한다.

(3) 결정의 효력

소청심사위원회의 결정은 그 이유를 구체적으로 밝힌 결정서로 하여야 하며, 소청심사결정서는 그 정본을 작성하여 지체 없이 소청당사자에게 송부하여야 한다. 소청심사위원회의 결정은 처분 행정청을 기속한다. 다만, 소청심사위원회의 취소 또는 변경을 명하는 결정은 그 명령에 따라 징계등 처분이 있을 때까지 종전의 징계처분등에는 영향을 미치지 않는다.

나. 항고심사위원회의 의결

(1) 불이익 변경의결 금지

항고를 받은 국방부장관과 부대 또는 기관의 장은 항고심사위원회의 심사를 거쳐 원래의 징계처분등을 취소하거나 감경(減輕)할 수 있다. 다만, 원징계처분보다 무겁게 징계하거나 원징계부가금 부과처분보다 무거운 징계부가금을 부과하는 결정을 하지 못한다.

(2) 심사의결방법 및 의결유형

항고심사위원회는 항고의 제기가 있는 날부터 30일 이내에 심사하여 의결하여야 한다. 항고심사위원회는 재적위원 3분의 2 이상의 출석과 출석위원 과반수의 찬성으로 의결하되, 의견이 나뉠 경우에는 출석위원 과반수에 이를 때까지 항고인에게 가장 불리한 의견에 차례로 유리한 의견을 더하여 그중 가장 유리한 의견을 합의된 의견으로 본다.

항고심사위원회의 의결은 각하, 기각, 인용으로 구분하여 한다. 여기서 "각하"란 항고제기가 부적법하거나 소정의 기간 내에 보정하지 아니한 경우에, "기각"이란 항고의 제기가 이유 없다고 인정하는 경우에 이루어지는 의결방법이다. '인용'이란 항고의 제기가 이유 있다고 인정하여 징계처분등을 취소·무효확인 또는 변경하는 것으로 의결한 경우를 말한다.

(3) 심사의결의 송부 및 항고심사권자의 결정

항고심사위원회는 의결을 하였을 때에는 지체 없이 항고심사의결서에 징계등의 원인이 된 사실, 증거의 판단, 관계 법령 및 징계등 면제 사유 해당 여부를 구체적으로 밝혀 항고심사권자에게 송부해야 한다. 항고심사권자는 항고심사위원회로부터 항고심사의결서를 송부받은 때에는 7일 이내에 이에 대한 결정을 하고, 그 결정을 징계권자와 항고인에게 서면으로 통보하여야 한다. 이 경우 항고심사권자는 징계감경사유가 있는 때에는 항소심사위원회의 의결결과를 감경할 수 있다. 징계권자는 항고심사권자로부터 결정을 통보받은 때에는 그 내용에 따라 지체 없이 결정을 시행하여야 한다.

5. 무효 또는 취소 결정과 재징계의결 요구

가. 재징계의결 요구

징계처분등에 대하여 법령의 적용 또는 증거 및 사실 조사에 명백한 흠이 있는 경우, 징계위원회의 구성 또는 징계의결등 그 밖에 절차상의 흠이 있는 경우, 징계양정 및 징계부가금이 과다한 경우 등을 이유로 소청심사위원회 또는 항고심사위원회에서 징계처분등의 무효 또는 취소의 결정을 받은 경우에는 징계권자는 다시 징계의결 또는 징계부가금 부과의결(이하 “징계의결등”이라 한다)을 요구하여야 한다. 다만, 징계양정 등이 과다한 경우를 이유로 무효 또는 취소의 결정을 받은 감봉·견책처분에 대하여는 징계의결을 요구하지 아니할 수 있다.

나. 재징계의결요구와 시효기간

징계권자가 소청심사위원회 또는 항고심사위원회의 무효 또는 취소의 결정에 따라 징계의결등을 요구하는 경우에는 그 결정이 확정된 날부터 3개월 이내에 관할 징계위원회에 징계의결등을 요구하여야 하며, 관할 징계위원회에서는 다른 징계사건에 우선하여 징계의결등을 하여야 한다.

징계위원회의 구성·징계의결등 그 밖에 절차상 흠이나 징계양정 및 징계부가금의 과다를 이유로 소청심사위원회 또는 항고심사위원회가 징계처분등의 무효 또는 취소의 결정을 한 경우에는 해당 징계사건에 대한 징계시효기간이 지나거나 그 남은 기간이 3개월 미만인 경우에도 그 결정이 확정된 날부터 3개월 이내에는 다시 징계의결등을 요구할 수 있다.

6. 소청 또는 항고와 행정소송의 관계

징계처분에 대한 행정소송은 소청심사위원회 또는 항고심사위원회의 심사·결정을 거치지 아니하면 제기할 수 없다. 소청인이 소청심사위원회의 결정에 대하여 행정소송을 제기한 경우에는 해당 소청사건의 피소청인은 소송을 제기한 사실 및 그 결과를 소청심사위원회에 통보하여야 한다.

제3절 행정소송에 따른 사법적 구제

1. 행정소송의 이해

가. 행정소송의 개념

“행정소송”이라 함은 행정청의 행정처분이 위법하거나 무효인 경우 또는 행정청의 부작위가 위법한 경우 법원에 그 처분의 취소 또는 변경이나 무효 또는 부작위가 위법하다는 것에 대하여 확인을 구하는 소송을 말한다.

행정소송은 항고소송, 당사자소송, 민중소송 및 기관소송으로 구분된다. 항고소송은 행정청의 처분등이나 부작위에 대하여 제기하는 소송을 말하고, 당사자소송은 행정청의 처분등을 원인으로 하는 법률관계에 관한 소송 그 밖에 공법상의 법률관계에 관한 소송으로서 그 법률관계의 한쪽 당사자를 피고로 하는 소송이다. 민중소송은 국가 또는 공공단체의 기관이 법률에 위반되는 행위를 한 때에 직접 자기의 법률상 이익과 관계없이 그 시정을 구하기 위하여 제기하는 것이고, 기관소송은 국가 또는 공공단체의 기관상호간에 있어서의 권한의 존부 또는 그 행사에 관한 다툼이 있을 때에 이에 대하여 제기하는 소송을 말한다. 다만, 기관소송은 헌법재판소의 관장사항은 제외한다.

항고소송은 행정청의 처분등이나 부작위에 대하여 제기하는 것으로, 다시 취소소송, 무효등 확인소송, 부작위위법확인소송으로 구분된다.

취소소송은 행정청의 위법한 처분등을 취소 또는 변경하는 소송을 말하고, 무효등 확인소송은 행정청의 처분등의 효력 유무 또는 존재 여부를 확인하는 소송이며, 부작위위법확인소송은 행정청의 부작위가 위법하다는 것을 확인하는 소송을 의미한다.

징계처분의 경우에는 징계권자의 처분이 위법하거나 무효인 경우 그 처분에 대하여 취소 또는 변경이나 처분의 무효에 대하여 확인을 구하는 것이므로 항고소송 중 취소소송 또는 무효등 확인소송이 제기될 수 있다.

나. 행정소송의 대상

(1) 항고소송의 대상

항고소송은 행정청의 처분등이나 행정청의 부작위을 대상으로 한다. 여기서 "처분등"이라 함은 행정청이 행하는 구체적 사실에 관한 법집행으로서의 공권력의 행사 또는 그 거부와 그 밖에 이에 준하는 행정작용 또는 처분 및 행정심판에 대한 재결을 말한다. "부작위"라 함은 행정청이 당사자의 신청에 대하여 상당한 기간 내에 일정한 처분을 하여야 할 법률상 의무가 있음에도 불구하고 이를 하지 아니하는 것을 말한다. 취소소송은 처분등을 대상으로 하되, 재결취소소송의 경우에는 재결 자체에 고유한 위법이 있음을 이유로 하는 경우에 한한다.

▌판례▐ 대법원 1962. 5. 3. 선고 4294민상970 판결 참조

이 재판은 대법원판사 홍순엽의 다음과 같은 이견 있는 외에는 관여 대법원판사의 일치된 의견으로 이루어진 것이다 대법원판사 홍순엽의 이견 사립학교의 교원징계에 있어서도 교육공무원법 소정징계절차에 관한 규정이 준용되어야 한다는 것은 위의 다수 의견과 견해를 같이하는 바이지만 사립학교와 그 학생과의 관계나 또는 사립학교의 관리주체와 교원과의 관계는 그것이 사법상의 계약에 의하여 설정된다하여도 학교교장이 학생에 대하여 가지는 규율권이나 학교관리 주체의 교원에 대한 징계권은 모두 교육법이나 교육공무원법에 의하여 허용되는 공적 성질을 띄운 것으로서 교육과 학교의 관리라는 특수목적을 위하여 필요한 한도에서 학교장이나 학교 관리자에게 포괄적인 지배권이 부여되어 이들 사이에는 특별권력관계가 형성된다고 보아야 할 것이며 이 특별권력 관계는 국가의 공법적 법적질서에 의하여 특히 부여되는 것이니 만큼 공법상의 특별권력관계라 할 것이다 그렇다면 학교장이나 학교의 관리주체는 이 공법상의 특별권력을 행사하는 입장에서는 공법상의 지위에 준한다 할 것이며 만일 그 권력행사가 그 특별권력의 존립목적의 한계를 이탈하여 특별권력 관계에 복종하는 자의 권익을 침해하였다면 그 실태는 행정처분에 의하여 사람의 권리가 침해된 것과 마찬가지의 가치판단을 받아야 할 것으로서 학교장의 규율행사나 학교관리자의 징계처분의 시정을 구하는 형식이 취소청구이든 또는 무효확인이든 행정소송법에 의하여야할 것이며 본건 징계처분으로서의 해임결의의 무효확인을 구하는 것은 행정소송의 대상은 될지언정 민사재판권의 관할에 속한다고는 볼 수 없다 따라서 본건 징계처분으로서의 해임결의 무효확인이 민사재판소의 관할사항이라는 것을 전제로 한 다수의견에 찬동할 수 없다.

(2) 징계처분에 대한 취소소송의 대상

징계처분을 받은 사람은 징계처분에 절차상 위법이 있거나 처분의 내용이 위법한 경우 또는 징계재량권의 일탈·남용이 인정되어 위법한 경우에는 그 징계처분의 취소 또는 변경을 구하는 취소소송을 제기할 수 있다.

▌판례▐ 대법원 1981. 11. 24. 선고 81누70 판결 참조

지방공무원법 제6조 제1, 2항 및 제8조 제1항 제2호의 각 규정에 의하면, 지방자치단체의 장은 그 소속 공무원에 대한 징계권한을 가지며 이를 지방자치단체의 규칙이 정하는 바에 따라 그 소속기간의 장에게 위임할 수 있도록 되어 있고, 이러한 징계권한 가운데는 관할 인사위원회에 징계의결을 요구하는 권한도 포함되어 있음이 분명한바, 지방공무원 징계 및 소청규정 제2조 제1항에 보면 서울특별시, 부산시의 구청장 및 지방공무원법 제7조 제1항 단서의 규정에 의하여 인사위원회를 둔 소속기관의 장은 4급 이하의 소속 공무원이 지방공무원법 제69조 제1항 각호의 1에 해당하는 사유가 있다고 인정될 때에는 지체 없이 당해 징계사건을 관할하는 인사위원회에 징계의 종류를 명시하여 징계의결을 요구하여야 하도록 규정되어 있으나, 이는 지방자치단체의 장이 지방공무원법 제6조 제2항의 규정에 따라 그 징계권한의 일부인 징계의결요구권을 구청장 등 소속기관의 장에게 위임하였을 경우에 이를 행사하는 절차에 관한 규정이라고 해석함이 타당하고, 이와 달리 지방자치단체의 장의 위임 여부에 관계없이 구청장 등 소속기관의 장에게 징계의결요구권을 부여하는 규정이라고 볼 것이 아니다. 그렇다면, 위 지방공무원 징계 및 소청규정 제2조 제1항은 모법인 지방공무원법 제6조 제2항과 저촉되는 규정이라고 볼 수 없음에도 불구하고 저촉된다고 보아 무효라고 판단한 원심조치는 잘못이라고 하겠으나, 원심은 피고가 지방공무원법 제6조 제2항에 의하여 그 소속 공무원에 대한 징계의결요구권을 도봉구청장에게 위임한 바 없는 사실을 적법하게 확정하고 도봉구청장의 원고에 대한 이 사건 징계의결요구는 위법한 것이므로 이에 터잡은 징계의결에 따라 이루어진 이 사건 징계처분도 위법하다고 정당하게 판단하고 있어 이 판단에는 영향이 없으므로, 논지는 결국 이유 없다.

(3) 징계처분의 무효 등 확인소송의 대상

징계처분이 징계심의대상자에 대하여 징계위원회에 충분히 진술할 수 있는 기회를 주지 아니한 경우, 징계위원회의 구성에 하자가 있거나 의결절차에 명백한 위법이 있는 때에는 그 징계처분은 무효가 된다. 이러한 무효사유를 들어 징계처분의 효력 유무 또는 존재 여부를 구하는 때에는 무효등 확인소송을 제기한다.

다. 행정소송의 당사자와 소의 이익

(1) 취소소송 등의 원고 적격

취소소송은 처분등의 취소를 구할 법률상 이익이 있는 자가 제기할 수 있다. 징계처분을 받은 사람은 취소소송의 원고로서 당사자가 될 수 있다. 처분등의 효과가 기간의 경과, 처분등의 집행 그 밖의 사유로 인하여 소멸된 뒤에도 그 처분등의 취소로 인하여 회복되는 법률상 이익이 있는 자의 경우에도 취소소송의 원고적격이 인정된다.

무효등 확인소송의 원고로서 당사자는 처분등의 효력 유무 또는 존재 여부의 확인을 구할 법률상 이익이 있는 자가 된다. 무효등 확인소송에 있어서도 취소소송과 같이 징계처분의 효력이 소멸된 뒤에도 그 처분등의 취소로 인하여 회복되는 법률상 이익이 있는 때에는 무효등 확인을 구할 법률상 이익이 인정된다.

징계처분의 처분 행정청은 소청심사위원회 또는 항고심사위원회의 결정 또는 의결에 기속되므로 그 결정 또는 의결에 대하여 행정소송을 제기할 수 없어 취소소송의 원고 적격을 갖지 못한다. 다만, 사립학교법에 따른 학교법인, 사립학교의 경영자 또는 사립학교의 장 등 당사자는 교원소청심사위원회의 결정에 대하여 취소소송을 제기할 수 있다.

▌판례▐ 대법원 2011. 6. 24. 선고 2008두9317 판결 참조

교원지위 향상을 위한 특별법 제10조 제3항, 대학교원 기간임용제 탈락자 구제를 위한 특별법 제10조 제2항, 사립학교법 제53조의2 제1항, 제2항 규정들의 내용 및 원래 교원만이 교원소청심사위원회의 결정에 대하여 행정소송을 제기할 수 있도록 한 구 교원지위 향상을 위한 특별법(2007.5.11. 법률 제8414호로 개정되기 전의 것) 제10조 제3항이 헌법재판소의 위헌결정(헌법재판소 2006. 2. 23. 선고 2005헌가7, 2005헌마1163 전원재판부 결정)에 따라 학교법인 및 사립학교 경영자뿐 아니라 소청심사의 피청구인이 된 학교의 장 등도 행정소송을 제기할 수 있도록 현재와 같이 개정된 경위, 학교의 장은 학교법인의 위임 등을 받아 교원에 대한 징계처분, 인사발령 등 각종 업무를 수행하는 등 독자적 기능을 수행하고 있어 이러한 경우 하나의 활동단위로 특정될 수 있는 점까지 아울러 고려하여 보면, 교원소청심사위원회의 결정에 대하여 행정소송을 제기할 수 있는 자에는 교원지위 향상을 위한 특별법 제10조 제3항에서 명시하고 있는 교원, 사립학교법 제2조에 의한 학교법인, 사립학교 경영자뿐 아니라 소청심사의 피청구인이 된 학교의 장도 포함된다고 보는 것이 타당하다.

(2) 취소소송 등의 피고 적격

취소소송은 다른 법률에 특별한 규정이 없는 한 그 처분등을 행한 행정청을 피고로 한다. 다만, 처분등이 있은 뒤에 그 처분등에 관계되는 권한이 다른 행정청에 승계된 때에는 이를 승계한 행정청을 피고로 한다. 처분 행정청이 없게 된 때에는 그 처분등에 관한 사무가 귀속되는 국가 또는 공공단체를 피고로 한다. 무효등 확인소송에 있어서도 같다.

징계처분의 취소소송 또는 무효등 확인소송에 있어서 피고 적격은 징계처분을 한 징계권자가 된다. 소청심사 결정 또는 항고심사 의결에 대한 취소소송의 경우에는 소청결정 또는 항고심사의결 자체에 고유한 위법이 있음을 이유로 하는 경우에 한한다. 소청심사위원회의 심의 또는 항고심사위원회의 의결 결과에 따른 징계권자 또는 항고심사권자의 처분에 대하여는 해당 징계권자 또는 항고심사권자가 피고인 처분청이 된다. 그러나 소청위원회의 결정 또는 항고심사위원회의 의결이 각하 또는 기각인 경우에는 원처분의 처분청, 즉 원징계처분의 징계권자가 피고가 된다. 대통령의 처분에 대하여 행정소송을 제기하는 경우에는 소관 장관을 피고로 한다.

2. 행정소송의 제기

가. 소청 또는 항고 전치주의의 적용

징계처분에 대한 행정소송은 소청심사 또한 항고심사 전치주의가 적용된다. 즉, 소청심사위원회 또는 항고심사위원회의 심사·결정을 거치지 아니하면 행정소송을 제기할 수 없다. 따라서 징계처분에 대하여 행정소송을 제기하기 위해서는 소청심사청구 또는 항고를 제기한 후 소청심사위원회 또는 항고심사위원회의 결정·의결을 거쳐야 한다. 소청심사 또는 항고 절차를 거치지 않고 행정소송을 제기한 때에는 소송의 제기가 법률에 적합하지 아니한 경우로서 각하된다.

나. 취소소송의 제소기간

(1) 취소소송의 제기기간

행정소송 중 취소소송은 처분등이 있음을 안 날부터 90일 이내에 제기하여야 한다. 다만, 행정심판 등 전치절차를 거친 때에는 재결서 등을 송달받은 날부터 기산한다. 취소소송은 처분등이 있은 날부터, 행정심판 등을 거친 때에는 그 재결이 있은 날부터 1년을 경과하면 이를 제기하지 못한다. 다만, 정당한 사유가 있는 때에는 그러하지 아니하다. 행정소송의 제기기간은 불변기간으로 한다.

▌판례▌ 대법원 2001. 5. 8. 선고 2000두6916 판결

행정소송법 제20조 제1항, 제3항에서 말하는 "취소소송은 처분 등이 있음을 안 날부터 90일 이내에 제기하여야 한다."는 제소기간은 불변기간이고, 다만 당사자가 책임질 수 없는 사유로 인하여 이를 준수할 수 없었던 경우에는 같은 법 제8조에 의하여 준용되는 민사소송법 제160조 제1항에 의하여 그 사유가 없어진 후 2주일 내에 해태된 제소행위를 추완할 수 있다고 할 것이며, 여기서 당사자가 책임질 수 없는 사유란 당사자가 그 소송행위를 하기 위하여 일반적으로 하여야 할 주의를 다하였음에도 불구하고 그 기간을 준수할 수 없었던 사유를 말한다고 할 것이다(대법원 1987. 3. 10. 선고 86다카2224 판결, 1998. 10. 2. 선고 97다50152 판결 등 참조).

(2) 소청에 대한 취소소송의 제기기간

소청심사위원회는 징계처분에 대한 소청심사 청구에 대하여 결정을 한 때에는 소청심사결정서를 작성하여야 하고, 그 정본을 지체 없이 소청당사자에게 송부하여야 한다. 따라서 징계처분에 대한 취소소송은 소청심사위원회의 결정 정본이 소청당사자에게 송부된 날부터 90일 이내에 제기하여야 한다.

다만, 소청심사위원회의 결정이 그 처분의 취소 또는 변경을 명하는 것인 때에는 그 결정서가 피소청인에게 송부되어 처분 행정청의 징계권자가 그 결정의 취지에 따라 징계처분을 취소 또는 변경하는 날(그 취소 또는 변경처분사유설명서 교부가 있는 때에는 그 교부일을 말한다)부터 90일 이내에 취소소송을 제기할 수 있다.

▮판례▮ 대법원 2018. 10. 25. 선고 2015두38856 판결

행정처분의 무효확인을 구하는 소에는 원고가 그 처분의 취소를 구하지 아니한다고 밝히지 아니한 이상 그 처분이 당연무효가 아니라면 그 취소를 구하는 취지도 포함되어 있는 것으로 보아야 하고, 그와 같은 경우에 취소청구를 인용하려면 먼저 취소를 구하는 항고소송으로서의 제소요건을 구비하여야 한다(대법원 1986. 9. 23. 선고 85누838 판결 등 참조). 한편 취소소송은 처분 등이 있음을 안 날부터 90일 이내에 제기하여야 하고 행정심판청구를 할 수 있는 경우에 행정심판청구가 있은 때의 기간은 재결서 정본을 송달받은 날부터 기산하며(행정소송법 제20조 제1항), 그 제소기간은 불변기간이며(같은 조 제3항), 다만 당사자가 책임질 수 없는 사유로 인하여 이를 준수할 수 없었던 경우에는 같은 법 제8조에 의하여 준용되는 민사소송법 제173조 제1항에 의하여 그 사유가 없어진 후 2주일 내에 해태된 제소행위를 추완할 수 있다. 여기서 '당사자가 책임질 수 없는 사유'란 당사자가 그 소송행위를 하기 위하여 일반적으로 하여야 할 주의를 다하였음에도 불구하고, 그 기간을 준수할 수 없었던 사유를 말한다.

교원의 징계처분에 대한 교원소청의 경우, 교원소청심사위원회는 심사청구에 대하여 결정을 한 때에는 그 결정서를 지체 없이 소청당사자에게 송부하여야 하는바, 그 결정서에 대하여 교원 또는 사립학교법 제2조에 따른 학교법인 또는 사립학교 경영자 등 당사자는 그 결정서를 송달받은 날부터 30일 이내에 취소소송을 제기할 수 있다.[11]

징계처분에 대한 취소소송은 소청심사위원회의 결정이 있은 날부터 1년을 경

---

11) 교원의 지위향상 및 교육활동 보호를 위한 특별법 제10조 제4항.

과하면 이를 제기하지 못한다. 다만, 소청심사위원회의 결정이 처분 행정청에 대하여 소청대상 징계처분의 취소 또는 변경을 명하는 것인 때에는 그 결정에 따라 처분 행정청 또는 징계권자의 취소 또는 변경 처분이 있은 날부터 기산한다.

(3) 항고에 대한 취소소송의 제기기간

징계처분에 대한 항고의 경우 항고심사위원회는 의결을 한 때에는 그 의결서를 항고심사권자에게 지체 없이 송부하고, 항고심사권자는 그 의결서를 송부받은 날부터 7일 이내에 이에 대한 확인 또는 감경 결정을 하여 징계권자와 항고인에게 서면으로 통보하여야 한다. 항고인은 항고심사권자로부터 그 결정을 통보받은 날부터 90일 이내에 취소소송을 제기하여야 하며, 그 통보가 있은 날부터 1년이 경과하면 취소소송을 제기할 수 없다.

다. 무효등 확인소송의 제소기간

징계처분자에게 징계권이 없거나, 징계처분 당사자에게 진술 기회를 부여하지 아니한 경우 등 중대하고 명백한 위법이 있는 때에는 소청심사위원회 또는 항고심사위원회는 처분의 효력 유무 또는 존재 여부를 확인하는 결정 또는 의결을 한다. 무효등확인소송에서는 부작위위법확인소송과 달리 취소소송의 제소기간에 관한 규정을 준용하지 아니하므로 제소기간의 제한이 없다. 따라서 징계처분등의 효력 유무 또는 존재 여부의 확인을 구할 법률상 이익이 있는 때에는 기간의 제한 없이 소송을 제기할 수 있다.

라. 행정소송 제기의 효력

취소소송의 제기는 처분등의 효력이나 그 집행 또는 절차의 속행에 영향을 주지 아니한다. 징계처분등이나 그 집행 또는 절차의 속행으로 인하여 생길 회복하기 어려운 손해를 예방하기 위하여 긴급한 필요가 있다고 인정할 때에는 본안이 계속되고 있는 법원은 당사자의 신청 또는 직권에 의하여 처분등의 효력이나 그 집행 또는 절차의 속행의 전부 또는 일부의 정지를 결정할 수 있다. 다만, 집행정지는 공공복리에 중대한 영향을 미칠 우려가 있을 때에는 허용되지 아니한다.

집행정지의 결정이 확정된 후 집행정지가 공공복리에 중대한 영향을 미치거나 그 정지사유가 없어진 때에는 당사자의 신청 또는 직권에 의하여 결정으로써 집행정지의 결정을 취소할 수 있다.

3. 행정소송의 재판

가. 법원의 직권심리와 사정판결

법원은 당사자의 신청이 있는 때에는 결정으로써 재결을 행한 행정청에 대하여 행정심판에 관한 기록의 제출을 명할 수 있다. 이 경우 제출명령을 받은 행정청은 지체 없이 당해 행정심판에 관한 기록을 법원에 제출하여야 한다.

법원은 필요하다고 인정할 때에는 직권으로 증거조사를 할 수 있고, 당사자가 주장하지 아니한 사실에 대하여도 판단할 수 있다. 행정청의 재량에 속하는 처분이라도 재량권의 한계를 넘거나 그 남용이 있는 때에는 법원은 이를 취소할 수 있다.

원고의 청구가 이유 있다고 인정하는 경우에도 징계처분등을 취소하는 것이 현저히 공공복리에 적합하지 아니하다고 인정하는 때에는 법원은 원고의 청구를 기각할 수 있다. 이 경우 법원은 그 판결의 주문에서 그 처분등이 위법함을 명시하여야 한다. 법원이 위와 같은 사정판결을 함에 있어서는 미리 원고가 그로 인하여 입게 될 손해의 정도와 배상방법 그 밖의 사정을 조사하여야 한다.

▌판례▌ 대법원 1991. 11. 22. 선고 91누4102 판결 참조

공무원에 대한 징계의 정도가 지나치게 무거워 재량권의 범위를 벗어난 위법한 처분이라고 할 수 있으려면 징계의 사유가 된 비위사실의 내용 및 성질과 징계에 의하여 달성하려는 행정목적 등에 비추어 보아 그 징계내용이 객관적으로 명백히 부당하다고 인정할 수 있는 경우이어야 할 것이고(당원 1988. 3. 22. 선고 87누366 판결 참조), 또 수개의 징계사유 중 일부가 인정되지 않더라도 인정되는 다른 일부 징계사유만으로도 당해 징계처분의 타당성을 인정하기에 충분한 경우에는 그 징계처분을 유지한다 하여도 위법하다고 할 수 없는 것인데 …

나. 취소판결등의 효력

징계처분등을 취소하는 확정판결은 그 사건에 관하여 당사자인 행정청과 그 밖의 관계행정청을 기속한다. 징계처분등을 취소하는 확정판결은 제3자에 대하여도 효력이 있다.

4. 취소판결과 재징계의결 요구

가. 재징계의결 요구

징계처분등에 대하여 법령의 적용 또는 증거 및 사실 조사에 명백한 흠이 있는 경우, 징계위원회의 구성 또는 징계의결등 그 밖에 절차상의 흠이 있는 경우, 징계양정 및 징계부가금이 과다한 경우 등을 이유로 법원에서 징계처분등의 무효 또는 취소의 판결을 받은 경우에는 징계권자는 다시 징계의결 또는 징계부가금 부과의결(이하 "징계의결등"이라 한다)을 요구하여야 한다. 다만, 징계양정등이 과다한 경우를 이유로 무효 또는 취소의 판결을 받은 감봉·견책처분에 대하여는 징계의결을 요구하지 아니할 수 있다.

나. 재징계의결 요구와 시효기간

처분권자가 법원의 무효 또는 취소의 판결에 따라 징계의결등을 요구하는 경우에는 법원의 판결이 확정된 날부터 3개월 이내에 관할 징계위원회에 징계의결등을 요구하여야 하며, 관할 징계위원회에서는 다른 징계사건에 우선하여 징계의결등을 하여야 한다.

징계위원회의 구성·징계의결등 그 밖에 절차상 흠이나 징계양정 및 징계부가금의 과다를 이유로 법원에서 징계처분등의 무효 또는 취소의 판결을 한 경우에는 해당 징계사건에 대한 징계시효기간이 지나거나 그 남은 기간이 3개월 미만인 경우에도 그 판결이 확정된 날부터 3개월 이내에는 다시 징계의결등을 요구할 수 있다.

제2편

공무원 징계법 각론

제1장

국가공무원의 징계

제1절 총 칙

1. 징계의결등 절차의 개관

공무원이 국가공무원법(이하 이 장에서 "법"이라 한다) 또는 이 법에 따른 명령을 위반한 경우, 직무상의 의무를 위반하거나 직무를 태만히 한 때 또는 직무의 내외를 불문하고 그 체면 또는 위신을 손상하는 행위를 한 때에는 징계의결 요구권자는 그 징계혐의사실을 조사하여 그 사실이 징계사유에 해당하는 때에는 징계위원회에 징계의결을 요구하여야 하고, 그 징계사유가 금전·물품·부동산·향응 또는 그 밖에 재산상 이익을 취득하거나 제공한 경우 또는 예산등 공금을 횡령·배임·절도·사기 또는 유용한 경우 등 징계부가금 부과사유에 해당하는 때에는 그 징계위원회에 징계부가금 부과의결을 요구하여야 하며, 징계위원회의 의결의 결과에 따라 징계처분권자는 해당 공무원에 대한 징계처분 또는 징계부가금 부과처분(이하 이 장에서 "징계처분등"이라 한다)을 하여야 한다.

징계의결요구권자 또는 징계권자는 징계사유에 해당하는 공무원의 의무 위반행위를 알게 되거나 감사원 또는 감사기관, 수사기관 등으로부터 소속 공무원의 의무위반행위를 통보받은 때에는 징계조사담당자를 지정하여 해당 의무위반행위가 징계사유에 해당하는지 여부를 조사하게 하여야 한다. 징계혐의사실에 대한 조사 결과 해당 의무위반행위가 징계사유에 해당하고, 그 징계사유가 징계부가금 부과사유에 해당하며 징계등 처분의 필요성이 인정되는 경우에는 관할 징계위원회에 징계의결 또는 징계부가금 부과의결(이하 이 장에서 "징계의결등"이라고 한다)을 요구하여야 한다.

징계위원회는 징계의결요구권자로부터 징계의결등을 요구받은 때에는 징계의결등을 요구받은 때로부터 30일 이내에 징계처분의 대상자에 대한 징계혐의사실에 대하여 심의·의결하여 징계처분권자에게 그 의결 결과를 통보한다. 다만, 부득이한 사유가 있는 때에는 징계위원회의 결정으로 30일의 범위에서 위 심의·의결 기간을 연장할 수 있다. 징계위원회는 징계위원회의 회의를 소집하여 징계의결등이 요구된 징계혐의사실에 대하여 심의하여 무기명 투표의 방법으로 해당 징계심의 대상사실이 증거에 의하여 충분히 입증되고, 징계등 사유에 해당하는 경우에는 필요한 징계처분등에 대하여 의결하여야 한다. 징계위원회는 징계위원회는 징계심의 대상사실에 대한 심의·의결을 위하여 필요한 경우 참고인의 출석을 요구하여 신문할 수 있고, 관계기관에 필요한 자료의 제출을 요구할 수 있다. 징계위원회는 징계심의대상자에게 징계위원회에 출석하여 충분한 진술을 할 수 있는 기회를 부여하여야 하며, 징계심의대상자는 징계위원회에 출석하여 진술할 수 있고 자신에게 유리한 자료를 제출할 수 있으며 필요한 경우 증인을 신청할 수 있다.

징계위원회는 징계의결등 요구에 대하여 징계 심의·의결을 한 때에는 그 결과를 징계권자에게 통보하여야 한다. 징계권자는 징계위원회로부터 징계 심의·의결 결과를 통보받은 때로부터 15일 이내에 징계처분등을 하여야 한다. 다만, 징계권자는 징계위원회의 의결 결과가 가볍다고 인정되면 징계처분을 하기 전에 징계권자의 차상급 기관에 설치된 관할 징계위원회에 심사 또는 재심사 청구를 할 수 있다.

징계처분 대상자는 징계처분등이 위법·부당하다고 인정하는 때에는 관할 소청심사위원회에 소청할 수 있다. 소청이 접수되면 소청심사위원회는 지체 없이 심사하여야 하고, 소청심사위원회의 결정에 대하여 불복하고자 하는 경우에는 징계처분 대상자는 처분의 취소를 구하는 행정소송을 제기할 수 있다. 다만, 징계처분에 대한 행정소송은 소청심사위원회의 심사·결정을 거치지 아니하고는 제기할 수 없다.

2. 징계절차의 중지

감사원과 검찰·경찰, 그 밖의 수사기관은 공무원의 비위와 관련하여 조사나 수사를 시작한 때와 이를 마친 때에는 10일 내에 해당 공무원의 소속 기관의 장에게 그 사실을 통보하여야 한다.[1)]

감사원에서 조사 중인 사건에 대하여는 조사개시 통보를 받은 날부터 징계의결 요구나 징계위원회의 심의·의결 또는 징계처분등 그 밖의 징계 절차를 진행하지 못한다.[2)] 반면, 검찰·경찰, 그 밖의 수사기관에서 수사 중인 사건에 대하여는 수사개시 통보를 받은 날부터 징계의결의 요구나 그 밖의 징계 절차를 진행하지 아니할 수 있다. 행정기관의 장은 수사기관으로부터 수사개시 통보를 받은 때에는 지체 없이 징계의결등의 요구나 그 밖에 징계등 절차의 진행 여부를 결정해야 하고, 그 절차를 진행하지 않기로 결정한 경우에는 이를 징계등 혐의자에게 통보해야 한다.[3)]

감사원이나 수사기관의 조사나 수사개시 통보를 받은 경우 중지되거나 중지할 수 있는 징계절차는 징계의결등 요구나 그 밖의 징계등 절차이므로 징계의결 요구를 위한 사전 절차로서 징계사유 등에 대한 조사는 할 수 있는 것으로 해석할 수 있다.

▌판례▌ 대법원 1984. 9. 11. 선고 84누110 판결

원심판결 이유에 의하면 원심은 그 거시증거를 종합하여 원고는 김포세관 관리국 여구과소속 세무서기로서 1983.2.23. 14:00경 위 세관의 여구현장 통관사무실에서 해외취업근로자인 소외인의 휴대품에 대한 통관사무를 처리함에 있어 동인으로부터 미화 200불을 수수한 사실, 이와 같은 원고의 비행이 밝혀지자 피고는 김포세관 보통징계위원회에 징계의결을 요구하였고, 이에 따라 위 징계위원회는 출석통지서에 의하여 같은 해 2.24. 16:00를 의결일시로 정하여 원고에게 출석을 명하였으나 원고가 진술포기서를 제출하고 출석을 하지 아니하므로 위 징계위원회는 위 진술포기서

1) 국가공무원법 제83조 제3항.
2) 국가공무원법 제83조 제1항, 제2항.
3) 공무원 징계령 제8조의2 제1항.

를 기록에 첨부하고 서면 심리만으로 이 사건 징계의결을 한 사실을 각 인정한 다음 이 사건 징계의결절차는 공무원징계령 제10조 제3항에 따른 것이어서 적법하고, 나아가 위 인정사실에 의하면 원고는 그 직무에 관하여 뇌물을 수수함으로써 공무원으로서의 청렴의무에 위반하였다 할 것이니 원고가 종전에 징계를 받은 바 없고 도리어 표창을 받은 일이 있다하여도 원고의 위 비행에 대하여 피고가 그 징계로서 파면을 택하였음은 징계재량권의 일탈이라고는 볼 수 없다고 설시하면서 위 파면처분의 취소를 구하는 원고의 이 사건 청구를 기각하였다.

기록에 비추어 원심의 증거취사와 사실인정 및 그 판단과정을 검토하여 보니 원심의 위 조치는 정당하고, 거기에 소론이 지적하는 바와 같은 채증법칙에 위반한 사실오인이나 심리미진 또는 공무원징계령이나 징계재량권의 범위에 대한 법리오해의 위법이 없고, 또 공무원에게 징계사유가 인정되는 이상 관련된 형사사건이 아직 유죄로 확정되지 아니하였거나 수사기관에서 이를 수사 중에 있다하여도 징계처분은 할 수 있는 것이니 논지는 모두 그 이유 없다 할 것이다.

제2절 징계의결의 요구

1. 징계의결등 요구권자

국가공무원이 징계사유 또는 징계부가금 부과사유에 해당하는 경우에는 징계위원회의 의결을 거쳐 징계 또는 징계부가금 부과처분을 하여야 한다. 징계의결요구권자가 공무원에 대하여 징계의결등을 요구하는 때에는 징계등 사유에 대한 충분한 조사를 한 후에 그 증명에 필요한 관계 자료를 첨부하여 징계위원회에 제출하여야 한다.[4]

가. 소속 장관 및 소속 기관의 장

5급 이상 공무원 및 고위공무원단에 속하는 일반직공무원은 소속 장관이, 6급 이하의 공무원은 소속 기관의 장 또는 소속 상급기관의 장이 징계의결등의 요구권자가 된다. 다만, 겸임공무원에 대해서는 본직 기관의 장이 징계의결등을 요구하여야 한다.[5]

4) 공무원 징계령 제7조 제6항.
5) 공무원 징계령 제7조 제1항.

나. 국무총리, 인사혁신처장 등

국무총리 및 인사혁신처장은 다른 기관 소속 공무원이 징계등 사유가 있다고 인정하면 관계 공무원에 대해서 관할 징계위원회에 직접 징계의결등을 요구할 수 있다.[6]

국무총리는 대통령이나 국무총리의 명령에 따른 감사 결과 징계등 사유가 있다고 인정되는 공무원에 대해서는 직접 관할 징계위원회에 징계의결등을 요구할 수 있다. 이 경우 국무총리는 해당 공무원의 소속 중앙행정기관의 장에게 그 사실을 통보하여야 한다.[7]

다. 보통징계위원회가 설치된 행정기관의 장

보통징계위원회가 설치된 행정기관의 장(중앙행정기관의 장은 제외한다)은 징계등 사건의 내용이 중대하거나 그 기관에 설치된 징계위원회에서는 공정한 의결을 하지 못할 우려가 있다고 인정할 때에는 바로 위 상급행정기관에 설치된 보통징계위원회에 징계의결등을 요구할 수 있다.[8]

라. 징계처분권자

징계처분등이 법령의 적용이나 증거 및 사실 조사에 명백한 흠이 있는 경우, 징계위원회의 구성 또는 징계의결등 그 밖에 절차상의 흠이 있는 경우, 징계양정 및 징계부가금이 과다(過多)한 경우에 해당하는 사유로 소청심사위원회 또는 법원에서 징계처분등의 무효 또는 취소(취소명령을 포함한다)의 결정이나 판결을 받은 경우에는 징계등 처분권자(대통령이 처분권자인 경우에는 처분의 제청권자를 말한다)는 그 결정이나 판결이 확정된 날로부터 3개월 이내에 관할 징계위원회에 다시 징계의결등을 요구하여야 한다. 다만, 감봉이나 견책처분이 징계양정 및 징계부가금이 과다한 경우에 해당하여 무효 또는 취소(명령)의 결정이나 판결을 받은 때에는 징계의결등을 요구하지 아니할 수 있다.[9]

---

6) 국가공무원법 제78조 제4항 단서.
7) 공무원 징계령 제8조.
8) 공무원 징계령 제7조 제5항.
9) 국가공무원법 제78조의3.

2. 징계사건에 대한 조사의 개시

징계의결등 요구권자는 소속 공무원이 징계사유에 해당하는 때에는 징계등 사유에 대하여 충분히 조사하여 그 증명에 필요한 관계 자료를 첨부하여 징계위원회에 제출하여야 한다. 징계의결등 요구권자는 다음과 같은 사유가 있는 때에는 징계사건에 대한 조사를 개시하여야 한다.

가. 소속 공무원의 징계사유를 알게 된 때

징계의결등 요구권자는 행정기관 내부의 감사부서 등 감사나 보고를 통하여 소속 공무원의 비위와 관련된 사실을 알게 되거나 민원이나 신고 또는 제보 등을 통하여 징계사유에 해당하는 사실에 대하여 알게 된 때에는 그러한 비위가 징계사유에 해당하는지 여부에 대하여 조사하여야 한다.

나. 감사원 또는 수사기관으로부터 조사 또는 수사종료 통보를 받은 때

감사원과 검찰·경찰, 그 밖의 수사기관은 공무원의 비위와 관련하여 조사나 수사를 시작한 때와 이를 마친 때에는 10일 내에 해당 공무원의 소속 기관의 장에게 그 사실을 통보하여야 한다. 해당 공무원의 소속 기관의 장은 감사원 또는 수사기관으로부터 조사 또는 수사종료 통보를 받은 때에는 해당 공무원에 대한 징계사유 등에 대하여 조사한 후 징계의결등을 요구하여야 한다.

▌판례▌ 대법원 1985. 3. 26. 선고 84누325 판결

국가공무원법 제83조 제3항의 규정에 의하면, 수사기관은 조사 또는 수사한 공무원의 소속기관의 장에게 당해 사실을 통보하도록 되어 있음에도 불구하고 피고가 원고의 소속기관의 장에게 통보하지 아니하고 원고에 대한 징계절차를 진행하였다고 하여도 이것이 소론 주장과 같이 경찰공무원징계령 제12조 및 제13조에 의하여 보장된 원고의 진술기회를 침해한 것이라고는 볼 수 없으니 이점 논지도 이유 없다.

다. 다른 행정기관의 장으로부터 징계등의 관련 자료의 통보를 받은 때

행정기관의 장은 징계의결등 요구권을 갖지 아니하는 공무원에 대하여 징계등 사유가 있다고 인정하는 경우, 감사원에서 조사한 사건의 경우에는 공무원 징계처분 또는 징계부가금 부과처분 요구서, 혐의자·관련자에 대한 문답서 및 확인서 등 조사기록을 첨부하고, 수사기관에서 수사한 사건의 경우에는 공무원 범죄처분 결과통보서, 공소장, 혐의자·관련자·관련 증인에 대한 신문조서 및 진술서 등 수사기록을 첨부하며, 그 밖에 다른 기관의 경우에는 징계등 혐의사실통보서 및 혐의사실을 증명할 수 있는 관계 자료를 첨부하여 징계의결등 요구권을 갖는 행정기관의 장에게 통보하여야 한다. 징계등 사유를 통보받은 징계의결등 요구권자는 정당한 사유가 없는 때에는 통보를 받은 날부터 1개월 이내에 관할 징계위원회에 징계의결등을 요구하여야 한다. 징계의결등 요구권자는 징계등 사유를 통보한 행정기관의 장에게 해당 사건의 처리 결과를 통보하여야 한다.[10)]

라. 퇴직을 희망하는 공무원에게 징계사유가 확인된 때

퇴직을 희망하는 공무원이 중징계인 파면·해임·강등 또는 정직에 해당하는 징계사유가 있거나 징계위원회에 파면·해임·강등 또는 정직에 해당하는 징계의결이 요구 중인 때, 파면·해임·강등 또는 정직에 해당한다고 판단되는 해당 공무원의 비위와 관련하여 형사사건으로 기소된 때나 조사기관 또는 수사기관에서 조사 또는 수사 중인 때 또는 각급 행정기관의 감사부서 등에서 내부감사 또는 조사 중인 때에는 소속 장관 또는 소속 기관의 장(소속 상급기관의 장을 포함한다)은 지체 없이 징계의결등을 요구하여야 한다. 이 경우 임용권자는 해당 공무원에게 법 제73조의3 제1항 제3호에 따라 직위를 부여하지 아니할 수 있으며, 징계위원회는 다른 징계사건에 우선하여 징계의결등을 하여야 한다.[11)]

3. 징계사건의 조사

가. 조사대상

(1) 징계의결등 요구권의 확인

공무원에게 징계사유에 해당하는 비위행위가 있다고 인정하는 때에는 먼저

10) 공무원 징계령 제7조 제2항, 제3항 및 제4항.
11) 국가공무원법 제78조의4.

해당 징계사유에 해당하는 것으로 의심되는 비위행위(이하 "징계혐의사실"이라 한다)에 대하여 행정기관의 장이 해당 공무원에 대하여 징계의결 요구권을 갖는지 확인하여야 한다. 징계의결 요구권을 갖지 아니하는 때에는 징계사유에 관하여 증명할 수 있는 증거 등 관계 자료를 첨부하여 해당 공무원에 대하여 징계의결 요구권을 갖는 행정기관의 장에게 그 사실을 통보하여야 한다.

(2) 징계혐의사실

징계는 징계사유에 해당하는 비위행위에 대하여 이루어지는 처분으로서 징계사유에 해당하는 것으로 의심되는 혐의사실에 대하여 조사하여야 한다. 징계혐의사실의 객관적인 요건으로서 해당 공무원의 신분·지위·직무에 관한 사항, 비위행위와 그로 인한 결과, 비위행위의 전후 사정 등에 대하여 조사한다. 비위행위는 위법행위나 각종 직무상 의무위반행위로서 적극적인 작위와 작위의무를 이행하지 않는 소극적인 부작위를 포함한다. 부작위의 경우에는 소극적 부작위뿐만 아니라 작위 의무의 존재를 그 전제로서 함께 조사한다. 징계혐의사실의 주관적인 요건으로서 해당 공무원이 비위행위에 이르게 된 동기나 의도, 비위행위에 대한 고의나 과실 여부 등을 조사한다.

(3) 징계사유에 해당하는지 여부

징계의결요구권자는 징계의결 요구권을 갖는 공무원의 징계혐의사실을 조사하여 비위행위가 확인되는 때에는 해당 비위행위가 법 제78조 제1항 각 호의 어느 하나에 해당하는 징계사유에 해당하는지 여부를 조사하여야 한다. 법 제78조 제1항 각 호의 징계사유는 이 법 및 이 법에 따른 명령을 위반한 경우, 직무상 의무를 위반하거나 직무를 태만히 한 때, 공무원의 체면이나 위신을 손상하는 행위를 한 때이므로 해당 비위행위에 적용되는 이 법 또는 이 법에 따른 명령, 직무상 의무 등에 대하여 조사한다. 이 법에 따른 명령은 특정한 공무원에 대한 구체적·개별적인 지시로서 명령이 아니라 일반적·추상적인 행정명령이나 준칙 또는 지침을 말한다. 직무상 작위의무는 이 법 또는 국가공무원 복무규정 등에서 해당 공무원에게 적용되는 법령에서 정하고 있는 직무상 의무를 말한다.

징계의결요구권자는 징계혐의사실과 관계되는 법령과 명령, 직무상 의무 등을 조사하여 혐의사실에 대한 징계사유와 해당 비위행위의 유형(공무원 징계령 시행규칙 제2조 제1항 별표1의 징계기준에 따른 비위의 유형을 말한다)을 결정한다. 하나의 비위행위가 서로 다른 징계사유나 수개의 비위행위의 유형에 해당하는 경우 징계사유는 법 제78조 제1항 각 호의 순으로 하고, 비위행위의 유형은 비위행위와 관련성이 높거나 비위의 정도가 큰 순으로 결정하는 것이 적절하다. 징계혐의사실에 대한 징계사유 및 비위행위의 유형의 결정은 징계의결 요구권자의 재량에 해당하나, 징계 양정기준의 적용 등 해당 공무원에게 미치는 영향이 크므로 신중하게 결정할 필요가 있다.

징계의결요구권자는 징계의결을 요구하는 경우 그 징계사유가 법 제78조의2 제1항 각 호의 징계부가금 부과사유에 해당하는 때에는 징계부가금 부과의결을 함께 요구하여야 하므로 징계혐의사실이 징계부가금 부과사유에 해당하는지 여부를 조사하여야 한다.

(4) 징계 면제사유 또는 감경사유 등

징계의결요구권자는 공무원이 징계사유에 해당하는 것으로 판단하여 징계의결을 요구하는 경우 해당 공무원에 대하여 법 제50조의2 제3항에 따른 징계등의 면제사유가 있는지 검토하여야 한다. 공무원이 적극행정(공무원이 불합리한 규제를 개선하는 등 공공의 이익을 위해 창의성과 전문성을 바탕으로 적극적으로 업무를 처리하는 행위를 말한다)을 추진한 결과에 대하여 해당 공무원의 행위에 고의 또는 중대한 과실이 없다고 인정되는 경우에는 적극행정 운영규정 등으로 정하는 바에 따라 이 법 또는 다른 공무원 인사 관계 법령에 따른 징계의결 또는 징계부가금 부과의결을 하지 아니한다. 따라서 징계의결요구권자는 공무원 징계령 시행규칙 제3조의2에 따른 적극행정 등에 대한 징계등 면제사유 또는 적극행정 운영규정 제17조에 따른 징계등 면제사유가 있는지 조사하여야 한다.

징계위원회는 징계의결이 요구된 공무원에게 공적 등 징계감경사유가 있는 때에는 징계를 감경할 수 있고, 징계의결요구권자는 징계의결을 요구하는 경우 해당 공무원의 공적 등에 관한 사항을 첨부하여야 한다. 따라서 징계의결 요구권자는 공무원 징계령 시행규칙 제4조에 따른 감경사유가 있는지 조사하여야 한다. 해당 공무원이 징계처분이나 경고 등을 받은 사실이 있는 경우에는 징계 감경이 제한되거나 징계의 가중사유로 참작될 수 있으므로 해당 공무원의 징계처분이나 경고, 승진임용 제한 등 인사상 조치 사항 등에 대하여도 조사한다.

판례 대법원 2012. 6. 28. 선고 2011두20505 판결

원심판결 이유에 의하면, 원심은 그 채택 증거를 종합하여 판시와 같은 사실을 인정한 다음, 피고가 이 사건 징계위원회에 원고에 대한 징계를 요구할 무렵 그 징계의 감경사유인 경찰청장 표창을 받은 공적이 기재된 이 사건 확인서가 작성되었음에도 불구하고 징계위원회에 이 사건 확인서가 제출되지 않았고 따로 위 공적 사실이 보고되지도 않은 이상, 비록 그 감경이 임의적인 것이라고 하더라도 그러한 상태에서 진행된 이 사건 징계절차는 위법하다는 취지로 판단하였다. 또한 이 사건 징계처분 이후 원고가 제기한 소청심사절차에서 이 사건 확인서가 제출되었다고 하더라도 위와 같은 하자가 치유되는 것은 아니라고 판단하였다.

공무원징계령 제7조 제6항 제3호에 의하면, 공무원에 대한 징계의결을 요구할 때는 징계사유의 증명에 필요한 관계 자료뿐 아니라 '감경대상 공적 유무' 등이 기재된 확인서를 징계위원회에 함께 제출하여야 하고, 경찰 공무원 징계양정 등에 관한 규칙 제9조 제1항 제2호 및 [별표 10]에 의하면 경찰청장의 표창을 받은 공적은 징계양정에서 감경할 수 있는 사유의 하나로 규정되어 있다. 위와 같은 관계 법령의 규정 및 기록에 비추어 보면, 이 사건 징계처분은 징계위원회의 심의과정에 반드시 제출되어야 하는 공적 사항이 제시되지 아니한 상태에서 결정된 것이므로, 그 징계양정이 결과적으로 적정한지 여부와 상관없이 이는 법령이 정한 징계절차를 지키지 아니한 것으로서 위법하다 할 것이다. 같은 취지의 원심판단은 정당하고, 거기에 상고이유의 주장과 같이 논리와 경험칙에 위반하여 자유심증주의의 한계를 벗어나 사실을 잘못 인정하거나, 하자의 치유에 관한 법리를 오해하는 등의 위법은 없다.

(5) 인사 및 성과기록, 관계법규 등 그 밖에 조사사항

징계의결요구권자가 징계의결등을 요구하는 때에는 징계의결등 요구서에 징계혐의사실의 증명에 필요한 증거자료 등 공무원 징계령(이하 이 장에서 "영"이라 한다) 제7조 제6항 각 호의 관계자료를 첨부하여야 한다. 징계의결요구권자는 징계혐의 대상 공무원의 인사 및 성과 기록, 관계법규나 지시문서 그 밖에 영 제7조 제6항 각 호의 어느 하나에 해당하는 징계의결 요구를 위하여 필요하거나 징계위원회의 심의를 위하여 필요한 사항을 조사하여 징계의결 요구서에 첨부하여 징계위원회에 제출하여야 한다.

(6) 이중징계 및 징계시효 등 확인

공무원에 대하여 기초적 사실관계가 동일한 징계사유에 대하여 거듭 징계할 수 없다. 이중징계 금지의 원칙에 따라 동일한 징계사유에 대하여 다시 징계등을 하는 것은 위법하다. 따라서 징계의결요구권자는 징계혐의사실과 기초적 사실관계가 동일한 사실로 해당 공무원에 대하여 이미 징계처분등이 있었는지를 확인하여야 한다.

징계 및 징계부가금 부과처분은 징계혐의사실이 발생한 때부터 법 제83조의2 제1항 각 호의 징계시효 또는 법 제83조의2 제2항 및 제3항에 따른 징계시효의 정지 기간이 지나면 징계의결 요구나 징계처분등을 할 수 없다. 징계의결요구권자는 징계혐의사실에 대한 징계시효(10년, 5년, 3년) 및 징계시효의 정지 기간(1개월, 3개월)을 확인하여 징계시효 등이 도과하였는지 여부를 확인하여야 한다.

징계사유에 따라 성매매알선 등 행위의 처벌에 관한 법률 제4조에 따른 금지행위, 성폭력범죄의 처벌 등에 관한 특례법 제2조에 따른 성폭력범죄, 아동·청소년의 성보호에 관한 법률 제2조 제2호에 따른 아동·청소년대상 성범죄, 양성평등기본법 제3조 제2호에 따른 성희롱에 해당하는 경우 10년, 징계부가금 부과사유에 해당하는 경우 5년, 그 밖의 징계등 사유에 해당하는 경우에는 3년의 징계시효가 적용된다.

감사원의 조사통보 또는 수사기관의 수사통보를 받아 징계 절차를 진행하지 못하여 징계시효의 기간이 지나거나 그 남은 기간이 1개월 미만인 경우에는 징계시효의 기간은 감사원 또는 수사기관의 조사나 수사의 종료 통보를 받은 날부터 1개월이 지난 날에 끝나는 것으로 본다. 징계위원회의 구성·징계의결등, 그 밖에 절차상의 흠이나 징계양정 및 징계부가금의 과다를 이유로 소청심사위원회 또는 법원에서 징계처분등의 무효 또는 취소의 결정이나 판결을 한 경우에는 징계시효의 기간이 지나거나 그 남은 기간이 3개월 미만인 경우에도 그 결정 또는 판결이 확정된 날부터 3개월 이내에는 다시 징계의결등을 요구할 수 있다.

감사원의 조사개시 통보가 있는 때에는 징계의결등 징계절차를 중지하여야 하고, 수사기관의 수사개시 통보가 있는 경우에는 행정기관의 장은 징계절차의 중지 여부를 결정하여야 하므로 징계사건을 조사하는 때에는 이와 같은 징계절차의 중지 사유가 있는지에 관하여도 조사 및 확인을 할 필요가 있다.

나. 조사방법

(1) 관계 자료의 수집

징계의결요구권자는 징계혐의자에 대한 징계사유에 대한 조사를 위하여 징계혐의사실에 관련된 자료를 보관하고 있는 행정기관의 장에게 관련 자료의 제출을 요청할 수 있다. 요청을 받은 행정기관의 장은 해당 자료를 보관하고 있는 때에는 법률상 제공이 제한되거나 보관상 제공이 어려운 경우 등 특별한 사정이 없는 한 해당 자료를 징계의결요구권자에게 제공하여야 한다.

징계혐의사실과 관련된 자료가 민간 기관이나 사인이 보관하고 있는 때에는 그 사유를 밝히고 공문 등 서면으로 해당 기관에 관련 자료의 제출을 요청할 수 있다.

(2) 참고인 조사

징계의결요구권자의 징계사건의 조사에 관하여 국가공무원법 등 관계 법령에서는 특별한 규정을 두고 있지 않으나, 징계의결요구권자는 징계혐의사실에 대한 징계사유 여부를 조사하기 위하여 혐의사실에 관하여 관련이 있는 사람, 즉 관련자에 대하여 조사할 수 있다.

징계혐의사실을 목격하거나 징계혐의사실에 관하여 전해 듣거나 징계혐의사실과 관련된 것을 알고 있다고 인정되는 사람, 즉 참고인에 대하여 일정한 장소에 출석을 요청하여 출석한 참고인에 대하여 조사할 수 있다. 징계혐의사실과 관련된 소속 공무원의 출석 요청이 있는 때에는 그 공무원의 소속 행정기관의 장은 특별한 사정이 없는 경우에는 출석할 수 있도록 조치하여야 한다.

징계의결요구권자는 참고인이 있는 장소에 출장하여 조사할 수 있다. 다른 장소에 출입하여 조사하는 때에는 공무원증 등 신분증을 제시하고 조사 내용에 대하여 고지한 후 조사하는 것이 적절하다.

이와 같이 관련자나 참고인을 조사한 때에는 조사내용을 진술조서로 작성하여 진술인과 작성자의 기명날인을 받아 증거를 수집하여 보관하여야 한다.

(3) 징계혐의자의 조사

징계의결요구권자는 징계혐의자에게 일정한 장소에 출석을 요구할 수 있고, 출석한 징계혐의자를 조사할 수 있다. 징계의결요구권자는 징계혐의자에 대하여 신문할 수 있고, 징계혐의자를 조사한 때에는 그 진술을 진술조서의 형식으로 작성하여야 한다. 징계혐의자는 징계조사를 받는 경우 자신에게 유리한 증거나 자료가 있는 때에는 그 자료를 제출할 수 있다.

(4) 징계혐의자 및 관련자의 진술서

징계의결요구권자는 징계혐의자 또는 관련자나 참고인이 출석하여 조사를 받기 어렵거나 필요한 경우에는 해당 인원에 대하여 징계혐의사실에 관하여 관련된 사실 내용을 기재한 진술서의 제출을 요청할 수 있다. 징계의결요구권자의 요청이 없는 때에도 징계혐의자 또는 관련자나 참고인은 자신에게 유리한 내용이나 징계혐의사실에 관련된 내용을 기재한 진술서를 제출할 수 있다.

(5) 검증 및 감정 의뢰

징계의결요구권자는 징계등 사유가 성폭력범죄의 처벌 등에 관한 특례법 제2조에 따른 성폭력범죄이거나 양성평등기본법 제3조 제2호에 따른 성희롱에 해당하는 경우에는 정신건강의학과의사, 심리학자, 사회복지학자 또는 그 밖의 관련 전문가의 의견서를 받아야 한다. 그 밖에 전문가의 의견이나 감정이 필요한 때에는 관련된 분야의 전문가 또는 감정할 수 있는 자격을 갖춘 사람에게 검증 또는 감정을 의뢰할 수 있다.

(6) 사실조사의 촉탁 등

징계등 사유에 관한 조사를 위하여 사실확인이 필요한 경우 해당 사실을 알고 있거나 그 사실에 관한 정보를 보관하고 있는 기관 또는 사람에게 사실조회를 할 수 있다. 필요한 경우에는 사실조회를 할 수 있는 권한이나 지위에 있는 수사기관이나 행정기관 또는 공무원에게 해당 사실의 조사를 촉탁하여 관계된 사실에 관한 정보를 조사할 수 있다.

4. 징계의결의 요구

가. 징계의결요구권자의 징계의결 요구

(1) 징계의결 요구 및 징계협의자에 대한 송부

징계의결요구권자는 공무원의 비위행위에 대하여 징계조사를 실시하여 해당 비위사실이 증명되고 그 비위사실이 징계등 사유에 해당하는 때에는 징계위원회에 징계의결등을 요구하여야 한다. 징계의결요구권자가 징계등을 요구하는 때에는 중징계 또는 경징계로 구분하여 요구하여야 하고, 증거자료 등 징계등 사유의 증명에 필요한 다음과 같은 자료를 첨부하여 징계의결등 요구서를 제출한다.[12)]

징계의결등의 요구는 공무원 징계의결등 요구서에 의하되, ① 공무원 인사 및 성과 기록 출력물, ② 비위행위 유형, 징계등 혐의자의 공적(功績) 등에 관한 사항, 그 밖에 인사혁신처장이 징계의결등 요구를 위해 필요하다고 인정하는 사항에 대한 확인서, ③ 혐의 내용을 증명할 수 있는 공문서 등 관계 증거자료, ④ 혐의 내용에 대한 조사기록 또는 수사기록, ⑤ 관련자에 대한 조치사항 및 그에 대한 증거자료, ⑥ 관계 법규, 지시문서 등의 발췌문, ⑦ 징계등 사유가 성폭력범죄의 처벌 등에 관한 특례법 제2조에 따른 성폭력범죄나 양성평등기본법 제3조 제2호에 따른 성희롱에 해당하는 경우에는 정신건강의학과의사, 심리학자, 사회복지학자 또는 그 밖의 관련 전문가가 작성한 전문가 의견서 등을 첨부하여야 한다.

▌판례▐ 대법원 2012. 6. 28. 선고 2011두20505 판결

공무원징계령 제7조 제6항 제3호에 의하면, 공무원에 대한 징계의결을 요구할 때는 징계사유의 증명에 필요한 관계 자료뿐 아니라 '감경대상 공적 유무' 등이 기재된 확인서를 징계위원회에 함께 제출하여야 하고, 경찰 공무원 징계양정 등에 관한 규칙 제9조 제1항 제2호 및 [별표 10]에 의하면 경찰청장의 표창을 받은 공적은 징계양정에서 감경할 수 있는 사유의 하나로 규정되어 있다. 위와 같은 관계 법령의 규정 및 기록에 비추어 보면, 이 사건 징계처분은 징계위원회의 심의과정에 반드시 제출되어야 하는 공적 사항이 제시되지 아니한 상태에서 결정된 것이므로, 그 징계양

12) 공무원 징계령 제7조 제6항.

정이 결과적으로 적정한지 여부와 상관없이 이는 법령이 정한 징계절차를 지키지 아니한 것으로서 위법하다 할 것이다.

징계의결등 요구권자가 공무원 징계의결등 요구서에 의견을 적을 때에는 요구하는 징계의 종류를 중징계 또는 경징계로 구분하여 적고, 징계부가금의 배수(倍數)를 적어야 한다. 감사원장이 징계의 종류를 구체적으로 지정하여 징계요구를 한 때에는 구체적인 징계의 종류를 적어야 한다. 징계의결등 요구권자는 징계위원회가 징계등 사건을 의결할 때에 참고할 수 있도록 공무원 징계의결등 요구서에 업무의 성질에 따른 업무 관련도, 징계등 혐의자의 혐의 당시 직급, 비위행위가 공직 내외에 미치는 영향, 수사 중 공무원 신분을 감추거나 속인 정황, 평소 행실, 뉘우치는 정도, 규제개혁 및 국정과제 등 관련 업무 처리의 적극성 또는 그 밖의 정상을 구체적으로 밝히고 관계 증거자료를 첨부해야 한다. 징계의결등 요구권자는 징계 감경사유에 해당된다고 인정하는 경우에는 이를 증명하는 관련 자료를 첨부하여 징계의 감경의결을 요청할 수 있다.

징계의결등 요구권자는 징계의결등을 요구하면서 동시에 공무원 징계의결등 요구서 사본을 징계등 혐의자에게 송부하여야 한다. 징계등 혐의자가 그 수령을 거부하는 경우에는 공무원 징계의결등 요구서 사본을 송부하지 아니한다. 징계의결등 요구권자는 징계등 혐의자가 공무원 징계의결등 요구서 사본의 수령을 거부하는 경우에는 관할 징계위원회에 그 사실을 증명하는 서류를 첨부하여 문서로 통보하여야 한다.[13)]

▌판례▐ 대법원 1993. 6. 25. 선고 92누17426 판결

공무원징계령 제7조 제7항에 의하면, 징계의결요구권자는 징계위원회에 징계의결을 요구함과 동시에 징계사유와 요구하는 징계종류 등을 기재한 공무원징계의결요구서 사본을 징계혐의자에게 송부하도록 되어 있는바, 이 규정의 취지는 징계혐의자로 하여금 어떠한 사유로 징계에 회부되었는가를 사전에 알게 함으로써 징계위원회에서 그에 대한 방어 준비를 하게 하려는 것으로, 징계위원회에 출석하여 진술할 수 있는 권리와 함께 징계혐의자의 방어권 보장을 위한 주요규정으로서 강행규정이라 할 것이고, 이 규정에 위반하여 징계의결요구서 사본의 송부 없이 진행된 징계절차는 그로 인하여 징계혐의자의 방어권 준비 및 행사에 지장이 없었다거나 징계혐의자가 이

13) 공무원 징계령 제7조 제7항, 제8항.

의 없이 징계위원회에 출석하여 변명하였다는 등의 특단의 사정이 인정되지 않는 이상, 위법하다 할 것이다.

(2) 징계의결등 불요구

징계의결요구권자는 비행사실에 대한 입증이 없거나 사실이 아닌 것으로 밝혀진 경우 또는 그러한 비행사실만으로는 징계사유에 해당하지 않는다고 인정하는 때에는 징계의결등을 요구하지 아니할 수 있다. 징계혐의자가 사망하거나 퇴직 또는 전역 등으로 현직에 재직하고 있지 않은 경우 또는 해당 비행사실에 대한 징계등 처분이 이미 있거나 징계시효가 도과하여 징계처분을 할 수 없는 경우에도 같다.

이뿐만 아니라 징계의결요구권자는 비행사실이 입증되고 징계사유에 해당함에도 불구하고 비행의 정도나 그 밖의 정상을 참작하여 징계의결을 요구하지 아니함이 상당하다고 인정되는 경우에는 징계의결을 요구하지 아니할 수 있다.

판례 대법원 2001. 8. 24. 선고 2000두7704 판결

징계사유에 해당하는 행위가 있더라도, 징계권자가 그에 대하여 징계처분을 할 것인지, 징계처분을 하면 어떠한 종류의 징계를 할 것인지는 징계권자의 재량에 맡겨져 있다고 할 것이나, 그 재량권의 행사가 징계권을 부여한 목적에 반하거나, 징계사유로 삼은 비행의 정도에 비하여 균형을 잃은 과중한 징계처분을 선택함으로써 비례의 원칙에 위반하거나 또는 합리적인 사유 없이 같은 정도의 비행에 대하여 일반적으로 적용하여 온 기준과 어긋나게 공평을 잃은 징계처분을 선택함으로써 평등의 원칙에 위반한 경우에는, 그 징계처분은 재량권의 한계를 벗어난 것으로서 위법하고, 징계처분에 있어 재량권의 행사가 비례의 원칙을 위반하였는지 여부는, 징계사유로 인정된 비행의 내용과 정도, 그 경위 내지 동기, 그 비행이 당해 행정조직 및 국민에게 끼치는 영향의 정도, 행위자의 직위 및 수행직무의 내용, 평소의 소행과 직무성적, 징계처분으로 인한 불이익의 정도 등 여러 사정을 건전한 사회통념에 따라 종합적으로 판단하여 결정하여야 한다.

반면, 비행사실이 징계사유에 해당한다고 인정되는 경우에는 징계의결을 요구할 의무가 있다고 인정한 판례가 있다.

▌판례▐ 대법원 2007. 7. 12. 선고 2006도1390 판결 참조

가. 지방공무원법(이하 '법'이라고만 한다) 제69조 제1항은 "공무원이 다음 각 호의 1에 해당하는 때에는 징계의결의 요구를 하여야 하고 동 징계의결의 결과에 따라 징계처분하여야 한다. 1. 이 법 또는 이에 의한 명령이나 지방자치단체의 조례 또는 규칙에 위반한 때, 2. 직무상의 의무에 위반하거나 직무를 태만하였을 때, 3. 공무원의 품위를 손상하는 행위를 한 때"라고 규정하고 있으며, 제72조 제1항은 "징계는 인사위원회의 의결을 거쳐 임용권자가 행한다."고 규정하고 있다. 또한, 지방공무원 징계 및 소청규정 제2조 제1항은 "법 제7조 제1항의 규정에 의한 임용권자는 소속공무원이 법 제69조 제1항 각 호의 1에 해당하는 사유가 있다고 인정될 때에는 지체 없이 당해 징계사건을 관할하는 위원회에 징계의결을 요구하여야 한다."고 규정하고 있고, 제8조는 "징계양정에 관한 기준은 내무부장관 또는 교육인적자원부장관이 정한 기준의 범위 안에서 위원회의 의결을 거쳐 당해 지방자치단체의 규칙으로 정한다."고 규정하고 있다.

위와 같이 법 제69조 제1항에서 공무원이 징계사유에 해당하는 경우에는 "… 징계의결의 요구를 하여야 하고 …"라고 규정하고 있고, 지방공무원 징계 및 소청규정 제2조 제1항도 임용권자는 소속공무원이 징계사유가 있다고 인정될 때에는 "지체 없이 당해 징계사건을 관할하는 위원회에 징계의결을 요구하여야 한다."라고 규정하고 있는 점, 임용권자가 소속 공무원에 대해서 징계처분을 함에 있어 반드시 인사위원회에 징계의결요구를 하여 그 심의·의결에 따르도록 하고 있는 것은 임용권자의 자의적인 징계운영을 견제하여 지방공무원의 권익을 보호함과 아울러 징계의 공정성을 담보할 수 있도록 절차의 합리성과 공정한 징계운영을 도모하기 위한 것에 그 입법취지가 있는 점, 인사위원회에서는 지방자치단체장이 징계의결요구를 하는 경우에 한하여 징계 여부 및 징계양정을 결정하도록 하고 있는 점 등 지방공무원의 징계와 관련된 규정을 종합해 보면, 징계권자이자 임용권자인 지방자치단체장은 소속 공무원의 구체적인 행위가 과연 법 제69조 제1항에 규정된 징계사유에 해당하는지 여부에 관하여 판단할 재량은 있다고 할 것이지만, 징계사유에 해당하는 것이 명백한 경우에는 관할 인사위원회에 징계를 요구할 의무가 있다고 보아야 할 것이다.

(3) 징계의결등 요구 또는 불요구의 철회

국가공무원법 또는 공무원 징계령 등 관계 법령상 징계권자의 징계의결 요구등의 철회에 관한 규정을 두고 있지 않다.[14] 공무원에 대한 징계 여부는 징계권

---

14) 국방부 군인·군무원 징계업무처리 훈령 및 육군규정 징계업무(제180호)에서는 징계권자는 징계의결요구 후 징계의 필요성이 없게 되는 등 사정변경이 있는 때에는 징계위원회 개최 전까지 징계의결 요구를 철회할 수 있다고 규정하고 있다. 다만, 금품 및 향응 수수 또는 공금의 횡령·유용 등 청렴의무위반 사건, 음주운전 사건, 성폭력 등 사건, 군납비리 사건, 신고자등 보호의무 위반 사건

자의 재량 사항인 점과 징계권자의 징계의결 요구나 불요구에 대하여 판결과 같은 기판력이 인정되지 않아 이중징계금지의 원칙에 반하지 않는 점, 일반적으로 행정처분에 대하여 신뢰보호의 원칙 등에 위반되지 않는 범위에서 행정처분의 철회 등이 인정될 수 있는 점 등을 종합적으로 살펴보면, 징계의결요구권자는 징계의결등 요구 또는 불요구를 철회할 수 있다고 할 것이다.

다만, 징계의결요구권자의 징계의결등의 요구 또는 불요구의 철회는 사정변경 등의 발생으로 기존의 징계의결등의 요구 또는 불요구를 그대로 유지하는 것이 형평의 원칙이나 신뢰보호의 원칙 등에 반하는 경우에 한하여 인정되어야 한다. 징계의결등 요구 또는 불요구의 철회가 상당한 이유 없이 이루어진 경우에는 징계권의 남용으로 위법할 수 있다.

▌판례▌ 대법원 1980. 5. 13. 선고 79누388 판결

경찰공무원징계령등 경찰관 징계에 관한 관계법령을 살펴보아도 징계권자가 경찰관에 대하여 징계요구를 하였다가 이를 철회하고 다시 징계요구를 하는 것을 금지한 조문이 없다. 그렇다면 강원도 경찰국장이 원고에 대하여서 한 징계요구를 30일 이내에 철회하고 1979.2.7. 징계위원회에 원고에 대한 징계요구를 다시 하여 징계위원회에서 1979.2.10. 원고에 대하여 파면 결의를 한 본건 징계절차는 적법하고, 그 징계절차 과정에 위법이 없으니 논지가 지적하는 경찰공무원징계령 제11조가 훈시규정인 여부를 판단하지 않더라도 원심판결에 영향을 미칠 소론과 같은 징계절차에 관한 법리오해의 위법 있다고 할 수 없다.

징계의결요구를 철회할 수 있는 사정변경에는 징계의결요구 이후에 일반사면이 있는 경우, 징계심의대상자가 사망하거나 퇴직·전역·제적 또는 면직되었을 경우, 징계심의대상자가 이미 동일한 사유로 징계처분등을 받았을 경우, 징계등이 시효가 도과한 경우, 징계사실이 발생한 이후 법령의 개정 등으로 징계대상이 되지 아니하게 된 경우, 피해자와 합의 등 징계의결 요구 후 중대한 사정변경이 있는 경우 등이 포함된다.

징계권자가 징계의결요구 후 사정변경 등을 이유로 징계의결요구를 철회한 때에는 애초부터 징계의결요구가 없었던 것이 된다. 따라서 징계위원회는 징계

등 필요적 징계의결요구 대상 사안인 경우에는 철회할 수 없다(훈령 제21조 제2항, 육군규정 제35조 제2항).

위원회 소집 등의 절차를 진행하지 않아도 되고, 소집이나 출석 통지 등을 한 때에는 상당한 방법으로 소집의 해제를 통지한 후 징계사건을 종결하도록 하는 것이 절차의 안정성을 위해 적절하다.

▌판례▌ 대법원 1993. 9. 10. 선고 93다10743 판결

대학교 총장이 1989.6.15. 교원징계위원회에 교수에 대한 징계의결을 요구하고 같은 날 학교법인의 정관 제45조 제2항 제2호(징계의결이 요구된 자에 대한 직위해제)에 의하여 교수로서의 직위를 해제하는 처분을 하였으나 위 징계위원회에서 징계사유 대부분이 징계요구시효를 경과하여 징계의결이 어렵다는 의견을 개진하자 같은 해 9. 9. 위 징계의결요구를 철회하고, 같은 달 11. 1989.6.15.자 직위해제처분을 학교법인의 정관 제45조 제2항 제1호(직무수행능력이 부족하거나 근무 성적이 극히 불량한 자에 대한 직위해제)에 의한 직위해제로 전환하는 처분을 하였다면 1989.6.15.자 직위해제처분은 학교법인에 의하여 스스로 철회되어 더 이상 존재하지 아니한다고 봄이 상당하므로 1989.6.15.자 직위해제처분의 무효확인을 구하는 청구는 확인의 이익이 없어 부적법하다.

징계권자가 징계의결 불요구를 한 사건은 새로운 중요한 증거가 발견되거나 감사원법 제32조에 따라 감사원이 징계요구에 대하여 불요구한 경우에는 징계의결 요구를 다시 할 수 있다. 이 경우 앞서 한 징계의결 불요구에 대하여는 취소하여야 한다. 징계의결 불요구 사건에 대하여 이를 철회하고 다시 징계의결을 요구하는 것은 징계위원회의 심의·의결을 거쳐 징계처분이 이루어진 것이 아니므로 이중징계금지의 원칙과는 무관하다. 그러나 이중징계금지 원칙의 취지나 징계혐의자의 법적 안정성 또는 절차의 안정성을 위하여 징계권자의 징계의결 불요구 철회 및 징계의결 요구는 제한적으로 이루어져야 한다. 따라서 징계의결 불요구 당시 이미 충분한 증거가 있음에도 불구하고 여러 사정을 고려하여 징계의결을 불요구한 사건에 대하여 단순한 추가 증거가 발견되었다거나 징계혐의자의 태도가 불손하다거나 상급자의 지시나 언론의 반대의견에 따라 징계의결 불요구 결정을 취소하고 다시 징계의결을 요구하는 것은 제한되어야 한다.

나. 감사원의 징계요구에 따른 징계의결등 요구

(1) 감사원의 징계요구와 징계의결등 요구

감사원은 국가공무원법에 규정된 징계사유에 해당하거나 정당한 사유 없이 이 법에 따른 감사를 거부하거나 자료의 제출을 게을리한 공무원에 대하여 그 소속 장관 또는 임용권자(이하 "징계권자"라 한다)에게 징계를 요구할 수 있다. 감사원이 징계요구를 하는 때에는 징계의 종류를 정할 수 있다. 감사원으로부터 징계요구를 받은 징계권자는 감사원이 정한 날까지 해당 절차에 따라 처분을 하여야 한다. 징계권자는 감사원의 징계요구 중 파면의 요구를 받은 경우에는 그 요구를 받은 날부터 10일 이내에 해당 징계위원회에 그 의결을 요구하여야 하며, 징계위원회의 의결 결과는 그 의결이 있은 날부터 15일 이내에 감사원에 통보하여야 한다.[15)]

(2) 감사원의 심의 또는 재심의 요구

감사원은 징계요구 중 파면의 요구를 한 사항이 파면 의결이 되지 아니한 경우에는 징계권자로부터 징계위원회의 의결 결과를 통보 받은 날부터 1개월 이내에 해당 징계위원회가 설치된 기관의 바로 위 상급기관에 설치된 징계위원회에 직접 그 심의 또는 재심의를 요구할 수 있다. 감사원의 심의 또는 재심의 요구를 받은 상급기관의 징계위원회는 그 요구를 받은 날부터 1개월 이내에 심의 또는 재심의 의결을 하고, 상급기관의 징계위원회의 위원장은 그 결과를 지체 없이 감사원에 통보하여야 한다.[16)]

(3) 소청심사위원회 결정에 대한 감사원의 재심사 요구

감사원으로부터 파면요구를 받아 집행한 파면에 대한 소청의 청구로 소청심사위원회에서 심사 결정을 한 경우에는 해당 소청심사위원회의 위원장 등은 그 결정 결과를 그 결정이 있은 날부터 15일 이내에 감사원에 통보하여야 한다. 감사원은 소청심사위원회로부터 파면에 대한 소청결정(파면처분의 취소·변경 결정을 말한다)의 통보를 받은 날부터 1개월 이내에 그 소청심사위원회 등이 설치

---

15) 감사원법 제32조 제1항, 제2항 및 제10항.
16) 감사원법 제32조 제3항 및 제4항.

된 기관의 장을 거쳐 소청심사위원회 등에 그 재심을 요구할 수 있다.[17]

(4) 감사원의 징계요구와 징계의결등의 집행 정지

감사원법 제32조 제1항 또는 제5항에 따라 감사원의 징계요구가 있는 때에는 징계위원회의 의결 및 통보, 재심사 및 통보 기간에는 징계위원회의 징계의결이나 소청심사위원회의 소청 결정은 그 집행이 정지된다.[18]

다. 징계처분권자의 재징계의결등 요구

소청심사위원회 또는 법원에서 징계처분등에 대하여 ① 법령의 적용, 증거 및 사실 조사에 명백한 흠이 있는 경우, ② 징계위원회의 구성 또는 징계의결, 그 밖에 절차상의 흠이 있는 경우, ③ 징계양정 및 징계부가금이 과다(過多)한 경우 등의 사유로 징계처분등에 대하여 무효 또는 취소(취소명령을 포함한다)의 결정이나 판결을 한 경우 징계처분권자는 관할 징계위원회에 다시 징계의결등을 요구하여야 한다. 다만, ③ 징계양정 및 징계부가금이 과다(過多)한 경우의 사유로 무효 또는 취소의 결정이나 판결을 받은 감봉·견책처분에 대하여는 징계의결을 요구하지 아니할 수 있다.

징계처분권자가 소청심사위원회의 결정 또는 법원의 판결에 대하여 징계의결등을 다시 요구하는 경우에는 해당 결정 또는 판결이 확정된 날부터 3개월 이내에 관할 징계위원회에 징계의결등을 요구하여야 한다. 이 경우 관할 징계위원회에서는 다른 징계사건에 우선하여 징계의결등을 하여야 한다.

라. 공무원의 소속이 변경된 경우 징계의결등 요구

공무원의 징계의결 요구는 해당 공무원의 소속 장관, 소속 기관의 장 또는 소속 상급기관의 장이 한다. 공무원에 대하여 징계사유가 있다고 인정되는 경우 해당 공무원에 대한 징계의결 요구권을 갖지 아니하는 행정기관의 장은 징계의결 요구권을 갖는 행정기관의 장에게 징계사유를 증명할 수 있는 관계 자료를 송부하여야 한다.

---

17) 감사원법 제32조 제5항 및 제6항(소청절차규정 제17조에서 감사원 요구에 의한 재심절차를 규정하고 있다).

18) 감사원법 제32조 제7항.

위와 같은 규정의 취지에 따르면, 징계조사 후 징계의결 요구를 하기 이전에 징계조사를 받은 해당 공무원의 소속이 변경된 경우에는 소속이 변경된 행정기관의 장이 징계의결 요구권을 갖는 것으로 보아야 한다. 따라서 징계조사를 실시하였으나 징계의결요구를 하지 아니한 상태에서 공무원의 소속이 변경된 때에는 공무원 징계령 제7조 제2항에 따라 징계사유를 증명할 수 있는 증거 등 조사 및 관련 자료를 첨부하여 변경된 소속 행정기관의 장에게 통보하여야 한다.

5. 징계부가금 부과의결의 요구

가. 징계부가금 부과의결 요구의 시기

징계의결요구권자는 공무원의 징계사유에 대하여 징계의결을 요구하는 경우 그 징계사유가 징계부가금 부과사유에 해당하는 경우에는 징계 이외에 그 사유로 취득하거나 그 사유에 제공한 금전 또는 재산상 이득의 5배 내의 징계부가금 부과의결을 해당 징계위원회에 요구하여야 한다.[19] 이 경우 재산상 이득은 금전으로 환산한 금액의 5배 내의 징계부가금을 말한다. 징계의결을 하는 때에 징계부가금 부과의결을 하므로 징계의결요구권자는 징계의결과 함께 징계부가금 부과의결을 요구한다.

징계부가금 부과의결 요구 방법은 공무원 징계의결 또는 징계부가금 부과의결 요구서에 의하여 하되, 징계부가금 부과대상 여부 및 부가대상 금액을 기재하여 징계의결요구와 함께 관할 징계위원회에 제출하는 방법으로 한다.[20]

공무원 징계의결 또는 징계부가금 부과의결 요구서(별지 제1호 서식)

3. 징계의결 또는 징계부가금 부과의결 요구권자의 의견	징계의결 요구의견
	징계부가금 부과대상 여부 [ ] 해당됨(대상금액: 원/ 배) [ ] 해당 없음

나. 징계부가금 부과사유

징계부가금 부과사유는 크게 두 가지로 구분된다.

첫째는 금전, 물품, 부동산, 향응 또는 그 밖에 재산상 이익을 취득하거나 제

19) 국가공무원법 제78조의2 제1항.
20) 공무원 징계령 시행규칙 제7조 제1항.

공한 경우이다. 그 밖에 재산상 이익은 유가증권, 숙박권, 회원권, 입장권, 할인권, 초대권, 관람권, 부동산 등의 사용권 등 일체의 재산상 이익, 골프 등의 접대 또는 교통·숙박 등의 편의 제공, 채무면제, 취업제공, 이권(利權)부여 등 유형·무형의 경제적 이익을 말한다.[21]

둘째는 예산, 기금 등 공금을 횡령(橫領), 배임(背任), 절도, 사기 또는 유용(流用)한 경우이다. 여기에서 횡령, 배임, 절도, 사기 또는 유용의 대상으로는 국가재정법에 따른 예산 및 기금, 지방재정법에 따른 예산 및 지방자치단체 기금관리기본법에 따른 기금, 국고금 관리법 제2조 제1호에 따른 국고금, 보조금 관리에 관한 법률 제2조 제1호에 따른 보조금, 국유재산법 제2조 제1호에 따른 국유재산 및 물품관리법 제2조 제1항에 따른 물품, 공유재산 및 물품 관리법 제2조 제1호 및 제2호에 따른 공유재산 및 물품을 말한다.

다. 징계부가금 감면의결 요구

징계의결요구권자는 아래와 같은 감면의결 사유가 발생한 때에는 그 해당 사유가 발생한 날부터 30일 내에 관할 징계위원회에 징계부가금 감면의결을 요구하여야 한다.[22]

① 징계부가금 부과의결을 받은 자가 법원의 판결(몰수·추징에 대한 판결을 포함한다)이 확정되거나 변상책임 등을 이행한 날 또는 환수금이나 가산징수금을 납부한 날부터 60일 내에 징계의결등의 요구권자에게 징계부가금 감면의결을 신청한 경우

② 징계의결등의 요구권자가 징계부가금 부과의결을 받은 자에 대한 법원의 판결(몰수·추징에 대한 판결을 포함한다)이 확정되거나 변상책임 등이 이행된 것 또는 환수금이나 가산징수금 등이 납부된 것을 안 경우

징계의결요구권자가 징계부가금 감면의결을 요구하는 때에는 징계부가금 감면의결 요구서에 의하되, 감면의결 요구와 동시에 징계부가금 감면의결 요구서 사본을 징계등 혐의자에게 송부하여야 한다. 다만, 징계등 혐의자가 그 수령을 거부하는 경우에는 그러하지 아니하다.

---

21) 공무원 징계령 제7조의2 제1항.
22) 공무원 징계령 제7조의2 제4항.

6. 적극행정과 징계의결등 요구 제한

공무원이 적극행정을 추진한 결과에 대해 그의 행위에 고의 또는 중대한 과실이 없는 경우에는 감사원법 제34조의3 및 공공감사에 관한 법률 제23조의2에 따라 징계요구 또는 문책요구 등 책임을 묻지 않는다.[23)]

공무원이 인가·허가·등록·신고 등과 관련한 규제나 불명확한 법령 등으로 인해 업무를 적극적으로 추진하기 곤란한 경우에는 감사기구의 장 또는 적극행정위원회에 해당 업무의 처리 방향 등에 관한 의견의 제시를 요청할 수 있고 그 의견대로 업무를 처리한 경우 면책 요건을 충족한 것으로 추정한다. 다만, 해당 공무원과 대상 업무 사이에 사적인 이해관계가 있거나 적극행정위원회가 심의하는 데 필요한 정보를 충분히 제공하지 않은 경우에는 그렇지 않다.

제3절 징계위원회의 심의·의결

1. 징계위원회의 심의·의결 절차

가. 심의·의결 절차의 개관

징계위원회는 징계의결 요구가 있는 때에는 징계의결등 요구서가 접수된 날부터 30일 이내에 징계위원회 회의를 개최하여 징계의결등을 하여야 한다.

징계위원회는 징계혐의자가 해당 징계위원회에 출석하여 충분한 진술을 할 수 있는 기회를 주어야 하며, 징계혐의자는 자기에게 이익이 되는 사실을 진술하거나 증거를 제출할 수 있고 증인을 신청할 수도 있다. 징계의결등 요구자도 징계위원회에 출석하여 의견을 진술하거나 서면으로 의견을 제출할 수 있다.

징계위원회는 징계혐의사실에 대하여 조사를 통하여 해당 사실이 징계사유 또는 징계부가금 부과사유에 해당하는지, 징계사유 등에 해당하는 경우 징계등 요구의 내용, 혐의사실의 비위 유형, 비위의 정도와 고의 또는 과실의 경중, 비위의 결과 및 영향, 혐의자의 신분과 직급, 비위사실의 정황, 그 밖에 정상 등

---

23) 적극행정 운영규정 제16조.

에 관하여 심의한다.

징계위원회는 심의를 마친 후에는 해당 징계사유에 대한 징계의결을 하고, 의결을 하였을 때에는 지체 없이 징계의결서 또는 징계부가금 부과·감면의결서 정본을 첨부하여 징계의결 요구자에게 통보하여야 한다. 징계의결 요구자와 징계처분자가 다를 때에는 징계처분권자에게도 그 결과를 통보한다.

나. 징계의결등 우선심사 신청

징계의결등 요구권자는 신속한 징계절차 진행이 필요하다고 판단되는 징계등 사건에 대하여 관할 징계위원회에 다른 징계등 사건에 우선하여 심사하는 것을 신청할 수 있다. 다만, 징계의결등 요구권자는 정년(계급정년을 포함한다)이나 근무기간 만료 등으로 징계등 혐의자의 퇴직 예정일이 2개월 이내에 있는 징계등 사건에 대해서는 관할 징계위원회에 우선심사를 신청해야 한다.[24)]

징계등 혐의자는 혐의사실을 모두 인정하는 경우 관할 징계위원회에 우선심사를 신청할 수 있다.

징계의결등 요구권자 또는 징계등 혐의자의 우선심사 신청서를 접수한 징계위원회는 특별한 사유가 없으면 해당 징계등 사건을 우선심사하여야 한다.

다. 원격영상회의 방식의 활용

징계위원회는 위원과 징계등 혐의자, 징계의결등 요구자, 증인, 피해자 등 이 법 및 이 영에 따라 회의에 출석하는 사람(이하 이 항에서 “출석자”라 한다)이 동영상과 음성이 동시에 송수신되는 장치가 갖추어진 서로 다른 장소에 출석하여 진행하는 원격영상회의 방식으로 심의·의결할 수 있다.[25)] 이 경우 징계위원회의 위원 및 출석자가 같은 회의장에 출석한 것으로 본다. 징계위원회는 원격영상회의 방식으로 심의·의결하는 경우 징계등 혐의자 및 피해자 등의 신상정보, 회의 내용·결과 등이 유출되지 않도록 보안에 필요한 조치를 해야 한다. 그 밖에 원격영상회의의 운영에 필요한 사항은 국가공무원 복무·징계 관련 예규(인사혁신처장) 제12장에서 정하고 있다.

---

24) 공무원 징계령 제11조의3 제2항.
25) 공무원 징계령 제12조의2.

라. 회의의 비공개 등 준수사항

(1) 회의의 비공개

징계위원회의 심의·의결의 공정성을 보장하기 위하여 ① 징계위원회의 회의, ② 징계위원회의 회의에 참여할 위원 또는 참여한 위원의 명단, ③ 징계위원회의 회의에서 위원이 발언한 내용이 적힌 문서(전자적으로 기록된 문서를 포함한다), ④ 그 밖에 공개할 경우 징계위원회의 심의·의결의 공정성을 해칠 우려가 있다고 인정되는 사항은 공개하지 않는다.[26]

(2) 비밀누설 금지

징계위원회의 회의에 참여한 자는 직무상 알게 된 비밀을 누설하여서는 아니된다.[27] 회의에 참석한 자는 징계위원회 위원, 간사는 물론 검정이나 감정을 실시한 검정인, 감정인, 위탁조사를 한 사람, 징계위원회에 참고인이나 관계인으로 출석하여 회의에 참여한 자를 포함한다. '직무상 알게 된 비밀'이라 함은 징계위원회 위원 및 징계간사 또는 서기의 경우 징계위원회에 위원이나 간사 등으로 회의에 참여하여 직무를 수행함에 당하여 그 기회에 알게 된 비밀을 말하며, 참고인 또는 관계인의 경우에는 참고인 또는 관계인으로 회의에 참여하게 되어 알게 된 징계위원회의 신문이나 진술 등 징계에 관한 비공개 사유로서 비밀로 유지하여야 할 만한 가치가 있는 것을 말한다.

(3) 회의 참석자의 준수사항

징계위원회의 회의에 참석하는 사람은 다음 물품을 소지할 수 없다. ① 녹음기, 카메라, 휴대전화 등 녹음·녹화·촬영이 가능한 기기, ② 흉기 등 위험한 물건, ③ 그 밖에 징계등 사건의 심의와 관계없는 물건을 소지하고 징계위원회 회의에 참석할 수 없다. 징계위원회의 회의에 참석한 사람은 녹음, 녹화, 촬영 또는 중계방송, 회의실 내의 질서를 해치는 행위, 다른 사람의 생명·신체·재산 등에 위해를 가하는 행위를 하여서는 아니 된다.[28]

---

26) 공무원 징계령 제20조.
27) 공무원 징계령 제21조.
28) 공무원 징계령 제22조.

2. 중앙징계위원회 · 보통징계위원회의 설치 및 구성

가. 중앙징계위원회

(1) 중앙징계위원회의 설치

중앙징계위원회는 국무총리 소속으로 둔다.

(2) 중앙징계위원회의 관할

중앙징계위원회는 ① 고위공무원단에 속하는 공무원의 징계 또는 징계부가금 사건, ② 5급 이상 공무원 · 전문경력관 · 연구관 및 지도관 · 우정2급 이상 공무원 · 나급 이상 전문임기제공무원(시간선택제전문임기제공무원을 포함한다) · 5급 이상 일반직공무원의 보수에 상당하는 보수를 받는 별정직공무원 · 수석전문관 및 전문관의 징계 또는 징계부가금 사건, ③ 다른 법령에 따라 중앙징계위원회에서 징계의결 또는 징계부가금 부과의결을 하는 특정직공무원의 징계 또는 징계부가금 사건, ④ 대통령이나 국무총리의 명령에 따른 감사 결과 국무총리가 징계의결등을 요구한 징계 또는 징계부가금 사건, 중앙행정기관 소속의 6급 이하 공무원등에 대한 중징계 또는 중징계 관련 징계부가금 요구 사건을 심의 · 의결한다.[29)]

감사 결과 국무총리가 징계의결등을 요구한 사건은 6급 이하 공무원, 전문경력관 나군 및 다군, 연구사 및 지도사, 우정3급 이하 공무원, 다급 이하 전문임기제공무원(시간선택제전문임기제공무원 포함한다), 한시임기제공무원, 6급 이하 일반직공무원의 보수에 상당하는 보수를 받는 별정직공무원(이하 이 장에서 "6급 이하 공무원등"이라고 한다)의 징계 또는 징계부가금 사건을 말한다.

(3) 중앙징계위원회의 구성

중앙징계위원회는 위원장 1명을 포함하여 17명 이상 33명 이하의 공무원위원과 민간위원으로 구성하되, 민간위원의 수는 위원장을 제외한 위원 수의 2분의 1 이상이어야 한다. 중앙징계위원회의 위원장은 인사혁신처장이 된다.[30)]

---

29) 공무원 징계령 제2조 제2항.
30) 공무원 징계령 제4조.

중앙징계위원회에 간사를 둘 수 있다. 간사는 5급 이상 공무원 또는 고위공무원단에 속하는 공무원 중에서 인사혁신처장이 임명한다. 간사는 위원장의 명을 받아 징계등에 관한 기록이나 그 밖의 서류의 작성 및 보관에 관한 사무에 종사한다.

(4) 중앙징계위원회 위원의 지정 및 위촉[31)]

공무원위원은 고위공무원단 직위 중 직무분석규정 제8조 제2항에 따른 직무등급 중 가등급에 해당하는 직위 또는 그에 상당하는 특정직공무원으로서 보하는 직위 중에서 국무총리가 지정하는 직위에 근무하는 사람으로 한다.

민간위원은 국무총리가 ① 법관, 검사 또는 변호사로 10년 이상 근무한 사람, ② 대학에서 법학 또는 행정학을 담당하는 부교수 이상으로 재직 중인 사람, ③ 공무원으로서 중앙징계위원회의 위원으로 임명될 수 있는 직위에 근무하고 퇴직한 사람, ④ 민간부문에서 인사·감사 업무를 담당하는 임원급 또는 이에 상응하는 직위에 근무한 경력이 있는 사람 중에서 위촉한다. 이 경우 특정 성(性)이 민간위원 수의 10분의 6을 초과하지 아니하도록 해야 한다. 민간위원의 임기는 3년으로 하며, 한 차례만 연임할 수 있다.

국무총리는 위촉된 민간위원이 ① 심신장애로 인하여 직무를 수행할 수 없게 된 경우, ② 직무와 관련된 비위사실이 있는 경우, ③ 직무태만, 품위손상이나 그 밖의 사유로 인하여 위원으로 적합하지 아니하다고 인정되는 경우, ④ 위원의 제척사유에 해당하는 데에도 불구하고 회피하지 아니한 경우, ⑤ 위원 스스로 직무를 수행하는 것이 곤란하다고 의사를 밝히는 경우 중 어느 하나에 해당하는 경우에는 해당 위원을 해촉할 수 있다. 다만, 제척사유에 해당함에도 불구하고 회피하지 아니한 경우에는 해촉하여야 한다.[32)]

(5) 중앙징계위원회 회의의 구성

중앙징계위원회의 구체적인 회의는 위원장과 매 회의마다 위원장이 지정하는 위원 8명으로 구성하되, 민간위원이 5명 이상 포함되어야 한다. 다만, 민간위원은 동일한 자격요건에 해당하는 민간위원만 지정해서는 아니 된다. 징계사유가

---

31) 공무원 징계령 제4조.
32) 공무원 징계령 제5조의3.

성폭력범죄의 처벌 등에 관한 특례법 제2조에 따른 성폭력범죄 또는 양성평등기본법 제3조 제2호에 따른 성희롱에 해당하는 징계사건이 포함된 중앙징계위원회의 회의를 구성하는 경우에는 피해자와 같은 성별의 위원이 위원장을 제외한 위원 수의 3분의 1 이상 포함되어야 한다. 재심사를 청구한 사건이 속한 중앙징계위원회의 회의는 위원장을 제외한 위원의 과반수가 당초 심의·의결에 참여하지 않은 위원으로 구성되어야 한다.[33]

나. 보통징계위원회

(1) 보통징계위원회의 설치

보통징계위원회는 중앙행정기관에 설치한다. 다만, 중앙행정기관의 장은 필요하다고 인정하는 때에는 그 소속기관에도 보통징계위원회를 설치할 수 있다. 소속기관에 보통징계위원회를 설치하는 경우 해당 중앙행정기관의 장은 소속기관의 보통징계위원회의 운영에 필요한 사항을 미리 정하여야 한다.

보통징계위원회는 징계대상 공무원보다 상위계급의 공무원으로 위원을 구성하기 위하여 관할권을 조정할 수 있다. 이 경우 관할에서 제외되는 공무원에 대한 징계등은 본래의 징계위원회가 설치된 바로 위의 감독기관의 징계위원회에서 관할한다.[34]

(2) 보통징계위원회의 관할

보통징계위원회는 6급 이하 공무원등의 징계 또는 징계부가금 사건을 관할한다. 보통징계위원회는 국무총리가 감사 결과에 따라 중앙징계위원회에 징계의결등을 요구하는 사건을 제외한 6급 이하 공무원, 전문경력관 나군 및 다군, 연구사 및 지도사, 우정3급 이하 공무원, 다급 이하 전문임기제공무원(시간선택제전문임기제공무원 포함한다), 한시임기제공무원, 6급 이하 일반직공무원의 보수에 상당하는 보수를 받는 별정직공무원의 징계 또는 징계부가금 사건을 심의·의결한다.[35]

중앙징계위원회에 징계의결등이 요구된 사건을 제외하고 6급 이하 공무원등

---

33) 공무원 징계령 제4조 제5항, 제6항 및 제7항.
34) 공무원 징계령 제3조 제4항.
35) 공무원 징계령 제2조 제3항.

에 대한 중징계등 요구사건은 중앙행정기관에 설치된 보통징계위원회에서 심의·의결한다.

2명 이상이 관련된 징계 또는 징계부가금 사건으로서 관련자의 관할 징계위원회가 서로 다른 경우에는 관할 징계위원회 중 최고 상급기관에 설치된 보통징계위원회에서 관할하고, 관련 징계위원회가 서로 대등한 때에는 그 바로 위 상급기관에 설치된 보통징계위원회에서 심의·의결한다. 직근 상급기관이 서로 다른 경우에는 2단계 상급기관에 설치된 보통징계위원회에서 심의·의결한다. 다만, 상급기관의 징계위원회는 관련자들에 대한 징계등을 분리하여 심의·의결하는 것이 타당하다고 인정하는 경우에는 징계위원회의 의결에 따라 관련자에 대한 징계등 사건을 관할하는 해당 보통징계위원회에 이송할 수 있다.[36)]

(3) 보통징계위원회의 구성

보통징계위원회는 위원장 1명을 포함하여 9명 이상 15명 이하의 공무원위원과 민간위원으로 구성하되, 민간위원의 수는 위원장을 제외한 위원 수의 2분의 1 이상이어야 한다.[37)]

보통징계위원회의 위원장은 해당 보통징계위원회가 설치된 기관의 장 다음 순위로 상급자인 사람이 된다. 다만, 중앙행정기관에 설치된 보통징계위원회의 위원장은 징계 운영이 효율성 등을 고려하여 고위공무원단 직위 또는 이에 상당하는 특정직공무원으로 보하는 직위에 있는 사람 중에서 중앙행정기관의 장이 임명할 수 있다.

보통징계위원회에 간사를 둘 수 있다. 간사는 소속 일반직 공무원 중에서 해당 기관의 장이 임명한다. 간사는 위원장의 명을 받아 징계등에 관한 기록이나 그 밖의 서류의 작성 및 보관에 관한 사무에 종사한다.

(4) 보통징계위원회 위원의 지정 및 위촉

보통징계위원회의 공무원위원은 징계등의 대상자보다 상위 계급의 소속 공무원 중에서 해당 기관의 장이 임명하되, 특별한 사정이 없으면 최상위인 사람부터 차례로 임명하여야 한다.

---

36) 공무원 징계령 제2조 제5항.
37) 공무원 징계령 제5조 제1항.

보통징계위원회가 설치된 행정기관의 장은 아래의 자격요건을 갖춘 사람 중에서 민간위원으로 위촉한다. 이 경우 특정 성(性)이 민간위원 수의 10분의 6을 초과하지 아니하도록 해야 한다. 민간위원의 임기는 중앙징계위원회의 경우와 같이 3년으로 하고 한 차례만 연임할 수 있다.[38)]

민간위원의 위촉을 위한 자격요건은 ① 법관, 검사 또는 변호사로 5년 이상 근무한 사람, ② 대학에서 법학 또는 행정학을 담당하는 조교수 이상으로 재직 중인 사람, ③ 공무원으로 20년 이상 근속하고 퇴직한 사람, ④ 민간부문에서 인사·감사 업무를 담당하는 임원급 또는 이에 상응하는 직위에 근무한 경력이 있는 사람이어야 한다. 다만, 공무원으로 20년 이상 근속하고 퇴직한 사람이 퇴직전 5년부터 퇴직할 때까지 소속되었던 적이 있는 중앙행정기관 또는 소속기관의 경우에는 퇴직일부터 3년이 경과한 사람을 말한다.

민간위원이 해촉사유에 해당하는 경우에는 보통징계위원회가 설치된 행정기관의 장은 해당 민간위원을 해촉할 수 있다. 민간위원의 해촉사유 및 해촉의무가 있는 사유 등은 중앙징계위원회의 민간위원의 경우와 같다.

(5) 보통징계위원회 회의의 구성

보통징계위원회의 구체적인 회의는 위원장과 매 회의마다 위원장이 지정하는 위원 6명으로 구성하되, 민간위원이 4명 이상 포함되어야 한다. 다만, 민간위원은 동일한 자격요건에 해당하는 민간위원만 지정해서는 아니 된다. 징계사유가 성폭력범죄의 처벌 등에 관한 특례법 제2조에 따른 성폭력범죄 또는 양성평등기본법 제3조 제2호에 따른 성희롱에 해당하는 징계사건이 속한 보통징계위원회의 회의를 구성하는 경우에는 피해자와 같은 성별의 위원이 위원장을 제외한 위원 수의 3분의 1 이상 포함되어야 한다.[39)]

다. 징계위원회 위원의 제척·기피 또는 회피

징계위원회의 위원이 ① 징계등 혐의자와 친족 관계에 있거나 있었던 경우, ② 징계등 혐의자의 직근 상급자이거나 징계사유가 발생한 기간 동안 직근 상급자였던 경우, ③ 해당 징계등 사건의 사유와 관계가 있는 경우에 해당하는

38) 공무원 징계령 제5조 제4항.
39) 공무원 징계령 제5조 제5항, 제6항.

때에는 해당 징계등 사건의 심의·의결에서 제척된다.[40)]

징계등 혐의자는 위원장이나 위원 중에서 불공정한 의결을 할 우려가 있다고 인정할 만한 상당한 사유가 있을 때에는 그 사실을 서면으로 밝히고 기피를 신청할 수 있다. 기피신청이 있을 때에는 재적위원 과반수의 출석과 출석위원 과반수의 찬성으로 기피 여부를 의결한다. 이 경우에 기피신청을 받은 사람은 그 의결에 참여하지 못한다.

징계위원회의 위원장 또는 위원은 위 제척사유에 해당하면 스스로 해당 징계등 사건의 심의·의결을 회피하여야 하며, 기피사유에 해당하는 경우에는 회피할 수 있다.

보통징계위원회는 징계위원회 위원의 제척, 기피 또는 회피 사유로 위원장을 포함한 위원 5명 이상이 출석할 수 없게 되었을 때에는 위원 5명 이상이 출석할 수 있도록 그 징계위원회의 설치기관의 장에게 임시위원의 임명을 요청하여야 한다. 임시위원을 임명할 수 없으면 그 징계의결등의 요구는 철회된 것으로 보고 징계위원회의 설치기관의 장은 상급행정기관의 장에게 그 징계의결등을 신청하여야 한다.

3. 징계위원회의 심의절차

가. 징계등 혐의자에 대한 출석 통지

(1) 회의의 소집

징계위원회 위원장은 위원회를 대표하여 위원회 사무를 총괄한다. 위원장은 징계위원회의 회의를 소집하고 그 의장이 된다. 위원장이 부득이한 사유로 직무를 수행할 수 없을 때에는 위원장이 미리 지정한 위원, 먼저 임명받은 위원의 순서로 그 직무를 대행한다. 위원장이 미리 지정하지 않은 경우에는 먼저 임명받은 위원이 그 직무를 대리하므로 일반적으로 공무원위원이 위원장의 직무를 대리하게 된다.

징계위원회 위원장은 징계등 사건이 징계위원회에 징계의결 또는 징계부가금 부과의결이 요구된 경우에는 해당 징계등 사건의 심의를 위한 회의의 개최일시

---

40) 공무원 징계령 제15조 제1항.

및 장소를 정하여 위원에게 통보하여 회의를 소집한다.

(2) 징계등 혐의자에 대한 출석통지

징계위원회는 징계사건의 심의 전에 징계등 혐의자에게 회의의 개최사실을 고지하여야 한다. 징계위원회가 징계등 혐의자의 출석을 명할 때에는 출석이유, 출석일시, 출석장소 등을 기재된 출석통지서로 하여야 한다. 출석통지서는 징계위원회 개최일 3일 전에 징계등 혐의자에게 도달되도록 하여야 한다. 출석통지서를 통지하는 경우 그 출석통지서 사본을 징계등 혐의자의 소속 기관의 장에게 송부하여야 하며, 소속 기관의 장은 징계등 혐의자를 출석시켜야 한다.[41]

▌판례▌ 대법원 1993. 2. 23. 선고 92누16096 판결

교육공무원징계령 제8조 제1항의 규정에 의한 징계혐의자에 대한 출석통지는 징계혐의자로 하여금 징계위원회가 언제 개최되는가를 알게 함과 동시에 자기에게 이익되는 사실을 진술하게 하거나 증거자료를 제출할 기회를 부여하기 위한 조치에서 나온 강행규정이라 할 것이므로 위 출석통지 없이 한 징계심의절차는 위법하다 고 할 것이다.

징계위원회는 징계등 혐의자의 주소를 알 수 없거나 그 밖의 사유로 출석통지서를 징계등 혐의자에게 직접 송부하는 것이 곤란하다고 인정될 때에는 그 출석통지서를 징계등 혐의자의 소속 기관의 장에게 송부하여 전달하게 할 수 있다. 출석통지서를 송부받은 기관의 장은 지체 없이 징계등 혐의자에게 전달한 후 전달 상황을 출석통지서를 송부한 징계위원회에 통지하여야 한다.[42]

징계등 혐의자가 있는 곳이 분명하지 아니하는 때에는 관보를 통해 출석통지를 한다. 관보에 게재한 날부터 10일이 지나면 그 출석통지서가 송달된 것으로 본다.

나. 징계등 혐의자의 출석

징계위원회는 징계등 혐의자에게 충분한 진술을 할 수 있는 기회를 주어야 하며, 징계등 혐의자는 의견서나 구술로 자기에게 이익이 되는 사실을 진술하거

41) 공무원 징계령 제10조 제1항.
42) 공무원 징계령 제10조 제2항.

나 증거를 제출할 수 있다. 징계등 의결이 공정하고 투명하게 이루어지기 위해서는 적법절차의 원칙에 따라 징계등 혐의자의 절차 참여 등 방어권이 충분히 보장되어야 하고, 징계 등 혐의자의 방어권의 보장을 위해서는 징계 등 혐의자의 징계위원회 출석권 보장이 전제되어야 한다. 따라서 징계위원회는 징계등 혐의자가 임의로 출석하지 아니하거나 그 밖에 부득이한 사정이 없는 경우에는 징계등 혐의자를 회의에 출석시켜 심의를 개시하여야 한다.

징계등 혐의자의 출석이 없이 징계위원회의 심의를 개시할 수 있는 '부득이한 사정이 있는 경우'라 함은 공무원 징계령 제10조 제3항부터 제5항까지의 사유가 있는 경우로 제한적으로 인정하는 것이 타당하다.

(1) 진술포기의 경우

징계등 혐의자가 징계위원회에 출석하여 진술하기를 원하지 아니하는 때에는 출석 진술 포기서를 제출하게 하여 기록에 첨부하고 서면심사만으로 징계의결 또는 징계부가금 부과의결을 할 수 있다. 징계등 혐의자가 정당한 사유서를 제출하지 아니하면 출석을 원하지 아니하는 것으로 보아 그 사실을 기록에 남기고 서면심사에 따라 징계의결 또는 징계부가금 부과의결을 할 수 있다. 다만, 이 경우 징계등 혐의자의 징계위원회 출석 및 진술권을 최대한 보장하기 위하여 '정당한 사유서'는 폭 넓게 인정하는 것이 적절하다. 징계등 혐의자가 진술포기서를 제출하지 아니한 상태에서 징계절차의 지연을 목적으로 불출석한 것이 아닌 때에는 징계위원회를 연기하여 징계등 혐의자에게 징계위원회의 출석 기회를 보장하는 것이 필요하다.

(2) 출석통지서의 수령을 거부한 경우

징계등 혐의자가 출석통지서 수령을 거부한 경우에는 징계위원회에 출석하여 진술할 권리를 포기한 것으로 본다. 징계등 혐의자의 주소를 알 수 없거나 그 밖의 사유로 출석통지서를 징계등 혐의자에게 직접 송부하는 것이 곤란하여 출석통지서가 소속 기관의 장에게 송부되어 소속 기관의 장이 그 출석통지서를 징계등 혐의자에게 전달하는 경우 징계등 혐의자가 출석통지서의 수령을 거부하면 전달 상황을 통지할 때 수령을 거부한 사실을 증명하는 서류를 첨부하여야 한다.

다만, 징계등 혐의자는 출석통지서의 수령을 거부한 경우에도 징계위원회에 출석하여 진술할 수 있다.

▌판례▌ 대법원 1993. 12. 14. 선고 93누14851 판결

교육공무원징계령 제8조가 제3항에서는 징계위원회는 징계혐의자가 징계위원회에서의 진술을 하기 위한 출석을 원하지 아니할 때에는 진술권포기서를 제출하게 하고 서면심사만으로 징계의결을 할 수 있도록 규정하고, 제7항 본문에서는 징계혐의자가 출석통지서의 수령을 거부한 경우에는 징계위원회에서의 진술권을 포기한 것으로 본다고 규정하고 있으므로, 징계위원회가 징계혐의자에게 징계위원회의 출석통지서를 송부하여 충분한 진술을 할 수 있는 기회를 부여하려고 하였음에도 징계혐의자가 진술권을 포기하거나 출석통지서의 수령을 거부하여 진술권을 포기한 것으로 보게 되는 경우에는 징계위원회가 그 후에는 징계혐의자에게 징계위원회에의 출석통지를 할 필요 없이 서면심사만으로 징계의결을 할 수 있다고 보아야 할 것이다.

(3) 해외체류, 구속 또는 여행 등의 사유로 출석할 수 없을 경우

징계등 혐의자가 해외 체류, 형사사건으로 인한 구속, 여행, 그 밖의 사유로 징계의결등 요구서의 접수일부터 50일 이내에 출석할 수 없을 때에는 서면으로 진술하게 하여 징계결정등을 할 수 있다. 이 경우 서면으로 진술하지 아니할 때에는 진술 없이 서면심사에 따라 징계의결등을 할 수 있다.

다. 징계등 혐의자의 진술권 등

(1) 징계등 혐의자의 진술권

징계위원회는 징계등 혐의자에게 충분한 진술을 할 수 있는 기회를 주어야 한다. 징계등 혐의자는 의견서 또는 구술로 자기에게 이익이 되는 사실을 진술하거나 증거를 제출할 수 있다. 이익이 되는 사실에는 징계등 혐의사실에 관한 것뿐만 아니라 징계감경 또는 면제 사유 등 징계양정에 참작할 사실이 포함된다.[43]

(2) 징계등 혐의자의 증인심문 신청권

징계등 혐의자는 징계위원회에 증인의 심문(審問)을 신청할 수 있다. 이 경우

43) 공무원 징계령 제11조 제2항.

징계위원회는 증인의 채택 여부를 결정하여야 한다.[44] 다만, 징계등 혐의자의 증인 심문 신청에 대하여 징계위원회가 특별히 결정하지 아니한 경우 그 자체만으로 징계위원회의 심의 등 절차가 위법하지 않다고 하더라도 그로 인하여 징계등 혐의자의 방어권이 침해된 때에는 절차상 위법이 인정될 수 있다.

▌판례▌ 대법원 1993. 12. 14. 선고 93누15045 판결

교육공무원징계령 제9조 제3항에 의하면, 징계혐의자는 증인의 심문을 신청할 수 있고, 이 경우에 징계위원회는 그 채택 여부를 결정하여야 되도록 규정되어 있는바, 징계위원회가 징계혐의자의 증인심문신청에 대하여 명시적으로 그 채택 여부를 결정하지 아니한 채 징계심의절차를 종결하고 징계의결을 하였다면 그 증인을 심문하지 아니하기로 묵시적으로 결정된 것으로 보아야 할 것이므로, 관할 징계위원회가 원고 김○○의 증인심문 신청에 대하여 명시적으로 그 채택 여부를 결정하지 아니하고 징계의결을 하였더라도 그와 같은 사유만으로 그 징계의결절차가 위법한 것이라고 볼 수는 없을 것이다.

(3) 징계등 혐의자의 징계기록 열람·등사권

국가공무원법 및 공무원 징계령에서는 징계등 혐의자의 징계기록에 대한 열람·등사에 관한 규정을 두고 있지 않다.[45] 징계등 혐의자가 징계위원회에 출석하여 충분한 진술을 하고 자신에게 유리한 증거 등을 제출하는 등 징계절차상 방어권 행사를 보장받기 위해서는 징계위원회에 송부된 해당 징계등 관련 서류나 자료 등 징계기록에 대한 열람·등사권이 보장되어야 한다. 그러므로 공무원의 징계의 경우에도 군인의 징계에서와 같이 징계위원회에 대한 해당 공무원의 징계기록에 대한 열람·등사권이 인정되는 것으로 보는 것이 타당하다.

군인 징계령 제11조를 보면, 군인의 징계에 있어서 징계등 심의대상자는 징계위원회에 대하여 자신의 진술이 기재된 서류나 자신이 제출한 자료에 대한 열람·등사를 할 수 있다. 이 경우 징계등 심의대상자에게 본인의 진술이나 자신이 제출한 자료는 징계등 심의대상자의 합리적인 방어권 주장을 위하여 필요하고, 이미 징계등 심의대상자에게 공개된 자료로서 징계등 심의대상자에게 열

44) 공무원 징계령 제11조 제3항.

45) 군인 징계령 제11조는 징계등 심의대상자의 징계기록에 대한 열람·등사권을 규정하고 있는바, 징계등 심의대상자의 진술이 기재된 서류나 그가 제출한 자료의 열람·등사와 그 이외의 징계기록에 대한 열람·등사 신청 및 허가에 관한 사항을 규정하고 있다.

람·등사를 허용하더라도 징계기록의 열람·등사를 제한하고 있는 취지에 반하지 않는다는 점에서 제한 없이 열람·등사를 허가하는 것이 타당하다.

징계등 심의대상자는 징계등 심의대상자 자신의 진술이 기재된 서류나 자신이 제출한 자료 이외의 자료의 경우에도 징계위원회에 열람·등사를 신청할 수 있다. 이 경우 징계위원회는 원칙적으로 열람·등사를 허가할 것이나, 아래와 같은 사유가 있는 때에는 해당 징계기록의 열람·등사를 허가하지 아니할 수 있다.

① 기록의 공개로 사건 관계인의 명예, 사생활의 비밀, 생명·신체의 안전이나 생활의 평온을 침해할 우려가 있는 경우

② 기록의 내용이 국가기밀인 경우

③ 기록의 공개로 국가의 안전보장, 선량한 풍속 그 밖의 공공질서나 공공복리가 훼손될 우려가 있는 경우

징계처분에 대한 항고가 이루어진 경우 징계기록의 열람·등사에 대한 허가는 원칙적으로는 항고제기 시점을 기준으로 항고제기 이전에는 원 징계처분권자의 징계위원회 위원장이 허가하고, 항고제기 이후에는 항고심사기관에 설치된 항고심사위원회 위원장이 허가하는 것으로 볼 것이다. 다만, 항고제기 이후라 하더라도 징계기록이 아직 항고심사위원회에 송부되지 않은 때에는 원 징계위원회에 열람·등사를 신청하고 원 징계위원회의 위원장이 이를 허가할 수 있다고 볼 수 있다.

라. 징계등 혐의자 등에 대한 심문

(1) 징계등 혐의자 및 관계인에 대한 심문

징계위원회는 출석한 징계등 혐의자에게 혐의 내용에 관한 심문을 행한다. 징계위원회는 필요하다고 인정하는 때에는 관계인의 출석을 요구하여 심문할 수 있다.[46]

(2) 징계의결등 요구자 등의 의견진술

징계의결등 요구자 및 신청자는 징계위원회에 출석하여 의견을 진술하거나

46) 공무원 징계령 제11조 제1항.

서면으로 의견을 진술할 수 있다. 중징계등 요구 사건의 경우에는 특별한 사정이 없는 한 징계위원회에 출석하여 의견을 진술해야 한다. 감사원법 제32조 제1항 및 제10항에 따라 감사원이 파면, 해임, 강등 또는 정직 중 어느 하나의 징계처분을 요구한 사건에 대해서는 징계의결등 요구자 및 신청자는 그 징계위원회의 개최 일시 및 장소를 감사원에 통보하여야 하고, 감사원은 소속 공무원의 해당 징계위원회 출석을 관할 징계위원회에 요청할 수 있다. 이 경우 징계위원회는 출석 허용 여부를 결정하여야 한다.[47)]

(3) 피해자의 진술권

징계위원회는 중징계등 요구 사건의 피해자가 신청하는 경우에는 그 피해자에게 징계위원회에 출석하여 해당 사건에 대해 의견을 진술할 기회를 주어야 한다. ① 피해자가 이미 해당 사건에 관하여 징계의결등 요구과정에서 충분히 의견을 진술하여 다시 진술할 필요가 없다고 인정되는 경우, ② 피해자의 진술로 인하여 징계위원회 절차가 현저하게 지연될 우려가 있는 경우에는 피해자에게 출석 및 의견 진술의 기회를 주지 아니할 수 있다.[48)]

마. 사실조사 등

(1) 사실조사 및 검증·감정

징계사유에 해당하는 징계혐의사실은 증거에 의하여 입증되어야 한다. 다만, 형사소송법상 엄격한 증거법칙, 즉 전문증거배제 법칙, 자백보강 법칙, 위법수집증거배제 법칙 등의 증거법 원칙이 그대로 적용되지는 않는다. 다만, 징계는 행정벌에 해당하는 침익적 행정처분으로서 법치국가의 원리에 따라 적법한 절차에 따라 절차상 중대한 하자가 있는 경우에는 증거능력이 인정될 수 없을 것이다.

징계위원회는 징계등 사건에 대한 심의·의결을 위하여 필요한 경우에는 소속 직원(간사)으로 하여금 사실조사를 하게 하거나 특별한 학식·경험이 있는 자에게 검증 또는 감정을 의뢰할 수 있다. 징계위원회는 소속 직원(간사)으로 하여금 조사하게 하기 위하여 필요하다고 인정할 때에는 징계등 혐의자에게 출

47) 공무원 징계령 제11조 제4항부터 제6항.
48) 공무원 징계령 제11조의2.

석을 명하거나 징계의결등 요구권자에게 관련 자료의 제출을 요구할 수 있다.[49] 징계등 혐의자에게 출석을 명하는 때에는 출석통지서에 의하여 3일 전에 징계등 혐의자에게 도달하게 하여야 한다. 징계등 혐의자의 주소를 알 수 없거나 출석통지서를 징계등 혐의자에게 직접 전달할 수 없는 때에는 징계등 혐의자의 소속기관의 장에게 송부하여 전달하게 할 수 있다.

(2) 증거조사

증거조사의 대상은 일반적으로 징계사유를 입증하기 위하여 징계의결등 요구자가 징계의결등 요구 시 제출한 증거자료가 된다. 징계등 혐의자는 자기에게 이익이 되는 증거를 제출할 수 있으므로 징계등 혐의자가 제출한 증거자료도 증거조사의 대상이 된다. 사실조사에 필요한 경우 징계등 혐의자와 관계인의 출석을 명하여 진술을 들을 수 있고, 징계등 혐의자 역시 증인의 신문을 신청할 수 있는바, 증인 신문 신청을 받아들여 준 때에도 증인에 대한 증거조사를 하여야 한다.

(3) 징계위원회의 직권조사

징계위원회는 징계권자의 징계의결 요구 사건에 대하여 직권으로 징계사실을 확인하여 심의·의결하는 기관으로 직권주의적 구조를 갖는다. 따라서 징계위원회는 징계의결등 요구자가 제출하는 증거자료나 징계등 혐의자가 제출한 증거자료 외에도 징계사건의 심의·의결에 필요하다고 인정하는 경우에는 직권으로 관계인의 출석 또는 관련 자료를 제출하게 하여 사실조사 및 증거조사를 할 수 있다.

4. 징계위원회의 의결 절차

가. 징계위원의 신분보장 등

(1) 징계위원의 신분보장

징계위원은 법규와 양심에 따라 독립하여 심의하며, 징계에 관한 직무상의 행위로 인하여 형사처벌이나 징계처분 또는 그 밖의 어떠한 불이익도 받지 아

49) 공무원 징계령 제12조 제3항, 제4항.

니한다. 징계위원회는 설치 기관의 장에 의하여 구성되고, 징계위원 역시 징계위원회의 설치 기관의 장에 의하여 임명 또는 위촉되나, 그 설치 기관의 장은 징계위원에 대하여 징계위원회의 심의 사항에 대하여 지시하거나 관여할 수 없다. 징계위원은 징계사건의 심의·의결에 관하여 직무상 독립하여 자신의 양심과 관계 법령에 따라 심의·의결한다.

(2) 징계의 병과금지

군인 징계령 제3조에서 "동일한 내용의 비행(非行) 사실에 대하여 두 번 징계처분 또는 징계부가금 부과처분을 할 수 없으며, 두 종류 이상의 징계처분을 병과(倂科)하여서는 아니 된다"라고 규정하여 군인에 대한 징계처분을 의결하는 때에는 두 종류 이상의 징계처분을 병과하는 것을 금지하고 있다.

반면, 국가공무원법 및 공무원 징계령에서는 공무원에 대한 하나의 징계처분에 있어서 징계의 종류를 병과할 수 있는지에 관하여 특별한 규정을 두고 있지 않다. 그러나 하나의 징계절차에서 징계사유에 대하여 징계처분은 하나의 처분을 하는 것이 일반적이고, 징계의 병과는 징계혐의자에게 불리한 처분으로 징계의 병과를 허용하는 규정이 없으므로 공무원의 경우에도 징계처분은 두 종류 이상의 징계를 병과할 수 없다고 보는 것이 타당하다.

병과금지의 원칙은 징계사유가 하나인 경우뿐만 아니라 동일한 징계절차에서 함께 수개의 징계사유에 대하여 심의·의결하는 경우에도 적용된다. 그러나 수개의 징계사유 중 일부에 대해 그 혐의가 인정되지 않은 경우에도 인정되는 징계사유에 대하여 징계의결을 할 수 있다.

▌판례▌ 대법원 1991. 11. 22. 선고 91누4102 판결

공무원에 대한 징계의 정도가 지나치게 무거워 재량권의 범위를 벗어난 위법한 처분이라고 할 수 있으려면 징계의 사유가 된 비위사실의 내용 및 성질과 징계에 의하여 달성하려는 행정목적 등에 비추어 보아 그 징계내용이 객관적으로 명백히 부당하다고 인정할 수 있는 경우이어야 할 것이고(대법원 1988. 3. 22. 선고 87누366 판결 참조), 또 수개의 징계사유 중 일부가 인정되지 않더라도 인정되는 다른 일부 징계사유만으로도 당해 징계처분의 타당성을 인정하기에 충분한 경우에는 그 징계처분을 유지한다 하여도 위법하다고 할 수 없는 것이다(대법원 1989. 12. 26. 선고 89누589 판결 참조).

나. 의결의 대상 · 기간 및 방법

(1) 의결 대상

징계위원회는 징계의결등 요구가 있는 때에 징계혐의자의 징계사유에 해당하는 혐의내용에 대하여 심의 · 의결한다. 징계의결등 요구(권)자는 공무원의 비위행위가 징계사유에 해당하는지 여부 등을 조사하여 증거 등 관련 자료를 첨부하여 징계의결등 요구서에 의하여 관할 징계위원회에 징계의결등을 요구하여야 한다. 징계의결등 요구서에는 징계사유 등 혐의내용을 기재하여야 하고, 혐의내용에 대한 증거 등 관련 자료를 첨부하여 징계위원회에 제출하여야 한다. 징계위원회는 징계의결등 요구서가 접수된 날부터 진행할 수 있고, 징계의결등 요구서에 기재된 징계사유에 해당하는 혐의사실에 대하여 심의 · 의결을 한다.

판례 대법원 1984. 9. 25. 선고 84누299 판결

국가공무원법 제78조, 제82조에 의하면 국가공무원의 징계는 공무원에게 일정한 징계사유가 있을 때에 징계의결요구권자가 징계위원회에 징계의결을 요구하고 징계의결 결과에 따라 징계처분을 하여야 한다고 규정하고 있고, 공무원징계령 제9조는 징계의결 요구를 받은 징계위원회는 그 요구서를 접수한 날로부터 30일 이내에 징계에 관한 의결을 하도록 규정하고 있으며(다만 부득이한 때에는 30일에 한하여 연장가능), 동 징계령 제10조에 의하면 징계심의대상자에게 출석을 명할 때에는 동조 제2항 및 제3항의 경우를 제외하고는 일정한 서식을 갖춘 출석통지서에 의하도록 규정하고 있고, 동 징계령 제11조에 의하면 징계혐의자에게 혐의내용에 관한 심문을 행하고 충분한 진술을 할 수 있는 기회를 부여하여야 하고 또한 징계혐의자는 서면 또는 구술로서 자기에게 이익이 되는 사실을 진술하여 증거를 제출할 수 있도록 규정하고 있으며 동 징계령 제12조 제2항은 징계의결은 일정한 서식을 갖춘 징계의결서로 행하며 그 이유란에는 징계의 원인이 된 사실, 증거의 판단과 관계법령을 명시하여야 한다고 규정하고 있는바, 위 규정들은 당해 공무원의 신분관계에 대하여 징계의결을 함에 있어 적정성과 타당성을 담보하고 징계혐의자의 이익 특히 방어권을 보호하기 위한 강행규정이라 할 것으로서 이를 종합하여 보면 국가공무원의 징계는 일정한 징계사유가 있을 때에 징계의결요구권자가 먼저 징계사유를 들어 징계위원회에 징계의결 요구를 하고 징계위원회는 소정의 기간내에 소정의 절차를 거쳐 징계의결을 하는데, 그 절차에 있어서는 징계사유에 해당하는 사실에 관한 심문을 행하고 그 징계사유에 대하여 징계혐의자가 방어권을 충분히 행사할 수 있도록 하며 징계의결서에도 그 이유란에 징계의 원인된 사실을 명시하도록 규정하고 있는 것이므로 이와 같은 징계의결요구권자에 의하여 징계의결 요구된 징계사유에 대하여 심문이 진행되며 그 과정에서 징계혐의자의 방어권을 충분히 보장하고 있는 위 규정들의 취지에 비추어 보아 징계위원회는 어디까지나 징계의결요구권자에 의하여 징계의결이 요구된 징계사유를 심리대상으로 하여 그에 대하여만 심리, 판단하여야 하고 징계의결이 요구된 징계사유를 근본적으로 수정하거나 징계의결 이후에 발생한 사정등 그 밖의 징계사유를 추가하여 징계의결을 할 수는 없다고 해석하여야 할 것이다.

(2) 의결 기간

징계위원회는 징계등 의결요구서가 접수된 날부터 30일 이내에 심의 및 의결하여야 하다. 중앙징계위원회의 경우에는 60일 이내에 징계의결등을 하여야 한다. 부득이한 사유가 있을 때에는 해당 징계위원회의 의결로 30일(중앙징계위원회의 경우에는 60일)의 범위에서 그 기간을 연장할 수 있다.[50] 다만, 징계의결 기간은 제척기간이나 강행규정이 아니라 훈시적 규정이므로 위 기간을 지나서 의결을 한 경우에도 징계의결 자체는 위법하다고 보지는 않는다.

징계의결등이 요구된 사건에 대하여 감사원이나 검찰, 경찰, 그 밖의 수사기관이 비행사실에 대한 조사나 수사를 개시한 사실을 통보받아 징계절차가 중지된 경우에는 그 중지된 기간은 위 징계의결등의 기간에 포함하지 않는다.

(3) 의결 방법

징계위원회의 의결은 무기명 투표로 하되, 위원 5명 이상의 출석과 출석위원 과반수의 찬성으로 의결한다. 징계의결에 대한 의견이 나뉘어 출석위원 과반수의 찬성을 얻지 못한 경우에는 출석위원 과반수가 될 때까지 징계등 혐의자에게 가장 불리한 의견에 차례로 유리한 의견을 더하여 가장 유리한 의견을 합의된 의견으로 본다.[51]

징계위원회는 관할 징계위원회에서 관련자에 대한 징계등을 분리하여 심의·의결하는 것이 타당하다고 인정되어 징계등 사건을 관할 징계위원회로 이송하는 사항 또는 부득이한 사유로 해당 징계위원회의 의결 기한의 연기에 관한 사항에 대하여 징계위원회의 의결이 필요한 경우에는 서면으로 의결할 수 있다.

징계위원회의 의결은 징계등 의결서로 하며, 의결서의 이유란에는 징계등의

---

50) 공무원 징계령 제9조 제1항.

51) 공무원 징계령 제12조 제1항.

원인이 된 사실, 증거의 판단, 관계 법령 및 징계등 면제사유나 감경 또는 가중사유의 해당 여부를 구체적으로 밝혀야 한다.[52] 징계의결서에 이와 같은 사항을 명시하게 한 취지는 징계위원회로 하여금 그 의결을 신중하고 적정하게 하도록 하여 그 자의를 억제함과 동시에 징계의결서에 의하여 징계사유에 해당하는 사항, 적용법조 등 그 내용을 명확하게 하여 징계대상자로 하여금 어떠한 징계사유가 인정되어 징계의결되었다는 것을 알 수 있게 함으로써 이에 승복하거나 불복이 있는 경우에 불복신청의 편의를 주려는 데 있다. 징계위원회가 견책에 해당하는 비위를 불문(不問)으로 감경하여 의결하였거나 불문으로 의결하였으나 경고할 필요가 있다고 인정하는 경우에는 징계등 의결서의 의결주문란에 "불문으로 의결한다. 다만, 경고할 것을 권고한다"라고 적는다.[53]

판례 대법원 2018. 10. 25. 선고 2015두38856 판결

경찰공무원징계령 제14조는 경찰공무원에 대한 징계위원회의 의결은 징계의결로서 행하며 징계의결서에는 징계심의 대상자의 인적사항, 의결주문, 적용법조, 징계사유에 해당하는 사항 및 입증자료의 인정여부, 징계심의 대상자 및 증인의 출석 여부, 정상참작 여부, 의결방법, 심의결론에 관한 사항을 명시하여야 한다고 규정하고 있고, 징계의결서에 이와 같은 사항을 명시하게 한 것은 징계위원회로 하여금 그 의결을 신중하고 적정하게 하도록 하여 그 자의를 억제함과 동시에 징계의결서에 의하여 징계사유에 해당하는 사항, 적용법조 등 그 내용을 명확하게 하여 징계대상자로 하여금 어떠한 징계사유가 인정되어 징계의결되었다는 것을 알 수 있게 함으로써 이에 승복하거나 불복이 있는 경우에 불복신청의 편의를 주려는데 그 취지가 있다 할 것이므로 위의 기재사항 중 일부 기재 누락이 있는 경우에는 위 규정의 취지와 목적에 비추어 그 징계의결의 유효 여부를 결정하여야 할 것인바 원심이 서울특별시경찰국 경찰관 보통징계위원회의 원고에 대한 본건 징계의결서에 징계심의 대상자의 인적사항, 의결주문, 적용법조, 징계사유만이 기재되고 입증자료의 인정 여부, 징계심의 대상자 및 증인의 출석 여부, 정상참작 여부, 의결방법이 기재되지 아니하였다는 사유만으로는 본건 징계의결이 그 형식상의 하자가 중대하고 명백하여 당연무효라고는 할 수 없다고 판단한 것은 위 법조의 취지와 목적에 비추어 볼 때 정당하고 거기에 소론과 같은 징계의결서의 효력에 관한 법리를 오해한 위법이 없다. 또 위와 같은 형식상의 하자가 본건 징계처분의 취소사유가 되는 것이라고도 보기 어려우므로 본건 징계처분이 위법함을 이유로 취소되어야 한다는 원고의 주장에 대하여 원심

52) 공무원 징계령 제12조 제2항.
53) 공무원 징계령 시행규칙 제6조.

이 판단을 아니하였다 하더라도 판결 결과에는 영향이 없다 할 것이다.

다. 징계등 양정

(1) 징계등의 양정사유

징계위원회가 징계등 사건을 의결할 때에는 징계등 혐의자의 혐의 당시 직급, 징계등 요구의 내용, 비위행위가 공직 내외에 미치는 영향, 평소 행실, 공적(功績), 뉘우치는 정도 또는 그 밖의 정상을 참작해야 한다.[54]

(2) 징계등 처리기준

징계기준, 징계부가금 부과기준, 징계의 감경기준 등(이하 "징계기준등"이라 한다)은 공무원 징계령 시행규칙에서 정하고 있다. 징계위원회는 징계등 혐의자의 비위(非違)의 유형, 비위의 정도 및 과실의 경중과 혐의 당시 직급, 비위행위가 공직 내외에 미치는 영향, 수사 중 공무원 신분을 감추거나 속인 정황, 평소 행실, 공적(功績), 뉘우치는 정도, 규제개혁 및 국정과제 등 관련 업무 처리의 적극성 또는 그 밖의 정상 등을 고려하여 공무원 징계령 시행규칙 제2조 제1항 각 별표에 따른 징계기준에 따라 징계의결등을 하여야 한다. 다만, 이러한 공무원징계양정에 관한 규칙상 징계 양정기준의 효력은 행정기관 내부의 사무처리준칙에 지나지 아니한 것으로 대외적으로 국민이나 법원을 기속하는 것은 아니다.

▌판례▌ 대법원 1992. 4. 14. 선고 91누9954 판결

그리고 공무원징계양정등에관한규칙은 그 형식은 총리령으로 되어 있으나, 그 제2조가 규정하는 징계양정의 기준의 성질은 행정기관 내부의 사무처리준칙에 지나지 아니한 것이지 대외적으로 국민이나 법원을 기속하는 것이 아니므로, 원심이 이 징계양정의 기준과 다른 판단을 하였다고 하여도 위법하다고 할 수 없다.

공무원 징계령 시행규칙 제2조 제1항에서 규정하고 있는 징계기준 또는 징계부가금 부과기준에는 '일반적 징계기준'(별표1) 외에도 '초과근무수당 및 여비 부당수령 징계기준'(별표1의2), '청렴의 의무 위반 징계기준'(별표1의3), '성 관련 비위 징계기준'(별표1의4), '음주운전 징계기준'(별표1의5) 및 '징계부가금 부과기준'

---

54) 공무원 징계령 제17조.

(별표1의6)이 있다.

중앙행정기관의 장은 공무원 징계령 시행규칙에서 정하는 징계기준등의 범위에서 인사혁신처장과 미리 협의하여 징계양정에 관한 사항을 정할 수 있다.

(3) 공직기강 확립을 위한 엄중한 문책

징계위원회는 징계등 사건을 의결할 때에는 비위와 부조리를 척결함으로써 공무집행의 공정성 유지와 깨끗한 공직사회의 구현 및 기강 확립에 주력하여야 한다. 징계위원회는 그 의결 대상이 직무와 관련한 금품수수 비위 사건인 경우에는 해당 비위와 관련된 감독자 및 그 비위행위의 제안·주선자를 문책하고, 부작위 또는 직무태만으로 국민의 권익을 침해하거나 국가 재정상의 손실을 발생하게 한 비위 사건인 경우에는 해당 비위와 관련된 감독자를 그 비위행위자와 함께 엄중히 책임을 물어야 한다.

(4) 비위행위자와 감독자에 대한 문책기준

징계위원회는 같은 사건에 관련된 행위자와 감독자에 대해서는 업무의 성질 및 업무와의 관련 정도 등을 참작하여 비위행위자와 감독자에 대한 문책기준에 따라 징계의결등을 하여야 한다.[55]

비위행위자와 감독자에 대한 문책기준(제3조 관련)

업무 관련도 / 업무의 성질			비위행위자 (담당자)	직근상급 감독자	2단계 감독자	최고감독자 (결재권자)
정책결정사항	중요 사항 (고도의 정책사항)	고의·중과실 없음	–	3	2	1
		고의·중과실 있음	4	3	2	1
	일반적인 사항		3	1	2	4
단순반복업무	중요 사항		1	2	3	4
	경미한 사항		1	2	3	
단독 행위			1	2		

* 비고: 1, 2, 3, 4는 문책 정도의 순위를 말한다.

55) 공무원 징계령 시행규칙 제3조 제1항.

다만, 문책 정도의 순위가 1에 해당하지 아니하는 사람이 해당 비위를 발견하여 보고하였거나 이를 적법·타당하게 조치한 징계등 사건이거나 비위의 정도가 약하고 경과실인 징계등 사건인 경우 또는 철저하게 감독하였다는 사실이 증명되는 감독자의 징계사건인 경우에는 징계의결등을 하지 아니할 수 있다.

판례 대법원 1978. 8. 22. 선고 78누164 판결

지방공무원의 징계에 관한 어느 법규에도 부하직원에게 파면에 해당하는 비위사실이 있는 경우에는 직접 감독책임이 있는 공무원에게 감독의무를 위반한 것으로 본다는 규정이 없으므로 아무리 부하직원에게 파면에 해당하는 비위사실이나 또는 그 이상의 위법된 행위가 있음이 인정된다 하더라도 이를 감독할 책임이 있는 공무원에게 구체적인 감독의무를 위반한 사실이 증거에 의하여 인정되지 아니하는 이상 비위사실이나 위법행위를 한 공무원이 있는 경우에는 그 감독자를 당연히 감독의무를 위반한 자로 볼 수는 없다 할 것이고 또 원심이 적시한 서울시의 지방공무원정계의양정에관한규칙의 취지도 감독자에게 지방공무원법상의 징계사유에 해당하는 사유가 있음을 전제로 규정된 것이라 할 것이고, 지방공무원법상에 규정되지 아니한 새로운 징계사유를 서울시의 규칙으로 제정할 수도 없는 법리라 할 것이므로 어느 모로 보나 원심의 조치는 이유불비의 위법이 아니면 지방공무원의 징계에 관한 법리를 오해한 위법이 있다 할 것이다.

라. 적극행정 등에 대한 징계등의 면제

(1) 적극행정과 징계등 면제

적극행정 운영규정에 따르면 "적극행정"이란 공무원이 불합리한 규제를 개선하는 등 공공의 이익을 위해 창의성과 전문성을 바탕으로 적극적으로 업무를 처리하는 것을 말하며, "소극행정"이란 공무원이 부작위 또는 직무태만 등 소극적 업무행태로 국민의 권익을 침해하거나 국가 재정상 손실을 발생하게 하는 행위를 말한다.

징계위원회는 고의 또는 중과실에 의하지 않은 비위사실로서 다음의 적극행정에 해당되는 경우에는 공무원 징계령 시행규칙 제2조에 따른 징계등 양정기준에도 불구하고 징계의결 또는 징계부가금 부과의결을 하지 아니한다.[56]

① 불합리한 규제의 개선 등 공공의 이익을 위한 정책, 국가적으로 이익이

56) 공무원 징계령 시행규칙 제3조의2 제1항.

되고 국민생활에 편익을 주는 정책 또는 소관 법령의 입법목적을 달성하기 위하여 필수적인 정책 등을 수립·집행하거나, 정책목표의 달성을 위하여 업무처리 절차·방식을 창의적으로 개선하는 등 성실하고 능동적으로 업무를 처리하는 과정에서 발생한 것으로 인정되는 경우

▌징계면제 사례▐ 인사혁신처 2020. 9. 11. 작성 적극행정 징계면제 사례

[사실관계] 공무원 A씨는 개발제한구역 부지 내 공사를 추진하면서 민원인 주차장을 설치하고자 약 1,200㎡를 적토 후 정지 작업을 하였다. 이 과정에서 토석 및 일부 콘크리트 폐기물 약 1.260㎥를 개발제한 구역 부지에 매립하는 등 개발제한구역 토지개발행위 허가를 받지 않은 채 토지 형질을 변경하였다.

[주장 및 면제결정] 해당구역이 수풀이 우거진 지역이 아니라 대지로서 사실상 공원으로 이용되기도 하고 있어 별도의 허가가 필요하지 않은 것으로 판단하고, 민원인 편의 등 국민생활에 편익을 주는 정책을 적극적으로 수립·집행하기 위해 성실하고 능동적으로 업무를 처리하는 과정에서 발생한 것이라는 징계면제 주장에 대하여, 위 비행행위가 개발제한구역의 지정 및 관리에 관한 특별조치법을 위반한 사실은 인정되나 전적으로 민원인 편익 등 공익 목적으로 이루어진 것으로 판단하고, 법률자문 등을 받아 충분한 검토를 거쳐 허가절차를 이행했더라면 허가를 득하였을 가능성이 적지 않아 보이는 점, 비위의 정도가 약하고 과실로 인한 비위로서 적극행정을 추진하다가 발생한 것으로 고의 또는 중과실이 없는 것으로 판단하여 징계면제를 인정하였다.

② 국가의 이익이나 국민생활에 큰 피해가 예견되어 이를 방지하기 위하여 정책을 적극적으로 수립·집행하는 과정에서 발생한 것으로서 정책을 수립·집행할 당시의 여건 또는 그 밖의 사회통념에 비추어 적법하게 처리될 것이라고 기대하기가 극히 곤란했던 것으로 인정되는 경우

▌징계면제 사례▐ 인사혁신처 2020. 9. 11. 작성 적극행정 징계면제 사례

[사실관계] A기관은 침수경고 등을 위한 시스템 개발 용역의 우선협상대상자로 선정된 B업체가 관련 시스템 개발로 유명한 C업체와 기술지원 확약이 체결되어 기술지원을 받고 있다는 점 등을 감안하여 조달청에 B업체와의 기술협상 성립을 통보하였고 조달청의 계약 담당 공무원은 계약을 체결하였다. 이후 A기관은 자체조사 결과 B업체가 C업체로부터 받는 기술지원이 미약하여 용역을 완벽히 완료하기 어렵고 3회 이상 시정요구를 했으나 이를 제대로 이행하지 않았다는 사유 등으로 계약 해

지를 요청했지만, 조달 계약담당자는 계약을 해지하지 않았다.

[주장 및 면제결정] 국민생활에 큰 피해가 예견되는 침수 피해 예방을 위해 조속한 시스템 개발이 필요했으며 A기관이 제시한 사유만으로는 계약해지가 어려워 추가 조사 등을 통해 B업체로부터 충분한 기술지원을 받고 있음을 직접 확인하고 다른 해결방안을 모색하는 등 성실하고 능동적으로 업무를 처리하는 과정에서 발생한 것이라는 주장에 대하여, 계약해지 후 재계약 추진 시 개발 및 시험운행 일정이 지연되어 우기 전까지 사업 완료가 어려울 것이 명백한 점 등 공익 목적에서 이뤄진 것으로 보이며, 수차례 전문가 의견수렴 및 법률 자문을 거쳐 A기관이 제기한 사유만으로는 계약 해지가 어렵고 법적 소송이 발생 시 승소 가능성도 낮다는 의견을 감안한 점, 추가 조사를 통해 B업체가 C업체로부터 충분한 기술지원을 받고 있는 점을 직접 확인하여 이 사실을 A기관에도 통보한 점, 대금 감액 조정이라는 중재방법을 제시하는 등 계약 이행을 위해 노력한 점 등을 고려할 때 고의 또는 중과실이 없는 것으로 판단하여 징계면제를 인정하였다.

징계등 혐의자가 i) 징계등 혐의자와 비위 관련 직무 사이에 사적인 이해관계가 없고, ii) 대상 업무를 처리하면서 중대한 절차상의 하자가 없었던 경우에는 해당 비행사실이 고의 또는 중과실에 의하지 않은 것으로 추정한다.[57]

(2) 감사원 등의 의견에 따른 업무처리와 징계등 면제

공무원의 징계처분 기준에도 불구하고 징계등 혐의자가 감사원이나 공공감사에 관한 법률 제2조 제5호에 따른 자체감사기구로부터 사전에 받은 의견대로 업무를 처리한 경우 또는 적극행정 운영규정 제13조에 따라 같은 영 제11조에 따른 적극행정위원회가 제시한 의견대로 업무를 처리한 경우에는 징계의결등을 하지 않는다.[58]

다만, 대상 업무와 징계등 혐의자 사이에 사적인 이해관계가 있거나 감사원이나 자체감사기구 또는 적극행정위원회가 의견을 제시하는 데 필요한 정보를 충분히 제공하지 않은 경우에는 그렇지 않다.

(3) 직무와 관련이 없는 사고로 인한 징계등 면제

징계위원회는 징계사유에 해당하는 비위행위가 징계 감경의 제외 대상이 아

57) 공무원 징계령 시행규칙 제3조의2 제2항.
58) 공무원 징계령 시행규칙 제3조의2 제3항, 제4항.

니고 직무와 관련이 없는 사고로 인한 비위로서 사회통념에 비추어 공무원의 품위를 손상하지 아니하였다고 인정되는 경우에는 징계의결등을 하지 않을 수 있다.[59] 다만, 적극행정 또는 감사원 등의 의견에 따른 경우와 달리 징계위원회의 재량에 따라 징계등 면제를 할 수 있다.

마. 징계의 감경

(1) 공적에 따른 감경사유

징계위원회는 징계의결이 요구된 사람에게 상훈법에 따른 훈장 또는 포장을 받은 공적이나 정부표창규정에 따라 국무총리 이상의 표창(다만, 비위행위 당시 공무원 징계령 제2조 제2항 제3호 6급이하 공무원등은 중앙행정기관장인 청장 또는 차관급 상당 기관장 이상의 표창을 포함한다)을 받은 공적 또는 모범공무원규정에 따라 모범공무원으로 선발된 공적이 있는 경우에는 징계의 감경기준에 따라 징계를 감경할 수 있다.[60]

▌판례▌ 대법원 2012. 6. 28. 선고 2011두20505 판결

공무원징계령 제7조 제6항 제3호에 의하면, 공무원에 대한 징계의결을 요구할 때는 징계사유의 증명에 필요한 관계 자료뿐 아니라 '감경대상 공적 유무' 등이 기재된 확인서를 징계위원회에 함께 제출하여야 하고, 경찰공무원 징계양정 등에 관한 규칙 제9조 제1항 제2호 및 [별표 10]에 의하면 경찰청장의 표창을 받은 공적은 징계양정에서 감경할 수 있는 사유의 하나로 규정되어 있다. 위와 같은 관계 법령의 규정 및 기록에 비추어 보면, 징계위원회의 심의과정에 반드시 제출되어야 하는 공적(功績) 사항이 제시되지 않은 상태에서 결정한 징계처분은 징계양정이 결과적으로 적정한지 그렇지 않은지와 상관 없이 법령이 정한 징계절차를 지키지 않은 것으로서 위법하다.

다만, 그 공무원이 속한 기관이나 단체에 수여된 단체표창은 징계 감경사유에 해당하지 아니하고, 그 공무원이 징계처분이나 이 규칙에 따른 경고를 받은 사실이 있는 경우에는 그 징계처분이나 경고처분 전의 공적은 감경 대상 공적에서 제외한다.

59) 공무원 징계령 시행규칙 제3조의2 제5항.
60) 공무원 징계령 시행규칙 제4조 제1항.

▌판례▌ 대법원 2012. 10. 11. 선고 2012두13245 판결

경찰공무원에 대한 징계위원회의 심의과정에 감경사유에 해당하는 공적 사항이 제시되지 아니한 경우에는 그 징계양정이 결과적으로 적정한지와 상관없이 이는 관계 법령이 정한 징계절차를 지키지 않은 것으로서 위법하다. 다만 징계양정에서 임의적 감경사유가 되는 국무총리 이상의 표창은 징계대상자가 받은 것이어야 함은 관련 법령의 문언상 명백하고, 징계대상자가 위와 같은 표창을 받은 공적을 징계양정의 임의적 감경사유로 삼은 것은 징계의결이 요구된 사람이 국가 또는 사회에 공헌한 행적을 징계양정에 참작하려는 데 그 취지가 있으므로 징계대상자가 아니라 그가 속한 기관이나 단체에 수여된 국무총리 단체표창은 징계대상자에 대한 징계양정의 임의적 감경사유에 해당하지 않는다.

(2) 능동적인 업무처리와 직무와 관련 없는 사고에 따른 감경 사유

징계위원회는 징계의결이 요구된 사람의 비위가 성실하고 능동적인 업무처리 과정에서 과실로 인하여 생긴 것으로 인정되거나, 감경 제외 대상이 아닌 징계사유 중 직무와 관련이 없는 사고로 인한 비위라고 인정될 때에는 그 정상을 참작하여 징계의 감경기준에 따라 징계를 감경할 수 있다.[61)]

징계의 감경기준

징계기준에 따른 징계	감경된 징계
파면	해임
해임	강등
강등	정직
정직	감봉
감봉	견책
견책	불문(경고)

(3) 징계감경의 제한 사유

징계위원회는 징계 감경 사유에도 불구하고 해당 징계사유가 다음 중 어느 하나에 해당하는 경우에는 해당 징계를 감경할 수 없다.[62)]

1. 국가공무원법 제78조의2 제1항 각 호의 어느 하나에 해당하는 비위
2. 국가공무원법 제78조의2 제1항 각 호의 어느 하나에 해당하는 비위를 신

61) 공무원 징계령 시행규칙 제4조 제3항.
62) 공무원 징계령 시행규칙 제4조 제2항.

고하지 않거나 고발하지 않은 행위
3. 성폭력범죄의 처벌 등에 관한 특례법 제2조에 따른 성폭력범죄
4. 성매매알선 등 행위의 처벌에 관한 법률 제2조 제1항 제1호에 따른 성매매
5. 양성평등기본법 제3조 제2호에 따른 성희롱
6. 도로교통법 제44조 제1항에 따른 음주운전 또는 같은 조 제2항에 따른 음주측정에 대한 불응
7. 공직자윤리법 제8조의2 제2항 또는 제22조에 따른 등록의무자에 대한 재산등록 및 주식의 매각·신탁과 관련한 의무 위반
8. 적극행정 운영규정 제2조 제2호에 따른 소극행정(이하 이 조에서 "소극행정"이라 한다)
9. 부작위 또는 직무태만(소극행정은 제외한다)
10. 공무원 행동강령 제13조의3에 따른 부당한 행위
11. 성 관련 비위 또는 공무원 행동강령 제13조의3에 따른 부당한 행위를 은폐하거나 필요한 조치를 하지 않은 경우
12. 공무원 채용과 관련하여 청탁이나 강요 등 부당한 행위를 하거나 채용업무와 관련하여 비위행위를 한 경우
13. 부정청탁 및 금품등 수수의 금지에 관한 법률 제5조에 따른 부정청탁
14. 부정청탁 및 금품등 수수의 금지에 관한 법률 제6조에 따른 부정청탁에 따른 직무수행
15. 직무상 비밀 또는 미공개정보를 이용한 부당행위
16. 우월적 지위 등을 이용하여 다른 공무원 등에게 신체적·정신적 고통을 주는 등의 부당행위

바. 징계의 가중

징계위원회는 서로 관련 없는 둘 이상의 비위가 경합될 경우에는 그중 책임이 무거운 비위에 해당하는 징계보다 1단계 위의 징계로 의결할 수 있다. 징계위원회는 징계처분을 받은 사람에 대하여 공무원임용령 제32조에 따른 승진임용 제한기간 중에 발생한 비위로 다시 징계의결이 요구된 경우에는 그 비위에 해당하는 징계보다 2단계 위의 징계로 의결할 수 있고, 승진임용 제한기간이

끝난 후부터 1년 이내에 발생한 비위로 징계의결이 요구된 경우에는 1단계 위의 징계로 의결할 수 있다. 다만, 국가공무원법 제80조 제6항에 따라 강등(3개월간 직무에 종사하지 못하는 효력 및 그 기간 중 보수는 전액을 감하는 효력으로 한정한다), 정직 및 감봉의 징계처분은 휴직기간 중에는 그 집행을 정지되더라도 승진임용 제한기간은 정지되지 않고 진행되는 것으로 보아 계산한다.[63]

사. 징계부가금 부과의결

(1) 부과의결

징계위원회가 국가공무원법 제78조의2 제1항에 따라 징계부가금 부과의결을 요구받은 때에는 징계부가금 부과사유에 해당하는 행위로 취득하거나 제공한 금전 또는 재산상 이득(금전이 아닌 재산상 이득의 경우에는 금전으로 환산한 금액을 말한다)의 5배 내에서 징계부가금의 부과의결을 할 수 있다.[64]

(2) 조정 또는 감면의결

징계위원회에서 징계부가금 부과의결을 하기 전에 징계등 혐의자가 징계부가금 부과사유에 해당하는 행위로 다른 법률에 따라 형사처벌을 받거나 변상책임 등을 이행(몰수나 추징을 당한 경우를 포함한다) 또는 다른 법령에 따른 환수나 가산징수 절차에 따라 환수금이나 가산징수금을 납부한 경우로서 징계위원회가 징계부가금을 조정하여 의결할 때에는 벌금, 변상금, 몰수, 추징금, 환수금 또는 가산징수금에 해당하는 금액과 징계부가금의 합계액이 금품 비위금액 등의 5배를 초과해서는 아니 된다.[65]

징계의결등의 요구권자로부터 징계부가금 감면의결이 요구된 경우 징계위원회는 벌금, 변상금, 몰수, 추징금, 환수금 또는 가산징수금에 해당하는 금액과 징계부가금의 합계액이 금품 비위금액 등의 5배를 초과하지 않는 범위에서 감면의결하여야 한다. 이 경우 징계부가금 감면의결의 기한에 관하여는 징계등 의결 기한에 관한 규정을 준용한다.[66]

---

63) 공무원 징계령 시행규칙 제5조.
64) 공무원 징계령 제17조의2 제2항.
65) 공무원 징계령 제17조의2 제3항.
66) 공무원 징계령 제17조의2 제5항.

징계등 혐의자 또는 징계부가금 부과의결을 받은 자가 벌금 외의 형(벌금형이 병과되는 경우를 포함한다)을 선고받아 조정의결 또는 감면의결을 적용하기 곤란한 경우에는 징계위원회는 형의 종류, 형량 및 실형, 집행유예 또는 선고유예 여부 등을 종합적으로 고려하여 징계부가금을 조정하여 의결하거나 감면의결하여야 한다.[67)]

5. 징계의결의 통보 및 정정

가. 징계의결등 요구자 통보

징계위원회가 징계의결등을 하였을 때에는 지체 없이 징계의결서 또는 징계부가금 부과의결서·감면의결서의 정본(正本)을 첨부하여 징계의결등의 요구자에게 통보하여야 한다. 다만, 5급이상공무원등(고위공무원단에 속하는 공무원을 포함한다)의 파면 또는 해임 의결을 한 경우를 제외하고는 징계의결등의 요구자와 징계처분, 징계부가금 부과처분 또는 징계부가금 감면처분의 처분권자가 다를 때에는 징계처분등의 처분권자에게도 징계의결등의 결과를 통보하여야 한다.[68)]

나. 감사원 통보

징계위원회가 설치된 기관의 장은 징계위원회에서 징계등 사건을 심의·의결한 결과 해당 공무원이 공무로 보관 중인 금품 또는 물품을 잃어버리거나 훼손하였다고 인정할 때에는 소속 장관이나 감독기관의 장을 거쳐 그 사실을 감사원에 통보하여야 한다.

다. 징계의결등의 경정

징계의결등에 계산상 또는 기재상의 잘못이나 그 밖에 이와 비슷한 잘못이 있는 것이 명백할 때에는 위원장은 직권 또는 징계의결등 요구권자나 징계등 혐의자의 신청에 따라 경정결정을 할 수 있다.[69)]

---

67) 공무원 징계령 제17조의2 제6항.
68) 공무원 징계령 제18조.
69) 공무원 징계령 제18조의2.

제4절 징계권자의 징계처분

1. 징계등의 처분

가. 징계처분

(1) 징계처분등의 사유설명서 교부

징계처분등의 처분권자는 징계의결서, 징계부가금 부과의결서 또는 감면의결서를 받은 날부터 15일 이내에 징계처분등을 하여야 한다. 징계처분등 처분권자는 공무원에 대하여 징계처분등을 할 때에는 징계처분등의 사유설명서에 징계의결서 또는 징계부가금 부과의결서·감면의결서 사본을 첨부하여 징계처분등의 대상자에게 교부하여야 한다.[70)]

(2) 피해자에 대한 징계처분 결과의 통보

징계처분권자는 성폭력범죄의 처벌 등에 관한 특례법 제2조에 따른 성폭력범죄, 양성평등기본법 제3조 제2호에 따른 성희롱, 직장에서의 지위나 관계 등의 우위를 이용하여 업무상 적정범위를 넘어 다른 공무원 등에게 부당한 행위를 하거나 신체적·정신적 고통을 주는 등의 행위에 해당하는 사유로 처분사유 설명서를 교부할 때에는 피해자가 요청하는 경우 그 징계처분결과를 피해자에게 함께 통보하여야 한다.[71)]

직장에서의 지위나 관계 등의 우위를 이용하여 업무상 적정범위를 넘어 다른 공무원 등에게 부당한 행위를 하거나 신체적·정신적 고통을 주는 등의 행위에는 ① 공무원 행동강령 제13조의3 각 호의 어느 하나에 해당하는 부당한 행위(피해자가 개인인 경우로 한정한다), ② 다른 공무원, 징계처분등의 대상자가 소속된 기관, 그 소속기관이 관계 법령에 따라 업무를 관장하는 공공기관 및 공직유관단체의 직원, 공무원 행동강령 제2조 제1호에 따른 직무관련자에 대하여 직장에서의 지위나 관계 등의 우위를 이용하여 업무상 적정범위를 넘어 신체적·정

70) 공무원 징계령 제19조 제1항, 제2항.
71) 공무원 징계령 제19조 제4항.

신적 고통을 주거나 근무환경을 악화시키는 행위를 말한다.

징계처분권자는 징계사유가 그 피해자에게 징계처분 결과의 통보를 요청할 수 있다는 사실을 피해자에게 안내하여야 한다. 징계처분권자는 피해자가 있음을 인지하였거나, 피해자의 신고가 있는 경우 징계처분 결과의 통보를 요청할 수 있다는 사실을 안내하되, 가해 징계처분 대상자와 접촉 가능성이 있는 조직 내부 피해자, 피해사실을 신고한 피해자 등 주요 피해자에 대한 안내가 누락되지 않도록 우선적으로 안내하여야 한다. 다만, 피해자가 있는 곳이나 신원 등을 알 수 없는 경우, 피해자가 연락을 거부한 경우 등 안내가 곤란한 사유가 있는 경우에는 안내하지 아니할 수 있다. 피해자가 노령, 질병, 장애, 그 밖의 사유로 인하여 의사능력이 없거나 미성년자인 경우에는 법정대리인 등을 통해 안내할 수 있으며, 안내 행위로 인하여 피해자가 심리적 불안감을 느끼거나 2차 피해가 발생할 우려가 있는 경우에는 안내하지 아니할 수 있다.[72]

징계처분권자는 피해자의 요청으로 피해자에게 징계처분 결과를 통보하는 경우에는 징계처분결과 통보서에 의한다. 징계처분결과를 통보받은 피해자는 그 통보 내용을 공개하여서는 아니 된다.

나. 징계부가금 납부고지서 교부

(1) 납부고지서 또는 감면 납부고지서 교부

징계처분등의 처분권자가 징계처분등의 대상자에게 징계처분등의 사유설명서를 교부할 때에는 징계부가금 금액을 분명하게 적은 납부고지서 또는 감면된 징계부가금 금액을 분명하게 적은 감면 납부고지서를 함께 교부하여야 한다. 징계처분등의 대상자가 징계부가금을 납부하기 전에 감면 납부고지서를 받은 경우에는 징계처분등의 대상자는 감면된 징계부가금을 납부하여야 한다. 징계처분등의 대상자가 징계부가금을 납부한 후에 감면 납부고지서를 받은 경우에는 징계처분등의 처분권자는 그 차액을 징계처분등의 대상자에게 환급하여야 한다.[73]

72) 국가공무원 복무·징계관련 예규(인사혁신처 예규 제184호, 2024. 7. 22.) 290쪽 참조.
73) 공무원 징계령 제19조의2.

(2) 체납과 징수

징계처분등의 처분권자는 징계처분등의 대상자가 납부고지서를 교부받은 날부터 60일 이내에 징계부가금이나 감면된 징계부가금을 납부하지 않으면 국세 강제징수의 예에 따라 징수할 수 있다. 징계처분등의 처분권자는 체납액의 징수를 위탁하려는 경우에는 징수대상자의 성명 및 주소, 징수금액 등을 적은 징수의뢰서에 체납액의 징수가 사실상 곤란하다는 사실을 입증할 수 있는 서류를 첨부하여 관할 세무서장에게 통보해야 한다.

2. 심사 또는 재심사 청구

가. 징계의결등 요구권자의 심사 또는 재심사 청구

징계의결등을 요구한 기관의 장은 징계위원회의 의결이 가볍다고 인정하면 그 처분을 하기 전에 관할 징계위원회에 심사나 재심사를 청구할 수 있다. 이 경우 소속 공무원을 대리인으로 지정할 수 있다. 징계의결등을 요구한 기관의 장은 징계의결등에 대하여 심사 또는 재심사를 청구하려면 징계의결등을 통보받은 날부터 15일 이내에 징계의결등 심사(재심사)청구서에 사건 관계 기록을 첨부하여 관할 징계위원회에 제출하여야 한다. 심사 또는 재심사 청구서에는 심사 또는 재심사 청구의 취지, 심사 또는 재심사 청구의 이유 및 증명 방법, 징계의결서 사본, 징계부가금 부과의결서 또는 감면의결서 사본, 징계등 혐의자의 혐의 당시 직급, 징계등 요구의 내용, 비위행위가 공직 내외에 미치는 영향, 평소 행실, 공적(功績), 뉘우치는 정도 또는 그 밖의 여러 정상 등을 기재하여야 한다.

나. 심사 또는 재심사 청구의 관할 징계위원회

징계의결등을 요구한 기관의 장은 해당 징계의결등이 국무총리 소속으로 설치된 징계위원회의 의결인 경우에는 해당 징계위원회에 재심사를 청구하고, 중앙행정기관에 설치된 징계위원회(중앙행정기관의 소속기관에 설치된 징계위원회는 제외한다)의 의결인 경우에는 국무총리 소속으로 설치된 징계위원회에 심사를 청구한다. 국무총리 또는 중앙행정기관에 설치된 징계위원회 이외의 징계위원회

의 의결에 대하여는 그 직근 상급기관에 설치된 징계위원회에 심사를 청구한다.[74)]

징계위원회는 심사나 재심사가 청구된 경우에는 다른 징계 사건에 우선하여 심사나 재심사를 하여야 한다.

다. 심사 또는 재심사 의결에 따른 처분

징계처분권자는 국무총리 소속 또는 중앙행정기관에 설치된 징계위원회, 직근 상급기관에 설치된 징계위원회의 심사 또는 재심사 의결의 결과에 따라 징계처분등을 하여야 한다. 심사 또는 재심사 의결에 대하여는 다시 심사 또는 재심사를 청구할 수 없다.

3. 징계처분권자의 징계감경 및 집행유예 등

가. 징계처분권자의 징계 감경 또는 집행유예 권한 인정 여부

군인 징계령 제20조 및 제21조에 따르면, 징계권자는 징계위원회의 의결 결과에 대하여 감경 결정하거나, 징계위원회의 근신, 견책 의결에 대하여 그 집행을 유예할 수 있다.[75)] 국가공무원법 및 공무원 징계령에서는 이와 같은 징계권자의 징계 감경 또는 징계처분의 집행유예에 관한 규정을 두고 있지 않다.

공무원이 징계사유에 해당하는 때에는 징계의결등 요구권자는 징계위원회에 징계의결을 요구하여야 하며, 징계위원회의 징계의결의 결과에 따라 처분권자는 해당 공무원에 대하여 징계처분을 하여야 한다. 징계위원회는 징계혐의사실이 징계사유에 해당하는지 및 징계사유에 대한 징계의 종류에 대하여 심의·의결하는 기관으로서 징계위원회의 의결 결과는 징계처분권자에 대하여 구속력을 갖는다. 따라서 징계처분권자는 징계위원회의 심의·의결 결과에 따라 해당 공무원에 대하여 징계처분을 하여야 하므로 법령에서 특별한 규정을 두지 않는 한 처분권자는 징계위원회의 징계의결에 대하여 감경할 수 없다.

징계처분권자는 징계위원회로부터 징계등 의결서를 받은 날부터 15일 이내에

74) 국가공무원법 제82조 제2항.

75) 군무원의 경우에는 군무원인사법 시행령 제115조의2에서 징계권자의 징계 감경에 관한 규정을 두어 인정하고 있다.

징계위원회의 의결 결과에 따라 징계처분등을 하여야 한다. 징계처분이 있는 때에는 집행력을 가지고, 징계처분에 대하여 소청 등 불복하는 경우에도 징계의 효력은 그대로 유지되어 집행이 정지되지 아니하므로 징계처분권자는 징계처분의 집행을 유예할 수 없다.

나. 징계처분 집행의 연기 및 중지

군인 징계령 제23조에 따르면, 징계권자는 전시·사변이나 징계처분을 받은 자의 질병, 구속, 그 밖의 사유로 인하여 징계처분을 집행할 수 없는 경우에는 그 집행을 연기하거나 중지할 수 있다. 이 경우 징계권자는 징계처분 집행의 연기 또는 중지 사유가 해소된 때에는 즉시 그 징계처분을 집행하여야 한다.

그러나 국가공무원법 또는 공무원 징계령에서는 군인 징계령 제23조와 같은 규정을 두고 있지 않고 있으며, 징계위원회의 의결은 처분권자에 대하여 구속력을 가지고, 처분권자는 징계등 의결서를 받은 날부터 15일 이내에 징계위원회의 의결 결과에 따라 징계처분등을 하여야 하므로 징계처분권자는 징계처분의 집행을 연기하거나 중지할 수 없다.

제5절 징계처분에 대한 소청심사 청구

1. 소청심사위원회의 설치 및 구성

가. 소청심사위원회의 설치

(1) 인사혁신처 소청심사위원회

행정기관 소속 공무원의 징계처분, 그 밖에 그 의사에 반하는 불리한 처분이나 부작위에 대한 소청을 심사·결정하게 하기 위하여 인사혁신처에 소청심사위원회를 둔다. 인사혁신처에 설치된 소청심사위원회는 다른 법률로 정하는 바에 따라 특정직공무원의 소청을 심사·결정할 수 있다.[76)]

76) 국가공무원법 제9조.

(2) 그 밖의 국가기관의 소청심사위원회

국회, 법원, 헌법재판소 및 선거관리위원회 소속 공무원의 소청에 관한 사항을 심사·결정하게 하기 위하여 국회사무처, 법원행정처, 헌법재판소사무처 및 중앙선거관리위원회사무처에 각각 해당 소청심사위원회를 둔다.

나. 소청심사위원회의 구성 및 위원

(1) 소청심사위원회의 구성

인사혁신처에 설치된 소청심사위원회(이하 "소청심사위원회"라 한다)는 위원장 1명을 포함한 상임위원 5명과 7명의 비상임위원으로 구성한다. 소청심사위원회 위원장은 정무직으로 하고, 상임위원은 고위공무원단에 속하는 임기제공무원으로 보한다.[77]

소청심사위원회 위원장은 위원회를 대표하여 소관 사무를 총괄하고, 소속 공무원을 지휘·감독한다. 소청심사위원회 위원장이 없거나 부득이한 사유로 직무를 수행할 수 없는 때에는 선임 상임위원의 순으로 위원장의 직무를 대행하되, 순위가 같은 상임위원이 2명 이상 있을 때에는 연장자의 순으로 위원장의 직무를 대행한다.

소청심사위원회의 상임위원의 임기는 3년으로 하며, 한 번만 연임할 수 있다. 상임위원은 다른 직무를 겸할 수 없다. 비상임위원의 임기는 2년으로 한다. 소청심사위원회 비상임위원에게는 예산의 범위에서 수당을 지급하고, 상임위원의 예에 준하는 여비를 지급한다.

(2) 소청심사위원회 위원의 자격

소청심사위원회의 위원(위원장을 포함한다. 이하 같다)은 ① 법관·검사 또는 변호사의 직에 5년 이상 근무한 자, ② 대학에서 행정학·정치학 또는 법률학을 담당한 부교수 이상의 직에 5년 이상 근무한 자, ③ 3급 이상 공무원 또는 고위공무원단에 속하는 공무원으로 3년 이상 근무한 자 중 어느 하나에 해당하고 인사행정에 관한 식견이 풍부한 자 중에서 인사혁신처장의 제청으로 대통령이

---

77) 국가공무원법 제9조 제3항.

임명한다. 이 경우 인사혁신처장이 위원을 임명제청하는 때에는 국무총리를 거쳐야 하고, 비상임위원은 ① 및 ②의 어느 하나에 해당하는 자 중에서 임명하여야 한다.[78]

국가공무원법 제33조 각 호의 어느 하나에 해당하거나 정당법에 따른 정당의 당원인 경우, 공직선거법에 따라 실시하는 선거에 후보자로 등록한 자는 소청심사위원회의 위원으로 임명될 수 없다. 소청심사위원회 위원이 임기 중 위 제적사유에 해당하는 때에는 당연히 퇴직한다.

(3) 소청심사위원회 위원의 신분보장

소청심사위원회의 위원은 금고 이상의 형벌이나 장기의 심신 쇠약으로 직무를 수행할 수 없게 된 경우 외에는 본인의 의사에 반하여 면직되지 아니한다.[79] 소청심사위원회 위원 중 공무원이 아닌 위원은 형법이나 그 밖의 법률에 따른 벌칙을 적용할 때 공무원으로 본다.

다. 소청심사위원회의 직무 등

소청심사위원회는 행정기관 소속 공무원의 징계처분, 그 밖에 그 의사에 반하는 불리한 처분에 대한 소청의 심사·결정 및 그 재심청구 사건의 심사·결정에 관한 사무를 관장한다.

소청심사위원회는 공무원의 징계 또는 소청의 원인이 된 사실 이외의 사실에 대하여 심사하지 못한다.

감사원으로부터 파면요구를 받아 집행한 파면에 대한 소청(訴請) 제기로 소청심사위원회 등에서 심사 결정을 한 경우 감사원이 요구한 재심사건에 대하여 심사 및 결정한다.

라. 소청심사위원회 위원의 제척·기피·회피

(1) 위원의 제척

소청심사위원회의 위원은 그 위원회에 계류된 소청사건의 증인이 될 수 없으

78) 국가공무원법 제10조.
79) 국가공무원법 제11조.

며, 위원 본인과 관계있는 사항, 위원 본인과 친족 관계에 있거나 친족 관계에 있었던 자와 관계있는 사항에 관한 소청사건의 심사·결정에서 제척된다.[80]

(2) 위원의 기피 및 회피

소청사건의 당사자는 소청심사위원회의 위원에게 제척사유가 있는 경우 또는 소청의 심사·결정의 공정을 기대하기 어려운 사정이 있는 경우에는 그 이유를 구체적으로 밝혀 그 위원에 대한 기피를 신청할 수 있다. 기피신청이 있는 경우 소청심사위원회는 해당 위원의 기피 여부를 결정하여야 한다. 이 경우 기피신청을 받은 위원은 그 기피 여부에 대한 결정에 참여할 수 없다. 소청심사위원회 위원은 자신이 제척사유나 기피사유에 해당하는 때에는 스스로 그 사건의 심사·결정에서 회피할 수 있다.[81]

(3) 임시위원의 임명

소청심사위원회 위원의 제척·기피 또는 회피 등으로 심사·결정에 참여할 수 있는 위원 수가 3명 미만이 된 경우에는 3명이 될 때까지 인사혁신처장은 임시위원을 임명하여 해당 사건의 심사·결정에 참여하도록 하여야 한다. 이 경우 임시위원의 자격 및 결격사유 등에 관하여는 위원의 자격 및 결적사유에 관한 규정을 준용한다.[82]

마. 원격영상회의 방식의 활용

소청심사위원회는 위원과 소청인 및 피소청인 또는 그 대리인, 증인, 그 밖의 사건관계인 등 회의에 출석하는 사람(이하 이 항에서 "출석자"라 한다)이 동영상과 음성이 동시에 송수신되는 장치가 갖추어진 서로 다른 장소에 출석하여 진행하는 원격영상회의 방식으로 심사·의결할 수 있다. 이 경우 위원회의 위원 및 출석자는 같은 회의장에 출석한 것으로 본다. 원격영상회의 방식으로 심사를 진행하는 경우 소청심사위원회는 소청인 및 증인 등 사건관계인의 신상정보, 회의내용·결과 등이 유출되지 않도록 보안에 필요한 조치를 해야 한다.

80) 국가공무원법 제14조 제3항.
81) 국가공무원법 제14조 제4항, 제5항.
82) 국가공무원법 제14조의2.

2. 소청심사의 청구

가. 처분 사유설명서 교부와 소청심사 청구서의 제출

(1) 처분사유 설명서 교부 및 심사청구

공무원에 대하여 징계처분등을 할 때에는 그 처분권자 또는 처분제청권자는 처분사유를 기재한 설명서를 교부하여야 한다. 징계처분사유 설명서를 교부받은 공무원이 징계처분에 불복할 때에는 소청심사위원회에 심사를 청구할 수 있다. 공무원이 징계처분에 대하여 소청심사를 청구하는 때에는 다음의 사항을 기재한 소청심사청구서를 위원회에 제출하여야 한다.[83]

1. 주소 · 성명 · 주민등록번호 및 전화번호
2. 소속기관명 또는 전 소속기관명과 직위 또는 전 직위
3. 피소청인(대통령의 처분 또는 부작위에 대하여는 제청권자)
4. 소청의 취지
5. 소청의 이유 및 입증방법
6. 처분사유설명서 또는 인사발령통지서의 수령지연으로 인하여 처분사유설명서 또는 인사발령통지서에 기재된 일자로부터 소청제기기간을 초과하여 소청심사를 청구하는 경우에는 그 수령지연사실의 입증자료

(2) 소청심사청구의 제기기간

징계처분 설명서를 교부받은 공무원이 그 처분에 불복할 때에는 그 설명서를 받은 날부터 30일 이내에 소청심사위원회에 이에 대한 심사를 청구할 수 있다.[84] 소청인에게 책임이 없는 사유로 소청심사의 청구를 할 수 없는 기간은 소청의 제기기간에 산입하지 아니한다. 이 경우 소청인에게 책임 없는 사유의 여부는 소청심사위원회가 결정한다.[85]

▌판례▐ 대법원 1978. 9. 26. 선고 78누223 판결

원판결의 거시증거들을 기록과 대조하여 검토하여 보니 원심의 채증에 소론과 같

83) 소청절차규정 제2조 제1항.
84) 국가공무원법 제76조 제1항.
85) 소청절차규정 제3조.

은 위법이 있음을 발견할 수 없고, 경찰공무원법 제52조 제1항, 국가공무원법 제75조, 같은 법 제76조 제1항, 경찰공무원징계령 제19조 제2항을 보면 경찰공무원에 대하여 징계처분을 행할 때에는 그 임용권자는 10일 이내에 처분의 사유를 기재한 설명서(처분사유설명서)를 징계의결이 된 자에게 교부하여야 하고, 이 처분사유설명서를 교부받은 경찰공무원은 「그 설명서를 교부받은 날로부터」 20일 이내에 국가공무원법에 의하여 설치된 소청심사위원회에 이에 대한 심사를 청구하여야 하고 경찰공무원이 국가공무원법 제75조에서 정한 처분 이외의 그 의사에 반한 불리한 처분(예컨대 직위해제처분)을 받았을 때에는 그 처분이 있은 것을 「안 날로부터」 30일 이내에 국가공무원법에 의하여 설치된 소청심사위원회에 이에 대한 심사를 청구하도록 규정하고 있음을 알 수 있으므로 원고가 경찰공무원으로서 파면처분(징계처분)을 받은 이 사건의 경우에는 그 소청제기기간은 원고가 그 처분사유설명서를 받은 날로부터 진행하는 것이지 원고가 그 파면된 사실을 안날로부터 진행한다고는 볼 수 없다할 것이다.

나. 불이익 처분 금지와 소청대리인의 선임

소청심사를 청구한 공무원은 심사청구를 이유로 불이익한 처분이나 대우를 받지 아니한다.[86] 소청인은 변호사를 대리인으로 선임할 수 있고, 소청심사 청구 사건의 피소청인은 관계공무원 또는 변호사를 대리인으로 지정 또는 선임하여 소청에 응하게 할 수 있다. 이 경우에는 그 위임장 또는 지정서를 소청심사위원회에 제출하여야 한다.

다. 소청심사 청구와 후임자 보충발령 금지

(1) 보충발령의 금지

공무원의 의사에 반하여 파면 또는 해임을 하면 그 처분을 한 날부터 40일 이내에는 후임자의 보충발령을 하지 못한다. 다만, 인력 관리상 후임자를 보충하여야 할 불가피한 사유가 있고, 소청심사위원회의 임시결정이 없는 경우에는 인사혁신처장과 협의를 거쳐 후임자의 보충발령을 할 수 있다.

(2) 소청심사위원회의 임시결정

소청심사위원회는 소청심사청구가 파면 또는 해임으로 인한 경우에는 그 청

86) 국가공무원법 제76조 제6항.

구를 접수한 날부터 5일 이내에 해당 사건의 최종 결정이 있을 때까지 후임자의 보충발령을 유예하게 하는 임시결정을 할 수 있다. 임시결정을 한 경우에는 지체 없이 그 임명권자에게 이를 통보해야 한다. 이 경우 긴급한 경우에는 서면에 의한 통보에 앞서 전화・팩스・전자우편 등에 의하여 통보할 수 있다. 소청심사위원회가 임시결정을 한 경우에는 임시결정을 한 날부터 20일 이내에 최종 결정을 하여야 하며 각 임용권자는 그 최종 결정이 있을 때까지 후임자를 보충발령하지 못한다.[87]

라. 소청심사 청구의 취하

소청인은 소청심사위원회의 결정이 있을 때까지는 소청심사 청구의 일부 또는 전부를 취하할 수 있다. 소청인이 소청심사위원회의 보정 요구에 대하여 보정기간 내에 보정하지 아니할 때에는 소청심사의 청구를 취하한 것으로 본다.

3. 소청심사위원회의 심사

가. 소청심사 청구의 각하

소청심사위원회는 소청의 제기기간 경과와 소청 관할 위반 등 소청의 제기가 부적법한 때에는 특별한 사정이 있는 경우를 제외하고는 당사자를 출석시키지 아니하고 각하결정을 할 수 있다. 이 경우 소청심사위원회는 소청인에게 서면에 의한 진술 기회를 주어야 한다.

나. 청구서의 보정요구

소청심사위원회는 소청심사 청구서에 흠결이 있다고 인정할 때에는 소청심사 청구서를 접수한 날부터 7일 이내에 상당한 기간을 정하여 보정을 요구하여야 한다. 소청심사위원회는 그 흠결이 경미한 때에는 직권으로 보정할 수 있다.

소청인이 보정기간 내에 보정하지 아니할 때에는 소청심사의 청구를 취하한 것으로 본다. 소청인의 소재가 분명하지 아니한 경우에는 소청심사위원회의 보정요구는 관보에 게재하고 게재한 날부터 10일이 경과하는 날에 그 보정요구는

87) 국가공무원법 제76조 제3항, 제4항.

소청인에게 도달된 것으로 본다.[88)]

다. 답변서 제출 등 사실조사

(1) 사실조사 및 관계 서류의 제출

소청심사위원회는 소청인의 소청심사 청구서를 접수한 때에는 지체 없이 심사하여야 한다. 소청심사위원회는 심사를 위하여 필요한 때에는 검증·감정, 그 밖의 사실조사를 하거나 증인을 소환하여 질문하거나 관계 서류를 제출하도록 명할 수 있다. 소청심사위원회가 각 기관에 대하여 심사자료의 제출을 요구하였을 때에는 각 기관은 지정된 기간 내에 이를 제출하여야 한다.[89)]

소청심사위원회가 징계요구 기관이나 관계 기관의 소속 공무원을 증인으로 소환하면 해당 기관의 장은 이에 따라야 한다. 증인을 소환한 때에는 소정의 일당과 여비를 지급하여야 한다.

소청심사위원회는 필요하다고 인정하면 소속 직원에게 사실조사를 하게 하거나 특별한 학식·경험이 있는 자에게 검증이나 감정을 의뢰할 수 있다.

(2) 피소청인의 답변서 제출

소청심사위원회는 피소청인에게 소청심사 청구에 대한 답변서의 제출을 요구할 수 있고, 피소청인은 지정된 기일 안에 답변서와 소청인의 수에 따른 부본을 제출해야 한다. 소청심사위원회는 피소청인이 제출한 답변서의 내용이 충분하지 않거나 입증자료가 필요한 경우에는 피소청인에게 답변 내용의 보충 또는 입증자료의 제출을 요구할 수 있다. 피소청인은 답변서 및 입증자료를 제출할 때 사건관계인 등의 개인정보가 공개되지 않도록 조치해야 한다.[90)]

소청심사위원회는 피소청인이 제출한 답변서 부본, 추가 답변 내용 및 입증자료를 지체 없이 소청인에게 송달해야 한다.

88) 소청절차규정 제6조.
89) 국가공무원법 제12조.
90) 소청절차규정 제4조의2.

라. 소청심사위원회의 심사

(1) 심사기일의 지정 통지

소청심사위원회가 소청사건을 심사할 때에는 소청인과 피소청인 또는 그 각 대리인(이하 "소청당사자"라 한다)에게 심사일시·장소를 통지하여 출석할 수 있도록 해야 한다. 이 경우 통지를 받은 자가 정당한 사유로 출석할 수 없거나 심사를 연기할 필요가 있는 경우에는 서면으로 심사의 연기를 요청할 수 있고, 위원회는 심사기일을 다시 정할 수 있다. 심사기일의 통지를 받고 출석하는 자가 공무원인 경우에는 그 소속기관의 장은 공가를 허가하여야 한다. 소청당사자 중 소재가 분명하지 아니한 자에 대한 심사기일의 통지는 관보에 게재하고 게재한 날부터 10일이 경과하는 날에 그 통지는 당해 소청당사자에게 도달된 것으로 본다.[91]

(2) 소청당사자의 진술권

소청심사위원회가 소청사건을 심사할 때에는 소청인 또는 그 대리인에게 진술 기회를 주어야 한다. 소청인 또는 그 대리인에게 진술의 기회를 주지 아니한 때에는 소청심사위원회의 결정은 무효로 한다. 소청인이 형사사건으로 구속되거나 기타 사유로 인하여 심사기일에 출석할 수 없을 경우 심사기일 또는 소청심사위원회가 특히 서면에 의한 진술을 위하여 지정한 기일 안에 서면에 의한 진술도 하지 아니한 때에는 소청심사위원회는 소청인의 진술 없이 결정할 수 있다.[92]

소청심사위원회는 심사기일에 출석한 소청당사자의 진술을 청취하여야 하며, 필요하다고 인정할 때에는 구술로 심문할 수 있다. 심사기일의 통지를 받고 출석하지 아니한 소청당사자는 서면에 의하여 그 의견을 진술할 수 있다.

(3) 피해자의 진술권

소청심사위원회는 성폭력범죄의 처벌 등에 관한 특례법 제2조에 따른 성폭력범죄 또는 양성평등기본법 제3조 제2호에 따른 성희롱에 해당하는 비위와 관련

---

91) 소청절차규정 제8조.
92) 소청절차규정 제10조.

된 소청사건의 피해자가 신청하는 경우에는 그 피해자에게 위원회에 출석하거나 서면을 통하여 해당 사건에 대해 의견을 진술할 기회를 주어야 한다. 다만, 피해자가 이미 해당 비위에 관한 징계처분등의 과정에서 충분히 의견을 진술하여 다시 진술할 필요가 없다고 인정되는 경우 또는 피해자의 진술로 인하여 위원회 절차가 현저하게 지연될 우려가 있는 경우에는 그러하지 아니한다.[93)]

(4) 소청당사자의 증거제출

소청당사자는 증인의 소환·질문 또는 증거물 기타 심사자료의 제출명령을 신청하거나, 증거물 기타 심사자료를 제출할 수 있다. 소청당사자의 증인 또는 심사자료의 제출명령 신청이 있는 때에는 소청심사위원회는 그 신청에 대한 채택 여부를 결정하여야 한다.[94)]

소청당사자가 신청한 증인의 여비는 신청인의 부담으로 하고, 증인이 공무원인 경우에는 그 소속기관의 장은 그 증인에게 공가를 허가하여야 한다.

소청심사위원회는 소청사건이 결정된 후 신청이 있는 때에는 제출된 증거물 기타 심사자료를 제출자에게 반환할 수 있다.

(5) 심사조서의 작성

소청심사위원회는 소청사건의 심사절차에 대한 조서를 작성하여야 한다.

(6) 피소청인의 처분 취소 등 통지

피소청인은 소청심사위원회에 계속 중인 사건의 처분을 취소 또는 변경하거나 부작위에 대한 처분을 한 때에는 소청심사위원회와 소청인에게 그 사실을 통지하여야 한다. 이 경우 소청심사위원회는 해당 사건의 심사 여부를 결정하여야 한다.

(7) 심사의 범위

소청심사위원회는 소청의 대상이 된 징계처분의 원인 사실 이외의 사실에 대하여 심사하지 못한다. 소청심사위원회는 소청대상인 징계처분의 징계등 혐의사

---

93) 소청절차규정 제10조의2.
94) 소청절차규정 제11조 제1항, 제2항.

실 이외에 원징계처분에 포함되지 않거나 징계처분 후에 발생한 사실을 징계등 혐의사실에 포함하여 심사할 수 없다. 다만, 소청심사위원회는 직권조사가 가능하므로 소청인이 징계처분등에 대하여 불복하는 소청의 이유에 구속되지 않고 징계처분의 위법 또는 부당 여부를 심사할 수 있다.

4. 소청심사위원회의 결정

가. 소청심사 청구에 대한 결정기간

소청심사위원회는 소청심사청구를 접수한 날부터 60일 이내에 이에 대한 결정을 하여야 한다. 다만, 불가피하다고 인정되면 소청심사위원회의 의결로 30일을 연장할 수 있다. 소청심사위원회가 소청심사 청구서에 대하여 보정을 요구한 소청사건에 대한 처리기간은 그 보정이 완료된 날부터 기산한다.

소청심사위원회는 심사 결과 징계처분등의 원인이 된 사실관계의 명확한 판단을 위해 특별히 필요하다고 인정되는 경우에는 의결을 거쳐 결정을 연기할 수 있다. 이 경우 그 사실을 소청당사자에게 지체 없이 통지해야 한다.

나. 소청심사위원회 결정의 구분

(1) 결정유형

소청심사위원회는 소청심사청구가 이 법이나 다른 법률에 적합하지 아니한 것이면 그 청구를 각하(却下)한다. 소청심사청구가 이유 없다고 인정되면 그 청구를 기각(棄却)한다. 처분의 취소 또는 변경을 구하는 소청심사청구가 이유 있다고 인정되면 처분을 취소 또는 변경하거나 처분 행정청에 취소 또는 변경할 것을 명한다. 처분의 효력 유무 또는 존재 여부에 대한 확인을 구하는 소청심사청구가 이유 있다고 인정되면 처분의 효력 유무 또는 존재 여부를 확인한다.

(2) 소청인에 대한 불리한 결정 금지

소청심사위원회가 징계처분 또는 징계부가금 부과처분을 받은 자의 청구에 따라 소청을 심사할 경우에는 원징계처분보다 무거운 징계 또는 원징계부가금 부과처분보다 무거운 징계부가금을 부과하는 결정을 하지 못한다.[95)]

다. 결정방법

(1) 일반적 결정방법

소청심사위원회의 소청사건의 결정은 재적위원 3분의 2 이상의 출석과 출석 위원 과반수의 합의에 따르되, 의견이 나뉘어 출석 위원 과반수의 합의에 이르지 못하였을 때에는 과반수에 이를 때까지 소청인에게 가장 불리한 의견에 차례로 유리한 의견을 더하여 그중 가장 유리한 의견을 합의된 의견으로 본다.[96]

(2) 가중적 결정방법

소청사건이 파면·해임·강등 또는 정직에 해당하는 징계처분을 취소 또는 변경하려는 경우와 효력 유무 또는 존재 여부에 대한 확인을 하려는 경우에는 재적위원 3분의 2 이상의 출석과 출석 위원 3분의 2 이상의 합의가 있어야 한다. 이 경우 구체적인 결정의 내용은 출석 위원 과반수의 합의에 따르되, 의견이 나뉘어 출석 위원 과반수의 합의에 이르지 못하였을 때에는 과반수에 이를 때까지 소청인에게 가장 불리한 의견에 차례로 유리한 의견을 더하여 그중 가장 유리한 의견을 합의된 의견으로 본다.[97]

라. 소청심사위원회 결정의 효력

소청심사위원회의 결정은 피소청인 또는 처분 행정청을 기속(羈束)한다.[98]

소청심사위원회의 취소명령 또는 변경명령 결정은 그에 따른 징계나 그 밖의 처분이 있을 때까지는 종전에 행한 징계처분 또는 징계부가금 부과처분에 영향을 미치지 아니한다.

마. 결정서의 작성

소청심사위원회의 결정은 그 이유를 구체적으로 밝힌 결정서로 하여야 한다. 위원회가 소청심사청구에 대하여 결정을 할 때에는 소청당사자의 표시, 결정주문, 결정이유의 개요, 증거의 판단 사항을 기재한 소청심사결정서를 작성하고

95) 국가공무원법 제14조 제8항.
96) 국가공무원법 제14조 제1항.
97) 국가공무원법 제14조 제2항.
98) 국가공무원법 제15조.

위원장과 출석한 위원이 이에 서명날인하여야 한다.

5. 결정서의 송부와 행정소송 제기 통보

가. 소청심사위원회 결정서 송부

소청심사결정서는 그 정본을 작성하여 지체 없이 소청인 및 피소청인 또는 그 대리인에게 송부하여야 한다. 소청심사결정서를 송부함에 있어 그 결정서가 소청심사위원회의 과실 없이 소청인에게 송달되지 아니한 경우에는 소청인의 주소·성명과 결정주문을 관보에 게재하고, 게재한 날부터 2주일이 경과하는 날에 결정서는 당해 소청인에게 도달된 것으로 본다.

나. 피소청인의 행정소송 제기 통보

소청인이 행정소송을 제기한 경우에는 당해 소청사건의 피소청인은 소송을 제기한 사실 및 그 결과를 소청심사위원회 통보하여야 한다.

6. 감사원의 재심 요구 사건에 대한 심사절차

가. 감사원의 재심 요구

감사원은 국가공무원법과 그 밖의 법령에 규정된 징계사유에 해당하거나 정당한 사유 없이 이 법에 따른 감사를 거부하거나 자료의 제출을 게을리한 공무원에 대하여 그 소속 장관 또는 임용권자에게 징계를 요구할 수 있다. 감사원으로부터 파면요구를 받아 집행한 파면에 대한 소청(訴請) 제기로 소청심사위원회 등에서 심사 결정을 한 경우에는 해당 소청심사위원회의 위원장 등은 그 결정 결과를 그 결정이 있은 날부터 15일 이내에 감사원에 통보하여야 한다. 감사원은 소청심사위원회의 결정 통보를 받은 날부터 1개월 이내에 그 소청심사위원회 등이 설치된 기관의 장을 거쳐 소청심사위원회 등에 그 재심을 요구할 수 있다.[99] 이 경우 감사원은 그 이유를 명시한 재심요구서에 의하여야 한다. 소청심사위원회는 재심요구서에 재심이유가 명시되어 있지 아니하거나, 기타 흠결이 있을 경우에는 재심요구서를 접수한 날부터 7일이내에 상당한 기간을 정하여

99) 감사원법 제32조 제6항.

보정을 요구하여야 하며, 이 경우에 처리기간은 그 보정이 완료된 날부터 기산한다.[100]

나. 소청심사위원회의 재심사

소청심사결정서는 감사원으로부터 재심요구서를 접수하면 즉시 그 부본을 첨부하여 소청인에게 송부하고 답변 자료의 제출을 요구해야 한다. 재심사건의 심사는 필요하다고 인정하는 경우를 제외하고는 당사자의 출석없이 결정할 수 있다. 재심요구에 대한 결정은 특별한 사정이 있는 경우를 제외하고는 재심이 요구된 날부터 30일 이내에 하여야 한다.[101]

소청심사위원회가 재심사건을 심사・결정하였을 때에는 재심결정서를 작성하여 그 정본을 지체 없이 소청당사자 및 감사원장에게 송부하여야 한다. 이 경우 감사원장에게는 인사혁신처를 경유하여 송부하여야 한다.

7. 행정소송과의 관계

징계처분, 그 밖에 본인의 의사에 반한 불리한 처분이나 부작위(不作爲)에 관한 행정소송은 소청심사위원회의 심사・결정을 거치지 아니하면 제기할 수 없다.[102]

행정소송을 제기할 때에는 소청심사위원회의 결정이 각하・기각인 경우, 처분의 취소 또는 변경을 명하거나 거부처분 또는 부작위에 대하여 의무 이행을 할 것을 명하는 결정을 하고 피소청인이 그에 따라 처분의 취소 또는 변경을 하거나 의무이행을 한 때에는 피소청인을 피고로 한다. 이 경우 소청사건이 대통령의 처분 또는 부작위인 경우에는 소속 장관 또는 공무원임용령 제2조 제3호 각 목의 소속 기관의 장을, 중앙선거관리위원회위원장의 처분 또는 부작위의 경우에는 중앙선거관리위원회사무총장을 각각 피고로 한다.

소청심사위원회가 직접 처분의 취소 또는 변경을 한 경우에는 소청심사위원회를 피고로 한다.

---

100) 소송절차규정 제17조 제5항.
101) 소송절차규정 제17조 제6항.
102) 국가공무원법 제16조 제1항.

제2장

군인의 징계

제1절 징계의 개시 및 조사

1. 징계절차의 개관

징계권자는 군인의 비행사실을 발견하거나 징계권자 아닌 다른 상관으로부터 하급자의 비행사실을 통보받은 때에는 소속 징계조사담당자로 하여금 비행사실과 그 비행사실이 징계사유에 해당하는지 여부를 조사하게 하여야 한다. 징계조사담당자는 비행사실과 그 비행사실이 징계사유에 해당하는지 여부를 조사하여 징계권자에게 징계위원회 의결 요구 여부에 관한 의견을 첨부하여 사실조사결과를 보고한다. 징계권자는 징계조사담당자로부터 사실조사결과를 보고받은 후 비위행위의 사실이 확인되고 징계처분이 필요한 때에는 징계권자의 부대 또는 기관에 설치된 징계위원회에 징계의결을 요구한다. 이 경우 징계사유가 징계부가금 부과사유에 해당하는 때에는 징계부가금 부과의결을 해당 징계위원회에 요구하여야 한다.

징계위원회는 징계권자로부터 징계의결 또는 징계부가금 부과의결(이하 이 장에서 "징계의결등"이라 한다)을 요구받은 때에는 징계의결등을 요구받은 때로부터 30일 이내에 징계처분 또는 징계부가금의 심의대상자에 대하여 심의 · 의결하여 징계권자 및 심의대상자에게 그 의결 결과를 통보한다. 다만, 부득이한 사유가 있는 때에는 징계위원회의 결정으로 30일의 범위에서 위 심의·의결 기간을 연장할 수 있다.

징계권자는 징계위원회로부터 징계등 심의·의결 결과를 통보받은 때(병에 대한 군기교육처분에 관하여 인권담당군법무관의 적법성 심사의견을 받은 때를 포함한다)로부터 15일 이내에 징계처분이나 징계부가금 부과처분(이하 이 장에서 "징계처분등"이라 한다)을 하여야 한다. 다만, 징계권자는 징계위원회의 의결 결과가 가볍다고 인정되면 징계처분등을 하기 전에 징계권자의 차상급 부대 또는 기관에 설치된 징계위원회에 심사 또는 재심사 청구를 할 수 있다. 이 경우 징계권자는 심사 또는 재심사의 의결 결과에 따라 징계처분등을 한다.

징계처분을 받은 군인은 징계처분이 위법하거나 부당하다고 인정하는 때에는 항고심사권자에게 항고를 제기할 수 있다. 징계처분에 대한 행정소송은 항고절차를 거치지 아니하고 제기할 수 없으므로 행정소송을 제기하기 위해서는 전심절차로서 항고절차를 거쳐야 한다.

2. 징계절차의 개시

가. 징계조사의 개시 사유

징계권자는 다른 부대 또는 기관의 장 등으로부터 징계등 사유가 있다고 통보를 받은 경우나 소속 부하 또는 감독을 받는 군인의 비행사실을 발견한 때에는 징계조사담당자에게 그 비행사실이 징계등 사유에 해당하는지 여부를 조사하도록 하여야 한다.[1] 징계의 조사는 징계권자가 비행사실이 징계사유 또는 징계부가금 부과사유에 해당하는지 여부를 조사하도록 지시함으로써 개시된다.

(1) 징계권자가 아닌 다른 부대 또는 기관의 장 등으로부터 징계사유등의 통보를 받은 경우

부대 또는 기관의 장이나 다른 행정기관의 장은 징계의결등 요구권을 갖지 않는 군인에 대하여 징계사유 또는 징계부가금 부과사유가 있다고 인정할 때에는 징계의결등 요구권을 갖는 그 군인의 소속 또는 감독 부대나 기관의 장에게

1) 군인 징계령 제7조 제2항.

그 징계등 사유를 증명할 수 있는 관계 자료를 첨부하여 통보해야 한다.[2] 감사원이 조사한 사건을 통보하는 경우에는 징계등 처분요구서, 혐의자·관련자에 대한 문답서 및 확인서 등 조사기록을 첨부하여야 하고, 수사기관에서 수사한 사건을 통보하는 때에는 범죄처분 결과통보서, 공소장, 혐의자·관련자·관련증인에 대한 신문조서 및 진술서 등 수사기록을 첨부하여야 한다. 감사원 또는 수사기관 외의 부대 또는 기관이나 행정기관의 장이 징계등 사유를 통보하는 때에는 징계등 혐의사실통보서 및 혐의사실을 증명할 수 있는 관계 자료를 첨부하여 통보한다.

(2) 징계권자가 소속 부하 또는 감독을 받는 군인의 비행사실을 발견한 경우

징계권자는 직접 군인의 비행사실을 발견하거나 인지할 수 있다. 징계권자의 비행사실 인지에는 피해자로부터 신고나 진정 등 민원이 제기된 경우, 목격자로부터 신고나 제보가 관련 부서에 접수되어 징계권자에게 보고된 경우, 그 밖에 첩보나 투서가 접수되어 징계권자가 알게 된 경우가 있을 수 있다.

(3) 상급 지휘관의 지시 등 그 밖의 경우

징계권자는 상급 지휘관이 소속 부하 또는 감독을 받는 군인의 비행사실을 통보하여 징계할 것을 지시한 경우 그 비행사실이 징계사유에 해당하는지 여부를 조사하도록 하여야 한다. 군에 특별히 중요한 사건이 발생한 경우 상급부대에서 직접 조사나 수사를 실시하고 관련자에 대한 문책은 대상자의 직책과 계급, 사건의 중대성 등을 종합하여 하급 기관의 장에게 위임하거나 징계등을 요구하는 경우 등이 이에 해당할 수 있다.

수사기관이나 감사원 등 수사 또는 감사조사를 하는 기관은 군인에 대하여 수사나 조사를 개시하거나 종료한 때에는 대상 군인의 소속 기관에 그 사실을 통보하여야 한다. 수사나 조사가 종료된 경우 수사 및 조사의 종료통보를 받은 때가 여기에 해당한다. 수사기관이나 감사기관에서 특별히 비행 군인에 대한 징계 등의 조치를 요구하는 경우는 앞서 본 바와 같이 관련 자료를 첨부하여 통보하여야 한다.

---

2) 군인 징계령 제7조 제1항.

(4) 군인의 소속변경에 따른 이송의 경우

징계의결등 전에 징계등 혐의대상자의 소속이 변경된 경우 전(前) 소속 또는 감독 부대나 기관의 장은 혐의사실과 관련 자료를 징계등 혐의대상자의 현(現) 소속 또는 감독 부대나 기관의 장에게 이송하여야 한다. 전 소속 부대의 장 등으로부터 소속 군인의 징계사건을 이송받은 현 소속 부대의 장 등은 소속 징계조사담당자로 하여금 이송된 징계사건이 징계사유에 해당하는지 등에 대하여 조사하도록 한다.

나. 징계절차의 중지

(1) 감사원 조사 및 수사기관 수사의 개시 통보

감사원이나 군검찰, 군사법경찰관, 그 밖의 수사기관은 군인의 비행사실에 대한 조사나 수사를 시작한 때와 마친 때에는 10일 이내에 그 군인의 소속 또는 감독 부대나 기관의 장에게 그 사실을 통보하여야 한다.[3)]

(2) 조사 및 수사와 징계절차의 중지

감사원에서 조사 중인 사건에 대하여는 감사원의 조사개시 통보를 받은 날부터 징계의결등의 요구나 그 밖의 징계처분 절차를 진행하지 못한다.[4)]

군검찰, 군사법경찰관, 그 밖의 수사기관이 수사 중인 사건에 대하여는 수사개시 통보를 받은 날부터 징계의결등의 요구나 그 밖의 징계처분 절차를 진행하지 아니할 수 있다. 징계권자는 군인사법(이하 이 장에서 “법”이라 한다) 제59조의3 제1항에 따라 수사개시 통보를 받으면 지체 없이 징계의결등의 요구나 그 밖에 징계등 절차의 진행 여부를 결정해야 한다. 이 경우 그 절차를 진행하지 않기로 결정한 경우에는 이를 징계등 혐의자에게 서면으로 통보해야 한다.[5)] 군

3) 군인사법 제59조의3 제1항, 감사원법 제32조의2 제2항.
4) 군인사법 제59조의3 제2항, 감사원법 제32조의2 제1항.
5) 군인사법 제59조의3 제3항 및 군인 징계령 제8조. 종래에는 군인 징계령 제8조 제2항 본문에서 징계절차를 진행하여서는 아니 되는 것으로 하고, 단서에서 특별한 사유가 있는 경우에는 징계 절차를 진행할 수 있도록 규정하였으나, 2023.10.17. 개정되어 임의적 절차중지로 변경하였다. 이는 국가공무원법 제83조 제3항에서 검찰·경찰·그 밖의 수사기관에서 수사 중인 사건에 대하여 수사개시 통보를 받은 때에는 징계의결의 요구등 징계절차를 진행하지 아니할 수 있도록 하고, 공무원 징계령 제8조의2에서는 해당 행정기관의 장은 징계등 절차의 진행 여부를 결정하고 그 사실을 징

수사기관의 수사개시 통보를 받은 경우 징계절차의 중지는 수사 중인 사건에 대하여 징계권자가 서둘러 파면이나 해임 처분을 하는 경우에는 수사를 받는 피의자가 전역하게 되어 군사법원의 재판권과 함께 군 수사기관의 수사권 역시 소멸하므로 이를 방지하여 군사법기관의 수사 및 재판권을 보장하는 의미가 있다. 따라서 군검찰·군사경찰 등 군 수사기관으로부터 수사개시 통보를 받은 때에는 군 수사기관에서 수사 중인 사건에 대하여 징계권자가 징계절차를 진행하여 조기에 파면이나 해임 처분을 하는 경우에는 해당 군인이 군인의 신분을 잃게 되어 군 수사기관이 수사권 또는 군사법원의 재판권이 상실하게 되므로 이를 방지하고 군내 사법질서를 유지하고 군사법기관의 수사 및 재판권을 보장할 수 있도록 군사법기관과 사전에 협의하는 등 신중히 결정할 필요가 있다.

3. 징계사건의 조사

가. 징계사실 조사담당자의 지정

징계권자는 징계권자가 아닌 다른 부대의 장 등으로부터 하급자의 비행사실을 통보받아 징계등의 요청이 있는 경우, 수사기관이나 감사기관에서 비행사실 등을 통보한 경우, 소속 부하 또는 감독을 받는 군인의 비행사실을 발견한 경우에는 그 비행사실이 징계등 사유에 해당하는지 여부를 조사하여야 한다. 이러한 경우 징계권자는 징계사건의 징계조사를 위하여 징계업무담당자 또는 조사담당자(이하 "징계조사담당자"라 한다)를 지정하여 조사를 하게 할 수 있다.[6)]

나. 징계조사담당자의 조사내용

징계조사를 위하여 지정된 징계조사담당자는 해당 사건에 대하여 징계권자의 징계 관할이 있는지 여부를 확인하고, 징계 관할이 없는 때에는 정당한 권한 또는 관할이 있는 기관으로 사건을 이송하여야 한다. 해당 징계권자에게 징계 권한 또는 관할이 있는 경우에는 해당 비행사실이 징계시효를 도과하였는지 또는

계등 협의자에게 통보하도록 규정하여 수사 중인 사건에 대하여 임의적으로 징계절차를 중지할 수 있도록 하고 있는 것을 반영한 것으로 보인다.

6) 국방부 군인·군무원 징계업무처리 훈령(이하 각주에서 "국방부 징계업무 훈령"이라 한다) 제20조 제2항.

징계절차의 중지 사유가 있는지 여부를 먼저 확인할 필요가 있다.

다. 징계조사담당자의 조사방법

징계권자로부터 징계사건의 조사를 위하여 지정된 징계조사담당자는 군인의 비행사실이 징계등 사유에 해당하는지 여부를 확인하기 위하여 비행사실에 관한 증거수집 등 조사를 하여야 한다. 다만, 징계조사담당자의 조사권은 군사법원법상 수사권과 달리 법령상 특별히 인정하고 있는 사항이 없으므로 강제적인 조사를 할 수는 없다. 따라서 징계조사담당자는 징계권자가 위임한 범위 내에서 관계 법령에 따라 허용된 범위 내에서 조사할 수 있을 뿐이다.

징계조사담당자는 징계사건의 조사를 위하여 징계등 혐의자 또는 참고인을 소환하여 조사할 수 있다. 징계등 혐의자 또는 참고인을 조사한 경우에는 진술조서 또는 진술서를 작성하여야 한다.[7)]

징계조사담당자는 징계사건의 조사를 위하여 필요하다고 인정되는 때에는 수사기관이나 그 밖의 기관에 사실조사를 촉탁할 수 있고, 필요한 경우 관계 기관에 관련 자료의 제출을 요청할 수 있다.

제2절 징계의결 요구

1. 징계의결요구권자(징계권자)

국방부장관과 각급 부대 또는 기관의 장은 군인인 소속 부하나 그의 감독을 받는 군인에 대하여 징계권을 가진다. 징계대상자의 신분과 계급에 따라 세부적인 징계의결요구권자는 다음과 같다.[8)]

① 병에 대한 징계의결 요구는 중대장 및 이에 준하는 부대 또는 기관의 장 이상이 할 수 있다. ② 부사관에 대한 경징계를 요구하는 때에는 대대장 및 이에 준하는 부대 또는 기관의 장 이상이 할 수 있고, ③ 장성급 장교 외의 장교

7) 국방부 징계업무 훈령 제20조 제4항.
8) 군인사법 제58조.

및 준사관에 대한 경징계와 부사관에 대한 중징계를 하려는 경우에는 연대장(대령급 여단장), 함정장, 전대장 및 이에 준하는 부대 또는 기관의 장 이상이 징계의결요구권을 갖는다. ④ 장성급 장교 외의 장교, 준사관에 대한 중징계 이상의 징계의결 요구는 사단장(여단장을 포함한다), 전단사령관, 비행단장 및 그와 같은 급 이상의 부대 또는 기관의 장이 할 수 있으며, ⑤ 장성급 장교에 대한 징계의결은 국방부장관, 합참의장 및 참모총장이 한다.

방위사업청 소속 현역 군인의 경우 장성급 장교에 대하여 국방부장관이 징계권(징계의결요구권)을 가진다. 다만, 국방부장관이 방위사업청 소속 장성급 장교에 대한 징계를 하는 경우에는 방위사업청장의 요청이 있어야 한다. 방위사업청장은 소속 장성급 장교 외의 장교와 준사관 및 부사관에 대하여 징계의결 요구를 할 수 있다.

2. 징계조사 후 징계의결 요구

가. 징계사실 조사결과의 보고

징계조사담당자는 징계권자의 지시에 따라 징계권자의 소속 부하 또는 감독을 받는 군인의 비행사실이 징계사유에 해당하는지 여부를 조사한 후 그 조사결과를 징계권자에게 보고하여야 한다. 조사결과 비행사실이 사실로 입증되고 징계사유에 해당하는 경우에는 징계권자에게 징계의결 요구를 건의하여야 한다. 비행사실에 대한 입증이 없거나 사실이 아닌 것으로 밝혀진 경우 또는 그러한 비행사실만으로는 징계사유에 해당하지 않는 때에는 징계의결 불요구를 건의한다. 징계혐의자가 사망하거나 전역 등으로 현직에 재직 중이지 않는 경우 또는 비행사실에 대한 징계시효가 도과하여 징계처분을 할 수 없는 경우에도 같다. 다만, 비행사실이 입증되고 징계사유에 해당함에도 불구하고 비행의 정도나 그 밖의 정상을 참작하여 징계의결을 요구하지 아니함이 상당하다고 인정되는 경우 징계의결 불요구를 건의할 수 있는지 여부는 징계권자의 징계의결 불요구 및 경고처분이 가능한지 여부에 따라 달리 보아야 한다.

나. 징계의결의 요구 또는 불요구

징계권자는 소속 부하 또는 감독을 받는 군인의 비행사실이 징계사유에 해당하는지 여부를 조사한 후 비행사실이 증거에 의하여 사실 인정이 되고 그 비행사실이 징계사유에 해당한다고 인정하는 경우 징계조사담당자의 의견을 들어 징계혐의사실의 유무와 그 정도, 징계처분의 필요성 등을 고려하여 징계위원회의 의결을 요구하는 것이 타당하다고 인정하는 때에는 징계위원회에 의결을 요구하여야 한다. 다만, 징계권자는 징계조사담당자의 건의에 관계없이 징계의결 요구 여부를 결정할 수 있다.

징계권자는 징계혐의사실이 사실이 아니거나 충분한 증거가 없는 경우 또는 징계혐의사실만으로는 징계사유에 해당하지 않는 경우에는 징계의결을 불요구할 수 있다. 징계혐의자가 사망하거나 전역하는 경우 징계혐의사실에 대한 징계시효가 경과한 경우에는 징계권자는 징계의결의 불요구 결정을 통하여 징계사건을 종결하여야 할 것이다. 다만, 징계혐의사실이 모두 인정되고 입증된 경우임에도 불구하고 비행행위의 정도나 그 결과, 징계혐의자의 평소 근무태도 등 그 밖의 정상을 참작하여 징계의결을 불요구할 수 있다.

다만, 군인사법 및 군인 징계령에서는 군인이 징계사유에 해당하는 경우 징계위원회에 징계의결을 요구하고, 그 징계의결의 결과에 따라 징계처분을 하여야 한다고 하여 마치 징계권자의 징계의결요구를 의무사항인 것처럼 규정하고 있으나, 국방부 군인·군무원 징계업무처리 훈령(이하 이 장에서 "국방부 징계업무 훈령"이라 한다) 또는 육군규정(제180호, 징계규정. 이하 같다)에서는 징계권자는 징계의 필요성이 없다고 인정될 때에는 징계위원회에 의결을 요구하지 아니할 수 있다고 규정하여 징계권자의 징계의결요구를 임의적인 것으로 하고 있다. 따라서 징계권자는 군인의 비행사실이 징계사유에 해당하는 경우에도 징계의 필요성이 없다고 인정된 때에는 징계재량권을 행사하여 징계위원회에 징계의결을 요구하지 아니할 수 있는 것인지가 불분명하지만 실무에서는 이를 허용하고 있다.[9]

9) "군인 또는 군무원에 대한 징계권자의 징계감경권에 관한 소고", 이명재, 「군사법연구」(제2호), 2024. 6. 30. 한국군사법학회, 67쪽~88쪽 참조.

다. 징계의결의 요구 또는 불요구의 철회

군인사법 및 군인 징계령 등 관계법령은 징계권자의 징계의결요구의 철회에 관한 규정을 두고 있지 않다. 그러나 국방부 징계업무 훈령에서는 징계권자는 징계의결요구 후 징계의 필요성이 없게 되는 등 사정변경이 있는 때에는 징계위원회 개최 전까지 징계의결 요구를 철회할 수 있다고 규정하고 있다. 다만, 금품 및 향응 수수 또는 공금의 횡령·유용 등 청렴의무위반 사건, 음주운전 사건, 성폭력 등 사건, 군납비리 사건, 신고자등 보호의무 위반 사건 등 필요적 징계의결요구 대상 사안인 경우에는 철회할 수 없다.[10]

▌판례▐ 대법원 1980. 5. 13. 선고 79누388 판결

경찰공무원징계령등 경찰관 징계에 관한 관계법령을 살펴보아도 징계권자가 경찰관에 대하여 징계요구를 하였다가 이를 철회하고 다시 징계요구를 하는 것을 금지한 조문이 없다. 그렇다면 강원도 경찰국장이 원고에 대하여서 한 징계요구를 30일이내에 철회하고 1979.2.7. 징계위원회에 원고에 대한 징계요구를 다시 하여 징계위원회에서 1979.2.10. 원고에 대하여 파면 결의를 한 본건 징계절차는 적법하고, 그 징계절차 과정에 위법이 없으니 논지가 지적하는 경찰공무원징계령 제11조가 훈시규정인 여부를 판단하지 않더라도 원심판결에 영향을 미칠 소론과 같은 징계절차에 관한 법리오해의 위법 있다고 할 수 없다.

징계의결요구를 철회할 수 있는 사정변경에는 징계의결요구 이후에 일반사면이 있는 경우, 징계혐의자가 사망하거나 전역·제적 또는 면직되었을 경우, 징계혐의자가 이미 동일한 사유로 징계처분등을 받았을 경우, 징계등이 시효가 도과한 경우, 징계사실이 발생한 이후 법령의 개정 등으로 징계대상이 되지 아니하게 된 경우, 피해자와 합의 등 징계의결요구 후 중대한 사정변경이 있는 경우 등이 포함된다.[11]

▌판례▐ 대법원 1993. 9. 10. 선고 93다10743 판결

대학교 총장이 1989.6.15. 교원징계위원회에 교수에 대한 징계의결을 요구하고 같

---

10) 국방부 징계업무 훈령 제21조 제2항.
11) 종합행정학교, 전게서, 268쪽 참조.

은 날 학교법인의 정관 제45조 제2항 제2호(징계의결이 요구된 자에 대한 직위해제)에 의하여 교수로서의 직위를 해제하는 처분을 하였으나 위 징계위원회에서 징계사유 대부분이 징계요구시효를 경과하여 징계의결이 어렵다는 의견을 개진하자 같은 해 9.9. 위 징계의결요구를 철회하고, 같은 달 11. 1989.6.15.자 직위해제처분을 학교법인의 정관 제45조 제2항 제1호(직무수행능력이 부족하거나 근무 성적이 극히 불량한 자에 대한 직위해제)에 의한 직위해제로 전환하는 처분을 하였다면 1989.6.15.자 직위해제처분은 학교법인에 의하여 스스로 철회되어 더 이상 존재하지 아니한다고 봄이 상당하므로 1989.6.15.자 직위해제처분의 무효확인을 구하는 청구는 확인의 이익이 없어 부적법하다.

징계권자가 징계의결요구 후 사정변경 등을 이유로 징계의결요구를 철회한 때에는 애초부터 징계의결요구가 없었던 것이 된다. 따라서 징계위원회는 징계위원회 소집 등의 절차를 진행하지 않아도 되고, 소집이나 출석 통지등을 한 때에는 상당한 방법으로 소집의 해제를 통지한 후 징계사건을 종결하도록 하는 것이 절차의 안정성에 적합하다.

징계권자가 징계의결 불요구를 한 사건은 새로운 중요한 증거가 발견되거나 감사원법 제32조에 따라 감사원이 징계요구에 대하여 불요구한 경우에는 징계의결 요구를 다시 할 수 있다. 이 경우 앞서 한 징계의결 불요구에 대하여는 취소하여야 한다. 징계의결 불요구 사건에 대하여 이를 철회하고 다시 징계의결을 요구하는 것은 징계위원회의 심의·의결을 거쳐 징계처분이 이루어진 것이 아니므로 이중징계금지의 원칙의 영향을 받지 않는다. 그러나 이중징계금지 원칙의 취지나 징계혐의자의 법적 안정성 또는 절차의 안정성을 위하여 징계권자의 징계의결 불요구의 철회 및 징계의결 요구는 제한적으로 이루어져야 한다. 따라서 징계의결 불요구 당시 이미 충분한 증거가 있음에도 불구하고 여러 사정을 고려하여 징계의결을 불요구한 사건에 대하여 단순한 추가 증거가 발견된 경우 또는 징계혐의자의 태도가 불손하다거나 상급자의 지시나 언론의 반대의견에 따라 징계의결 불요구 결정을 취소하고 다시 징계의결요구를 하는 것은 제한되어야 한다.

3. 감사원의 징계요구에 따른 징계의결등 요구

가. 감사원의 징계요구와 징계의결등 요구

감사원은 군인사법에 규정된 징계사유에 해당하는 경우 또는 정당한 사유 없이 이 법에 따른 감사를 거부하거나 자료의 제출을 게을리한 군인에 대하여 그 소속 장관 또는 임용권자(이하 "징계권자"라 한다)에게 징계를 요구할 수 있다. 징계요구를 하는 때에는 징계의 종류를 정할 수 있다. 감사원으로부터 징계요구를 받은 징계권자는 감사원이 정한 날까지 해당 절차에 따라 처분을 하여야 한다. 징계권자는 감사원의 징계요구 중 파면을 요구받은 경우에는 그 요구를 받은 날부터 10일 이내에 해당 징계위원회에 그 의결을 요구하여야 하며, 징계위원회의 의결 결과를 그 의결이 있은 날부터 15일 이내에 감사원에 통보하여야 한다.[12)]

나. 감사원의 심의 또는 재심의 요구

감사원은 징계요구 중 파면을 요구한 사건이 파면 의결이 되지 아니한 경우에는 징계권자로부터 징계위원회의 의결 결과를 통보 받은 날부터 1개월 이내에 해당 징계위원회가 설치된 기관의 바로 위 상급기관에 설치된 징계위원회에 직접 그 심의 또는 재심의를 요구할 수 있다. 감사원의 심의 또는 재심의 요구를 받은 상급기관의 징계위원회는 그 요구를 받은 날부터 1개월 이내에 심의 또는 재심의 의결을 하고, 상급기관의 징계위원회의 위원장은 그 결과를 지체 없이 감사원에 통보하여야 한다.[13)]

다. 항고결정에 대한 감사원의 재심 요구[14)]

감사원으로부터 징계요구 중 파면을 요구받아 징계위원회의 의결을 거쳐 집

---

12) 감사원법 제32조 제1항, 제2항 및 제10항.

13) 감사원법 제32조 제3항 및 제4항.

14) 감사원의 요구에 따른 재심절차에 관하여 군인 징계령에서는 별도로 규정하고 있지 않고 있으므로, 소청심사위원회의 재심요구에 관한 소청절차규정 제17조를 준용하는 것이 적절하다. 이 경우 "소청인"은 "항고인"으로, "위원회"는 "항고심사위원회"로, "인사혁신처"는 "국방부"로 본다.
소청절차규정 제17조(감사원 요구에 의한 재심) ① 감사원법 제32조 제6항의 규정에 의한 재심요구는 그 이유를 명시한 재심요구서에 의하여야 한다.

행이 이루어진 파면에 대한 항고제기로 항고심사위원회에서 심사 결정을 한 경우에는 해당 항고심사위원회의 위원장은 그 결정 결과를 그 결정이 있은 날부터 15일 이내에 감사원에 통보하여야 한다. 감사원은 항고심사위원회의 결정 통보를 받은 날부터 1개월 이내에 그 항고심사위원회가 설치된 기관의 장을 거쳐 항고심사위원회에 그 재심을 요구할 수 있다.[15)]

라. 감사원의 징계요구와 징계의결등의 집행 정지

감사원법 제32조 제1항 또는 제6항에 따라 감사원의 징계요구가 있는 때에는 징계위원회의 의결 통보기간(15일 이내), 징계위원회 의결에 대한 감사원의 심의 또는 재심의 요구기간(1개월 이내), 항고심사위원회의 재심사 기간(1개월 이내) 및 결정 통보기간(15일 이내) 동안에는 그 징계의결이나 재심사 결정은 집행이 정지된다.[16)]

4. 소속의 변경과 자료 송부

징계의결 및 징계부가금 부과의결 전에 징계등 혐의대상자의 소속이 변경된 경우, 징계등 혐의대상자의 전 소속 및 감독 부대나 기관의 장은 징계등 혐의대상자의 현 소속 또는 감독 부대나 기관의 장에게 비행사실 등 조사 자료 등 징계관련 자료를 이송하여야 한다.[17)]

---

② 위원회는 제1항에 따른 재심요구서를 접수하면 즉시 그 부본을 첨부하여 소청인에게 송부하고 답변 자료의 제출을 요구해야 한다.

③ 재심사건의 심사는 필요하다고 인정하는 경우를 제외하고는 당사자의 출석 없이 결정할 수 있다.

④ 위원회가 재심사건을 심사·결정하였을 때에는 재심결정서를 작성하여 그 정본을 지체 없이 소청당사자 및 감사원장에게 송부하여야 한다. 이 경우 감사원장에게는 인사혁신처를 경유하여 송부하여야 한다.

⑤ 제1항의 재심요구서에 재심이유가 명시되어 있지 아니하거나, 기타 흠결이 있을 경우에는 재심요구서를 접수한 날부터 7일 이내에 상당한 기간을 정하여 보정을 요구하여야 하며, 이 경우에 처리기간은 그 보정이 완료된 날부터 기산한다.

⑥ 재심요구에 대한 결정은 특별한 사정이 있는 경우를 제외하고는 재심이 요구된 날부터 30일 이내에 하여야 한다.

15) 감사원법 제32조 제5항 및 제6항.

16) 감사원법 제32조 제7항.

17) 군인 징계령 제7조 제4항.

제3절 징계위원회의 심의 · 의결

1. 심의 일시 등 고지와 심의대상자의 출석

가. 징계위원회의 심의 일시 등 고지

징계위원회는 징계사건의 심의 전에 심의대상자에게 심의 일시 등을 고지하여야 한다. 심의 일시 등을 고지하는 경우에는 출석이유, 출석일시, 출석장소 등을 포함하는 군인 징계령 시행규칙 제6조 제2항 별지 제2호 서식 출석통지서를 징계등 심의대상자에게 교부하여야 한다. 출석통지서는 징계위원회 개최일 3일 전에 징계등 심의대상자에게 도달되도록 하여야 한다. 다만, 부득이한 경우에는 그 기간을 단축할 수 있다.[18]

징계위원회는 출석통지서를 징계등 심의대상자에게 직접 전달하는 것이 주소불명 그 밖의 사유로 곤란하다고 인정할 때에는 출석통지서를 징계등 심의대상자의 소속 부대 또는 기관의 장에게 전달하여 징계등 심의대상자에게 교부하게 할 수 있다. 이 경우 출석통지서를 전달받은 부대 또는 기관의 장은 지체 없이 징계등 심의대상자에게 출석통지서를 교부한 후 그 교부상황을 징계위원회에 통보하여야 한다.[19]

나. 징계등 심의대상자의 출석

징계위원회는 심의 일시에 심의대상자를 출석시켜 심의대상자의 의견을 들은 후 심의를 개시하여야 한다. 다만, 징계등 심의대상자가 출석할 수 없는 부득이한 사정이 있는 경우에는 심의대상자의 출석 없이 심의를 개시할 수 있다.[20] 징계등 심의대상자는 징계위원회에서 충분히 진술할 기회를 가지며, 진술과 증거를 제출할 수 있을 뿐만 아니라 증인의 신문을 신청할 수 있다. 징계위원회의 심의절차가 공정하고 투명하게 이루어지기 위해서는 이와 같은 징계등 심의대상자의 방어권이 충분히 보장되고 심의대상자의 출석권 보장이 전제가 되어야

18) 군인 징계령 제9조 제1항.
19) 군인 징계령 제9조 제2항.
20) 군인사법 제59조 제2항.

한다. 따라서 심의대상자의 출석 없이 징계위원회의 심의를 개시할 수 있는 부득이한 사정이 있는 경우에는 군인 징계령 제9조 제3항부터 제7항까지의 사유가 있는 경우로 제한적으로 보아야 한다. 징계등 심의대상자의 출석 없이 심의를 개시할 수 있는 사유에는 다음과 같다.

(1) 진술포기의 경우

징계등 심의대상자가 징계위원회에 출석하여 진술하거나 서면에 의하여 진술하는 것을 원하지 아니할 경우에는 진술포기서를 제출하게 하여 기록에 첨부하고 서면심사만으로 징계의결 또는 징계부가금 부과의결을 할 수 있다.[21] 징계등 심의대상자가 진술포기서를 제출하지 아니하고, 출석할 수 없는 정당한 사유 없이 출석하지 아니한 때에는 진술의 의사가 없는 것으로 보아 그 사실을 구체적으로 밝히고 서면심사에 따라 징계의결등을 할 수 있다.[22] 다만, 이 경우 징계등 심의대상자의 출석권 및 징계위원회 진술권을 보장하기 위하여 '출석을 할 수 없는 정당한 이유'는 넓게 해석하여 적용할 필요가 있다. 징계등 심의대상자가 진술포기서를 제출하지 아니한 상태에서 징계절차의 지연을 목적으로 불출석한 것이 아닌 때에는 심의대상자의 출석 기회를 보장하기 위하여 징계위원회를 연기하는 것이 바람직하다.

(2) 출석통지서의 수령을 거부한 경우

징계등 심의대상자가 출석통지서의 수령을 거부한 경우에는 심의대상자가 징계위원회의 진술권을 포기한 것으로 본다. 다만, 심의대상자는 출석통지서의 수령을 거부한 경우에도 징계위원회에 출석하여 진술할 수 있다. 출석통지서를 징계등 심의대상자에게 직접 전달하는 것이 주소불명 그 밖의 사유로 곤란하다고 인정하여 징계등 심의대상자의 소속 부대 또는 기관의 장에게 출석통지서를 전달하여 교부하게 한 경우 심의대상자가 소속 부대 또는 기관의 장이 전달하는 출석통지서를 수령하기를 거부한 때에는 부대장 등은 출석통지서 교부상황을 통보하면서 수령거부 사실을 증명하는 서류를 첨부하여야 한다.

21) 군인 징계령 제9조 제3항.
22) 군인 징계령 제9조 제4항.

(3) 국외 체재나 구속 등의 경우

징계등 심의대상자가 국외에 체재하거나 형사사건으로 인하여 구속 그 밖의 사유로 징계의결이 요구된 날부터 50일 이내에 출석할 수 없을 때에는 서면진술서를 제출하게 하여 징계의결등을 할 수 있다. 이 경우 서면진술서를 제출하지 아니할 때에는 진술 없이 서면심사에 따라 징계의결등을 할 수 있다.[23]

2. 징계등 심의대상자의 자료 열람 등

가. 본인의 진술 기재 서류 또는 제출 자료의 열람·등사

징계등 심의대상자는 본인의 진술이 기재된 서류나 자신이 제출한 자료를 열람하거나 복사할 수 있다.[24] 징계등 심의대상자가 징계위원회에 출석하여 충분한 진술을 할 수 있는 기회를 부여받고 자신에게 유리한 증거 등을 제출하는 등 징계심의 절차에서의 방어권 보장을 위해서는 해당 사건이 징계위원회에 송부된 징계등 관련 서류나 자료에 대한 열람·등사 신청권이 보장되어야 한다. 본인의 진술이나 자신이 제출한 자료는 징계등 심의대상자의 방어 자료로서 방어권의 합리적 주장을 위하여 심의대상자측 자료의 확인이 필요하고, 이미 징계등 심의대상자에게는 공개된 자료로서 징계등 심의대상자에게 열람·등사를 허용하더라도 군인 징계령 제11조 제2항에서 열람·등사를 제한하고 있는 취지에 반하지 않는다는 점에서 제한 없이 인정하고 있다. 따라서 징계등 심의대상자 본인의 진술이 기재된 서류나 자신이 제출한 자료에 대한 열람·등사 요청이 있는 때에는 군인 징계령 제11조 제2항 각 호의 어느 하나에 해당하더라도 징계위원회 위원장은 제한 없이 이를 허가하여야 한다.

나. 관련 자료의 열람 또는 등사 신청

(1) 열람·등사 신청에 대한 허가

징계등 심의대상자는 위원장에게 본인의 진술이 기재된 서류나 자신이 제출한 자료 외에 징계등과 관련된 서류나 자료에 대하여 열람이나 복사를 신청할

23) 군인 징계령 제9조 제5항.
24) 군인 징계령 제11조 제1항.

수 있다. 이 경우 위원장은 다음 중 어느 하나에 해당하는 경우에는 열람 또는 복사 신청을 허가하지 아니할 수 있다.[25]

① 기록의 공개로 사건 관계인의 명예, 사생활의 비밀, 생명・신체의 안전이나 생활의 평온을 침해할 우려가 있는 경우

② 기록의 내용이 국가기밀인 경우

③ 기록의 공개로 국가의 안전보장, 선량한 풍속 그 밖의 공공질서나 공공복리가 훼손될 우려가 있는 경우

(2) 항고사건의 자료 열람・등사 허가권자

징계심의대상자의 진술이 기재된 서류나 징계심의대상자가 제출한 자료 이외의 서류나 자료는 위원장이 열람이나 복사를 허가하여야 한다. 다만, 징계처분에 대한 항고가 이루어진 경우 해당 징계기록이 아직 항고심사권자에게 송부되지 않고 원징계처분권자에게 있는 때에는 누가 자료의 열람・등사에 대한 허가권을 갖는지가 문제될 수 있다. 원칙적으로는 항고제기 시점을 기준으로 항고제기 이전에는 원징계처분을 의결한 징계위원회의 위원장이 허가하고, 항고제기 이후에는 항고심사기관에 설치된 항고심사위원회의 위원장이 허가하는 것으로 본다. 다만, 항고제기 이후라 하더라도 징계기록이 아직 항고심사권자 또는 항고심사위원회에 송부되지 않고 원징계처분권자 또는 징계위원회에 있는 경우에는 해당 징계기록이 항고심사권자 또는 항고심사위원회에 송부되기까지 상당한 기간이 소요되는 점에서 징계위원회의 위원장이 허가할 수 있다고 보는 것이 징계심의대상자의 충분한 방어권 보장을 위해서 타당하다.[26]

---

25) 군인 징계령 제11조 제2항.

26) 이와 관련하여 종합행정학교 보충교재 일반학(징계업무)에서는 항고서 제출과 동시에 자료의 열람・등사 신청을 한 경우에는 원심 징계위원회 위원장이 허가하나, 항고서가 이미 제출된 후 기록 송부 전 자료의 열람・등사 신청이 있는 경우에는 자료의 열람・등사에 관한 업무와 권한이 항고심사권자 또는 항고심사위원회에 이관되었으므로 원심 징계위원회에서는 자료의 열람・등사를 허가할 수 없다고 하고 있다(종합행정학교, 전게서, 72쪽 참조).

3. 징계위원회의 심의절차

가. 회의의 소집

(1) 소집 통보 등

징계위원회 위원장은 징계등 사건이 징계위원회에 징계의결 또는 징계부가금 부과의결이 요구된 경우에는 해당 징계등 사건의 심의를 위한 회의의 개최일시 및 장소를 정하여 위원에게 통보하여 회의를 소집한다. 징계위원회는 징계사건의 심의 전에 심의대상자에게 출석이유, 출석일시, 출석장소 등 심의 일시를 고지한다.

(2) 원격영상회의 방식의 활용

징계위원회는 위원과 징계등 심의대상자, 증인, 피해자 등 군인사법 및 군인 징계령에 따라 회의에 출석하는 사람(이하 “출석자”라 한다)이 동영상과 음성이 동시에 송수신되는 장치가 갖추어진 서로 다른 장소에 출석하여 진행하는 원격영상회의 방식으로 심의·의결할 수 있다. 이 경우 위원 및 출석자는 같은 회의장에 출석한 것으로 본다. 원격영상회의 방식으로 심의·의결하는 경우 징계위원회는 징계등 심의대상자 및 피해자 등의 신상정보, 회의 내용 및 결과 등이 유출되지 않도록 보안에 필요한 조치를 해야 한다. 그 밖에 원격영상회의의 운영에 필요한 사항은 국방부장관이 정한다.[27]

국방부 징계업무 훈령 제35조의2에서 원격영상회의 방식의 활용에 관하여 다음과 같은 규정을 두고 있다. 원격영상회의 방식의 심의·의결은 징계등 심의대상자의 신청 또는 직권에 의하여 징계위원장이 필요하다고 인정하는 경우에 한하여 실시한다. 이 경우 반드시 징계등 심의대상자의 서면에 의한 동의가 있어야 한다.[28] 원격영상회의 방식을 적용하는 경우 징계위원회 위원들은 전원이 같은 장소에서 심의·의결하도록 하고 있다.[29] 징계등 심의대상자 및 피해자 등의 신상정보, 회의 내용·결과 등이 유출되지 않도록 보안에 필요한 조치로서 출석자는 보안서약서를 작성하여야 한다.[30]

---

27) 군인 징계령 제14조의3.
28) 국방부 징계업무 훈령 제35조의2 제3항.
29) 국방부 징계업무 훈령 제35조의2 제1항 단서.

나. 사실조사 및 검증·감정

징계등 사유에 해당하는 징계사실은 증거에 의하여 입증되어야 한다. 다만, 그 입증방법은 징계가 재량행위의 성질을 갖는 점에서 관계법령의 허용범위에서 법치국가의 원리에 따라 적법한 절차에 따라 재량의 일탈·남용이 없으면 충분하다. 따라서 형사소송법상 엄격한 증거법칙, 즉 전문증거배제 법칙, 자백보강 법칙, 위법수집증거배제 법칙 등의 증거법원칙이 적용되지 않는다. 다만, 증거수집에 위법을 방지하기 위하여 위법하게 수집된 증거의 사용에는 제한적으로 인정할 필요가 있다.

징계위원회는 징계등 사건에 대한 심의 등 업무수행에 필요한 경우에는 간사에게 사실조사를 하게 하거나 특별한 학식·경험이 있는 자에게 검증 또는 감정을 의뢰할 수 있다.[31] 간사의 사실조사에 필요하다고 인정할 때에는 징계등 심의대상자에게 출석을 명할 수 있다.[32]

일반적으로 증거조사의 대상은 징계조사담당자의 사실조사결과보고를 통해 징계권자가 징계의결 요구 시 제출하는 증거자료가 된다. 징계심의대상자는 자기에게 이익이 되는 증거를 제출할 수 있다. 징계심의대상자가 제출한 증거자료도 증거조사의 대상이 된다. 사실조사에 필요한 경우 징계등 심의대상자와 관계인의 출석을 명하여 진술을 들을 수 있고, 징계심의대상자 역시 증인의 신문을 신청할 수 있는바, 증인 신문 신청을 받아들여 준 때에도 증인에 대한 증거조사를 하여야 한다.

징계위원회는 징계권자의 징계의결 요구 사건에 대하여 직권으로 징계사실을 확인하여 심의·의결하는 기관으로 직권주의적 구조를 갖는다. 따라서 징계위원회는 징계권자가 제출하는 증거자료나 징계심의대상자가 제출한 증거자료 외에도 징계사건의 심의·의결에 필요하다고 인정하는 경우에는 직권으로 관계인의 출석 또는 관련 자료를 제출하게 하여 증거조사를 할 수 있다.

---

30) 국방부 징계업무 훈령 제35조의2 제2항 후단.
31) 군인 징계령 제10조 제4항.
32) 군인 징계령 제10조 제5항.

다. 징계심의대상자 등 신문

징계위원회는 출석한 징계등 심의대상자에게 혐의내용에 관한 신문을 행한다. 관계인의 진술이나 확인이 필요하다고 인정할 때에는 관계인을 징계위원회에 출석하게 하여 신문할 수 있다.[33]

라. 징계심의대상자의 진술 등 방어권 보장

징계위원회는 징계처분등의 심의대상자에게 서면이나 구술로 충분한 진술 기회를 주어야 한다.[34] 징계등 심의대상자는 서면이나 구술로 징계등 면제사유를 포함하여 자기에게 이익이 되는 사실을 진술하거나 증거를 제출할 수 있다.[35] 징계등 심의대상자는 징계위원회에 증인의 신문을 신청할 수 있고, 이 경우 위원회는 그 채택 여부를 결정하여 징계등 심의대상자에게 통보하여야 한다.[36]

4. 징계위원회의 의결

가. 징계위원의 신분보장

징계위원은 법규와 양심에 따라 독립하여 심의하며, 징계에 관한 직무상의 행위로 인하여 형사처벌이나 징계처분 또는 그 밖의 어떠한 불이익도 받지 아니한다. 징계위원회는 징계권자에 의하여 구성되고 징계위원 역시 징계권자에 의하여 위촉되나, 징계권자는 징계위원에 대하여 징계위원회의 심의 사항에 대하여 지시하거나 관여할 수 없다. 징계위원은 징계사건의 심의·의결에 관하여 직무상 독립하여 자신의 양심과 관계 법령에 따라 심의·의결한다.

▮판례▮ 서울지방법원 1996. 4. 19. 선고 95가합38634 확정판결

군인에 대한 징계가 징계사유, 징계의 종류, 징계위원회의 조직과 구성 및 심의절차 등에 관하여 규정하고 있는 군인사법 및 그 시행령 등에 따라 필요한 조사를 하고 징계대상자를 출석시켜 진술케 하는 한편, 징계대상자의 소행, 개전의 정 등을

---

33) 군인 징계령 제10조 제1항.
34) 군인사법 제59조 제3항.
35) 군인 징계령 제10조 제2항.
36) 군인 징계령 제10조 제3항.

참작하여 징계위원들 및 징계권자의 자율적인 판단에 따라 행하여진 것이라면, 비록 그 징계 양정이 결과적으로 재량권을 일탈한 것으로 인정된다고 하더라도 달리 징계권의 남용이 우리의 건전한 사회통념이나 사회상규상 용인될 수 없을 정도에 이르지 않았다면, 이는 법률전문가가 아닌 징계위원 등이 징계의 경중에 관한 관련 법령의 해석을 잘못한 데 불과한 것이어서, 이러한 경우 징계의 양정을 잘못한 징계위원 등에게 불법행위책임을 물을 수 있는 과실이 있다고 할 수 없다.

나. 징계처분의 병과 금지

징계처분을 의결하는 때에는 두 종류 이상의 징계처분을 병과하여서는 아니 된다.[37] 징계위원회 의결의 병과 금지에서 징계처분은 파면 · 해임 · 강등 · 정직 · 감봉 · 근신 · 견책(군인 중 병의 경우에는 강등 · 군기교육 · 감봉 · 휴가단축 · 근신 · 견책) 각 징계처분을 하나의 징계사건에 대하여 두 종류 이상의 처분을 함께 할 수 없다. 따라서 군인에 대한 정직 처분을 의결하면서 그 내용으로 근신하게 하는 것은 정직처분의 구체적인 내용에 해당하므로 징계처분의 병과금지에 위반하지 않는다. 다만, 정직처분을 하면서 별도의 기간을 정하여 근신처분을 정직처분과 함께 병과하는 것은 금지된다.

다. 의결 방법

(1) 의결 정족 및 의결 방법

징계위원회의 의결은 무기명 투표로 한다.

징계위원회는 위원장을 포함하여 재적위원 과반수의 출석과 출석의원 과반수의 찬성으로 의결한다. 징계위원회가 위원장을 포함하여 4명 이하의 위원으로 구성된 경우에는 3명 이상이 출석하여야 한다.[38] 징계등 심의대상자가 부사관이나 병인 경우에는 부사관인 위원이 1명 이상 출석하여 심의와 의결에 참여하여야 한다.[39]

징계위원회의 의결에서 어떤 하나의 의견이 출석위원 과반수에 이르지 못한 때에는 출석위원 과반수에 이를 때까지 징계등 심의대상자에게 가장 불리한 의

37) 군인 징계령 제3조 후단.
38) 군인 징계령 제14조 제1항.
39) 군인 징계령 제14조 제2항.

견에 차례로 유리한 의견을 더하여 그중 가장 유리한 의견을 합의된 의견으로 본다.[40)]

(2) 서면의결(결정)

군인사법 제59조 제4항 단서에 따른 징계위원회의 징계의결등의 기한 연기에 관한 사항은 서면으로 의결할 수 있다. 서면결정의 절차와 방법 등에 관한 사항은 국방부장관이 정한다.[41)]

라. 징계 및 징계부가금 부과의 의결 기간

징계위원회는 징계권자가 징계의결 또는 징계부가금 부과의결을 요구한 날부터 30일 이내에 심의 및 의결하여 징계권자와 징계등 심의대상자에게 그 결과를 지체 없이 송부하여야 한다. 다만, 부득이한 사유가 있을 때에는 징계위원회의 결정으로 30일의 범위에서 그 기간을 연장할 수 있다.[42)]

징계의결등이 요구된 사건에 대하여 감사원이나 군검찰, 군사경찰, 그 밖의 수사기관이 비행사실에 대한 조사나 수사를 개시한 사실을 통보받아 징계절차가 중지된 경우에는 그 중지된 기간은 위 징계의결등의 기간에 포함하지 않는다.[43)]

마. 징계 및 징계부가금의 양정기준

(1) 징계등 양정의 일반적 기준

징계위원회가 징계의결등을 할 때에는 징계대상 행위의 경중, 심의대상자의 소행·근무성적·공적·뉘우치는 정도 및 그 밖의 정상을 참작하여야 한다. 징계처분 및 징계부가금 부과의 양정에 관한 세부기준은 국방부령으로 정한다.[44)]

---

40) 군인 징계령 제14조 제3항.
41) 군인 징계령 제14조 제6항. 그러나 국방부 징계업무 훈령 제35조 제5항은 서면의결할 수 있다는 규정 이외에 세부적인 규정은 두고 있지 않다.
42) 군인사법 제59조 제4항. 그러나 실무에서는 징계심의대상자에게 징계위원회 의결결과를 바로 통보하지 아니하고, 징계권자의 확인 등 결정 이후에 처분서를 교부하면서 통보하고 있다. 그러나 법에 따른 징계심의대상자의 징계위원회의 의결결과를 지체 없이 통지받을 권리를 침해할 수 있어 개선될 필요가 있다.
43) 군인 징계령 제16조.
44) 군인사법 제59조의4.

(2) 장교, 준사관 및 부사관에 대한 징계의 세부 양정기준[45)]

(가) 일반적인 징계사유에 대한 세부적인 징계 양정기준

비행의 유형 \ 비행의 정도 및 과실		비행의 정도가 심하고 고의가 있는 경우	비행의 정도가 심하고 중과실이거나, 비행의 정도가 약하고 고의가 있는 경우	비행의 정도가 심하고 경과실이거나, 비행의 정도가 약하고 중과실인 경우	비행의 정도가 약하고 경과실인 경우
1. 성실의무 위반	가. 법 제56조의2 제1항 제2호에 해당하는 비위		파면	파면 – 해임	해임 – 강등
	나. 직권남용으로 타인 권리침해		파면	해임	강등 – 정직
	다. 부작위 · 직무태만(라목에 따른 소극행정은제외한다) 또는 회계질서 문란	파면	해임	강등 – 정직	감봉 – 견책
	라. 소극행정	파면	파면 – 해임	강등 – 정직	감봉 – 견책
	마. 법 제56조의2 제1항 각 호의 어느 하나에 해당하는 비위를 신고하지 않거나 고발하지 않은 행위	파면 – 해임	강등 – 정직	정직 – 감봉	감봉 – 견책
	바. 부정청탁	파면	해임 – 강등	정직 – 감봉	근신 – 견책
	사. 부정청탁에 따른 직무수행	파면	파면 – 해임	강등 – 정직	감봉 – 견책
	아. 성과상여금을 거짓이나 부정한 방법으로 지급받은 경우	파면 – 해임	강등 – 정직	정직 – 감봉	감봉 – 견책
	자. 공무원 행동강령 제13조의3에 따른 부당한 행위	파면	파면 – 해임	강등 – 정직	감봉
	차. 성 관련 비행 또는 공무원 행동강령 제13조의3에 따른 부당한 행위를 은폐하거나 필요한 조치를 하지 않은 경우	파면	파면 – 해임	강등 – 정직	감봉 – 견책
	카. 성 관련 비행 피해자 등에게 2차 피해를 입힌 경우	파면	파면 – 해임	강등 – 정직	감봉 – 견책
	타. 직무상 비밀 또는 미공개 정보를 이용한 부당행위	파면	파면 – 해임	강등 – 정직	정직 – 감봉
	파. 그 밖의 성실의무 위반	파면 – 해임	강등 – 정직	감봉	근신 – 견책
2. 복종의무 위반	가. 지시사항 불이행으로 업무추진에 중대한 차질을 준 경우	파면	해임	강등 – 정직	감봉 – 견책
	나. 그 밖의 복종의무 위반	파면 – 해임	강등 – 정직	감봉	근신 – 견책
3. 직무이탈 금지의무 위반	가. 집단행동을 위한 근무지 이탈	파면	해임	강등 – 정직	감봉 – 견책
	나. 군무 이탈	파면	해임	강등 – 정직	감봉
	다. 무단 이탈	파면 – 해임	강등 – 정직	감봉	근신 – 견책
4. 공정의무 위반		파면 – 해임	강등 – 정직	감봉	근신 – 견책
5. 비밀엄수 의무 위반	가. 군사기밀의 누설 · 유출	파면	파면 – 해임	해임 – 강등	정직 – 감봉
	나. 그 밖의 보안관계 법령 위반	파면 – 해임	해임 – 강등	정직	감봉 – 견책

45) 군인 징계령 시행규칙 제2조.

6. 청렴의무 위반		별표 1의2와 같음			
7. 영리행위 및 겸직 금지의무 위반		파면－해임	강등－정직	감봉－근신	견책
8. 정치운동 금지의무 위반		파면	해임	강등－정직	감봉－견책
9. 집단행위 금지의무 위반		파면	해임	강등－정직	감봉－견책
10. 품위유지의무 위반	가. 성 관련 비행	별표 1의3과 같음			
	나. 음주운전	별표 1의4와 같음			
	다. 그 밖의 품위유지의무 위반	파면－해임	강등－정직	감봉	근신－견책

※ 비고
1. 제1호 다목에서 "부작위"란 군인이 상당한 기간 내에 이행해야 할 직무상 의무가 있는데도 이를 이행하지 않는 것을 말한다.
2. 제1호 라목에서 "소극행정"이란 적극행정 운영규정 제2조 제2호에 따른 소극행정을 말한다.
3. 제1호 바목에서 "부정청탁"이란 부정청탁 및 금품등 수수의 금지에 관한 법률 제5조에 따른 부정청탁을 말한다.
4. 제1호 사목에서 "부정청탁에 따른 직무수행"이란 부정청탁 및 금품등 수수의 금지에 관한 법률 제6조의 부정청탁에 따른 직무수행을 말한다.
5. 제1호 아목에서 "성과상여금"이란 공무원수당 등에 관한 규정 제7조의2에 따른 성과상여금을 말한다.
6. 제1호 카목에서 "피해자 등"이란 성 관련 비행 피해자와 그 배우자, 직계친족, 형제자매 및 해당 피해 발생 사실을 신고한 사람을 말하고, "2차 피해"란 여성폭력방지기본법 제3조 제3호 가목・나목・다목에 따른 피해(피해자가 남성인 경우를 포함한다)를 말하며, 2차 피해를 입힌 경우가 성 관련 비행에 해당하는 경우에는 제10호 가목을 적용한다.
7. 제1호 타목에서 "직무상 비밀 또는 미공개 정보를 이용한 부당행위"란 다음 각 목의 행위를 말한다.
 가. 직무수행 중 알게 된 비밀 또는 소속된 기관의 미공개 정보(재물이나 재산상 이익의 취득 여부의 판단에 중대한 영향을 미칠 수 있는 정보로서 불특정 다수인이 알 수 있도록 공개되기 전의 것을 말한다. 이하 같다)를 이용하여 재물 또는 재산상의 이익을 취득하거나 제3자로 하여금 재물 또는 재산상의 이익을 취득하게 하는 행위
 나. 다른 공무원으로부터 직무상 비밀 또는 소속된 기관의 미공개 정보임을 알면서도 제공받거나 부정한 방법으로 취득한 공무원이 이를 이용하여 재물 또는 재산상의 이익을 취득하는 행위
 다. 직무수행 중 알게 된 비밀 또는 소속된 기관의 미공개 정보를 사적 이익을 위하여 이용하거나 제3자로 하여금 이용하게 하는 행위

(나) 청렴의무 위반 사건에 대한 세부적인 징계 양정기준

비행의 유형 ＼ 금품 등 수수액	100만원 미만		100만원 이상
	받은 경우	제공한 경우	
1. 직무와 관련하여 금품 등을 받거나 제공하고, 그로 인하여 위법・부당한 처분을 한 경우	파면－강등	파면－해임	파면
2. 직무와 관련하여 금품 등을 받거나 제공하였으나, 그로 인하여 위법・부당한 처분을 하지 아니한 경우	해임－정직	파면－강등	파면－해임
3. 위법・부당한 처분과 직접적인 관계없이 금품 등을 직무관련자 또는 직무관련공무원으로부터 받거나 직무관련공무원에게 제공한 경우	강등－감봉	해임－정직	파면－강등

※ 비고
1. "금품 등"이란 법 제56조의2 제1항제1호의 금전, 물품, 부동산, 향응이나 영 제13조의2 제1항 각 호에서 정하는 재산상 이익(금전이 아닌 재산상 이익의 경우에는 금전으로 환산한 금액을 말한다)을 말한다.
2. "직무관련자"란 공무원 행동강령 제2조 제1호의 직무관련자를 말한다.
3. "직무관련공무원"이란 공무원 행동강령 제2조 제2호의 직무관련공무원을 말한다.

(다) 성 관련 사건에 대한 세부적인 징계 양정기준

1. 일반기준

징계위원회는 다음 각 목의 가중 및 감경 사유가 있는지 여부를 확인하여 제2호의 개별기준에 따라 징계의결에 반영하여야 한다.

가. 가중사유
1) 피해자가 하급자인 경우로서 상급자의 지위를 이용한 경우
2) 피해자가 미성년자 또는 장애인인 경우
3) 피해자에게 극도의 성적 수치심을 느끼도록 한 경우
4) 다수의 피해자가 있는 경우
5) 동종의 전력이 있는 경우
6) 그 밖에 비행사실의 정도 및 동기와 그 결과 등을 고려하여 가중할 필요가 있다고 판단하는 경우

나. 감경사유
1) 미수에 그친 경우
2) 피해자가 처벌을 원하지 아니하는 의사표시를 한 경우
3) 그 밖에 비행사실의 정도 및 동기와 그 결과 등을 고려하여 감경할 필요가 있다고 판단하는 경우

2. 개별기준

징계사유		징계기준		
		가중	기본	감경
성폭력	강간	파면	해임	강등－정직
	강제추행	파면－해임	강등	정직－감봉
	카메라등이용촬영 등 그 밖의 성폭력	파면－해임	강등－정직	감봉
성매매		파면－강등	정직	감봉
성희롱		파면－강등	정직－감봉	감봉－견책
추행		파면－강등	정직－감봉	감봉－견책
성폭력 묵인·방조 행위	지휘관	파면－해임	강등－정직	감봉
	그 밖의 사람	해임－강등	정직	감봉－근신

※ 비고
1. "성폭력"이란 성폭력범죄의 처벌 등에 관한 특례법 제2조에 규정된 죄에 해당하는 행위를 말한다.
2. "카메라등이용촬영"이란 성폭력범죄의 처벌 등에 관한 특례법 제14조에 따른 카메라 등을 이용한 촬영(미수를 포함한다)을 말한다.
3. "성매매"란 성매매알선 등 행위의 처벌에 관한 법률 제2조 제1항 제1호에 따른 행위를 말한다.
4. "성희롱"이란 양성평등기본법 제3조 제2호에 따른 성희롱을 말한다.
5. "추행"이란 군형법 제92조의6에 규정된 죄에 해당하는 행위를 말한다.
6. "지휘관"이란 군인의 지위 및 복무에 관한 기본법 제2조 제2호에 따른 지휘관을 말한다.
7. 강간, 강제추행 및 그 밖의 성폭력을 구분하는 세부 기준 등은 국방부장관이 정한다.

(라) 음주운전 관련 사건에 대한 세부적인 징계 양정기준

<table>
<tr><th colspan="3">음주운전 유형</th><th>처리기준</th><th>비고</th></tr>
<tr><td rowspan="2">최초 음주운전</td><td colspan="2">혈중알코올농도가 0.08퍼센트 미만</td><td>정직－감봉</td><td rowspan="10">“음주운전”이란 도로교통법 제44조 제1항을 위반하여 운전한 것을 말하며, 도로교통법 제44조 제2항을 위반하여 음주측정에 응하지 않은 경우를 포함한다.</td></tr>
<tr><td colspan="2">혈중알코올농도가 0.08퍼센트 이상 또는 음주측정에 응하지 않은 경우</td><td>강등－정직</td></tr>
<tr><td colspan="3">2회 음주운전</td><td>파면－강등</td></tr>
<tr><td colspan="3">3회 이상 음주운전</td><td>파면－해임</td></tr>
<tr><td colspan="3">음주운전으로 운전면허가 정지 또는 취소된 상태에서 운전</td><td>강등－정직</td></tr>
<tr><td colspan="3">음주운전으로 운전면허가 정지 또는 취소된 상태에서 음주운전</td><td>파면－강등</td></tr>
<tr><td rowspan="4">음주운전으로 인적·물적 피해가 있는 교통사고를 일으킨 경우</td><td colspan="2">상해 또는 물적 피해의 경우</td><td>해임－정직</td></tr>
<tr><td colspan="2">사망사고</td><td>파면－해임</td></tr>
<tr><td rowspan="2">사고 후 도로교통법 제54조 제1항에 따른 조치를 하지 않은 경우</td><td>물적 피해 후 도주한 경우</td><td>해임－정직</td></tr>
<tr><td>인적 피해 후 도주한 경우</td><td>파면－해임</td></tr>
</table>

(3) 병에 대한 징계의 세부 양정기준

<table>
<tr><th colspan="2">비행의 정도 및 과실
비행의 유형</th><th>비행의 정도가 중하고 고의가 있는 경우</th><th>비행의 정도가 중하고 중과실 이거나, 비행의 정도가 가볍고 고의가 있는 경우</th><th>비행의 정도가 중하고 경과실 이거나, 비행의 정도가 가볍고 중과실인 경우</th><th>비행의 정도가 가볍고 경과실인 경우</th></tr>
<tr><td rowspan="2">1. 성실의무 위반</td><td>가. 직무태만</td><td>강등－군기교육</td><td>군기교육－감봉</td><td>휴가단축</td><td>근신－견책</td></tr>
<tr><td>나. 그 밖의 비행사실</td><td>강등－군기교육</td><td>감봉－휴가단축</td><td>휴가단축</td><td>근신－견책</td></tr>
<tr><td colspan="2">2. 복종의무 위반</td><td>강등</td><td>군기교육－감봉</td><td>감봉－근신</td><td>근신－견책</td></tr>
<tr><td colspan="2">3. 근무지 이탈금지의무 위반</td><td>강등－군기교육</td><td>군기교육－감봉</td><td>휴가단축</td><td>근신－견책</td></tr>
<tr><td colspan="2">4. 공정의무 위반</td><td>강등－군기교육</td><td>군기교육－감봉</td><td>휴가단축－근신</td><td>근신－견책</td></tr>
<tr><td colspan="2">5. 비밀엄수의무 위반</td><td>강등－군기교육</td><td>군기교육－감봉</td><td>휴가단축</td><td>근신－견책</td></tr>
<tr><td colspan="2">6. 청렴의무 위반</td><td>강등</td><td>군기교육</td><td>감봉－휴가단축</td><td>근신－견책</td></tr>
<tr><td colspan="2">7. 집단행위금지의무 위반</td><td>강등</td><td>강등－군기교육</td><td>군기교육－휴가단축</td><td>근신－견책</td></tr>
<tr><td rowspan="3">8. 품위유지 의무위반</td><td>가. 성폭력</td><td colspan="2">강등－군기교육</td><td colspan="2">감봉－휴가단축</td></tr>
<tr><td>나. 성희롱</td><td colspan="2">강등－감봉</td><td colspan="2">휴가단축－견책</td></tr>
<tr><td>다. 그 밖의 비행사실</td><td>강등－군기교육</td><td>군기교육－감봉</td><td>휴가단축－근신</td><td>근신－견책</td></tr>
</table>

※ 비고
1. 제8호 가목에서 "성폭력"이란 성폭력범죄의 처벌 등에 관한 특례법 제2조에 규정된 죄에 해당하는 행위를 말한다.
2. 제8호 가목에서 "성희롱"이란 양성평등기본법 제3조 제2호에 따른 성희롱을 말한다.

바. 적극행정 등에 대한 징계등의 면제

(1) 적극행정과 징계등 면제

징계위원회는 고의 또는 중과실에 의하지 않은 비행사실이 적극행정에 해당하는 때에는 군인 징계령 시행규칙 제2조에 따른 징계등 세부양정기준에도 불구하고 징계의결 또는 징계부가금 부과의결을 하지 않는다.[46] 적극행정 운영규정에 따르면 "적극행정"이란 공무원이 불합리한 규제를 개선하는 등 공공의 이익을 위해 창의성과 전문성을 바탕으로 적극적으로 업무를 처리하는 것을 말하며, "소극행정"이란 공무원이 부작위 또는 직무태만 등 소극적 업무행태로 국민의 권익을 침해하거나 국가 재정상 손실을 발생하게 하는 행위를 말한다.[47] 적극행정에 해당하는 사유는 아래와 같다.

① 불합리한 규제의 개선 등 공공의 이익을 위한 정책, 국가적으로 이익이 되고 국민생활에 편익을 주는 정책 또는 소관 법령의 입법목적을 달성하기 위하여 필수적인 정책 등을 수립·집행하거나, 정책목표의 달성을 위하여 업무처리 절차·방식을 창의적으로 개선하는 등 성실하고 능동적으로 업무를 처리하는 과정에서 발생한 것으로 인정되는 경우

▌징계면제 사례▌ 인사혁신처 2020. 9. 11. 작성 적극행정 징계면제 사례①

[사실관계] 공무원 A씨는 개발제한구역 부지 내 공사를 추진하면서 민원인 주차장을 설치하고자 약 1,200㎡를 적토 후 정지 작업을 하였다. 이 과정에서 토석 및 일부 콘크리트 폐기물 약 1.260㎥를 개발제한 구역 부지에 매립하는 등 개발제한구역 토지개발행위 허가를 받지 않은 채 토지 형질을 변경하였다.

[주장 및 면제결정] 해당구역이 수풀이 우거진 지역이 아니라 대지로서 사실상 공원으로 이용되기도 하고 있어 별도의 허가가 필요하지 않은 것으로 판단하고, 민원인 편의 등 국민생활에 편익을 주는 정책을 적극적으로 수립·집행하기 위해 성실

46) 군인 징계령 시행규칙 제2조의2 제1항.
47) 적극행정 운영규정 제2조 제1호 및 제2호.

하고 능동적으로 업무를 처리하는 과정에서 발생한 것이라는 징계면제 주장에 대하여, 위 비행행위가 개발제한구역의 지정 및 관리에 관한 특별조치법을 위반한 사실은 인정되나 전적으로 민원인 편익 등 공익 목적으로 이루어진 것으로 판단하고, 법률자문 등을 받아 충분한 검토를 거쳐 허가절차를 이행했더라면 허가를 득하였을 가능성이 적지 않아 보이는 점, 비위의 정도가 약하고 과실로 인한 비위로서 적극행정을 추진하다가 발생한 것으로 고의 또는 중과실이 없는 것으로 판단하여 징계면제를 인정하였다.

② 국가의 이익이나 국민생활에 큰 피해가 예견되어 이를 방지하기 위하여 정책을 적극적으로 수립·집행하는 과정에서 발생한 것으로서 정책을 수립·집행할 당시의 여건 또는 그 밖의 사회통념에 비추어 적법하게 처리될 것이라고 기대하기가 극히 곤란했던 것으로 인정되는 경우

▌징계면제 사례▐ 인사혁신처 2020. 9. 11. 작성 적극행정 징계면제 사례②

[사실관계] A기관은 침수 경고 등을 위한 시스템 개발 용역의 우선협상대상자로 선정된 B업체가 관련 시스템 개발로 유명한 C업체와 기술지원 확약이 체결되어 기술지원을 받고 있다는 점 등을 감안하여 조달청에 B업체와의 기술협상 성립을 통보하였고 조달청의 계약 담당 공무원은 계약을 체결하였다. 이후 A기관은 자체조사 결과 B업체가 C업체로부터 받는 기술지원이 미약하여 용역을 완벽히 완료하기 어렵고 3회 이상 시정요구를 했으나 이를 제대로 이행하지 않았다는 사유 등으로 계약 해지를 요청했지만, 조달 계약담당자는 계약을 해지하지 않았다.

[주장 및 면제결정] 국민생활에 큰 피해가 예견되는 침수 피해 예방을 위해 조속한 시스템 개발이 필요했으며 A기관이 제시한 사유만으로는 계약해지가 어려워 추가 조사 등을 통해 B업체로부터 충분한 기술지원을 받고 있음을 직접 확인하고 다른 해결방안을 모색하는 등 성실하고 능동적으로 업무를 처리하는 과정에서 발생한 것이라는 주장에 대하여, 계약해지 후 재계약 추진 시 개발 및 시험운행 일정이 지연되어 우기 전까지 사업 완료가 어려울 것이 명백한 점 등 공익 목적에서 이뤄진 것으로 보이며, 수차례 전문가 의견수렴 및 법률 자문을 거쳐 A기관이 제기한 사유만으로는 계약 해지가 어렵고 법적 소송이 발생 시 승소 가능성도 낮다는 의견을 감안한 점, 추가 조사를 통해 B업체가 C업체로부터 충분한 기술지원을 받고 있는 점을 직접 확인하여 이 사실을 A기관에도 통보한 점, 대금 감액 조정이라는 중재방법을 제시하는 등 계약 이행을 위해 노력한 점 등을 고려할 때 고의 또는 중과실이 없는 것으로 판단하여 징계면제를 인정하였다.

징계등 심의대상자가 ⅰ) 징계등 심의대상자와 비행사실 관련 직무 사이에 사적인 이해관계가 없고, ⅱ) 대상 업무를 처리하면서 중대한 절차상의 하자가 없는 경우에는 해당 비행사실이 고의 또는 중과실에 의하지 않은 것으로 추정한다.[48]

(2) 감사원 등의 의견에 따른 업무처리와 징계등 면제

징계등 심의대상자가 감사원이나 공공감사에 관한 법률 제2조 제5호에 따른 자체감사기구(이하 "자체감사기구"라 한다)로부터 사전에 받은 의견대로 업무를 처리한 경우에는 징계의결등을 하지 않는다. 다만, 대상 업무와 징계등 심의대상자 사이에 사적인 이해관계가 있거나 감사원이나 자체감사기구가 의견을 제시하는 데 필요한 정보를 충분히 제공하지 않은 경우에는 그렇지 않다.[49]

사. 정상의 참작 사유

(1) 감경적 정상 참작 사유

징계위원회는 징계심의대상자가 아래의 사유 중 어느 하나에 해당하는 공적이 있는 경우에는 유리한 정상으로 참작하여 징계 양정기준상의 징계의 종류보다 한 단계 아래의 징계로 감경하여 의결할 수 있다. 다만, 징계심의대상자가 징계처분이나 경고 또는 군인 징계령 제21조에 따른 징계유예 처분을 받은 사실이 있는 경우에는 그 징계처분이나 경고처분 또는 징계유예처분 전의 공적은 유리한 정상으로 참작하지 않는다.[50]

① 상훈법에 따른 훈장 또는 포장을 받은 공적이 있는 경우

② 정부 표창 규정에 따른 대통령 또는 국무총리가 수여하는 표창을 받은 공적이 있는 경우. 다만, 위관급 장교, 준사관, 부사관 또는 병의 경우에는 군표창규정에 따른 국방부장관, 합동참모의장, 각군 참모총장 또는 대장급 이상의 부대장·부서장이 수여하는 표창을 수여받은 공적을 포함하고, 하사 또는 병은 그 외에서도 군표창규정에 따른 중장급 부대장·부서장이 수여하는 표창을 수

48) 군인 징계령 시행규칙 제2조의2 제2항.
49) 군인 징계령 시행규칙 제2조의2 제3항.
50) 군인 징계령 시행규칙 제3조 제1항. 종전 감경적 정상 참작 사유로서 공적에 관한 사항을 2024. 7. 2. 국방부령 제1153호로 일부개정하여 군인의 신분에 따라 공적의 범위를 세분화하였다.

여받은 공적을 포함한다.

징계위원회는 징계심의대상자의 비행사실이 성실하고 적극적인 업무처리과정에서 과실로 발생한 것으로 인정되는 경우이거나 뒤에서 보는 징계감경 제한 사유에 해당되지 않는 비행사실 중 직무와 관련이 없는 사고로 인한 비행사실이라고 인정되는 때에도 그 정상을 참작하여 징계 양정기준상의 징계 종류보다 한 단계 아래의 징계로 의결할 수 있다.[51)]

징계위원회가 징계 양정기준상의 징계 종류 중 견책을 감경적 정상 참작 사유에 따라 유리한 정상으로 참작하여 감경의결하려는 경우에는 불문으로 하되 경고하도록 감경하여 의결할 수 있다.[52)]

(2) 감경적 정상 참작의 제한

징계위원회는 징계사유가 다음의 어느 하나에 해당하는 경우에는 징계심의대상자에게 유리한 정상으로 참작하지 않는다.[53)]

① 군인사법 제56조의2 제1항 각 호의 어느 하나에 해당하는 비위

② 군인사법 제56조의2 제1항 각 호의 어느 하나에 해당하는 비위를 신고하지 않거나 고발하지 않은 행위

③ 군사기밀 보호법 위반의 죄

④ 군형법 제80조의 군사기밀 누설

⑤ 군형법 제2편제15장 강간과 추행의 죄

⑥ 성폭력범죄의 처벌 등에 관한 특례법 제2조의 성폭력범죄

⑦ 성매매알선 등 행위의 처벌에 관한 법률 제2조제1항제1호의 성매매

⑧ 양성평등기본법 제3조제2호의 성희롱

⑨ 도로교통법 제44조제1항을 위반하여 술에 취한 상태에서 운전을 하거나 같은 조 제2항을 위반하여 음주측정 요구에 따르지 않은 행위

⑩ 공직자윤리법 제3조 또는 제14조의4에 따른 재산등록의무나 주식 매각·

---

51) 군인 징계령 시행규칙 제3조 제3항.

52) 군인 징계령 시행규칙 제3조 제4항. 종래에는 군인징계위원회의 경우 군무원이나 국가공무원의 경우와 달리 견책에 대한 감경기준이 없어 규정의 흠결이 있었으나 2024. 7. 2. 개정으로 이에 관하여 명문의 규정을 두게 되었다.

53) 군인 징계령 시행규칙 제3조 제2항.

신탁과 관련한 의무 위반

⑪ 적극행정 운영규정 제2조제2호의 소극행정(이하 이 조에서 "소극행정"이라 한다)

⑫ 부작위 또는 직무태만(소극행정은 제외한다)

⑬ 공무원 행동강령 제13조의3 각 호의 어느 하나에 해당하는 부당한 행위

⑭ 성(性) 관련 비위나 공무원 행동강령 제13조의3 각 호의 어느 하나에 해당하는 부당한 행위를 은폐하거나 필요한 조치를 하지 않은 경우

⑮ 공무원(군인 및 군무원을 포함한다. 이하 같다) 채용과 관련하여 청탁이나 강요 등 부당한 행위를 하거나 채용 업무와 관련하여 비위행위를 한 경우

⑯ 부정청탁 및 금품등 수수의 금지에 관한 법률 제5조 각 호의 어느 하나에 해당하는 부정청탁

⑰ 부정청탁 및 금품등 수수의 금지에 관한 법률 제6조의 부정청탁에 따른 직무수행

⑱ 직무상 비밀이나 미공개 정보(재물이나 재산상 이익의 취득 여부의 판단에 중대한 영향을 미칠 수 있는 정보로서 불특정 다수인이 알 수 있도록 공개되기 전의 것을 말한다)를 이용한 부당행위[54)]

⑲ 아래의 각 사람에 대하여 직장에서의 지위나 관계 등의 우위를 이용하여 업무상 적정범위를 넘어 신체적·정신적 고통을 주거나 근무환경을 악화시키는 행위[55)]

i) 다른 공무원

ii) 징계심의대상자가 소속된 부대·기관(해당 부대·기관에 소속된 부대·기관을 포함한다)의 직원, 공공기관의 운영에 관한 법률 제4조 제1항에 따른 공공기관 중 징계심의대상자가 소속된 부대·기관이 관계 법령에 따라 업무를 관장하는 공공기관의 직원, 공직자윤리법 제3조의2 제1항에 따른 공직유관단체 징계심의대상자가 소속된 부대·기관이 관계 법령에 따라 업무를 관장하는 공직유관단체의 직원

54) 군인 징계령 시행규칙 제3조 제2항 제18호.

55) 군인 징계령 시행규칙 제3조 제2항 제19호. 제18호 및 제19호의 감경적 정상 참작 제한 사유는 종래에 없던 것으로 2024. 7. 2. 개정으로 추가되었다.

iii) 공무원 행동강령 제2조 제1호에 따른 직무관련자(직무관련자가 법인 또는 단체인 경우에는 그 법인 또는 단체의 소속 직원을 말한다)

(3) 가중적 정상의 참작 사유

징계심의대상자에게 서로 관련 없는 둘 이상의 비행사실이 경합되는 경우에는 불리한 정상으로 참작하여 그중 책임이 무거운 비행사실에 해당하는 군인 징계령 제2조 각 호에 따른 양정기준상의 징계 종류보다 1단계 위의 징계로 의결할 수 있다.[56]

(4) 정상 참작 사유의 의결서 기재

징계위원회가 감경적 정상 참작 사유를 참작하여 감경의결한 경우 또는 가중적 정상 참작 사유를 참작하여 가중의결한 경우에는 징계등 의결서의 이유란에 그 감경 또는 가중 사유를 적어야 한다.[57]

아. 적극행정 징계면제와 감경적 정상참작의 관계

(1) 징계면제와 정상참작의 구분 필요성

적극행정 등에 대한 징계면제 사유와 감경적 정상참작 사유로서 적극적인 업무처리는 징계위원회의 징계의결의 한계 또는 의결 범위를 제한하는 것으로 양자는 서로 전혀 다르고 그 법적 효과가 크지만 그 사유가 유사하여 구분이 쉽지 않다. 따라서 양자의 관계와 구분 기준을 명확히 할 필요가 있다.

(2) 징계면제와 정상참작의 관계

징계면제 사유에 해당하는 경우 징계위원회는 해당 징계사실에 대하여 비위행위가 인정되는 경우라 하더라도 징계하지 아니한다. 즉, 징계위원회는 징계면제 사유가 있다고 인정하는 때에는 징계의결등을 할 수 없다. 반면, 징계위원회는 정상참작 사유가 있는 경우 유리한 정상으로 참작할 수 있으나, 정상참작 여부는 징계위원회의 재량에 해당한다. 따라서 징계위원회는 정상참작 사유를 고려하여 유리한 정상으로 참작하기에 앞서 징계면제 사유가 있는지 판단할 필요

56) 군인 징계령 시행규칙 제3조 제4항.
57) 군인 징계령 시행규칙 제3조 제6항.

가 있다. 징계위원회는 징계심의 대상사실이 징계심의대상자의 고의 또는 중과실에 의하지 않는 비행사실로서 징계면제의 사유에 해당하는지에 대하여 심의한 후 징계면제 사유가 인정되는 때에는 의결로서 징계면제를 결정하여야 한다.

5. 회의의 비공개 등

가. 회의의 비공개

징계위원회의 심의·의결의 공정성을 보장하기 위하여 다음 각 사항은 공개하지 않는다.

① 징계위원회의 회의

② 징계위원회의 회의에 참여할 위원 또는 참여한 위원의 명단

③ 징계위원회의 회의에서 위원이 발언한 내용이 적힌 문서(전자적으로 기록된 문서를 포함한다)

④ 그 밖에 공개할 경우 징계위원회의 심의·의결의 공정성을 해칠 우려가 있다고 인정되는 사항

나. 비밀누설 금지

징계위원회의 회의에 참여한 자는 직무상 알게 된 비밀을 누설하여서는 아니된다. 회의에 참석한 자는 징계위원회 위원, 간사는 물론(검정인, 감정인 등) 징계위원회에 참고인이나 관계인으로 출석하여 회의에 참여한 자를 포함한다. '직무상 알게 된 비밀'이라 함은 징계위원회 위원 및 징계간사 또는 서기의 경우 징계위원회에 위원이나 간사 등으로 회의에 참여하여 직무를 수행함에 당하여 그 기회에 알게 된 비밀을 말한다. 참고인 또는 관계인의 경우에는 참고인 또는 관계인으로 회의에 참여하게 되어 알게 된 징계위원회의 신문이나 진술 등 징계에 관한 비공개 사유로서 비밀로 유지하여야 할 만한 가치가 있는 것을 말한다.

다. 회의 참석자의 준수사항

징계위원회의 회의에 참석하는 사람은 다음 물품을 소지할 수 없다. 녹음기, 카메라, 휴대전화 등 녹음·녹화·촬영이 가능한 기기, 흉기 등 위험한 물건,

그 밖에 징계등 사건의 심의와 관계없는 물건을 소지하고 징계위원회 회의에 참석할 수 없다. 징계위원회의 회의에 참석한 사람은 녹음, 녹화, 촬영 또는 중계방송, 회의실 내의 질서를 해치는 행위, 다른 사람의 생명・신체・재산 등에 위해를 가하는 행위를 할 수 없다.

6. 징계의결 결과의 송부

가. 징계권자에게 송부

징계위원회는 징계의결 또는 징계부가금 부과의결을 했을 때에는 지체 없이 징계등 의결서에 징계등의 원인이 된 사실, 증거의 판단, 관계 법령 및 징계등 면제 사유 해당 여부를 구체적으로 밝혀 징계권자에게 징계의결등을 송부하여야 한다.[58]

나. 징계등 심의대상자에 대한 통보

징계위원회는 징계의결 또는 징계부가금 부과의결을 한 경우 그 징계의결등의 결과를 징계등 심의대상자에게 지체 없이 송부하여야 한다.[59] 이 경우에는 최종적인 징계처분은 징계권자의 징계처분서의 교부에 의하여 집행되므로 징계의결서에 의한 징계의결등 결과를 징계권자에게 송부하는 경우와 달리 징계등 의결서에 의하여 통보할 것은 아니라 할 것이다. 다만, 실무상 징계등 심의대상자에게 징계위원회 의결결과를 바로 통보하지 아니하고, 징계권자의 확인 등 결정 이후에 처분서를 교부하면서 통보하고 있다. 그러나 이는 법에 따른 징계심의대상자의 징계위원회의 의결결과를 지체 없이 통지받을 권리를 침해할 수 있어 개선될 필요가 있다.

58) 군인 징계령 제17조.
59) 군인사법 제59조 제4항.

제4절 징계권자의 징계처분

1. 징계의 처분

가. 징계권자의 처분

(1) 징계처분 대상자에 대한 처분

징계권자는 징계위원회로부터 징계등 의결서에 의하여 징계의결등의 결과를 송부받은 때에는 그 날부터 15일 이내에 징계처분 또는 징계감경이나 징계유예, 징계부가금 부과처분 또는 징계부가금 감면처분을 하여야 한다. 징계권자가 징계위원회의 징계의결대로 징계처분을 하고자 하는 때에는 그 징계의결서에 확인의 서명을 하여야 하고, 징계위원회 징계의결에 대하여 징계의 감경 또는 징계집행의 유예조치를 할 때에는 그 징계의결서에 그 사유를 명시하여야 한다.[60)]

(2) 소속이 다른 감독하는 군인의 상관에 대한 통보

징계권자는 자기의 감독 하에 있는 다른 부대의 군인에 대하여 징계처분을 한 때에는 그 징계처분을 받은 군인의 소속 상관에게 처분사실을 통보하여야 한다.[61)]

(3) 피해자에 대한 징계처분등 결과 통보

징계권자는 징계처분의 사유가 성폭력범죄의 처벌 등에 관한 특례법 제2조의 성폭력범죄 또는 양성평등기본법 제3조 제2호의 성희롱에 해당하는 경우에는 그 피해자에게 군인사법 제59조 제8항에 따라 징계처분등 결과의 통보를 요청할 수 있다는 사실을 안내해야 한다. 다만, 피해자가 있는 곳을 알 수 없는 등 국방부장관이 정하는 사유가 있는 경우에는 그렇지 않다.[62)]

---

60) 군인 징계령 제19조 제3항.
61) 군인 징계령 제4조.
62) 군인 징계령 제22조의3 제1항(2024. 7. 2. 개정으로 피해자에 대한 징계처분등 결과 통보에 관한 규정을 신설하였다).

징계권자가 징계처분등의 결과를 피해자에게 통보하는 경우에는 징계처분등 결과 통보서에 의하여 한다. 징계권자로부터 징계처분등의 결과를 통보받은 피해자는 그 통보내용을 공개해서는 안 된다.

나. 인권담당군법무관의 적법성심사와 징계처분

(1) 군기교육처분에 대한 인권담당군법무관의 적법성심사

병사에 대한 징계에서 징계위원회가 군기교육처분을 의결한 경우에는 국방부 또는 각군 소속의 인권담당군법무관에게 군기교육처분의 적법성에 관한 심사를 신청하여야 한다.[63] 인권담당군법무관의 심사과정과 심사결과의 독립성은 보장되어야 하며 지휘관은 인권담당군법무관의 독립성을 해치는 일체의 행위를 하여서는 아니 된다.[64] 징계권자가 인권담당군법무관에게 적법성심사를 요청할 때에는 적법성심사요청서에 징계의결서와 관련서류를 첨부하여 제출하여야 한다.[65]

(2) 군기교육처분의 적법성심사 기준

인권담당군법무관이 하는 군기교육처분의 적법성에 관한 심사의 기준은 국방부장관이 정하고 있다.[66] 국방부 징계업무 훈령 제43조에서 정하고 있는 심사기준은 아래와 같다.

<table>
<tr><th colspan="2" rowspan="2">징계사유</th><th rowspan="2">구체적 비행유형</th><th colspan="2">중대한 위반</th><th colspan="2">경미한 위반</th></tr>
<tr><th>계획적</th><th>우발적</th><th>계획적</th><th>우발적</th></tr>
<tr><td rowspan="5">성실의무 위반</td><td>지휘감독 소홀</td><td>분대장 등의 책임을 가진 자가 감독을 소홀히 하여 사고발생에 영향을 미친 경우</td><td colspan="2">군기교육, 감봉</td><td colspan="2">휴가단축, 근신, 견책</td></tr>
<tr><td>직권남용</td><td>분대장이 다른 병사에게 부당한 명령을 내리거나 그 지위를 이용하여 의무 없는 일을 하게 하는 행위</td><td colspan="2">군기교육, 감봉, 휴가단축</td><td colspan="2">근신, 견책</td></tr>
<tr><td rowspan="3">보고의무 위반</td><td>구타·가혹행위·성폭력 등 신고의무를 위반하여 허위보고 또는 보고누락한 경우(피해자 제외)</td><td>강등, 군기교육</td><td>군기교육, 감봉</td><td>감봉, 휴가단축</td><td>근신, 견책</td></tr>
<tr><td>직무관련 허위보고를 한 경우</td><td colspan="2">군기교육, 감봉</td><td colspan="2">휴가단축, 근신, 견책</td></tr>
<tr><td>직무관련 보고누락을 한 경우</td><td colspan="2">군기교육, 감봉,</td><td colspan="2">근신, 견책</td></tr>
</table>

63) 군인사법 제59조 제6항 단서 및 같은 법 제59조의2 제3항, 군인 징계령 제18조 제1항.
64) 국방부 징계업무 훈령 제43조 제2항.
65) 군인 징계령 제18조 제1항.
66) 군인 징계령 시행규칙 제4조의2.

구분			비위 유형	징계	
				휴가단축	
	직무유기		고의적으로 직무를 유기한 경우	강등, 군기교육, 감봉	휴가단축, 근신
	직무유기		부주의로 인하여 직무를 유기한 경우	감봉, 휴가단축	근신, 견책
	직무태만	초병근무지 이탈	초병이 경계근무지를 이탈한 행위	강등, 군기교육	군기교육, 감봉, 휴가단축 / 휴가 단축, 근신
	직무태만	초령위반	타인에게 대신하여 경계근무에 임하도록 하거나 타인을 대신하여 경계근무에 임하는 행위	군기교육, 감봉	휴가단축
	직무태만	초령위반	경계근무 중 수면	군기교육, 감봉	휴가단축, 근신
	직무태만	초령위반	경계근무 중 음주	강등, 군기교육	군기교육, 감봉
	직무태만	경계근무 소홀	초병으로서 임무 미완수	군기교육, 감봉	휴가단축, 근신
	직무태만	경계근무 소홀	경계 기본자세에 어긋나는 행위	군기교육, 감봉	휴가단축, 근신, 견책
	직무태만	일반근무 소홀	일반 근무를 소홀히 하는 행위	군기교육, 감봉, 휴가단축	휴가단축, 근신, 견책
	직무태만	안전사고 등	화재 또는 인적, 물적 피해 야기	강등, 군기교육, 감봉	휴가단축, 근신
	직무태만	안전사고 등	기타 사고를 가져올 위험한 행위를 한 경우	군기교육, 감봉	휴가단축, 근신, 견책
	직무태만	교통사고 등	운전병이 임무수행 중 음주운전·무면허운전을 한 경우	강등, 군기교육	군기교육, 감봉
	직무태만	교통사고 등	운전병이 임무수행 중 교통사고로 인한 인적·물적 피해 야기	강등, 군기교육, 감봉	휴가단축, 근신, 견책
	직무태만	교통사고 등	운전병이 안전수칙·교통법규를 위반한 경우	감봉, 휴가단축	휴가단축, 근신, 견책
	직무태만	총기 등 관리	총기 등을 방치하여 분실한 경우	군기교육, 감봉	감봉, 휴가단축
	직무태만	총기 등 관리	총기 등을 임의방치 한 경우	군기교육, 감봉, 휴가단축	휴가단축, 근신
	직무태만	총기 등 관리	총기 등을 잘못 관리하여 효용을 해한 경우	군기교육, 감봉, 휴가단축	휴가단축, 근신
	직무태만	총기 등 관리	폭발·화재의 위험을 야기하는 경우	군기교육, 감봉, 휴가단축	휴가단축, 근신
	직무태만	자해	군무를 기피할 목적으로 자살 또는 자해 기도 (정신병질로 인한 경우 제외)	강등, 군기교육	감봉, 휴가단축, 근신
복종의무 위반	항명		상관면전에서 고의적으로 불복종 하거나 의무이행을 게을리 한 행위를 한 경우	강등, 군기교육, 감봉	휴가 단축, 근신
복종의무 위반	상급자에 대한 불손한 행위		상급자에 대하여 신체적 접촉을 수반한 불손한 행위를 한 경우	강등, 군기교육	군기교육, 감봉 휴가단축
복종의무 위반	상급자에 대한 불손한 행위		상급자에 대한 계속적이고 의도적으로 불손한 언행을 한 경우	강등, 군기교육	감봉, 휴가단축, 근신, 견책

		상급자에 대한 우발적이고 일회적인 불손한 행위를 한 경우	강등, 군기교육	감봉, 휴가단축, 근신, 견책	
	지시 불이행 지시 불이행	상급자의 구체적·개별적 지시에 고의적으로 불복종	강등, 군기교육	감봉, 휴가단축, 근신	
		상관 또는 상급자의 지시를 받고 부주의로 인하여 임무수행을 하지 못하는 경우	강등, 군기교육	감봉, 휴가단축, 근신	
		기타	감봉, 휴가단축	근신, 견책	
부대이탈금지 위반	영외이탈	군무를 기피할 목적으로 영외이탈	강등, 군기교육, 감봉	휴가단축	
		군무를 기피할 목적 없이 일시적으로 영외이탈	강등, 군기교육	감봉, 휴가단축, 근신, 견책	
	지연복귀	군무기피목적으로 정하여진 시간보다 늦게 복귀한 경우	강등, 군기교육, 감봉	휴가단축, 근신, 견책	
		교통편을 놓치는 등 부주의로 지연 복귀한 경우	감봉, 휴가단축	근신, 견책	
공정 의무 위반	허위공문서 작성	공문서의 내용을 사실과 다르게 작성	강등, 군기교육, 감봉	휴가단축, 근신	
	문서 위·변조	휴가·외박 등에 필요한 증빙서류의 위·변조	강등, 군기교육, 감봉	휴가단축, 근신	
청렴 의무 위반	군용물의 은닉·반출	군용에 공하는 물건을 임의로 은닉, 반출한 경우	강등, 군기교육	감봉, 휴가단축, 근신	
	절도·사기·공갈 등	영내에서 다른 사람의 물건을 훔치거나, 사기·폭력 등의 수단으로 빼앗는 행위	강등, 군기교육	감봉, 휴가단축, 근신	
비밀엄수의무 위반	보안위규	음어를 평문으로 통신하거나 음어를 분실하는 행위	강등, 군기교육	감봉, 휴가단축, 근신	
비밀엄수의무 위반	보안위규	보안사항을 외부에 유출 또는 누설하는 행위	강등, 군기교육	감봉, 휴가단축, 근신	
		고의적으로 비인가 전산장비 등 반입	군기교육	감봉, 휴가단축, 근신	
집단행위 금지의무 위반		의무를 위반하여 집단 행위를 한 경우	강등, 군기교육	군기교육, 감봉, 휴가단축	근신, 견책
품위유지의무 위반	명정추태	술에 취해 간부·위병·동료병사의 제지에 불응	강등, 군기교육	감봉, 휴가단축, 근신	
		술을 마시고 난동·폭언·폭행을 하거나, 고성방가 등으로 영내생활에 지장을 초래	강등, 군기교육	감봉, 휴가단축, 근신, 견책	
		상습 음주소란·추태	강등	군기교육, 감봉, 휴가단축	근신
	도박	상습도박	강등	군기교육, 감봉 휴가단축	근신
		단순도박	군기교육, 감봉 휴가단축	근신, 견책	
	성폭력등	성폭행, 항문성교 기타 성추행	강등, 군기교육	감봉, 휴가단축,	

					근신
		성매매, 성희롱 기타 성군기 위반	강등, 군기교육, 감봉		휴가단축, 근신
	군풍기 위반	상급자의 존재를 인식하였음에도 경례를 하지 아니하는 행위	강등, 군기교육	감봉, 휴가단축	근신, 견책
		복장불량 또는 자세불량	감봉, 휴가단축		근신, 견책
	폭행·가혹행위	물리적 행위	강등, 군기교육	군기교육, 감봉, 휴가단축	휴가단축
		비물리적 행위(언어폭력 등)	강등, 군기교육	감봉, 휴가단축, 근신	
법령준수의무 위반		법령에서 규정하는 직무상 의무 등을 불이행 또는 위반하는 행위	강등, 군기교육	군기교육, 감봉	휴가단축, 근신, 견책

(3) 인권담당군법무관의 적법성 심사 절차

(가) 징계심의대상자에 대한 신문

인권담당군법무관은 징계심의대상자가 요청하거나 적법성심사를 위하여 필요한 경우에는 징계심의대상자를 신문할 수 있다. 이 경우 징계권자는 신문에 필요한 협조를 하여야 한다.[67] 인권담당군법무관이 징계심의대상자를 신문하는 경우 대면하여 신문하여야 한다. 다만, 교통두절 기타 대면하여 신문하기 어려운 불가피한 사정이 있는 경우에는 전기통신을 이용하여 신문할 수 있다.[68] 인권담당군법무관은 징계심의대상자를 신문한 경우에는 적법성 심사 조서를 작성하여야 한다.[69]

(나) 적법성심사 의견서의 통보

인권담당군법무관은 적법성심사를 마친 때에는 징계사유, 징계절차 및 징계정도의 적정성 등 군기교육처분의 적법성에 관하여 적법성심사 의견서를 작성하여 그 의견을 징계권자에게 통보하여야 한다.[70]

67) 군인 징계령 제18조 제2항.
68) 국방부 징계업무 훈령 제43조 제3항.
69) 국방부 징계업무 훈령 제43조 제4항.
70) 군인사법 제59조의2 제3항, 국방부 징계업무 훈령 제43조 제5항.

(4) 징계처분과 인권담당군법무관의 심사의견에 대한 존중

징계권자는 인권담당군법무관으로부터 군기교육처분의 적법성에 관한 의견을 통보받은 때에는 그 날부터 15일 이내에 징계처분등을 하여야 한다. 인권담당군법무관으로부터 적법성심사 의견서를 통보받은 징계권자는 그 의견을 존중하여야 하며, 심사의견에 따라 다음의 같이 조치를 취하여야 한다.[71]

① 징계사유 불해당 의견: 징계사유에 해당되지 않는다는 의견인 때에는 군기교육 처분을 할 수 없고 동일한 사유로 징계처분할 수 없다.

② 절차상 하자 의견: 징계위원회를 개최하지 아니하거나 징계심의대상자에게 진술의 기회를 부여하지 아니하는 등 중대한 절차상 하자가 있어 당해 결정이 부적법하다는 의견인 때에는 다시 징계위원회에 회부할 수 있다.

③ 양정의 부적정 의견: 징계혐의사실에 대한 양정이 적정하지 않다는 의견인 때에는 그 의견을 존중하여야 하며, 징계권자가 인권담당군법무관의 징계양정에 관한 의견과 달리 징계처분을 하는 경우에는 그 사유를 징계의결서의 조치란에 자필로 명시하여야 한다.

징계권자는 인권담당군법무관의 심사의견에 따라야 하는 것은 아니라 하더라도 인권담당군법무관의 심사의견을 존중하여야 한다. 인권담당군법무관의 심사의견이 징계위원회의 징계의결 대상사실이 징계사유에 해당되지 아니한다는 의견인 경우에는 해당 군기교육처분을 하여서는 아니 되고, 징계대상자에게 진술할 기회를 주지 아니하는 등 징계절차에 중대한 흠이 있다고 인정하는 의견인 경우에는 다시 징계위원회에 회부하여야 한다.[72] 징계권자가 인권담당군법무관의 의견과 달리 징계처분을 하려는 경우에는 징계의결서에 그 사유를 명시하여 징계의결서 사본을 인권담당군법무관에게 송부하여야 한다.[73]

(5) 징계간사의 적법성심사 기록 편철

징계간사는 적법성심사요청서 및 의견서 원본을 당해 징계기록에 편철하여야 하고, 인권담당군법무관은 적법성 심사 조서원본과 적법성심사요청서, 인권담당

71) 국방부 징계업무 훈령 제43조 제6항.
72) 군인사법 제59조의2 제5항.
73) 군인 징계령 제18조 제4항.

군법무관 운영대장 및 의견서 사본을 보관하여야 한다.[74)]

(6) 징계위원회 회부 및 재의결의 법적 효력

징계절차에 중대한 흠이 있어 인권담당군법무관의 의견에 따라 다시 징계위원회에 회부한 경우 징계위원회는 인권담당군법무관의 의견을 존중하여 새로이 의결하여야 하고, 새로이 결정된 것을 징계위원회의 의결로 본다. 군기교육처분 의결에 절차상 중대한 흠이 있다는 이유로 징계권자로부터 해당 징계의결을 회부받은 징계위원회는 징계대상자에게 진술할 기회를 부여하는 등 징계절차의 흠을 보완하여 적법한 징계절차를 진행하여야 한다.

징계위원회는 적법한 징계절차를 거쳐 징계심의대상자에 대하여 다시 징계의결을 하여야 한다. 이 경우 징계권자의 징계위원회 회부 및 징계위원회의 재의결이 징계위원회 의결의 재요구인지, 징계위원회는 재의결을 하여야 하는지, 재의결을 한 경우 그 징계의결이 변경의결인지 여부 등과 관련하여 그 법적 성질이 문제된다.

징계권자가 군기교육처분 의결을 징계위원회에 다시 회부하는 것은 인권담당군법무관의 심사의견이 징계절차에 중대한 흠이 있다고 인정하는 의견에 따른 것이다. 징계절차에 중대한 흠이 있는 경우에는 그에 따른 징계의결 또는 징계처분은 무효라 할 것이므로 징계권자가 징계심의대상자에 대하여 제기한 최초 징계위원회 의결요구는 징계위원회의 의결이나 처분 등이 없는 상태로 된다. 따라서 징계권자가 다시 징계의결을 요구하는 것은 재의결을 요구하는 것으로 보아야 하고, 이중징계금지의 원칙을 고려하면 징계권자의 징계위원회 회부는 새로운 징계의결요구로 볼 수 없다. 따라서 징계위원회는 징계권자의 최초 징계의결요구에 대하여 해당 징계사유를 심사하여 의결하여야 한다.

2. 심사 또는 재심사 청구

가. 심사 또는 재심사 청구

징계권자는 징계위원회의 의결 결과가 가볍다고 인정되는 때에는 징계처분등

74) 국방부 징계업무 훈령 제43조 제8항.

을 하기 전에 법무장교가 배치된 징계권자의 차상급 부대 또는 기관에 설치된 징계위원회에 심사청구를 할 수 있다. 국방부에 설치된 징계위원회의 의결에 대하여는 그 징계위원회에 재심사 청구를 할 수 있다.[75)]

징계권자가 징계위원회 의결에 대하여 심사 또는 재심사를 청구하려면 징계등 의결서를 송부받은 날부터 15일 이내에 심사 또는 재심사 청구의 취지, 심사 또는 재심사 청구의 이유 및 입증방법 등을 기재한 징계의결등 심사·재심사청구서에 징계등 의결서 사본 등 사건 관계기록을 첨부하여 해당 징계위원회에 제출해야 한다.[76)]

나. 심사 또는 재심사 의결에 따른 처분

징계권자의 차상급 부대 또는 기관에 설치된 징계위원회나 국방부에 설치된 징계위원회는 심사 또는 재심사 청구사건에 대하여 의결한다. 이 경우 국방부에 설치된 징계위원회의 의결에 대하여 재심사를 청구한 사건을 심의하는 징계위원회는 위원장을 제외한 위원의 과반수가 당초 심의·의결에 참여하지 않은 위원으로 구성되어야 한다.[77)] 징계권자는 심사 또는 재심사에 대한 의결 결과에 따라 징계처분등을 하여야 한다.

3. 징계의결의 감경

가. 징계권자의 징계감경

징계권자는 징계심의대상자가 군인 징계령 제20조 제1항 각 호의 어느 하나에 해당하는 경우에는 징계위원회의 징계의결에 따른 징계의 종류에서 한 단계 감경하여 징계처분을 할 수 있다. 다만, 징계권자는 군인 징계령 제20조 제1항에도 불구하고 징계위원회가 이미 감경적 정상 참작 사유로 정상을 참작하여 징계의 종류를 낮추어 의결한 경우에는 해당 사유와 동일한 사유를 근거로 징계처분을 감경할 수 없다.[78)]

---

75) 군인사법 제59조 제7항.
76) 군인 징계령 제25조 제1항.
77) 군인 징계령 제25조 제2항.
78) 군인 징계령 제20조 제3항.

나. 징계감경사유

징계권자의 징계위원회의 의결결과에 대한 징계처분 감경사유는 다음과 같다. 다만, 아래 ①과 ②에 해당하는 경우로서 징계심의대상자가 징계처분이나 국방부령에 따른 경고 또는 군인 징계령 제21조에 따른 징계유예처분을 받은 사실이 있는 경우에는 그 징계처분이나 경고처분 또는 징계유예처분 전의 공적은 징계감경 대상 공적에서 제외한다.

① 상훈법에 따른 훈장 또는 포장을 받은 공적이 있는 경우

② 정부 표창 규정에 따른 대통령 또는 국무총리가 수여하는 표창을 받은 공적이 있는 경우. 다만, 위관급 장교, 준사관, 부사관 또는 병의 경우에는 군표창규정에 따른 국방부장관, 합동참모의장, 각군 참모총장 또는 대장급 이상의 부대장·부서장이 수여하는 표창을 수여받은 공적을 포함하고, 하사 또는 병은 그 외에서도 군표창규정에 따른 중장급 부대장·부서장이 수여하는 표창을 수여받은 공적을 포함한다.

③ 징계심의대상자의 비행사실이 성실하고 적극적인 업무처리과정에서 고의 또는 중대한 과실 없이 발생한 경우

다. 징계감경의 제한

징계권자는 징계사유가 다음의 어느 하나에 해당하는 경우에는 징계감경사유가 있는 경우에도 징계를 감경할 수 없다.[79]

① 군인사법 제56조의2 제1항 각 호의 어느 하나에 해당하는 비위

징계사유가 금전, 물품, 부동산, 향응 또는 그 밖에 대통령령으로 정하는 재산상 이익을 취득하거나 제공한 경우나 횡령(橫領), 배임(背任), 절도, 사기 또는 유용(流用)한 경우로서 징계부가금 부과사유에 해당하는 비위행위를 말한다.

② 군인사법 제56조의2 제1항 각 호에 따른 징계부가금 부과사유에 해당하는 비위를 신고하지 않거나 고발하지 않은 행위

③ 군사기밀 보호법 위반의 죄

"군사기밀"이란 일반인에게 알려지지 아니한 것으로서 그 내용이 누설되면

79) 군인 징계령 제20조 제2항.

국가안전보장에 명백한 위험을 초래할 우려가 있는 군(軍) 관련 문서, 도화(圖畫), 전자기록 등 특수매체기록 또는 물건으로서 군사기밀이라는 뜻이 표시 또는 고지되거나 보호에 필요한 조치가 이루어진 것과 그 내용을 말한다.[80] 군사기밀 보호법 위반으로는 ㉠ 군사기밀을 취급하는 사람이 정당한 사유 없이 같은 법 제5조 제1항에 따라 군사기밀에 대하여 군사기밀이라는 표시나 고지 또는 그 밖에 군사기밀 보호에 필요한 조치를 하지 아니한 경우나 군사기밀을 손괴·은닉하거나 그 밖의 방법으로 그 효용을 해친 경우, ㉡ 군사기밀을 적법한 절차에 의하지 아니한 방법으로 탐지하거나 수집한 경우, ㉢ 업무상 군사기밀을 취급하였던 사람이 그 취급 인가가 해제된 이후에도 군사기밀을 점유하고 있는 경우, ㉣ 군사기밀을 탐지하거나 수집한 사람이 이를 타인에게 누설하거나 우연히 군사기밀을 알게 되거나 점유한 사람이 군사기밀임을 알면서도 이를 타인에게 누설한 경우, ㉤ 업무상 알게 되거나 점유한 군사기밀을 타인에게 누설한 경우 또는 업무상 군사기밀을 취급하거나 취급하였던 사람이 그 업무상 알게 되거나 점유한 군사기밀을 과실로 타인에게 누설한 경우, ㉥ 금품이나 이익을 수수, 요구, 약속 또는 공여하여 군사기밀을 불법으로 거래한 경우가 있다.[81]

④ 군형법 제80조의 군사기밀 누설

고의로 군사상 기밀을 누설한 경우뿐만 아니라 업무상 과실 또는 중대한 과실로 인하여 군사상 기밀을 누설한 경우를 포함한다.

⑤ 군형법 제2편 제15장 강간과 추행의 죄

군형법 제2편 제15장의 강간과 추행의 죄에는 간강, 유사강간, 강제추행, 준강간·준강제추행, 추행, 강간등 상해·치상과 강간등 살인·치사의 죄가 있다.

⑥ 성폭력범죄의 처벌 등에 관한 특례법 제2조의 성폭력범죄

형법 제2편 제22장 성풍속에 관한 죄 중 제242조(음행매개), 제243조(음화반포등), 제244조(음화제조등) 및 제245조(공연음란)의 죄, 형법 제2편 제31장 약취(略取), 유인(誘引) 및 인신매매의 죄 중 추행, 간음 또는 성매매와 성적 착취를 목적으로 범한 제288조 또는 추행, 간음 또는 성매매와 성적 착취를 목적으로 범한 제289조, 제290조(추행, 간음 또는 성매매와 성적 착취를 목적으로 제288조 또는

80) 군사기밀 보호법 제2조 제1호.
81) 군사기밀 보호법 제10조, 제11조, 제11조의2, 제12조부터 제14조.

추행, 간음 또는 성매매와 성적 착취를 목적으로 제289조의 죄를 범하여 약취, 유인, 매매된 사람을 상해하거나 상해에 이르게 한 경우에 한정한다), 제291조(추행, 간음 또는 성매매와 성적 착취를 목적으로 제288조 또는 추행, 간음 또는 성매매와 성적 착취를 목적으로 제289조의 죄를 범하여 약취, 유인, 매매된 사람을 살해하거나 사망에 이르게 한 경우에 한정한다), 제292조(추행, 간음 또는 성매매와 성적 착취를 목적으로 한 제288조 또는 추행, 간음 또는 성매매와 성적 착취를 목적으로 한 제289조의 죄로 약취, 유인, 매매된 사람을 수수(授受) 또는 은닉한 죄, 추행, 간음 또는 성매매와 성적 착취를 목적으로 한 제288조 또는 추행, 간음 또는 성매매와 성적 착취를 목적으로 한 제289조의 죄를 범할 목적으로 사람을 모집, 운송, 전달한 경우에 한정한다) 및 제294조(추행, 간음 또는 성매매와 성적 착취를 목적으로 범한 제288조의 미수범 또는 추행, 간음 또는 성매매와 성적 착취를 목적으로 범한 제289조의 미수범, 추행, 간음 또는 성매매와 성적 착취를 목적으로 제288조 또는 추행, 간음 또는 성매매와 성적 착취를 목적으로 제289조의 죄를 범하여 발생한 제290조 제1항의 미수범 또는 추행, 간음 또는 성매매와 성적 착취를 목적으로 제288조 또는 추행, 간음 또는 성매매와 성적 착취를 목적으로 제289조의 죄를 범하여 발생한 제291조 제1항의 미수범 및 제292조 제1항의 미수범 중 추행, 간음 또는 성매매와 성적 착취를 목적으로 약취, 유인, 매매된 사람을 수수, 은닉한 죄의 미수범으로 한정한다)의 죄, 형법 제2편 제32장 강간과 추행의 죄 중 제297조(강간), 제297조의2(유사강간), 제298조(강제추행), 제299조(준강간, 준강제추행), 제300조(미수범), 제301조(강간등 상해·치상), 제301조의2(강간등 살인·치사), 제302조(미성년자등에 대한 간음), 제303조(업무상위력등에 의한 간음) 및 제305조(미성년자에 대한 간음, 추행)의 죄, 형법 제339조(강도강간)의 죄 및 제342조(제339조의 미수범으로 한정한다)의 죄가 있다.

성폭력범죄의 처벌 등에 관한 특례법상 특수강도강간, 특수강간, 친족관계에 의한 강간, 장애인에 대한 강간·강제추행, 13세 미만의 미성년자에 대한 강간·강제추행, 업무상 위력 등에 의한 추행, 공중 밀집 장소에서의 추행, 성적 목적을 위한 다중이용장소 침입행위, 통신매체를 이용한 음란행위, 카메라 등을 이용한 촬영, 허위영상물 등의 반포, 촬영물 등을 이용한 협박·강요 등의 죄와 그 미수범 등이 있다.

⑦ 성매매알선 등 행위의 처벌에 관한 법률 제2조 제1항 제1호의 성매매

불특정인을 상대로 금품이나 그 밖의 재산상의 이익을 수수(收受)하거나 수수

하기로 약속하고 성교행위나 구강·항문 등 신체의 일부 또는 도구를 이용한 유사 성교행위를 하거나 그 상대방이 되는 것을 말하다.

⑧ 양성평등기본법 제3조 제2호의 성희롱

업무, 고용, 그 밖의 관계에서 국가기관·지방자치단체 또는 대통령령으로 정하는 공공단체(이하 "국가기관등"이라 한다)의 종사자, 사용자 또는 근로자가 지위를 이용하거나 업무 등과 관련하여 성적 언동 또는 성적 요구 등으로 상대방에게 성적 굴욕감이나 혐오감을 느끼게 하는 행위, 상대방이 성적 언동 또는 성적 요구에 따르지 아니한다는 이유로 불이익을 주거나 그에 따르는 것을 조건으로 이익 공여의 의사표시를 하는 행위를 하는 경우를 말한다.

⑨ 도로교통법 제44조 제1항을 위반하여 술에 취한 상태에서 운전을 하거나 같은 조 제2항을 위반하여 음주측정 요구에 따르지 않은 행위

⑩ 공직자윤리법 제3조 또는 제14조의4에 따른 재산등록의무나 주식 매각·신탁과 관련한 의무 위반

⑪ 적극행정 운영규정 제2조 제2호의 소극행정

공무원이 부작위 또는 직무태만 등 소극적 업무행태로 국민의 권익을 침해하거나 국가 재정상 손실을 발생하게 하는 행위를 말한다.

⑫ 부작위 또는 직무태만(소극행정은 제외한다)

⑬ 공무원 행동강령 제13조의3 각 호의 어느 하나에 해당하는 부당한 행위

공무원은 자신의 직무권한을 행사하거나 지위·직책 등에서 유래되는 사실상 영향력을 행사하여 i) 인가·허가 등을 담당하는 공무원이 그 신청인에게 불이익을 주거나 제3자에게 이익 또는 불이익을 주기 위하여 부당하게 그 신청의 접수를 지연하거나 거부하는 행위, ii) 직무관련공무원에게 직무와 관련이 없거나 직무의 범위를 벗어나 부당한 지시·요구를 하는 행위, iii) 공무원 자신이 소속된 기관이 체결하는 물품·용역·공사 등 계약에 관하여 직무관련자에게 자신이 소속된 기관의 의무 또는 부담의 이행을 부당하게 전가(轉嫁)하거나 자신이 소속된 기관이 집행해야 할 업무를 부당하게 지연하는 행위, iv) 공무원이 소속된 기관의 소속기관 또는 그 소속된 기관이 업무를 관장하는 공공기관이나 공직유관단체에 자신이 소속된 기관의 업무를 부당하게 전가하거나 그 업무에 관한 비용·인력을 부담하도록 부당하게 전가하는 행위, v) 그 밖에 직무관련

자, 직무관련공무원, iv)항의 각 기관 또는 단체의 권리·권한을 부당하게 제한하거나 의무가 없는 일을 부당하게 요구하는 행위를 말한다.

⑭ 성(性) 관련 비위나 공무원 행동강령 제13조의3 각 호의 어느 하나에 해당하는 부당한 행위를 은폐하거나 필요한 조치를 하지 않은 경우

⑮ 공무원(군인 및 군무원을 포함한다) 채용과 관련하여 청탁이나 강요 등 부당한 행위를 하거나 채용 업무와 관련하여 비위행위를 한 경우

⑯ 부정청탁 및 금품등 수수의 금지에 관한 법률 제5조 각 호의 어느 하나에 해당하는 부정청탁

직접 또는 제3자를 통하여 직무를 수행하는 공직자등에게 제5조 각 호에 해당하는 부정청탁을 하는 행위를 말한다.

⑰ 부정청탁 및 금품등 수수의 금지에 관한 법률 제6조의 부정청탁에 따른 직무수행

⑱ 직무상 비밀이나 미공개 정보(재물이나 재산상 이익의 취득 여부의 판단에 중대한 영향을 미칠 수 있는 정보로서 불특정 다수인이 알 수 있도록 공개되기 전의 것을 말한다)를 이용한 부당행위

⑲ 다음의 사람에 대하여 직장에서의 지위나 관계 등의 우위를 이용하여 업무상 적정범위를 넘어 신체적·정신적 고통을 주거나 근무환경을 악화시키는 행위[82)]

i) 다른 공무원

ii) 징계심의대상자가 소속된 부대·기관(해당 부대·기관에 소속된 부대·기관을 포함한다)의 직원, 공공기관의 운영에 관한 법률 제4조 제1항에 따른 공공기관 중 징계심의대상자가 소속된 부대·기관이 관계 법령에 따라 업무를 관장하는 공공기관의 직원, 공직자윤리법 제3조의2 제1항에 따른 공직유관단체 중 징계심의대상자가 소속된 부대·기관이 관계 법령에 따라 업무를 관장하는 공직유관단체의 직원

iii) 공무원 행동강령 제2조 제1호에 따른 직무관련자(직무관련자가 법인 또는 단체인 경우에는 그 법인 또는 단체의 소속 직원을 말한다)

82) 군인 징계령 제20조 제2항 제19호. 2024. 7. 2. 개정 시 징계권자의 징계감경의 제한 사유로 추가되었다.

4. 징계처분의 승인요청

징계권자가 징계 중 파면 · 해임 또는 강등처분을 하는 경우에는 다음의 구분에 따라 임용권자의 승인을 받아야 한다. 징계권자가 임용권자보다 상급자인 경우에는 그러하지 아니한다.[83]

① 장교의 파면 · 해임 및 장성급 장교의 강등처분의 경우: 임용권자

② 준사관의 파면 · 해임 및 장성급 장교 외의 장교의 강등의 경우: 국방부장관

③ 부사관의 파면 · 해임의 경우: 각군 참모총장

④ 병의 강등의 경우: 여단장, 함정장 및 전대장

징계권자가 징계처분에 대하여 승인을 요청하는 때에는 징계의결서 및 관련 서류를 송부하여 승인권자에게 제출하여야 한다.[84]

징계권자가 징계처분의 승인요청을 하는 경우에는 징계위원회로부터 징계의 결서를 송부받은 날부터 15일 이내에 승인권자에게 승인을 요청하여야 하고, 승인을 받은 때에는 승인받은 날부터 15일 이내에 징계처분 또는 징계유예 처분을 하여야 한다. 다만, 출항한 함정에서 징계를 하고자 하는 경우 등 부득이한 사유로 인하여 15일 이내에 승인을 요청하기 어려운 때에는 그 사유가 해소된 날부터 15일 이내에 승인을 요청하여야 한다.[85]

5. 징계처분의 집행 및 집행의 유예

가. 징계처분의 집행

(1) 징계처분서의 교부와 집행

징계처분은 징계권자가 징계처분서를 징계대상자에게 교부하여 집행한다. 징계권자가 징계처분의 결정을 했을 때에는 징계대상자 본인에게 지체 없이 징계처분서를 교부해야 한다.[86] 징계처분의 기간은 그 처분을 한 날부터 기산한다. 다만, 군기교육의 경우에는 군기교육 시작일부터 기산한다.[87] 여기서 '그 처분을

83) 군인사법 제58조 제3항.
84) 군인 징계령 제19조 제5항.
85) 군인 징계령 제19조 제4항.
86) 군인 징계령 제22조.
87) 군인 징계령 제24조.

한 날'이라 함은 징계대상자에게 징계처분서를 교부한 날을 의미한다.

(2) 병에 대한 근신처분의 집행

징계권자는 병에 대하여 근신처분을 할 경우에는 비행을 반성하게 하기 위한 방법을 징계의결서에 적어야 한다.[88]

나. 징계집행의 유예

(1) 징계유예의 의미와 효력

징계권자는 징계위원회가 장교, 준사관 및 부사관에 대한 징계사유에 대해 근신 또는 견책으로 의결한 때에는 그 의결에 대하여 군인 징계령 제20조 제1항 각 호의 어느 하나에 해당되는 징계 감경사유가 있고(다만, 징계위원회가 이미 정상을 참작하여 징계의 종류를 낮추어 감경의결한 경우에는 해당 사유와 동일한 사유는 징계 감경사유에서 제외한다), 뉘우치는 등의 사정이 현저하여 징계처분을 즉시 집행하지 아니하고도 징계의 효과를 기대할 수 있다고 인정하는 경우에는 징계처분의 집행을 유예할 수 있다. 유예기간은 6개월로 한다.[89]

징계유예를 취소하지 아니하고 징계유예기간이 경과한 때에는 징계위원회의 의결은 그 효력을 잃는다.[90] 이 경우 징계권자는 징계대상자에게 서면으로 경고조치를 할 수 있다.

(2) 징계유예의 취소

징계권자는 징계유예를 받은 자가 그 유예기간 중에 다시 징계사유에 해당하는 행위를 한 경우에는 해당 징계유예처분을 취소하여야 한다.[91] 징계권자가 징계유예를 취소한 때에는 징계유예를 받은 징계대상자에게 징계유예취소결정서 등을 교부함으로써 통보한다. 징계유예처분을 받은 후 징계유예 기간 중 소속이 변경된 자가 다시 징계사유에 해당하는 행위를 한 때에는 전 소속 또는 감독을 받는 부대 또는 기관의 장이 징계유예를 취소하고 현 소속 부대 또는 기관의 징계권자에게 이를 통보한다.

---

88) 군인 징계령 시행규칙 제5조.
89) 군인 징계령 제21조 제1항.
90) 군인 징계령 제21조 제3항.
91) 군인 징계령 제21조 제2항.

(3) 징계유예의 제한

징계권자는 다음의 어느 하나에 해당하는 경우에는 징계유예처분을 할 수 없다.

① 징계권자가 징계위원회의 의결에 대하여 제20조 제1항에 따라 이미 감경한 경우

② 징계사유가 군인 징계령 제20조 제2항에 따른 징계권자의 징계감경처분의 제한사유 중 어느 하나에 해당하는 경우

다. 징계처분 집행의 연기 및 중지

징계권자는 전시·사변이나 징계처분을 받은 자의 질병, 구속, 그 밖의 사유로 인하여 징계처분을 집행할 수 없는 경우에는 그 집행을 연기하거나 중지할 수 있다. 이 경우 징계권자는 징계처분 집행의 연기 또는 중지 사유가 해소된 때에는 즉시 그 징계처분을 집행하여야 한다.[92]

제5절 징계항고

1. 항고의 의미

가. 징계처분등에 대한 불복절차

징계처분을 받은 군인은 징계처분이 위법하거나 부당하다고 인정하는 때에는 항고심사권자에게 항고를 제기할 수 있다. 징계항고는 징계처분에 대하여 불복하는 절차이다. 항고절차는 행정기관 내부적 불복절차로서 행정심판과 같은 성격을 가지는 준사법적 절차이다. 징계처분에 대하여 행정소송은 항고절차를 거치지 아니하고 제기할 수 없으므로 행정소송을 제기하기 위해서는 전심절차로서 항고절차를 거쳐야 한다.

항고심사위원회에서 항고에 대한 의결이 있거나 항고인이 항고를 취하한 경우에는 그 항고심사위원회의 의결 또는 해당 징계처분, 징계부가금 부과처분 또

92) 군인 징계령 제23조.

는 징계부가금 감면처분에 대하여 다시 항고할 수 없다.[93)]

항고를 받은 국방부장관과 부대 또는 기관의 장은 항고심사위원회의 심사를 거쳐 원래의 징계처분등을 취소하거나 감경(減輕)할 수 있다. 다만, 원징계처분보다 무겁게 징계하거나 원징계부가금 부과처분보다 무거운 징계부가금을 부과하는 결정을 하지 못한다.[94)]

나. 항고인의 권리

(1) 항고인

항고인은 징계위원회의 심의를 거쳐 징계권자로부터 징계처분등을 받은 자로서 항고권을 갖는 사람을 말한다. 징계처분등에 대한 항고권은 징계처분등을 받은 징계처분등의 대상자에게만 인정되는 것으로 항고인의 법정대리인 또는 친족 등에게는 항고권이 인정되지 않는다.

(2) 항고인의 항고절차상 권리

항고인은 항고심사위원회의 위원에게 심의·의결의 공정을 기대하기 어려운 사정이 있는 경우에는 항고심사위원회에 기피신청을 할 수 있다. 이 경우 항고심사위원회는 의결로서 이를 결정하여야 한다. 항고심사위원회는 의결로서 기피신청을 받은 위원에 대하여 심의하여 해당 위원의 심사 및 의결에 참여할지 여부에 대하여 인용하거나 기각하는 결정을 하여야 한다.

항고인은 변호사를 대리인으로 선임할 수 있다. 항고인이 변호사를 대리인으로 선임한 때에는 그 위임장을 항고심사위원회에 제출하여야 한다.[95)]

항고인의 항고심사위원회 출석통지 수령권 및 출석권, 항고심사위원회에 진술기회 보장 및 방어권 행사를 위한 자료제출 및 증인신청권 등은 징계위원회에서 징계심의대상자의 권리를 준용하여 인정한다.

93) 군인 징계령 제28조.
94) 군인사법 제60조 제6항.
95) 군인 징계령 제27조.

2. 항고심사권자와 항고심사위원회의 설치

가. 항고심사권자

(1) 항고심사권자의 범위

항고의 제기는 징계권자의 차상급 부대로서 장성급 장교가 지휘하는 부대 또는 기관의 장에게 한다. 다만, 국방부장관이 징계권자이거나 방위사업청장이 징계권을 가지는 방위사업청 소속 군인의 경우 또는 장성급 장교가 지휘하는 징계권자의 차상급 부대 또는 기관이 없는 경우에는 국방부장관에게 항고를 제기하여야 한다.[96]

항고인은 장성급 장교가 지휘하는 징계권자의 차상급 부대 또는 기관에 항고를 제기할 수 있음에도 불구하고 중징계를 받은 장교 및 준사관은 직접 국방부장관에게 항고할 수 있고, 중징계를 받은 부사관은 소속 각군 참모총장에게 직접 항고할 수 있다.[97]

(2) 항고인의 소속 변경과 항고심사권자

징계처분등을 받은 자의 소속이 변경된 경우에는 항고제기 당시의 소속 부대 또는 기관의 장성급 장교가 지휘하는 차상급 부대 또는 기관의 장에게 항고하여야 한다. 이 경우 항고를 받은 차상급 부대 또는 기관의 장은 해당 징계처분등을 한 사람보다 상급자이어야 한다.[98]

나. 항고심사위원회의 설치 및 구성

항고심사권자(항고기관)는 군인의 징계등 항고사건에 대하여 심사하기 위하여 징계항고심사위원회를 둔다.

징계항고심사위원회는 항고인보다 선임인 장교 5명 이상 9명 이내의 위원으로 구성하되, 위원 중 1명은 군법무관이나 법률에 소양이 있는 장교로 하여야 한다. 다만, 군법무관인 항고심사위원은 항고인보다 선임이 아닌 경우에도 임명

96) 군인사법 제60조 제1항 및 제3항.
97) 군인사법 제60조 제2항.
98) 군인사법 제60조 제4항.

할 수 있다.[99)]

항고심사권자의 소속 부대 또는 기관에 위원의 자격이 있는 사람의 수가 항고심사위원회 구성위원 수에 모자라게 된 때에는 다른 부대 또는 기관에 소속한 장교 중에서 임명할 수 있다.[100)]

다. 항고심사위원회 위원의 제척 및 기피

항고심사위원이 항고심사대상자와 민법 제777조에 따른 친족 관계(8촌 이내의 혈족, 4촌 이내의 인척 또는 배우자)에 있거나 있었던 경우 또는 위원과 직접적인 이해관계가 있는 안건인 경우 중 어느 하나에 해당하는 경우에는 해당 안건의 심의・의결에서 제척된다.[101)]

항고인은 항고심사위원회의 위원에게 심의・의결의 공정을 기대하기 어려운 사정이 있는 경우에는 항고심사위원회에 기피신청을 할 수 있고 항고심사위원회는 의결로 이를 결정한다. 항고심사위원회의 위원이 제척 및 기피 사유에 해당하는 경우 해당 위원은 스스로 해당 안건의 심의・의결에서 회피할 수 있다.

라. 항고심사위원회의 운영

(1) 항고심사위원회의 위원장

항고심사위원회 위원장은 위원 중 최상위 서열자로 한다.[102)] 위원장은 항고심사위원회를 소집하고 항고심사위원회의 사무를 총괄하며, 항고심사위원회를 대표한다. 위원장이 부득이한 사유로 직무를 수행할 수 없는 때에는 차상위(次上位) 서열자인 장교가 그 직무를 대행한다.[103)]

(2) 항고심사위원회의 간사

항고심사위원회의 사무를 처리하기 위하여 간사를 둔다. 간사는 항고심사위원회가 설치된 부대 또는 기관에 소속된 군인 중에서 위원장이 임명하되, 그 부대 또는 기관에 소속한 군법무관이 있는 경우에는 군법무관 중에서 임명하여야

99) 군인 징계령 제30조 제1항.
100) 군인 징계령 제35조 및 제5조 제4항.
101) 군인사법 제60조의2 제3항 및 제58조의3.
102) 군인 징계령 제30조 제2항.
103) 군인 징계령 제35조 및 제6조 제2항.

한다.[104]

(3) 원격영상회의 방식 등

원격영상회의 방식의 심사·의결에 관한 사항, 항고심사위원회 회의 참석자의 준수사항은 징계위원회에 관한 각 규정을 준용한다.[105]

3. 항고의 제기

가. 항고서의 제출과 보정명령

(1) 항고인의 항고서 제출

항고인은 징계처분등을 통지받은 날부터 30일 이내에 장성급 장교가 지휘하는 징계권자의 차상급 부대 또는 기관의 장(항고심사권자)에게 그 처분에 대하여 항고할 수 있다. 항고인은 항고에 관하여 국방부와 그 직할부대 또는 기관 및 각 군에 있는 인권담당군법무관의 도움을 받을 수 있다. 항고인이 항고를 제기할 때에는 항고심사권자에게 항고취지 및 항고이유를 기재한 항고서에 징계처분서 사본, 징계부가금 부과처분서 사본 또는 징계부가금 감면처분서 사본을 첨부하여야 한다.[106] 항고인은 항고인에 유리한 자료나 증거를 항고서와 함께 제출할 수 있다.

(2) 항고의 보정

항고심사위원회는 항고제기가 부적법하나 보정할 수 있다고 인정하는 경우에는 상당한 기간을 정하여 보정을 요구하여야 한다. 다만, 보정할 사항이 경미한 경우에는 직권으로 보정할 수 있다. 항고인은 항고심사위원회로부터 보정을 요구받은 때에는 그 취지에 맞도록 보정하여야 한다. 항고인의 보정이 있거나 항고심사위원회가 직권으로 보정한 때에는 처음부터 적법하게 항고가 제기된 것으로 본다. 따라서 항고가 징계처분등이 있는 날부터 30일 이내에 부적법하게 제기되고 그에 대한 보정요구 및 보정이 항고제기 기간인 30일이 지난 후에 이

104) 군인 징계령 제35조 및 제6조 제5항.
105) 군인사법 제35조 및 제14조의3.
106) 군인 징계령 제26조 제1항.

루어진 경우라 하더라도 항고인의 항고는 항고제기기간 내에 적법하게 이루어진 것으로 보아 항소심사절차를 진행하여야 한다.

나. 항고의 제기기간

항고는 징계권자로부터 그 징계등 처분을 통지받은 날부터 30일 이내에 하여야 한다. 항고의 제기기간은 불변기간으로서 그 기간이 지나면 항고를 제기하지 못한다. 항고절차 전치주의에 따라 항고를 제기하지 아니한 경우에는 행정법원에 행정소송 역시 제기할 수 없으므로 법원의 재판을 받기 위해서는 항고기간 내에 항고를 제기하여야 한다.

다. 항고와 징계처분등의 집행부정지 원칙

징계처분의 집행은 징계권자가 징계처분등의 결정을 했을 때 그 처분의 대상자에게 지체 없이 징계처분서를 교부하여 집행한다. 항고와 징계처분등의 집행정지에 관하여 관계 법령에서는 별도의 규정을 두고 있지 않으나, 행정처분의 공정력과 확정력에 비추어 항고인이 징계권자의 징계처분등에 대하여 항고를 제기한 경우에는 징계처분등은 그대로 집행하고 항고제기로 인하여 집행이 정지되지 않는다고 보아야 한다.[107] 다만, 징계권자는 전시 · 사변이나 징계처분을 받은 자의 질병, 구속, 그 밖의 사유로 인하여 징계처분을 집행할 수 없는 경우에는 그 집행을 연기하거나 중지할 수 있다.[108]

라. 항고의 취하와 재항고 금지

항고인은 항고심사위원회의 의결이 있을 때까지 서면으로 항고를 취하할 수 있다.[109] 다만, 항고인이 항고를 취하한 경우에는 동일한 징계처분등에 대하여 다시 항고할 수 없다.

107) 행정소송법 제23조 제1항에서 취소소송이 제기된 경우에도 처분등의 효력이나 그 집행 또는 절차의 속행에 영향을 주지 아니한다고 규정하고 있는 취지와 같다. 다만, 징계 항고절차에서는 행정소송법 같은 조 제2항에서 인정하고 있는 처분의 정지의 예외가 인정되지 않는다.

108) 군인 징계령 제23조 제1항.

109) 군인 징계령 제26조 제2항.

4. 항고심사위원회의 심사 · 의결

가. 항고심사위원회의 심사절차

(1) 항고심사위원의 통지

위원장은 항고심사위원회에 징계등 사건이 항고제기된 경우에는 개최일시 및 장소를 정하여 위원에게 통지하여야 한다.

(2) 항고인의 출석 통지

항고심사위원회는 심사 전에 항고심사대상자(항고인을 말한다. 이하 같다.)에게 심사 일시 등을 고지하고, 심사대상자를 출석시켜 의견을 들은 후 심의를 개시하여야 한다. 다만, 항고심사대상자가 출석할 수 없는 부득이한 사정이 있는 경우에는 그러하지 아니할 수 있다. 이러한 경우에도 항고심사대상자의 출석 및 진술기회를 보장하기 위하여 심사 일시 등은 심사대상자에게 고지를 하여야 한다. 항고심사대상자는 출석할 수 없는 사유가 종료되는 등 출석할 수 있는 때에는 항고심사위원회에 출석할 수 있다.

항고심사위원회는 항고심사대상자에게 서면이나 구술로 충분한 진술을 할 수 있는 기회를 부여하여야 한다. 출석할 수 없는 사정이 있어 심사위원회에 출석하지 아니하는 항고심사대상자는 항고심사위원회의 의결 전까지 서면 등을 제출할 수 있다.

(3) 항고심사위원회의 심사절차[110)]

항고심사위원회의 심의절차와 관련하여 징계등 심의대상자의 출석, 심문과 진술권, 항고심사대상자의 자료 열람, 항고심사위원회의 회의의 비공개, 원격영상회의 방식의 활용, 비밀누설 금지 및 회의 참석자의 준수사항 등에 관하여는 징계위원회에 관한 군인 징계령 제9조부터 제11조까지, 제14조의2, 제14조의3, 제15조 및 제15조의2의 규정을 준용한다.

---

110) 군인사법 제60조의2 제3항에 따라 항고심사절차의 성질에 반하는 경우 외에는 징계위원회의 징계절차를 준용한다.

나. 항고심사위원회의 심사의결

항고심사위원회는 항고의 제기가 있는 날부터 30일 이내에 심사하여 의결하여야 한다. 다만, 항고심사위원회는 30일 이내에 심사·의결할 수 없는 부득이한 사정이 있는 때에는 항고심사위원회의 결정으로 30일의 범위 내에서 의결기간을 연장할 수 있다. 항고가 제기된 사건에 대하여 군인 징계령 제8조에 따라 감사원이나 군검찰, 군사경찰 그 밖의 수사기관의 조사 또는 수사로 인하여 징계등 절차가 중지된 경우에 그 중지된 기간은 위 의결 기간에 포함하지 않는다.[111]

항고심사위원회는 항고심사위원 3분의2 이상의 출석과 출석위원 과반수의 찬성으로 의결하되, 의견이 나뉠 경우에는 출석위원 과반수에 이를 때까지 항고인에게 가장 불리한 의견에 차례로 유리한 의견을 더하여 그중 가장 유리한 의견을 합의된 의견으로 본다.

항고심사위원회의 의결은 각하, 기각, 인용으로 구분하여 한다. 여기서 '각하'란 항고제기가 부적법하거나 소정의 기간 내에 보정하지 아니한 경우에 이루어지는 의결이고, '기각'이란 항고의 제기가 이유 없다고 인정하는 경우를 말하며, '인용'이란 항고의 제기가 이유 있다고 인정하여 징계처분등을 취소·변경 또는 무효를 확인하는 것으로 의결한 경우를 말한다.[112]

항고심사위원회의 의결은 무기명 투표로 하고, 항고심사의결의 기간 연기에 관한 사항은 서면으로 결정할 수 있다. 이 경우 서면 결정의 절차나 방법 등에 관한 사항은 국방부장관이 정한다.[113]

다. 항고심사의결의 통보

항고심사위원회는 의결을 했을 때에는 지체 없이 항고심사의결서에 징계등의 원인이 된 사실, 증거의 판단, 관계 법령 및 징계등 면제 사유 해당 여부를 구체적으로 밝혀 항고심사권자에게 송부해야 한다.[114] 항고인에 대한 결과 통보에

111) 군인 징계령 제35조 및 제16조.
112) 군인 징계령 제31조.
113) 군인 징계령 제35조 및 제14조 제4항부터 제6항.
114) 군인 징계령 제32조.

관하여 군인 징계령 제31조에서는 언급하고 있지 않고, 군인사법 제59조 제4항에서는 징계위원회의 심의대상자에게도 그 결과를 즉시 송부하도록 규정하고 있으나, 항고심사위원회의 심의 결과를 항고인에게도 송부하여야 하는지 분명하지 않다. 다만, 군인 징계령 제33조에서 항고심사권자가 징계권자와 항고인에게 서면으로 통보하도록 규정하고 있는 점에 비추어 항고심사위원회는 항고인에 대하여 심의 결과는 송부하지 않아도 될 것으로 보인다.

5. 항고심사권자의 징계처분등

가. 항고심사권자의 결정 통보

항고심사권자는 항고심사위원회로부터 항고심사의결서를 송부받은 때에는 7일 이내에 이에 대한 결정을 하고, 그 결정을 징계권자와 항고인에게 서면으로 통보하여야 한다.[115] 징계권자는 항고심사권자로부터 결정을 통보받은 때에는 그 내용에 따라 지체 없이 결정을 시행하여야 한다.[116]

나. 항고심사권자의 감경처분등

군인 징계령 제35조에서 항고심사권자에 관하여 제20조를 준용하도록 하고 있다. 따라서 항고심사권자는 군인 징계령 제20조에 따라 징계감경을 할 수 있다. 다만, 징계권자의 징계유예에 관한 규정은 준용하고 있지 않으므로 항소심사권자는 항고심사위원회의 의결 결과에 대하여 징계유예를 할 수 없다.

6. 행정소송과의 관계

징계처분, 그 밖에 본인의 의사에 반한 불리한 처분이나 부작위(不作爲)에 관한 행정소송은 항고절차를 거치지 아니하면 제기할 수 없다.

행정소송을 제기할 때에는 징계항고가 각하·기각인 경우, 처분의 취소 또는 변경을 명하는 결정을 하고 징계권자가 그에 따라 처분의 취소 또는 변경을 한 때에는 그 징계권자를 피고로 한다. 항고심사권자가 직접 징계처분의 취소 또는 변경을 한 경우에는 항고심사권자를 피고로 하여 행정소송을 제기할 수 있다.

115) 군인 징계령 제33조.
116) 군인 징계령 제34조.

제3장

군무원의 징계

제1절 징계절차의 개관

1. 징계절차

징계권자는 군무원의 비행사실을 발견하거나 징계권자 아닌 다른 상관으로부터 하급자의 비행사실을 통보받은 때에는 소속 징계조사담당자로 하여금 비행사실과 그 비행사실이 징계사유에 해당하는지 여부를 조사하게 하여야 한다. 징계조사담당자는 비행사실 및 비행사실이 징계사유에 해당하는지 여부를 조사하여 징계권자에게 군무원징계위원회(이하 이 장에서 "징계위원회"라 한다)의 의결요구 여부에 관한 의견을 첨부하여 사실조사결과를 보고하여야 한다. 징계권자는 징계조사담당자로부터 사실조사결과보고를 받은 후 비위행위의 사실이 확인되고 징계처분이 필요한 때에는 징계권자의 부대 또는 기관에 설치된 징계위원회에 징계의결을 요구한다. 이 경우 징계사유가 징계부가금 부과사유에 해당하는 때에는 징계부가금 부과의결을 해당 징계위원회에 요구하여야 한다.

징계위원회는 징계권자로부터 징계의결 또는 징계부가금 부과의결(이하 이 장에서 "징계의결등"이라 한다)을 요구받은 때에는 징계의결등을 요구받은 때로부터 30일 이내에 심의·의결하여야 한다. 다만, 부득이한 사유가 있는 때에는 징계위원회의 결정으로 30일의 범위에서 위 심의·의결 기간을 연장할 수 있다.

징계권자는 징계위원회로부터 징계 및 징계부가금(이하 이 장에서 "징계등"이라 한다)에 관하여 심의·의결한 결과를 송부받은 때에는 그 날부터 15일 이내에 징계처분이나 징계부가금 부과처분을 하여야 한다. 징계권자는 징계위원회의 의결 결과가 가볍다고 인정하는 때에는 징계처분 또는 징계부가금 부과처분(이하 이 장에서 "징계처분등"이라고 한다)을 하기 전에 법무장교가 배치된 징계권자의 차상급 부대 또는 기관에 설치된 징계위원회에 심사 또는 재심사 청구를 할 수 있다. 이 경우 징계권자는 심사 또는 재심사의 의결 결과에 따라 징계처분등을 하여야 한다. 징계권자가 군무원에 대하여 파면·해임·강등 또는 정직 처분을 하려면 임용권자의 승인을 받아야 한다. 징계권자가 징계처분 및 징계부가금 부과처분을 한 때에는 해당 군무원에게 알려야 한다.

2. 국가공무원법 및 공무원 징계령과의 관계

국가공무원법은 각급 기관에서 근무하는 모든 국가공무원에게 적용할 인사행정의 근본 기준을 확립하여 행정의 민주적이며 능률적인 운영을 목적으로 하고, 국가공무원법의 인적 적용 범위는 경력직공무원과 특수경력직공무원으로 하며, 경력직공무원에 포함되는 특정직공무원에는 군인 또는 군무원 등이 포함된다. 공무원관계를 규율하는 법령에서는 공무원이 준수하여야 할 공무상, 신분상 의무를 부여하면서 공무원관계의 내부질서를 유지하고 공무원의 의무를 준수하도록 하기 위하여 공무원이 의무를 위반한 경우 내부적으로 신분상·인사상 제재를 함께 규정하고 있는바, 국가공무원법은 국가공무원 관계에 관한 일반법으로서 국가공무원에 관한 복무의무와 이를 위반한 공무원에 대한 징계에 관하여 규정하고 있다. 국가공무원법의 위임에 따라 국가공무원에 대한 징계에 관하여 정하고 있는 공무원 징계령 및 공무원 징계령 시행규칙 역시 일반법으로서 법령에 해당한다.

특정직공무원의 경우 각각의 공무원의 직무와 신분의 특성을 고려하여 별도의 법률을 두고, 해당 법률에서 규율하는 공무원에 대한 징계에 대하여도 별도로 규정하고 있다. 특정직공무원인 군무원의 경우에는 군무원인사법과 같은 법 시행령이 있다. 군무원인사법 제43조의2에서는 징계절차 등에 관하여 필요한 사항을 군인사법 시행령에서 정하도록 위임하고 있고, 군무원인사법 시행령 제117조에서는 일반군무원의 징계등에 관하여는 본 시행령에서 규정한 사항 외에는 공무원 징계령을 준용한다고 규정하고 있다. 따라서 군무원의 징계에 관하여 군무원인사법 및 같은 법 시행령에서 규정한 사항 이외에는 위 위임규정과 준용규정에 따라 공무원 징계령이 준용된다.

제2절 징계의 조사

1. 징계조사의 개시

가. 징계조사의 사유

징계권자는 다른 부대 또는 기관의 장이나 행정기관의 장으로부터 징계의결등 요구권을 갖는 군무원의 징계사유 또는 징계부가금 부과사유(이하 이 장에서 "징계사유등"라고 한다)에 관한 자료를 통보받은 경우 또는 소속된 일반군무원 또는 감독을 받는 일반군무원(이하 이 장에서 "군무원"이라 한다)의 비행사실을 발견한 경우에는 그 비행사실이 징계사유등에 해당하는지 여부를 조사하여야 한다.

(1) 징계권자가 아닌 다른 부대 또는 기관의 장 등으로부터 징계사유등의 통보를 받은 경우

징계의결등 요구권을 갖지 않는 부대 또는 기관의 장이나 다른 행정기관의 장이 징계의결등 요구권을 갖지 않는 군무원에 대하여 징계의결등 요구권을 갖는 그 군무원의 소속 또는 감독 부대나 기관의 장에게 통보하는 때에는 그 징계사유등을 증명할 수 있는 있는 관계 자료를 첨부하여 통보해야 한다.

감사원에서 조사한 사건의 경우에는 징계등 처분요구서, 혐의자·관련자에 대한 문답서 및 확인서 등 조사기록을 첨부하고, 수사기관에서 수사한 사건의 경우에는 범죄처분 결과통보서, 공소장, 혐의자·관련자·관련증인에 대한 신문조서 및 진술서 등 수사기록을 첨부하여 통보한다. 그 밖에 부대 또는 기관이나 행정기관의 경우에는 징계등 협의사실통보서 및 협의사실을 증명할 수 있는 관계 자료를 첨부하여 통보하여야 한다.

(2) 징계권자가 소속 부하 또는 감독을 받는 군무원의 비행사실을 발견한 경우

징계권자는 직접 소속 군무원의 비행사실을 발견하거나 인지할 수 있으며, 일반적으로 피해자로부터 신고나 진정 등 민원이 제기된 경우, 목격자로부터 신고나 제보가 관련 부서에 접수되어 징계권자에게 보고된 경우, 그 밖에 첩보나 투서가 접수되어 징계권자가 알게 된 경우가 있을 수 있다.

(3) 상급 지휘관의 지시 등 그 밖의 경우

징계권자는 상급 지휘관이 소속 부하 또는 감독을 군무원의 비행사실을 통보하여 징계할 것을 지시한 경우 그 비행사실이 징계사유에 해당하는지 여부를 조사하도록 하여야 한다. 군에 특별히 중요한 사건이 발생한 경우 상급부대에서 직접 조사나 수사를 실시하고 관련자에 대한 문책은 대상자의 직책과 계급, 사건의 중대성 등을 종합하여 하급 기관의 장에게 위임하거나 징계등을 요구하는 경우 등이 이에 해당할 수 있다.

수사기관이나 감사원 등 수사 또는 감사조사를 하는 기관은 군무원에 대하여 수사나 조사를 개시하거나 종료한 때에는 대상 군무원의 소속 기관에 그 사실을 통보하여야 한다. 수사나 조사가 종료된 경우 수사 및 조사의 종료통보를 받은 때가 여기에 해당한다. 수사기관이나 감사기관에서 특별히 군무원에 대한 징계 등의 조치를 요구하는 경우는 앞서 본 바와 같이 관련 자료를 첨부하여 통보하여야 한다.

(4) 군무원의 소속 변경에 따른 이송의 경우

징계의결등 전에 징계등 협의자의 소속이 변경된 경우 전(前) 소속 또는 감독 부대나 기관의 장은 혐의사실과 관련 자료를 징계등 협의자의 현(現) 소속 또는 감독 부대나 기관의 장에게 이송하여야 한다. 전 소속 부대의 장 등으로부터 소속 군무원의 징계사건을 이송받은 현 소속 부대의 장 등은 소속 징계조사담당자로 하여금 이송된 징계사건이 징계사유에 해당하는지 등에 대하여 조사하도록 한다.

나. 징계조사의 개시

징계권자는 징계의결등 요구권을 갖는 소속 군무원 또는 감독을 받는 군무원의 비행사실을 발견한 경우 또는 다른 부대 또는 기관의 장 등으로부터 징계사유에 해당하는 비행사실을 통보받은 경우 등 징계조사의 사유가 있는 때에는 그 비행사실이 징계등 사유에 해당하는지 여부를 조사하여야 한다. 징계의 조사는 징계권자가 징계업무담당자 또는 조사담당자를 지정하여 비행사실이 징계사유 또는 징계부가금 부과사유에 해당하는지 여부를 조사하도록 지시함으로써 개시된다.

2. 징계사건의 조사

가. 징계사실 조사담당자의 지정

징계권자는 징계권자가 아닌 다른 부대의 장 등으로부터 군무원의 비행사실을 통보받아 징계등의 요청이 있거나 수사기관이나 감사기관에서 비행사실 등을 통보한 경우, 소속 부하 또는 감독을 받는 군무원의 비행사실을 발견한 경우에는 그 비행사실이 징계사유등에 해당하는지 여부를 조사하여야 한다. 이러한 경우 징계권자는 징계사건의 징계조사를 위하여 징계업무담당자 또는 조사담당자(이하 "징계조사담당자"라 한다)를 지정하여 조사를 하게 할 수 있다.[1] 징계조사를 위하여 지정된 징계조사담당자는 해당 사건에 대하여 징계권자의 징계 관할이 있는지 여부를 확인하고, 징계 관할이 없는 때에는 정당한 권한 또는 관할이 있는 기관으로 사건을 이송하여야 한다. 해당 징계권자에게 징계 권한 또는 관할이 있는 경우에는 해당 비행사실이 징계시효를 도과하였는지 또는 징계절차의 중지 사유가 있는지 여부를 먼저 확인할 필요가 있다.

나. 조사방법

징계권자로부터 징계사건의 조사를 위하여 지정된 징계조사담당자는 군무원의 비행사실이 징계사유등에 해당하는지 여부를 확인하기 위하여 비행사실에

---

1) 국방부 군인·군무원 징계업무처리 훈령(이하 각주에서 "국방부 징계업무 훈령"이라 한다) 제20조 제2항.

관한 증거수집 등 조사를 하여야 한다. 다만, 징계조사담당자의 조사권은 군사법원법상 수사권과 달리 법령상 특별히 인정하고 있는 사항이 없으므로 강제적인 조사를 할 수는 없다. 따라서 징계조사담당자는 징계권자가 위임한 범위 내에서 관계 법령에 따라 허용된 범위 내에서 조사할 수 있을 뿐이다.

징계조사담당자는 징계사건의 조사를 위하여 징계등 혐의자 또는 참고인을 소환하여 조사할 수 있다. 징계등 혐의자 또는 참고인을 조사한 경우에는 진술조서 또는 진술서를 작성하여야 한다.[2)]

징계조사담당자는 징계사건의 조사를 위하여 필요하다고 인정되는 때에는 수사기관이나 그 밖의 기관에 사실조사를 촉탁할 수 있고, 필요한 경우 관계 기관에 관련 자료의 제출을 요청할 수 있다.

3. 감사원의 조사 등 통보와 징계절차의 중지

가. 감사원 등의 조사통보

감사원과 검찰·경찰, 군검찰·군사경찰 그 밖의 수사기관은 군무원에 대하여 조사나 수사를 시작한 때와 이를 마친 때에는 10일 내에 소속 부대 또는 기관의 장에게 그 사실을 통보하여야 한다.[3)]

나. 징계절차의 중지

감사원에서 조사 중인 사건에 대하여는 그 조사개시 통보를 받은 날부터 징계의결의 요구나 그 밖의 징계 절차를 진행하지 못한다. 검찰·경찰, 군검찰·군사법경찰 그 밖의 수사기관에서 수사 중인 사건에 대하여는 그 수사개시 통보를 받은 날부터 징계의결의 요구나 그 밖의 징계 절차를 진행하지 아니할 수 있다.[4)] 징계권자는 군검찰·군사법경찰, 검찰·경찰 등 그 밖의 수사기관으로부터 수사개시 통보를 받으면 지체 없이 징계의결 또는 징계부가금 부과의결의 요구나 그 밖에 징계 또는 징계부가금 부과 절차의 진행 여부를 결정해야 한다. 징계권자가 징계등 절차를 진행하지 않기로 결정한 경우에는 이를 징계등 혐의

---

2) 국방부 징계업무 훈령 제20조 제4항.
3) 국가공무원법 제83조 제3항.
4) 국가공무원법 제83조 제1항 및 제2항.

자에게 서면으로 통보해야 한다.[5)]

군검찰·군사경찰 등 군 수사기관으로부터 수사개시 통보를 받은 때에는 군 수사기관에서 수사 중인 사건에 대하여 징계권자가 징계절차를 진행하여 조기에 파면이나 해임 처분을 하는 경우에는 해당 군무원이 군무원의 신분을 잃게 되어 군 수사기관이 수사권 또는 군사법원의 재판권이 상실하게 되므로 이를 방지하고 군내 사법질서를 유지하고 군사법기관의 수사 및 재판권을 보장할 수 있도록 군사법기관과 사전에 협의하는 등 신중히 결정할 필요가 있다. 이와 같은 점을 고려하면, 종전 군무원인사법 시행령(2023.10.17. 대통령령 제33810호로 개정되기 전의 것) 제105조 제1항에서 형사소추가 이루어져 군사법원에서 재판이 진행 중인 사건에 대해서도 징계절차를 중지하도록 하였던 취지를 재고할 필요가 있다.[6)]

제3절 징계의결 요구

1. 징계의결요구권자(징계권자)

군무원에 대한 징계권자(징계의결요구권자)에 관하여는 군인에 대한 징계권자를 규정하고 있는 군인사법 제58조 제1항을 준용하되, 군인과의 계급 대비는 군무원인사법 시행령 제4조의 별표3에 따른다.[7)]

일반군무원에 대한 징계권자는 ① 7급 이하의 군무원에 대한 경징계는 대대장 및 이에 준하는 부대 또는 기관의 장 이상이 징계의결을 요구할 수 있고, ② 7급 이하의 군무원에 대한 중징계와 6급부터 2급까지의 군무원에 대한 경징계는 연대장(대령급 여단장), 함정장, 전대장 및 이에 준하는 부대 또는 기관의

5) 군무원인사법 시행령 제105조.
6) 개정 전 군무원인사법 시행령(2023.10.17. 대통령령 제33810호로 개정되기 전의 것) 제105조에서는 "① 법 제39조의2에 따른 군무원징계위원회(이하 "징계위원회"라 한다)에 회부하여야 할 비위(非違) 사실에 대한 형사소추가 있을 때에는 징계 또는 징계부가금 부과(이하 "징계등"이라 한다) 절차를 진행해서는 아니 된다. 징계등 절차 진행 중에 형사소추되었을 때에도 또한 같다."고 규정하고 있었다.
7) 군무원인사법 제38조 제1항.

장 이상이 징계의결요구권을 가진다. ③ 6급부터 2급까지의 군무원에 대한 중징계의 경우 사단장(여단장을 포함한다), 전단사령관, 비행단장 및 그와 같은 급 이상의 부대 또는 기관의 장이 징계의결을 요구할 수 있고, ④ 1급 이상 군무원에 대한 징계의결 요구는 국방부장관, 합참의장 및 참모총장이 한다.

2. 징계조사 후 징계의결 요구

가. 징계권자의 징계의결 요구

징계권자는 군무원에 대한 징계처분이나 징계부가금 부과처분을 하기 위해서는 군무원징계위원회의 심의를 거쳐야 한다. 징계권자는 군무원의 비행사실에 대하여 조사를 한 후 징계조사담당자의 의견을 듣고 해당 군무원에 대한 징계 여부를 결정한 후 비행사실이 징계사유등에 해당한다고 인정되거나 감사원법 제32조에 따라 감사원으로부터 징계요구가 있는 경우에는 징계위원회에 징계의결 또는 징계부가금 부과의결을 요구하여야 한다.

나. 징계권자의 의견 기재 여부

(1) 군무원의 징계등에 대한 공무원 징계령의 준용 여부

군무원인사법 시행령 제117조에서는 군무원의 징계등에 관하여 군무원인사법 시행령에서 규정한 사항 이외의 사항에 대하여 공무원 징계령을 준용하도록 하고 있으며, 군무원인사법 시행령 제111조 제3항에서 징계권자의 징계의결등 요구에 관하여 규정하고 있으나 징계의결등의 요구의 구체적인 방법에 대하여 규정하고 있지 않다. 따라서 징계권자의 징계의결등 요구 시 의견 기재에 관한 공무원 징계령 및 같은 영 시행규칙이 군무원의 징계등의 경우에 적용되는지가 문제된다.

군무원인사법 시행령에서는 징계등 의결요구의 방법이나 절차에 관하여 세부적인 규정을 두고 있지 않으나, 이러한 규정의 취지가 공무원 징계령 등에 규정하고 있는 징계등 의결 방법이나 절차를 준용하지 않으려는 것으로 보기 어려우므로 징계의결등의 방법에 관한 공무원 징계령 및 같은 영 시행규칙의 규정을 군무원 징계절차에서 준용하는 것이 타당하다.

(2) 공무원 징계령에 따른 징계권자의 의견 기재

징계권자가 징계의결 요구를 하는 경우 징계의결 요구서에 징계권자의 의견을 기재하는지에 관하여 군무원인사법 및 같은 법 시행령에서는 별도의 규정을 두고 있지 않으나, 공무원 징계령에서는 그에 관한 규정을 두고 있다.

공무원 징계령 제7조 제6항에 따르면, 징계권자가 징계의결등을 요구할 때에는 징계사유등에 대한 충분한 조사를 한 후에 그 증명에 필요한 다음 각 호의 관계 자료를 첨부하여 관할 징계위원회에 제출하여야 하고, 중징계 또는 경징계로 구분하여 요구하여야 한다.[8] 징계권자가 징계의결등 요구서에 의견을 적을 때에는 요구하는 징계의 종류를 중징계 또는 경징계로 구분하여 적고, 징계부가금의 배수(倍數)를 적어야 한다. 징계권자는 징계위원회가 징계등 사건을 의결할 때에 참고할 수 있도록 공무원 징계의결등 요구서에 업무의 성질에 따른 업무 관련도, 징계등 혐의자의 혐의 당시 직급, 비위행위가 공직 내외에 미치는 영향, 수사 중 공무원 신분을 감추거나 속인 정황, 평소 행실, 뉘우치는 정도, 규제개혁 및 국정과제 등 관련 업무 처리의 적극성 또는 그 밖의 정상을 구체적으로 밝히고 관계 증거자료를 첨부해야 한다. 징계의 감경사유에 해당된다고 인정하는 경우에는 이를 증명하는 관련 자료를 첨부하여 징계의 감경의결을 요청할 수 있다.

3. 국무총리의 징계의결등 요구

대통령이나 국무총리의 명령에 따른 감사 결과 징계사유등이 있다고 인정되는 공무원에 대해서는 군무원인사법 시행령 제111조 제3항의 규정에도 불구하고 국무총리가 직접 관할 징계위원회에 징계의결등을 요구할 수 있다. 국무총리가 직접 관할 징계위원회에 징계의결등을 요구하였을 때에는 소속 중앙행정기관의 장에게 그 사실을 통보하여야 한다. 다만, 국무총리는 직접 징계의결등을 요구하는 것이 적당하지 아니하다고 인정되면 소속 중앙행정기관의 장에게 그 징계사유등을 통보하고, 징계사유등을 통보받은 행정기관의 장은 지체 없이 관

8) 공무원 징계령 제7조 제6항.

할 징계위원회에 징계의결등을 요구하여야 하고 해당 사건의 처리 결과를 국무총리에게 보고하여야 한다.

4. 감사원의 징계요구에 따른 징계의결등 요구

가. 감사원의 징계요구와 징계의결등 요구

감사원은 군무원인사법에 규정된 징계사유에 해당하거나 정당한 사유 없이 이 법에 따른 감사를 거부하거나 자료의 제출을 게을리한 군무원에 대하여 그 소속 장관 또는 임용권자(이하 "징계권자"라 한다)에게 징계를 요구할 수 있다. 징계요구를 하는 때에는 징계의 종류를 정할 수 있다.

감사원으로부터 징계요구를 받은 징계권자는 감사원이 정한 날까지 해당 절차에 따라 처분을 하여야 한다. 징계권자는 감사원의 징계요구 중 파면요구를 받은 경우에는 그 요구를 받은 날부터 10일 이내에 해당 징계위원회에 그 의결을 요구하여야 하며, 징계위원회의 의결결과에 관하여는 그 의결이 있은 날부터 15일 이내에 감사원에 통보하여야 한다.[9] 징계권자는 감사원법 제32조 제1항 및 제10항에 따라 감사원이 파면, 해임, 강등 또는 정직 중 어느 하나의 징계처분을 요구한 사건에 대해서는 징계위원회 개최 일시·장소 등을 감사원에 통보하여야 한다.

나. 감사원의 심의 또는 재심의 요구

감사원은 징계요구 중 파면요구를 한 사항이 파면 의결이 되지 아니한 경우에는 징계권자로부터 징계위원회의 의결결과를 통보 받은 날부터 1개월 이내에 해당 징계위원회가 설치된 기관의 바로 위 상급기관에 설치된 징계위원회에 직접 그 심의 또는 재심의를 요구할 수 있다. 감사원의 심의 또는 재심의 요구를 받은 상급기관의 징계위원회는 그 요구를 받은 날부터 1개월 이내에 심의 또는 재심의 의결을 하고, 상급기관의 징계위원회의 위원장은 그 결과를 지체 없이 감사원에 통보하여야 한다.

---

9) 감사원법 제32조 제1항, 제2항 및 제10항.

다. 항고결정에 대한 감사원의 재심사 요구[10)]

감사원으로부터 징계요구 중 파면요구를 받아 집행한 파면에 대한 항고 제기로 항고심사위원회에서 심사 결정을 한 경우에는 해당 항고심사위원회의 위원장은 그 결정 결과를 그 결정이 있은 날부터 15일 이내에 감사원에 통보하여야 한다. 감사원은 항고심사위원회의 결정 통보를 받은 날부터 1개월 이내에 그 항고심사위원회가 설치된 기관의 장을 거쳐 항고심사위원회에 그 재심을 요구할 수 있다.

라. 감사원의 징계요구와 징계의결등의 집행 정지

감사원법 제32조 제1항 또는 제6항에 따라 감사원의 징계요구가 있는 때에는 징계위원회의 의결통보기간(15일 이내), 징계위원회 의결에 대한 심리 또는 재심의 요구기간(1개월 이내), 그 심리 또는 재심의 기간(1개월 이내), 항고심사위원회의 결정통보기간(15일 이내) 및 항고심사결정위원회에 대한 재심사기간(1개월 이내)에는 징계위원회의 징계의결이나 항고심사위원회의 결정은 그 집행이 정지된다.

5. 징계권자 또는 징계등 혐의자의 우선심사 요청

징계의결등 요구권자는 신속한 징계절차 진행이 필요하다고 판단되는 징계등

---

10) 감사원의 요구에 따른 재심절차에 관하여 군무원인사법 시행령에서는 별도로 규정하고 있지 않고 있으므로, 소청심사위원회의 재심요구에 관한 소청절차규정 제17조를 준용하는 것이 적절하다. 이 경우 "소청인"은 "항고인"으로, "위원회"는 "항고심사위원회"로, "인사혁신처"는 "국방부"로 본다.
소청절차규정 제17조(감사원 요구에 의한 재심) ① 감사원법 제32조 제6항의 규정에 의한 재심요구는 그 이유를 명시한 재심요구서에 의하여야 한다.
② 위원회는 제1항에 따른 재심요구서를 접수하면 즉시 그 부본을 첨부하여 소청인에게 송부하고 답변 자료의 제출을 요구해야 한다.
③ 재심사건의 심사는 필요하다고 인정하는 경우를 제외하고는 당사자의 출석 없이 결정할 수 있다.
④ 위원회가 재심사건을 심사·결정하였을 때에는 재심결정서를 작성하여 그 정본을 지체 없이 소청당사자 및 감사원장에게 송부하여야 한다. 이 경우 감사원장에게는 인사혁신처를 경유하여 송부하여야 한다.
⑤ 제1항의 재심요구서에 재심이유가 명시되어 있지 아니하거나, 기타 흠결이 있을 경우에는 재심요구서를 접수한 날부터 7일 이내에 상당한 기간을 정하여 보정을 요구하여야 하며, 이 경우에 처리기간은 그 보정이 완료된 날부터 기산한다.
⑥ 재심요구에 대한 결정은 특별한 사정이 있는 경우를 제외하고는 재심이 요구된 날부터 30일 이내에 하여야 한다.

사건에 대하여 관할 징계위원회에 우선심사(다른 징계등 사건에 우선하여 심사하는 것을 말한다. 이하 같다)를 신청할 수 있다. 징계권자는 정년(계급정년을 포함한다)이나 근무기간 만료 등으로 징계등 혐의자의 퇴직 예정일이 2개월 이내에 있는 징계등 사건에 대해서는 관할 징계위원회에 우선심사를 신청해야 한다. 징계등 혐의자는 혐의사실을 모두 인정하는 경우 관할 징계위원회에 우선심사를 신청할 수 있다. 우선심사를 신청하려는 자는 총리령으로 정하는 우선심사 신청서를 관할 징계위원회에 제출해야 한다. 우선심사 신청서를 접수한 징계위원회는 특별한 사유가 없으면 해당 징계등 사건을 우선심사해야 한다.[11)]

6. 소속의 변경과 자료 송부

징계위원회의 징계의결이나 징계부가금 부과의결 또는 징계부가금 감면의결이 있기 전에 징계등 심의대상자의 소속이 변경된 경우에는 소속 변경 전의 소속 또는 감독 부대나 기관의 장은 혐의사실과 관련 자료를 징계등 심의대상자의 변경된 현(現) 소속 또는 감독 부대나 기관의 장에게 이송해야 한다.[12)]

제4절 징계위원회의 심의 · 의결

1. 심의대상자의 출석

가. 징계위원회의 출석통지서 통지

징계위원회가 징계등 심의대상자의 출석을 명할 때에는 출석통지서로 하되, 징계위원회 개최일 3일 전에 징계등 심의대상자에게 도달되도록 하여야 한다. 이 경우 출석통지서를 징계등 심의대상자의 소속 기관의 장에게 송부하여 전달하게 한 경우를 제외하고는 출석통지서 사본을 징계등 심의대상자의 소속 기관의 장에게 송부하여야 하며, 소속 기관의 장은 징계등 심의대상자를 출석시켜야

---

11) 공무원 징계령 제11조의3.
12) 군무원인사법 시행령 제111조 제4항.

한다.[13)]

징계위원회는 징계등 심의대상자의 주소를 알 수 없거나 그 밖의 사유로 출석통지서를 징계등 심의대상자에게 직접 송부하는 것이 곤란하다고 인정될 때에는 출석통지서를 징계등 심의대상자의 소속 기관의 장에게 송부하여 전달하게 할 수 있다. 이 경우 출석통지서를 받은 기관의 장은 지체 없이 징계등 심의대상자에게 전달한 후 전달 상황을 관할 징계위원회에 통지하여야 한다.[14)]

징계등 심의대상자가 있는 곳이 분명하지 아니할 때에는 관보를 통해 출석통지를 한다. 이 경우에는 관보에 게재한 날부터 10일이 지나면 그 출석통지서가 송달된 것으로 본다.

나. 징계등 심의대상자의 출석

징계등 심의대상자는 징계위원회에서 충분히 진술할 기회를 가지며, 진술과 증거를 제출할 수 있을 뿐만 아니라 증인의 신문을 신청할 수 있다.[15)]

징계위원회는 심의 일시에 심의대상자를 출석시켜 심의대상자의 의견을 들은 후 심의를 개시하여야 한다. 징계위원회의 심의절차가 공정하고 투명하게 이루어지기 위해서는 징계등 심의대상자의 방어권과 출석권이 충분히 보장되어야 한다. 따라서 심의대상자의 출석이 없이 징계위원회의 심의를 개시할 수 있는 부득이한 사정이 있는 경우라 함은 공무원 징계령 제10조 제3항, 제4항 또는 제7항의 사유가 있는 경우로 제한적으로 인정하여야 할 것이다. 징계등 심의대상자의 출석 없이 심의를 개시할 수 있는 사유는 다음과 같다.

(1) 진술포기의 경우

징계위원회는 징계등 심의대상자가 그 징계위원회에 출석하여 진술하기를 원하지 아니할 때에는 진술권포기서를 제출하게 하여 기록에 첨부하고 서면심사만으로 징계의결등을 할 수 있다.

13) 공무원 징계령 제10조 제1항.
14) 공무원 징계령 제10조 제2항.
15) 군무원인사법 제40조 제2항, 군무원인사법 시행령 제108조.

(2) 출석통지서의 수령을 거부한 경우

징계등 심의대상자가 출석통지서 수령을 거부한 경우에는 징계위원회에서의 진술권을 포기한 것으로 본다. 다만, 징계등 심의대상자는 출석통지서의 수령을 거부한 경우에도 해당 징계위원회에 출석하여 진술할 수 있다.[16] 징계등 심의대상자의 소속 기관의 장이 출석통지서를 전달할 때 징계등 심의대상자가 출석통지서의 수령을 거부하면 출석통지서 전달 상황을 통지할 때 수령을 거부한 사실을 증명하는 서류를 첨부하여야 한다.[17]

(3) 국외 체재나 구속 등의 경우

징계등 심의대상자가 해외 체류, 형사사건으로 인한 구속, 여행, 그 밖의 사유로 징계의결등 요구서 접수일부터 50일 이내에 출석할 수 없을 때에는 서면으로 진술하게 하여 징계의결등을 할 수 있다. 이 경우에 서면으로 진술하지 아니할 때에는 그 진술 없이 징계의결등을 할 수 있다.[18]

2. 징계등 심의대상자의 자료 열람 등

가. 본인의 진술 기재 서류 또는 제출 자료의 열람·등사

징계등 심의대상자는 본인의 진술이 기재된 서류나 자신이 제출한 자료를 열람하거나 복사할 수 있다.[19] 징계심의대상자가 자료의 열람 또는 복사를 신청하는 경우에는 징계위원회에 기록 열람·복사 신청서를 제출하여야 한다.

징계등 심의대상자가 징계위원회에 출석하여 충분한 진술을 할 수 있는 기회를 부여받고 자신에게 유리한 증거 등을 제출하는 등 징계심의 절차에서의 방어권 보장을 위해서는 해당 사건이 징계위원회에 송부된 경우 징계등 관련 서류나 자료에 대한 열람·등사 신청권이 보장되어야 한다. 본인의 진술이나 자신이 제출한 자료는 징계등 심의대상자측의 방어 자료로서 방어권의 합리적 주장을 위하여 자료의 확인이 필요하고, 이미 징계등 심의대상자에게는 공개된 자

16) 공무원 징계령 제10조 제7항.
17) 공무원 징계령 제10조 제8항.
18) 공무원 징계령 제10조 제5항.
19) 국방부 징계업무 훈령 제74조에서 제29조를 준용하고 있다.

료로서 징계등 심의대상자에게 열람·등사를 허용하더라도 국방부 군인·군무원 징계업무처리 훈령 제29조 제2항에서 열람·등사를 제한하고 있는 취지에 반하지 않는다는 점에서 제한 없이 허가하여야 한다.

나. 관련 자료의 열람 또는 등사 신청

징계등 심의대상자는 위원장에게 본인의 진술이 기재된 서류나 자신이 제출한 자료 외에 징계등과 관련된 서류나 자료에 대하여 열람이나 복사를 신청할 수 있다. 이 경우 위원장은 다음 중 어느 하나에 해당하는 경우에는 열람 또는 복사 신청을 허가하지 아니할 수 있다.[20]

① 기록의 공개로 사건 관계인의 명예, 사생활의 비밀, 생명·신체의 안전이나 생활의 평온을 침해할 우려가 있는 경우

② 기록의 내용이 국가기밀인 경우

③ 기록의 공개로 국가의 안전보장, 선량한 풍속 그 밖의 공공질서나 공공복리가 훼손될 우려가 있는 경우

징계심의대상자가 자료의 열람 또는 복사를 신청하는 경우에는 징계위원회에 기록 열람·복사 신청서를 제출하여야 한다.

3. 징계위원회의 심의절차

가. 회의의 소집

(1) 소집 통보 등

징계위원회 위원장은 징계등 사건이 징계위원회에 징계의결 또는 징계부가금 부과의결 요구된 경우에는 해당 징계등 사건의 심의를 위한 회의의 개최일시 및 장소를 정하여 위원에게 통보하여 회의를 소집한다. 징계위원회는 징계사건의 심의 전에 심의대상자에게 출석이유, 출석일시, 출석장소 등 심의 일시를 고지한다.

---

20) 국방부 징계업무 훈령 제29조 제3항.

(2) 원격영상회의 방식의 활용

징계위원회는 위원과 징계등 심의대상자, 증인, 피해자 등 군무원인사법 및 같은 법 시행령에 따라 회의에 출석하는 사람(이하 "출석자"라 한다)이 동영상과 음성이 동시에 송수신 되는 장치가 갖추어진 서로 다른 장소에 출석하여 진행하는 원격영상회의 방식으로 심의・의결할 수 있다. 이 경우 위원 및 출석자가 같은 회의장에 출석한 것으로 본다.[21)]

징계위원회는 원격영상회의 방식으로 심의・의결하는 경우 징계등 심의대상자 및 피해자 등의 신상정보, 회의 내용・결과 등이 유출되지 않도록 보안에 필요한 조치를 해야 한다. 원격영상회의의 운영에 필요한 사항은 국방부장관이 정한다.

국방부 군인・군무원 징계업무처리 훈령 제35조의2에서 원격영상회의 방식의 활용에 관하여 규정을 두고 있다.[22)] 원격영상회의 방식의 심의・의결은 징계등 심의대상자의 신청 또는 직권에 의하여 징계위원장이 필요하다고 인정하는 경우에 한하여 개최한다. 이 경우 반드시 징계등 심의대상자의 서면에 의한 동의가 있어야 한다.[23)]

원격영상회의 방식을 적용하는 경우 징계위원회 위원들은 전원이 같은 장소에서 심의・의결하도록 하고 있다.[24)] 징계등 심의대상자 및 피해자 등의 신상정보, 회의 내용・결과 등이 유출되지 않도록 보안에 필요한 조치로서 출석자는 보안서약서를 작성하여야 한다.[25)]

나. 사실조사 및 검증・감정

징계위원회는 징계등 사건에 대한 심의 등 업무수행에 필요한 경우에는 간사에게 사실조사를 하게 하거나 특별한 학식・경험이 있는 자에게 검증 또는 감정을 의뢰할 수 있다.[26)] 간사의 사실조사에 필요하다고 인정할 때에는 징계등

---

21) 군무원인사법 시행령 제114조의3 제1항.
22) 국방부 징계업무처리 훈령 제74조에서 제35조의2를 준용하고 있다.
23) 국방부 징계업무처리 훈령 제35조의2 제3항.
24) 국방부 징계업무처리 훈령 제35조의2 제1항 단서.
25) 국방부 징계업무 훈령 제35조의2 제2항 후단.
26) 군무원인사법 시행령 제108조 제5항.

심의대상자에게 출석을 명할 수 있다.[27)]

다. 징계등 심의대상자 등 신문

징계위원회는 출석한 징계등 심의대상자에게 혐의내용에 관한 신문을 행한다. 징계위원회는 심의에 필요하다고 인정하는 경우에는 관계인을 출석하게 하거나 증거 자료 등의 제출을 요구할 수 있다.[28)]

라. 징계심의대상자의 진술 등 방어권 보장

징계위원회는 징계등 심의대상자에게 서면이나 구술로 충분한 진술 기회를 주어야 한다. 다만, 2회 이상 출석통지를 받고 출석하지 아니하였을 때에는 그러하지 아니한다.[29)] 징계등 심의대상자는 서면이나 구술로 징계등 면제사유를 포함하여 자기에게 이익이 되는 사실을 진술하거나 증거를 제출할 수 있다.[30)] 징계등 심의대상자는 징계위원회에 증인의 신문을 신청할 수 있고, 이 경우 위원회는 그 채택 여부를 결정하여 징계등 심의대상자에게 통보하여야 한다.[31)]

마. 피해자의 진술권

징계위원회는 중징계등 요구사건의 피해자가 신청하는 경우에는 그 피해자에게 징계위원회에 출석하여 해당 사건에 대해 의견을 진술할 기회를 주어야 한다. 다만, 피해자가 이미 해당 사건에 관하여 징계의결등 요구과정에서 충분히 의견을 진술하여 다시 진술할 필요가 없다고 인정되는 경우 또는 피해자의 진술로 인하여 징계위원회 절차가 현저하게 지연될 우려가 있는 경우에는 그러하지 아니한다.[32)]

바. 징계권자 또는 감사원 직원의 출석

징계권자는 징계위원회에 출석하여 의견을 진술하거나 서면으로 의견을 진술

---

27) 군무원인사법 시행령 제108조 제6항.
28) 군무원인사법 시행령 제107조.
29) 군무원인사법 제40조 제2항, 군무원인사법 시행령 제108조 제1항(군인의 경우에는 진술권포기로 간주하여 처리하고 있다).
30) 군무원인사법 시행령 제108조 제2항.
31) 군무원인사법 시행령 제108조 제3항 및 제4항.
32) 공무원 징계령 제11조의2.

할 수 있다. 다만, 중징계등 요구사건의 경우에는 특별한 사유가 없는 한 징계위원회에 출석하여 의견을 진술해야 한다.[33]

감사원은 공무원 징계령 제11조 제5항에 따른 통보를 받은 경우 소속 공무원의 해당 징계위원회 출석을 관할 징계위원회에 요청할 수 있으며, 관할 징계위원회는 출석 허용 여부를 결정하여야 한다.[34]

4. 징계위원회의 의결

가. 징계처분의 병과금지

군무원에 대한 징계처분을 의결하는 때에는 두 종류 이상의 징계처분을 병과하여서는 아니 된다.[35] 징계위원회 의결의 병과금지에서 징계처분은 군무원에 대한 징계의 종류로서 파면·해임·강등·정직·감봉·견책 각 징계처분을 하나의 징계사건에 대하여 두 종류 이상의 처분을 함께 할 수 없다.

나. 의결 방법

(1) 의결 정족 및 의결 방법

징계위원회는 재적위원 3분의 2 이상의 출석과 출석위원 과반수의 찬성으로 의결한다. 의결에 대한 의견이 나뉘어 어떤 하나의 의견도 출석위원 과반수에 이르지 못한 때에는 출석위원 과반에 이르기까지 징계등 심의대상자에게 가장 불리한 의견에 차례로 유리한 의견을 더하여 그 가장 유리한 의견을 합의된 의견으로 본다.[36] 징계위원회에서 징계의결, 징계부가금 부과의결 또는 징계부가금 감면의결을 하였을 때에는 징계의결서, 징계부가금 부과의결서 또는 징계부가금 감면의결서를 작성하여 위원장과 출석위원이 서명·날인하고, 징계권자에게 보고하여야 한다.[37]

---

33) 공무원 징계령 제11조 제4항.
34) 공무원 징계령 제11조 제6항.
35) 군인 징계령 제3조 후단.
36) 군무원인사법 시행령 제114조 제1항.
37) 군무원인사법 시행령 제114조 제2항.

(2) 서면의결

군무원인사법 제40조 제3항 단서에 따른 징계위원회의 징계의결등의 기한 연기에 관한 사항은 서면으로 의결할 수 있다. 서면결정의 절차와 방법 등에 관한 사항은 국방부장관이 정한다.[38)]

다. 징계 및 징계부가금 부과의 의결 기간

징계위원회는 징계권자가 징계의결 또는 징계부가금 부과의결을 요구한 날부터 30일 이내에 심의 및 의결하여야 한다. 다만, 부득이한 사유가 있을 때에는 징계위원회이 결정으로 30일의 범위에서 그 기간을 연장할 수 있다.[39)]

징계의결등이 요구된 사건에 대하여 감사원이나 군검찰, 군사경찰, 그 밖의 수사기관이 비행사실에 대한 조사나 수사를 개시한 사실을 통보받아 징계절차가 중지된 경우에는 그 중지된 기간은 위 징계의결등의 기간에 포함하지 아니한다.[40)]

라. 징계 양정기준

(1) 징계등 양정의 일반적 기준

징계기준, 징계부가금 부과기준, 징계의 감경기준 등(이하 "징계기준등"이라 한다)은 총리령으로 정한다. 중앙행정기관의 장은 총리령으로 정하는 징계기준등의 범위에서 징계양정에 관한 사항을 정할 수 있다. 이 경우 중앙행정기관의 장은 인사혁신처장과 미리 협의하여야 한다.[41)]

---

38) 군무원인사법 시행령 제114조 제4항 및 제5항. 그러나 국방부 징계업무 훈령 제35조 제5항은 서면의결할 수 있다는 규정 이외에 세부적인 규정은 두고 있지 않다.
39) 군무원인사법 제40조 제3항.
40) 공무원 징계령 제9조 제2항.
41) 공무원 징계령 제17조의3 제1항 및 제2항.

(2) 징계의 세부 양정기준

(가) 일반적인 징계사유에 대한 세부적인 징계 양정기준[42]

비위의 정도 및 과실 여부 / 비위의 유형	비위의 정도가 심하고 고의가 있는 경우	비위의 정도가 심하고 중과실이거나, 비위의 정도가 약하고 고의가 있는 경우	비위의 정도가 심하고 경과실이거나, 비위의 정도가 약하고 중과실인 경우	비위의 정도가 약하고 경과실인 경우
1. 성실 의무 위반				
가. 국가공무원법 제78조의2 제1항 제2호에 해당하는 비위(자목에 따른 비위는 제외한다)	파면	파면－해임	해임－강등	정직－감봉
나. 직권남용으로 타인 권리침해	파면	해임	강등－정직	감봉
다. 부작위 · 직무태만(라목에 따른 소극행정은 제외한다) 또는 회계질서 문란	파면	해임	강등－정직	감봉－견책
라. 적극행정 운영규정 제2조 제2호에 따른 소극행정	파면	파면－해임	강등－정직	감봉－견책
마. 국가공무원법 제78조의2 제1항 각 호의 어느 하나에 해당하는 비위를 신고하지 않거나 고발하지 않은 행위	파면－해임	강등－정직	정직－감봉	감봉－견책
바. 부정청탁 및 금품등 수수의 금지에 관한 법률 제5조에 따른 부정청탁	파면	해임－강등	정직－감봉	견책
사. 부정청탁 및 금품등 수수의 금지에 관한 법률 제6조에 따른 부정청탁에 따른 직무수행	파면	파면－해임	강등－정직	감봉－견책
아. 공무원수당 등에 관한 규정 제7조의2 제10항에 따른 성과상여금을 거짓이나 부정한 방법으로 지급받은 경우	파면－해임	강등－정직	정직－감봉	감봉－견책
자. 공무원수당 등에 관한 규정 제15조부터 제17조까지의 규정에 따른 수당 또는 공무원 여비 규정에 따른 여비를 거짓이나 부정한 방법으로 지급받은 경우	별표 1의2와 같음			
차. 공무원 행동강령 제13조의3에 따른 부당한 행위	파면	파면－해임	강등－정직	감봉
카. 성 관련 비위 또는 공무원 행동강령 제13조의3에 따른 부당한 행위를 은폐하거나 필요한 조치를 하지 않은 경우	파면	파면－해임	강등－정직	감봉－견책
타. 성 관련 비위 피해자 등에게 2차 피해를 입힌 경우	파면	파면－해임	강등－정직	감봉－견책
파. 직무상 비밀 또는 미공개정보를 이용한 부당행위	파면	파면－해임	강등－정직	정직－감봉
하. 기타	파면－해임	강등－정직	감봉	견책
2. 복종의 의무 위반				
가. 지시사항 불이행으로 업무추진에 중대한 차질을 준 경우	파면	해임	강등－정직	감봉－견책
나. 기타	파면－해임	강등－정직	감봉	견책

42) 공무원 징계령 시행규칙 제2조 제1항 별표1.

3. 직장 이탈 금지 위반				
가. 집단행위를 위한 직장 이탈	파면	해임	강등－정직	감봉－견책
나. 무단결근	파면	해임－강등	정직－감봉	견책
다. 기타	파면－해임	강등－정직	감봉	견책
4. 친절·공정의 의무 위반	파면－해임	강등－정직	감봉	견책
5. 비밀 엄수의 의무 위반				
가. 비밀의 누설·유출	파면	파면－해임	강등－정직	감봉－견책
나. 개인정보 부정이용 및 무단유출	파면－해임	해임－강등	정직	감봉－견책
다. 비밀 분실 또는 해킹 등에 의한 비밀 침해 및 비밀유기 또는 무단방치	파면－해임	강등－정직	정직－감봉	감봉－견책
라. 개인정보 무단조회·열람 및 관리 소홀 등	파면－해임	강등－정직	감봉	견책
마. 그 밖의 보안관계 법령 위반	파면－해임	강등－정직	감봉	견책
6. 청렴의 의무 위반	별표 1의3과 같음			
7. 품위 유지의 의무 위반				
가. 성 관련 비위	별표 1의4와 같음			
나. 음주운전	별표 1의5와 같음			
다. 우월적 지위 등을 이용하여 다른 공무원 등에게 신체적·정신적 고통을 주는 등의 부당행위	파면－해임	강등－정직	정직－감봉	감봉－견책
라. 기타	파면－해임	강등－정직	감봉	견책
8. 영리 업무 및 겸직 금지 의무 위반	파면－해임	강등－정직	감봉	견책
9. 정치 운동의 금지 위반	파면	해임	강등－정직	감봉－견책
10. 집단 행위의 금지 위반	파면	해임	강등－정직	감봉－견책

※ 비고

1. 제1호 가목의 비위와 같은 호 자목의 비위가 경합하는 경우에는 제1호 가목의 징계기준을 적용한다.
2. 제1호 다목에서 “부작위”란 공무원이 상당한 기간 내에 이행해야 할 직무상 의무가 있는데도 이를 이행하지 아니하는 것을 말한다.
3. 제1호 타목에서 “피해자 등”이란 성 관련 비위 피해자와 그 배우자, 직계친족, 형제자매 및 해당 피해 발생 사실을 신고한 사람을 말하고, “2차 피해”란 여성폭력방지기본법 제3조 제3호 가목·나목에 따른 피해(피해자가 남성인 경우를 포함한다) 및 성희롱·성폭력 근절을 위한 공무원 인사관리규정 제7조 각 호의 불이익 조치를 말하며, 2차 피해가 성 관련 비위에 해당하는 경우에는 제7호가목을 적용한다.
4. 제1호 파목에서 “직무상 비밀 또는 미공개정보를 이용한 부당행위”란 다음 각 목의 행위를 말한다.
   가. 직무수행 중 알게 된 비밀 또는 소속된 기관의 미공개정보(재물 또는 재산상 이익의 취득 여부의 판단에 중대한 영향을 미칠 수 있는 정보로서 불특정 다수인이 알 수 있도록 공개되기 전의 것을 말한다. 이하 같다)를 이용하여 재물 또는 재산상의 이익을 취득하거나 제3자로 하여금 재물 또는 재산상의 이익을 취득하게 하는 행위
   나. 다른 공무원으로부터 직무상 비밀 또는 소속된 기관의 미공개정보임을 알면서도 제공받거나 부정한 방법으로 취득한 공무원이 이를 이용하여 재물 또는 재산상의 이익을 취득하는 행위
   다. 직무수행 중 알게 된 비밀 또는 소속된 기관의 미공개정보를 사적 이익을 위하여 이용하거나 제3자로 하여금 이용하게 하는 행위
5. 제7호 다목에서 “우월적 지위 등을 이용하여 다른 공무원 등에게 신체적·정신적 고통을 주는 등의 부당행위”란 공무원이 자신의 우월적 지위나 관계 등의 우위를 이용하여 업무상 적정범위를 넘어 다음 각 목의 사람에게 신체적·정신적 고통을 주거나 근무환경을 악화시키는 행위를 말한다.
   가. 다른 공무원
   나. 공무원 자신이 소속된 기관, 그 기관의 소속 기관 및 산하기관(공직자윤리법 제3조의2 제1항에 따른 공직유관단체와 공공기관의 운영에 관한 법률 제4조 제1항에 따른 공공기관을 말한다)의 직원
   다. 공무원 행동강령에 따른 직무관련자(직무관련자가 법인 또는 단체인 경우에는 소속 직원을 말한다)

(나) 초과근무수당 및 여비 부당수령 징계기준[43)]

비위의 유형	부당수령 금액	비위의 정도 및 과실 여부	
		비위의 정도가 약하고 과실인 경우	비위의 정도가 심하거나, 고의가 있는 경우
공무원수당 등에 관한 규정 제15조부터 제17조까지의 규정에 따른 수당 또는 공무원 여비 규정에 따른 여비를 거짓이나 부정한 방법으로 지급받은 경우	100만원 미만	정직－견책	파면－정직
	100만원 이상	강등－감봉	파면－강등

※ 비고
1. 부당수령 금액은 해당 비위로 취득한 총 금액을 말한다.
2. 비위의 정도 및 과실 여부는 해당 비위의 동기, 경위, 방법 및 행위 정도 등으로 판단한다.

(다) 청렴의 의무위반 징계기준[44)]

비위의 유형 ＼ 금품·향응 등 재산상 이익	100만원 미만		100만원 이상
	수동	능동	
1. 위법·부당한 처분과 직접적인 관계 없이 금품·향응 등 재산상 이익을 직무관련자 또는 직무관련공무원으로부터 받거나 직무관련공무원에게 제공한 경우	강등－감봉	해임－정직	파면－강등
2. 직무와 관련하여 금품·향응 등 재산상 이익을 받거나 제공하였으나, 그로 인하여 위법·부당한 처분을 하지 아니한 경우	해임－정직	파면－강등	파면－해임
3. 직무와 관련하여 금품·향응 등 재산상 이익을 받거나 제공하고, 그로 인하여 위법·부당한 처분을 한 경우	파면－강등	파면－해임	파면

※ 비고
1. "금품·향응 등 재산상 이익"이란 국가공무원법 제78조의2 제1항 제1호에 따른 금전, 물품, 부동산, 향응 또는 그 밖에 공무원 징계령 제17조의2 제1항에서 정하는 재산상 이익(금전이 아닌 재산상 이득의 경우에는 금전으로 환산한 금액을 말한다)을 말한다.
2. "직무관련자"와 "직무관련공무원"이란 공무원 행동강령 제2조 제1호에 따른 직무관련자와 같은 조 제2호에 따른 직무관련공무원을 말한다.

---

43) 공무원 징계령 시행규칙 제2조 제1항 별표1의2.
44) 공무원 징계령 시행규칙 제2조 제1항 별표1의3.

(라) 성 관련 비위 징계기준[45)]

비위의 정도 및 과실 여부 / 비위의 유형	비위의 정도가 심하고 고의가 있는 경우	비위의 정도가 심하고 중과실이거나, 비위의 정도가 약하고 고의가 있는 경우	비위의 정도가 심하고 경과실이거나, 비위의 정도가 약하고 중과실인 경우	비위의 정도가 약하고 경과실인 경우
1. 성폭력범죄				
가. 미성년자 또는 장애인 대상 성폭력범죄	파면	파면-해임	해임-강등	강등
나. 업무상 위력 등에 의한 성폭력범죄	파면	파면-해임	해임-강등	강등-정직
다. 공연(公然)음란행위	파면	파면-해임	강등-정직	감봉
라. 통신매체를 이용한 음란행위	파면	파면-해임	강등-정직	감봉
마. 카메라 등을 이용한 촬영 등 행위	파면	파면-해임	강등-정직	감봉
바. 가목부터 마목까지 외의 성폭력범죄	파면	파면-해임	강등-정직	감봉-견책
2. 양성평등기본법 제3조 제2호에 따른 성희롱	파면	파면-해임	강등-정직	감봉-견책
3. 성매매알선 등 행위의 처벌에 관한 법률 제2조 제1항 제1호에 따른 성매매	파면-해임	해임-강등	정직-감봉	견책

※ 비고

1. 제1호에서 "성폭력범죄"란 성폭력범죄의 처벌 등에 관한 특례법 제2조에 따른 성폭력범죄를 말한다.
2. 제1호 나목에서 "업무상 위력 등"이란 업무, 고용이나 그 밖의 관계로 인하여 자기의 보호 또는 감독을 받는 사람에 대하여 위계 또는 위력을 행사한 경우를 말한다.
3. 제1호 라목에서 "통신매체를 이용한 음란행위"란 성폭력범죄의 처벌 등에 관한 특례법 제13조에 따른 범죄에 해당하는 행위를 말한다.
4. 제1호마목에서 "카메라 등을 이용한 촬영 등 행위"란 성폭력범죄의 처벌 등에 관한 특례법 제14조에 따른 범죄에 해당하는 행위를 말한다.

45) 공무원 징계령 시행규칙 제2조 제1항 별표1의4.

(마) 음주운전 징계기준[46]

<table>
<tr><th colspan="3">음주운전 유형</th><th>처리기준</th><th>비고</th></tr>
<tr><td rowspan="4">최초 음주운전을 한 경우</td><td colspan="2">혈중알코올농도가 0.08퍼센트 미만인 경우</td><td>정직－감봉</td><td rowspan="14">1. “음주운전”이란 도로교통법 제44조 제1항을 위반하여 음주운전을 한 것을 말한다.
2. “음주측정 불응”이란 도로교통법 제44조 제2항을 위반하여 음주측정에 불응한 것을 말한다.
3. “운전업무 관련 공무원”이란 운전직류 및 집배운영직류 공무원 등 운전을 주요 업무로 하는 공무원을 말한다. 다만, 운전업무 관련 공무원이 음주운전을 하였더라도 운전면허취소나 운전면허정지 처분을 받지 않은 경우에는 혈중알코올농도에 따른 징계 처리기준을 적용한다.
4. 음주운전 횟수를 산정할 때에는 행정안전부령 제253호 공무원 징계령 시행규칙 일부개정령의 시행일인 2011년 12월 1일 이후 행한 음주운전부터 산정한다.</td></tr>
<tr><td colspan="2">혈중알코올농도가 0.08퍼센트 이상 0.2퍼센트 미만인 경우</td><td>강등－정직</td></tr>
<tr><td colspan="2">혈중알코올농도가 0.2퍼센트 이상인 경우</td><td>해임－정직</td></tr>
<tr><td colspan="2">음주측정 불응의 경우</td><td>해임－정직</td></tr>
<tr><td colspan="3">2회 음주운전을 한 경우</td><td>파면－강등</td></tr>
<tr><td colspan="3">3회 이상 음주운전을 한 경우</td><td>파면－해임</td></tr>
<tr><td colspan="3">음주운전으로 운전면허가 정지 또는 취소된 상태에서 운전을 한 경우</td><td>강등－정직</td></tr>
<tr><td colspan="3">음주운전으로 운전면허가 정지 또는 취소된 상태에서 음주운전을 한 경우</td><td>파면－강등</td></tr>
<tr><td rowspan="4">음주운전으로 인적·물적 피해가 있는 교통사고를 일으킨 경우</td><td colspan="2">상해 또는 물적 피해의 경우</td><td>해임－정직</td></tr>
<tr><td colspan="2">사망사고의 경우</td><td>파면－해임</td></tr>
<tr><td rowspan="2">사고 후 도로교통법 제54조 제1항에 따른 조치를 하지 않은 경우</td><td>물적 피해 후 도주한 경우</td><td>해임－정직</td></tr>
<tr><td>인적 피해 후 도주한 경우</td><td>파면－해임</td></tr>
<tr><td rowspan="2">운전업무 관련 공무원이 음주운전을 한 경우</td><td colspan="2">면허취소 처분을 받은 경우</td><td>파면－해임</td></tr>
<tr><td colspan="2">면허정지 처분을 받은 경우</td><td>해임－정직</td></tr>
</table>

(3) 감독자 등 문책 및 문책기준

(가) 비위행위자 이외의 감독자 등 문책

징계위원회가 징계등 사건을 의결할 때에는 비위와 부조리를 척결함으로써 공무집행의 공정성 유지와 깨끗한 공직사회의 구현 및 기강 확립에 주력하고,

46) 공무원 징계령 시행규칙 제2조 제1항 별표1의5.

그 의결 대상이 다음과 같은 경우에는 그 비위행위자는 그 제안 및 주선자나 감독자에 대해서도 엄중히 책임을 물어야 한다.[47]

의결 대상이 직무와 관련한 금품수수 비위 사건인 경우에는 해당 비위와 관련된 감독자 및 그 비위행위의 제안·주선자를 문책하고, 부작위 또는 직무태만으로 국민의 권익을 침해하거나 국가 재정상의 손실을 발생하게 한 비위 사건인 경우에는 해당 비위와 관련된 감독자에 대해서도 엄중히 책임을 물어야 한다.

그러나 이는 군무원의 비행행위에 대하여 징계 양정기준을 넘어 징계사유 또는 징계처분 대상을 법률적으로 확대하거나 창설하는 것이므로 군무원인사법 시행령 제117조의 준용규정에 따라 공무원 징계령 시행규칙의 조문을 바로 적용하는 것은 준용규정의 취지나 준용 범위를 넘어서는 것으로 볼 수 있다. 이에 대하여는 신중하게 준용 여부를 판단할 필요가 있다.

(나) 감독자에 대한 문책기준

하나의 동일한 사건에 관련된 행위자와 감독자에 대해서는 업무의 성질 및 업무와의 관련 정도 등을 참작하여 아래의 비위행위자와 감독자에 대한 문책기준에 따라 징계의결등을 하여야 한다.[48] 다만, 문책기준에 따른 문책 정도의 순위 1에 해당하지 아니하는 사람으로서 ① 해당 비위를 발견하여 보고하였거나 이를 적법·타당하게 조치한 징계등 사건, ② 비위의 정도가 약하고 경과실인 징계등 사건, ③ 철저하게 감독하였다는 사실이 증명되는 감독자의 징계사건에 해당하는 경우에는 징계의결등을 하지 아니할 수 있다.[49]

---

47) 공무원 징계령 시행규칙 제2조 제2항.
48) 공무원 징계령 시행규칙 제3조 제1항.
49) 공무원 징계령 시행규칙 제3조 제2항.

비행행위자와 감독자에 대한 문책기준[50]

업무의 성질 \ 업무 관련도			비위 행위자 (담당자)	직근 상급 감독자	2단계 위의 감독자	최고감독자 (결재권자)
정책 결정 사항	중요 사항 (고도의 정책사항)	고의 또는 중과실이 없는 경우	–	3	2	1
		고의 또는 중과실이 있는 경우	4	3	2	1
	일반적인 사항		3	1	2	4
단순·반복 업무	중요 사항		1	2	3	4
	경미한 사항		1	2	3	
단독 행위			1	2		

* 비고
1. 1, 2, 3, 4는 문책 정도의 순위를 말한다.
2. "고도의 정책사항"이란 국정과제 등 주요 정책결정으로 확정된 사항 및 다수 부처 관련 과제로 정책조정을 거쳐 결정된 사항 등을 말한다.
3. 고의 또는 중과실이 없는 경우란 제3조의2 제2항에 해당하는 경우를 말한다.

마. 적극행정 등에 대한 징계등의 면제

(1) 적극행정과 징계등 면제

징계위원회는 고의 또는 중과실에 의하지 않은 비위로서 아래의 어느 하나에 해당되는 비위행위는 징계의결 또는 징계부가금 부과의결을 하지 아니한다.[51]

① 불합리한 규제의 개선 등 공공의 이익을 위한 정책, 국가적으로 이익이 되고 국민생활에 편익을 주는 정책 또는 소관 법령의 입법목적을 달성하기 위하여 필수적인 정책 등을 수립·집행하거나, 정책목표의 달성을 위하여 업무처리 절차·방식을 창의적으로 개선하는 등 성실하고 능동적으로 업무를 처리하는 과정에서 발생한 것으로 인정되는 경우

② 국가의 이익이나 국민생활에 큰 피해가 예견되어 이를 방지하기 위하여 정책을 적극적으로 수립·집행하는 과정에서 발생한 것으로서 정책을 수립·집행할 당시의 여건 또는 그 밖의 사회통념에 비추어 적법하게 처리될 것이라고 기대하기가 극히 곤란했던 것으로 인정되는 경우

---

50) 공무원 징계령 시행규칙 제3조 제1항 별표2.
51) 공무원 징계령 시행규칙 제3조의2 제1항.

징계등 심의대상자가 i) 징계등 심의대상자와 비행사실 관련 직무 사이에 사적인 이해관계가 없고, ii) 대상 업무를 처리하면서 중대한 절차상의 하자가 없는 경우에는 해당 비행사실이 고의 또는 중과실에 의하지 않은 것으로 추정한다.[52]

(2) 감사원 또는 적극행정위원회 등의 의견에 따른 업무처리와 징계등 면제

징계등 심의대상자가 감사원이나 공공감사에 관한 법률 제2조 제5호에 따른 자체감사기구(이하 "자체감사기구"라 한다)로부터 사전에 받은 의견대로 업무를 처리한 경우에는 징계의결등을 하지 않는다.[53] 징계등 심의대상자가 적극행정 운영규정 제13조에 따라 같은 영 제11조에 따른 적극행정위원회가 제시한 의견대로 업무를 처리한 경우에는 징계의결등을 하지 않는다.[54] 다만, 대상 업무와 징계등 심의대상자 사이에 사적인 이해관계가 있거나 감사원이나 자체감사기구 또는 적극행정위원회가 의견을 제시하는 데 필요한 정보를 충분히 제공하지 않은 경우에는 그렇지 아니 하다.[55]

(3) 직무관련 없는 사고와 징계면제

징계위원회는 공무원 징계령 시행규칙 제4조 제2항에 따른 감경 제외 대상이 아닌 비위 중 직무와 관련이 없는 사고로 인한 비위로서 사회통념에 비추어 공무원의 품위를 손상하지 아니하였다고 인정되는 경우에는 징계의결등을 하지 않을 수 있다.[56]

바. 정상의 참작 사유

징계위원회가 징계등 사건을 의결할 때에는 징계등 심의대상자의 혐의 당시 직급, 징계등 요구의 내용, 비위행위가 공직 내외에 미치는 영향, 평소 행실, 공적(功績), 뉘우치는 정도 또는 그 밖의 정상을 참작해야 한다.[57]

---

52) 공무원 징계령 시행규칙 제3조의2 제2항.
53) 공무원 징계령 시행규칙 제3조의2 제3항.
54) 공무원 징계령 시행규칙 제3조의2 제4항.
55) 공무원 징계령 시행규칙 제3조의2 제3항 단서 및 제4항 단서.
56) 공무원 징계령 시행규칙 제3조의2 제5항.
57) 공무원 징계령 제17조.

(1) 징계의 감경

징계위원회는 징계의결이 요구된 사람에게 다음의 어느 하나에 해당하는 공적이 있는 경우에는 공무원 징계령 시행규칙 제4조 제1항 별표 3의 징계의 감경기준에 따라 징계를 감경할 수 있다. 다만, 그 공무원이 징계처분이나 이 규칙에 따른 경고를 받은 사실이 있는 경우에는 그 징계처분이나 경고처분 전의 공적은 감경 대상 공적에서 제외한다.[58)]

① 상훈법에 따른 훈장 또는 포장을 받은 공적

② 정부표창규정에 따라 국무총리 이상의 표창(공적에 대한 표창만 해당한다. 이하 이 호에서 같다)을 받은 공적. 다만, 비위행위 당시 공무원 징계령 제2조 제2항 제3호 각 목에 따른 공무원은 중앙행정기관장인 청장(차관급 상당 기관장을 포함한다) 이상의 표창을 받은 공적

③ 모범공무원규정에 따라 모범공무원으로 선발된 공적

징계위원회는 징계의결이 요구된 사람의 비위행위가 성실하고 능동적인 업무처리 과정에서 과실로 인하여 생긴 것으로 인정되거나, 징계감경의 제한 대상이 아닌 비위행위 중 직무와 관련이 없는 사고로 인한 비위행위라고 인정될 때에는 그 정상을 참작하여 아래 표의 감경기준에 따라 징계를 감경할 수 있다.[59)]

징계의 감경기준

일반 징계기준에 인정되는 징계	감경된 징계
파면	해임
해임	강등
강등	정직
정직	감봉
감봉	견책
견책	불문(경고)

58) 공무원 징계령 시행규칙 제4조 제1항.
59) 공무원 징계령 시행규칙 제4조 제3항.

(2) 징계감경의 제한

징계사유가 다음 어느 하나에 해당하는 경우에는 유리한 정상으로 참작하지 않는다.[60]

① 군무원인사법 제37조의2 제1항 각 호의 어느 하나에 해당하는 비위

② 군무원인사법 제37조의2 제1항 각 호의 어느 하나에 해당하는 비위를 신고하지 않거나 고발하지 않은 행위

③ 성폭력범죄의 처벌 등에 관한 특례법 제2조에 따른 성폭력범죄

④ 성매매알선 등 행위의 처벌에 관한 법률 제2조 제1항 제1호에 따른 성매매

⑤ 양성평등기본법 제3조 제2호에 따른 성희롱

⑥ 도로교통법 제44조 제1항에 따른 음주운전 또는 같은 조 제2항에 따른 음주측정에 대한 불응

⑦ 공직자윤리법 제8조의2 제2항 또는 제22조에 따른 등록의무자에 대한 재산등록 및 주식의 매각·신탁과 관련한 의무 위반

⑧ 적극행정 운영규정 제2조 제2호에 따른 소극행정(이하 이 조에서 "소극행정"이라 한다)

⑨ 부작위 또는 직무태만(소극행정은 제외한다)

⑩ 공무원 행동강령 제13조의3에 따른 부당한 행위

⑪ 성 관련 비위 또는 공무원 행동강령 제13조의3에 따른 부당한 행위를 은폐하거나 필요한 조치를 하지 않은 경우

⑫ 공무원 채용과 관련하여 청탁이나 강요 등 부당한 행위를 하거나 채용 업무와 관련하여 비위행위를 한 경우

⑬ 부정청탁 및 금품등 수수의 금지에 관한 법률 제5조에 따른 부정청탁

⑭ 부정청탁 및 금품등 수수의 금지에 관한 법률 제6조에 따른 부정청탁에 따른 직무수행

⑮ 직무상 비밀 또는 미공개정보를 이용한 부당행위

⑯ 우월적 지위 등을 이용하여 다른 공무원 등에게 신체적·정신적 고통을

60) 공무원 징계령 시행규칙 제4조 제2항.

주는 등의 부당행위

(3) 징계의 가중

징계위원회는 서로 관련 없는 둘 이상의 비위행위가 경합될 경우에는 그중 책임이 무거운 비위행위에 해당하는 징계보다 1단계 위의 징계로 가중하여 의결할 수 있다.[61] 징계위원회는 징계처분을 받은 사람에 대하여 군무원인사법 시행령 제40조에 따른 승진임용 제한기간 중에 발생한 비위행위로 다시 징계의결이 요구된 경우에는 그 비위행위에 해당하는 징계보다 2단계 위의 징계로 의결할 수 있고, 승진임용 제한기간이 끝난 후부터 1년 이내에 발생한 비위로 징계의결이 요구된 경우에는 1단계 위의 징계로 의결할 수 있다.[62]

(4) 징계감경 또는 징계가중의 의결서 작성방법

징계위원회가 징계를 감경하거나 가중하여 의결하였을 때에는 징계등 의결서의 이유란에 그 사실을 구체적으로 밝혀야 한다.[63] 징계위원회가 견책에 해당하는 비위행위를 불문(不問)으로 감경하여 의결하였거나 불문으로 의결하였으나 경고할 필요가 있다고 인정하는 경우에는 징계등 의결서의 의결 주문란에 "불문으로 의결한다. 다만, 경고할 것을 권고한다"라고 적는다.[64]

사. 적극행정 징계면제와 감경적 정상참작의 관계

(1) 징계면제와 정상참작의 구분 필요성

적극행정 등에 대한 징계면제 사유와 감경적 정상참작 사유로서 적극적인 업무처리는 징계위원회의 징계의결의 한계 또는 의결 범위를 제한하는 것으로 양자는 서로 다르고 그 법적 효과에 있어서 차이가 크지만 그 사유가 유사하여 구분이 쉽지 않다. 따라서 양자의 관계와 구분 기준을 명확히 할 필요가 있다.

(2) 징계면제와 정상참작의 관계

징계면제 사유에 해당하는 경우 징계위원회는 해당 징계사실에 대하여 비위

---

61) 공무원 징계령 시행규칙 제5조 제1항.
62) 공무원 징계령 시행규칙 제5조 제2항.
63) 공무원 징계령 시행규칙 제6조 제1항.
64) 공무원 징계령 시행규칙 제6조 제2항.

행위가 인정되는 경우라 하더라도 징계하지 아니한다. 즉, 징계위원회는 징계면제 사유가 있다고 인정하는 때에는 징계의결등을 할 수 없다. 반면, 징계위원회는 정상참작 사유가 있는 경우 유리한 정상으로 참작할 수 있으나, 정상참작 여부는 징계위원회의 재량에 해당한다. 따라서 징계위원회는 정상참작 사유를 고려하여 유리한 정상으로 참작하기에 앞서 징계면제 사유가 있는지 판단할 필요가 있다. 징계위원회는 징계심의 대상사실이 징계심의대상자의 고의 또는 중과실에 의하지 않는 비행사실로서 징계면제의 사유에 해당하는지에 대하여 심의한 후 징계면제 사유가 인정되는 때에는 의결로서 징계면제를 결정하여야 한다.

5. 회의의 비공개와 참석자의 준수사항

가. 회의 비공개와 비밀누설 금지

징계위원회의 회의는 공개하지 아니하고, 징계위원회의 회의에 참여한 사람은 직무상 알게 된 비밀을 누설해서는 아니 된다.[65]

나. 회의 참석자의 준수사항

징계위원회의 회의에 참석하는 사람은 녹음기, 카메라, 휴대전화 등 녹음·녹화·촬영이 가능한 기기, 흉기 등 위험한 물건, 그 밖에 징계등 사건의 심의와 관계없는 물건을 소지할 수 없다. 또한 참석자는 녹음, 녹화, 촬영 또는 중계방송, 회의실 내의 질서를 해치는 행위, 다른 사람의 생명·신체·재산 등에 위해를 가하는 행위를 해서는 안 된다.[66]

6. 징계의결 결과의 보고 등

가. 징계권자에게 의결 결과의 보고

징계위원회는 징계의결등을 하였을 때에는 지체 없이 징계의결서 또는 징계부가금 의결서 또는 징계부가금 감면의결서를 작성하여 징계권자에게 보고하여야 한다.[67] 다만, 여기서의 "보고"라 함은 징계위원회가 징계권자의 소속 부대

65) 군무원인사법 시행령 제114조 제3항.
66) 군무원인사법 시행령 제114조의4.

또는 기관에 설치되는 기관이기는 하나, 징계권자로부터 직무상, 신분상 독립성이 인정되는 심의·의결기관인 점, 징계위원회의 징계등 의결 결과에 징계권자는 특별한 사정이 없는 경우 그에 구속되는 점, 군무원인사법 제40조 제4항에서 징계권자는 "징계위원회로부터 징계의결등의 결과를 송부받은 때"에 징계처분등을 할 수 있는 점, 군무원인사법 시행령 제117조에 따라 준용되는 공무원 징계령 제18조에서 징계등 의결결과를 통보하도록 규정하고 있는 점 등에 비추어 보면, 징계등 의결서를 첨부하여 징계등 의결결과(징계부가금 감면의결을 포함한다)를 통보한다는 의미로 해석하는 것이 바람직하다.68)

나. 징계등 심의대상자에 대한 통보 등

(1) 징계등 심의대상자에 대한 통보

군인에 대한 징계에 있어서와 달리 군무원의 징계에서는 군인사법 제59조 제4항과 같은 규정이 없으므로 징계위원회는 징계등 의결을 한 때에 지체 없이 심의대상자에게 그 결과를 송부하여야 하는지 문제될 수 있다. 생각건대, 징계처분의 투명성과 공정성을 제고하고, 징계처분서 교부 시 징계위원회의 의결서가 첨부되거나 징계처분서에 징계권자의 감경처분 여부가 기재되지 아니하므로 징계등 심의대상자 본인의 징계절차에 대한 알권리 또는 절차상 권리보장을 위하여 군인사법 제59조 제4항은 유추적용하여 징계등 심의대상자에게 징계위원회의 심의·의결 결과만이라도 통보하는 것이 바람직하다고 본다.

(2) 징계의결등의 경정

징계의결서, 징계부가금 부가의결서 또는 징계금부가 감면의결서 등에 계산상 또는 기재상의 잘못이나 그 밖에 이와 비슷한 잘못이 있는 것이 명백할 때에는 위원장은 직권 또는 징계의결등 요구권자나 징계등 협의자의 신청에 따라 경정결정을 할 수 있다.69)

---

67) 군무원인사법 시행령 제114조 제2항.

68) 공무원 징계령 제18조는 "징계위원회가 징계의결등을 하였을 때에는 지체 없이 징계등 의결서 또는 별지 제3호의3 서식의 징계부가금 감면의결서의 정본을 첨부하여 징계의결등의 요구자에게 통보하여야 한다"고 규정하고 있다.

69) 공무원 징계령 제18조의2.

제5절 징계등의 처분

1. 징계의 처분

가. 징계권자의 처분

(1) 징계의결에 따른 처분

징계권자는 징계위원회로부터 징계등 의결서에 의하여 징계의결등의 결과를 송부받은 때에는 그 날부터 15일 이내에 징계처분 또는 징계감경, 징계부가금 부과처분 또는 징계부가금 감면처분을 하여야 한다.[70] 징계권자가 징계위원회의 의결대로 징계처분하려는 때에는 그 징계의결서에 확인의 서명을 하여야 하고, 징계의 감경을 할 때에는 징계의결서에 그 사유를 명시하여 확인의 서명을 하여야 한다.[71]

(2) 피해자 통보

징계권자는 성폭력범죄의 처벌 등에 관한 특례법 제2조에 따른 성폭력범죄 및 양성평등기본법 제3조 제2호에 따른 성희롱에 해당하는 사유로 징계처분등을 하는 경우 피해자가 요청하는 때에는 그 징계처분등의 결과를 피해자에게 통보하여야 한다.[72]

나. 징계처분의 승인요청

징계권자는 징계 중 파면 · 해임, 강등 또는 정직 처분을 하려는 경우에는 임용권자의 승인을 받아야 한다.[73] 징계권자가 임용권자의 승인을 받아야 하는 경우에는 징계의결서에 확인의 서명을 한 날부터 15일 이내에 승인을 요청하여야 하고, 임용권자의 승인을 받은 날부터 15일 이내에 징계처분을 하여야 한다. 다만, 부득이한 사유로 15일 이내에 승인을 요청하기 어려운 때에는 그 사유가

---

70) 군무원인사법 제40조 제4항.
71) 군무원인사법 시행령 제115조 제2항.
72) 군무원인사법 제40조 제6항.
73) 군무원인사법 제38조 제2항 후문.

해소된 날부터 15일 이내에 승인을 요청하여야 한다.[74] 승인을 요청하려는 징계권자는 징계의결서 및 관련 서류를 첨부하여 임용권자에게 제출하여야 한다.[75]

2. 징계의 감경

가. 징계권자의 징계감경

징계권자는 징계등 처분대상자에게 군무원인사법 시행령 제115조의2 제1항 각 호의 어느 하나에 해당하는 사유가 있는 때에는 아래 표에 따른 징계 감경기준에 따라 징계를 감경할 수 있다. 다만, 그 군무원이 징계처분이나 군무원인사법 시행령에 따른 경고를 받은 사실이 있는 경우에는 그 징계처분이나 경고처분 전의 공적은 감경 대상 공적에서 제외하여야 한다.[76]

징계의 감경기준[77]

법 제39조 제1항 및 이 영 제114조 제1항에 따라 의결되는 징계	감경되는 징계등
파면	해임
해임	강등
강등	정직
정직	감봉
감봉	견책
견책	불문(경고)

나. 징계의 감경사유

군무원인사법 시행령 제115조의2 제1항에 따른 징계 감경 사유는 아래와 같다.

첫째, 징계처분대상자가 ① 상훈법에 따른 훈장·포장을 받은 공적, ② 정부표창 규정에 따른 국무총리 이상의 표창(공적상 및 창안상만 해당한다)을 받은 공적, ③ 비행행위 당시 6급 이하의 일반군무원은 참모총장 또는 중앙행정기관장

74) 군무원인사법 시행령 제115조 제3항.
75) 군무원인사법 시행령 제115조 제4항.
76) 군무원인사법 시행령 제115조의2 제1항.
77) 군무원인사법 시행령 제115조의2 제1항 별표5.

인 청장(차관급 상당 기관장을 포함한다) 이상 표창(공적상 및 창안상만 해당한다)을 받은 공적이 있는 경우에 징계감경할 수 있다.

두 번째, 징계처분대상자의 비행사실이 성실하고 적극적인 업무처리과정에서 과실로 발생한 경우 징계 감경 사유가 된다.

다. 징계감경의 제한

징계권자는 징계사유가 아래의 어느 하나에 해당하는 경우에는 징계를 감경할 수 없다.

(1) 군무원인사법 제37조의2 제1항 각 호의 어느 하나에 해당하는 비위

징계사유가 금전, 물품, 부동산, 향응 또는 그 밖에 대통령령으로 정하는 재산상 이익을 취득하거나 제공한 경우나 횡령(橫領), 배임(背任), 절도, 사기 또는 유용(流用)한 경우로서 징계부가금 부과사유에 해당하는 비위행위를 말한다.

(2) 군무원인사법 제37조의2 제1항 각 호에 따른 징계부가금 부과사유에 해당하는 비위를 신고하지 않거나 고발하지 않은 행위

(3) 군사기밀 보호법 위반의 죄

"군사기밀"이란 일반인에게 알려지지 아니한 것으로서 그 내용이 누설되면 국가안전보장에 명백한 위험을 초래할 우려가 있는 군(軍) 관련 문서, 도화(圖畵), 전자기록 등 특수매체기록 또는 물건으로서 군사기밀이라는 뜻이 표시 또는 고지되거나 보호에 필요한 조치가 이루어진 것과 그 내용을 말한다.[78] 군사기밀 보호법 위반으로는 ① 군사기밀을 취급하는 사람이 정당한 사유 없이 같은 법 제5조 제1항에 따라 군사기밀에 대하여 군사기밀이라는 표시, 고지나 그 밖에 군사기밀 보호에 필요한 조치를 하지 아니한 경우나 군사기밀을 손괴·은닉하거나 그 밖의 방법으로 그 효용을 해친 경우, ② 군사기밀을 적법한 절차에 의하지 아니한 방법으로 탐지하거나 수집한 경우, ③ 업무상 군사기밀을 취급하였던 사람이 그 취급 인가가 해제된 이후에도 군사기밀을 점유하고 있는 경우, ④ 군사기밀을 탐지하거나 수집한 사람이 이를 타인에게 누설하거나 우

78) 군사기밀 보호법 제2조 제1호.

연히 군사기밀을 알게 되거나 점유한 사람이 군사기밀임을 알면서도 이를 타인에게 누설한 경우,[79] ⑤ 업무상 알게 되거나 점유한 군사기밀을 타인에게 누설한 경우 또는 업무상 군사기밀을 취급하거나 취급하였던 사람이 그 업무상 알게 되거나 점유한 군사기밀을 과실로 타인에게 누설한 경우, ⑥ 금품이나 이익을 수수, 요구, 약속 또는 공여하여 군사기밀을 불법으로 거래한 경우가 있다.[80]

(4) 군형법 제80조의 군사기밀 누설

고의로 군사상 기밀을 누설한 경우뿐만 아니라 업무상 과실 또는 중대한 과실로 인하여 군사상 기밀을 누설한 경우를 포함한다.

(5) 군형법 제2편 제15장 강간과 추행의 죄

군형법 제2편 제15장의 강간과 추행의 죄에는 간강, 유사강간, 강제추행, 준강강·준강제추행, 추행, 강간 등 상해·치상과 강간 등 살인·치사의 죄가 있다.

(6) 성폭력범죄의 처벌 등에 관한 특례법 제2조의 성폭력범죄

형법 제2편 제22장 성풍속에 관한 죄 중 제242조(음행매개), 제243조(음화반포등), 제244조(음화제조등) 및 제245조(공연음란)의 죄, 형법 제2편 제31장 약취(略取), 유인(誘引) 및 인신매매의 죄 중 추행, 간음 또는 성매매와 성적 착취를 목적으로 범한 제288조 또는 추행, 간음 또는 성매매와 성적 착취를 목적으로 범한 제289조, 제290조(추행, 간음 또는 성매매와 성적 착취를 목적으로 제288조 또는 추행, 간음 또는 성매매와 성적 착취를 목적으로 제289조의 죄를 범하여 약취, 유인, 매매된 사람을 상해하거나 상해에 이르게 한 경우에 한정한다), 제291조(추행, 간음 또는 성매매와 성적 착취를 목적으로 제288조 또는 추행, 간음 또는 성매매와 성적 착취를 목적으로 제289조의 죄를 범하여 약취, 유인, 매매된 사람을 살해하거나 사망에 이르게 한 경우에 한정한다), 제292조(추행, 간음 또는 성매매와 성적 착취를 목적으로 한 제288조 또는 추행, 간음 또는 성매매와 성적 착취를 목적으로 한 제289조의 죄로 약취, 유인, 매매된 사람을 수수(授受) 또는 은닉한 죄, 추행, 간음 또는 성매매와 성적 착취를 목적으로 한 제288조 또는 추행, 간음 또는 성매매와 성적 착취를 목적으로 한 제289조

79) 군사기밀 보호법 제12조.
80) 군사기밀 보호법 제11조, 제11조의2, 제12조부터 제13조까지, 제13조의2, 제14조.

의 죄를 범할 목적으로 사람을 모집, 운송, 전달한 경우에 한정한다) 및 제294조(추행, 간음 또는 성매매와 성적 착취를 목적으로 범한 제288조의 미수범 또는 추행, 간음 또는 성매매와 성적 착취를 목적으로 범한 제289조의 미수범, 추행, 간음 또는 성매매와 성적 착취를 목적으로 제288조 또는 추행, 간음 또는 성매매와 성적 착취를 목적으로 제289조의 죄를 범하여 발생한 제290조 제1항의 미수범 또는 추행, 간음 또는 성매매와 성적 착취를 목적으로 제288조 또는 추행, 간음 또는 성매매와 성적 착취를 목적으로 제289조의 죄를 범하여 발생한 제291조 제1항의 미수범 및 제292조 제1항의 미수범 중 추행, 간음 또는 성매매와 성적 착취를 목적으로 약취, 유인, 매매된 사람을 수수, 은닉한 죄의 미수범으로 한정한다)의 죄, 형법 제2편 제32장 강간과 추행의 죄 중 제297조(강간), 제297조의2(유사강간), 제298조(강제추행), 제299조(준강간, 준강제추행), 제300조(미수범), 제301조(강간등 상해 · 치상), 제301조의2(강간등 살인 · 치사), 제302조(미성년자등에 대한 간음), 제303조(업무상위력등에 의한 간음) 및 제305조(미성년자에 대한 간음, 추행)의 죄, 형법 제339조(강도강간)의 죄 및 제342조(제339조의 미수범으로 한정한다)의 죄, 성폭력범죄의 처벌 등에 관한 특례법상 특수강도강간, 특수강간, 친족관계에 의한 강간, 장애인에 대한 강간 · 강제추행, 13세 미만의 미성년자에 대한 강간 · 강제추행, 업무상 위력 등에 의한 추행, 공중 밀집 장소에서의 추행, 성적 목적을 위한 다중이용장소 침입행위, 통신매체를 이용한 음란행위, 카메라 등을 이용한 촬영, 허위영상물 등의 반포, 촬영물 등을 이용한 협박 · 강요 등의 죄와 그 미수범 등이 있다.

(7) 성매매알선 등 행위의 처벌에 관한 법률 제2조 제1항 제1호의 성매매

불특정인을 상대로 금품이나 그 밖의 재산상의 이익을 수수(收受)하거나 수수하기로 약속하고 성교행위나 구강 · 항문 등 신체의 일부 또는 도구를 이용한 유사 성교행위를 하거나 그 상대방이 되는 것을 말하다.

(8) 양성평등기본법 제3조 제2호의 성희롱

업무, 고용, 그 밖의 관계에서 국가기관 · 지방자치단체 또는 대통령령으로 정하는 공공단체(이하 "국가기관등"이라 한다)의 종사자, 사용자 또는 근로자가 지위를 이용하거나 업무 등과 관련하여 성적 언동 또는 성적 요구 등으로 상대방에게 성적 굴욕감이나 혐오감을 느끼게 하는 행위, 상대방이 성적 언동 또는 성적

요구에 따르지 아니한다는 이유로 불이익을 주거나 그에 따르는 것을 조건으로 이익 공여의 의사표시를 하는 행위를 하는 경우를 말한다.

(9) 도로교통법 제44조 제1항을 위반하여 술에 취한 상태에서 운전을 하거나 같은 조 제2항을 위반하여 음주측정 요구에 따르지 않은 행위

(10) 공직자윤리법 제3조 또는 제14조의4에 따른 재산등록의무나 주식 매각·신탁과 관련한 의무 위반

(11) 적극행정 운영규정 제2조 제2호의 소극행정

공무원이 부작위 또는 직무태만 등 소극적 업무행태로 국민의 권익을 침해하거나 국가 재정상 손실을 발생하게 하는 행위를 말한다.

(12) 부작위 또는 직무태만(소극행정은 제외한다)

(13) 공무원 행동강령 제13조의3 각 호의 어느 하나에 해당하는 부당한 행위

공무원은 자신의 직무권한을 행사하거나 지위·직책 등에서 유래되는 사실상 영향력을 행사하여 ① 인가·허가 등을 담당하는 공무원이 그 신청인에게 불이익을 주거나 제3자에게 이익 또는 불이익을 주기 위하여 부당하게 그 신청의 접수를 지연하거나 거부하는 행위, ② 직무관련공무원에게 직무와 관련이 없거나 직무의 범위를 벗어나 부당한 지시·요구를 하는 행위, ③ 공무원 자신이 소속된 기관이 체결하는 물품·용역·공사 등 계약에 관하여 직무관련자에게 자신이 소속된 기관의 의무 또는 부담의 이행을 부당하게 전가(轉嫁)하거나 자신이 소속된 기관이 집행해야 할 업무를 부당하게 지연하는 행위, ④ 공무원 자신이 소속된 기관의 소속기관이나 소속된 기관이 업무를 관장하는 공공기관 또는 공직유관단체에 공무원 자신이 소속된 기관의 업무를 부당하게 전가하거나 그 업무에 관한 비용·인력을 부담하도록 부당하게 전가하는 행위, ⑤ 그 밖에 직무관련자, 직무관련공무원, 제4호 각 목의 기관 또는 단체의 권리·권한을 부당하게 제한하거나 의무가 없는 일을 부당하게 요구하는 행위를 말한다.

(14) 성(性) 관련 비위나 공무원 행동강령 제13조의3 각 호의 어느 하나에

해당하는 부당한 행위를 은폐하거나 필요한 조치를 하지 않은 경우

(15) 공무원(군인 및 군무원을 포함한다) 채용과 관련하여 청탁이나 강요 등 부당한 행위를 하거나 채용 업무와 관련하여 비위행위를 한 경우

(16) 부정청탁 및 금품등 수수의 금지에 관한 법률 제5조 각 호의 어느 하나에 해당하는 부정청탁(직접 또는 제3자를 통하여 직무를 수행하는 공직자 등에게 제5조 각 호에 해당하는 부정청탁을 하는 행위를 말한다)

(17) 부정청탁 및 금품등 수수의 금지에 관한 법률 제6조의 부정청탁에 따른 직무수행

(18) 직무상 비밀이나 미공개 정보(재물이나 재산상 이익의 취득 여부의 판단에 중대한 영향을 미칠 수 있는 정보로서 불특정 다수인이 알 수 있도록 공개되기 전의 것을 말한다)를 이용한 부당행위

3. 심사 또는 재심사 청구

가. 심사 또는 재심사 청구와 기록제출

징계권자는 징계위원회의 의결결과가 가볍다고 인정되면 징계처분등을 하기 전에 법무장교가 배치된 징계권자의 차상급 부대 또는 기관에 설치된 징계위원회에 심사 청구를 할 수 있다. 국방부에 설치된 징계위원회의 의결에 대하여는 그 징계위원회에 재심사 청구를 할 수 있다.[81)]

징계권자는 심사 또는 재심사를 청구하는 경우 징계의결이나 징계부가금 부과의결 또는 징계부가금 감면의결을 보고받은 날부터 15일 이내에 ① 심사 또는 재심사 청구의 취지, ② 심사 또는 재심사 청구의 이유 및 증명 방법, ③ 징계의결서 사본, 징계부가금 부과의결서 사본 또는 징계부가금 감면의결서 사본을 적거나 첨부한 징계의결, 징계부가금 부과의결 또는 징계부가금 감면의결 심사(재심사)청구서에 관계 기록을 첨부하여 관할 징계위원회에 제출하여야 한다.[82)]

81) 군무원인사법 제40조 제5항.
82) 군무원인사법 시행령 제114조의2 제1항.

나. 심사 또는 재심사 의결 및 처분

징계권자는 차상급 부대 또는 기관에 설치된 징계위원회나 국방부에 설치된 징계위원회의 심사 또는 재심사의 의결 결과에 따라 징계처분등을 하여야 한다.[83] 국방부에 설치된 징계위원회의 의결에 대하여 재심사를 청구한 사건을 심의하는 징계위원회는 위원장을 제외한 위원의 과반수가 당초 심의·의결에 참여하지 않은 위원으로 구성되어야 한다.[84]

4. 징계처분의 집행

가. 징계처분의 집행

징계처분은 징계권자가 징계처분서를 징계대상자에게 교부하여 집행한다. 징계권자가 징계처분의 결정을 한 때에는 징계대상자 본인에게 지체 없이 징계처분서를 교부해야 한다.[85]

나. 피해자에 대한 징계처분등 결과 통보

징계권자는 성폭력범죄의 처벌 등에 관한 특례법 제2조에 따른 성폭력범죄 및 양성평등기본법 제3조 제2호에 따른 성희롱에 해당하는 사유로 징계처분이나 징계부가금 부과처분을 할 때에는 피해자가 요청하는 경우 그 처분의 결과를 피해자에게 통보하여야 한다.[86]

징계권자는 성폭력범죄의 처벌 등에 관한 특례법 제2조에 따른 성폭력범죄 및 양성평등기본법 제3조 제2호에 따른 성희롱의 피해자에게 군무원인사법 제40조 제6항에 따라 징계처분 및 징계부가금 부과처분의 결과를 통보받을 수 있다는 사실을 안내해야 한다.[87] 징계처분등의 처분결과를 통보받은 피해자는 그 통보 내용을 공개해서는 안 된다.[88] 징계처분등의 결과 통보에 필요한 사항은

83) 군무원인사법 제40조 제5항 2문.
84) 군무원인사법 시행령 제114조의2 제2항.
85) 군무원인사법 시행령 제116조.
86) 군무원인사법 제40조 제6항.
87) 군무원인사법 시행령 제116조의3 제1항.
88) 군무원인사법 시행령 제116조의3 제2항.

국방부장관이 정하고 있다.[89]

피해자는 전화, 구두 또는 그 밖의 방법으로 군무원인사법 제40조 제6항에 따른 징계처분결과 통보를 요청할 수 있다. 피해자의 요청으로 징계권자가 피해자에게 징계처분결과를 통보하는 경우에는 국방부 징계업무 훈령 제73조의2 제4항 별지 제17호 서식에 따른다.

다. 감사원에 대한 통고

징계위원회가 설치된 기관의 장은 징계위원회에서 징계등 사건을 심의·의결한 결과 해당 공무원이 공무로 보관 중인 금품 또는 물품을 잃어버리거나 훼손하였다고 인정할 때에는 소속 장관이나 감독기관의 장을 거쳐 그 사실을 감사원에 통고하여야 한다.[90]

제6절 징계항고 절차

1. 항고의 의미

가. 징계처분등에 대한 불복절차

징계처분을 받은 군무원은 징계처분등이 위법하거나 부당하다고 인정하는 때에는 항고심사권자에게 항고를 할 수 있다. 징계항고는 행정기관 내부에서 이루어지는 불복절차로서 행정심판과 같은 성격을 가지는 준사법적 절차이다. 징계처분등에 대하여 행정소송은 항고절차를 거치지 않고 제기할 수 없으므로 행정소송을 제기하기 위해서는 전심절차로서 항고절차를 거쳐야 한다.

항고심사위원회에서 항고에 대한 의결이 있거나 항고인이 항고를 취하한 경우에는 그 항고심사위원회의 의결 및 동일한 징계처분, 징계부가금 부과처분 또는 징계부가금 감면처분에 대하여 다시 항고할 수 없다.[91] 항고를 받은 국방부

89) 군무원인사법 시행령 제116조의3 제3항, 국방부 징계업무 훈령 제73조의2.
90) 군무원인사법 시행령 제117조에 따라 준용되는 공무원 징계령 제16조.
91) 군무원인사법 시행령 제123조.

장관과 부대 또는 기관의 장은 항고심사위원회의 심사를 거쳐 원래의 징계처분등을 취소하거나 감경(減輕)할 수 있다. 다만, 원징계처분보다 무겁게 징계하거나 원징계부가금 부과처분보다 무거운 징계부가금을 부과하는 결정을 하지 못한다.[92)]

나. 항고인의 권리

(1) 항고인

"항고인"이라 함은 징계위원회의 심의를 거쳐 징계권자로부터 징계처분등을 받은 자로서 항고권을 갖는 사람을 말한다. 징계처분등에 대한 항고권은 징계처분등을 받은 징계등의 대상자에게만 인정되는 것으로 항고인의 법정대리인 또는 친족 등에게는 항고권이 인정되지 않는다.

(2) 항고인의 항고절차상 권리

항고인은 항고심사위원회의 위원에게 심의·의결의 공정을 기대하기 어려운 사정이 있는 경우에는 징계위원회에 기피신청을 할 수 있다. 이 경우 항고심사위원회는 의결로서 이를 결정하여야 한다.

항고인은 변호사를 대리인으로 선임할 수 있다. 항고인이 변호사를 대리인으로 선임한 때에는 그 위임장을 항고심사위원회에 제출하여야 한다.

항고인의 항고심사위원회 출석통지 수령권 및 출석권, 항고심사위원회에 진술기회 보장 및 방어권 행사를 위한 자료제출 및 증인 신청권 등은 징계위원회에서 징계심의대상자의 권리를 준용하여 인정한다.

2. 항고심사권자와 항고심사위원회의 설치

가. 항고심사권자

(1) 항고심사권자의 범위

항고의 제기는 징계권자의 차상급 부대로서 장성급 장교가 지휘하는 부대 또는 기관의 장(이하 "항고심사권자"라 한다)에게 한다. 항고인은 장성급 장교가 지

---

92) 군무원인사법 제42조 제4항 후단.

휘하는 징계권자의 차상급 부대 또는 기관에 항고를 제기할 수 있음에도 불구하고 파면·해임·강등 또는 정직 처분을 받은 5급 이상의 군무원은 직접 국방부장관에게 항고할 수 있다.[93]

(2) 항고인의 소속 변경과 항고심사권자

징계처분등을 받은 자의 소속이 변경된 경우에는 항고제기 당시의 소속 부대 또는 기관의 장성급 장교가 지휘하는 차상급 부대 또는 기관의 장에게 항고하여야 한다. 이 경우 항고를 받은 차상급 부대 또는 기관의 장은 해당 징계처분등을 한 사람보다 상급자이어야 한다.[94]

나. 항고심사위원회의 설치 및 구성

항고심사권자는 군무원의 징계등 항고사건에 대하여 심사하기 위하여 군무원 항고심사위원회를 둔다. 국방부장관이 징계권자인 경우와 군무원인사법 제42조 제2항에 따라 국방부장관에게 직접 항고한 경우 이를 심사하기 위한 군무원항고심사위원회(이하 이 절에서 "항고심사위원회"라고 한다)는 국방부에 둔다.[95]

항고심사위원회는 위원장 1명을 포함하여 5명 이상 7명 이하의 위원으로 구성한다. 위원은 항고인보다 상위직에 있는 장교·일반군무원 또는 일반직공무원 중에서 항고심사권자가 임명한다. 이 경우 위원 중 군법무관 또는 법률지식이 풍부한 사람 1명과 군무원 또는 공무원 2명 이상이 포함되어야 한다.[96] 다만, 군법무관이 위원이 되는 때에는 항고인보다 상위직에 있지 않은 경우에도 위원으로 임명할 수 있다.[97]

항고심사권자의 소속 부대 또는 기관에 위원의 자격이 있는 사람의 수가 항고심사위원회의 구성 위원 수에 모자라게 된 때에는 다른 부대 또는 기관에 소속한 장교 및 일반군무원 또는 일반직공무원 중에서 임명할 수 있다.[98]

---

93) 군무원인사법 제42조 제2항.
94) 군무원인사법 제42조 제3항.
95) 군무원인사법 제43조 제1항 단서.
96) 군무원인사법 제43조 제2항, 군무원인사법 시행령 제119조 제1항.
97) 군무원인사법 시행령 제119조 제1항 단서.
98) 군무원인사법 시행령 제119조 제2항 및 제109조 제3항 후문.

다. 항고심사위원회 위원의 제척 및 기피

항고심사위원회 위원이 직무상 해당 안건에 관한 처분에 직접 관여한 경우, 항고심사 대상자의 친족인 경우, 해당 안건에 증인 또는 감정인으로 지정된 경우에는 해당 안건의 심의·의결에서 제척된다.[99)]

항고인은 항고심사위원회의 위원에게 심의·의결의 공정을 기대하기 어려운 사정이 있는 경우에는 항고심사위원회에 기피신청을 할 수 있고 항고심사위원회는 의결로 이를 결정한다. 항고심사위원회의 위원이 제적 및 기피 사유에 해당하는 경우 해당 위원은 스스로 해당 안건의 심의·의결에서 회피할 수 있다.

라. 항고심사위원회의 운영

(1) 항고심사위원회의 위원장

항고심사위원회 위원장은 위원 중 최상위 서열자로 한다.[100)] 위원장은 항고심사위원회를 소집하고 항고심사위원회의 사무를 총괄한다. 위원장은 항고심사위원회를 대표한다. 위원장이 부득이한 사유로 직무를 수행할 수 없는 때에는 위원장이 미리 지정한 위원이 그 직무를 대행한다.[101)]

(2) 항고심사위원회의 간사

항고심사위원회의 사무를 처리하기 위하여 간사를 둔다, 군무원의 경우에는 항고심사권자가 소속 공무원 중에서 임명한다.[102)]

(3) 원격영상회의 방식 등

원격영상회의 방식의 심사·의결에 관한 사항, 항고심사위원회 회의 참석자의 준수사항은 징계위원회에 관한 각 규정을 준용한다.[103)]

---

99) 군무원인사법 시행령 제124조 및 제110조, 제92조.
100) 군무원인사법 시행령 제109조 제2항 전문.
101) 군무원인사법 시행령 제119조 및 제109조 제6항.
102) 군무원인사법 시행령 제119조 및 제109조 제7항.
103) 군무원인사법 시행령 제124조, 제114조의3 및 제114조의4.

3. 항고의 제기

가. 항고서의 제출

(1) 항고인의 항고서 제출

항고인은 처분등을 통지받은 날부터 30일 이내에 장성급 장교가 지휘하는 징계권자의 차상급 부대 또는 기관의 장에게 그 처분에 대하여 항고할 수 있다. 다만, 국방부장관이 징계권자인 경우에는 국방부장관에게 항고할 수 있다.[104]

항고인이 항고를 할 때에는 항고서에 징계처분서 사본, 징계부가금 부과처분서 사본 또는 징계부가금 감면처분서 사본을 첨부하여 항고심사권자에게 제출하여야 하다. 항고서에 기재할 사항은 다음과 같다.[105]

① 항고인의 성명, 생년월일, 주소

② 징계처분, 징계부가금 부과처분 또는 징계부가금 감면처분 당시의 소속, 계급, 직명

③ 불복의 요지 및 이유

(2) 중징계의 처분과 소속의 변경의 경우

5급 이상의 일반군무원이 파면·해임·강등 또는 정직 처분을 받은 때에는 그 처분의 통지를 받은 날부터 30일 이내에 징계권자의 차상급 부대 또는 기관의 장을 거치지 않고 직접 국방부장관에게 항고할 수 있다.[106]

항고인이 항고를 할 때에 징계처분등을 받은 사람의 소속이 변경된 경우에는 항고 당시의 소속 부대 또는 기관의 차상급 부대 또는 기관의 장에게 항고하여야 한다. 이 경우 항고를 받은 차상급 부대 또는 기관의 장은 장성급 장교로서 징계처분등을 한 사람보다 상급자이어야 한다.[107]

(3) 항고서의 보정

항고심사위원회는 항고서에 흠이 있다고 인정하면 항고서를 접수한 날부터 7

104) 군무원인사법 제42조 제1항.
105) 군무원인사법 시행령 제118조.
106) 군무원인사법 제42조 제2항.
107) 군무원인사법 제42조 제3항.

일 이내에 상당한 기간을 정하여 보정을 명하여야 하며, 그 기간 내에 보정을 하지 아니하였을 때에는 항고를 취하한 것으로 본다. 다만, 항고심사위원회는 항고서의 흠이 경미한 경우에는 이를 직권으로 보정할 수 있다.[108] 항고심사위원회가 보정을 명한 항고사건의 처리기간은 보정이 끝난 날부터 계산한다.

나. 항고의 제기기간

항고는 징계권자로부터 그 징계등 처분을 통지받은 날부터 30일 이내에 하여야 한다. 항고의 제기기간은 불변기간으로서 그 기간이 지나면 항고를 제기하지 못한다. 항고절차 전치주의에 따라 항고를 제기하지 아니한 경우에는 행정법원에 행정소송 역시 제기할 수 없으므로 법원의 재판을 받기 위해서는 항고기간 내에 항고를 제기하여야 한다.

다. 항고와 징계처분등의 집행부정지 원칙

징계처분의 집행은 징계권자가 징계처분등의 결정을 했을 때 그 처분의 대상자에게 지체 없이 징계처분서를 교부하여 집행한다. 항고와 징계처분등의 집행정지에 관하여 관계 법령에서 별도의 규정을 두고 있지 않고, 행정처분의 공정력과 확정력에 비추어 항고인이 징계권자의 징계처분등에 대하여 항고를 제기한 경우에는 징계처분등은 그대로 집행하고 항고제기로 인하여 그 집행이 정지되지 않는다.[109]

라. 항고의 취하와 재항고 금지

항고인의 항고 취하에 관하여 군무원인사법 및 같은 법 시행령에서는 별도의 규정을 두고 있지 않으나, 군인의 경우와 같이 항고인은 항고심사위원회의 의결이 있을 때까지 서면으로 항고를 취하할 수 있다고 보는 것이 타당하다. 다만, 항고인이 항고를 취하한 경우에는 동일한 징계처분등 사건에 대하여 다시 항고할 수 없다.

---

108) 군무원인사법 시행령 제124조 및 제93조.

109) 행정소송법 제23조 제1항에서 취소소송이 제기된 경우에도 처분등이 효력이나 그 집행 또는 절차의 속행에 영향을 주지 아니한다고 규정하고 있는 취지와 같다. 다만, 징계 항고절차에서는 행정소송법 같은 조 제2항에서 인정하고 있는 처분의 정지의 예외가 인정되지 않는다.

항고에 대한 결정이 있으면 그 결정이나 항고의 대상이 된 징계처분, 징계부가금 부과처분 또는 징계부가금 감면처분에 대하여 항고인은 다시 항고할 수 없다.[110]

4. 항고심사위원회의 심사 · 의결

가. 항고심사위원회의 심사절차

(1) 항고서 접수 통지 등

항고심사권자는 항고서를 접수하였을 때에는 항고의 요지를 해당 징계권자에게 통지하여야 하고, 그 통지를 받은 징계권자는 항고인의 징계등 의결서 등 관계기록을 지체 없이 항고심사권자에게 제출하여야 한다.[111]

항고심사권자로부터 항고서 접수 통보를 받은 원징계권자는 통보받은 날로부터 3일 이내에 항고심사권자에게 관계기록 전부 및 징계의결서의 각 사본을 송부하여야 한다. 다만, 징계권자와 징계의결서 원본 보관 부대장이 다른 경우에는 징계의결서 원본 보관부대장으로부터 징계의결서 사본을 송부 받아야 한다.[112]

항고심사권자는 특별한 사유가 없으면 항고서를 접수한 날부터 7일 이내에 항고심사위원회에 이를 회부하여야 한다.[113]

(2) 항고심사위원의 통지

항고심사위원회의 위원장은 항고심사위원회에 징계등 사건이 항고제기된 경우에는 개최일시 및 장소를 정하여 위원에게 통지하여야 한다.

(3) 관계인의 출석 요구 등

항고심사위원회는 항고사건의 심의에 필요하다고 인정하는 경우에는 관계인을 출석하게 하거나 증거 자료 등의 제출을 요구할 수 있다.[114] 항고심사위원회

110) 군무원인사법 시행령 제123조.
111) 군무원인사법 시행령 제120조 제1항.
112) 국방부 징계업무 훈령 제55조 제4항.
113) 군무원인사법 시행령 제120조 제2항.
114) 군무원인사법 시행령 제124조, 제107조.

는 업무수행을 위하여 필요한 경우에는 간사에게 사실조사를 하게 하거나 특별한 학식·경험이 있는 자에게 검증이나 감정을 의뢰할 수 있으며, 간사의 사실조사에 필요하다고 인정할 때에는 항고인에게 출석을 명할 수 있다.[115)]

(4) 항고인의 진술 및 증거제출 등

항고심사위원회는 항고인에게 서면이나 구술로 충분한 진술 기회를 주어야 한다.[116)] 다만, 2회 이상 출석통지를 받고 출석하지 아니하였을 때에는 그러하지 아니하다.[117)] 항고인은 서면이나 구술로 자기에게 이익이 되는 사실(징계등 면제 사유를 포함한다)을 진술하거나 증거를 제출할 수 있다.[118)] 항고인은 증인의 신문을 항고심사위원회에 신청할 수 있으며, 항고심사위원회는 그 채택 여부를 결정하여 항고인에게 통보해야 한다.[119)]

나. 항고심사위원회의 심사의결

(1) 심사의결의 기간

항고심사위원회는 항고사건을 회부 받은 날부터 30일 이내에 심사하여 의결하여야 한다.[120)] 다만, 부득이한 사유가 있을 때에는 징계위원회의 결정으로 30일의 범위에서 그 기간을 연장할 수 있다. 항고심사위원회는 군무원인사법 제40조 제3항 단서에 따른 항고심사의결의 기한 연기에 관한 사항은 서면으로 의결할 수 있다. 이 경우 서면의결의 절차·방법 등에 관한 사항은 국방부장관이 정한다.[121)]

(2) 심사의결의 방법

항고심사권자는 항고심사위원회의 심사를 거쳐 원래의 징계처분등을 취소하거나 감경할 수 있으나, 원징계처분보다 무겁게 징계하거나 원징계부가금 부과처분보다 무거운 징계부가금을 부과하는 결정을 하지 못한다.[122)] 항고심사위원

115) 군무원인사법 시행령 제124조, 제108조 제5항 및 제6항.
116) 군무원인사법 제43조 제3항 및 제40조 제2항.
117) 군무원인사법 시행령 제124조, 제108조 제1항.
118) 군무원인사법 시행령 제124조, 제108조 제2항.
119) 군무원인사법 시행령 제124조, 제108조 제3항 및 제4항.
120) 군무원인사법 시행령 제120조 제3항.
121) 군무원인사법 시행령 제124조, 제114조 제4항 및 제5항.

회는 재적위원 3분의 2 이상의 출석과 출석위원 과반수의 찬성으로 의결하되, 의견이 나뉘어 출석위원 과반수에 이르지 못할 때에는 출석위원 과반수에 이르기까지 징계등 심의대상자에게 가장 불리한 의견에 차례로 유리한 의견을 더하여 그 가장 유리한 의견을 합의된 의견으로 본다.[123]

다. 항고심사보고서 작성 및 보고

항고심사위원회는 항고사건의 심사를 마쳤을 때에는 항고심사보고서를 작성하여 위원장과 출석위원이 서명・날인하고, 항고심사권자에게 보고하여야 한다.[124]

라. 비밀누설 금지 등

항고심사위원회의 회의는 공개하지 아니하고, 항고심사위원회의 회의에 참여한 사람은 직무상 알게 된 비밀을 누설해서는 아니 된다.[125]

5. 항고결정의 통지와 이행

가. 항고결정의 통지

항고심사권자는 항고심사위원회로부터 항고심사 결과를 보고받은 때에는 7일 이내에 이에 대한 결정을 하고, 해당 징계권자와 항고인에게 통지하여야 한다.[126]

나. 항고결정의 이행

징계권자는 항고심사권자로부터 징계처분, 징계부가금 부과처분 또는 징계부가금 감면처분을 취소하거나 감경하는 결정의 통지를 받았을 때에는 지체 없이

122) 군무원인사법 제42조 제4항.
123) 군무원인사법 시행령 제124조, 제114조 제1항.
124) 군무원인사법 시행령 제120조 제4항.
125) 군무원인사법 시행령 제124조, 제114조 제3항.
126) 군무원인사법 시행령 제121조. 군무원인사법 및 같은 법 시행령에서는 징계권자와 달리 항고심사권자의 징계감경을 인정하는 규정은 없으나, 국방부 징계업무 훈령에서는 군무원에 대하여도 항고심사권자의 징계감경권을 인정하고 있다. 그러나 이는 항고심사위원회의 의결결과를 법령에 근거 없이 변경하는 것으로 상위법에 위반될 소지가 있다.

항고 결정에 따라 이행하여야 한다.[127]

6. 행정소송과의 관계

징계처분, 그 밖에 본인의 의사에 반한 불리한 처분에 관한 행정소송은 항고절차를 거치지 아니하면 제기할 수 없다.

행정소송을 제기할 때에는 징계항고가 각하·기각인 경우, 처분의 취소 또는 변경을 명하는 결정을 하고 원징계권자(피항고인)가 그에 따라 처분의 취소 또는 변경을 한 때에는 원징계권자(피항고인)를 피고로 한다. 항고심사권자가 직접 징계처분의 취소 또는 변경을 한 경우에는 항고심사권자를 피고로 한다.

127) 군무원인사법 시행령 제122조.

부 록

○ 국가공무원 · 군무원 징계법령 비교표

○ 군인 · 군무원 징계법령 비교표

국가공무원 · 군무원 징계법령 비교표

국가공무원법[1]	공무원 징계령[2]	공무원 징계령 시행규칙[3]	군무원인사법[4]	군무원인사법 시행령[5]
	제1조(목적) 이 영은 국가공무원법 제10장에 따라 공무원의 징계와 징계부가금 부과에 필요한 사항을 규정함을 목적으로 한다.	**제1조(목적)** 이 규칙은 공무원 징계령에서 위임된 사항과 그 시행에 필요한 사항을 규정함을 목적으로 한다.		
	제1조의2(적용 범위) 행정부 소속의 경력직국가공무원 및 국가공무원법(이하 "법"이라 한다) 제10장이 준용되는 별정직 국가공무원(이하 "공무원"이라 한다)에 대한 징계 및 징계부가금은 다른 법령에 특별한 규정이 있는 경우를 제외하고는 이 영에서 정하는 바에 따른다.			
제79조(징계의 종류) 징계는 파면 · 해임 · 강등 · 정직 · 감봉 · 견책(譴責)으로 구분한다. **제80조(징계의 효력)** ① 강등은 1계급 아래로 직급을 내리고(고위공무원단에 속하는 공무원은 3급으로 임용하고, 연구관 및 지도관은 연구사 및 지도사로 한다) 공무원신분은 보유하나 3개월간 직무에 종사하지 못하며 그 기간 중 보수는 전액을 감한다. 다만, 제4조제2항에 따라 계급을 구분하지 아니하는 공무원과 임기제공무원에 대해서는 강등을 적용하지 아니한다. ② 제1항에도 불구하고 이 법의 적용을 받는 특정직공무원 중 외무공무원과 교육공무원의 강등의 효력은 다음 각 호와 같다. 1. 외무공무원의 강등은 외무공무원법 제20조의2에 따라 배정받은 직무등급을 1등급 아래로 내리고(14등급 외무공무원은 고위공무원단 직위로 임용하고, 고위공무원단에 속하는 외무공무원은 9등급으	**제1조의3(정의)** 이 영에서 사용하는 용어의 뜻은 다음과 같다. 1. "중징계"란 파면, 해임, 강등 또는 정직을 말한다. 2. "경징계"란 감봉 또는 견책을 말한다.		**제39조(징계의 종류와 효력)** ① 징계는 파면, 해임, 강등, 정직, 감봉 및 견책으로 구분한다. 다만, 제45조제1항에 따른 임기제일반군무원의 경우에는 강등은 제외한다. ② 강등은 해당 계급에서 1계급을 내리고, 강등처분을 받은 사람은 군무원의 신분은 보유하나 3개월 동안 직무에 종사할 수 없으며, 그 기간 중 보수는 전액을 삭감한다. ③ 정직은 1개월 이상 3개월 이하의 기간으로 하고, 정직처분을 받은 사람은 그 기간 중 군무원의 신분은 보유하나 직무에 종사할 수 없으며, 그 기간 중 보수는 전액을 삭감한다. ④ 감봉은 1개월 이상 3개월 이하의 기간 동안 보수의 3분의 1에 해당하는 금액을 감액한다. ⑤ 견책은 과오(過誤)에 관하여 훈계하고 반성하게 한다.	

1) 2023. 4. 11. 법률 제19341호로 일부개정된 것.
2) 2023. 12. 12. 대통령령 제33962호로 타법개정된 것.
3) 2023. 10. 12. 총리령 제1913호로 일부개정된 것.
4) 2024. 2. 6. 법률 제20187호로 일부개정된 것.
5) 2024. 10. 29. 대통령령 제34967호로 일부개정된 것.

로 임용하며, 8등급부터 6등급까지의 외무공무원은 5등급으로 임용한다) 공무원신분은 보유하나 3개월간 직무에 종사하지 못하며 그 기간 중 보수는 전액을 감한다.
2. 교육공무원의 강등은 교육공무원법 제2조제10항에 따라 동종의 직무 내에서 하위의 직위에 임명하고, 공무원신분은 보유하나 3개월간 직무에 종사하지 못하며 그 기간 중 보수는 전액을 감한다. 다만, 고등교육법 제14조에 해당하는 교원 및 조교에 대하여는 강등을 적용하지 아니한다.
③ 정직은 1개월 이상 3개월 이하의 기간으로 하고, 정직 처분을 받은 자는 그 기간 중 공무원의 신분은 보유하나 직무에 종사하지 못하며 보수는 전액을 감한다.
④ 감봉은 1개월 이상 3개월 이하의 기간 동안 보수의 3분의 1을 감한다.
⑤ 견책(譴責)은 전과(前過)에 대하여 훈계하고 회개하게 한다.
⑥ 강등(3개월간 직무에 종사하지 못하는 효력 및 그 기간 중 보수는 전액을 감하는 효력으로 한정한다), 정직 및 감봉의 징계처분은 휴직기간 중에는 그 집행을 정지한다.
⑦ 공무원으로서 징계처분을 받은 자에 대하여는 그 처분을 받은 날 또는 그 집행이 끝난 날부터 대통령령등으로 정하는 기간 동안 승진임용 또는 승급할 수 없다. 다만, 징계처분을 받은 후 직무수행의 공적으로 포상 등을 받은 공무원에 대하여는 대통령령등으로 정하는 바에 따라 승진임용이나 승급을 제한하는 기간을 단축하거나 면제할 수 있다.
⑧ 공무원(특수경력직공무원 및 지방공무원을 포함한다)이었던 사람이 다시 공무원이 된 경우에는 재임용 전에 적용된 법령에 따라 받은 징계처분은 그 처분일부터 이 법에 따른 징계처분을 받은 것

으로 본다. 다만, 제79조에서 정한 징계의 종류 외의 징계처분의 효력에 관하여는 대통령령등으로 정한다.			
제10장 징계 **제78조(징계사유)** ① 공무원이 다음 각 호의 어느 하나에 해당하면 징계 의결을 요구하여야 하고 그 징계 의결의 결과에 따라 징계처분을 하여야 한다. 1. 이 법 및 이 법에 따른 명령을 위반한 경우 2. 직무상의 의무(다른 법령에서 공무원의 신분으로 인하여 부과된 의무를 포함한다)를 위반하거나 직무를 태만히 한 때 3. 직무의 내외를 불문하고 그 체면 또는 위신을 손상하는 행위를 한 때 ② 공무원(특수경력직공무원 및 지방공무원을 포함한다)이었던 사람이 다시 공무원으로 임용된 경우에 재임용 전에 적용된 법령에 따른 징계 사유는 그 사유가 발생한 날부터 이 법에 따른 징계 사유가 발생한 것으로 본다. ③ 삭제 <2021. 6. 8.> ④ 제1항의 징계 의결 요구는 5급 이상 공무원 및 고위공무원단에 속하는 일반직공무원은 소속 장관이, 6급 이하의 공무원은 소속 기관의 장 또는 소속 상급기관의 장이 한다. 다만, 국무총리 · 인사혁신처장 및 대통령령등으로 정하는 각급 기관의 장은 다른 기관 소속 공무원이 징계 사유가 있다고 인정하면 관계 공무원에 대하여 관할 징계위원회에 직접 징계를 요구할 수 있다. ⑤ 제1항의 징계 의결을 요구하는 경우 제50조의2 제3항에 따른 징계 등의 면제 사유가 있는지를 사전에 검토하여야 한다.		**제7장 징계** **제37조(징계사유)** 군무원에 대한 징계는 다음 각 호의 어느 하나에 해당하는 경우에 행한다. 1. 이 법 및 이 법에 따른 명령을 위반한 경우 2. 직무상의 의무(다른 법령에서 군무원의 신분으로 인하여 부과된 의무를 포함한다)를 위반하거나 직무를 게을리한 경우 3. 직무 관련 유무와 상관없이 그 품위를 손상하는 행위를 한 경우 4. 그 밖에 군율(軍律)을 위반한 경우	
제83조의2(징계 및 징계부가금 부과 사유의 시효) ① 징계의결등의 요구는 징계 등 사유가 발생한 날부터 다음 각 호의 구분에 따른 기간이 지나면 하지 못한다. 1. 징계 등 사유가 다음 각 목의 어느 하나에 해당하는 경우: 10년		**제41조(징계 및 징계부가금 부과 사유의 시효)** ① 징계의결등의 요구는 징계사유가 발생한 날부터 다음 각 호의 구분에 따른 기간이 지나면 하지 못한다. 1. 징계사유가 다음 각 목의 어느 하나에 해당하는 경우: 10년	

<table>
<tr>
<td>가. 성매매알선 등 행위의 처벌에 관한 법률 제4조에 따른 금지행위
나. 성폭력범죄의 처벌 등에 관한 특례법 제2조에 따른 성폭력범죄
다. 아동·청소년의 성보호에 관한 법률 제2조제2호에 따른 아동·청소년대상 성범죄
라. 양성평등기본법 제3조제2호에 따른 성희롱
2. 징계 등 사유가 제78조의2제1항 각 호의 어느 하나에 해당하는 경우: 5년
3. 그 밖의 징계 등 사유에 해당하는 경우: 3년
② 제83조제1항 및 제2항에 따라 징계 절차를 진행하지 못하여 제1항의 기간이 지나거나 그 남은 기간이 1개월 미만인 경우에는 제1항의 기간은 제83조제3항에 따른 조사나 수사의 종료 통보를 받은 날부터 1개월이 지난 날에 끝나는 것으로 본다.
③ 징계위원회의 구성·징계의결등, 그 밖에 절차상의 흠이나 징계양정 및 징계부가금의 과다(過多)를 이유로 소청심사위원회 또는 법원에서 징계처분등의 무효 또는 취소의 결정이나 판결을 한 경우에는 제1항의 기간이 지나거나 그 남은 기간이 3개월 미만인 경우에도 그 결정 또는 판결이 확정된 날부터 3개월 이내에는 다시 징계의결등을 요구할 수 있다.</td>
<td></td>
<td></td>
<td>가. 성매매알선 등 행위의 처벌에 관한 법률 제4조에 따른 금지행위
나. 성폭력범죄의 처벌 등에 관한 특례법 제2조에 따른 성폭력범죄
다. 아동·청소년의 성보호에 관한 법률 제2조제2호에 따른 아동·청소년대상 성범죄
라. 양성평등기본법 제3조제2호에 따른 성희롱
2. 징계사유가 제37조의2제1항 각 호의 어느 하나에 해당하는 경우: 5년
3. 그 밖의 징계사유에 해당하는 경우: 3년
② 징계위원회의 구성, 그 밖에 절차상의 흠이나 징계 정도 및 징계부가금의 과다(過多)를 이유로 제43조에 따른 군무원항고심사위원회나 법원에서 징계처분등의 무효 또는 취소의 결정이나 판결을 한 경우에는 제1항의 시효기간이 지나거나 남은 시효기간이 3개월 미만인 경우에도 그 결정 또는 판결이 확정된 날부터 3개월 이내에 다시 징계의결등을 요구할 수 있다.
③ 국가공무원법 제83조제1항 및 제2항에 따라 징계절차를 진행하지 못하여 제1항의 시효기간이 지나거나 남은 시효기간이 1개월 미만인 경우 제1항의 기간은 같은 법 제83조제3항에 따른 조사나 수사의 종료를 통보받은 날부터 1개월이 지난 날에 끝나는 것으로 본다.</td>
<td></td>
</tr>
<tr>
<td></td>
<td>제2조(징계위원회의 종류 및 관할)
① 징계위원회는 중앙징계위원회와 보통징계위원회로 구분한다.
② 중앙징계위원회는 다음 각 호의 징계 또는 법 제78조의2에 따른 징계부가금(이하 "징계부가금"이라 한다) 사건을 심의·의결한다.
1. 고위공무원단에 속하는 공무원의 징계 또는 징계부가금(이하 "징계등"이라 한다) 사건
1의2. 다음 각 목의 어느 하나에 해당하는 공무원</td>
<td></td>
<td></td>
<td></td>
</tr>
</table>

(이하 "5급이상공무원등"이라 한다)의 징계등 사건
가. 5급 이상 공무원
나. 전문경력관 가군
다. 연구관 및 지도관
라. 우정2급 이상 공무원
마. 나급 이상 전문임기제공무원(시간선택제전문임기제공무원을 포함한다)
바. 5급 이상 일반직공무원의 보수에 상당하는 보수를 받는 별정직공무원
사. 수석전문관 및 전문관
2. 다른 법령에 따라 중앙징계위원회에서 징계의결 또는 징계부가금 부과 의결(이하 "징계의결등"이라 한다)을 하는 특정직공무원의 징계등 사건
3. 대통령이나 국무총리의 명령에 따른 감사 결과 국무총리가 징계의결등을 요구한 다음 각 목의 어느 하나에 해당하는 공무원(이하 "6급이하공무원등"이라 한다)의 징계등 사건
가. 6급 이하 공무원
나. 전문경력관 나군 및 다군
다. 연구사 및 지도사
라. 우정3급 이하 공무원
마. 다급 이하 전문임기제공무원(시간선택제전문임기제공무원을 포함한다)
바. 한시임기제공무원
사. 6급 이하 일반직공무원의 보수에 상당하는 보수를 받는 별정직공무원
4. 중앙행정기관 소속의 6급이하공무원등에 대한 중징계 또는 중징계 관련 징계부가금(이하 "중징계등"이라 한다) 요구사건
③ 보통징계위원회는 6급이하공무원등의 징계등 사건(제2항제3호의 징계등 사건은 제외한다)을 심의 · 의결한다.
④ 6급이하공무원등에 대한 중징계등 요구사건은 중앙행정기관에 설치된 징계위원회에서 심의 · 의결한다. 다만, 제2항제3호 · 제4호에 따라 중앙징계위원회의 관할로 된 경우에는 그러하지 아니하다.
⑤ 2명 이상이 관련된 징계등 사건으로서 관련자의 관할 징계위원회가 서로 다른 경우에는 제2항부터 제4항까지의 규정에도 불구

	하고 관련자의 관할 징계위원회 중 최고 상급기관에 설치된 보통징계위원회(관련자가 중앙징계위원회의 관할로 된 경우에는 중앙징계위원회)에서 심의·의결하고, 관할 징계위원회가 서로 대등한 경우에는 그 바로 위 상급기관(바로 위 상급기관이 서로 다른 경우에는 2단계 위의 상급기관)에 설치된 보통징계위원회에서 심의·의결한다. 다만, 관할 징계위원회에서 관련자에 대한 징계등을 분리하여 심의·의결하는 것이 타당하다고 인정하는 경우에는 징계위원회의 의결에 따라 관련자에 대한 징계등 사건을 제2항부터 제4항까지의 규정에 따른 관할 징계위원회로 이송할 수 있다.			
제81조(징계위원회의 설치) ① 공무원의 징계처분등을 의결하게 하기 위하여 대통령령등으로 정하는 기관에 징계위원회를 둔다. ② 징계위원회의 종류·구성·권한·심의절차 및 징계 대상자의 진술권에 필요한 사항은 대통령령등으로 정한다. ③ 징계의결등에 관하여는 제13조제2항을 준용한다.	**제3조(징계위원회의 설치)** ① 중앙징계위원회는 국무총리 소속으로 둔다. ② 보통징계위원회는 중앙행정기관에 둔다. 다만, 중앙행정기관의 장이 필요하다고 인정할 때에는 그 소속기관에도 설치할 수 있다. ③ 제2항 단서에 따라 소속기관에 보통징계위원회를 설치하는 경우 해당 중앙행정기관의 장은 그 운영 등에 필요한 사항을 미리 정하여야 한다. ④ 보통징계위원회는 징계등 대상자보다 상위계급의 공무원(고위공무원단에 속하는 공무원을 포함한다)이 징계위원회의 위원이 될 수 있도록 관할권을 조정할 수 있다. 이 경우에 관할에서 제외된 징계등 대상자는 그 징계위원회가 설치된 바로 위의 감독기관의 징계위원회에서 관할한다.		**제39조의2(군무원징계위원회)** ① 군무원의 징계 및 징계부가금 부과사건을 심의하기 위하여 제38조제1항에 따른 징계권자의 부대 또는 기관에 군무원징계위원회(이하 "징계위원회"라 한다)를 둔다.	
	제4조(중앙징계위원회의 구성 등) ① 중앙징계위원회는 위원장 1명을 포함하여 17명 이상 33명 이하의 공무원위원과 민간위원으로 구성한다. 이 경우 민간위원의 수는 위원장을 제외한 위원 수의 2분의 1 이상이어야 한다.		**제39조의2(군무원징계위원회)** ② 징계위원회는 징계처분등의 심의 대상자보다 상위직에 있는 장교·군무원 또는 공무원 중에서 5명 이상으로 구성한다.	**제109조(징계위원회의 구성 등)** ① 징계위원회는 위원장 1명을 포함한 5명 이상 7명 이하의 위원으로 구성한다. ② 징계위원회의 위원장은 위원 중 상위직에 있는 사람으로 하고, 위원은 징계등 심의대상자보다 상위직에 있는 장교·일반군

② 공무원위원은 다음 각 호의 직위 중 국무총리가 정하는 직위에 근무하는 사람으로 한다.
1. 고위공무원단 직위 중 직무분석규정 제8조제2항에 따른 직무등급 중 가등급에 해당하는 직위
2. 제1호에 상당하는 특정직공무원으로 보하는 직위
③ 국무총리는 다음 각 호의 어느 하나에 해당하는 사람 중에서 민간위원을 위촉한다. 이 경우 특정 성(性)이 민간위원 수의 10분의 6을 초과하지 않도록 해야 한다.
1. 법관, 검사 또는 변호사로 10년 이상 근무한 사람
2. 대학에서 법학 또는 행정학을 담당하는 부교수 이상으로 재직 중인 사람
3. 공무원으로서 중앙징계위원회의 위원으로 임명될 수 있는 직위에 근무하고 퇴직한 사람
4. 민간부문에서 인사 · 감사 업무를 담당하는 임원급 또는 이에 상응하는 직위에 근무한 경력이 있는 사람
④ 중앙징계위원회의 위원장은 인사혁신처장이 된다.
⑤ 중앙징계위원회의 회의는 위원장과 위원장이 회의마다 지정하는 8명의 위원으로 구성한다. 이 경우 제3항에 따른 민간위원이 5명 이상 포함되어야 하며, 제3항 각 호의 사람 중 동일한 자격요건에 해당하는 민간위원만 지정해서는 안 된다.
⑥ 제5항 전단의 경우 법 제82조제2항제1호에 따라 재심사를 청구한 사건이 속한 중앙징계위원회의 회의는 위원장을 제외한 위원의 과반수가 당초 심의 · 의결에 참여하지 않은 위원으로 구성되어야 한다.
⑦ 징계 사유가 다음 각 호의 어느 하나에 해당하는 징계 사건이 속한 중앙징계위원회의 회의를 구성하는 경우에는 피해자와 같은 성별의 위원이 위원장을 제외한 위원 수의 3분의 1 이상 포함되어야 한다.
1. 성폭력범죄의 처벌 등

무원 또는 일반직공무원 중에서 해당 징계위원회가 설치되는 부대 또는 기관의 장(이하 “징계권자”라 한다)이 임명한다.
③ 징계위원회의 위원은 군법무관 또는 법률지식이 풍부한 사람 1명과 일반군무원 또는 일반직공무원 2명 이상이 포함되어야 하고, 징계권자의 소속 공무원으로 징계위원회를 구성할 수 없을 때에는 다른 부대, 국가나 지방자치단체에 소속된 공무원을 임명할 수 있다.
④ 성폭력범죄의 처벌 등에 관한 특례법 제2조에 따른 성폭력범죄 또는 양성평등기본법 제3조제2호에 따른 성희롱 사건을 심의하는 징계위원회를 구성하는 경우에는 피해자와 같은 성별의 위원이 3분의 1 이상 포함되어야 한다. 다만, 부득이한 사유가 있어 같은 성별의 위원이 3분의 1 이상 포함되도록 징계위원회를 구성할 수 없는 경우 징계위원회가 설치된 부대 또는 기관의 징계권자는 다음 각 호의 구분에 따라 사전 승인을 받아야 한다.
1. 다음 각 목의 경우: 국방부장관
가. 국방부 및 합동참모본부
나. 육군본부, 해군본부, 공군본부 및 해병대사령부
다. 국군조직법 제2조제3항에 따라 설치된 부대 또는 기관
2. 육군 · 해군 · 공군 소속의 부대 또는 기관의 경우: 육군 · 해군 · 공군 참모총장
3. 해병대 소속의 부대 또는 기관의 경우: 해병대사령관
⑤ 징계위원회의 위원장은 징계위원회를 대표하고, 그 사무를 총괄하며, 징계위원회의 회의를 소집하고, 그 의장이 된다.
⑥ 위원장이 부득이한 사유로 직무를 수행할 수 없을 때에는 위원장이 미리 지정한 위원이 그 직무를 대행한다.
⑦ 징계위원회에는 사무

	에 관한 특례법 제2조에 따른 성폭력범죄 2. 양성평등기본법 제3조 제2호에 따른 성희롱		를 처리할 간사를 두며, 간사는 징계권자가 그 소속 공무원 중에서 임명한다.
	제5조(보통징계위원회의 구성) ① 보통징계위원회는 위원장 1명을 포함하여 9명 이상 15명 이하의 공무원위원과 민간위원으로 구성한다. 이 경우 민간위원의 수는 위원장을 제외한 위원 수의 2분의 1 이상이어야 한다. ② 보통징계위원회의 위원장은 해당 위원회 설치기관의 장의 다음 순위인 사람(직급을 기준으로 정하되, 같은 직급의 경우에는 직위를 설치하는 법령에 규정된 직위의 순위를 기준으로 정한다)이 된다. 다만, 중앙행정기관에 설치된 보통징계위원회의 위원장은 징계 운영의 효율성 등을 고려하여 고위공무원단 직위 또는 이에 상당하는 특정직공무원으로 보하는 직위에 있는 사람 중에서 중앙행정기관의 장이 임명할 수 있다. ③ 보통징계위원회의 공무원위원은 징계등 대상자보다 상위계급(고위공무원단에 속하는 공무원을 포함한다)의 소속 공무원 중에서 해당 기관의 장이 임명하되, 특별한 사유가 없으면 최상위인 사람부터 차례로 임명하여야 한다. ④ 보통징계위원회가 설치된 행정기관의 장은 다음 각 호의 어느 하나에 해당하는 사람 중에서 민간위원을 위촉한다. 이 경우 특정 성(性)이 민간위원 수의 10분의 6을 초과하지 않도록 해야 한다. 1. 법관, 검사 또는 변호사로 5년 이상 근무한 사람 2. 대학에서 법학 또는 행정학을 담당하는 조교수 이상으로 재직 중인 사람 3. 공무원으로 20년 이상 근속하고 퇴직한 사람[퇴직 전 5년부터 퇴직할 때까지 소속되었던 적이 있는 중앙행정기관(그 소속기관에 소속되었던 경우를 포함한다) 또는 소속기관(소속 중앙행정기관 또는		

	소속 중앙행정기관의 다른 소속기관에 소속되었던 경우를 포함한다)의 경우에는 퇴직일부터 3년이 경과한 사람을 말한다] 4. 민간부문에서 인사·감사 업무를 담당하는 임원급 또는 이에 상응하는 직위에 근무한 경력이 있는 사람 ⑤ 보통징계위원회의 회의는 위원장과 위원장이 회의마다 지정하는 6명의 위원으로 구성한다. 이 경우 제4항에 따른 민간위원이 4명 이상 포함되어야 하며, 제4항 각 호의 사람 중 동일한 자격요건에 해당하는 민간위원만 지정해서는 안 된다. ⑥ 징계 사유가 다음 각 호의 어느 하나에 해당하는 징계 사건이 속한 보통징계위원회의 회의를 구성하는 경우에는 피해자와 같은 성별의 위원이 위원장을 제외한 위원 수의 3분의 1 이상 포함되어야 한다. 1. 성폭력범죄의 처벌 등에 관한 특례법 제2조에 따른 성폭력범죄 2. 양성평등기본법 제3조 제2호에 따른 성희롱			
	제5조의2(위원의 임기) 제4조제3항 및 제5조제4항에 따라 위촉되는 위원의 임기는 3년으로 하며, 한 차례만 연임할 수 있다.			
	제5조의3(위원의 해촉) 국무총리(제4조제3항에 따라 위촉된 위원에 대한 경우만 해당한다) 또는 보통징계위원회가 설치된 행정기관의 장(제5조제4항에 따라 위촉된 위원에 대한 경우만 해당한다)은 징계위원회의 위원이 다음 각 호의 어느 하나에 해당하는 경우에는 해당 위원을 해촉(解囑)할 수 있다. 다만, 제4호에 해당하는 경우에는 해촉하여야 한다. 1. 심신장애로 인하여 직무를 수행할 수 없게 된 경우 2. 직무와 관련된 비위사실이 있는 경우 3. 직무태만, 품위손상이나 그 밖의 사유로 인하여			

	위원으로 적합하지 아니하다고 인정되는 경우 4. 제15조제1항에 해당하는 데에도 불구하고 회피하지 아니한 경우 5. 위원 스스로 직무를 수행하는 것이 곤란하다고 의사를 밝히는 경우			
	제6조(각급 징계위원회의 사무직원) ① 각급 징계위원회에 간사 몇 명을 둔다. ② 중앙징계위원회의 간사는 5급 이상 공무원(고위공무원단에 속하는 공무원을 포함한다) 중에서 인사혁신처장이 임명한다. ③ 보통징계위원회의 간사는 소속 일반직공무원(외교부 및 그 소속 기관의 경우에는 외무공무원) 중에서 해당 기관의 장이 임명한다. ④ 간사는 위원장의 명을 받아 징계등에 관한 기록이나 그 밖의 서류의 작성 및 보관에 관한 사무에 종사한다.			
제82조(징계 등 절차) ① 공무원의 징계처분등은 징계위원회의 의결을 거쳐 징계위원회가 설치된 소속 기관의 장이 하되, 국무총리 소속으로 설치된 징계위원회(국회·법원·헌법재판소·선거관리위원회에 있어서는 해당 중앙인사관장기관에 설치된 상급 징계위원회를 말한다. 이하 같다)에서 한 징계의결등에 대하여는 중앙행정기관의 장이 한다. 다만, 파면과 해임은 징계위원회의 의결을 거쳐 각 임용권자 또는 임용권을 위임한 상급 감독기관의 장이 한다.	**제7조(징계의결등의 요구)** ① 법 제78조제1항·제4항 및 제78조의2제1항에 따라 5급이상공무원등(고위공무원단에 속하는 공무원을 포함한다)에 대해서는 소속 장관이, 6급이하공무원등에 대해서는 해당 공무원의 소속 기관의 장 또는 소속 상급기관의 장이 관할 징계위원회에 징계의결등을 요구하여야 한다. 다만, 겸임공무원에 대해서는 본직기관(本職機關)의 장이 징계의결등을 요구하여야 한다. ② 행정기관의 장은 제1항에 따른 징계의결등 요구권을 갖지 아니하는 공무원에 대해서 징계등 사유가 있다고 인정할 때에는 징계의결등 요구권을 갖는 행정기관의 장에게 그 징계등 사유를 증명할 수 있는 다음 각 호의 어느 하나에 해당하는 관계 자료를 첨부하여 통보하여야 한다. 1. 감사원에서 조사한 사건의 경우에는 공무원 징계처분 또는 징계부가금 부과처분 요구서, 혐의	**제7조(징계의결등 요구권자의 의견 기재 요령)** ① 징계의결등 요구권자가 공무원 징계령 제7조제6항 각 호 외의 부분 본문에 따라 공무원 징계의결등 요구서(공무원 징계령 제7조제6항제1호의 공무원 징계의결등 요구서를 말한다. 이하 같다)에 징계의결등 요구권자의 의견을 적을 때에는 요구하는 징계의 종류를 중징계 또는 경징계로 구분하여 적고, 징계부가금의 배수(倍數)를 적어야 하며, 같은 항 각 호 외의 부분 단서의 경우에는 구체적인 징계의 종류를 적어야 한다. ② 제1항의 경우에 징계의결등 요구권자는 징계위원회가 징계등 사건을 의결할 때에 참고할 수 있도록 공무원 징계의결등 요구서에 별표 2에 따른 업무의 성질에 따른 업무 관련도, 징계 등 혐의자의 혐의 당시 직급, 비위행위가 공직 내외에 미치는 영향, 수사 중 공무원 신분을 감추거나 속인 정황, 평소 행실, 뉘우치는 정도,	**제38조(징계권자)** ① 군무원에 대한 징계권자에 관하여는 군인사법 제58조제1항을 준용하되, 군인과의 계급 대비(對比)는 제4조에 따른다. ② 징계권자가 징계를 하려면 제39조의2제1항에 따른 군무원징계위원회의 심의를 거쳐야 하고, 파면·해임·강등 또는 정직 처분을 하려면 임용권자의 승인을 받아야 한다. ③ 징계권자가 징계처분 및 징계부가금 부과처분(이하 "징계처분등"이라 한다)을 한 때에는 대통령령으로 정하는 바에 따라 해당 군무원에게 알려야 한다. **제40조(징계의 절차 등)** ① 징계처분등은 징계위원회의 심의를 거쳐 한다. ② 징계위원회는 징계처분등의 심의 대상자에게 서면이나 구술로 충분한 진술 기회를 주어야 한다. ③ 징계위원회는 징계권자가 징계의결 또는 징계부가금 부과 의결(이하 "징계의결등"이라 한다)을 요구한 날부터 30일 이내	**제111조(징계의결 등의 요구 등)** ① 부대 또는 기관의 장이나 다른 행정기관의 장은 징계의결등 요구권을 갖지 않는 군무원에 대하여 법 제37조 및 제37조의2에 따른 징계등 사유가 있다고 인정할 때에는 징계의결등 요구권을 갖는 그 군무원의 소속 또는 감독 부대나 기관의 장에게 그 징계등 사유를 증명할 수 있는 다음 각 호의 어느 하나에 해당하는 관계 자료를 첨부하여 통보해야 한다. 1. 감사원에서 조사한 사건의 경우에는 징계등 처분요구서, 혐의자·관련자에 대한 문답서 및 확인서 등 조사기록 2. 수사기관에서 수사한 사건의 경우에는 범죄처분 결과통보서, 공소장, 혐의자·관련자·관련증인에 대한 신문조서 및 진술서 등 수사기록 3. 제1호 및 제2호의 기관 외의 부대 또는 기관이나 행정기관의 경우에는 징계등 혐의 사실통보서 및 혐의 사실을 증명할 수 있는

자·관련자에 대한 문답서 및 확인서 등 조사기록
2. 수사기관에서 수사한 사건의 경우에는 공무원범죄처분 결과통보서, 공소장, 혐의자·관련자·관련증인에 대한 신문조서 및 진술서 등 수사기록
3. 그 밖에 다른 기관의 경우에는 징계등 혐의 사실통보서 및 혐의 사실을 증명할 수 있는 관계 자료
③ 제2항에 따라 징계등 사유를 통보받은 행정기관의 장은 타당한 이유가 없으면 1개월 이내에 관할 징계위원회에 징계의결등을 요구하여야 한다.
④ 제3항에 따라 징계의결등을 요구한 기관의 장은 제2항에 따라 징계등 사유를 통보한 행정기관의 장에게 해당 사건의 처리 결과를 통보하여야 한다.
⑤ 보통징계위원회가 설치된 행정기관의 장(중앙행정기관의 장은 제외한다)은 징계등 사건의 내용이 중대하거나 그 기관에 설치된 징계위원회에서는 공정한 의결을 못할 우려가 있다고 인정할 때에는 바로 위 상급행정기관에 설치된 보통징계위원회에 징계의결등을 요구할 수 있다.
⑥ 제1항·제3항 및 제5항에 따라 징계의결등을 요구할 때에는 징계등 사유에 대한 충분한 조사를 한 후에 그 증명에 필요한 다음 각 호의 관계 자료를 첨부하여 관할 징계위원회에 제출하여야 하고, 중징계 또는 경징계로 구분하여 요구하여야 한다. 다만, 감사원법 제32조제1항 및 제10항에 따라 감사원장이 국가공무원법 제79조에서 정한 징계의 종류를 구체적으로 지정하여 징계요구를 한 경우에는 그러하지 아니하다.
1. 별지 제1호 서식의 공무원 징계의결등 요구서
2. 공무원 인사 및 성과 기록 출력물
3. 다음 각 목의 사항에 대해 총리령으로 정하는 확인서
가. 비위행위 유형

규제개혁 및 국정과제 등 관련 업무 처리의 적극성 또는 그 밖의 정상을 구체적으로 밝히고 관계 증거 자료를 첨부해야 한다.
③ 징계의결등 요구권자는 제4조제3항에 따른 징계 감경 사유에 해당된다고 인정하는 경우에는 이를 증명하는 관련 자료를 첨부하여 징계의 감경의결을 요청할 수 있다.
제7조의2(확인서) 공무원 징계령 제7조제6항제3호에 따른 확인서는 별지 제1호서식과 같다.

에 심의·의결하여야 한다. 다만, 부득이한 사유가 있을 때에는 징계위원회의 결정으로 30일의 범위에서 그 기간을 연장할 수 있다.
④ 징계권자는 제3항에 따라 징계위원회로부터 징계의결등의 결과를 송부받은 때에는 그 날부터 15일 이내에 징계처분등을 하여야 한다.
⑤ 징계권자는 징계위원회의 징계의결등이 가볍다고 인정하는 경우에는 그 징계처분등을 하기 전에 법무장교가 배치된 징계권자의 차상급 부대 또는 기관에 설치된 징계위원회(국방부에 설치된 징계위원회의 징계의결등에 대하여는 그 징계위원회를 말한다)에 심사나 재심사를 청구할 수 있다. 이 경우 징계권자는 심사나 재심사에 따른 징계의결등의 결과에 따라 징계처분등을 하여야 한다.
⑥ 징계권자는 성폭력범죄의 처벌 등에 관한 특례법 제2조에 따른 성폭력범죄 및 양성평등기본법 제3조제2호에 따른 성희롱에 해당하는 사유로 징계처분등을 할 때에는 피해자가 요청하는 경우 그 징계처분등의 결과를 피해자에게 통보하여야 한다.

관계 자료
② 징계권자는 다음 각 호의 어느 하나에 해당하는 경우에는 통보받거나 발견한 비행사실이 징계등 사유에 해당하는지 여부를 조사하여야 한다.
1. 제1항에 따른 통보가 있는 경우
2. 소속된 일반군무원 또는 감독을 받는 일반군무원의 비행사실을 발견한 경우
③ 징계권자는 제2항에 따른 조사 후 그 비행사실이 징계등 사유에 해당한다고 인정되거나 감사원법 제32조에 따라 감사원으로부터 징계 요구가 있는 경우에는 징계위원회에 징계의결등을 요구해야 한다.
④ 징계위원회의 징계의결등, 제112조제5항 또는 제6항에 따른 징계부가금 감면 의결 전에 징계등 심의대상자의 소속이 변경된 경우 전(前) 소속 또는 감독 부대나 기관의 장은 혐의사실과 관련 자료를 징계등 심의대상자의 현(現) 소속 또는 감독 부대나 기관의 장에게 이송해야 한다.

	나. 징계등 혐의자의 공적(功績) 등에 관한 사항 다. 그 밖에 인사혁신처장이 징계의결등 요구를 위해 필요하다고 인정하는 사항 4. 혐의 내용을 증명할 수 있는 공문서 등 관계 증거자료 5. 혐의 내용에 대한 조사기록 또는 수사기록 6. 관련자에 대한 조치사항 및 그에 대한 증거자료 7. 관계 법규, 지시문서 등의 발췌문 8. 징계등 사유가 다음 각 목의 어느 하나에 해당하는 경우에는 정신건강의학과 의사, 심리학자, 사회복지학자 또는 그 밖의 관련 전문가가 작성한 별지 제1호의3서식의 전문가 의견서 가. 성폭력범죄의 처벌 등에 관한 특례법 제2조에 따른 성폭력범죄 나. 양성평등기본법 제3조제2호에 따른 성희롱 ⑦ 징계의결등 요구권자는 징계의결등을 요구하면서 동시에 제6항의 공무원 징계의결등 요구서 사본을 징계등 혐의자에게 송부하여야 한다. 다만, 징계등 혐의자가 그 수령을 거부하는 경우에는 그러하지 아니하다. ⑧ 징계의결등 요구권자는 징계등 혐의자가 공무원 징계의결등 요구서 사본의 수령을 거부하는 경우에는 관할 징계위원회에 그 사실을 증명하는 서류를 첨부하여 문서로 통보하여야 한다.		
제78조의3(재징계의결 등의 요구) ① 처분권자(대통령이 처분권자인 경우에는 처분제청권자)는 다음 각 호에 해당하는 사유로 소청심사위원회 또는 법원에서 징계처분등의 무효 또는 취소(취소명령 포함)의 결정이나 판결을 받은 경우에는 다시 징계 의결 또는 징계부가금 부과 의결(이하 "징계의결등"이라 한다)을 요구하여야 한다. 다만, 제3호의 사유로 무효 또는 취소(취소명령 포함)의 결정이나 판결을 받			

은 감봉 · 견책처분에 대하여는 징계의결을 요구하지 아니할 수 있다. 1. 법령의 적용, 증거 및 사실 조사에 명백한 흠이 있는 경우 2. 징계위원회의 구성 또는 징계의결등, 그 밖에 절차상의 흠이 있는 경우 3. 징계양정 및 징계부가금이 과다(過多)한 경우 ② 처분권자는 제1항에 따른 징계의결등을 요구하는 경우에는 소청심사위원회의 결정 또는 법원의 판결이 확정된 날부터 3개월 이내에 관할 징계위원회에 징계의결등을 요구하여야 하며, 관할 징계위원회에서는 다른 징계사건에 우선하여 징계의결등을 하여야 한다.				
	제8조(국무총리의 징계의결등 요구) ① 대통령이나 국무총리의 명령에 따른 감사 결과 징계등 사유가 있다고 인정되는 공무원에 대해서는 제7조제1항부터 제3항까지의 규정에도 불구하고 국무총리가 직접 관할 징계위원회에 징계의결등을 요구할 수 있다. ② 국무총리는 제1항에 따라 징계의결등을 요구하였으면 소속 중앙행정기관의 장에게 그 사실을 통보하여야 한다. ③ 국무총리는 제1항에 따라 직접 징계의결등을 요구하는 것이 적당하지 아니하다고 인정되면 소속 중앙행정기관의 장에게 그 징계등 사유를 통보한다. ④ 제3항에 따라 징계등 사유를 통보받은 행정기관의 장은 지체 없이 관할 징계위원회에 징계의결등을 요구하여야 하고 해당 사건의 처리 결과를 국무총리에게 보고하여야 한다.			
제78조의4(퇴직을 희망하는 공무원의 징계사유 확인 및 퇴직 제한 등) ① 임용권자 또는 임용제청권자는 공무원이 퇴직을 희망하는 경우에는 제78조제1항에 따른 징계사유가 있는지 및 제2항 각 호의 어느 하나에 해당하는지				

여부를 감사원과 검찰·경찰 등 조사 및 수사기관(이하 이 조에서 "조사 및 수사기관"이라 한다)의 장에게 확인하여야 한다. ② 제1항에 따른 확인 결과 퇴직을 희망하는 공무원이 파면, 해임, 강등 또는 정직에 해당하는 징계사유가 있거나 다음 각 호의 어느 하나에 해당하는 경우(제1호·제3호 및 제4호의 경우에는 해당 공무원이 파면·해임·강등 또는 정직의 징계에 해당한다고 판단되는 경우에 한정한다) 제78조제4항에 따른 소속 장관 등은 지체없이 징계의결등을 요구하여야 하고, 퇴직을 허용하여서는 아니 된다. 1. 비위(非違)와 관련하여 형사사건으로 기소된 때 2. 징계위원회에 파면·해임·강등 또는 정직에 해당하는 징계 의결이 요구 중인 때 3. 조사 및 수사기관에서 비위와 관련하여 조사 또는 수사 중인 때 4. 각급 행정기관의 감사부서 등에서 비위와 관련하여 내부 감사 또는 조사 중인 때 ③ 제2항에 따라 징계의결등을 요구한 경우 임용권자는 제73조의3제1항제3호에 따라 해당 공무원에게 직위를 부여하지 아니할 수 있다. ④ 관할 징계위원회는 제2항에 따라 징계의결등이 요구된 경우 다른 징계사건에 우선하여 징계의결등을 하여야 한다. ⑤ 그 밖에 퇴직을 제한하는 절차 등 필요한 사항은 대통령령등으로 정한다.			
제83조(감사원의 조사와의 관계 등) ① 감사원에서 조사 중인 사건에 대하여는 제3항에 따른 조사개시 통보를 받은 날부터 징계 의결의 요구나 그 밖의 징계 절차를 진행하지 못한다. ② 검찰·경찰, 그 밖의 수사기관에서 수사 중인 사건에 대하여는 제3항에 따른 수사개시 통보를 받은 날부터 징계 의결의 요	**제8조의2(징계등 절차 진행 여부의 결정)** ① 행정기관의 장은 법 제83조제3항에 따라 수사개시 통보를 받으면 지체 없이 징계의결등의 요구나 그 밖에 징계등 절차의 진행 여부를 결정해야 한다. 이 경우 같은 조 제2항에 따라 그 절차를 진행하지 않기로 결정한 경우에는 이를 징계등 혐의자에게 통보해야 한다.		**제105조(징계등 절차 진행 여부의 결정)** 징계권자는 국가공무원법 제83조제3항에 따라 수사개시 통보를 받으면 지체 없이 징계의결 또는 징계부가금 부과 의결(이하 "징계의결등"이라 한다)의 요구나 그 밖에 징계 또는 징계부가금 부과(이하 "징계등"이라 한다) 절차의 진행 여부를 결정해야 한다. 이 경우 같은 조 제2

구나 그 밖의 징계 절차를 진행하지 아니할 수 있다. ③ 감사원과 검찰·경찰, 그 밖의 수사기관은 조사나 수사를 시작한 때와 이를 마친 때에는 10일 내에 소속 기관의 장에게 그 사실을 통보하여야 한다.	② 제1항 후단에 따른 통보는 별지 제1호의4서식에 따른다.			항에 따라 그 절차를 진행하지 않기로 결정한 경우에는 이를 징계등 혐의자에게 서면으로 통보해야 한다.
	제9조(징계의결등의 기한) ① 징계위원회는 징계의결등 요구서를 접수한 날부터 30일(중앙징계위원회의 경우는 60일) 이내에 징계의결등을 해야 한다. 다만, 부득이한 사유가 있을 때에는 해당 징계위원회의 의결로 30일(중앙징계위원회의 경우는 60일)의 범위에서 그 기한을 연기할 수 있다. ② 징계의결등이 요구된 사건에 대한 징계등 절차의 진행이 법 제83조에 따라 중지된 경우 그 중지된 기간은 제1항의 징계의결등의 기한에 포함하지 아니한다.			
	제10조(징계등 혐의자의 출석) ① 징계위원회가 징계등 혐의자의 출석을 명할 때에는 별지 제2호 서식에 따른 출석통지서로 하되, 징계위원회 개최일 3일 전에 징계등 혐의자에게 도달되도록 하여야 한다. 이 경우 제2항에 따라 출석통지서를 징계등 혐의자의 소속 기관의 장에게 송부하여 전달하게 한 경우를 제외하고는 출석통지서 사본을 징계등 혐의자의 소속 기관의 장에게 송부하여야 하며, 소속 기관의 장은 징계등 혐의자를 출석시켜야 한다. ② 징계위원회는 징계등 혐의자의 주소를 알 수 없거나 그 밖의 사유로 제1항에 따른 출석통지서를 징계등 혐의자에게 직접 송부하는 것이 곤란하다고 인정될 때에는 제1항의 출석통지서를 징계등 혐의자의 소속 기관의 장에게 송부하여 전달하게 할 수 있다. 이 경우 출석통지서를 받은 기관의 장은 지체 없이 징계등 혐의자에게 전달한 후 전달 상황을 관할			

	징계위원회에 통지하여야 한다. ③ 징계위원회는 징계등 혐의자가 그 징계위원회에 출석하여 진술하기를 원하지 않을 때에는 출석 진술 포기서를 제출하게 하여 기록에 첨부하고 서면심사만으로 징계의결등을 할 수 있다. ④ 징계등 혐의자가 정당한 사유서를 제출하지 아니하면 출석을 원하지 아니하는 것으로 보아 그 사실을 기록에 남기고 서면심사에 따라 징계의결등을 할 수 있다. ⑤ 징계등 혐의자가 해외 체류, 형사사건으로 인한 구속, 여행, 그 밖의 사유로 징계의결등 요구서 접수일부터 50일 이내에 출석할 수 없을 때에는 서면으로 진술하게 하여 징계의결등을 할 수 있다. 이 경우에 서면으로 진술하지 아니할 때에는 그 진술 없이 징계의결등을 할 수 있다. ⑥ 징계등 혐의자가 있는 곳이 분명하지 아니할 때에는 관보를 통해 출석통지를 한다. 이 경우에는 관보에 게재한 날부터 10일이 지나면 그 출석통지서가 송달된 것으로 본다. ⑦ 징계등 혐의자가 출석통지서 수령을 거부한 경우에는 징계위원회에 출석하여 진술할 권리를 포기한 것으로 본다. 다만, 징계등 혐의자는 출석통지서의 수령을 거부한 경우에도 해당 징계위원회에 출석하여 진술할 수 있다. ⑧ 징계등 혐의자 소속 기관의 장이 제2항 전단에 따라 출석통지서를 전달할 때 징계등 혐의자가 출석통지서의 수령을 거부하면 제2항 후단에 따라 출석통지서 전달 상황을 통지할 때 수령을 거부한 사실을 증명하는 서류를 첨부하여야 한다.		
	제11조(심문과 진술권) ① 징계위원회는 제10조 제1항에 따라 출석한 징계등 혐의자에게 혐의 내용에 관한 심문을 하고 필요하다고 인정할 때에는 관		**제107조(관계인 출석 및 증거의 제출요구)** 법 제39조의2에 따른 군무원징계위원회(이하 "징계위원회"라 한다)는 심의에 필요하다고 인정하면 관계인을 출석하게 하거나 증

	계인의 출석을 요구하여 심문할 수 있다. ② 징계위원회는 징계등 혐의자에게 충분한 진술을 할 수 있는 기회를 주어야 하며, 징계등 혐의자는 별지 제2호의2서식의 의견서 또는 구술로 자기에게 이익이 되는 사실을 진술하거나 증거를 제출할 수 있다. ③ 징계등 혐의자는 증인의 심문을 신청할 수 있다. 이 경우에 위원회는 증인 채택 여부를 결정하여야 한다. ④ 징계의결등 요구자 및 신청자는 징계위원회에 출석하여 의견을 진술하거나 서면으로 의견을 진술할 수 있다. 다만, 중징계등 요구사건의 경우에는 특별한 사유가 없는 한 징계위원회에 출석하여 의견을 진술해야 한다. ⑤ 징계의결등 요구자 및 신청자는 감사원법 제32조 제1항 및 제10항에 따라 감사원이 파면, 해임, 강등 또는 정직 중 어느 하나의 징계처분을 요구한 사건에 대해서는 징계위원회 개최일시 · 장소 등을 감사원에 통보하여야 한다. ⑥ 감사원은 제5항에 따른 통보를 받은 경우 소속 공무원의 해당 징계위원회 출석을 관할 징계위원회에 요청할 수 있으며, 관할 징계위원회는 출석 허용 여부를 결정하여야 한다.			거 자료 등의 제출을 요구할 수 있다. 제108조(진술권 등) ① 징계위원회는 징계등 심의대상자에게 서면 또는 구술로 진술을 할 수 있는 기회를 부여하여야 한다. 다만, 2회 이상 출석통지를 받고 출석하지 아니하였을 때에는 그러하지 아니하다. ② 징계등 심의대상자는 서면이나 구술로 자기에게 이익이 되는 사실(징계등 면제 사유를 포함한다)을 진술하거나 증거를 제출할 수 있다. ③ 징계등 심의대상자는 증인의 신문을 징계위원회에 신청할 수 있다. ④ 제3항에 따른 신청을 받은 징계위원회는 그 채택 여부를 결정하여 징계등 심의대상자에게 통보해야 한다. ⑤ 징계위원회는 업무수행을 위하여 필요한 경우에는 간사에게 사실조사를 하게 하거나 특별한 학식 · 경험이 있는 자에게 검증이나 감정을 의뢰할 수 있다. ⑥ 징계위원회는 제5항에 따른 간사의 사실조사에 필요하다고 인정할 때에는 징계등 심의대상자에게 출석을 명할 수 있다.
	제11조의2(피해자의 진술권) 징계위원회는 중징계등 요구사건의 피해자가 신청하는 경우에는 그 피해자에게 징계위원회에 출석하여 해당 사건에 대해 의견을 진술할 기회를 주어야 한다. 다만, 다음 각 호의 어느 하나에 해당하는 경우에는 그렇지 않다. 1. 피해자가 이미 해당 사건에 관하여 징계의결등 요구과정에서 충분히 의견을 진술하여 다시 진술할 필요가 없다고 인정되는 경우 2. 피해자의 진술로 인하여 징계위원회 절차가 현저하게 지연될 우려가 있는 경우			

	제11조의3(우선심사) ① 징계의결등 요구권자는 신속한 징계절차 진행이 필요하다고 판단되는 징계등 사건에 대하여 관할 징계위원회에 우선심사(다른 징계등 사건에 우선하여 심사하는 것을 말한다. 이하 같다)를 신청할 수 있다. ② 징계의결등 요구권자는 정년(계급정년을 포함한다)이나 근무기간 만료 등으로 징계등 혐의자의 퇴직 예정일이 2개월 이내에 있는 징계등 사건에 대해서는 관할 징계위원회에 우선심사를 신청해야 한다. ③ 징계등 혐의자는 혐의사실을 모두 인정하는 경우 관할 징계위원회에 우선심사를 신청할 수 있다. ④ 제1항부터 제3항까지의 규정에 따라 우선심사를 신청하려는 자는 총리령으로 정하는 우선심사 신청서를 관할 징계위원회에 제출해야 한다. ⑤ 제4항에 따른 우선심사 신청서를 접수한 징계위원회는 특별한 사유가 없으면 해당 징계등 사건을 우선심사해야 한다.	**제8조(우선심사 신청서)** 공무원 징계령 제11조의3 제2항에 따른 우선심사 신청서는 별지 제2호서식과 같다.		
	제12조(징계위원회의 의결) ① 징계위원회는 위원 5명 이상의 출석과 출석위원 과반수의 찬성으로 의결하되, 의견이 나뉘어 출석위원 과반수의 찬성을 얻지 못한 경우에는 출석위원 과반수가 될 때까지 징계등 혐의자에게 가장 불리한 의견에 차례로 유리한 의견을 더하여 가장 유리한 의견을 합의된 의견으로 본다. ② 제1항의 의결은 별지 제3호 서식의 징계등 의결서로 하며 서식의 이유란에는 징계등의 원인이 된 사실, 증거의 판단, 관계 법령 및 징계등 면제 사유 해당 여부를 구체적으로 밝혀야 한다. ③ 위원회는 필요하다고 인정할 때에는 소속 직원으로 하여금 사실조사를 하게 하거나 특별한 학식과 경험이 있는 사람에게 검정이나 감정을 의뢰할 수 있다.	**제6조(의결서의 작성 요령)** ① 징계위원회가 제4조와 제5조에 따라 징계를 감경하거나 가중하여 의결하였을 때에는 공무원징계령 제12조제2항에 따른 징계등 의결서(이하 이 조에서 "징계등 의결서"라 한다)의 이유란에 그 사실을 구체적으로 밝혀야 한다. ② 징계위원회가 제1항에 따라 견책에 해당하는 비위를 불문(不問)으로 감경하여 의결하였거나 불문으로 의결하였으나 경고할 필요가 있다고 인정하는 경우에는 징계등 의결서의 의결주문란에 "불문으로 의결한다. 다만, 경고할 것을 권고한다"라고 적는다.		**제114조(징계위원회의 의결)** ① 징계위원회는 재적위원 3분의 2 이상의 출석과 출석위원 과반수의 찬성으로 의결하되, 의견이 나뉘어 출석위원 과반수에 이르지 못할 때에는 출석위원 과반수에 이르기까지 징계등 심의대상자에게 가장 불리한 의견에 차례로 유리한 의견을 더하여 그 가장 유리한 의견을 합의된 의견으로 본다. ② 징계위원회에서 징계의결등 또는 징계부가금 감면 의결을 하였을 때에는 징계등 의결서 또는 징계부가금 감면 의결서를 작성하여 위원장과 출석위원이 서명·날인하고, 징계권자에게 보고하여야 한다. ③ 징계위원회의 회의는 공개하지 아니하고, 징계위원회의 회의에 참여한 사람은 직무상 알게 된 비밀을 누설해서는 아니 된다.

	④ 징계위원회는 제3항에 따라 소속 직원으로 하여금 사실조사를 하게 하기 위하여 필요하다고 인정할 때에는 징계등 혐의자에게 출석을 명하거나 징계의결등 요구권자에게 관련 자료의 제출을 요구할 수 있다. ⑤ 제4항에 따라 징계등 혐의자를 출석하게 하는 경우에는 제10조제1항 · 제2항 및 제8항을 준용한다. ⑥ 징계위원회는 제1항에도 불구하고 다음 각 호의 어느 하나에 해당하는 사항에 대해서는 서면으로 의결할 수 있다. 1. 제2조제5항 단서에 따른 징계등 사건의 관할 이송에 관한 사항 2. 제9조제1항 단서에 따른 징계의결등의 기한 연기에 관한 사항 ⑦ 제6항에 따른 서면 의결의 절차 · 방법 등에 관한 사항은 인사혁신처장이 정한다.			④ 징계위원회는 제1항에도 불구하고 법 제40조제3항 단서에 따른 징계의결등의 기한 연기에 관한 사항은 서면으로 의결할 수 있다. ⑤ 제4항에 따른 서면 의결의 절차 · 방법 등에 관한 사항은 국방부장관이 정한다.
	제12조의2(원격영상회의 방식의 활용) ① 징계위원회는 위원과 징계등 혐의자, 징계의결등 요구자, 증인, 피해자 등 법 및 이 영에 따라 회의에 출석하는 사람(이하 이 항에서 "출석자"라 한다)이 동영상과 음성이 동시에 송수신되는 장치가 갖추어진 서로 다른 장소에 출석하여 진행하는 원격영상회의의 방식으로 심의 · 의결할 수 있다. 이 경우 징계위원회의 위원 및 출석자가 같은 회의장에 출석한 것으로 본다. ② 징계위원회는 제1항에 따라 원격영상회의의 방식으로 심의 · 의결하는 경우 징계등 혐의자 및 피해자 등의 신상정보, 회의 내용 · 결과 등이 유출되지 않도록 보안에 필요한 조치를 해야 한다. ③ 제1항 및 제2항에서 규정한 사항 외에 원격영상회의의 운영에 필요한 사항은 인사혁신처장이 정한다.			**제114조의3(원격영상회의 방식의 활용)** ① 징계위원회는 위원과 징계등 심의대상자, 증인, 피해자 등 법 및 이 영에 따라 회의에 출석하는 사람(이하 "출석자"라 한다)이 동영상과 음성이 동시에 송수신 되는 장치가 갖추어진 서로 다른 장소에 출석하여 진행하는 원격영상회의의 방식으로 심의 · 의결할 수 있다. 이 경우 위원 및 출석자가 같은 회의장에 출석한 것으로 본다. ② 징계위원회는 제1항에 따라 원격영상회의의 방식으로 심의 · 의결하는 경우 징계등 심의대상자 및 피해자 등의 신상정보, 회의 내용 · 결과 등이 유출되지 않도록 보안에 필요한 조치를 해야 한다. ③ 제1항 및 제2항에서 규정한 사항 외에 원격영상회의의 운영에 필요한 사항은 국방부장관이 정한다.
	제13조(위원장의 직무)			

	① 징계위원회의 위원장은 위원회를 대표하며 위원회의 사무를 총괄한다. ② 위원장은 징계위원회의 회의를 소집하고 그 의장이 된다. ③ 의장은 표결권을 가진다.			
	제14조(위원장의 직무 대행) 위원장이 부득이한 사유로 직무를 수행할 수 없을 때에는 위원장이 미리 지정한 위원, 먼저 임명받은 위원의 순서로 그 직무를 대행한다.			
	제15조(제척 및 기피) ① 징계위원회의 위원이 다음 각 호의 어느 하나에 해당하는 경우에는 해당 징계등 사건의 심의·의결에서 제척(除斥)된다. 1. 징계등 혐의자와 친족 관계에 있거나 있었던 경우 2. 징계등 혐의자의 직근 상급자이거나 징계 사유가 발생한 기간 동안 직근 상급자였던 경우 3. 해당 징계등 사건의 사유와 관계가 있는 경우 ② 징계등 혐의자는 위원장이나 위원 중에서 불공정한 의결을 할 우려가 있다고 인정할 만한 상당한 사유가 있을 때에는 그 사실을 서면으로 밝히고 기피를 신청할 수 있다. ③ 징계위원회의 위원장 또는 위원은 제1항에 해당하면 스스로 해당 징계등 사건의 심의·의결을 회피하여야 하며, 제2항에 해당하면 회피할 수 있다. ④ 제2항의 기피신청이 있을 때에는 재적위원 과반수의 출석과 출석위원 과반수의 찬성으로 기피 여부를 의결한다. 이 경우에 기피신청을 받은 사람은 그 의결에 참여하지 못한다. ⑤ 보통징계위원회에서 제1항부터 제3항까지의 사유로 위원장을 포함한 위원 5명 이상이 출석할 수 없게 되었을 때에는 위원 5명 이상이 출석할 수 있도록 그 위원회 설치기관의 장에게 임시위원의 임명을 요청하여야 한다. 이 경우에 임시위원을 임명할 수 없으면 그 징계의결등의 요구는 철회된 것		**제92조(위원의 제척·기피·회피)** ① 위원이 다음 각 호의 어느 하나에 해당하는 경우에는 해당 소청사건의 심사·결정에서 제척된다. 1. 직무상 해당 소청사건에 관한 처분에 직접 관여한 사람 2. 소청인의 친족 3. 해당 소청사건에 증인 또는 감정인으로 지정된 사람 ② 인사소청을 청구한 사람은 위원에 대하여 심사·결정의 공정을 기대하기 어려운 사정이 있는 경우에는 위원의 기피를 신청할 수 있다. ③ 소청심사위원회는 제2항의 기피신청에 대하여 결정을 하여야 한다. ④ 위원이 제1항 또는 제2항의 사유에 해당하는 경우에는 그 사건의 심사·결정에서 회피할 수 있다.	**제110조(제척·기피·회피의 준용)** 징계위원회 위원에 대한 제척·기피·회피에 관하여는 제92조를 준용한다.

으로 보고 상급행정기관의 장에게 그 징계의결등을 신청하여야 한다.			
제16조(감사원에 대한 통고) 징계위원회가 설치된 기관의 장은 징계위원회에서 징계등 사건을 심의·의결한 결과 해당 공무원이 공무로 보관 중인 금품 또는 물품을 잃어버리거나 훼손하였다고 인정할 때에는 소속 장관이나 감독기관의 장을 거쳐 그 사실을 감사원에 통고하여야 한다.			
제17조(징계등의 정도 결정) 징계위원회가 징계등 사건을 의결할 때에는 징계등 혐의자의 혐의 당시 직급, 징계등 요구의 내용, 비위행위가 공직 내외에 미치는 영향, 평소 행실, 공적(功績), 뉘우치는 정도 또는 그 밖의 정상을 참작해야 한다.	**제3조의2(적극행정 등에 대한 징계면제)** ① 제2조에도 불구하고 징계위원회는 고의 또는 중과실에 의하지 않은 비위로서 다음 각 호의 어느 하나에 해당되는 경우에는 징계의결 또는 징계부가금 부과 의결(이하 "징계의결등"이라 한다)을 하지 아니한다. 1. 불합리한 규제의 개선 등 공공의 이익을 위한 정책, 국가적으로 이익이 되고 국민생활에 편익을 주는 정책 또는 소관 법령의 입법목적을 달성하기 위하여 필수적인 정책 등을 수립·집행하거나, 정책목표의 달성을 위하여 업무처리 절차·방식을 창의적으로 개선하는 등 성실하고 능동적으로 업무를 처리하는 과정에서 발생한 것으로 인정되는 경우 2. 국가의 이익이나 국민생활에 큰 피해가 예견되어 이를 방지하기 위하여 정책을 적극적으로 수립·집행하는 과정에서 발생한 것으로서 정책을 수립·집행할 당시의 여건 또는 그 밖의 사회통념에 비추어 적법하게 처리될 것이라고 기대하기가 극히 곤란했던 것으로 인정되는 경우 ② 징계위원회는 징계등 혐의자가 다음 각 호의 사항에 모두 해당되는 경우에는 해당 비위가 고의 또는 중과실에 의하지 않은 것으로 추정한다. 1. 징계등 혐의자와 비위 관련 직무 사이에 사적인 이해관계가 없을 것 2. 대상 업무를 처리하면		

서 중대한 절차상의 하자가 없었을 것
3. 삭제 <2019. 6. 25.>
4. 삭제 <2019. 6. 25.>
③ 제1항에도 불구하고 징계등 혐의자가 감사원이나 공공감사에 관한 법률 제2조제5호에 따른 자체감사기구(이하 "자체감사기구"라 한다)로부터 사전에 받은 의견대로 업무를 처리한 경우에는 징계의결등을 하지 않는다. 다만, 대상 업무와 징계등 혐의자 사이에 사적인 이해관계가 있거나 감사원이나 자체감사기구가 의견을 제시하는데 필요한 정보를 충분히 제공하지 않은 경우에는 그렇지 않다.
④ 제1항에도 불구하고 징계등 혐의자가 적극행정 운영규정 제13조에 따라 같은 영 제11조에 따른 적극행정위원회(이하 "적극행정위원회"라 한다)가 제시한 의견대로 업무를 처리한 경우에는 징계의결등을 하지 않는다. 다만, 대상 업무와 징계등 혐의자 사이에 사적인 이해관계가 있거나 적극행정위원회가 심의하는데 필요한 정보를 충분히 제공하지 않은 경우에는 그렇지 않다.
⑤ 징계위원회는 제4조제2항에 따른 감경 제외 대상이 아닌 비위 중 직무와 관련이 없는 사고로 인한 비위로서 사회통념에 비추어 공무원의 품위를 손상하지 아니하였다고 인정되는 경우에는 징계의결등을 하지 않을 수 있다.

제4조(징계의 감경)
① 징계위원회는 징계의결이 요구된 사람에게 다음 각 호의 어느 하나에 해당하는 공적이 있는 경우에는 별표 3의 징계의 감경기준에 따라 징계를 감경할 수 있다. 다만, 그 공무원이 징계처분이나 이 규칙에 따른 경고를 받은 사실이 있는 경우에는 그 징계처분이나 경고처분 전의 공적은 감경 대상 공적에서 제외한다.
1. 상훈법에 따른 훈장 또는 포장을 받은 공적
2. 정부표창규정에 따라

	국무총리 이상의 표창(공적에 대한 표창만 해당한다. 이하 이 호에서 같다)을 받은 공적. 다만, 비위행위 당시 공무원 징계령 제2조제2항제3호 각 목에 따른 공무원은 중앙행정기관장인 청장(차관급 상당 기관장을 포함한다) 이상의 표창을 받은 공적 3. 모범공무원규정에 따라 모범공무원으로 선발된 공적 ② 제1항에도 불구하고 징계사유가 다음 각 호의 어느 하나에 해당하는 경우에는 해당 징계를 감경할 수 없다. 1. 국가공무원법 제78조의2제1항 각 호의 어느 하나에 해당하는 비위 1의2. 국가공무원법 제78조의2제1항 각 호의 어느 하나에 해당하는 비위를 신고하지 않거나 고발하지 않은 행위 2. 성폭력범죄의 처벌 등에 관한 특례법 제2조에 따른 성폭력범죄 3. 성매매알선 등 행위의 처벌에 관한 법률 제2조제1항제1호에 따른 성매매 4. 양성평등기본법 제3조제2호에 따른 성희롱 5. 도로교통법 제44조제1항에 따른 음주운전 또는 같은 조 제2항에 따른 음주측정에 대한 불응 6. 공직자윤리법 제8조의2제2항 또는 제22조에 따른 등록의무자에 대한 재산등록 및 주식의 매각·신탁과 관련한 의무 위반 7. 적극행정 운영규정 제2조제2호에 따른 소극행정(이하 이 조에서 "소극행정"이라 한다) 7의2. 부작위 또는 직무태만(소극행정은 제외한다) 8. 공무원 행동강령 제13조의3에 따른 부당한 행위 9. 성 관련 비위 또는 공무원 행동강령 제13조의3에 따른 부당한 행위를 은폐하거나 필요한 조치를 하지 않은 경우 10. 공무원 채용과 관련하여 청탁이나 강요 등 부당한 행위를 하거나 채용 업무와 관련하여 비위행위를 한 경우	

		11. 부정청탁 및 금품등 수수의 금지에 관한 법률 제5조에 따른 부정청탁 12. 부정청탁 및 금품등 수수의 금지에 관한 법률 제6조에 따른 부정청탁에 따른 직무수행 13. 직무상 비밀 또는 미공개정보를 이용한 부당행위 14. 우월적 지위 등을 이용하여 다른 공무원 등에게 신체적·정신적 고통을 주는 등의 부당행위 ③ 징계위원회는 징계의결이 요구된 사람의 비위가 성실하고 능동적인 업무처리 과정에서 과실로 인하여 생긴 것으로 인정되거나, 제2항에 따른 감경 제외 대상이 아닌 비위 중 직무와 관련이 없는 사고로 인한 비위라고 인정될 때에는 그 정상을 참작하여 별표 3의 징계의 감경기준에 따라 징계를 감경할 수 있다. **제5조(징계의 가중)** ① 징계위원회는 서로 관련 없는 둘 이상의 비위가 경합될 경우에는 그 중 책임이 무거운 비위에 해당하는 징계보다 1단계 위의 징계로 의결할 수 있다. ② 징계위원회는 징계처분을 받은 사람에 대하여 공무원임용령 제32조에 따른 승진임용 제한기간 중에 발생한 비위로 다시 징계의결이 요구된 경우에는 그 비위에 해당하는 징계보다 2단계 위의 징계로 의결할 수 있고, 승진임용 제한기간이 끝난 후부터 1년 이내에 발생한 비위로 징계의결이 요구된 경우에는 1단계 위의 징계로 의결할 수 있다. 다만, 국가공무원법 제80조제6항에 따라 징계처분의 집행이 정지되더라도 승진임용 제한기간은 정지되지 않고 진행되는 것으로 보아 계산한다.		
제78조의2(징계부가금) ① 제78조에 따라 공무원의 징계 의결을 요구하는 경우 그 징계 사유가 다음 각 호의 어느 하나에 해당하는 경우에는 해당 징계 외에 다음 각 호의 행위로	**제17조의2(징계부가금)** ① 법 제78조의2제1항제1호에서 "대통령령으로 정하는 재산상 이익"이란 다음 각 호의 어느 하나에 해당하는 것을 말한다.		**제37조의2(징계부가금)** ① 징계권자는 제37조에 따른 군무원의 징계사유가 다음 각 호의 어느 하나에 해당하는 경우에는 해당 징계 외에 다음 각 호의 행위로 취득하거나 제공한	**제112조(징계부가금)** ① 법 제37조의2제1항제1호에서 "대통령령으로 정하는 재산상 이익"이란 다음 각 호의 것을 말한다. 1. 유가증권, 숙박권, 회원권, 입장권, 할인권, 초대

취득하거나 제공한 금전 또는 재산상 이득(금전이 아닌 재산상 이득의 경우에는 금전으로 환산한 금액을 말한다)의 5배 내의 징계부가금 부과 의결을 징계위원회에 요구하여야 한다.
1. 금전, 물품, 부동산, 향응 또는 그 밖에 대통령령으로 정하는 재산상 이익을 취득하거나 제공한 경우
2. 다음 각 목에 해당하는 것을 횡령(橫領), 배임(背任), 절도, 사기 또는 유용(流用)한 경우
가. 국가재정법에 따른 예산 및 기금
나. 지방재정법에 따른 예산 및 지방자치단체 기금관리기본법에 따른 기금
다. 국고금 관리법 제2조제1호에 따른 국고금
라. 보조금 관리에 관한 법률 제2조제1호에 따른 보조금
마. 국유재산법 제2조제1호에 따른 국유재산 및 물품관리법 제2조제1항에 따른 물품
바. 공유재산 및 물품 관리법 제2조제1호 및 제2호에 따른 공유재산 및 물품
사. 그 밖에 가목부터 바목까지에 준하는 것으로서 대통령령으로 정하는 것
② 징계위원회는 징계부가금 부과 의결을 하기 전에 징계부가금 부과 대상자가 제1항 각 호의 어느 하나에 해당하는 사유로 다른 법률에 따라 형사처벌을 받거나 변상책임 등을 이행한 경우(몰수나 추징을 당한 경우를 포함한다) 또는 다른 법령에 따른 환수나 가산징수 절차에 따라 환수금이나 가산징수금을 납부한 경우에는 대통령령으로 정하는 바에 따라 조정된 범위에서 징계부가금 부과를 의결하여야 한다.
③ 징계위원회는 징계부가금 부과 의결을 한 후에 징계부가금 부과 대상자가 형사처벌을 받거나 변상책임 등을 이행한 경우(몰수나 추징을 당한 경우를 포함한다) 또는 환수금이나

1. 유가증권, 숙박권, 회원권, 입장권, 할인권, 초대권, 관람권, 부동산 등의 사용권 등 일체의 재산상 이익
2. 골프 등의 접대 또는 교통·숙박 등의 편의 제공
3. 채무면제, 취업제공, 이권(利權)부여 등 유형·무형의 경제적 이익
② 징계위원회가 법 제78조의2제1항에 따라 징계부가금 부과 의결을 요구받은 때에는 같은 항 각 호의 어느 하나에 해당하는 행위로 취득하거나 제공한 금전 또는 재산상 이득(금전이 아닌 재산상 이득의 경우에는 금전으로 환산한 금액을 말하며, 이하 "금품비위금액등"이라 한다)의 5배 내에서 징계부가금의 부과 의결을 할 수 있다.
③ 징계위원회에서 징계부가금 부과 의결을 하기 전에 징계등 혐의자가 법 제78조의2제1항 각 호의 어느 하나에 해당하는 행위로 다른 법률에 따라 형사처벌을 받거나 변상책임 등을 이행(몰수나 추징을 당한 경우를 포함한다) 또는 다른 법령에 따른 환수나 가산징수 절차에 따라 환수금이나 가산징수금을 납부한 경우로서 같은 조 제2항에 따라 징계위원회가 징계부가금을 조정하여 의결할 때에는 벌금, 변상금, 몰수, 추징금, 환수금 또는 가산징수금에 해당하는 금액과 징계부가금의 합계액이 금품비위금액등의 5배를 초과해서는 아니 된다.
④ 징계의결등의 요구권자는 다음 각 호의 어느 하나에 해당하는 사유가 발생한 날부터 30일 내에 징계위원회에 징계부가금 감면 의결을 요구하여야 하며, 동시에 별지 제3호의2서식의 징계부가금 감면 의결 요구서 사본을 징계등 혐의자에게 송부하여야 한다. 다만, 징계등 혐의자가 그 수령을 거부하는 경우에는 그러하지 아니하다.
1. 징계부가금 부과 의결을 받은 자가 법원의 판결

금전 또는 재산상 이득(금전이 아닌 재산상 이득의 경우에는 금전으로 환산한 금액을 말한다)의 5배 내의 징계부가금 부과 의결을 제39조의2제1항에 따른 군무원징계위원회에 요구하여야 한다.
1. 금전, 물품, 부동산, 향응 또는 그 밖에 대통령령으로 정하는 재산상 이익을 취득하거나 제공한 경우
2. 다음 각 목의 어느 하나에 해당하는 것을 횡령(橫領), 배임(背任), 절도, 사기 또는 유용(流用)한 경우
가. 국가재정법에 따른 예산 및 기금
나. 지방재정법에 따른 예산 및 지방자치단체 기금관리기본법에 따른 기금
다. 국고금 관리법 제2조제1호에 따른 국고금
라. 보조금 관리에 관한 법률 제2조제1호에 따른 보조금
마. 국유재산법 제2조제1호에 따른 국유재산, 물품관리법 제2조제1항에 따른 물품 및 군수품관리법 제2조에 따른 군수품
바. 공유재산 및 물품 관리법 제2조제1호 및 제2호에 따른 공유재산 및 물품
사. 그 밖에 가목부터 바목까지에 준하는 것으로서 대통령령으로 정하는 것
② 제39조의2제1항에 따른 군무원징계위원회는 징계부가금 부과 의결을 하기 전에 징계부가금 부과 대상자가 제1항 각 호의 어느 하나에 해당하는 사유로 다른 법률에 따라 형사처벌을 받거나 변상책임 등을 이행한 경우(몰수나 추징을 당한 경우를 포함한다) 또는 다른 법령에 따른 환수나 가산징수 절차에 따라 환수금이나 가산징수금을 납부한 경우에는 대통령령으로 정하는 바에 따라 조정된 범위에서 징계부가금 부과를 의결하여야 한다.
③ 제39조의2제1항에 따른 군무원징계위원회는 징계부가금 부과 의결을 한

권, 관람권, 부동산 등의 사용권 등 일체의 재산상 이익
2. 골프 등의 접대 또는 교통·숙박 등의 편의 제공
3. 채무면제, 취업제공, 이권(利權)부여 등 유형·무형의 경제적 이익
② 징계위원회는 법 제37조의2제1항에 따라 징계부가금 부과 의결을 요구받은 때에는 같은 항 각 호의 행위로 취득하거나 제공한 금전 또는 재산상 이득(금전이 아닌 재산상 이득의 경우에는 금전으로 환산한 금액을 말하며, 이하 "금품비위금액등"이라 한다)의 5배 이내에서 징계부가금의 부과 의결을 할 수 있다.
③ 징계위원회에서 징계부가금 부과 의결을 하기 전에 징계등 심의대상자가 법 제37조의2제1항 각 호의 행위로 다른 법률에 따라 형사처벌을 받거나 변상책임 등을 이행한 경우(몰수나 추징을 당한 경우를 포함한다) 또는 다른 법령에 따른 환수나 가산징수 절차에 따라 환수금이나 가산징수금을 납부한 경우로서 같은 조 제2항에 따라 징계위원회가 징계부가금을 조정하여 의결할 때에는 벌금, 변상금, 몰수, 추징금, 환수금 또는 가산징수금에 해당하는 금액과 징계부가금의 합계액이 금품비위금액등의 5배를 초과해서는 안 된다.
④ 징계권자는 다음 각 호의 어느 하나에 해당하는 사유가 발생한 날부터 30일 내에 징계위원회에 징계부가금 감면 의결을 요구해야 하고, 동시에 징계부가금 감면 의결 요구서 사본을 징계등 심의대상자에게 송부해야 한다. 다만, 징계등 심의대상자가 그 수령을 거부하는 경우에는 징계부가금 감면 의결 요구서 사본을 송부하지 않을 수 있다.
1. 징계부가금 부과 의결을 받은 사람이 법원의 판결(몰수·추징에 대한 판결을 포함한다)이 확정된 날, 변상책임 등을 이행한

<table>
<tr>
<td>가산징수금을 납부한 경우에는 대통령령으로 정하는 바에 따라 이미 의결된 징계부가금의 감면 등의 조치를 하여야 한다.
④ 제1항에 따라 징계부가금 부과처분을 받은 사람이 납부기간 내에 그 부가금을 납부하지 아니한 때에는 처분권자(대통령이 처분권자인 경우에는 처분 제청권자)는 국세강제징수의 예에 따라 징수할 수 있다. 이 경우 체납액의 징수가 사실상 곤란하다고 판단되는 경우에는 징수대상자의 주소지를 관할하는 세무서장에게 징수를 위탁한다.
⑤ 처분권자(대통령이 처분권자인 경우에는 처분 제청권자)는 제4항 단서에 따라 관할 세무서장에게 징계부가금 징수를 의뢰한 후 체납일부터 5년이 지난 후에도 징수가 불가능하다고 인정될 때에는 관할 징계위원회에 징계부가금 감면의결을 요청할 수 있다.</td>
<td>(몰수·추징에 대한 판결을 포함한다)이 확정되거나 변상책임 등을 이행한 날 또는 환수금이나 가산징수금을 납부한 날부터 60일 내에 징계의결등의 요구권자에게 징계부가금 감면 의결을 신청한 경우
2. 징계의결등의 요구권자가 징계부가금 부과 의결을 받은 자에 대한 법원의 판결(몰수·추징에 대한 판결을 포함한다)이 확정되거나 변상책임 등이 이행된 것 또는 환수금이나 가산징수금 등이 납부된 것을 안 경우
⑤ 제4항에 따라 징계부가금 감면 의결이 요구된 경우 법 제78조의2제3항에 따라 징계위원회는 벌금, 변상금, 몰수, 추징금, 환수금 또는 가산징수금에 해당하는 금액과 징계부가금의 합계액이 금품비위금액등의 5배를 초과하지 않는 범위에서 감면 의결하여야 한다. 이 경우 징계부가금 감면 의결의 기한에 관하여는 제9조제1항을 준용한다.
⑥ 징계등 협의자 또는 징계부가금 부과 의결을 받은 자가 벌금 외의 형(벌금형이 병과되는 경우를 포함한다)을 선고받아 제3항 또는 제5항을 적용하기 곤란한 경우에는 징계위원회는 형의 종류, 형량 및 실형, 집행유예 또는 선고유예 여부 등을 종합적으로 고려하여 징계부가금을 조정하여 의결하거나 감면 의결하여야 한다.</td>
<td></td>
<td>후에 징계부가금 부과 대상자가 형사처벌을 받거나 변상책임 등을 이행한 경우(몰수나 추징을 당한 경우를 포함한다) 또는 환수금이나 가산징수금을 납부한 경우에는 대통령령으로 정하는 바에 따라 이미 의결된 징계부가금의 감면 등의 조치를 하여야 한다.
④ 제1항에 따라 징계부가금 부과처분을 받은 사람이 납부기간 내에 그 징계부가금을 납부하지 아니한 때에는 징계권자(징계권자가 대통령령으로 정하는 규모 이하의 부대 또는 기관의 장인 경우 그 상급 부대 또는 기관의 장을 말한다. 이하 이 조에서 같다)는 국세징수법에 따른 강제징수의 예에 따라 징수할 수 있다. 다만, 퇴직 등으로 체납액의 징수가 사실상 곤란하다고 판단되는 경우에는 징수 대상자의 주소지를 관할하는 세무서장에게 징수를 위탁한다.
⑤ 징계권자는 제4항 단서에 따라 관할 세무서장에게 징계부가금 징수를 의뢰한 후 체납일부터 5년이 지난 후에도 징수가 불가능하다고 인정되는 경우에는 제39조의2제1항에 따른 군무원징계위원회에 징계부가금 감면 의결을 요청할 수 있다.</td>
<td>날 또는 환수금이나 가산징수금을 납부한 날부터 60일 내에 징계권자에게 징계부가금 감면 의결을 신청한 경우
2. 징계권자가 징계부가금 부과 의결을 받은 사람에 대한 법원의 판결(몰수·추징에 대한 판결을 포함한다)이 확정되거나 변상책임 등이 이행된 것 또는 환수금이나 가산징수금 등이 납부된 것을 안 경우
⑤ 징계위원회는 제4항에 따라 징계부가금 감면 의결이 요구된 경우 법 제37조의2제3항에 따라 벌금, 변상금, 몰수, 추징금, 환수금 또는 가산징수금에 해당하는 금액과 징계부가금의 합계액이 금품비위금액등의 5배를 초과하지 않는 범위에서 감면 의결해야 한다. 이 경우 징계부가금 감면 의결의 기한에 관하여는 법 제40조제3항을 준용한다.
⑥ 징계위원회는 징계등 심의대상자 또는 징계부가금 부과 의결을 받은 사람이 벌금 외의 형(벌금형이 병과되는 경우를 포함한다)을 선고받아 제3항 또는 제5항을 적용하기 곤란한 경우에는 형의 종류, 형량 및 실형, 집행유예 또는 선고유예 여부 등을 종합적으로 고려하여 징계부가금을 조정하여 의결하거나 감면 의결해야 한다.</td>
</tr>
<tr>
<td></td>
<td>제17조의3(징계기준 등)
① 징계기준, 징계부가금 부과기준, 징계의 감경기준 등(이하 "징계기준등"이라 한다)은 총리령으로 정한다.
② 중앙행정기관의 장은 제1항에 따른 징계기준등의 범위에서 징계양정에 관한 사항을 정할 수 있다. 이 경우 중앙행정기관의 장은 인사혁신처장과 미리 협의하여야 한다.</td>
<td>제2조(징계 또는 징계부가금의 기준)
① 징계위원회는 징계 또는 국가공무원법 제78조의2에 따른 징계부가금(이하 "징계부가금"이라 한다) 혐의자의 비위(非違)의 유형, 비위의 정도 및 과실의 경중과 혐의 당시 직급, 비위행위가 공직 내외에 미치는 영향, 수사 중 공무원 신분을 감추거나 속인 정황, 평소 행실, 공적(功績), 뉘우치는 정도, 규제개혁 및 국정과제 등 관련 업무 처리의 적극성 또는 그 밖의 정상 등</td>
<td></td>
<td></td>
</tr>
</table>

을 고려하여 별표 1의 징계기준, 별표 1의2의 초과근무수당 및 여비 부당수령 징계기준, 별표 1의3의 청렴의 의무 위반 징계기준, 별표 1의4의 성 관련 비위 징계기준, 별표 1의5의 음주운전 징계기준 및 별표 1의6의 징계부가금 부과기준에 따라 징계 또는 징계부가금(이하 "징계등"이라 한다) 사건을 의결해야 한다.

② 징계위원회가 징계등 사건을 의결할 때에는 비위와 부조리를 척결함으로써 공무집행의 공정성 유지와 깨끗한 공직사회의 구현 및 기강 확립에 주력하고, 그 의결 대상이 다음 각 호의 어느 하나에 해당하는 경우에는 그 비위행위자는 물론 각 호에 규정된 사람에 대해서도 엄중히 책임을 물어야 한다.

1. 의결 대상이 직무와 관련한 금품수수 비위 사건인 경우: 해당 비위와 관련된 감독자 및 그 비위행위의 제안 · 주선자
2. 부작위 또는 직무태만으로 국민의 권익을 침해하거나 국가 재정상의 손실을 발생하게 한 비위 사건인 경우: 해당 비위와 관련된 감독자

③ 삭제 <2018. 5. 30.>

제3조(비위행위자와 감독자에 대한 문책기준)

① 같은 사건에 관련된 행위자와 감독자에 대해서는 업무의 성질 및 업무와의 관련 정도 등을 참작하여 별표 2의 비위행위자와 감독자에 대한 문책기준에 따라 징계의결등을 하여야 한다.

② 제1항에도 불구하고 별표 2에 따른 문책 정도의 순위 1에 해당하지 아니하는 사람이 다음 각 호의 어느 하나에 해당하는 경우에는 징계의결등을 하지 아니할 수 있다.

1. 해당 비위를 발견하여 보고하였거나 이를 적법 · 타당하게 조치한 징계등 사건
2. 비위의 정도가 약하고 경과실인 징계등 사건
3. 철저하게 감독하였다는

		사실이 증명되는 감독자의 징계사건		
	제18조(의결 통보) 징계위원회가 징계의결등(징계부가금 감면 의결을 포함한다. 이하 같다)을 하였을 때에는 지체 없이 징계등 의결서 또는 별지 제3호의3서식의 징계부가금 감면 의결서의 정본(正本)을 첨부하여 징계의결등의 요구자에게 통보하여야 한다. 다만, 5급이상공무원등(고위공무원단에 속하는 공무원을 포함한다)의 파면 또는 해임 의결을 한 경우를 제외하고는 징계의결등의 요구자와 징계처분, 징계부가금 부과처분 또는 징계부가금 감면처분(이하 "징계처분등"이라 한다)의 처분권자가 다를 때에는 징계처분등의 처분권자에게도 징계의결등의 결과를 통보하여야 한다.			
	제18조의2(징계의결등의 경정) 제18조에 따른 징계의결등에 계산상 또는 기재상의 잘못이나 그 밖에 이와 비슷한 잘못이 있는 것이 명백할 때에는 위원장은 직권 또는 징계의결등 요구권자나 징계등 협의자의 신청에 따라 경정결정을 할 수 있다.			
제75조(처분사유 설명서의 교부) ① 공무원에 대하여 징계처분등을 할 때나 강임·휴직·직위해제 또는 면직처분을 할 때에는 그 처분권자 또는 처분제청권자는 처분사유를 적은 설명서를 교부(交付)하여야 한다. 다만, 본인의 원(願)에 따른 강임·휴직 또는 면직처분은 그러하지 아니하다. ② 처분권자는 피해자가 요청하는 경우 다음 각 호의 어느 하나에 해당하는 사유로 처분사유 설명서를 교부할 때에는 그 징계처분결과를 피해자에게 함께 통보하여야 한다. 1. 성폭력범죄의 처벌 등에 관한 특례법 제2조에 따른 성폭력범죄 2. 양성평등기본법 제3조제2호에 따른 성희롱	**제19조(징계처분등)** ① 징계처분등의 처분권자는 징계등 의결서 또는 징계부가금 감면 의결서를 받은 날부터 15일 이내에 징계처분등을 하여야 한다. ② 징계처분등의 처분권자는 제1항에 따라 징계처분등을 할 때에는 별지 제4호 서식에 따른 징계처분등의 사유설명서에 징계등 의결서 또는 징계부가금 감면 의결서 사본을 첨부하여 징계처분등의 대상자에게 교부하여야 한다. 다만, 5급이상공무원등(고위공무원단에 속하는 공무원을 포함한다)을 파면하거나 해임한 경우에는 임용제청권자가 징계처분등의 사유설명서를 교부한다. ③ 법 제75조제2항제3호에 따른 대통령령으로 정			**제115조(징계권자의 처분 및 승인요청)** ① 징계권자는 제114조제2항에 따라 징계위원회로부터 징계부가금 감면 의결서를 송부받은 때에는 그 날부터 15일 이내에 징계부가금 감면처분을 하여야 한다. ② 징계권자가 징계의 감경을 할 때에는 징계의결서에 그 사유를 명시하여 확인의 서명을 하여야 하고, 징계위원회의 의결대로 징계처분하려는 때에는 그 의결서에 확인의 서명을 하여야 한다. ③ 징계권자가 법 제40조제4항에 따라 15일 이내에 징계처분을 하여야 함에도 불구하고 법 제38조제2항에 따라 임용권자의 승인을 받아야 하는 경우에는 제2항에 따른 확인의 서명

3. 직장에서의 지위나 관계 등의 우위를 이용하여 업무상 적정범위를 넘어 다른 공무원 등에게 부당한 행위를 하거나 신체적 · 정신적 고통을 주는 등의 행위로서 대통령령등으로 정하는 행위	하는 행위는 다음 각 호와 같다. 1. 공무원 행동강령 제13조의3 각 호의 어느 하나에 해당하는 부당한 행위(피해자가 개인인 경우로 한정한다) 2. 다음 각 목의 사람에 대하여 직장에서의 지위나 관계 등의 우위를 이용하여 업무상 적정범위를 넘어 신체적 · 정신적 고통을 주거나 근무환경을 악화시키는 행위 가. 다른 공무원 나. 다음의 어느 하나에 해당하는 기관 · 단체의 직원 1) 징계처분등의 대상자가 소속된 기관(해당 기관의 소속기관을 포함한다) 2) 공공기관의 운영에 관한 법률 제4조제1항에 따른 공공기관 중 1)의 기관이 관계 법령에 따라 업무를 관장하는 공공기관 3) 공직자윤리법 제3조의2제1항에 따른 공직유관단체 중 1)의 기관이 관계 법령에 따라 업무를 관장하는 공직유관단체 다. 공무원 행동강령 제2조제1호에 따른 직무관련자(직무관련자가 법인 또는 단체인 경우에는 그 법인 또는 단체의 소속 직원을 말한다) ④ 처분권자는 징계처분의 사유가 법 제75조제2항 각 호의 어느 하나에 해당하는 경우에는 그 피해자에게 징계처분결과의 통보를 요청할 수 있다는 사실을 안내해야 한다. 다만, 피해자가 있는 곳을 알 수 없는 등 인사혁신처장이 정하는 사유가 있는 경우에는 그렇지 않다. ⑤ 제3항에 따른 피해자의 요청으로 처분권자가 피해자에게 징계처분결과를 통보하는 경우에는 별지 제4호의2서식에 따른다. ⑥ 제5항에 따라 징계처분결과를 통보받은 피해자는 그 통보 내용을 공개해서는 안 된다. ⑦ 제3항부터 제6항까지에서 규정한 사항 외에 징계처분결과의 통보에 관한 사항은 인사혁신처장이 정한다.		을 한 날부터 15일 이내에 승인을 요청하여야 하고, 승인을 받은 날부터 15일 이내에 징계처분을 하여야 한다. 다만, 부득이한 사유로 15일 이내에 승인을 요청하기 어려운 때에는 그 사유가 해소된 날부터 15일 이내에 승인을 요청하여야 한다. ④ 제3항에 따라 승인을 요청하려는 징계권자는 징계의결서 및 관련 서류를 첨부하여 임용권자에게 제출하여야 한다.

				제115조의2(징계감경) ① 징계권자는 징계심의대상자가 다음 각 호의 어느 하나에 해당하는 경우에는 별표 5에 따른 징계의 감경기준에 따라 징계를 감경할 수 있다. 다만, 그 일반군무원이 징계처분이나 이 영에 따른 경고를 받은 사실이 있는 경우에는 그 징계처분이나 경고처분 전의 공적은 감경 대상 공적에서 제외하여야 한다. 1. 징계심의대상자가 다음 각 목의 공적이 있는 경우 가. 상훈법에 따른 훈장·포장을 받은 공적 나. 정부 표창 규정에 따른 국무총리 이상의 표창(공적상 및 창안상만 해당한다)을 받은 공적 다. 비행 행위 당시 6급 이하의 일반군무원은 참모총장 또는 중앙행정기관장인 청장(차관급 상당 기관장을 포함한다) 이상 표창(공적상 및 창안상만 해당한다)을 받은 공적 2. 징계심의대상자의 비행사실이 성실하고 적극적인 업무처리과정에서 과실로 발생한 경우 ② 징계권자는 제1항에도 불구하고 징계사유가 다음 각 호의 어느 하나에 해당하는 경우에는 징계를 감경할 수 없다. 1. 법 제37조의2제1항 각 호의 어느 하나에 해당하는 비위 2. 법 제37조의2제1항 각 호의 어느 하나에 해당하는 비위를 신고하지 않거나 고발하지 않은 행위 3. 군사기밀 보호법 위반의 죄 4. 군형법 제80조의 군사기밀 누설 5. 군형법 제2편제15장 강간과 추행의 죄 6. 성폭력범죄의 처벌 등에 관한 특례법 제2조의 성폭력범죄 7. 성매매알선 등 행위의 처벌에 관한 법률 제2조제1항제1호의 성매매 8. 양성평등기본법 제3조제2호의 성희롱 9. 도로교통법 제44조제1항을 위반하여 술에 취한

				상태에서 운전을 하거나 같은 조 제2항을 위반하여 음주측정 요구에 따르지 않은 행위 10. 공직자윤리법 제3조 또는 제14조의4에 따른 재산등록의무나 주식 매각 · 신탁과 관련한 의무 위반 11. 적극행정 운영규정 제2조제2호의 소극행정(이하 이 조에서 “소극행정”이라 한다) 12. 부작위 또는 직무태만(소극행정은 제외한다) 13. 공무원 행동강령 제13조의3 각 호의 어느 하나에 해당하는 부당한 행위 14. 성(性) 관련 비위나 공무원 행동강령 제13조의3 각 호의 어느 하나에 해당하는 부당한 행위를 은폐하거나 필요한 조치를 하지 않은 경우 15. 공무원(군인 및 군무원을 포함한다) 채용과 관련하여 청탁이나 강요 등 부당한 행위를 하거나 채용 업무와 관련하여 비위 행위를 한 경우 16. 부정청탁 및 금품등 수수의 금지에 관한 법률 제5조 각 호의 어느 하나에 해당하는 부정청탁 17. 부정청탁 및 금품등 수수의 금지에 관한 법률 제6조의 부정청탁에 따른 직무수행 18. 직무상 비밀이나 미공개 정보(재물이나 재산상 이익의 취득 여부의 판단에 중대한 영향을 미칠 수 있는 정보로서 불특정 다수인이 알 수 있도록 공개되기 전의 것을 말한다)를 이용한 부당행위
				제116조(징계처분의 집행) 징계권자는 징계처분의 결정을 한 때에는 본인에게 지체 없이 징계처분서를 교부하여야 한다.
				제116조의3(피해자에 대한 징계처분등의 결과 통보) ① 징계권자는 성폭력범죄의 처벌 등에 관한 특례법 제2조에 따른 성폭력범죄 및 양성평등기본법 제3조제2호에 따른 성희롱의 피해자에게 법 제40조제6항에 따라 징계처분 및 징계부가금 부과처분(이하

			이 조에서 “징계처분등”이라 한다)의 결과를 통보받을 수 있다는 사실을 안내해야 한다. ② 법 제40조제6항에 따라 징계처분등의 결과를 통보받은 피해자는 그 통보 내용을 공개해서는 안 된다. ③ 제1항 및 제2항에서 규정한 사항 외에 징계처분등의 결과 통보에 필요한 사항은 국방부장관이 정한다.
	제19조의2(징계부가금 납부고지서의 교부 등) ① 제18조에 따라 의결통보를 받은 징계처분등의 처분권자가 제19조제2항에 따라 징계처분등의 대상자에게 징계처분등의 사유설명서를 교부할 때에는 징계부가금 금액을 분명하게 적은 납부고지서 또는 감면된 징계부가금 금액을 분명하게 적은 감면 납부고지서를 함께 교부하여야 한다. ② 징계처분등의 처분권자는 징계처분등의 대상자가 제1항의 납부고지서를 교부받은 날부터 60일 이내에 징계부가금이나 감면된 징계부가금을 납부하지 않으면 법 제78조의2제4항 전단에 따라 국세강제징수의 예에 따라 징수할 수 있다. ③ 징계처분등의 처분권자는 법 제78조의2제4항 후단에 따라 체납액의 징수를 위탁하려는 경우에는 징수대상자의 성명 및 주소, 징수금액 등을 적은 징수의뢰서에 체납액의 징수가 사실상 곤란하다는 사실을 입증할 수 있는 서류를 첨부하여 관할 세무서장에게 통보해야 한다. ④ 징계처분등의 대상자가 징계부가금을 납부한 후에 제1항의 감면 납부고지서를 받은 경우에는 징계처분등의 처분권자는 그 차액을 징계처분등의 대상자에게 환급하여야 한다. ⑤ 징계처분등의 대상자가 징계부가금을 납부하기 전에 제1항의 감면 납부고지서를 받은 경우에는 징계처분 등의 대상자는 감면된 징계부가금을 납부하		**제116조의2(징계부가금 부과처분서 등의 교부 등)** ① 징계권자가 법 제40조제4항 및 이 영 제115조제1항에 따라 징계부가금 부과처분 또는 징계부가금 감면처분을 할 때에는 징계부가금 부과처분 또는 징계부가금 감면처분의 대상자에게 그 처분의 사유와 징계부가금 금액 또는 감면된 징계부가금 금액을 적은 징계부가금 부과처분서 또는 징계부가금 감면처분서를 교부하여야 한다. ② 징계권자는 징계부가금 부과처분 또는 징계부가금 감면처분의 대상자가 제1항에 따른 처분서를 교부받은 날부터 60일 이내에 징계부가금 또는 감면된 징계부가금을 납부하지 않으면 법 제37조의2제4항 본문에 따른 징수를 관할 세무서장에게 의뢰할 수 있다. 이 경우 징계권자가 그 징수를 관할 세무서장에게 의뢰하는 때에는 관할 세무서장은 특별한 사정이 없으면 이에 따라야 한다. ③ 징계권자는 징계부가금 부과처분의 대상자가 징계부가금을 납부한 후에 제1항에 따른 징계부가금 감면처분서를 받은 경우 그 차액을 징계부가금 부과처분의 대상자에게 환급하여야 한다. ④ 징계부가금 부과처분의 대상자는 징계부가금을 납부하기 전에 제1항에 따른 징계부가금 감면처분서를 받은 경우 감면된 징계부가금을 납부하여야 한다. ⑤ 법 제37조의2제4항 본문에서 “대통령령으로 정하는 규모”란 사단, 전단,

	여야 한다.			비행단 및 그와 같은 급을 말한다.
	제20조(회의의 비공개) 징계위원회의 심의 · 의결의 공정성을 보장하기 위하여 다음 각 호의 사항은 공개하지 아니한다. 1. 징계위원회의 회의 2. 징계위원회의 회의에 참여할 또는 참여한 위원의 명단 3. 징계위원회의 회의에서 위원이 발언한 내용이 적힌 문서(전자적으로 기록된 문서를 포함한다) 4. 그 밖에 공개할 경우 징계위원회의 심의 · 의결의 공정성을 해칠 우려가 있다고 인정되는 사항			
	제21조(비밀누설 금지) 징계위원회의 회의에 참여한 사람은 직무상 알게 된 비밀을 누설해서는 아니 된다.			
	제22조(회의 참석자의 준수사항) ① 징계위원회의 회의에 참석하는 사람은 다음 각 호의 어느 하나에 해당하는 물품을 소지할 수 없다. 1. 녹음기, 카메라, 휴대전화 등 녹음 · 녹화 · 촬영이 가능한 기기 2. 흉기 등 위험한 물건 3. 그 밖에 징계등 사건의 심의와 관계없는 물건 ② 징계위원회의 회의에 참석하는 사람은 다음 각 호의 어느 하나에 해당하는 행위를 해서는 안 된다. 1. 녹음, 녹화, 촬영 또는 중계방송 2. 회의실 내의 질서를 해치는 행위 3. 다른 사람의 생명 · 신체 · 재산 등에 위해를 가하는 행위			**제114조의4(회의 참석자의 준수사항)** ① 징계위원회의 회의에 참석하는 사람은 다음 각 호의 어느 하나에 해당하는 물품을 소지할 수 없다. 1. 녹음기, 카메라, 휴대전화 등 녹음 · 녹화 · 촬영이 가능한 기기 2. 흉기 등 위험한 물건 3. 그 밖에 징계등 사건의 심의와 관계없는 물건 ② 징계위원회의 회의에 참석하는 사람은 다음 각 호의 어느 하나에 해당하는 행위를 해서는 안 된다. 1. 녹음, 녹화, 촬영 또는 중계방송 2. 회의실 내의 질서를 해치는 행위 3. 다른 사람의 생명 · 신체 · 재산 등에 위해를 가하는 행위
	제23조(직권 면직에 대한 동의 등) ① 법 제70조제2항에 따라 임용권자가 직권 면직에 대한 징계위원회의 의견을 들어야 하는 경우에는 이 영에 따른 경징계 요구사건의 징계 관할에 따라, 징계위원회의 동의를 받아야 하는 경우에는 이 영에 따른 중징계 요구사건의 징계 관할에 따라,			

	관할 징계위원회에 별지 제4호의3서식의 직권 면직 의견·동의 요구서로 그 의견 또는 동의를 요구하여야 한다. ② 징계위원회는 다른 징계등 사건(법 제78조의3제2항 및 제78조의4제2항에 따라 징계의결등이 요구된 사건은 제외한다)에 우선하여 직권 면직에 관하여 제시할 의견이나 동의 여부에 대하여 의결해야 한다. ③ 징계위원회가 직권 면직에 관하여 제시할 의견이나 동의 여부에 대하여 의결하였을 때에는 지체 없이 별지 제4호의4서식의 직권 면직 의견·동의 의결서를 첨부하여 임용권자에게 통보하여야 한다. ④ 제1항부터 제3항까지에서 규정한 사항 외에 직권 면직 대상자의 출석, 심문과 진술권, 사실조사, 원격영상회의, 위원의 제척 및 기피, 회의 참석자의 준수사항 등에 관하여는 제10조, 제11조제1항부터 제3항까지, 같은 조 제4항 본문, 제12조제4항·제5항, 제12조의2, 제15조 및 제22조를 준용한다. 이 경우 "징계등 혐의자"는 "직권 면직 대상자"로, "징계의결등"은 "직권 면직에 대한 의견 또는 동의 의결"로, "징계의결등 요구서"는 "직권 면직 의견·동의 요구서"로, "혐의 내용"은 "직권 면직"으로, "징계등 사건"은 "직권 면직 사건"으로 본다.		
제78조의4(퇴직을 희망하는 공무원의 징계사유 확인 및 퇴직 제한 등) ① 임용권자 또는 임용제청권자는 공무원이 퇴직을 희망하는 경우에는 제78조제1항에 따른 징계사유가 있는지 및 제2항 각 호의 어느 하나에 해당하는지 여부를 감사원과 검찰·경찰 등 조사 및 수사기관(이하 이 조에서 "조사 및 수사기관"이라 한다)의 장에게 확인하여야 한다. ② 제1항에 따른 확인 결과 퇴직을 희망하는 공무원이 파면, 해임, 강등 또는 정직에 해당하는 징계	**제23조의2(퇴직을 희망하는 공무원의 징계사유 확인 등)** ① 임용권자 또는 임용제청권자는 공무원이 퇴직을 희망하는 경우에는 지체 없이 서면으로 감사원과 검찰·경찰 등 조사 및 수사기관의 장에게 해당 공무원이 법 제78조제1항 각 호에 따른 징계사유가 있는지 및 법 제78조의4제2항 각 호의 어느 하나에 해당하는지 여부에 대한 확인을 요청해야 한다. ② 제1항에 따라 확인 요청을 받은 기관의 장은 요청받은 날부터 10일 이내		

사유가 있거나 다음 각 호의 어느 하나에 해당하는 경우(제1호·제3호 및 제4호의 경우에는 해당 공무원이 파면·해임·강등 또는 정직의 징계에 해당한다고 판단되는 경우에 한정한다) 제78조제4항에 따른 소속 장관 등은 지체 없이 징계의결등을 요구하여야 하고, 퇴직을 허용하여서는 아니 된다. 1. 비위(非違)와 관련하여 형사사건으로 기소된 때 2. 징계위원회에 파면·해임·강등 또는 정직에 해당하는 징계 의결이 요구 중인 때 3. 조사 및 수사기관에서 비위와 관련하여 조사 또는 수사 중인 때 4. 각급 행정기관의 감사부서 등에서 비위와 관련하여 내부 감사 또는 조사 중인 때 ③ 제2항에 따라 징계의결등을 요구한 경우 임용권자는 제73조의3제1항제3호에 따라 해당 공무원에게 직위를 부여하지 아니할 수 있다. ④ 관할 징계위원회는 제2항에 따라 징계의결등이 요구된 경우 다른 징계사건에 우선하여 징계의결등을 하여야 한다. ⑤ 그 밖에 퇴직을 제한하는 절차 등 필요한 사항은 대통령령등으로 정한다.	에 임용권자 또는 임용제청권자에게 확인 결과를 서면으로 통보해야 한다. ③ 제1항 및 제2항에서 규정한 사항 외에 퇴직 제한 절차 등에 필요한 사항은 인사혁신처장이 정한다.			
제82조(징계 등 절차) ② 징계의결등을 요구한 기관의 장은 징계위원회의 의결이 가볍다고 인정하면 그 처분을 하기 전에 다음 각 호의 구분에 따라 심사나 재심사를 청구할 수 있다. 이 경우 소속 공무원을 대리인으로 지정할 수 있다. 1. 국무총리 소속으로 설치된 징계위원회의 의결: 해당 징계위원회에 재심사를 청구 2. 중앙행정기관에 설치된 징계위원회(중앙행정기관의 소속기관에 설치된 징계위원회는 제외한다)의 의결: 국무총리 소속으로 설치된 징계위원회에 심사를 청구	**제24조(심사 또는 재심사 청구)** 징계의결등을 요구한 기관의 장은 법 제82조제2항에 따라 심사 또는 재심사를 청구하려면 징계의결등을 통보받은 날부터 15일 이내에 다음 각 호의 사항을 적은 징계의결등 심사(재심사)청구서에 사건 관계 기록을 첨부하여 관할 징계위원회에 제출하여야 한다. 1. 심사 또는 재심사 청구의 취지 2. 심사 또는 재심사 청구의 이유 및 증명 방법 3. 징계등 의결서 사본 또는 징계부가금 감면 의결서 사본 4. 제17조에 따른 여러 정상		**제40조(징계의 절차 등)** ⑤ 징계권자는 징계위원회의 징계의결등이 가볍다고 인정하는 경우에는 그 징계처분등을 하기 전에 법무장교가 배치된 징계권자의 차상급 부대 또는 기관에 설치된 징계위원회(국방부에 설치된 징계위원회의 징계의결등에 대하여는 그 징계위원회를 말한다)에 심사나 재심사를 청구할 수 있다. 이 경우 징계권자는 심사나 재심사에 따른 징계의결등의 결과에 따라 징계처분등을 하여야 한다.	**제114조의2(심사 또는 재심사 청구)** ① 징계권자는 법 제40조제5항에 따라 심사 또는 재심사를 청구하는 경우 제114조제2항에 따라 징계의결등 또는 징계부가금 감면 의결을 보고받은 날부터 15일 이내에 다음 각 호의 사항을 적거나 첨부한 징계의결등 또는 징계부가금 감면 의결 심사(재심사)청구서에 관계 기록을 첨부하여 관할 징계위원회에 제출하여야 한다. 1. 심사 또는 재심사 청구의 취지 2. 심사 또는 재심사 청구의 이유 및 증명 방법 3. 징계등 의결서 사본 또는 징계부가금 감면 의결서 사본

3. 제1호 및 제2호 외의 징계위원회의 의결: 직근 상급기관에 설치된 징계위원회에 심사를 청구 ③ 징계위원회는 제2항에 따라 심사나 재심사가 청구된 경우에는 다른 징계 사건에 우선하여 심사나 재심사를 하여야 한다.				② 법 제40조제5항 전단에 따라 국방부에 설치된 징계위원회의 의결에 대하여 재심사를 청구한 사건을 심의하는 징계위원회는 위원장을 제외한 위원의 과반수가 당초 심의·의결에 참여하지 않은 위원으로 구성되어야 한다.
	제25조(징계등 처리 대장) ① 각급 징계위원회는 징계등 사건의 접수·처리 상황을 관리하기 위하여 별지 제5호 서식의 징계등 처리 대장을 갖춰 두어야 한다. ② 제1항에도 불구하고 각급 징계위원회는 징계등 처리 대장을 디지털인사관리규정 제2조제4호에 따른 전자인사관리시스템으로 작성·유지·보관할 수 있다.			
	제25조의2 삭제〈2013. 5. 31.〉 **제26조 삭제**〈2009. 3. 18.〉			
제83조의3(특수경력직공무원의 징계) 다른 법률에 특별한 규정이 있는 경우 외에는 특수경력직공무원에 대하여도 대통령령등으로 정하는 바에 따라 이 장을 준용할 수 있다.				
		제9조(위임 규정) 이 규칙 시행에 필요한 사항은 인사혁신처장이 정한다.		**제117조(준용)** 일반군무원의 징계등에 관하여는 이 영에서 규정한 사항 외에는 공무원 징계령을 준용한다.

소청 및 항고 절차 (징계 처분에 대한 불복절차)			
국가공무원법	소청절차규정[6]	군무원인사법	군무원인사법 시행령
제9조(소청심사위원회의 설치) ① 행정기관 소속 공무원의 징계처분, 그 밖에 그 의사에 반하는 불리한 처분이나 부작위에 대한 소청을 심사·결정하게 하기 위하여 인사혁신처에 소청심사위원회를 둔다. ② 국회, 법원, 헌법재판소 및 선거관리위원회 소속 공무원의 소청에 관한 사항을 심사·결정하게 하기 위하여 국회사무처, 법원행정처, 헌법재판소사무처 및 중앙선거관리위원회사무처에 각각 해당 소청심사위원회를 둔다.		**제43조(군무원항고심사위원회)** ① 군무원의 징계처분등에 대한 항고를 심사하기 위하여 장성급 장교가 지휘하는 징계권자의 차상급 부대 또는 기관에 군무원항고심사위원회를 둔다. 다만, 국방부장관이 징계권자인 경우와 제42조제2항에 따라 국방부장관에게 항고한 경우에 이를 심사하기 위한 군무원항고심사위원회는 국방부에 둔다.	

6) 2024. 4. 23. 대통령령 제34449호로 타법개정된 것.

③ 국회사무처, 법원행정처, 헌법재판소사무처 및 중앙선거관리위원회 사무처에 설치된 소청심사위원회는 위원장 1명을 포함한 위원 5명 이상 7명 이하의 비상임위원으로 구성하고, 인사혁신처에 설치된 소청심사위원회는 위원장 1명을 포함한 5명 이상 7명 이하의 상임위원과 상임위원 수의 2분의 1 이상인 비상임위원으로 구성하되, 위원장은 정무직으로 보한다. ④ 제1항에 따라 설치된 소청심사위원회는 다른 법률로 정하는 바에 따라 특정직공무원의 소청을 심사·결정할 수 있다. ⑤ 소청심사위원회의 조직에 관하여 필요한 사항은 대통령령등으로 정한다.		② 제1항에 따른 군무원항고심사위원회는 장교·군무원 또는 공무원 중에서 5명 이상으로 구성한다. 이 경우 위원 중 군법무관 또는 법률지식이 풍부한 사람 1명과 군무원 또는 공무원 2명 이상이 포함되어야 한다. ③ 군무원항고심사위원회의 항고심사에 관하여는 제40조제2항을 준용한다.	**제119조(항고심사위원회의 구성)** ① 법 제43조에 따른 군무원항고심사위원회(이하 "항고심사위원회"라 한다)는 위원장 1명을 포함한 5명 이상 7명 이하의 위원으로 구성하며, 위원은 항고인보다 상위직에 있는 장교·일반군무원 또는 일반직공무원 중에서 항고심사위원회가 설치되는 부대의 장(이하 "항고심사권자"라 한다)이 임명한다. 다만, 군법무관은 항고인보다 상위직에 있지 않은 경우에도 위원으로 임명할 수 있다. ② 항고심사위원회에 관하여는 제109조제2항, 제3항 및 제5항부터 제7항까지의 규정을 준용한다.
제10조(소청심사위원회위원의 자격과 임명) ① 소청심사위원회의 위원(위원장을 포함한다. 이하 같다)은 다음 각 호의 어느 하나에 해당하고 인사행정에 관한 식견이 풍부한 자 중에서 국회사무총장, 법원행정처장, 헌법재판소사무처장, 중앙선거관리위원회사무총장 또는 인사혁신처장의 제청으로 국회의장, 대법원장, 헌법재판소장, 중앙선거관리위원회위원장 또는 대통령이 임명한다. 이 경우 인사혁신처장이 위원을 임명제청하는 때에는 국무총리를 거쳐야 하고, 인사혁신처에 설치된 소청심사위원회의 위원 중 비상임위원은 제1호 및 제2호의 어느 하나에 해당하는 자 중에서 임명하여야 한다. 1. 법관·검사 또는 변호사의 직에 5년 이상 근무한 자 2. 대학에서 행정학·정치학 또는 법률학을 담당한 부교수 이상의 직에 5년 이상 근무한 자 3. 3급 이상 공무원 또는 고위공무원단에 속하는 공무원으로 3년 이상 근무한 자 ② 소청심사위원회의 상임위원의 임기는 3년으로 하며, 한 번만 연임할 수 있다. ③ 삭제 <1973. 2. 5.> ④ 소청심사위원회의 상임위원은 다른 직무를 겸할 수 없다. ⑤ 소청심사위원회의 공무원이 아닌 위원은 형법이나 그 밖의 법률에 따른 벌칙을 적용할 때 공무원으로 본다.			
제10조의2(소청심사위원회위원의 결격사유) ① 다음 각 호의 어느 하나에 해당하는 자는 소청심사위원회의 위원			

이 될 수 없다. 1. 제33조 각 호의 어느 하나에 해당하는 자 2. 정당법에 따른 정당의 당원 3. 공직선거법에 따라 실시하는 선거에 후보자로 등록한 자 ② 소청심사위원회위원이 제1항 각 호의 어느 하나에 해당하게 된 때에는 당연히 퇴직한다.			
제11조(소청심사위원회위원의 신분보장) 소청심사위원회의 위원은 금고 이상의 형벌이나 장기의 심신 쇠약으로 직무를 수행할 수 없게 된 경우 외에는 본인의 의사에 반하여 면직되지 아니한다.			
제76조(심사청구와 후임자 보충 발령) ① 제75조에 따른 처분사유 설명서를 받은 공무원이 그 처분에 불복할 때에는 그 설명서를 받은 날부터, 공무원이 제75조에서 정한 처분 외에 본인의 의사에 반한 불리한 처분을 받았을 때에는 그 처분이 있은 것을 안 날부터 각각 30일 이내에 소청심사위원회에 이에 대한 심사를 청구할 수 있다. 이 경우 변호사를 대리인으로 선임할 수 있다.	**제2조(소청심사청구)** ① 공무원이 징계처분 · 강임 · 휴직 · 직위해제 · 면직처분 그밖에 그 의사에 반하는 불리한 처분 또는 부작위에 대하여 소청심사위원회(이하 "위원회"라 한다)에 심사를 청구할 때에는 다음 각호의 사항을 기재한 소청심사청구서(이하 "청구서"라 한다)를 위원회에 제출하여야 한다. 1. 주소 · 성명 · 주민등록번호 및 전화번호 2. 소속기관명 또는 전 소속기관명과 직위 또는 전 직위 3. 피소청인(대통령의 처분 또는 부작위에 대하여는 제청권자) 4. 소청의 취지 5. 소청의 이유 및 입증방법 6. 처분사유설명서 또는 인사발령통지서의 수령지연으로 인하여 처분사유설명서 또는 인사발령통지서에 기재된 일자로부터 소청제기기간을 초과하여 소청심사를 청구하는 경우에는 그 수령지연사실의 입증자료 ② 위원회는 제1항에 따른 소청심사청구가 위원회의 관할에 속하지 아니하는 경우에는 지체 없이 이를 관할 위원회에 이송하고 그 사실을 소청심사를 청구한 자(이하 "소청인"이라 한다)에게 통지하여야 한다.	**제42조(항고)** ① 징계처분등을 받은 사람은 그 처분을 통지받은 날부터 30일 이내에 장성급 장교가 지휘하는 징계권자의 차상급 부대 또는 기관의 장에게 항고할 수 있다. 다만, 국방부장관이 징계권자인 경우에는 국방부장관에게 항고할 수 있다. ② 제1항 본문에도 불구하고 파면 · 해임 · 강등 또는 정직 처분을 받은 5급 이상의 일반군무원은 처분의 통지를 받은 날부터 30일 이내에 직접 국방부장관에게 항고할 수 있다. ③ 제1항 본문에 따른 항고를 할 때에 징계처분등을 받은 사람의 소속이 변경된 경우에는 항고 당시의 소속 부대 또는 기관의 차상급부대 또는 기관의 장에게 항고하여야 한다. 이 경우 항고를 받은 차상급 부대 또는 기관의 장은 장성급 장교로서 징계처분등을 한 사람보다 상급자이어야 한다.	**제118조(항고의 제기)** 법 제42조에 따라 징계처분, 징계부가금 부과처분 또는 징계부가금 감면처분을 받은 일반군무원이 항고할 때에는 다음 각 호의 사항을 적은 항고서에 징계처분서 사본, 징계부가금 부과처분서 사본 또는 징계부가금 감면처분서 사본을 첨부하여 제출하여야 한다. 1. 항고인의 성명 · 생년월일 · 주소 2. 징계처분, 징계부가금 부과처분 또는 징계부가금 감면처분 당시의 소속 · 계급 · 직명 3. 불복의 요지 및 이유
② 본인의 의사에 반하여 파면 또는 해임이나 제70조제1항제5호에 따른 면직처분을 하면 그 처분을 한 날부터 40일 이내에는 후임자의 보충발령을 하지 못한다. 다만, 인력 관리상 후임자를 보충하여야 할 불가피한 사유가 있고, 제3항에 따른 소청심사위원회의 임시결정이 없는 경우에는 국회사무총장, 법원행정처장, 헌법재판소사무처장, 중앙선거관리위원회사무총장 또는 인사혁신처장과 협의를 거쳐 후임자의 보충	**제5조(임시결정 통보)** 위원회가 소청사건에 대하여 법 제76조제3항에 따른 임시결정을 한 경우에는 지체없이 그 임명권자에게 이를 통보해야 한다. 이 경우 긴급한 경우에는 서면에 의한 통보에 앞서 전화 · 팩스 · 전자우편 등에 의하여 통보해야 한다.		

발령을 할 수 있다. ③ 소청심사위원회는 제1항에 따른 소청심사청구가 파면 또는 해임이나 제70조제1항제5호에 따른 면직처분으로 인한 경우에는 그 청구를 접수한 날부터 5일 이내에 해당 사건의 최종 결정이 있을 때까지 후임자의 보충발령을 유예하게 하는 임시결정을 할 수 있다. ④ 제3항에 따라 소청심사위원회가 임시결정을 한 경우에는 임시결정을 한 날부터 20일 이내에 최종 결정을 하여야 하며 각 임용권자는 그 최종 결정이 있을 때까지 후임자를 보충발령하지 못한다.			
⑤ 소청심사위원회는 제3항에 따른 임시결정을 한 경우 외에는 소청심사청구를 접수한 날부터 60일 이내에 이에 대한 결정을 하여야 한다. 다만, 불가피하다고 인정되면 소청심사위원회의 의결로 30일을 연장할 수 있다. ⑥ 공무원은 제1항의 심사청구를 이유로 불이익한 처분이나 대우를 받지 아니한다.		④ 제1항부터 제3항까지의 규정에 따라 항고를 받은 국방부장관과 부대 또는 기관의 장은 제43조에 따른 군무원항고심사위원회의 심사를 거쳐 원래의 징계처분등을 취소하거나 감경할 수 있으나 원징계처분보다 무겁게 징계하거나 원징계부가금 부과처분보다 무거운 징계부가금을 부과하는 결정을 하지 못한다.	
		제43조의2(위임규정) 징계위원회 및 군무원항고심사위원회의 구성 · 운영과 징계절차, 징계부가금 부과절차 및 항고절차, 그 밖에 징계처분등의 시행 등을 위하여 필요한 사항은 대통령령으로 정한다.	
	제3조(청구기간의 진행정지) ① 소청인에게 책임이 없는 사유로 소청심사의 청구를 할 수 없는 기간은 국가공무원법(이하 "법"이라 한다) 제76조제1항의 소청제기기간(이하 "소청제기기간"이라 한다)에 산입하지 아니한다. ② 제1항의 규정에 의한 책임없는 사유의 여부는 위원회가 결정한다.		
	제4조(소청대리인의 지정 · 선임 등) ① 제2조제1항에 의한 소청심사의 청구가 있을 때에는 그 사건의 피소청인은 관계공무원 또는 변호사를 대리인으로 지정 또는 선임하여 소청에 응하게 할 수 있다. ② 변호사가 법 제76조제1항의 규정에 의하여 소청인의 대리인으로 선임되거나 공무원 또는 변호사가 제1항의 규정에 의하여 피소청인의 대리인으로 지정 또는 선임된 때에는 그 위임장 또는 지정서를 위원회에 제출하여야 한다.		
	제4조의2(피소청인의 답변서 제출) ① 위원회가 법 제12조제2항에 따라 피소청인에게 소청심사청구에 대한 답변서의 제출을 요구한 경우에는 피소청인은 지정된 기일		

<table>
<tr><td></td><td>안에 답변서와 소청인의 수에 따른 부본(副本)을 제출해야 한다.
② 위원회는 제1항에 따라 제출된 답변서의 내용이 충분하지 않거나 입증자료가 필요한 경우에는 피소청인에게 답변 내용의 보충 또는 입증자료의 제출을 요구할 수 있다.
③ 피소청인은 답변서 및 입증자료를 제출할 때 사건관계인 등의 개인정보가 공개되지 않도록 조치해야 한다.
④ 위원회는 제1항 및 제2항에 따라 제출된 답변서 부본, 추가 제출된 답변 내용 및 입증자료를 지체없이 소청인에게 송달해야 한다.</td><td></td><td></td></tr>
<tr><td></td><td>제6조(보정요구등)
① 위원회는 청구서에 흠결이 있다고 인정할 때에는 청구서를 접수한 날부터 7일이내에 상당한 기간을 정하여 보정을 요구하여야 한다. 다만, 그 흠결이 경미한 때에는 직권으로 보정할 수 있다.
② 제1항의 규정에 의한 보정기간내에 보정하지 아니할 때에는 소청심사의 청구를 취하한 것으로 본다. <신설 1989. 12. 30.>
③ 소청인의 소재가 분명하지 아니한 경우에는 제1항의 보정요구는 관보에 게재하고 게재한 날부터 10일이 경과하는 날에 그 보정요구는 소청인에게 도달된 것으로 본다.
④ 위원회가 각 기관에 대하여 심사자료의 제출을 요구하였을 때에는 각 기관은 지정된 기간내에 이를 제출하여야 한다.
⑤ 제1항의 규정에 의하여 보정을 요구한 소청사건에 대한 처리기간은 그 보정이 완료된 날부터 기산한다.</td><td></td><td></td></tr>
<tr><td></td><td>제7조(소청의 취하)
소청인은 위원회의 결정이 있을 때까지는 청구의 일부 또는 전부를 취하할 수 있다.</td><td></td><td></td></tr>
<tr><td>제12조(소청심사위원회의 심사)
① 소청심사위원회는 이 법에 따른 소청을 접수하면 지체 없이 심사하여야 한다.
② 소청심사위원회는 제1항에 따른 심사를 할 때 필요하면 검증(檢證)·감정(鑑定), 그 밖의 사실조사를 하거나 증인을 소환하여 질문하거나 관계 서류를 제출하도록 명할 수 있다.
③ 소청심사위원회가 소청 사건을 심사하기 위하여 징계 요구 기관이나 관계 기관의 소속 공무원을 증인으로 소환하면 해당 기관의 장은 이에 따라야 한다.
④ 소청심사위원회는 필요하다고</td><td>제14조(심사의 범위)
위원회는 징계 또는 소청의 원인이 된 사실 이외의 사실에 대하여 심사하지 못한다.</td><td></td><td></td></tr>
</table>

인정하면 소속 직원에게 사실조사를 하게 하거나 특별한 학식·경험이 있는 자에게 검증이나 감정을 의뢰할 수 있다. ⑤ 소청심사위원회가 증인을 소환하여 질문할 때에는 대통령령등으로 정하는 바에 따라 일당과 여비를 지급하여야 한다.			
	제8조(기일지정통지) ① 위원회가 소청사건을 심사할 때에는 소청인과 피소청인 또는 그 대리인(이하 "소청당사자"라 한다)에게 심사일시·장소를 통지하여 출석할 수 있도록 해야 한다. 이 경우 통지를 받은 자가 정당한 사유로 출석할 수 없거나 심사를 연기할 필요가 있는 경우에는 서면으로 심사의 연기를 요청할 수 있고, 위원회는 심사기일을 다시 정할 수 있다. ② 제1항의 통지를 받고 출석하는 자가 공무원인 경우에는 그 소속기관의 장은 공가를 허가하여야 한다. ③ 삭제 <2000. 11. 9.> ④ 소청당사자중 소재가 분명하지 아니한 자에 대한 제1항의 통지는 관보에 게재하고 게재한 날부터 10일이 경과하는 날에 그 통지는 당해 소청당사자에게 도달된 것으로 본다.		**제120조(항고에 대한 조치)** ① 항고심사권자는 항고서를 접수하였을 때에는 항고의 요지를 해당 징계권자에게 통지하여야 하고, 그 통지를 받은 징계권자는 항고인의 징계등 의결서 등 관계 기록을 지체 없이 항고심사권자에게 제출하여야 한다. ② 항고심사권자는 특별한 사유가 없으면 항고서를 접수한 날부터 7일 이내에 항고심사위원회에 이를 회부하여야 한다.
제13조(소청인의 진술권) ① 소청심사위원회가 소청 사건을 심사할 때에는 대통령령등으로 정하는 바에 따라 소청인 또는 제76조제1항 후단에 따른 대리인에게 진술 기회를 주어야 한다. ② 제1항에 따른 진술 기회를 주지 아니한 결정은 무효로 한다.	**제10조(진술권)** ① 위원회는 출석한 소청당사자의 진술을 청취하여야 하며, 필요하다고 인정할 때에는 구술로 심문할 수 있다. ② 제8조제1항의 통지를 받고 출석하지 아니한 소청당사자는 서면에 의하여 그 의견을 진술할 수 있다. ③ 소청인이 형사사건으로 구속되거나 기타 사유로 인하여 위원회에 출석할 수 없을 경우에 제8조제1항의 규정에 의하여 지정한 기일 또는 위원회가 특히 서면에 의한 진술을 위하여 지정한 기일안에 서면에 의한 진술도 하지 아니한 때에는 위원회는 진술없이 결정할 수 있다.		
	제10조의2(피해자의 진술권) 위원회는 성폭력범죄의 처벌 등에 관한 특례법 제2조에 따른 성폭력범죄 또는 양성평등기본법 제3조제2호에 따른 성희롱에 해당하는 비위와 관련된 소청사건의 피해자가 신청하는 경우에는 그 피해자에게 위원회에 출석하거나 서면을 통하여 해당 사건에 대해 의견을 진술할 기회를 주어야 한다. 다만, 다음 각 호의 어느 하나에 해당하		

	는 경우에는 그렇지 않다. 1. 피해자가 이미 해당 비위에 관한 징계처분 등의 과정에서 충분히 의견을 진술하여 다시 진술할 필요가 없다고 인정되는 경우 2. 피해자의 진술로 인하여 위원회 절차가 현저하게 지연될 우려가 있는 경우		
	제11조(증거제출권) ① 소청당사자는 증인의 소환·질문 또는 증거물 기타 심사자료의 제출명령을 신청하거나, 증거물 기타 심사자료를 제출할 수 있다. ② 위원회는 제1항의 신청에 대한 채택여부를 결정하여야 한다. ③ 소청당사자가 신청한 증인의 여비는 신청인의 부담으로 한다. ④ 위원회가 채택한 증인이 공무원인 경우에는 그 소속기관의 장은 그 증인에게 공가를 허가하여야 한다. ⑤ 위원회는 소청사건이 결정된 후 신청이 있는 때에는 제1항의 규정에 의하여 제출된 증거물 기타 심사자료를 제출자에게 반환할 수 있다.		
	제12조(조서작성) 위원회는 소청사건의 심사절차에 대한 조서를 작성하여야 한다.		
제14조(소청심사위원회의 결정) ① 소청 사건의 결정은 재적 위원 3분의 2 이상의 출석과 출석 위원 과반수의 합의에 따르되, 의견이 나뉘어 출석 위원 과반수의 합의에 이르지 못하였을 때에는 과반수에 이를 때까지 소청인에게 가장 불리한 의견에 차례로 유리한 의견을 더하여 그 중 가장 유리한 의견을 합의된 의견으로 본다. ② 제1항에도 불구하고 파면·해임·강등 또는 정직에 해당하는 징계처분을 취소 또는 변경하려는 경우와 효력 유무 또는 존재 여부에 대한 확인을 하려는 경우에는 재적 위원 3분의 2 이상의 출석과 출석 위원 3분의 2 이상의 합의가 있어야 한다. 이 경우 구체적인 결정의 내용은 출석 위원 과반수의 합의에 따르되, 의견이 나뉘어 출석 위원 과반수의 합의에 이르지 못하였을 때에는 과반수에 이를 때까지 소청인에게 가장 불리한 의견에 차례로 유리한 의견을 더하여 그 중 가장 유리한 의견을 합의된 의견으로 본다.			③ 항고심사위원회는 항고사건을 회부받은 날부터 30일 이내에 심사를 마쳐야 한다. ④ 항고심사위원회는 항고사건의 심사를 마쳤을 때에는 항고심사보고서를 작성하여 위원장과 출석위원이 서명·날인하고, 항고심사권자에게 보고하여야 한다.
③ 소청심사위원회의 위원은 그 위원회에 계류(繫留)된 소청 사건의 증인이 될 수 없으며, 다음 각 호의 사항에 관한 소청 사건의 심사·결정에서 제척된다.	**제9조(위원의 기피、회피)** ① 소청당사자는 위원회의 위원에게 법 제14조제3항의 규정에 의한 제척사유 또는 심사·결정의 공정을 기대하기 어려운 사정이 있는		

1. 위원 본인과 관계있는 사항 2. 위원 본인과 친족 관계에 있거나 친족 관계에 있었던 자와 관계있는 사항 ④ 소청 사건의 당사자는 다음 각 호의 어느 하나에 해당하는 때에는 그 이유를 구체적으로 밝혀 그 위원에 대한 기피를 신청할 수 있고, 소청심사위원회는 해당 위원의 기피 여부를 결정하여야 한다. 이 경우 기피신청을 받은 위원은 그 기피 여부에 대한 결정에 참여할 수 없다. 1. 소청심사위원회의 위원에게 제3항에 따른 제척사유가 있는 경우 2. 심사·결정의 공정을 기대하기 어려운 사정이 있는 경우 ⑤ 소청심사위원회 위원은 제4항에 따른 기피사유에 해당하는 때에는 스스로 그 사건의 심사·결정에서 회피할 수 있다.	경우에는 그 이유를 명시하여 그 위원의 기피를 신청할 수 있으며, 위원은 회피할 수 있다. ② 위원회는 제1항의 기피신청에 대하여 결정을 하여야 한다. 이 경우 기피신청을 받은 위원은 그 의결에 참여하지 못한다.		
⑥ 소청심사위원회의 결정은 다음과 같이 구분한다. 1. 심사 청구가 이 법이나 다른 법률에 적합하지 아니한 것이면 그 청구를 각하(却下)한다. 2. 심사 청구가 이유 없다고 인정되면 그 청구를 기각(棄却)한다. 3. 처분의 취소 또는 변경을 구하는 심사 청구가 이유 있다고 인정되면 처분을 취소 또는 변경하거나 처분 행정청에 취소 또는 변경할 것을 명한다. 4. 처분의 효력 유무 또는 존재 여부에 대한 확인을 구하는 심사 청구가 이유 있다고 인정되면 처분의 효력 유무 또는 존재 여부를 확인한다. 5. 위법 또는 부당한 거부처분이나 부작위에 대하여 의무 이행을 구하는 심사 청구가 이유 있다고 인정되면 지체 없이 청구에 따른 처분을 하거나 이를 할 것을 명한다. ⑦ 소청심사위원회의 취소명령 또는 변경명령 결정은 그에 따른 징계나 그 밖의 처분이 있을 때까지는 종전에 행한 징계처분 또는 제78조의2에 따른 징계부가금(이하 "징계부가금"이라 한다) 부과처분에 영향을 미치지 아니한다. ⑧ 소청심사위원회가 징계처분 또는 징계부가금 부과처분(이하 "징계처분등"이라 한다)을 받은 자의 청구에 따라 소청을 심사할 경우에는 원징계처분보다 무거운 징계 또는 원징계부가금 부과처분보다 무거운 징계부가금을 부과하는 결정을 하지 못한다.	**제7조의2(각하)** ① 소청제기기간의 경과와 소청관할 위반 등 소청의 제기가 부적법한 때에는 위원회는 특별한 사정이 있는 경우를 제외하고는 당사자를 출석시키지 아니하고 각하 결정을 할 수 있다. ② 위원회는 제1항에 따라 당사자를 출석시키지 아니하고 각하 결정을 하는 때에는 소청인에게 서면에 의한 진술 기회를 주어야 한다.		
⑨ 소청심사위원회의 결정은 그 이유를 구체적으로 밝힌 결정서로 하여야 한다.	**제15조(결정서의 작성)** 위원회가 소청심사청구에 대하여 결정을 할 때에는 다음 각호의 사항을 기재한 소청심사결정서를 작		

⑩ 소청의 제기·심리 및 결정, 그 밖에 소청 절차에 필요한 사항은 대통령령등으로 정한다.	성하고 위원장과 출석한 위원이 이에 서명날인하여야 한다. 1. 소청당사자의 표시. 2. 결정주문. 3. 결정이유의 개요. 4. 증거의 판단.		
제14조의2(임시위원의 임명) ① 제14조제3항부터 제5항까지의 규정에 따른 소청심사위원회 위원의 제척·기피 또는 회피 등으로 심사·결정에 참여할 수 있는 위원 수가 3명 미만이 된 경우에는 3명이 될 때까지 국회사무총장, 법원행정처장, 헌법재판소사무처장, 중앙선거관리위원회사무총장 또는 인사혁신처장은 임시위원을 임명하여 해당 사건의 심사·결정에 참여하도록 하여야 한다. ② 임시위원의 자격 등에 관하여는 제10조제1항 각 호 및 같은 조제5항을, 결격사유에 관하여는 제10조의2를 준용한다.			
	제13조(처분의 취소 등) ① 피소청인은 위원회에 계속 중인 사건의 처분을 취소 또는 변경하거나 부작위에 대한 처분을 한 때에는 위원회와 소청인에게 그 사실을 통지하여야 한다. ② 위원회는 제1항의 경우에 그 사건의 심사여부를 결정하여야 한다.		
	제14조의2(위원회 결정의 연기) 위원회는 심사 결과 징계처분 등의 원인이 된 사실관계의 명확한 판단을 위해 특별히 필요하다고 인정되는 경우에는 의결을 거쳐 결정을 연기할 수 있다. 이 경우 그 사실을 소청당사자에게 지체없이 통지해야 한다.		
	제14조의3(원격영상회의 방식의 활용) ① 위원회는 위원과 소청당사자, 증인, 그 밖의 사건관계인 등 회의에 출석하는 사람(이하 이 항에서 "출석자"라 한다)이 동영상과 음성이 동시에 송수신되는 장치가 갖추어진 서로 다른 장소에 출석하여 진행하는 원격영상회의 방식으로 심사·의결할 수 있다. 이 경우 위원회의 위원 및 출석자는 같은 회의장에 출석한 것으로 본다. ② 위원회는 제1항에 따라 원격영상회의 방식으로 심사를 진행하는 경우 소청인 및 증인 등 사건관계인의 신상정보, 회의 내용·결과 등이 유출되지 않도록 보안에 필요한 조치를 해야 한다.		
제15조(결정의 효력) 제14조에 따른 소청심사위원회의 결정은 처분 행정청을 기속(羈束)한다.	**제16조(결정서의 송부)** ① 소청심사결정서는 그 정본을 작성하여 지체없이 소청당사자에		**제121조(항고 결정의 통지)** 항고심사권자는 항고심사위원회로부터 항고심사 결과를

	게 송부하여야 한다. ② 제1항의 규정에 의하여 소청심사결정서를 송부함에 있어 그 결정서가 위원회의 과실없이 소청인에게 송달되지 아니한 경우에는 소청인의 주소·성명과 결정주문을 관보에 게재하고, 게재한 날부터 2주일이 경과하는 날에 결정서는 당해 소청인에게 도달된 것으로 본다.		보고받은 때에는 7일 이내에 이에 대한 결정을 하고, 해당 징계권자와 항고인에게 통지하여야 한다.
			제122조(항고 결정의 이행) 징계권자는 항고심사권자로부터 원 징계처분, 징계부가금 부과처분 또는 징계부가금 감면처분을 취소하거나 감경하는 결정의 통지를 받았을 때에는 지체 없이 항고 결정에 따라 이행하여야 한다.
			제123조(재항고의 금지) 항고에 대한 결정이 있으면 그 결정 및 같은 징계처분, 징계부가금 부과처분 또는 징계부가금 감면처분에 대하여 다시 항고할 수 없다.
	제17조(감사원 요구에 의한 재심) ① 감사원법 제32조제6항의 규정에 의한 재심요구는 그 이유를 명시한 재심요구서에 의하여야 한다. ② 위원회는 제1항에 따른 재심요구서를 접수하면 즉시 그 부본을 첨부하여 소청인에게 송부하고 답변 자료의 제출을 요구해야 한다. ③ 재심사건의 심사는 필요하다고 인정하는 경우를 제외하고는 당사자의 출석없이 결정할 수 있다. ④ 위원회가 재심사건을 심사·결정하였을 때에는 재심결정서를 작성하여 그 정본을 지체없이 소청당사자 및 감사원장에게 송부하여야 한다. 이 경우 감사원장에게는 인사혁신처를 경유하여 송부하여야 한다. ⑤ 제1항의 재심요구서에 재심이유가 명시되어 있지 아니하거나, 기타 흠결이 있을 경우에는 재심요구서를 접수한 날부터 7일이내에 상당한 기간을 정하여 보정을 요구하여야 하며, 이 경우에 처리기간은 그 보정이 완료된 날부터 기산한다. ⑥ 재심요구에 대한 결정은 특별한 사정이 있는 경우를 제외하고는 재심이 요구된 날부터 30일 이내에 하여야 한다.		
제16조(행정소송과의 관계) ① 제75조에 따른 처분, 그 밖에 본인의 의사에 반한 불리한 처분이나 부작위(不作爲)에 관한 행정소송은	**제18조(행정소송 결과의 통보)** 소청인이 법 제16조의 규정에 의하여 행정소송을 제기한 경우에는 당해 소청사건의 피소청인은 소송		

소청심사위원회의 심사·결정을 거치지 아니하면 제기할 수 없다. ② 제1항에 따른 행정소송을 제기할 때에는 대통령의 처분 또는 부작위의 경우에는 소속 장관(대통령령으로 정하는 기관의 장을 포함한다. 이하 같다)을, 중앙선거관리위원회 위원장의 처분 또는 부작위의 경우에는 중앙선거관리위원회사무총장을 각각 피고로 한다.	을 제기한 사실 및 그 결과를 위원회에 통보하여야 한다.		
	제21조(실비변상) 법 제12조제5항의 규정에 의한 증인의 일당은 증인이 공무원이 아닌 경우에만 지급하되, 국가공무원 6급 5호봉 상당의 월봉급액을 일할계산한 금액으로 하고, 여비는 증인이 공무원인 경우에는 공무원여비규정 "별표1"의 소정액으로 하며, 증인이 공무원이 아닌 경우에는 공무원여비규정 "별표1"의 제4호 해당자 소정액으로 한다.		
	제22조(민감정보 및 고유식별정보의 처리) 위원회는 다음 각 호의 사무를 수행하기 위해 불가피한 경우 개인정보 보호법 제23조에 따른 노동조합의 가입·탈퇴, 건강에 관한 정보(제1호 및 제2호의 사무로 한정한다) 또는 같은 법 시행령 제18조제2호에 따른 범죄경력자료에 해당하는 정보(제1호 및 제2호의 사무로 한정한다)나 같은 영 제19조제1호에 따른 주민등록번호가 포함된 자료를 처리할 수 있다. 1. 법 제12조에 따른 소청 심사에 관한 사무 2. 제2조에 따른 청구서의 접수·처리에 관한 사무 3. 제4조에 따른 소청대리인의 지정·선임에 관한 사무		
			제124조(준용) 항고에 관하여는 제93조(보정명령), 제107조(관계인출석등), 제108조(진술권등), 제110조(제척, 기피등), 제114조(징계의결), 제114조의3(원격회의) 및 제114조의4(회의참석자 준수사항등)를 준용한다.

군인 · 군무원 징계법령 비교표

군인사법[7]	군인 징계령[8]	군인 징계령 시행규칙[9]	군무원인사법[10]	군무원인사법 시행령[11]
	제1조(목적) 이 영은 군인사법 제10장에 따라 군인의 징계와 징계부가금 부과에 필요한 사항을 규정하는 것을 목적으로 한다.	**제1조(목적)** 이 규칙은 군인사법 및 군인 징계령에서 위임된 사항과 그 시행에 필요한 사항을 규정함을 목적으로 한다.		
	제3조(이중징계 등의 금지 등) 동일한 내용의 비행(非行) 사실에 대하여 두 번 징계처분 또는 징계부가금 부과 처분을 할 수 없으며, 두 종류 이상의 징계처분을 병과(併科)하여서는 아니 된다.			
제10장 징계 **제56조(징계 사유)** 제58조에 따른 징계권자(이하 "징계권자"라 한다)는 군인이 다음 각 호의 어느 하나에 해당하는 경우에는 제58조의2에 따른 징계위원회에 징계의결을 요구하고, 그 징계의결의 결과에 따라 징계처분을 하여야 한다. 1. 이 법 또는 이 법에 따른 명령을 위반한 경우 2. 품위를 손상하는 행위를 한 경우 3. 직무상의 의무(다른 법령에서 군인의 신분으로 인하여 부과된 의무를 포함한다)를 위반하거나 직무를 게을리한 경우			**제7장 징계** **제37조(징계사유)** 군무원에 대한 징계는 다음 각 호의 어느 하나에 해당하는 경우에 행한다. 1. 이 법 및 이 법에 따른 명령을 위반한 경우 2. 직무상의 의무(다른 법령에서 군무원의 신분으로 인하여 부과된 의무를 포함한다)를 위반하거나 직무를 게을리한 경우 3. 직무 관련 유무와 상관없이 그 품위를 손상하는 행위를 한 경우 4. 그 밖에 군율(軍律)을 위반한 경우	
제56조의2(징계부가금) ① 징계권자는 제56조에 따라 군인의 징계의결을 요구하는 경우 그 징계 사유가 다음 각 호의 어느 하나에 해당하면 해당 징계 외에 다음 각 호의 행위로 취득하거나 제공한 금전 또는 재산상 이득(금전이 아닌 재산상 이득의 경우에는 금전으로 환산한 금액을 말한다)의 5배 이내의 징계부가금 부과 의결을 제58조의2에 따른 징	**제13조의2(징계부가금)** ① 법 제56조의2제1항제1호에서 "대통령령으로 정하는 재산상 이익"이란 다음 각 호의 것을 말한다. 1. 유가증권, 숙박권, 회원권, 입장권, 할인권, 초대권, 관람권, 부동산 등의 사용권 등 일체의 재산상 이익 2. 골프 등의 접대나 교통·숙박 등의 편의 제공 3. 채무 면제, 취업 제공, 이권(利權) 부여 등 유형		**제37조의2(징계부가금)** ① 징계권자는 제37조에 따른 군무원의 징계사유가 다음 각 호의 어느 하나에 해당하는 경우에는 해당 징계 외에 다음 각 호의 행위로 취득하거나 제공한 금전 또는 재산상 이득(금전이 아닌 재산상 이득의 경우에는 금전으로 환산한 금액을 말한다)의 5배 내의 징계부가금 부과 의결을 제39조의2제1항에 따른 군무원징계위원회에 요구하여야 한	**제112조(징계부가금)** ① 법 제37조의2제1항제1호에서 "대통령령으로 정하는 재산상 이익"이란 다음 각 호의 것을 말한다. 1. 유가증권, 숙박권, 회원권, 입장권, 할인권, 초대권, 관람권, 부동산 등의 사용권 등 일체의 재산상 이익 2. 골프 등의 접대 또는 교통·숙박 등의 편의 제공

7) 2024. 2. 27. 법률 제20355호로 일부개정된 것.
8) 2024. 7. 2. 대통령령 제34625호로 일부개정된 것.
9) 2024. 7. 2. 국방부령 제1153호로 일부개정된 것.
10) 2024. 2. 6. 법률 제20187호로 일부개정된 것.
11) 2024. 10. 29. 대통령령 제34967호로 일부개정된 것.

계위원회에 요구하여야 한다.
1. 금전, 물품, 부동산, 향응 또는 그 밖에 대통령령으로 정하는 재산상 이익을 취득하거나 제공한 경우
2. 다음 각 목에 해당하는 것을 횡령(橫領), 배임(背任), 절도, 사기 또는 유용(流用)한 경우
가. 국가재정법에 따른 예산 및 기금
나. 지방재정법에 따른 예산 및 지방자치단체 기금관리기본법에 따른 기금
다. 국고금 관리법 제2조제1호에 따른 국고금
라. 보조금 관리에 관한 법률 제2조제1호에 따른 보조금
마. 국유재산법 제2조제1호에 따른 국유재산, 물품관리법 제2조제1항에 따른 물품 및 군수품관리법 제2조에 따른 군수품
바. 공유재산 및 물품 관리법 제2조제1호 및 제2호에 따른 공유재산 및 물품
사. 그 밖에 가목부터 바목까지에 준하는 것으로서 대통령령으로 정하는 것
② 제58조의2에 따른 징계위원회는 징계부가금 부과 의결을 하기 전에 징계부가금 부과 대상자가 제1항 각 호의 어느 하나에 해당하는 사유로 다른 법률에 따라 형사처벌을 받거나 변상책임 등을 이행한 경우(몰수나 추징을 당한 경우를 포함한다) 또는 다른 법령에 따른 환수나 가산징수 절차에 따라 환수금이나 가산징수금을 납부한 경우에는 대통령령으로 정하는 바에 따라 조정된 범위에서 징계부가금 부과를 의결하여야 한다.
③ 제58조의2에 따른 징계위원회는 징계부가금 부과 의결을 한 후에 징계부가금 부과 대상자가 형사처벌을 받거나 변상책임 등을 이행한 경우(몰수나 추징을 당한 경우를 포함한다) 또는 환수금이나 가산징수금을 납부한 경우에는 대통령령으로 정하는 바에 따라 이미 의결된 징계부가금의 감면 등의 조

·무형의 경제적 이익
② 징계위원회가 법 제56조의2제1항에 따라 징계부가금 부과 의결을 요구받은 때에는 같은 항 각 호의 행위로 취득하거나 제공한 금전이나 재산상 이득(금전이 아닌 재산상 이득의 경우에는 금전으로 환산한 금액을 말하며, 이하 "금품비위금액등"이라 한다)의 5배 이내에서 징계부가금의 부과 의결을 할 수 있다.
③ 징계위원회에서 징계부가금 부과 의결을 하기 전에 징계등 심의대상자가 법 제56조의2제1항 각 호의 행위로 다른 법률에 따라 형사처벌을 받거나 변상책임 등을 이행한 경우(몰수나 추징을 당한 경우를 포함한다) 또는 다른 법령에 따른 환수나 가산징수 절차에 따라 환수금이나 가산징수금을 납부한 경우로서 같은 조 제2항에 따라 징계위원회가 징계부가금을 조정하여 의결할 때에는 벌금, 변상금, 몰수, 추징금, 환수금 또는 가산징수금에 해당하는 금액과 징계부가금의 합계액이 금품비위금액등의 5배를 초과해서는 안 된다.
④ 징계의결등의 요구권자는 다음 각 호의 어느 하나에 해당하는 사유가 발생한 날부터 30일 내에 징계위원회에 징계부가금 감면 의결을 요구해야 하고, 동시에 징계부가금 감면 의결 요구서 사본을 징계등 심의대상자에게 송부해야 한다. 다만, 징계등 심의대상자가 그 수령을 거부하는 경우에는 징계부가금 감면 의결 요구서 사본을 송부하지 않을 수 있다.
1. 징계부가금 부과 의결을 받은 사람이 법원의 판결(몰수·추징에 대한 판결을 포함한다)이 확정되거나 변상책임 등을 이행하거나 환수금 또는 가산징수금을 납부한 날부터 60일 내에 징계의결등의 요구권자에게 징계부가금 감면 의결을 신청한 경우
2. 징계의결등의 요구권자가 징계부가금 부과 의결

다.
1. 금전, 물품, 부동산, 향응 또는 그 밖에 대통령령으로 정하는 재산상 이익을 취득하거나 제공한 경우
2. 다음 각 목의 어느 하나에 해당하는 것을 횡령(橫領), 배임(背任), 절도, 사기 또는 유용(流用)한 경우
가. 국가재정법에 따른 예산 및 기금
나. 지방재정법에 따른 예산 및 지방자치단체 기금관리기본법에 따른 기금
다. 국고금 관리법 제2조제1호에 따른 국고금
라. 보조금 관리에 관한 법률 제2조제1호에 따른 보조금
마. 국유재산법 제2조제1호에 따른 국유재산, 물품관리법 제2조제1항에 따른 물품 및 군수품관리법 제2조에 따른 군수품
바. 공유재산 및 물품 관리법 제2조제1호 및 제2호에 따른 공유재산 및 물품
사. 그 밖에 가목부터 바목까지에 준하는 것으로서 대통령령으로 정하는 것
② 제39조의2제1항에 따른 군무원징계위원회는 징계부가금 부과 의결을 하기 전에 징계부가금 부과 대상자가 제1항 각 호의 어느 하나에 해당하는 사유로 다른 법률에 따라 형사처벌을 받거나 변상책임 등을 이행한 경우(몰수나 추징을 당한 경우를 포함한다) 또는 다른 법령에 따른 환수나 가산징수 절차에 따라 환수금이나 가산징수금을 납부한 경우에는 대통령령으로 정하는 바에 따라 조정된 범위에서 징계부가금 부과를 의결하여야 한다.
③ 제39조의2제1항에 따른 군무원징계위원회는 징계부가금 부과 의결을 한 후에 징계부가금 부과 대상자가 형사처벌을 받거나 변상책임 등을 이행한 경우(몰수나 추징을 당한 경우를 포함한다) 또는 환수금이나 가산징수금을 납부한 경우에는 대통령령으로 정하는 바에 따라 이미 의결된 징계부가금의 감면 등의 조치를 하여야 한다.
④ 제1항에 따라 징계부가

3. 채무면제, 취업제공, 이권(利權)부여 등 유형·무형의 경제적 이익
② 징계위원회는 법 제37조의2제1항에 따라 징계부가금 부과 의결을 요구받은 때에는 같은 항 각 호의 행위로 취득하거나 제공한 금전 또는 재산상 이득(금전이 아닌 재산상 이득의 경우에는 금전으로 환산한 금액을 말하며, 이하 "금품비위금액등"이라 한다)의 5배 이내에서 징계부가금의 부과 의결을 할 수 있다.
③ 징계위원회에서 징계부가금 부과 의결을 하기 전에 징계등 심의대상자가 법 제37조의2제1항 각 호의 행위로 다른 법률에 따라 형사처벌을 받거나 변상책임 등을 이행한 경우(몰수나 추징을 당한 경우를 포함한다) 또는 다른 법령에 따른 환수나 가산징수 절차에 따라 환수금이나 가산징수금을 납부한 경우로서 같은 조 제2항에 따라 징계위원회가 징계부가금을 조정하여 의결할 때에는 벌금, 변상금, 몰수, 추징금, 환수금 또는 가산징수금에 해당하는 금액과 징계부가금의 합계액이 금품비위금액등의 5배를 초과해서는 안 된다.
④ 징계권자는 다음 각 호의 어느 하나에 해당하는 사유가 발생한 날부터 30일 내에 징계위원회에 징계부가금 감면 의결을 요구해야 하고, 동시에 징계부가금 감면 의결 요구서 사본을 징계등 심의대상자에게 송부해야 한다. 다만, 징계등 심의대상자가 그 수령을 거부하는 경우에는 징계부가금 감면 의결 요구서 사본을 송부하지 않을 수 있다.
1. 징계부가금 부과 의결을 받은 사람이 법원의 판결(몰수·추징에 대한 판결을 포함한다)이 확정된 날, 변상책임 등을 이행한 날 또는 환수금이나 가산징수금을 납부한 날부터 60일 내에 징계권자

치를 하여야 한다. ④ 제1항에 따라 징계부가금 부과처분을 받은 사람이 납부기간 내에 그 부가금을 납부하지 아니한 때에는 징계권자(징계권자가 대통령령으로 정하는 규모 이하의 부대 또는 기관의 장인 경우 그 상급 부대 또는 기관의 장을 말한다. 이하 이 조에서 같다)는 국세 강제징수의 예에 따라 징수할 수 있다. 다만, 전역 등으로 체납액의 징수가 사실상 곤란하다고 판단되는 경우에는 징수대상자의 주소지를 관할하는 세무서장에게 징수를 위탁한다. ⑤ 징계권자는 제4항 단서에 따라 관할 세무서장에게 징계부가금 징수를 위탁한 후 체납일로부터 5년이 지난 후에도 징수가 불가능하다고 인정될 때에는 제58조의2에 따른 징계위원회에 징계부가금 감면 의결을 요청할 수 있다.	을 받은 사람에 대한 법원의 판결(몰수·추징에 대한 판결을 포함한다)이 확정되거나 변상책임 등이 이행되거나 환수금 또는 가산징수금 등이 납부된 것을 안 경우 ⑤ 제4항에 따른 징계부가금 감면 의결을 요구받은 징계위원회는 법 제56조의2제3항에 따라 벌금, 변상금, 몰수, 추징금, 환수금 또는 가산징수금에 해당하는 금액과 징계부가금의 합계액이 금품비위금액등의 5배를 초과하지 않는 범위에서 감면 의결해야 한다. ⑥ 징계위원회는 제4항에 따른 징계부가금 감면 의결을 요구받은 날부터 30일 이내에 감면 의결해야 한다. 다만, 부득이한 사유가 있을 때에는 징계위원회의 결정으로 30일의 범위에서 그 기한을 연장할 수 있다. ⑦ 징계위원회는 징계등 심의대상자나 징계부가금 부과 의결을 받은 사람이 벌금 외의 형(벌금형이 병과되는 경우를 포함한다)을 선고받아 제3항 또는 제5항을 적용하기 곤란한 경우에는 형의 종류, 형량 및 실형, 집행유예 또는 선고유예 여부 등을 종합적으로 고려하여 징계부가금을 조정하여 의결하거나 감면 의결해야 한다.		금 부과처분을 받은 사람이 납부기간 내에 그 징계부가금을 납부하지 아니한 때에는 징계권자(징계권자가 대통령령으로 정하는 규모 이하의 부대 또는 기관의 장인 경우 그 상급 부대 또는 기관의 장을 말한다. 이하 이 조에서 같다)는 국세징수법에 따른 강제징수의 예에 따라 징수할 수 있다. 다만, 퇴직 등으로 체납액의 징수가 사실상 곤란하다고 판단되는 경우에는 징수대상자의 주소지를 관할하는 세무서장에게 징수를 위탁한다. ⑤ 징계권자는 제4항 단서에 따라 관할 세무서장에게 징계부가금 징수를 의뢰한 후 체납일부터 5년이 지난 후에도 징수가 불가능하다고 인정되는 경우에는 제39조의2제1항에 따른 군무원징계위원회에 징계부가금 감면 의결을 요청할 수 있다.	에게 징계부가금 감면 의결을 신청한 경우 2. 징계권자가 징계부가금 부과 의결을 받은 사람에 대한 법원의 판결(몰수·추징에 대한 판결을 포함한다)이 확정되거나 변상책임 등이 이행된 것 또는 환수금이나 가산징수금 등이 납부된 것을 안 경우 ⑤ 징계위원회는 제4항에 따라 징계부가금 감면 의결이 요구된 경우 법 제37조의2제3항에 따라 벌금, 변상금, 몰수, 추징금, 환수금 또는 가산징수금에 해당하는 금액과 징계부가금의 합계액이 금품비위금액등의 5배를 초과하지 않는 범위에서 감면 의결해야 한다. 이 경우 징계부가금 감면 의결의 기한에 관하여는 법 제40조제3항을 준용한다. ⑥ 징계위원회는 징계등 심의대상자 또는 징계부가금 부과 의결을 받은 사람이 벌금 외의 형(벌금형이 병과되는 경우를 포함한다)을 선고받아 제3항 또는 제5항을 적용하기 곤란한 경우에는 형의 종류, 형량 및 실형, 집행유예 또는 선고유예 여부 등을 종합적으로 고려하여 징계부가금을 조정하여 의결하거나 감면 의결해야 한다.
제57조(징계의 종류) ① 장교, 준사관 및 부사관에 대한 징계처분은 중징계(重懲戒)와 경징계(輕懲戒)로 나눈다. 이 경우 중징계는 파면·해임·강등(降等) 또는 정직(停職)으로 하며, 경징계는 감봉·근신 또는 견책(譴責)으로 하되 징계의 종류에 따른 구체적인 내용은 다음 각 호와 같다. 1. 파면이나 해임은 장교·준사관 또는 부사관의 신분을 박탈하는 것을 말한다. 2. 강등은 해당 계급에서 1계급 낮추는 것을 말한다. 다만, 장교에서 준사관으로 강등시키거나 부사관에	**제2조(강등시의 계급)** 군인사법(이하 "법"이라 한다) 제57조제1항제2호의 "해당 계급"에는 임시계급을 포함하지 않는다.		**제39조(징계의 종류와 효력)** ① 징계는 파면, 해임, 강등, 정직, 감봉 및 견책으로 구분한다. 다만, 제45조제1항에 따른 임기제일반군무원의 경우에는 강등은 제외한다. ② 강등은 해당 계급에서 1계급을 내리고, 강등처분을 받은 사람은 군무원의 신분은 보유하나 3개월 동안 직무에 종사할 수 없으며, 그 기간 중 보수는 전액을 삭감한다. ③ 정직은 1개월 이상 3개월 이하의 기간으로 하고, 정직처분을 받은 사람은 그 기간 중 군무원의 신분은 보유하나 직무에 종사할 수	

서 병으로는 강등시키지 못한다. 3. 정직은 그 직책은 유지하나 직무에 종사하지 못하고 일정한 장소에서 근신하게 하는 것을 말하며, 그 기간은 1개월 이상 3개월 이하로 한다. 정직기간에는 보수의 3분의 2에 해당하는 금액을 감액(減額)한다. 4. 감봉은 보수의 3분의 1에 해당하는 금액을 감액하는 것을 말하며, 그 기간은 1개월 이상 3개월 이하로 한다. 5. 근신은 평상 근무 후 징계권자가 지정한 영내(營內)의 일정한 장소에서 비행(非行)을 반성하게 하는 것을 말하며, 그 기간은 10일 이내로 한다. 6. 견책은 비행을 규명하여 앞으로 비행을 저지르지 아니하도록 훈계하는 것을 말한다.			없으며, 그 기간 중 보수는 전액을 삭감한다. ④ 감봉은 1개월 이상 3개월 이하의 기간 동안 보수의 3분의 1에 해당하는 금액을 감액한다. ⑤ 견책은 과오(過誤)에 관하여 훈계하고 반성하게 한다.	
② 병에 대한 징계처분은 강등, 군기교육, 감봉, 휴가단축, 근신 및 견책으로 구분하되 징계의 종류에 따른 구체적인 내용은 다음 각 호와 같다. 1. 강등은 해당 계급에서 1계급 낮추는 것을 말한다. 2. 군기교육은 국방부령으로 정하는 기관에서 군인정신과 복무 태도 등에 관하여 교육·훈련하는 것을 말하며, 그 기간은 15일 이내로 한다. 3. 감봉은 보수의 5분의 1에 해당하는 금액을 감액하는 것을 말하며, 그 기간은 1개월 이상 3개월 이하로 한다. 4. 휴가단축은 복무기간 중 정해진 휴가일수를 줄이는 것을 말하며, 단축일수는 1회에 5일 이내로 하고 복무기간 중 총 15일을 초과하지 못한다. 5. 근신은 훈련이나 교육의 경우를 제외하고는 평상 근무에 복무하는 것을 금하고 일정한 장소에서 비행을 반성하게 하는 것을 말하며, 그 기간은 15일 이내로 한다. 6. 견책은 비행 또는 과오를 규명하여 앞으로 그러한 행위를 하지 아니하도		**제4조(군기교육 운영 기관)** 법 제57조제2항제2호에 따라 군기교육을 운영하는 기관은 장성급 지휘관이 지휘하는 각 군 부대와 이에 준하는 기관 및 국방부 직할부대·기관으로 한다. 다만, 도서지역의 경우 적시적인 교육을 위해 대령급 지휘관이 지휘하는 각 군 부대와 이에 준하는 기관 및 국방부 직할부대·기관으로 할 수 있다. 제4조의2(군기교육처분의 적법성에 관한 심사의 기준) 법 제59조의2제3항에 따라 인권담당 군법무관이 하는 군기교육처분의 적법성에 관한 심사의 기준은 국방부장관이 정한다. 제5조(병에 대한 근신처분의 집행) 징계권자는 병에 대하여 근신처분을 할 경우에는 비행을 반성하게 하기 위한 방법을 징계의 결서에 적어야 한다.		

록 하는 훈계를 말한다. ③ 병은 이 법 또는 이 법에 따른 명령이나 다른 법률에 따르지 아니하고는 신체의 구금을 당하지 아니한다. ④ 제2항에 따른 징계의 사유에 대하여는 국방부령으로 정한다.				
제58조(징계권자) ① 국방부장관과 각급 부대 또는 기관의 장은 군인인 소속 부하나 그의 감독을 받는 군인에 대하여 다음 각 호의 구분에 따라 징계권을 가진다. 1. 장성급 장교에 대한 징계: 국방부장관, 합참의장 및 참모총장 2. 장성급 장교 외의 장교, 준사관, 부사관 및 병에 대한 징계: 사단장(여단장을 포함한다), 전단사령관, 비행단장 및 그와 같은 급 이상의 부대 또는 기관의 장 3. 장성급 장교 외의 장교 및 준사관에 대한 경징계와 부사관 및 병에 대한 징계: 연대장, 함정장(艦艇長), 전대장(戰隊長) 및 이에 준하는 부대 또는 기관의 장 4. 부사관에 대한 경징계와 병에 대한 징계: 대대장 및 이에 준하는 부대 또는 기관의 장 5. 병에 대한 징계: 중대장 및 이에 준하는 부대 또는 기관의 장 ② 국방부장관은 방위사업청 소속 장성급 장교에 대하여 징계권을 가지며, 방위사업청장은 소속 장성급 장교 외의 장교와 준사관 및 부사관에 대하여 징계권을 가진다. ③ 징계권자가 제1항과 제2항에 따라 징계 중 파면 · 해임 또는 강등처분을 하는 경우에는 다음 각 호의 구분에 따른 사람의 승인을 받아야 한다. 다만, 징계권자가 임용권자보다 상급자인 경우에는 그러하지 아니하다. 1. 장교의 파면 · 해임 및 장성급 장교의 강등: 임용권자 2. 준사관의 파면 · 해임 및 장성급 장교 외의 장교의 강등: 국방부장관	**제4조(처분의 통보)** 법 제58조제1항에 따라 자기 감독 하에 있는 다른 부대의 군인을 징계처분한 징계권자는 그 처분을 받은 자의 소속상관에게 통보하여야 한다.		**제38조(징계권자)** ① 군무원에 대한 징계권자에 관하여는 군인사법 제58조제1항을 준용하되, 군인과의 계급 대비(對比)는 제4조에 따른다. ② 징계권자가 징계를 하려면 제39조의2제1항에 따른 군무원징계위원회의 심의를 거쳐야 하고, 파면 · 해임 · 강등 또는 정직 처분을 하려면 임용권자의 승인을 받아야 한다. ③ 징계권자가 징계처분 및 징계부가금 부과처분(이하 "징계처분등"이라 한다)을 한 때에는 대통령령으로 정하는 바에 따라 해당 군무원에게 알려야 한다.	

3. 부사관의 파면·해임: 참모총장 4. 병의 강등: 연대장, 함정장 및 전대장 ④ 국방부장관이 제2항에 따라 방위사업청 소속 장성급 장교에 대한 징계를 하는 경우에는 방위사업청장의 요청이 있어야 한다. 징계요청 절차에 필요한 사항은 대통령령으로 정한다.				
제58조의2(징계위원회) ① 군인의 징계처분 또는 징계부가금 부과처분(이하 "징계처분등"이라 한다)을 심의하기 위하여 해당 징계권자의 부대 또는 기관에 징계위원회(이하 "징계위원회"라 한다)를 둔다. ② 징계위원회는 징계처분등의 심의 대상자보다 선임인 장교·준사관 또는 부사관 중에서 3명 이상으로 구성하되, 장교가 1명 이상 포함되어야 한다. 다만, 징계처분등의 심의 대상자가 병인 경우에는 부사관만으로도 징계위원회를 구성할 수 있다.	**제5조(징계위원회의 구성)** ① 법 제58조의2에 따른 징계위원회(이하 "징계위원회"라 한다)는 위원장 1명을 포함하여 3명 이상 7명 이하의 위원으로 구성한다. ②징계위원회의 위원(이하 "위원"이라 한다)은 장교[징계 또는 징계부가금 부과(이하 "징계등"이라 한다) 심의대상자가 부사관이나 병(兵)인 경우에는 장교 및 그보다 선임인 부사관] 중에서 법 제58조에 따른 징계권자가 임명하고, 징계위원회의 위원장(이하 "위원장"이라 한다)은 위원 중 최상위 서열자로 한다. ③ 성폭력범죄의 처벌 등에 관한 특례법 제2조에 따른 성폭력범죄 또는 양성평등기본법 제3조제2호에 따른 성희롱 사건을 심의하는 징계위원회를 구성하는 경우에는 피해자와 같은 성별의 위원이 3분의 1 이상 포함되어야 한다. 다만, 부득이한 사유가 있어 같은 성별의 위원이 3분의 1 이상 포함되도록 징계위원회를 구성할 수 없는 경우 징계위원회가 설치된 부대 또는 기관의 징계권자는 다음 각 호의 구분에 따라 사전 승인을 받아야 한다. 1. 다음 각 목의 경우: 국방부장관 가. 국방부, 방위사업청 및 합동참모본부 나. 육군본부, 해군본부, 공군본부 및 해병대사령부 다. 국군조직법 제2조제3항에 따라 설치된 부대 또는 기관 2. 육군·해군·공군 소속의 부대 또는 기관의 경우:		**제39조의2(군무원징계위원회)** ① 군무원의 징계 및 징계부가금 부과사건을 심의하기 위하여 제38조제1항에 따른 징계권자의 부대 또는 기관에 군무원징계위원회(이하 "징계위원회"라 한다)를 둔다. ② 징계위원회는 징계처분등의 심의 대상자보다 상위직에 있는 장교·군무원 또는 공무원 중에서 5명 이상으로 구성한다.	**제109조(징계위원회의 구성 등)** ① 징계위원회는 위원장 1명을 포함한 5명 이상 7명 이하의 위원으로 구성한다. ② 징계위원회의 위원장은 위원 중 상위직에 있는 사람으로 하고, 위원은 징계등 심의대상자보다 상위직에 있는 장교·일반군무원 또는 일반직공무원 중에서 해당 징계위원회가 설치되는 부대 또는 기관의 장(이하 "징계권자"라 한다)이 임명한다. ③ 징계위원회의 위원은 군법무관 또는 법률지식이 풍부한 사람 1명과 일반군무원 또는 일반직공무원 2명 이상이 포함되어야 하고, 징계권자의 소속 공무원으로 징계위원회를 구성할 수 없을 때에는 다른 부대, 국가나 지방자치단체에 소속된 공무원을 임명할 수 있다. ④ 성폭력범죄의 처벌 등에 관한 특례법 제2조에 따른 성폭력범죄 또는 양성평등기본법 제3조제2호에 따른 성희롱 사건을 심의하는 징계위원회를 구성하는 경우에는 피해자와 같은 성별의 위원이 3분의 1 이상 포함되어야 한다. 다만, 부득이한 사유가 있어 같은 성별의 위원이 3분의 1 이상 포함되도록 징계위원회를 구성할 수 없는 경우 징계위원회가 설치된 부대 또는 기관의 징계권자는 다음 각 호의 구분에 따라 사전 승인을 받아야 한다. 1. 다음 각 목의 경우: 국방부장관

	육군 · 해군 · 공군 참모총장 3. 해병대 소속의 부대 또는 기관의 경우: 해병대사령관 ④징계위원회가 설치되는 부대 또는 기관에 위원의 자격이 있는 사람의 수가 제1항에 따른 위원 수에 모자라게 된 때에는 다른 부대 또는 기관에 소속한 장교 및 부사관 중에서 임명할 수 있다.			가. 국방부 및 합동참모본부 나. 육군본부, 해군본부, 공군본부 및 해병대사령부 다. 국군조직법 제2조제3항에 따라 설치된 부대 또는 기관 2. 육군 · 해군 · 공군 소속의 부대 또는 기관의 경우: 육군 · 해군 · 공군 참모총장 3. 해병대 소속의 부대 또는 기관의 경우: 해병대사령관
	제6조(징계위원회의 운영) ① 위원장은 징계위원회를 소집하고 징계위원회의 사무를 총괄한다. ② 위원장이 부득이한 사유로 직무를 수행할 수 없는 경우에는 차상위(次上位) 서열자인 장교 또는 부사관(법 제58조의2제2항 단서의 경우에 한정한다)이 그 직무를 대행한다. 에 징계등 사건이 징계의결 또는 징계부가금 부과의결(이하 "징계의결등"이라 한다) 요구된 경우에는 개최일시 및 장소를 정하여 위원에게 통지하여야 한다. ④ 징계위원회의 사무를 처리하기 위하여 간사를 둔다. ⑤ 간사는 징계위원회가 설치된 부대 또는 기관에 소속된 군인 중 에서 위원장이 임명하되, 그 부대 또는 기관에 소속한 군법무관이 있는 경우에는 군법무관 중에서 임명하여야 한다.			⑤ 징계위원회의 위원장은 징계위원회를 대표하고, 그 사무를 총괄하며, 징계위원회의 회의를 소집하고, 그 의장이 된다. ⑥ 위원장이 부득이한 사유로 직무를 수행할 수 없을 때에는 위원장이 미리 지정한 위원이 그 직무를 대행한다. ⑦ 징계위원회에는 사무를 처리할 간사를 두며, 간사는 징계권자가 그 소속 공무원 중에서 임명한다.
				제107조(관계인 출석 및 증거의 제출요구) 징계위원회는 심의에 필요하다고 인정하면 관계인을 출석하게 하거나 증거 자료 등의 제출을 요구할 수 있다.
	제14조의2(회의의 비공개) 징계위원회의 심의 · 의결의 공정성을 보장하기 위하여 다음 각 호의 사항은 공개하지 않는다. 1. 징계위원회의 회의 2. 징계위원회의 회의에 참여할 위원 또는 참여한 위원의 명단			

	3. 징계위원회의 회의에서 위원이 발언한 내용이 적힌 문서(전자적으로 기록된 문서를 포함한다) 4. 그 밖에 공개할 경우 징계위원회의 심의·의결의 공정성을 해칠 우려가 있다고 인정되는 사항			
제58조의3(위원의 제척·기피·회피) ① 징계위원회의 위원이 다음 각 호의 어느 하나에 해당하는 경우에는 해당 안건의 심의·의결에서 제척된다. 1. 심의대상자와 친족(민법 제777조에 따른 친족을 말한다) 관계에 있거나 있었던 경우 2. 위원과 직접적인 이해관계가 있는 안건인 경우 ② 심의대상자는 징계위원회의 위원에게 심의·의결의 공정을 기대하기 어려운 사정이 있는 경우에는 징계위원회에 기피신청을 할 수 있고, 징계위원회는 의결로 이를 결정한다. ③ 징계위원회의 위원이 제1항 또는 제2항의 사유에 해당하는 경우에는 스스로 해당 안건의 심의·의결에서 회피할 수 있다.				**제110조(제척·기피·회피의 준용)** 징계위원회 위원에 대한 제척·기피·회피에 관하여는 제92조를 준용한다.
제59조(징계의 절차 등) ① 징계처분등은 징계위원회의 심의를 거쳐 한다.	**제7조(징계의결등 요구 등)** ① 징계권자가 아닌 상관이 하급자의 비행사실을 알았을 때에는 그 하급자의 징계권자에게 비행사실을 통보하여 징계등을 요청할 수 있다. ② 징계권자는 다음 각 호에 따라 통보받거나 발견한 비행사실이 징계등 사유에 해당하는지 여부를 조사하여야 한다. 1. 제1항에 따른 통보가 있는 경우 2. 수사기관이나 감사 관련기관에서 비행사실 등을 통보한 경우 3. 소속 부하 또는 감독을 받는 군인의 비행사실을 발견한 경우 ③ 징계권자는 제2항에 따른 조사 후 그 비행사실이 징계등 사유에 해당한다고 인정하거나 감사원법 제32조에 따라 감사원으로부터 징계 요구가 있는 경우에는 징계위원회에 징계의결		**제40조(징계의 절차 등)** ① 징계처분등은 징계위원회의 심의를 거쳐 한다.	**제111조(징계의결 등의 요구 등)** ① 징계권자가 아닌 상관이 하급자인 일반군무원의 비행사실(非行事實)을 알았을 때에는 그 하급자인 일반군무원의 징계권자에게 비행사실을 통보하여 징계등을 요청할 수 있다. ② 징계권자는 다음 각 호의 어느 하나에 해당하는 경우에는 통보받거나 발견한 비행사실이 징계등 사유에 해당하는지 여부를 조사하여야 한다. 1. 제1항에 따른 통보가 있는 경우 2. 수사기관이나 감사 관련기관에서 비행사실 등을 통보한 경우 3. 소속된 일반군무원 또는 감독을 받는 일반군무원의 비행사실을 발견한 경우 ③ 징계권자는 제2항에 따른 조사 후 그 비행사실이 징계등 사유에 해당

	등을 요구하여야 한다. ④ 징계의결등 전에 징계등 심의대상자의 소속이 변경된 경우 전(前) 소속 또는 감독 부대나 기관의 장은 혐의사실과 관련 자료를 징계등 심의대상자의 현(現) 소속 또는 감독 부대나 기관의 장에게 이송하여야 한다.			한다고 인정되거나 감사원법 제32조에 따라 감사원으로부터 징계 요구가 있는 경우에는 징계위원회에 징계의결 또는 징계부가금 부과 의결을 요구하여야 한다. ④ 징계위원회의 징계의결, 징계부가금 부과 의결, 제112조제5항 또는 제6항에 따른 징계부가금 감면 의결 전에 징계등 심의대상자의 소속이 변경된 경우 전(前) 소속 또는 감독 부대나 기관의 장은 혐의사실과 관련 자료를 징계등 심의대상자의 현(現) 소속 또는 감독 부대나 기관의 장에게 이송해야 한다.
② 징계위원회는 심의 전에 심의대상자에게 심의 일시 등을 고지하고, 심의대상자를 출석시켜 의견을 들은 후 심의를 개시한다. 다만, 심의대상자가 출석할 수 없는 부득이한 사정이 있는 경우에는 그러하지 아니하다.	**제9조(징계등 심의대상자의 출석)** ① 법 제59조제2항 본문에 따라 징계위원회가 징계등 심의대상자에게 심의 일시 등을 고지할 때에는 징계등 심의대상자에게 출석통지서를 교부하되, 징계위원회 개최일 3일 전에 징계등 심의대상자에게 도달되도록 해야 한다. 다만, 부득이한 경우에는 그 기간을 단축할 수 있다. ② 징계위원회는 제1항에 따른 출석통지서를 징계등 심의대상자에게 직접 전달하는 것이 주소불명 그 밖의 사유로 곤란하다고 인정할 때에는 출석통지서를 징계등 심의대상자의 소속 부대 또는 기관의 장에게 전달하여 징계등 심의대상자에게 교부하게 할 수 있다. 이 경우 출석통지서를 전달받은 부대 또는 기관의 장은 지체 없이 징계등 심의대상자에게 이를 교부한 후 그 교부상황을 징계위원회에 통보하여야 한다. ③ 징계위원회는 징계등 심의대상자가 징계위원회에 출석하여 진술하기를 원하지 않을 때에는 출석 진술 포기서를 제출하게 하여 기록에 첨부하고 서면심사만으로 징계의결등을 할 수 있다. ④ 징계위원회는 징계등 심의대상자가 제3항에 따른 출석 진술 포기서를 제출하지 않고 출석을 할 수			

	없는 정당한 이유 없이 출석하지 않은 때에는 출석 진술의 의사가 없는 것으로 보아 그 사실을 기록에 남기고 서면심사에 따라 징계의결등을 할 수 있다. ⑤ 계등 심의대상자가 국외에 체재(滯在)하거나 형사사건으로 인한 구속 그 밖의 사유로 징계의결등이 요구된 날부터 50일 이내에 출석할 수 없을 때에는 서면으로 진술하게 하고 서면심사에 따라 징계의결등을 할 수 있다. 이 경우 진술하는 서면을 제출하지 않을 때에는 진술 없이 징계의결등을 할 수 있다. ⑥ 징계등 심의대상자가 출석통지서의 수령을 거부한 경우에는 징계위원회에서의 진술권을 포기한 것으로 본다. 다만, 징계등 심의대상자는 출석통지서의 수령을 거부한 경우에도 징계위원회에 출석하여 진술할 수 있다. ⑦ 징계등 심의대상자의 소속 또는 감독 부대나 기관의 장이 제2항 전단에 따라 출석통지서를 교부한 경우 징계등 심의대상자가 출석통지서의 수령을 거부할 때에는 제2항 후단에 따라 출석통지서 교부상황을 통보할 때에 수령을 거부한 사실을 증명하는 서류를 첨부하여야 한다.			
③ 징계위원회는 징계처분등의 심의 대상자에게 서면이나 구술로 충분한 진술 기회를 주어야 한다.	**제10조(신문과 진술권 등)** ① 징계위원회는 출석한 징계등 심의대상자에게 혐의내용에 관한 신문(訊問)을 행하고 필요하다고 인정할 때에는 관계인을 출석하게 하여 신문할 수 있다. ② 징계위원회는 징계등 심의대상자에게 충분한 진술 기회를 부여하여야 하며, 징계등 심의대상자는 서면이나 구술로 자기에게 이익이 되는 사실(징계등 면제 사유를 포함한다)을 진술하거나 증거를 제출할 수 있다. ③ 징계등 심의대상자는 증인의 신문을 신청할 수 있다. 이 경우 위원회는 그 채택여부를 결정하여 징계등 심의대상자에게 통보하여야 한다. ④ 징계위원회는 업무수행		② 징계위원회는 징계처분등의 심의 대상자에게 서면이나 구술로 충분한 진술 기회를 주어야 한다.	**제108조(진술권 등)** ① 징계위원회는 징계등 심의대상자에게 서면 또는 구술로 진술을 할 수 있는 기회를 부여하여야 한다. 다만, 2회 이상 출석통지를 받고 출석하지 아니하였을 때에는 그러하지 아니하다. ② 징계등 심의대상자는 서면이나 구술로 자기에게 이익이 되는 사실(징계등 면제 사유를 포함한다)을 진술하거나 증거를 제출할 수 있다. ③ 징계등 심의대상자는 증인의 신문을 징계위원회에 신청할 수 있다. ④ 제3항에 따른 신청을 받은 징계위원회는 그 채택 여부를 결정하여 징계등 심의대상자에게 통보해야 한다.

	을 위하여 필요한 경우에는 간사에게 사실조사를 하게 하거나 특별한 학식·경험이 있는 자에게 검증이나 감정을 의뢰할 수 있다. ⑤ 징계위원회는 제4항에 따른 간사의 사실조사에 필요하다고 인정할 때에는 징계등 심의대상자에게 출석을 명할 수 있다. **제11조(징계등 심의대상자의 자료 열람 등)** ① 징계등 심의대상자는 본인의 진술이 기재된 서류나 자신이 제출한 자료를 열람하거나 복사할 수 있다. ② 징계등 심의대상자는 제1항에 규정된 서류나 자료 외에도 본인의 징계와 관련된 서류나 자료에 대하여 위원장에게 열람이나 복사를 신청할 수 있다. 다만, 위원장은 다음 각 호의 어느 하나에 해당하는 경우에는 열람이나 복사를 허가하지 아니할 수 있다. 1. 기록의 공개로 사건관계인의 명예, 사생활의 비밀, 생명·신체의 안전이나 생활의 평온을 침해할 우려가 있는 경우 2. 기록의 내용이 국가기밀인 경우 3. 기록의 공개로 국가의 안전보장, 선량한 풍속, 그 밖의 공공질서나 공공복리가 침해될 우려가 있는 경우 제12조 삭제 ＜2020. 7. 28.＞ 제13조 삭제 ＜2020. 7. 28.＞			⑤ 징계위원회는 업무수행을 위하여 필요한 경우에는 간사에게 사실조사를 하게 하거나 특별한 학식·경험이 있는 자에게 검증이나 감정을 의뢰할 수 있다. ⑥ 징계위원회는 제5항에 따른 간사의 사실조사에 필요하다고 인정할 때에는 징계등 심의대상자에게 출석을 명할 수 있다.
④ 징계위원회는 징계권자가 징계의결 또는 징계부가금 부과 의결(이하 "징계의결등"이라 한다)을 요구한 날부터 30일 이내에 심의·의결하여 징계권자와 심의대상자에게 결과를 지체 없이 송부하여야 한다. 다만, 부득이한 사유가 있을 때에는 징계위원회의 결정으로 30일의 범위에서 그 기간을 연장할 수 있다.	**제14조(징계위원회의 의결)** ① 징계위원회는 위원장을 포함하여 위원 과반수의 출석과 출석위원 과반수의 찬성으로 의결하되 징계위원회가 4명 이하의 위원으로 구성된 경우에는 3명 이상이 출석하여야 한다. ② 징계등 심의대상자가 부사관이나 병인 경우에는 부사관인 위원 1명 이상이 출석하여 심의·의결에 참여하여야 한다. ③ 징계위원회의 의결에서 어떤 하나의 의견이 출석위원 과반수에 이르지 못하는 때에는 출석위원 과반수에 이를 때까지 징계		③ 징계위원회는 징계권자가 징계의결 또는 징계부가금 부과 의결(이하 "징계의결등"이라 한다)을 요구한 날부터 30일 이내에 심의·의결하여야 한다. 다만, 부득이한 사유가 있을 때에는 징계위원회의 결정으로 30일의 범위에서 그 기간을 연장할 수 있다.	**제114조(징계위원회의 의결)** ① 징계위원회는 재적위원 3분의 2 이상의 출석과 출석위원 과반수의 찬성으로 의결하되, 의견이 나뉘어 출석위원 과반수에 이르지 못할 때에는 출석위원 과반수에 이르기까지 징계등 심의대상자에게 가장 불리한 의견에 차례로 유리한 의견을 더하여 그 가장 유리한 의견을 합의된 의견으로 본다. ② 징계위원회에서 징계의결, 징계부가금 부과 의결 또는 징계부가금 감면

	등 심의대상자에게 가장 불리한 의견에 차례로 유리한 의견을 더하여 그 중 가장 유리한 의견을 합의된 의견으로 본다. ④ 징계위원회의 의결은 무기명 투표로 한다. ⑤ 징계위원회는 제1항에도 불구하고 법 제59조제4항 단서에 따른 징계의결등의 기한 연기에 관한 사항은 서면으로 결정할 수 있다. ⑥ 제5항에 따른 서면 결정의 절차·방법 등에 관한 사항은 국방부장관이 정한다.		의결을 하였을 때에는 징계의결서, 징계부가금 부과 의결서 또는 징계부가금 감면 의결서를 작성하여 위원장과 출석위원이 서명·날인하고, 징계권자에게 보고하여야 한다. ③ 징계위원회의 회의는 공개하지 아니하고, 징계위원회의 회의에 참여한 사람은 직무상 알게 된 비밀을 누설해서는 아니된다. ④ 징계위원회는 제1항에도 불구하고 법 제40조제3항 단서에 따른 징계의결등의 기한 연기에 관한 사항은 서면으로 의결할 수 있다. ⑤ 제4항에 따른 서면의결의 절차·방법 등에 관한 사항은 국방부장관이 정한다.
	제16조(징계의결등 기간) 징계의결등이 요구된 사건에 대하여 제8조에 따라 징계등 절차의 진행이 중지된 경우에 그 중지된 기간은 법 제59조제4항의 징계의결등 기간에 포함하지 않는다.		
	제14조의3(원격영상회의 방식의 활용) ① 징계위원회는 위원과 징계등 심의대상자, 증인, 피해자 등 법 및 이 영에 따라 회의에 출석하는 사람(이하 "출석자"라 한다)이 동영상과 음성이 동시에 송수신 되는 장치가 갖추어진 서로 다른 장소에 출석하여 진행하는 원격영상회의 방식으로 심의·의결할 수 있다. 이 경우 위원 및 출석자가 같은 회의장에 출석한 것으로 본다. ② 징계위원회는 제1항에 따라 원격영상회의 방식으로 심의·의결하는 경우 징계등 심의대상자 및 피해자 등의 신상정보, 회의 내용·결과 등이 유출되지 않도록 보안에 필요한 조치를 해야 한다. ③ 제1항 및 제2항에서 규정한 사항 외에 원격영상회의의 운영에 필요한 사항은 국방부장관이 정한다.		**제114조의3(원격영상회의 방식의 활용)** ① 징계위원회는 위원과 징계등 심의대상자, 증인, 피해자 등 법 및 이 영에 따라 회의에 출석하는 사람(이하 "출석자"라 한다)이 동영상과 음성이 동시에 송수신 되는 장치가 갖추어진 서로 다른 장소에 출석하여 진행하는 원격영상회의 방식으로 심의·의결할 수 있다. 이 경우 위원 및 출석자가 같은 회의장에 출석한 것으로 본다. ② 징계위원회는 제1항에 따라 원격영상회의의 방식으로 심의·의결하는 경우 징계등 심의대상자 및 피해자 등의 신상정보, 회의 내용·결과 등이 유출되지 않도록 보안에 필요한 조치를 해야 한다. ③ 제1항 및 제2항에서 규정한 사항 외에 원격영상회의의 운영에 필요한 사항은 국방부장관이 정한다.

	제15조(비밀누설 금지) 징계위원회의 회의에 참여한 자는 직무상 알게 된 비밀을 누설하여서는 아니된다.		
	제15조의2(회의 참석자의 준수사항) ① 징계위원회의 회의에 참석하는 사람은 다음 각 호의 어느 하나에 해당하는 물품을 소지할 수 없다. 1. 녹음기, 카메라, 휴대전화 등 녹음 · 녹화 · 촬영이 가능한 기기 2. 흉기 등 위험한 물건 3. 그 밖에 징계등 사건의 심의와 관계없는 물건 ② 징계위원회의 회의에 참석하는 사람은 다음 각 호의 어느 하나에 해당하는 행위를 해서는 안 된다. 1. 녹음, 녹화, 촬영 또는 중계방송 2. 회의실 내의 질서를 해치는 행위 3. 다른 사람의 생명 · 신체 · 재산 등에 위해를 가하는 행위		**제114조의4(회의 참석자의 준수사항)** ① 징계위원회의 회의에 참석하는 사람은 다음 각 호의 어느 하나에 해당하는 물품을 소지할 수 없다. 1. 녹음기, 카메라, 휴대전화 등 녹음 · 녹화 · 촬영이 가능한 기기 2. 흉기 등 위험한 물건 3. 그 밖에 징계등 사건의 심의와 관계없는 물건 ② 징계위원회의 회의에 참석하는 사람은 다음 각 호의 어느 하나에 해당하는 행위를 해서는 안 된다. 1. 녹음, 녹화, 촬영 또는 중계방송 2. 회의실 내의 질서를 해치는 행위 3. 다른 사람의 생명 · 신체 · 재산 등에 위해를 가하는 행위
⑤ 징계권자는 제4항에 따라 징계의결등을 요구한 때에는 심의대상자에게 다음 각 호의 사항을 기재한 서면으로 고지하여야 한다. 1. 징계의결등을 요구한 날짜 2. 징계위원회의 심의가 개시될 것으로 예상되는 날짜. 다만, 특별한 사정으로 그 날짜를 예상할 수 없을 때에는 그러하지 아니하다. 3. 징계권자가 요구한 징계처분등의 구체적인 내용 4. 심의대상자가 심의 전 및 심의 도중에 의견을 진술 또는 제출할 수 있는 권리 5. 심의대상자가 군인의 지위 및 복무에 관한 기본법 제42조에 따른 군인권보호관 및 제59조의2제1항에 따른 인권담당 군법무관과 상담을 받을 수 있는 권리 6. 심의대상자가 징계의결등에 불복하는 경우의 절차 7. 그 밖에 징계 심의 및			

의결을 위하여 국방부령으로 정하는 사항				
	제17조(심의결과의 송부) 징계위원회는 징계의결등을 했을 때에는 지체 없이 징계등 의결서에 징계등의 원인이 된 사실, 증거의 판단, 관계 법령 및 징계등 면제 사유 해당 여부를 구체적으로 밝혀 징계권자에게 송부해야 한다.			
⑥ 징계권자는 제4항에 따라 징계위원회로부터 징계의결등의 결과를 송부받은 때에는 그 날부터 15일 이내에 징계처분등을 하여야 한다. 다만, 제59조의2제1항에 따라 인권보호를 담당하는 군법무관으로부터 군기교육처분의 적법성에 관한 의견을 통보받은 때에는 그 날부터 15일 이내에 징계처분등을 하여야 한다.	**제19조(징계권자의 처분 및 승인요청)** ① 징계권자가 제17조에 따라 징계위원회로부터 징계등 의결서를 송부받은 때에는 그 날부터 15일 이내에 징계처분, 징계부가금 부과처분 또는 징계부가금 감면처분(이하 "징계처분등"이라 한다)을 하여야 한다. ② 징계권자가 제18조제3항에 따라 인권담당 군법무관으로부터 의견서를 통보받았을 때에는 그 날부터 15일 이내에 징계처분을 해야 한다. ③ 징계권자가 징계의 감경 또는 유예의 조치를 할 때에는 징계의결서에 그 사유를 명시하여야 하고, 징계위원회의 의결대로 징계처분 하고자 할 때에는 그 의결서에 확인의 서명을 하여야 한다. ④ 제1항에도 불구하고 법 제58조제3항에 따라 승인권자의 승인을 받아야 하는 경우에는 제3항에 따른 조치를 한 날부터 15일 이내에 승인을 요청해야 하고, 승인을 받은 날부터 15일 이내에 징계처분을 해야 한다. 다만, 출항한 함정에서 징계를 하고자 하는 경우 등 부득이한 사유로 15일 이내에 승인을 요청하기 어려운 경우에는 그 사유가 해소된 날부터 15일 이내에 승인을 요청해야 한다. ⑤ 제4항에 따라 승인을 요청하려는 징계권자는 징계의결서 및 관련서류를 첨부하여 승인권자에게 제출해야 한다.		④ 징계권자는 제3항에 따라 징계위원회로부터 징계의결등의 결과를 송부받은 때에는 그 날부터 15일 이내에 징계처분등을 하여야 한다.	**제115조(징계권자의 처분 및 승인요청)** ① 징계권자는 제114조제2항에 따라 징계위원회로부터 징계부가금 감면 의결서를 송부받은 때에는 그 날부터 15일 이내에 징계부가금 감면처분을 하여야 한다. ② 징계권자가 징계의 감경을 할 때에는 징계의결서에 그 사유를 명시하여 확인의 서명을 하여야 하고, 징계위원회의 의결대로 징계처분하려는 때에는 그 의결서에 확인의 서명을 하여야 한다. ③ 징계권자가 법 제40조제4항에 따라 15일 이내에 징계처분을 하여야 함에도 불구하고 법 제38조제2항에 따라 임용권자의 승인을 받아야 하는 경우에는 제2항에 따른 확인의 서명을 한 날부터 15일 이내에 승인을 요청하여야 하고, 승인을 받은 날부터 15일 이내에 징계처분을 하여야 한다. 다만, 부득이한 사유로 15일 이내에 승인을 요청하기 어려운 때에는 그 사유가 해소된 날부터 15일 이내에 승인을 요청하여야 한다. ④ 제3항에 따라 승인을 요청하려는 징계권자는 징계의결서 및 관련 서류를 첨부하여 임용권자에게 제출하여야 한다.
		제2조의2(적극행정 등에 대한 징계면제) ① 제2조에도 불구하고 징		

		계위원회는 고의 또는 중과실에 의하지 않은 비행사실로서 다음 각 호의 어느 하나에 해당되는 경우에는 징계의결 또는 징계부가금 부과의결(이하 "징계의결등"이라 한다)을 하지 않는다. 1. 불합리한 규제의 개선 등 공공의 이익을 위한 정책, 국가적으로 이익이 되고 국민생활에 편익을 주는 정책 또는 소관 법령의 입법목적을 달성하기 위하여 필수적인 정책 등을 수립 · 집행하거나, 정책목표의 달성을 위하여 업무처리 절차 · 방식을 창의적으로 개선하는 등 성실하고 능동적으로 업무를 처리하는 과정에서 발생한 것으로 인정되는 경우 2. 국가의 이익이나 국민생활에 큰 피해가 예견되어 이를 방지하기 위하여 정책을 적극적으로 수립 · 집행하는 과정에서 발생한 것으로서 정책을 수립 · 집행할 당시의 여건 또는 그 밖의 사회통념에 비추어 적법하게 처리될 것이라고 기대하기가 극히 곤란했던 것으로 인정되는 경우 ② 징계위원회는 징계등 심의대상자가 다음 각 호의 사항에 모두 해당되는 경우에는 해당 비행사실이 고의 또는 중과실에 의하지 않은 것으로 추정한다. 1. 징계등 심의대상자와 비행사실 관련 직무 사이에 사적인 이해관계가 없을 것 2. 대상 업무를 처리하면서 중대한 절차상의 하자가 없었을 것 ③ 제1항에도 불구하고 징계등 심의대상자가 감사원이나 공공감사에 관한 법률 제2조제5호에 따른 자체감사기구(이하 "자체감사기구"라 한다)로부터 사전에 받은 의견대로 업무를 처리한 경우에는 징계의결등을 하지 않는다. 다만, 대상 업무와 징계등 심의대상자 사이에 사적인 이해관계가 있거나 감사원이나 자체감사기구가 의견을 제시하는데 필요한 정보를 충분히 제공하지 않은 경우에는 그렇지 않다	

	제20조(징계감경) ① 징계권자는 징계심의대상자가 다음 각 호의 어느 하나에 해당하는 경우에는 징계위원회의 징계의결에 따른 징계의 종류에서 한 단계 감경하여 징계처분을 할 수 있다. 다만, 제1호 또는 제2호에 해당하는 경우로서 징계심의대상자가 징계처분이나 국방부령에 따른 경고 또는 제21조에 따른 징계유예처분을 받은 사실이 있는 경우에는 그 징계처분이나 경고처분 또는 징계유예처분 전의 공적은 징계감경 대상 공적에서 제외한다. 1. 「상훈법」에 따른 훈장 또는 포장을 받은 공적이 있는 경우 2. 다음 각 목의 구분에 따른 표창을 받은 공적이 있는 경우 가. 장성급 장교 또는 영관급 장교: 「정부 표창 규정」에 따른 대통령 또는 국무총리가 수여하는 표창 나. 위관급 장교, 준사관 또는 중사 이상 부사관 1) 가목에 따른 표창 2) 「군표창규정」에 따른 국방부장관·합동참모의장·각군 참모총장 또는 대장급 이상의 부대장·부서장이 수여하는 표창 다. 하사 또는 병 1) 가목 및 나목2)에 따른 표창 2) 「군표창규정」에 따른 중장급 부대장·부서장이 수여하는 표창 3. 징계심의대상자의 비행사실이 성실하고 적극적인 업무처리과정에서 고의 또는 중대한 과실 없이 발생한 경우 ② 징계권자는 제1항에도 불구하고 징계사유가 다음 각 호의 어느 하나에 해당하는 경우에는 징계를 감경할 수 없다. 1. 법 제56조의2제1항 각 호의 어느 하나에 해당하는 비위 2. 법 제56조의2제1항 각 호의 어느 하나에 해당하는 비위를 신고하지 않거나 고발하지 않은 행위 3. 군사기밀 보호법 위반의 죄			제115조의2(징계감경) ① 징계권자는 징계심의 대상자가 다음 각 호의 어느 하나에 해당하는 경우에는 별표 5에 따른 징계의 감경기준에 따라 징계를 감경할 수 있다. 다만, 그 일반군무원이 징계처분이나 이 영에 따른 경고를 받은 사실이 있는 경우에는 그 징계처분이나 경고처분 전의 공적은 감경 대상 공적에서 제외하여야 한다. 1. 징계심의대상자가 다음 각 목의 공적이 있는 경우 가. 상훈법에 따른 훈장·포장을 받은 공적 나. 정부 표창 규정에 따른 국무총리 이상의 표창(공적상 및 창안상만 해당한다)을 받은 공적 다. 비행 행위 당시 6급 이하의 일반군무원은 참모총장 또는 중앙행정기관장인 청장(차관급 상당 기관장을 포함한다) 이상 표창(공적상 및 창안상만 해당한다)을 받은 공적 2. 징계심의대상자의 비행사실이 성실하고 적극적인 업무처리과정에서 과실로 발생한 경우 ② 징계권자는 제1항에도 불구하고 징계사유가 다음 각 호의 어느 하나에 해당하는 경우에는 징계를 감경할 수 없다. 1. 법 제37조의2제1항 각 호의 어느 하나에 해당하는 비위 2. 법 제37조의2제1항 각 호의 어느 하나에 해당하는 비위를 신고하지 않거나 고발하지 않은 행위 3. 군사기밀 보호법 위반의 죄 4. 군형법 제80조의 군사기밀 누설 5. 군형법 제2편제15장 강간과 추행의 죄 6. 성폭력범죄의 처벌 등에 관한 특례법 제2조의 성폭력범죄 7. 성매매알선 등 행위의 처벌에 관한 법률 제2조제1항제1호의 성매매 8. 양성평등기본법 제3조제2호의 성희롱

4. 군형법 제80조의 군사기밀 누설 5. 군형법 제2편제15장 강간과 추행의 죄 6. 성폭력범죄의 처벌 등에 관한 특례법 제2조의 성폭력범죄 7. 성매매알선 등 행위의 처벌에 관한 법률 제2조제1항제1호의 성매매 8. 양성평등기본법 제3조제2호의 성희롱 9. 도로교통법 제44조제1항을 위반하여 술에 취한 상태에서 운전을 하거나 같은 조 제2항을 위반하여 음주측정 요구에 따르지 않은 행위 10. 공직자윤리법 제3조 또는 제14조의4에 따른 재산등록의무나 주식 매각 · 신탁과 관련한 의무 위반 11. 적극행정 운영규정 제2조제2호의 소극행정(이하 이 조에서 "소극행정"이라 한다) 12. 부작위 또는 직무태만(소극행정은 제외한다) 13. 공무원 행동강령 제13조의3 각 호의 어느 하나에 해당하는 부당한 행위 14. 성(性) 관련 비위나 공무원 행동강령 제13조의3 각 호의 어느 하나에 해당하는 부당한 행위를 은폐하거나 필요한 조치를 하지 않은 경우 15. 공무원(군인 및 군무원을 포함한다. 이하 같다) 채용과 관련하여 청탁이나 강요 등 부당한 행위를 하거나 채용 업무와 관련하여 비위행위를 한 경우 16. 부정청탁 및 금품등 수수의 금지에 관한 법률 제5조 각 호의 어느 하나에 해당하는 부정청탁 17. 부정청탁 및 금품등 수수의 금지에 관한 법률 제6조의 부정청탁에 따른 직무수행 18. 직무상 비밀이나 미공개 정보(재물이나 재산상 이익의 취득 여부의 판단에 중대한 영향을 미칠 수 있는 정보로서 불특정 다수인이 알 수 있도록 공개되기 전의 것을 말한다)를 이용한 부당행위 19. 다음 각 목의 사람에 대하여 직장에서의 지위나		9. 도로교통법 제44조제1항을 위반하여 술에 취한 상태에서 운전을 하거나 같은 조 제2항을 위반하여 음주측정 요구에 따르지 않은 행위 10. 공직자윤리법 제3조 또는 제14조의4에 따른 재산등록의무나 주식 매각 · 신탁과 관련한 의무 위반 11. 적극행정 운영규정 제2조제2호의 소극행정(이하 이 조에서 "소극행정"이라 한다) 12. 부작위 또는 직무태만(소극행정은 제외한다) 13. 공무원 행동강령 제13조의3 각 호의 어느 하나에 해당하는 부당한 행위 14. 성(性) 관련 비위나 공무원 행동강령 제13조의3 각 호의 어느 하나에 해당하는 부당한 행위를 은폐하거나 필요한 조치를 하지 않은 경우 15. 공무원(군인 및 군무원을 포함한다) 채용과 관련하여 청탁이나 강요 등 부당한 행위를 하거나 채용 업무와 관련하여 비위행위를 한 경우 16. 부정청탁 및 금품등 수수의 금지에 관한 법률 제5조 각 호의 어느 하나에 해당하는 부정청탁 17. 부정청탁 및 금품등 수수의 금지에 관한 법률 제6조의 부정청탁에 따른 직무수행 18. 직무상 비밀이나 미공개 정보(재물이나 재산상 이익의 취득 여부의 판단에 중대한 영향을 미칠 수 있는 정보로서 불특정 다수인이 알 수 있도록 공개되기 전의 것을 말한다)를 이용한 부당행위

	관계 등의 우위를 이용하여 업무상 적정범위를 넘어 신체적·정신적 고통을 주거나 근무환경을 악화시키는 행위 가. 다른 공무원 나. 다음의 어느 하나에 해당하는 부대·기관·단체의 직원 1) 징계심의대상자가 소속된 부대·기관(해당 부대·기관에 소속된 부대·기관을 포함한다) 2) 「공공기관의 운영에 관한 법률」 제4조제1항에 따른 공공기관 중 1)의 부대·기관이 관계 법령에 따라 업무를 관장하는 공공기관 3) 「공직자윤리법」 제3조의2제1항에 따른 공직유관단체 중 1)의 부대·기관이 관계 법령에 따라 업무를 관장하는 공직유관단체 다. 「공무원 행동강령」 제2조제1호에 따른 직무관련자(직무관련자가 법인 또는 단체인 경우에는 그 법인 또는 단체의 소속 직원을 말한다) ③ 징계권자는 제1항에도 불구하고 징계위원회가 법 제59조의4에 따라 정상을 참작하여 징계의 종류를 낮추어 의결한 경우에는 해당 사유와 동일한 사유를 근거로 징계처분을 감경할 수 없다.			
	제21조(징계유예) ① 징계권자는 장교, 준사관 및 부사관에 대한 징계위원회의 근신, 견책의결에 대하여 제20조제1항 각 호의 어느 하나에 해당되는 사유(징계위원회가 법 제59조의4에 따라 정상을 참작하여 징계의 종류를 낮추어 의결한 경우에는 해당 사유와 동일한 사유는 제외한다)가 있고, 뉘우치는 등의 사정이 현저하여 징계처분을 즉시 집행하지 아니하고도 징계의 효과를 기대할 수 있다고 인정하는 경우에는 징계처분의 집행을 유예(猶豫)할 수 있다. 이 경우 유예기간은 6개월로 한다. ② 징계권자는 제1항에 따라 징계유예를 받은 자가 그 유예기간 중에 다시 징			

	계사유에 해당하는 행위를 한 경우에는 징계유예처분을 취소하여야 한다. ③ 징계유예를 취소하지 아니하고 징계유예기간이 경과한 때에는 징계위원회의 의결은 그 효력을 잃는다. ④ 제1항에도 불구하고 징계권자는 다음 각 호의 어느 하나에 해당하는 경우에는 징계유예처분을 할 수 없다. 1. 징계권자가 징계위원회의 의결에 대하여 제20조제1항에 따라 이미 감경한 경우 2. 징계사유가 제20조제2항 각 호의 어느 하나에 해당하는 경우		
	제22조(징계처분의 집행) 징계권자가 징계처분의 결정을 했을 때에는 본인에게 지체 없이 징계처분서를 교부해야 한다.		**제116조(징계처분의 집행)** 징계권자는 징계처분의 결정을 한 때에는 본인에게 지체 없이 징계처분서를 교부하여야 한다.
	제22조의2(징계부가금 부과처분서 등의 교부 등) ① 징계권자가 제19조제1항에 따라 징계부가금 부과처분 또는 징계부가금 감면처분을 할 때에는 징계부가금 부과처분 또는 징계부가금 감면처분의 대상자에게 그 처분의 사유와 징계부가금 금액 또는 감면된 징계부가금 금액을 적은 징계부가금 부과처분서 또는 징계부가금 감면처분서를 교부하여야 한다. ② 징계권자는 징계부가금 부과처분 또는 징계부가금 감면처분의 대상자가 제1항에 따른 처분서를 교부받은 날부터 60일 이내에 징계부가금이나 감면된 징계부가금을 납부하지 않으면 법 제56조의2제4항 본문에 따른 징수를 관할 세무서장에게 의뢰할 수 있다. 이 경우 징계권자가 그 징수를 관할 세무서장에게 의뢰하는 때에는 관할 세무서장은 특별한 사정이 없는 한 이에 응해야 한다. ③ 징계부가금 부과처분의 대상자가 징계부가금을 납부한 후에 제1항의 징계부가금 감면처분서를 받은 경우에는 징계권자는 그		**제116조의2(징계부가금 부과처분서 등의 교부 등)** ① 징계권자가 법 제40조제4항 및 이 영 제115조제1항에 따라 징계부가금 부과처분 또는 징계부가금 감면처분을 할 때에는 징계부가금 부과처분 또는 징계부가금 감면처분의 대상자에게 그 처분의 사유와 징계부가금 금액 또는 감면된 징계부가금 금액을 적은 징계부가금 부과처분서 또는 징계부가금 감면처분서를 교부하여야 한다. <개정 2015. 11. 30.> ② 징계권자는 징계부가금 부과처분 또는 징계부가금 감면처분의 대상자가 제1항에 따른 처분서를 교부받은 날부터 60일 이내에 징계부가금 또는 감면된 징계부가금을 납부하지 않으면 법 제37조의2제4항 본문에 따른 징수를 관할 세무서장에게 의뢰할 수 있다. 이 경우 징계권자가 그 징수를 관할 세무서장에게 의뢰하는 때에는 관할 세무서장은 특별한 사정이 없으면 이에 따라야 한다. <개정 2021. 6. 22.> ③ 징계권자는 징계부가

	차액을 징계부가금 부과처분의 대상자에게 환급하여야 한다. ④ 징계부가금 부과처분의 대상자가 징계부가금을 납부하기 전에 제1항의 징계부가금 감면처분서를 받은 경우에는 징계부가금 부과처분의 대상자는 감면된 징계부가금을 납부하여야 한다. ⑤ 법 제56조의2제4항 본문에서 "대통령령으로 정하는 규모"란 사단, 전단, 비행단이나 그와 같은 급을 말한다.		금 부과처분의 대상자가 징계부가금을 납부한 후에 제1항에 따른 징계부가금 감면처분서를 받은 경우 그 차액을 징계부가금 부과처분의 대상자에게 환급하여야 한다. ④ 징계부가금 부과처분의 대상자는 징계부가금을 납부하기 전에 제1항에 따른 징계부가금 감면처분서를 받은 경우 감면된 징계부가금을 납부하여야 한다. ⑤ 법 제37조의2제4항 본문에서 "대통령령으로 정하는 규모"란 사단, 전단, 비행단 및 그와 같은 급을 말한다.
	제22조의3(피해자에 대한 징계처분등의 결과 통보) ① 징계권자는 징계처분의 사유가 제20조제2항제6호 또는 제8호에 해당하는 경우에는 그 피해자에게 법 제59조제8항에 따라 징계처분등 결과의 통보를 요청할 수 있다는 사실을 안내해야 한다. 다만, 피해자가 있는 곳을 알 수 없는 등 국방부장관이 정하는 사유가 있는 경우에는 그렇지 않다. ② 징계권자가 법 제59조제8항에 따라 징계처분등의 결과를 피해자에게 통보하는 경우에는 국방부령으로 정하는 서식에 따른다. ③ 법 제59조제8항에 따라 징계처분등의 결과를 통보받은 피해자는 그 통보내용을 공개해서는 안 된다. ④ 제1항부터 제3항까지에서 규정한 사항 외에 징계처분등의 결과 통보에 필요한 세부사항은 국방부장관이 정한다.		
	제23조(징계처분 집행의 연기 및 중지) ① 징계권자는 전시·사변이나 징계처분을 받은 자의 질병, 구속, 그 밖의 사유로 인하여 징계처분을 집행할 수 없는 경우에는 그 집행을 연기하거나 중지할 수 있다. ② 징계권자는 제1항에 따른 연기 또는 중지사유가 해소된 때에는 즉시 그 징계처분을 집행하여야 한다.		

	제24조(징계처분의 기간) 징계처분의 기간은 그 처분을 한 날부터 기산한다. 다만, 군기교육의 경우에는 군기교육 시작일부터 기산한다.			
⑦ 징계권자는 징계위원회의 의결 결과가 가볍다고 인정되면 징계처분등을 하기 전에 법무장교가 배치된 징계권자의 차상급(次上級) 부대 또는 기관에 설치된 징계위원회(국방부에 설치된 징계위원회의 의결에 대하여는 그 징계위원회)에 심사 또는 재심사를 청구할 수 있다. 이 경우 징계권자는 심사 또는 재심사의 의결 결과에 따라 징계처분등을 한다.	**제25조(심사 또는 재심사 청구)** ① 징계권자가 법 제59조제7항 전단에 따라 심사 또는 재심사를 청구하려면 징계등 의결서를 송부받은 날부터 15일 이내에 다음 각 호의 사항을 기재한 징계의결등 심사(재심사)청구서에 사건 관계기록을 첨부하여 해당 징계위원회에 제출해야 한다. 1. 심사 또는 재심사청구의 취지 2. 심사 또는 재심사청구의 이유 및 입증방법 3. 징계등 의결서 사본 ② 법 제59조제7항 전단에 따라 국방부에 설치된 징계위원회의 의결에 대하여 재심사를 청구한 사건을 심의하는 징계위원회는 위원장을 제외한 위원의 과반수가 당초 심의 · 의결에 참여하지 않은 위원으로 구성되어야 한다.		⑤ 징계권자는 징계위원회의 징계의결등이 가볍다고 인정하는 경우에는 그 징계처분등을 하기 전에 법무장교가 배치된 징계권자의 차상급 부대 또는 기관에 설치된 징계위원회(국방부에 설치된 징계위원회의 징계의결등에 대하여는 그 징계위원회를 말한다)에 심사나 재심사를 청구할 수 있다. 이 경우 징계권자는 심사나 재심사에 따른 징계의결등의 결과에 따라 징계처분등을 하여야 한다.	**제114조의2(심사 또는 재심사 청구)** ① 징계권자는 법 제40조제5항에 따라 심사 또는 재심사를 청구하는 경우 제114조제2항에 따라 징계의결, 징계부가금 부과 의결 또는 징계부가금 감면 의결을 보고받은 날부터 15일 이내에 다음 각 호의 사항을 적거나 첨부한 징계의결, 징계부가금 부과 의결 또는 징계부가금 감면 의결 심사(재심사)청구서에 관계 기록을 첨부하여 관할 징계위원회에 제출하여야 한다. 1. 심사 또는 재심사 청구의 취지 2. 심사 또는 재심사 청구의 이유 및 증명 방법 3. 징계의결서 사본, 징계부가금 부과 의결서 사본 또는 징계부가금 감면 의결서 사본 ② 법 제40조제5항 전단에 따라 국방부에 설치된 징계위원회의 의결에 대하여 재심사를 청구한 사건을 심의하는 징계위원회는 위원장을 제외한 위원의 과반수가 당초 심의 · 의결에 참여하지 않은 위원으로 구성되어야 한다.
			⑥ 징계권자는 성폭력범죄의 처벌 등에 관한 특례법 제2조에 따른 성폭력범죄 및 양성평등기본법 제3조제2호에 따른 성희롱에 해당하는 사유로 징계처분등을 할 때에는 피해자가 요청하는 경우 그 징계처분등의 결과를 피해자에게 통보하여야 한다.	**제116조의3(피해자에 대한 징계처분등의 결과 통보)** ① 징계권자는 성폭력범죄의 처벌 등에 관한 특례법 제2조에 따른 성폭력범죄 및 양성평등기본법 제3조제2호에 따른 성희롱의 피해자에게 법 제40조제6항에 따라 징계처분 및 징계부가금 부과처분(이하 이 조에서 "징계처분등"이라 한다)의 결과를 통보받을 수 있다는 사실을 안내해야 한다. ② 법 제40조제6항에 따라 징계처분등의 결과를 통보받은 피해자는 그 통보 내용을 공개해서는 안 된다.

				③ 제1항 및 제2항에서 규정한 사항 외에 징계처분등의 결과 통보에 필요한 사항은 국방부장관이 정한다.
제59조의2(인권담당 군법무관) ① 군인의 인권을 보호하고 법적인 조력을 받게 하기 위하여 국방부와 그 직할부대 또는 기관 및 각군에 인권보호를 담당하는 군법무관(이하 "인권담당 군법무관"이라 한다)을 둔다. ② 삭제 <2020. 2. 4.> ③ 인권담당 군법무관은 징계 사유, 징계 절차 및 징계 정도의 적정성 등 군기교육처분의 적법성에 관한 심사를 하고 그 의견을 징계권자에게 통보하여야 한다. ④ 인권담당 군법무관은 국방부와 그 직할 부대 또는 기관의 경우에는 국방부장관이 그 소속 군법무관 중에서 임명하고, 각군의 경우에는 참모총장이 그 소속 군법무관 중에서 임명한다. ⑤ 제3항에 따른 심사의견을 통보받은 징계권자는 그 의견을 존중하여야 한다. 이 경우 징계위원회의 징계의결 사유가 제56조에 따른 징계사유에 해당되지 아니한다는 의견인 경우에는 해당 군기교육처분을 하여서는 아니 되고, 징계대상자에게 진술할 기회를 주지 아니한 경우 등 절차에 중대한 흠이 있다고 인정한 의견인 경우에는 다시 징계위원회에 회부(回附)할 수 있다. ⑥ 삭제 <2020. 2. 4.>	**제18조(인권담당 군법무관의 적법성 심사)** ① 징계권자가 법 제59조의2제3항에 따라 인권보호를 담당하는 군법무관(이하 "인권담당 군법무관"이라 한다)에게 적법성심사를 요청할 때에는 적법성심사요청서에 징계의결서와 관련서류를 첨부하여 제출해야 한다. ② 인권담당 군법무관은 징계심의대상자가 요청하거나 적법성심사를 위하여 필요한 경우에는 징계심의대상자를 신문할 수 있다. 이 경우 징계권자는 신문에 필요한 협조를 해야 한다. ③ 인권담당 군법무관은 적법성심사를 마쳤을 때에는 의견서를 작성하여 징계권자에게 통보해야 한다. ④ 제3항에 따른 통보를 받은 징계권자가 인권담당 군법무관의 의견과 달리 징계처분을 하려는 경우에는 징계의결서에 그 사유를 명시하여 징계의결서 사본을 인권담당 군법무관에게 송부해야 한다.			
제59조의3(감사원의 조사와의 관계 등) ① 감사원이나 군검찰, 군사법경찰관, 그 밖의 수사기관은 군인의 비행사실에 대한 조사나 수사를 시작한 때와 마친 때에는 10일 이내에 그 군인의 소속 또는 감독 부대나 기관의 장에게 그 사실을 통보하여야 한다. ② 감사원에서 조사 중인 사건에 대하여는 제1항에 따른 조사 개시 통보를 받	**제8조(징계등 절차 진행 여부의 결정)** 징계권자는 법 제59조의3제1항에 따라 수사 개시 통보를 받으면 지체 없이 징계의결등의 요구나 그 밖에 징계등 절차의 진행 여부를 결정해야 한다. 이 경우 같은 조 제3항에 따라 그 절차를 진행하지 않기로 결정한 경우에는 이를 징계등 혐의자에게 서면으로 통보해야 한다. [전문개정 2023. 10. 17.]			**제105조(징계등 절차 진행 여부의 결정)** 징계권자는 국가공무원법 제83조제3항에 따라 수사 개시 통보를 받으면 지체 없이 징계의결 또는 징계부가금 부과 의결(이하 "징계의결등"이라 한다)의 요구나 그 밖에 징계 또는 징계부가금 부과(이하 "징계등"이라 한다) 절차의 진행 여부를 결정해야 한다. 이 경우 같은 조 제2항에 따라 그 절차

은 날부터 징계의결등의 요구나 그 밖의 징계처분 절차를 진행하지 못한다. ③ 군검찰, 군사법경찰관, 그 밖에 수사기관이 수사 중인 사건에 대하여는 제1항에 따른 수사 개시 통보를 받은 날부터 징계의결등의 요구나 그 밖의 징계처분 절차를 진행하지 아니할 수 있다.				를 진행하지 않기로 결정한 경우에는 이를 징계등 혐의자에게 서면으로 통보해야 한다. [전문개정 2023. 10. 17.]
제59조의4(징계 및 징계부가금의 양정 등) ① 징계위원회가 징계의결등을 할 때에는 징계대상행위의 경중, 심의대상자의 소행 · 근무성적 · 공적(功績) · 뉘우치는 정도 및 그 밖의 정상을 참작하여야 한다. ② 징계 및 징계부가금의 양정(量定)에 관한 세부기준은 국방부령으로 정한다.		**제2조(징계등 양정 기준)** 군인사법(이하 "법"이라 한다) 제59조의4제2항에 따른 징계 또는 징계부가금 부과(이하 "징계등"이라 한다) 양정에 관한 세부기준은 다음 각 호와 같다. 1. 징계의 양정 기준 가. 징계심의대상자가 장교, 준사관 및 부사관인 경우: 별표 1, 별표 1의2, 별표 1의3 및 별표 1의4 나. 징계심의대상자가 병(兵)인 경우: 별표 2 2. 징계부가금의 양정 기준: 별표 3		
		제3조(정상참작) ① 징계위원회는 징계심의대상자가 다음 각 호의 어느 하나에 해당하는 공적이 있는 경우에는 유리한 정상으로 참작하여 별표 1 또는 별표 2에 따른 양정기준 상의 징계 종류보다 한 단계 아래의 징계로 감경하여 의결할 수 있다. 다만, 징계심의대상자가 징계처분이나 경고 또는 「군인 징계령」(이하 "영"이라 한다) 제21조에 따른 징계유예처분을 받은 사실이 있는 경우에는 그 징계처분이나 경고처분 또는 징계유예처분 전의 공적은 유리한 정상으로 참작하지 않는다. 1. 「상훈법」에 따른 훈장 또는 포장을 받은 공적이 있는 경우 2. 다음 각 목의 구분에 따른 표창을 받은 공적이 있는 경우 가. 장성급 장교 또는 영관급 장교: 「정부 표창 규정」에 따른 대통령 또는 국무총리가 수여하는 표창 나. 위관급 장교, 준사관 또는 중사 이상 부사관 1) 가목에 따른 표창		

2) 「군표창규정」에 따른 국방부장관, 합동참모의장, 각군 참모총장 또는 대장급 이상의 부대장·부서장이 수여하는 표창
다. 하사 또는 병
1) 가목 및 나목2)에 따른 표창
2) 「군표창규정」에 따른 중장급 부대장·부서장이 수여하는 표창
② 징계위원회는 제1항에도 불구하고 징계사유가 다음 각 호의 어느 하나에 해당하는 경우에는 유리한 정상으로 참작하지 않는다.
1. 법 제56조의2제1항 각 호의 어느 하나에 해당하는 비위
2. 법 제56조의2제1항 각 호의 어느 하나에 해당하는 비위를 신고하지 않거나 고발하지 않은 행위
3. 군사기밀 보호법 위반의 죄
4. 군형법 제80조의 군사기밀 누설
5. 군형법 제2편제15장 강간과 추행의 죄
6. 성폭력범죄의 처벌 등에 관한 특례법 제2조의 성폭력범죄
7. 성매매알선 등 행위의 처벌에 관한 법률 제2조제1항제1호의 성매매
8. 양성평등기본법 제3조제2호의 성희롱
9. 도로교통법 제44조제1항을 위반하여 술에 취한 상태에서 운전을 하거나 같은 조 제2항을 위반하여 음주측정 요구에 따르지 않은 행위
10. 공직자윤리법 제3조 또는 제14조의4에 따른 재산등록의무나 주식 매각·신탁과 관련한 의무 위반
11. 적극행정 운영규정 제2조제2호의 소극행정(이하 이 조에서 "소극행정"이라 한다)
12. 부작위 또는 직무태만(소극행정은 제외한다)
13. 공무원 행동강령 제13조의3 각 호의 어느 하나에 해당하는 부당한 행위
14. 성(性) 관련 비위나 공무원 행동강령 제13조의3 각 호의 어느 하나에 해당하는 부당한 행위를 은폐하거나 필요한 조치를 하

지 않은 경우
15. 공무원(군인 및 군무원을 포함한다. 이하 같다) 채용과 관련하여 청탁이나 강요 등 부당한 행위를 하거나 채용 업무와 관련하여 비위행위를 한 경우
16. 부정청탁 및 금품등 수수의 금지에 관한 법률 제5조 각 호의 어느 하나에 해당하는 부정청탁
17. 부정청탁 및 금품등 수수의 금지에 관한 법률 제6조의 부정청탁에 따른 직무수행
18. 직무상 비밀이나 미공개 정보(재물이나 재산상 이익의 취득 여부의 판단에 중대한 영향을 미칠 수 있는 정보로서 불특정 다수인이 알 수 있도록 공개되기 전의 것을 말한다)를 이용한 부당행위
19. 다음 각 목의 사람에 대하여 직장에서의 지위나 관계 등의 우위를 이용하여 업무상 적정범위를 넘어 신체적 · 정신적 고통을 주거나 근무환경을 악화시키는 행위
가. 다른 공무원
나. 다음의 어느 하나에 해당하는 부대 · 기관 · 단체의 직원
1) 징계심의대상자가 소속된 부대 · 기관(해당 부대 · 기관에 소속된 부대 · 기관을 포함한다)
2) 「공공기관의 운영에 관한 법률」 제4조제1항에 따른 공공기관 중 1)의 부대 · 기관이 관계 법령에 따라 업무를 관장하는 공공기관
3) 「공직자윤리법」 제3조의2제1항에 따른 공직유관단체 중 1)의 부대 · 기관이 관계 법령에 따라 업무를 관장하는 공직유관단체
다. 「공무원 행동강령」 제2조제1호에 따른 직무관련자(직무관련자가 법인 또는 단체인 경우에는 그 법인 또는 단체의 소속 직원을 말한다)
③ 징계심의대상자의 비행사실이 성실하고 적극적인 업무처리과정에서 과실로 발생한 것으로 인정되는 경우이거나 제2항 각 호에 해당되지 않는 비행사실

		중 직무와 관련이 없는 사고로 인한 비행사실이라고 인정되는 때에는 그 정상을 참작하여 별표 1 또는 별표 2에 따른 양정 기준 상의 징계 종류보다 한 단계 아래의 징계로 의결할 수 있다. ④ 징계위원회가 별표 1 또는 별표 2에 따른 양정 기준 상의 징계 종류 중 견책을 제1항 또는 제3항에 따라 유리한 정상으로 참작하여 감경의결하려는 경우에는 불문으로 하되 경고하도록 감경하여 의결할 수 있다. ⑤ 징계심의대상자에게 서로 관련 없는 둘 이상의 비행사실이 경합되는 경우에는 불리한 정상으로 참작하여 그 중 책임이 무거운 비행사실에 해당하는 징계보다 한 단계 위의 징계로 의결할 수 있다. ⑥ 징계위원회가 제1항부터 제5항까지에 따라 정상을 참작하여 의결한 경우에는 징계등 의결서의 이유란에 그 사유를 적어야 한다.		
제60조(항고) ① 징계처분등을 받은 사람은 인권담당 군법무관의 도움을 받아 그 처분을 통지받은 날부터 30일 이내에 장성급 장교가 지휘하는 징계권자의 차상급 부대 또는 기관의 장에게 항고할 수 있다. 다만, 국방부장관이 징계권자이거나 장성급 장교가 지휘하는 징계권자의 차상급 부대 또는 기관이 없는 경우에는 국방부장관에게 항고할 수 있다. ② 제1항 본문에도 불구하고 중징계를 받은 장교 및 준사관은 국방부장관에게 항고할 수 있고, 중징계를 받은 부사관은 소속 참모총장에게 항고할 수 있다. ③ 방위사업청장이 징계권을 가지는 방위사업청 소속 군인이 징계처분등을 받은 경우에는 국방부장관에게 항고할 수 있다. ④ 제1항 본문에 따른 항고를 할 때에 징계처분등을 받은 사람의 소속이 변경된 경우에는 항고 당시의	**제26조(항고의 제기 등)** ① 징계처분등을 받은 자가 법 제60조에 따라 항고를 제기할 때에는 같은 조 제1항부터 제4항까지의 규정에 따른 항고심사권자(이하 "항고심사권자"라 한다)에게 항고서에 징계처분서 사본, 징계부가금 부과처분서 사본 또는 징계부가금 감면처분서 사본을 첨부하여 제출하여야 한다. 이 경우 증거서류와 관련 자료를 함께 제출할 수 있다. ② 제1항에 따라 항고를 제기한 자(이하 "항고인"이라 한다)는 법 제60조의2에 따른 항고심사위원회(이하 "항고심사위원회"라 한다)의 의결이 있을 때까지 서면으로 항고를 취하할 수 있다.		**제42조(항고)** ① 징계처분등을 받은 사람은 그 처분을 통지받은 날부터 30일 이내에 장성급 장교가 지휘하는 징계권자의 차상급 부대 또는 기관의 장에게 항고할 수 있다. 다만, 국방부장관이 징계권자인 경우에는 국방부장관에게 항고할 수 있다. ② 제1항 본문에도 불구하고 파면·해임·강등 또는 정직 처분을 받은 5급 이상의 일반군무원은 처분의 통지를 받은 날부터 30일 이내에 직접 국방부장관에게 항고할 수 있다. ③ 제1항 본문에 따른 항고를 할 때에 징계처분등을 받은 사람의 소속이 변경된 경우에는 항고 당시의 소속 부대 또는 기관의 차상급부대 또는 기관의 장에게 항고하여야 한다. 이 경우 항고를 받은 차상급 부대 또는 기관의 장은 장성급 장교로서 징계처분등을 한 사람보다 상급자이어야 한다. ④ 제1항부터 제3항까지의 규정에 따라 항고를 받은	**제118조(항고의 제기)** 법 제42조에 따라 징계처분, 징계부가금 부과처분 또는 징계부가금 감면처분을 받은 일반군무원이 항고할 때에는 다음 각 호의 사항을 적은 항고서에 징계처분서 사본, 징계부가금 부과처분서 사본 또는 징계부가금 감면처분서 사본을 첨부하여 제출하여야 한다. 1. 항고인의 성명·생년월일·주소 2. 징계처분, 징계부가금 부과처분 또는 징계부가금 감면처분 당시의 소속·계급·직명 3. 불복의 요지 및 이유 [전문개정 2010. 3. 26.]

소속 부대나 소속 기관의 차상급 부대 또는 기관의 장에게 항고하여야 한다. 이 경우 차상급 부대 또는 기관의 장은 장성급 장교로서 징계처분등을 한 사람보다 상급자이어야 한다. ⑤ 삭제 <2020. 2. 4.> ⑥ 제1항부터 제4항까지의 규정에 따라 항고를 받은 국방부장관과 부대 또는 기관의 장은 제60조의2에 따른 항고심사위원회의 심사를 거쳐 원래의 징계처분등을 취소하거나 감경(減輕)할 수 있다. 다만, 원징계처분보다 무겁게 징계하거나 원징계부가금 부과처분보다 무거운 징계부가금을 부과하는 결정을 하지 못한다.			국방부장관과 부대 또는 기관의 장은 제43조에 따른 군무원항고심사위원회의 심사를 거쳐 원래의 징계처분등을 취소하거나 감경할 수 있으나 원징계처분보다 무겁게 징계하거나 원징계부가금 부과처분보다 무거운 징계부가금을 부과하는 결정을 하지 못한다.	
	제29조(항고의 보정) ①항고심사위원회는 항고제기가 부적법하나 보정(補正)할 수 있다고 인정하는 경우에는 상당한 기간을 정하여 보정을 요구하여야 한다. 다만, 보정할 사항이 경미한 경우에는 직권으로 보정할 수 있다. ②제1항에 따른 보정이 있는 경우에는 처음부터 적법하게 항고가 제기된 것으로 본다.			
	제27조(항고대리인의 선임 등) 변호사가 항고인의 대리인으로 선임된 때에는 그 위임장을 항고심사위원회에 제출하여야 한다.			
	제28조(재항고의 금지) 항고심사위원회에서 항고에 대한 의결이 있거나 항고인이 제26조제2항에 따라 항고를 취하한 경우에는 동일한 징계등 사건에 대하여 다시 항고를 제기할 수 없다.			
제60조의2(항고심사위원회) ① 징계처분등에 대한 항고를 심사하기 위하여 장성급 장교가 지휘하는 징계권자의 차상급 부대 또는 기관에 항고심사위원회를 둔다. 다만, 국방부장관이 징계권자인 경우와 제60조제2항에 따라 국방부장관에게 항고한 경우에	**제30조(항고심사위원회의 구성)** ① 항고심사위원회의 위원은 항고인보다 선임인 장교 중에서 항고심사권자가 임명한다. 다만, 항고심사위원이 군법무관인 경우에는 항고인보다 선임이 아닌 경우에도 위원으로 임명할 수 있다.		**제43조(군무원항고심사위원회)** ① 군무원의 징계처분등에 대한 항고를 심사하기 위하여 장성급 장교가 지휘하는 징계권자의 차상급 부대 또는 기관에 군무원항고심사위원회를 둔다. 다만, 국방부장관이 징계권자인 경우와 제42조제2항에 따라 국방부장관에게 항고한 경우	**제119조(항고심사위원회의 구성)** ① 법 제43조에 따른 군무원항고심사위원회(이하 "항고심사위원회"라 한다)는 위원장 1명을 포함한 5명 이상 7명 이하의 위원으로 구성하며, 위원은 항고인보다 상위직에 있는 장교·일반군무원 또는 일반직공무원

이를 심사하기 위한 항고심사위원회는 국방부에 둔다. <개정 2014. 6. 11., 2017. 3. 21.> ② 항고심사위원회는 장교 5명 이상 9명 이내의 위원으로 구성한다. 이 경우 위원 중 1명은 군법무관이나 법률에 소양(素養)이 있는 장교로 하여야 한다. ③ 항고심사위원회의 항고심사에 관하여는 그 성질에 반하는 경우 외에는 제58조의3 및 제59조를 준용한다.	② 항고심사위원회의 위원장은 위원 중 최상위 서열자로 한다. **제31조(항고심사위원회의 의결)** ① 항고심사위원회는 항고심사위원 3분의 2 이상의 출석과 출석위원 과반수의 찬성으로 의결하되, 의견이 나뉠 경우에는 출석위원 과반수에 이를 때까지 항고인에게 가장 불리한 의견에 차례로 유리한 의견을 더하여 그 중 가장 유리한 의견을 합의된 의견으로 본다. ② 항고심사위원회의 의결은 다음과 같이 구분한다. 1. 각하 : 항고제기가 부적법하거나 소정의 기간 내에 보정하지 아니한 경우 2. 기각 : 항고의 제기가 이유 없다고 인정한 경우 3. 인용 : 항고의 제기가 이유 있다고 인정하여 징계처분등을 취소·무효확인 또는 변경하는 것으로 의결한 경우		에 이를 심사하기 위한 군무원항고심사위원회는 국방부에 둔다. ② 제1항에 따른 군무원항고심사위원회는 장교·군무원 또는 공무원 중에서 5명 이상으로 구성한다. 이 경우 위원 중 군법무관 또는 법률지식이 풍부한 사람 1명과 군무원 또는 공무원 2명 이상이 포함되어야 한다. ③ 군무원항고심사위원회의 항고심사에 관하여는 제40조제2항을 준용한다.	중에서 항고심사위원회가 설치되는 부대의 장(이하 “항고심사권자”라 한다)이 임명한다. 다만, 군법무관은 항고인보다 상위직에 있지 않은 경우에도 위원으로 임명할 수 있다. ② 항고심사위원회에 관하여는 제109조제2항, 제3항 및 제5항부터 제7항까지의 규정을 준용한다. <개정 2020. 7. 28.>
	제32조(심사결과의 송부) 항고심사위원회는 의결을 했을 때에는 지체 없이 항고심사의결서에 징계등의 원인이 된 사실, 증거의 판단, 관계 법령 및 징계등 면제 사유 해당 여부를 구체적으로 밝혀 항고심사권자에게 송부해야 한다.			
	제33조(결정의 통고) 항고심사권자는 제32조에 따른 항고심사의결서를 송부받은 때에는 7일 이내에 이에 대한 결정을 하고, 징계권자와 항고인에게 서면으로 통보하여야 한다.			**제121조(항고 결정의 통지)** 항고심사권자는 항고심사위원회로부터 항고심사 결과를 보고받은 때에는 7일 이내에 이에 대한 결정을 하고, 해당 징계권자와 항고인에게 통지하여야 한다.
	제34조(결정의 시행) 징계권자는 항고심사권자로부터 제33조에 따른 결정을 통보받은 때에는 그 내용에 따라 지체 없이 결정을 시행하여야 한다.			**제122조(항고 결정의 이행)** 징계권자는 항고심사권자로부터 원 징계처분, 징계부가금 부과처분 또는 징계부가금 감면처분을 취소하거나 감경하는 결정의 통지를 받았을 때에는 지체 없이 항고 결정에 따라 이행하여야 한다.
				제123조(재항고의 금지) 항고에 대한 결정이 있으면 그 결정 및 같은 징계처분, 징계부가금 부과처

				분 또는 징계부가금 감면 처분에 대하여 다시 항고할 수 없다.
제60조의3(징계 및 징계부가금 부과 사유의 시효) ① 징계 및 징계부가금 부과 의결의 요구는 징계사유가 발생한 날부터 3년[제56조의2제1항 각 호의 어느 하나에 해당하는 경우에는 5년]이 지났을 때에는 할 수 없다. ② 징계위원회의 구성, 징계 및 징계부가금 부과 의결, 그 밖에 절차상의 흠 또는 징계 정도 및 징계부가금의 과다를 이유로 항고심사위원회나 법원에서 징계처분등의 무효 또는 취소의 결정이나 판결을 하였을 때에는 제1항의 기간이 지났거나 그 남은 기간이 3개월 미만인 경우에도 그 결정이나 판결이 확정된 날부터 3개월 이내에는 다시 징계 및 징계부가금 부과 의결을 요구할 수 있다. ③ 국가공무원법 제83조제1항 및 제2항에 따라 징계절차를 진행하지 못하여 제1항의 기간이 지났거나 그 남은 기간이 1개월 미만인 경우 제1항의 기간은 같은 법 제83조제3항에 따른 조사나 수사의 종료를 통보받은 날부터 1개월이 지난 날에 끝난 것으로 본다.			**제41조(징계 및 징계부가금 부과 사유의 시효)** ① 징계의결등의 요구는 징계사유가 발생한 날부터 다음 각 호의 구분에 따른 기간이 지나면 하지 못한다. 1. 징계사유가 다음 각 목의 어느 하나에 해당하는 경우: 10년 가. 성매매알선 등 행위의 처벌에 관한 법률 제4조에 따른 금지행위 나. 성폭력범죄의 처벌 등에 관한 특례법 제2조에 따른 성폭력범죄 다. 아동 · 청소년의 성보호에 관한 법률 제2조제2호에 따른 아동 · 청소년대상 성범죄 라. 양성평등기본법 제3조 제2호에 따른 성희롱 2. 징계사유가 제37조의2제1항 각 호의 어느 하나에 해당하는 경우: 5년 3. 그 밖의 징계사유에 해당하는 경우: 3년 ② 징계위원회의 구성, 그 밖에 절차상의 흠이나 징계정도 및 징계부가금의 과다(過多)를 이유로 제43조에 따른 군무원항고심사위원회나 법원에서 징계처분등의 무효 또는 취소의 결정이나 판결을 한 경우에는 제1항의 시효기간이 지나거나 남은 시효기간이 3개월 미만인 경우에도 그 결정 또는 판결이 확정된 날부터 3개월 이내에 다시 징계의결등을 요구할 수 있다. ③ 국가공무원법 제83조제1항 및 제2항에 따라 징계절차를 진행하지 못하여 제1항의 시효기간이 지나거나 남은 시효기간이 1개월 미만인 경우 제1항의 기간은 같은 법 제83조제3항에 따른 조사나 수사의 종료를 통보받은 날부터 1개월이 지난 날에 끝나는 것으로 본다.	
	제35조(준용규정) 항고심사위원회에 관하여는 제5조제4항, 제6조, 제9조부터 제11조까지, 제14조제4항부터 제6항까지, 제14조의2, 제14조의3, 제			**제124조(준용)** 항고에 관하여는 제93조, 제107조, 제108조, 제110조, 제114조, 제114조의3 및 제114조의4를 준용한다.

	15조, 제15조의2 및 제16조를 준용하고, 항고심사권자에 관하여는 제20조를 준용한다. 이 경우 "징계위원회"는 "항고심사위원회"로, "위원장"은 "항고심사위원회의 위원장"으로, "징계등 심의대상자"는 "항고인"으로, "위원"은 "항고심사위원회의 위원"으로, "징계등 사건"은 "항고사건"으로, "징계의결등 기간"은 "항고심사위원회의 의결기간"으로, "징계권자"는 "항고심사권자"로, "징계의결등"은 "항고심사위원회의 의결"로 본다.			
	제36조(처분결과의 보고) 징계권자는 이 영에 따라 징계처분등을 한 때에는 징계등 의결서 원본을 첨부하여 다음 구분에 따라 보고하여야 한다. 1. 장성급(將星級)장교에 대한 징계처분등: 국방부장관 2. 장성급장교 외의 장교·준사관 및 부사관에 대한 징계처분등 : 참모총장 3. 병에 대한 징계처분등: 사단장·함대사령관·비행단장 또는 이에 준하는 부대 또는 기관의 장			
		제6조(서식) 영 및 이 규칙의 시행에 필요한 서식은 다음과 같다. 1. 영 제8조 후단에 따라 징계의결등의 요구나 그 밖의 징계처분 절차를 진행하지 않기로 결정한 경우에 징계등 혐의자에게 통보하는 서면: 별지 제1호서식에 따른 징계등 절차 진행 중지 통보서 2. 영 제9조제1항 본문에 따른 출석통지서: 별지 제2호서식에 따른 출석통지서 3. 영 제10조제2항에 따라 징계등 심의대상자가 자기에게 이익이 되는 사실(징계등 면제 사유를 포함한다)을 진술하는 서면: 별지 제3호서식에 따른 의견서 4. 영 제11조에 따른 징계등 심의대상자가 서류나 자료의 열람·복사를 신청하는 때의 신청서: 별지 제4호서식에 따른 열람·복사 신청서 5. 영 제17조에 따른 징계		

		등 의결서: 별지 제5호서식에 따른 징계등 의결서 6. 영 제18조제1항에 따른 적법성심사요청서: 별지 제6호서식에 따른 적법성심사요청서 7. 영 제22조에 따른 징계처분서: 별지 제7호서식에 따른 징계처분서 8. 영 제22조의2제1항에 따른 징계부가금 부과처분서: 별지 제8호서식에 따른 징계부가금 부과처분서 9. 영 제22조의2제1항에 따른 징계부가금 감면처분서: 별지 제9호서식에 따른 징계부가금 감면처분서 10. 영 제22조의3제2항에 따른 국방부령으로 정하는 서식: 별지 제10호서식에 따른 징계처분 등 결과 통보서 11. 영 제26조제1항 전단에 따른 항고서: 별지 제11호서식에 따른 항고서 12. 영 제32조에 따른 항고심사의결서: 별지 제12호서식에 따른 항고심사의결서		
제61조(위임규정) 징계위원회 및 항고심사위원회의 구성 · 운영과 징계절차, 징계부가금 부과절차 및 항고 절차, 그 밖에 징계처분등의 시행 등을 위하여 필요한 사항은 대통령령으로 정한다.		**제7조(징계처분등의 시행세칙)** 징계처분등의 시행에 필요한 세부사항은 국방부 및 국방부 직할 부대 또는 기관에 대하여는 국방부장관이, 합동참모본부에 대하여는 합동참모의장이, 각 군에 대하여는 각 군 참모총장이 정한다.	**제43조의2(위임규정)** 징계위원회 및 군무원항고심사위원회의 구성 · 운영과 징계절차, 징계부가금 부과절차 및 항고절차, 그 밖에 징계처분등의 시행 등을 위하여 필요한 사항은 대통령령으로 정한다.	**제117조(준용)** 일반군무원의 징계등에 관하여는 이 영에서 규정한 사항 외에는 공무원징계령을 준용한다.

판례색인

사항색인

ㄱ

ㅇ

저자 약력

■ **이 명 재**

[학력]
전주고등학교(1993년)
동국대학교 법과대학 졸업(2000년)
고려대학교 법과대학원 졸업(국제법 석사)(2010년)

[경력]
2004년 군법무관임용시험(제18회) 합격 및 2005년 군법무관 임용
28사단(2008년) 및 3군단(2020년) 법무참모
군판사(6군단, 2009년)
육군종합행정학교 · 합동군사대학교 교관(2010년~2012년, 2016년)
육군 고등검찰부 기획고등군검사(2013년)
육군사관학교 법학교수 겸 법무실장(2014년, 2015년)
대통령경호처 법무담당관(2017년~2019년)
육군검찰단 경기지역검찰단장(2022년)
전역(대령, 2023년 6월)
(현) 법무법인 서인 소속 변호사
(현) 대법원 국선변호인
(현) 논스톱 국선변호인(서울중앙지방법원, 서울남부지방법원)
(현) 서울시 남부교육지원청 지역교권보호위원회 위원

[논문]
[석사논문] "국제테러리스트의 국제인도법상 지위에 대한 연구"(대테러 전쟁을 중심으로), 고려대학교 대학원, 2010년

"군사법원법의 개선사항에 대한 소고"(2021년 군사법원법 개정 내용을 중심으로), 한국군사법학회, 「군사법연구」 제1권 제1호(2023. 6. 30.)

"군인 또는 군무원에 대한 징계권자의 징계감경권에 관한 소고", 한국군사법학회, 「군사법연구」 제2권(2024. 6. 30.)

공무원 징계법

2025년 1월 10일 초판 인쇄
2025년 1월 15일 초판 1쇄 발행

저 자 이 명 재
발행인 배 효 선

발행처 도서출판 法 文 社

주 소 10881 경기도 파주시 회동길 37-29
등 록 1957년 12월 12일/제2-76호(윤)
전 화 (031)955-6500~6 FAX (031)955-6525
E-mail (영업) bms@bobmunsa.co.kr
(편집) edit66@bobmunsa.co.kr
홈페이지 http://www.bobmunsa.co.kr
조 판 법 문 사 전 산 실

정가 35,000원 ISBN 978-89-18-91574-6